国家重点档案专项资金资助项目

抗日战争档案汇编

上海市各界抗敌后援会档案汇编

1

上海市档案馆 编

中西书局

图书在版编目（CIP）数据

上海市各界抗敌后援会档案汇编 / 上海市档案馆编
. -- 北京 : 五洲传播出版社 , 2024.10
（抗日战争档案汇编）
ISBN 978-7-5085-5232-3

Ⅰ . ①上… Ⅱ . ①上… Ⅲ . ①抗敌后援会－历史档案－汇编－上海 Ⅳ . ① K265.063

中国国家版本馆 CIP 数据核字 (2024) 第 091487 号

上海市各界抗敌后援会档案汇编

编　　者：上海市档案馆
出 版 人：关　宏
责任编辑：王　峰
助理编辑：阴溕萌
装帧设计：北京禾风雅艺文化发展有限公司
出版发行：五洲传播出版社
地　　址：北京市海淀区北三环中路31号生产力大楼B座6层
邮　　编：100088
电　　话：010-82005927，82007837
网　　址：www.cicc.org.cn, www.thatsbooks.com
印　　刷：天津艺嘉印刷科技有限公司
版　　次：2024年10月第1版第1次印刷
开　　本：210mm × 285mm
印　　张：68.75
定　　价：1100.00元（全二册）

抗日战争档案汇编编纂出版工作组织机构

编纂出版工作领导小组

组　长　陆国强

副组长　王绍忠　付　华　魏洪涛　刘鲤生

编纂委员会

主　任　陆国强

副主任　王绍忠

顾　问　杨冬权　李明华

成　员（按姓氏笔画为序排列）

于学蕴　于晓南　于晶霞　马忠魁　马俊凡　马振犊
王　放　王文铸　王建军　卢琼华　田洪文　田富祥
史晨鸣　代年云　白明标　白晓军　吉洪武　刘　钊
刘玉峰　刘灿河　刘忠平　刘新华　汤俊峰　孙　敏
苏东亮　杜　梅　李宁波　李宗春　吴卫东　何素君
张　军　张明决　陈念芜　陈艳霞　卓兆水　岳文莉
郑惠姿　赵有宁　查全洁　施亚雄　祝　云　徐春阳
郭树峰　唐仁勇　唐润明　黄凤平　黄远良　黄菊艳
梅　佳　龚建海　常建宏　韩　林　程潜龙　焦东华
童　鹿　蔡纪万　谭荣鹏　黎富文

编纂出版工作领导小组办公室

主　任　常建宏

副主任　孙秋浦　石　勇

成　员（按姓氏笔画为序排列）

李　宁　沈　岚　贾　坤

《抗日战争档案汇编》上海卷编委会

主　任　徐未晚

副主任　肖　林　蔡纪万　王晓岗　郑泽青

委　员　毛国平　张　斌　曹胜梅　李剑芳

编辑组　何　品　彭晓亮　王慧青　董婷婷　邱志仁　刘　锐

《上海市各界抗敌后援会档案选编》编辑　何　品　刘　锐

总序

为深入贯彻落实习近平总书记「让历史说话，用史实发言，深入开展中国人民抗日战争研究」的重要指示精神，国家档案局根据《全国档案事业发展「十三五」规划纲要》和《「十三五」时期国家重点档案保护与开发工作总体规划》的有关安排，决定全面系统地整理全国各级综合档案馆馆藏抗战档案，编纂出版《抗日战争档案汇编》（以下简称《汇编》）。

中国人民抗日战争是近代以来中国反抗外敌入侵第一次取得完全胜利的民族解放战争，开辟了中华民族伟大复兴的光明前景。这一伟大胜利，也是中国人民为世界反法西斯战争胜利、维护世界和平作出的重大贡献。加强中国人民抗日战争研究，具有重要的历史意义和现实意义。

全国各级档案馆保存的抗战档案，数量众多，内容丰富，全面记录了中国人民抗日战争的艰辛历程，是研究抗战历史的珍贵史料。一直以来，全国各级档案馆十分重视抗战档案的开发利用，陆续出版公布了一大批抗战档案，对揭露日本帝国主义侵华罪行，讴歌中华儿女勠力同心、不屈不挠抗击侵略的伟大壮举，弘扬伟大的抗战精神，引导正确的历史认知，发挥了积极作用。特别是国家档案局组织有关方面共同努力和积极推动，「南京大屠杀档案」被联合国教科文组织评选为「世界记忆遗产」，列入《世界记忆名录》，捍卫了历史真相，在国际上产生了广泛而深远的影响。

全国各级档案馆馆藏抗战档案开发利用工作虽然取得了一定的成果，但是，在档案信息资源开发的系统性和深入性方面仍显不足。正如习近平总书记所指出的：「同中国人民抗日战争的历史地位和历史意义相比，同这场战争对中华民族和世界的影响相比，我们的抗战研究还远远不够，要继续进行深入系统的研究。」「抗战研究要深入，就要更多通过档案、资料、事实、当事人证词等各种人证、物证来说话。要加强资料收集和整理这一基础性工作，全面整理我国各地抗战档案、照片、资料、实物等……」

国家档案局组织编纂《汇编》，对全国各级档案馆馆藏抗战档案进行深入系统地开发，是档案部门贯彻落实习近平总书记重要指示精神，推动深入开展中国人民抗日战争研究的一项重要举措。本书的编纂力图准确把握中国人民抗日战争的历史进程、主流和本质，用详实的档案全面反映一九三一年九一八事变后十四年抗战的全过程，反映中国共产党在抗日战争中的中流砥柱作用以及中国人民抗日战争在世界反法西斯战争中的重要地位，反映国共两党「兄弟阋于墙，外御其侮」进行合作抗战、共同捍卫民族尊严的历史，反映各民族、各阶层及海外华侨共同参与抗战的壮举，展现中国人民抗日战争的伟大意义，以历史档案揭露日本侵华暴行，揭示日本军国主义反人类、反和平的实质。

编纂《汇编》是一项浩繁而艰巨的系统工程。为保证这项工作的有序推进，国家档案局制订了总体规划和详细的实施方案，明确了指导思想、工作步骤和编纂要求。为保证编纂成果的科学性、准确性和严肃性，国家档案局组织专家对选题进行全面论证，对编纂成果进行严格审核。

各级档案馆高度重视并积极参与到《汇编》工作之中，通过全面清理馆藏抗战档案，将政治、军事、外交、经济、文化、宣传、教育等多个领域涉及抗战的内容列入选材范围。入选档案包括公文、电报、传单、文告、日记、照片、图表等多种类型。在编纂过程中，坚持实事求是的原则和科学严谨的态度，对所收录的每一件档案都仔细鉴定、甄别与考证，维护档案文献的真实性，彰显档案文献的权威性。同时，以《汇编》编纂工作为契机，以项目谋发展，用实干育人才，带动国家重点档案保护与开发，夯实档案馆基础业务，提高档案人员的业务水平，促进档案馆各项事业的发展。

守护历史，传承文明，是档案部门的重要责任。我们相信，编纂出版《汇编》，对于记录抗战历史，弘扬抗战精神，发挥档案留史存鉴、资政育人的作用，更好地服务于新时代中国特色社会主义文化建设，都具有极其重要的意义。

抗日战争档案汇编编纂委员会

编辑说明

一九三七年七七事变爆发，上海民众在抗日民族统一战线旗帜的指引下迅速掀起抗日救亡热潮，各界救亡团体如雨后春笋般涌现，其中规模最大、涉及面最广、最有影响力的就是上海市各界抗敌后援会（以下简称抗敌后援会）。该会以「本中央既定方针作抗敌后援，共谋完整国土、复兴民族」为宗旨，由上海各政府机关及社会团体联合组建成立，由于其成员大多是当时上海社会各界知名人士以及国民党上海特别市执行委员会（即市党部）、上海市政府重要官员，因此该会具有半官半民的性质，对当时在上海的其他抗日救亡团体具有一定的约束力与号召力。为积极支援抗战，具体落实各项后援工作，抗敌后援会先后设立筹募、供应、救护、救济、防护、交通、粮食、技术、宣传、慰劳、设计、组织等多个特种委员会，并附设战时知识讲习所，成立战地服务团，开展各种后勤支援工作，在上海民众抗战中发挥了重要作用，在上海抗战史上占有重要地位。至一九三七年淞沪抗战失败，随着国民党军队的西撤，抗敌后援会逐步停止了活动。

上海市档案馆组织相关人员梳理，甄选馆藏抗敌后援会档案，编纂出版《上海市抗敌后援会档案汇编》。全书共二册，选稿起自一九三七年七月，迄至一九三七年十一月，收录档案一百四十余件，均为本馆馆藏原件全文影印，未做删节，如有缺页，为档案自身不全。全书按照「主题—时间」体例编排，分为四个部分：一、抗敌后援会及下设部分特种委员会内部文件（内分十个专题）；二、抗敌后援会附设战时知识讲习所文件；三、抗敌后援会与各方来往文电（内分十五个专题）；四、抗敌后援会编制的各种资料底稿（内分三个专题）。除抗敌后援会编写的《抗敌后援工作概论》书稿中各篇文稿（缺一篇）按其目录排序外，其他各个部分和各个专题内的档案分别按时间先后排序。

原标题完整或基本符合要求的使用原标题；原标题有明显缺陷的进行了修改或重拟；无标题的加拟标题。标题中人名使用通用名，机构名称使用全称或规范简称，历史地名沿用当时名称。档案所载时间不完整或不准确的，作了补充或订正。成文时间只有年份的，排在该年末；只有年份、月份而没有具体日期的，排在该月末。

本书使用规范的简化字。对标题中人名、历史地名、机构名称中出现的繁体字、错别字、不规范异体字、异形字等，予以径改。限于篇幅，本书不作注释。

由于时间紧，档案公布量大，编者水平有限，在编辑过程中可能存在疏漏之处，欢迎斧正。

另外需要说明的是，本书选用的大部分抗敌后援会档案，其文字内容已经刊载于上海市档案馆编《上海市各界抗敌后援会》一书（档案出版社一九九〇年版），读者可以图文对照进行参阅。

编　者

二〇二一年七月

目录

（二）宣传委员会

上海市各界抗敌后援会宣传委员会九月份收支报告（一九三七年十月）……二九五
上海市各界抗敌后援会宣传委员会对九国公约会议宣传方策（一九三七年十月）……三〇七
上海市各界抗敌后援会宣传委员会对九国公约会议宣传方案（一九三七年十月）……三〇九
对于九国公约会议开会前后我国外交政策意见书（一九三七年十月）……三一六
上海市各界抗敌后援会宣传委员会赈灾音乐大会第一次筹备会记录（一九三七年十一月一日）……三二〇
上海市各界抗敌后援会宣传委员会关于一周新闻致中央通讯社的报告表（一九三七年十一月七日）……三二四
上海市各界抗敌后援会宣传委员会各团体负责人歌咏工作谈话会记录（一九三七年十一月八日）……三四一

（四）组织委员会

上海市各界抗敌后援会组织委员会关于遵令结束并办理移交手续事致后援会秘书处的函（一九三七年十一月二十一日）……三五二
上海市各界抗敌后援会组织委员会关于结束情形事致后援会秘书处的函（一九三七年十一月二十二日）……三五三
附：重要文件清单……三五四

（五）设计委员会

上海市各界抗敌后援会设计委员会主任委员彭文应关于办理结束事致后援会秘书处的函（一九三七年十一月二十三日）……三五七

（六）供应委员会

上海市各界抗敌后援会供应委员会工作报告、会计报告（一九三七年九月）……三五九

（七）交通委员会

上海市各界抗敌后援会交通委员会第一个月工作报告（八月一日至三十一日）（一九三七年九月）……四〇三
附：交通委员会各股组现任负责人员名单、交通委员会现行组织系统表、交通委员会派出汽车次数统计表
（自二十六年八月十三日起至八月三十一日止）……四一五
上海市各界抗敌后援会交通委员会关于送该会九月份工作报告事致上海市各界抗敌后援会的函
（一九三七年十月三十一日）……四二三
附：交通委员会第二个月工作报告（九月一日至三十日）……四二六

上海市各界抗敌后援会交通委员会关于告知未办理结束各项事宜及会计部分办理情形事致后援会秘书处的函（一九三七年十一月二十二日）……四四七
上海市各界抗敌后援会交通委员会关于附送一九三七年十一月十一日起至二十日止所有经支单据清单副本事致后援会的函（一九三七年十一月二十六日）（附件缺）……四五〇
（八）技术委员会
沈怡：上海市各界抗敌后援会技术委员会工作报告（一九三七年九月十五日）……四五二
（九）上海市救护委员会
上海市救护委员会第四次工作报告（一九三七年十月一日）……四五八
附一：上海市救护委员会收支报告表（二十六年八月九日至九月三十日）……四七二
附二：上海市救护委员会第二十三救护医院及救护训练班收支报告……四七四
（十）上海市救济委员会
上海市救济委员会二周来工作经过述略（一九三七年八月）……四七六
上海市救济委员会八月份、九月份工作统计概览（一九三七年十月）……四八二
上海市各救济团体工作总表（一九三七年十月）……四八三
上海市救济委员会委员名单（一九三七年十月）……四八四
上海市救济委员会常委、秘书暨各组主任委员名单（一九三七年十月）……四八六
二、上海市各界抗敌后援会附设战时知识讲习所文件
上海市各界抗敌后援会战时知识讲习所简章（一九三七年八月）……四八九
上海市各界抗敌后援会战时知识讲习所课程一览表（一九三七年八月）……四九一
上海市各界抗敌后援会战时知识讲习所同学救亡工作团关于拨给津贴的请示及后援会秘书长陶百川的批复（一九三七年十月二十九日）……四九二

第二册

（二）关于救国捐

附：办理征募金银物品移充救国捐报告、筹募委员会收支报告 …… 五六〇
上海市各界抗敌后援会秘书处致上海市救国捐筹募委员会、后援会秘书处保管科的函
（一九三七年十月三十日） …… 五七三
（三） 关于救护人员因公殉职恤金表
上海市救护委员会关于拟送救护工作人员因公殒命恤金表致上海市各界抗敌后援会的函（一九三七年八月二十六日） …… 五七八
附一：上海市救护委员会因公殒命恤金表 …… 五八一
附二：军政部阵亡恤金表 …… 五八二
上海市救护委员会关于拟送救护人员因公殉职恤金表致上海市各界抗敌后援会的函（一九三七年八月二十六日） …… 五八三
（四） 关于捐款收支办法
国民党上海特别市执行委员会关于转知慰劳捐款统收统支办法事致上海市各界抗敌后援会的密令
（一九三七年八月二十九日） …… 五八七
国民党上海特别市执行委员会关于规定抗敌后援捐款经收办法及集中支配用途事致上海市各界抗敌后援会的训令
（一九三七年九月四日） …… 五九一
（五） 关于统一救国团体办法
上海市各界抗敌后援会主席团关于拟具统一救国团体办法呈请鉴核备案事致国民党上海特别市执行委员会、
上海市社会局的呈（一九三七年九月十日） …… 五九六
附：统一救国团体办法 …… 五九八
国民党上海特别市执行委员会关于拟具统一救国团体办法准予备案事致上海市各界抗敌后援会的指令
（一九三七年九月九日） …… 六〇一
上海市社会局关于拟具统一救国团体办法准予备案事致上海市各界抗敌后援会的批（一九三七年九月九日） …… 六〇四
（六） 关于征召西医
中华医学会关于业经征得西医应征人七十人事致上海市各界抗敌后援会职员郭叔亮的函（一九三七年十月六日） …… 六〇八

上海市各界抗敌后援会关于询问征得之西医应于何日晋京及其将来待遇事致军事委员会第六部的电
（一九三七年十月六日）……六一一
中华医学会关于续送应征医师名单事致上海市各界抗敌后援会的函（一九三七年十月十二日）……六一三
上海市各界抗敌后援会关于将所征西医晋京日期、接洽地点及其待遇迅即示知事致军事委员会第六部的电
（一九三七年十月十四日）……六一六
中华医学会关于询问代征医师名单已否转报事致上海市各界抗敌后援会的函（一九三七年十月十九日）……六一八
国民政府军事委员会第六部关于告知西医暨看护待遇办法事致上海各界抗敌后援会的电（一九三七年十月二十日）……六二一
国民政府军事委员会第六部关于转知上海西医七十人到京报到待遇办法事致上海市各界抗敌后援会的快邮代电
（一九三七年十月二十日）……六二五
附：中国红十字会总会所办救护机关（医院手术组等）征用医务人员待遇标准……六二八
上海市各界抗敌后援会关于请迅予指示应征医师如何分派工作以便转知事致军事委员会第六部的电及
关于所询应征医师问题事致中华医学会的函（一九三七年十月二十一日）……六三〇
上海市各界抗敌后援会关于西医及看护待遇情形事致中华医学会的函（一九三七年十月二十二日）……六三三
上海市各界抗敌后援会关于召集应征医生举行谈话事致中华医学会及各应征医生的函（一九三七年十月二十五日）……六三五
上海市各界抗敌后援会关于通知重定日期举行谈话事致各应征医生的函（一九三七年十月二十七日）……六四〇
上海市各界抗敌后援会职员郭叔亮关于报告应征医师谈话会经过事致后援会秘书长陶百川的函
（一九三七年十月二十八日）……六四二
上海市各界抗敌后援会关于请即日携带证明书往南京报到工作事致冯维德等十人的函及关于请将不能往京服务之
原因于三日内具函说明事致其他应征医生的函（一九三七年十一月二日）……六四六
（七）关于禁绝仇货运动
国民党上海特别市执行委员会关于转知禁绝仇货原则事致上海市各界抗敌后援会的密令（一九三七年十月十五日）……六五〇
上海市各界抗敌后援会关于汇报禁绝仇货运动办理情形事致国民党上海特别市执行委员会的呈
（一九三七年十月十七日）……六五四

（八）关于九国公约会议

上海市各界抗敌后援会宣传委员会主任委员童行白关于呈报对九国公约会议宣传方策事致国民党中央宣传部长、军事委员会第五部长的快邮代电（一九三七年十月二十日）……六五八

国民党中央宣传部长邵力子关于对九国公约会议宣传方策事致上海市各界抗敌后援会宣传委员会主任委员童行白的电两件（一九三七年十月二十四日至二十五日）……六六〇

国民党中央宣传部关于所送对九国公约会议宣传方策事致上海市各界抗敌后援会宣传委员会的函（一九三七年十一月四日）……六六七

国民党广东省始兴县党部、广东民众御侮救亡会始兴县分会关于拟就电文两纸请代拍事致上海市各界抗敌后援会的函（一九三七年十一月六日）……六六八

附：电稿二纸……六六九

（九）关于防止日货改换牌号向外倾销

淞沪警备司令部关于上海日商已将在沪存货改换牌号派员向外倾销事致上海市各界抗敌后援会的密函（一九三七年十月二十一日）……六七二

上海市各界抗敌后援会关于上海日商已将在沪存货改换牌号向外倾销事致江海关、上海市商会、上海市国民对日经济绝交委员会、淞沪警备司令部的密函（一九三七年十月二十四日）……六七六

江海关税务司公署关于防止日商三井洋行等将存储货品改头换面冒牌倾销事致上海市各界抗敌后援会的密函（一九三七年十月三十日）……六七九

上海市各界抗敌后援会关于转知江海关注意日货改换牌号倾销情形事致淞沪警备司令部的密函（一九三七年十一月二日）……六八三

（十）关于战区难民壮丁及有志从军青年登记……六八五

国民党上海特别市执行委员会关于战区难民壮丁及有志从军青年应由各地难民救济委员会及抗敌后援会登记事致上海市各界抗敌后援会的密令（一九三七年十月二十二日）……六八六

上海市各界抗敌后援会主席团关于转函战区难民壮丁及有志从军青年登记事致国民党上海特别市执行委员会的密呈
（一九三七年十月二十五日）……六九〇

（十一）关于保卫团代军队征用麻袋

上海市保卫委员会关于会属漕泾区团代军队征用上海水泥公司麻袋事致上海市各界抗敌后援会的公函
（一九三七年十月二十二日）……六九三

上海市各界抗敌后援会秘书处关于转达本市保卫委员会函报漕泾区团代军队征用麻袋情形事
致后援会慰劳委员会的函（一九三七年十月二十七日）……六九七

（十二）关于慰劳前方将士募制寒衣办法

国民党上海特别市执行委员会关于转知慰劳前方将士募制寒衣办法十项事致上海市各界抗敌后援会的训令
（一九三七年十月二十九日）……七〇〇

上海市各界抗敌后援会秘书处关于转达慰劳前方将士募制寒衣办法十项事致后援会慰劳委员会的函
（一九三七年十月三十一日）……七〇六

（十三）关于救济孤军募款

上海市慰劳委员会关于收到薛慰祖送来别动队募得救济孤军国币廿元事致上海市各界抗敌后援会秘书处的函
（一九三七年十月三十一日）……七〇九

上海市各界抗敌后援会职员唐铁关于市慰劳委员会来函称薛慰祖送上别动队募得救济孤军国币廿元事
致后援会秘书长陶百川的函（一九三七年十一月三日）……七一一

（十四）关于全民抗敌后援运动推行办法

国民党上海特别市执行委员会关于抄转全民抗敌后援运动推行办法事致上海市各界抗敌后援会的训令
（一九三七年十一月四日）……七一三

附：全民抗敌后援运动推行办法……七一七

上海市各界抗敌后援会秘书处关于全民抗敌后援运动推行办法转请规划推行事致后援会宣传委员会的函、
上海市各界抗敌后援会主席团关于转函该会宣传委员会规划推行事致国民党上海特别市执行委员会的呈
（一九三七年十一月六日）……七二三

（十五）关于其他事项

国民政府军事委员会第六部关于上海市救济委员会难民收容所职员有营私舞弊情形事致上海市各界抗敌后援会的密令
（一九三七年九月二十七日）……七二八
上海市救济委员会关于备受英法租界当局阻难情形事致上海市各界抗敌后援会的报告（一九三七年十月一日）……七三三
国民党上海特别市执行委员会关于各地慰劳品须统筹募集以免靡费物力事致上海市各界抗敌后援会的密令
（一九三七年十月八日）……七四〇
国民政府军事委员会秘书厅关于转达蒋介石批文事致上海市各界抗敌后援会的快邮代电（一九三七年十月十六日）……七四五
上海市各界抗敌后援会主席团关于拟于敌军包围之日实行罢市、罢工、罢课一天事致南京中央党部常务
委员会的密电（一九三七年十一月九日）……七四七

四、上海市各界抗敌后援会编制的各种资料底稿

（一）上海市各界抗敌后援会组织委员会编制的《抗敌救国团体目录一览表》

上海市各界抗敌后援会组织委员会登记股编制的《抗敌救国团体目录一览表》底稿（一九三七年九月至十月）……七五一
组织委员会登记股编制：上海市各界抗敌后援会组织委员会送上海市宣传委员会的
《抗敌救国团体目录一览表》第一册（一九三七年九月）……七六四
组织委员会登记股编制：上海市各界抗敌后援会组织委员会送上海市宣传委员会的
《抗敌救国团体目录一览表》第二册（一九三七年十月）……七七三

（二）上海市各界抗敌后援会宣传委员会编制的《战时各种报章、刊物、画册一览》

上海市各界抗敌后援会宣传委员会编制的《战时各种报章、刊物、画册一览》（一九三七年）……七八〇

（三）上海市各界抗敌后援会组织编写的《抗敌后援工作概论》书稿

一、上海市各界抗敌后援会及下设部分特种委员会内部文件

（一）组织人事

上海市各界抗敌后援会组织纲要（一九三七年七月）

上海市各界抗敵後援會組織綱要

一、本會由上海市各機關團体組織之定名為上海市各界抗敵後援會

二、本會以本中央既定方針作抗敵後援共謀完整國土復興民族為宗旨

三、本會由代表大會推定執行委員一百二十一人組織執行委員會監察委員二十五人組織監察委員會

四、本會設常務委員三十五人至四十五人組織常務委員

定名

會主持日常事務

五、常務委員會下設秘書處處設秘書長一人秘書若干人由常務委員會推選之

六、本會得分科办事其分科办法另訂之

七、本會視事實之需要得設特種委員會其委員由常務委員會推聘之

八、本會經費由參加之各机関團体担任之

九、本會各項章則另訂之

十、本綱要經代表大會通過施行

上海市各界抗敌后援会执行委员会组织规则（一九三七年七月）

上海市抗敵後援會執行委員會組織規則

第一條　本規則依據上海市抗敵後援會組織綱要第九條訂定之

第二條　本會常務委員會設主席團由常務委員互推九人組織之主持日常事務

第三條　本會秘書長秉承主席團總理會務並指揮監督所屬職員

第四條　本會秘書處暫設左列各科

(一)總務科　掌理文書庶務交際及其他不屬於各科事項

(二)會計科　掌理出納記賬及審核事項

(三)組織科　掌理聯絡組織訓練及指導事項

(四)調查科　掌理調查通訊情報及統計事項

(五)保管科　掌理驗收儲藏及領發事項

第五條　各科設主任一人由秘書長薦請主席團聘任之秉承秘書長

SC009

爲主席團處理各該科主管事務

第六條 各科得分組辦事各組設長一人幹事若干人由秘書長商承主席團調派之

第七條 本會因事實之需要得設置左列特種委員會

(一)籌募委員會

(二)供應委員會

(三)救護委員會

(四)救濟委員會

(五)防護委員會

(六)交通委員會

(七)糧食委員會

(八)技術委員會

(九)宣傳委員會

(十)其他

第八條　本會特種委員会設主任委員一人副主任委員二人及委員若干人由常務委員会推選之

第九條　本會特種委員會得酌設办事人員秉承秘書長及各該会主任委員办理各該会事務

前項办事人員由秘書長或各該会主任委員商承主席團調派之

第十條　本会特種委員会对外行文概以主席團名義為之

第十一條　本会職員概不支給薪津

第十二條　本規則由執行委員会通過施行

上海市各界抗敌后援会协进各路后援工作办法（一九三七年九月）

協進各路後援工作辦法

一、為適應軍事要需，協助後方增進效力施行本辦法。

二、分战區後方為三大路

(一)淞滬後方——京滬、滬杭綫

主要地點：上海、蘇州、無錫、常州、鎮江、松江、嘉興、硤石、杭州。

(二)津浦後方——津浦綫

主要地点：濟南、青島、徐州、蚌埠、安慶、蕪湖、南京。

(三)晉綏平漢後方

SC010

主要地点：开封，郑州，西安，武汉，长沙，南昌，九江。

三，上开各地，浮视地方力量之厚薄，与前方需要之多少，缓急通力合作。

四，上开各地，就原有抗敌后援会，或其他团体，加以推动联络与协助。

五，上开各地外，得请各该省省政府斟酌所属各地情形分配后援工作，以厚力量。

六，前项推动联络协助工作，由军事委员会第二部第六部各特派相当人员，会同南京市上海市抗敌

008

SC011

後援會代表前往各該路地点分别進行，每一地点得由特派員推定相當人員負接洽推動該地後援工作之職責，每路並得由特派員推定相當人員負接洽推動該路各地後方工作之責，遇必要時得由特派員隨時前往繼續察洽。

七、工作種類以衣食，（限於前線特用之乾粮）、藥、三項為主要，先向前方接洽，除軍隊習有置備外，其臨時需要數量，或就各該路地点之力量，分担供給，或另行措辦，命定各期分量，使作戰將士以及傷兵難民各獲相當需要

SC012

八、每月之末，由各级接洽推动人员缮具报告分送

军事委员会第二部、第六部及各级军事

当局查核

九、本办法经军事委员会第二部第六部核准

施行

上海市抗敌救国团体会计管理通则（一九三七年十月）

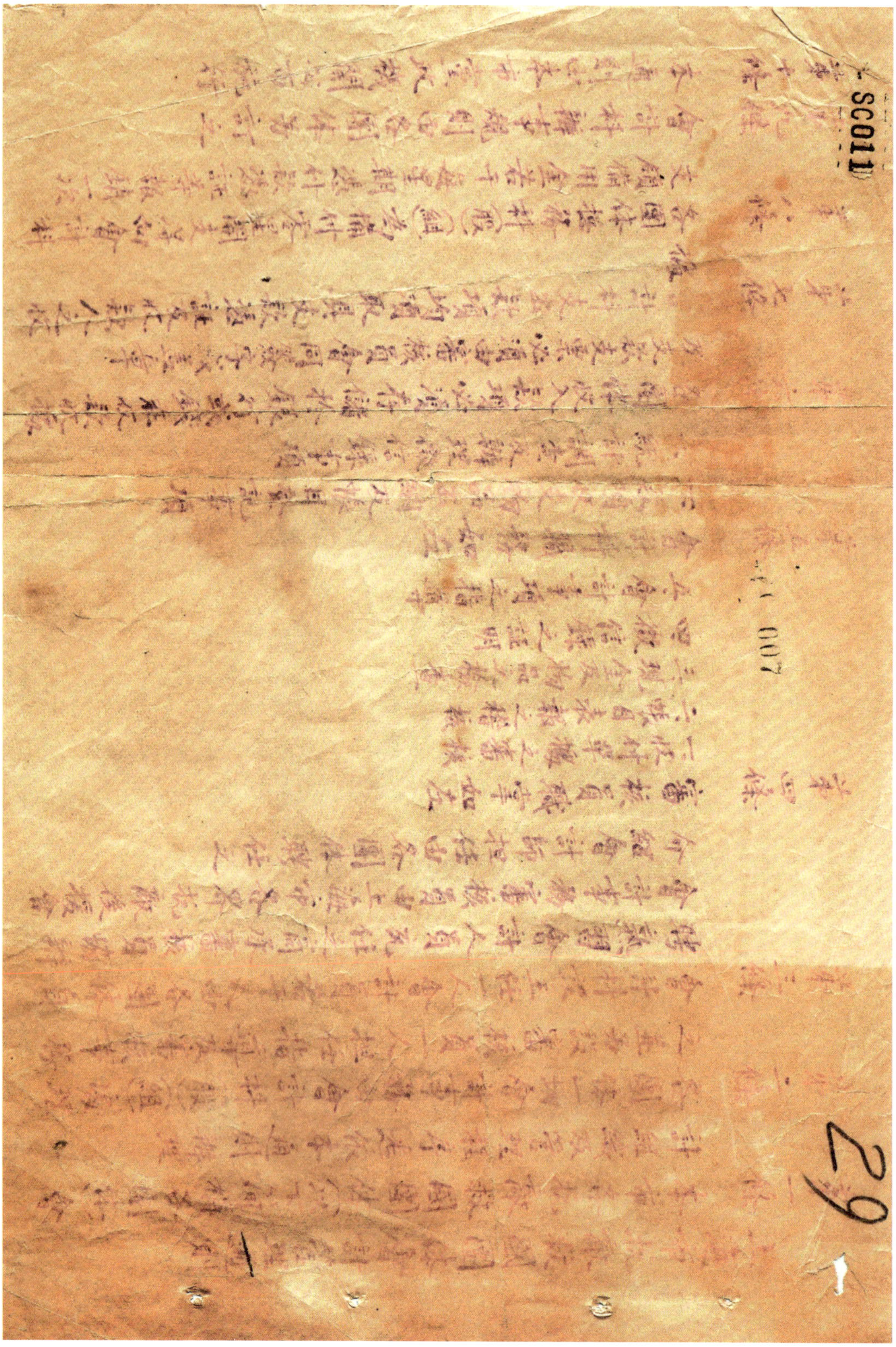

王曉籟　杜月笙　錢新之　陶百川　張壽鏞
童行白　黃任之　潘公展　駱清華　汪伯奇
顔福慶　陸京士　潘公弼　汪曼雲　嚴京周
周邦俊　樊仲雲　奚玉書　黃香谷　許曉初
章　益　金潤庠　李驤騏　馬蔭良　金國寶
秦聯奎　洪　深　周學湘　裴雲卿　徐佩璜
沈　怡　楊衛玉　柯幹臣　葛傑臣　傅東華

以上常務委員

朱文德　朱學範　徐乃禮　周夢白　壽毅成
謝仲復　朱養吾　高伯浚　沈若靈　金楚湘

SC125

金光楣 袁仰安 馮有真 張妹通 王志莘
嚴諤聲 曹志功 張一麐 林美衍 崔唯吾
江萬平 瞿振華 張小通 毛和源 陳子彝
張念萱 劉敏齋 何五良 鮑國良 朱義農
黃伯樵 周劍雲 李文杰 杭石君 趙君豪
吳中一 潘仰堯 蔣光堂 蔡仁抱 江向漁
王性堯 薛農山 柏桐生 沈仲蘭 高事恆
王芸生 林旭如 胡厥文 穆藕初 徐采丞
鄒秉文 史貽棠 姜懷素 陳小蝶 胡西園
蔡洪田 吳修 胡星耀 黃造雄 蔣建白

李迪先 徐玉生 叶翔皋 陈培德 邹灵白
诸雨亭 林克聪 水祥云 李华 范一华
杨受此 裴元龙 孙兰舟 陈贤本 曹显吉
王元年 蔡志阶 汪剑平 孙鸣岐 袁瑞钧
陈庆兆 孙秋萍 夏国樑 曾灵白 许冠群
蔡承新 以上为执行委员
周维新 吴开先 杨啸天 蔡劲军 虞洽卿
刘湛恩 褚慧僧 徐寄庼 林康侯 闻兰亭
潘序伦 江一平 胡樸安 宋汉章 马骥良
徐桴 李廷安 张啸林 顾馨一 陆伯鸿

SC127

郭順 嚴独鶴 徐永祚 秦潤卿 王新命

以上監察委員

上海市各界抗敌后援会下设部分特种委员会委员名单（一九三七年）

SC100

086

抗敵後援會籌募委員會

主任委員 杜月笙

副主任委員 吳蘊齋 秦潤卿 李馥蓀 駱清華

委員 宋漢章 陳光甫 宋子良 黃金榮 張嘯林

胡筆江 傅汝霖 徐新六 顧克民 唐壽民

貝淞蓀 徐桴 郭順 金廷蓀 王延松

俞佐廷 裴雲卿 王伯元 陸子冬 胡筠莊

沈田莘 褚輔成 蔡承新 王志莘 葛傑臣

金國寶 壽毅成 齊雲青 陳慶兆 張念萱

裴元鼎 沈萊舟 孫秋屏 葉蔭三 鄭澤南

周康保 李景彧 勞敬修 王振芳 周仰汝

戴耕莘 沈信卿 李祖紳 王厚甫 丁雪農

奚玉書 林康侯 丁方源 張慰如 金潤庠

吳南軒 歐元懷 江一平

抗敵後援會供應委員會

主任委員 錢新之

副主任委員 金潤庠 許曉初

委員 楊志雄 胡筠秋 胡厥文 任士剛 胡西園
蔡志階 趙顯吉 方液仙 王元章 陳小蝶
王性堯 吳蘊初 高伯敬 潘仰堯 屠開徵
馬驥良 盧志學 許冠羣 張沄曾 張叔良
蔡聲白 張佩珍 葉家興 沈學文 賈佀如
潘旭昇 吳星槎 劉燃章 盧孝祚 金宗城
范家標 周壽庚 王天一 潘子韶 謝仲復

SC099

085

抗敵後援會救濟委員會

主任委員 潘公展

副主任委員 陸伯鴻 周邦俊

委員 聞蘭亭 黃涵之 姜懷素 金廷蓀 江問漁

穆藕初 楊衛玉 屈文六 王一亭 黃心正

周夢白 朱慶瀾 周學湘 蔡洪田 胡星耀

陳凌雲 曹志功 應儉甫 張一塵 周世輔

李維熊 陳唯一 毛雲 沈鼎 陳中孚

王維因 杜剛 張秉輝 龔靜岩 張文魁

劉仲英 鄭海若 平亞田 鄔駿程 錢鳳儀

胡壽祺 于庭輝 陸仁麟 羅正 馮敏

萬雪舫 朱夢麟 馮寶成 朱紹曾 顧南群

蕭光邦 李樾卿 許建華 龔維德 盧景純

沈九成

抗敵後援會防護委員會

主任委員 李驤騏

副主任委員 陳克中 張小通

委員 易礼容 黃愓人 汪企張 王劍鍔 蕭子溪

夏國樑 林美衍 凌憲文 蔡曉和 阮復圭

石子雅 馮一先 侯雋人 龐京周 俞松筠

梅鴻荃 林克聰 金克楣 虞翔麟 何挺警

俞振輝 周進 胡天祿 商濟民 沈愚

周壽亥 苗中衍 水祥雲 羅靜波 陳霆銳

李子祥 施季英 陸礼華

抗敵後援會交通委員會

主任委員　黃伯樵

副主任委員　徐佩璜　張登義　周祥生

委員　汪劍平　楊管北　范才聰　吳修　李遜先

張小通　陸光明　史貽堂　王德言　彭伯威

周保之　吳人騏　袁履登　方椒伯　張豐胄

錢時敏　鄭貴友　任基成　曹蓉卿　姚惠泉

李志一　董志和　陸根源　馬少荃　曹隱雲

王愚誠　張孝通

抗敵後援會糧食委員會

主任委員 顧馨一

副主任委員 陳子彝 瞿振華

委員 張念萱 吳桓如 朱子香 陸文韶 蔣石[illegible]

丁蔚南 鄒秉文 王漢良

抗敵後援會技術委員會

主任委員 沈怡

副主任委員 徐采丞 陸京士 王總善

委員 鄧叔平 葉翔皋 周光榮 胡厥文 王家樹

李華 朱學範 虞仲咸 龔雨亭 胡瑞衍

翁之龍 曹沛滋 張昇 陸蔭初 陳保泰

冷雪樵 包鶴年 張克昌 謝筱初 陶桂林

戴有恒 葛叶普 金嗣良 余耀球 葉友才

姚德甫 周仲慶 王屏南

抗敵後援會宣傳委員會

主任委員 童行白

副主任委員 嚴獨鶴 潘公弼

委員

黃任之(文藝) 汪伯奇(新聞) 黃香谷 王芸生(國際) 黃旭初(文藝)

王健民(文藝) 陳訓畬(新聞) 陳克成(新聞組委員) 袁文彰(國際) 章益(國際)

樊仲雲(國際組委員) 周劍雲(戲劇) 應雲衛(戲劇) 崔唯吾(新聞) 薛農山(新聞)

馬蔭良(新聞) 洪深(戲劇組委員) 傅東華(文藝組委員) 朱羲農(國際) 吳中一(新聞)

蔣光堂(新聞) 林柏生(新聞) 馮有真(新聞) 曾虛白(新聞) 董顯光(國際)

潘垂統 周邦俊(廣播組委員) 丁守棠(文藝組委員) 黃敬齋(文藝) 陳韻箕(戲劇)

周寒梅(戲劇) 宋安(總務) 田植(文藝) 葛福田 楊大鈞(戲劇)

王新命(國際) 郭虛白(新聞) 張孟齋 李如璋 王完白(廣播)

黃造雄(廣播) 鄭愛楨 莊平 梁石峯 譚自誠

高家傑 祝志純 王摩成 黃克武 陸斂伯

李浩然(新聞) 冷炳南 王毓祥 吳浩然 戴咏蟾(廣播)

黃覺民 王掞生 錢盈 宋士驤 孫道勝(新聞)

任矜蘋(戲劇) 鄭子褒(新聞) 向勁 蘇祖國 杜佐周

蔡民信(戲劇) 黃祖堯 馮吳學(廣播) 蔣信晤(廣播) 江萬平(廣播)

沈逸千 何景元 鄭贊丞(廣播) 梅龔彬(國際) 胡漢

張天百(廣播) 張叔通 諶志遠 陳蓋民 何家炘

朱少屏(國際) 賈布彥(國際) 趙允安(文藝) 吳叔龢(國際) 童蒸萬(總務)

朱敬春(總務) 鄔克定(總務組委員) 楊志文(總務) 左明(戲劇)

(一實支前號中)

1 國際 2 戲劇 3 總務 4 文藝 5 新聞 6 歌詠 7 廣播 8 偵初

（二）主席团会议记录

上海市各界抗敌后援会主席团会议记录（一九三七年八月）

1

SC001

廿六年八月九日主席團會議（常会列第四次）

到會者

徐佩璜 黄伯樵 沈君怡

王曉籟 屈文六 黄任之

潘公展 杜月笙 陳[illegible]

秦潤卿 張壽鏞 錢新之

潘公弼 吴藴齋 汪曼雲

顔福慶 駱清華 吴開先

主席 潘公展

報告事項

1. 交通委員會黄主任委員伯樵報告

本會組織現分 水運 公運 鐵運 空運 通信五大部 各部又分小組如下

水運部——民運，輪船，

公運部——長途汽車，運貨車，專用車，汽車

2

SC002

材料，机脚車，脚踏車，人力車，
鐵運部—調度，客運，貨運，
空運部—客運，貨運，
通信部—信鴿，郵務，電話，電報

以上各項組織，大部為水陸空三方面，而鐵運及空運，均已隸屬軍隊，故實際上僅陸運得由本會主持，故公運部曾擬購車144輛，茲以費用較鉅，故改購為租，現已租得二噸半以上大卡車五十輛，每日計費二十元，先訂合同一個月，計費三万元，除一万元由市政府負担外，本會應負担貳万元，業已訂立合同，定今日起實行，如成績顯著，將來可擴充至為貳百輛，

水運方面，大部已供軍隊之用，將來能否供本會之用，現尚未定，

2、救護委員會顏主任委員福慶報告

目下上海方面救護事宜，除本會組設救護委員會外，中央方面亦有是項組織，現為集中力量起見，擬雙方加聘，俾得集中力量，減少靡費，

救護方面，現已組成八隊，每隊可支配傷兵一千人，將來如果需要，尚可繼續設法增加，

上海方面擬設立二個傷兵医院，一為清涼寺，一為正始中學，真茹方面由東南医专設包紮所，大場方面由同德医专設包紮處，將來事實上需要，更擬在嘉興、蘇州二處繼續設立，

目下上海保安隊並無医藥設備，故亟宜設法，

SC003

3、筹募委员会郑委员清华报告
明日起由市商会分四批召集各同業公会传话推定筹募人
金银物件由宝成方九霞老凤祥三家代收
明日起排定无线电播音时间
必要时请主席团招待各方谈话
4、技術委员会沈主任委员怡報告
组织方面分木工 机械 电气 化学四大類
化学方面又分毒气子弹地雷炸弹四组均以吸收
欲纳人為本部 再聘請部分專家人员工作
比較收效宏大
5、救济委员会潘主任委员公展報告
本会俟合併開会後再行報告
6、秘書长報告
防疫委员会主任委员李俊颐以忙于事未暇兼顾
本会现拟请副主任陈厚元兼任

讨论事项

1、交通委员会请拨公運車五十辆一個月本会应负車租弍萬元之案
决议——照准由供应救济二方面各拨一萬元
2、救護委员会请拨三萬元以应急需案
决议——照拨叁萬元
3、救護委员会副主任顾委员京周辞职案
决议——照准 改推俞委员之鉽继任並加推
副主任一员 请俞委员松筠担任

4. 供应委员会主任委员钱新之来函以事多校务工作请予辞去主任委员一职案

决议——照准改推王委员晓籁继任，

5. 校园捐征信应如何揭示案

决议——暂照常例登报公告

6. 撑持学同学之会函请设法流通会所案

决议——转函银行信托二公会

7. 校务委员会沈主任委员之函请先拨一万元办理留日学生回国及其他工作案

决议——先拨，再筹之

8. 银行界同人总捐会捐款应如何督促实施案

决议——请钱委员新之先行接洽

主席 潘公展

5

SC005

00098

二十六年八月十日主席團會議（在浦東大厦）

出席者 王曉籟 張嘯林 陳[illegible] 黃任之 金潤庠 柯幹臣 江問漁 潘公展 杜月笙 錢新之

主席 杜月笙　紀錄 江問漁

報告事項

（一）今日召集會議之原因。

（二）上海福祥洋行（美商）主人聯合該行華籍職員採購良馬二十餘匹捐贈本會，秘書處業與司令部接洽處置辦法並已決定運送往八十七師應用。

（三）時局嚴重，各方欲探訊消息者不絕，各特種委員會主任委員與本會多有密切，而各執行委員及監察委員暨各特種委員似少聯絡，確有亟謀補救之必要。

討論事項

（一）本會執監委員及特種委員應如何取得聯絡互通消息交換意見案

議決——由常務委員及秘書處計劃辦理

（二）周邦俊先生建議擬由本會籌備救護汽車一輛，裝置短波收音機，隨同中國紅十字會救護隊出發，兼以為探聽消息之用

議決——函謝

（三）吳淞江灣閘北等區域各機關團體聯合辦事處以防衛工作經濟竭蹶，函陳經過請求救濟案

議決——撥助貳千元

(四)黃任之先生提議由秘書處通行各特種委員會加緊工作並各限於三日內將辦理情形報告到會以資預為準備統籌劃策

議決——由秘書處負責辦理.

(五)防護委員會工作應如何督促加緊工作案

議決——A.加推二副主任

B.一推救火會毛子堅一由保衛委員會推派.

二十六年九月十三日主席团会议

出席者 王晓籁 杜月笙 黄任之 钱新之

陶百川 吴开先 金润庠

主席 王晓籁

讨论事项

（一）到前线慰问及领取通行证手续应如何办理案

议决——推陶百川陆京士二先生接洽

（二）交通委员会主任委员黄伯樵先生因事繁不克兼顾函请辞职案

议决——恳留并加推包可永先生为副主任

（三）本会筹募委员会为工作便利起见拟简称为「上海市救国捐筹募委员会」并以本会主席团参加为当然委员以利进行是否可行请公决案

議决——通过

（四）慰劳前方将士案 议决——通过

（五）函请市商会转饬各同业公会迅即推定筹募委员人选案

议决——照办

（六）救国捐如经捐款人指定用途者（如救济救伤等）本会得遵照办案 议决通过照办

（七）呈请中央发行救国券案 议决——通过

（八）粮食店时有停止营业者影响民食应如何救济案

议决——函市商会劝告社会局命令粮食业不得居奇

主席 王晓籁

8

SC008

二十六年八月十四日主席团会议（在国际饭店）

出席者　张寿镛　潘公展　柯干臣　钱新之

杜月笙　黄任之　陶百川　金润庠　汪曼云

主席

报告事项

A．秘书长陶百川先生

（一）本会本来在市商会办公，现以市商会因战事关系迁至宁波同乡会后，本会乃亦迁移至贵州路湖社里人事咨询所，惟以该所地位亦不敷办公，故现又决定迁至福煦路六十三号同济中学继续办公，该处电话为八一三二九

（二）关于慰劳问题一方面已由地方协会办理，一方面拟办公开征集，所拟征集之慰劳品计分三种（1）饮食品（2）医药品——以上二种希望捐钱由会代办——（3）服用品，另设十一个征集处，每处派童子军十人，本会职员二人

（三）据黄伯樵先生电告前方需粮食及医药品

B．黄任之先生

（一）日人表示同样苏州河以北，北西藏路以东及界路以南于必要时恐由工部局移交以便应用，我人应密切注意，并须为准备以免为敌人窥扰我后方

9

(二)日本通知各領事機關對有恒路漢璧禮路及鴨綠路三路斷絕交通以便於該處埋藏地雷而工部局方面據聞或許予以許可
(三)我外交部通知各國領事居住於楊樹浦一帶之外僑應即遷出
(四)日人通知各國領事日機即將出動.

討論事項

(一)上項有關軍事之報告應即抄送邢處以便轉陳軍事當局以備參考而資警戒案
議決——照辦
(二)本會支付救護救濟各特種委員會款項應如何報銷案
議決——本會支付各特種委員會款項應憑正副主任收據作為報銷根據.

二十六年八月十七日主席團會議（中匯銀行）

出席者　黃任之　潘公展　王曉籟

錢新之　杜月笙　陶百川

吳開先　王曼雲

主席　杜月笙

報告事項

(A)陶秘書長

(一)致蔣委員長及張文伯請向第二司電已發出

(二)救護委員會在租界內傷兵醫院共計六個因前方尚難應用.

(B)王曉籟先生

(一)供應委員會工作現在做到要什麼就供應什麼似可暫告結束.

(C)黃任之先生

(一)戰事在我方認為極有把握因為1,士氣極盛2,地勢極佳.故希望大家把希望放寬毋太急切.

(二)前方現在所需要者為糧食車輛汽油是以推擇慰勞品停止徵集改徵慰勞金.

(三)吳蘊初先生捐汽油五百加侖

(D)杜月笙先生

(一)吳瑞元先生捐公債五萬元作為救國捐並指定二萬五千元為救護傷兵之用二萬五千元為救濟難民之用.

11

(二)海格路有空地五畝上搭蘆棚，可以作為收容所並請救護委員會備辦。

(四)潘公展先生

(一)上海市政府已决定撥款十萬元，四萬為救護之用，六萬為救濟之用

討論事項

(一)傷兵醫院實際情形無多隔閡，似應派員視察俾明實況案

議决——應隨時派員視察

(二)救護委員會規定經費者有四萬五千元存儲本會，應否即予撥給案

議决——暫緩撥付

(三)人民以不動產向銀行押款作為救國捐，是否可行，仰祈示遵案

議决——仍屬可行，但僅能以劃款為限，不得押提現金。

(四)輸送傷兵傷民之汽車每為捕房留難，應如何交涉案

議决——推請杜月笙先生與捕房接洽。

(五)華北戰事捷訊頻傳，我國空軍勇猛英烈，本會應否有所表示案

議决——電慰。

(六)大晚時新態度惡劣且每捏造事實淆惑聽聞

議决——除予以停止郵寄外，並另籌有效應付辦法

(七)播音電台應如何劃一宣傳而收統制案

議决——推請吳開先先生召集該業集議。

 12

(八) 前方戰士亟需戰事消息及後方情形之介紹擬編刊「戰訊」以為休息時之閱讀刊物請求予以津貼案

議決：每月津貼一千五百元分三期付款以十日為一期。

二十六年八月十九日主席團會議（中班）

出席者 杜月笙 錢新之 王曉籟 潘公展
金潤庠 陶百川 沈 怡 吳開先
楊管北 陸京士 汪曼雲 楊名彬
江一平

主席 錢新之

報告事項

（一）沈 怡

關於防毒預備業已準備就緒計

A 面具4800只每只計15元合計72000元（以後數或可增減）

B 油布衣1000套每套20元合計20000元

C 皮手套1000付約10000元

D 嘴套50000只約10000元

E 藥粉約10000元

F 漂白粉二千箱約10000元

G 檢查設備約3000元

總計約135000元

關於D項嘴套可託藥房代為趕做價格須經會所可核准之防毒標準則每只約需13.5元

（二）江一平

工部局對閘北難民為不欲其進租界但可由局方負責輸送工具及費用以難民由閘北送至南市收容所或送遣送回籍如無收容所可以在空地搭蓋臨時棚暫時收容至遣送船只可懸掛外國旗或萬國救濟會旗。

討論事項

（一）華北軍事日見迫緊防毒面具亟待應用應否電告傅作義

（一）關於防毒面具業已籌款趕製六千具案
議決——用三團体名義宣告.
（二）防毒預算共計135000元應如何籌措案
議決——通過（照預算）~~其急切之款由[illegible]~~
~~杜月笙錢新之王曉籟三先生代保~~先向中匯銀
行[illegible]透支壹萬叁千元.
（三）華界收容所應如何着手办理，俾得收容難民案
議決——擇定空地搭蓋明瓦廠交由楊管北楊志
雄　楊二先生負責辦理，
（四）救護委員會以存儲本會[illegible]四萬三千元並待應用請於照
撥案
議決——既係急需應予照撥，

二十六年八月二十日

出席者　杜月笙　黄任之　潘公展　金润庠
　　　　柯幹臣

列席者　吴开先　陶百川　[illegible]怡　徐永祚
　　　　江问渔　颜福庆

主席

報告事项

(一)徐永祚會计师

甲、救国捐截至十九日止共收国幣231,937.24元
　　公債5100.00元，英金半磅。

(乙)對于各项徵收办法略具意见如下：

A.银钱外幣公債便請概送銀行

B.金飾概送銀樓。

C.物品送往援會指定之徵收場所

D.指定捐款除必要者外一律予撥轉。

E.市區各業係有委員會。

F.徵信廣告五元以上刊登姓名五元以下另刊徵信册。

(二)颜福庆醫师。

A.救護病床原預備3040只现有傷兵共1068名傷民368名

B.傷兵醫药經费每名每天计一元五角現有總数每天約700元

C.汽車每天400元

D.醫員膳食每人每日四角共四百人計160元。

E.治療用品每天140元

F.總務辦公费每天200元

G.隊員出發四百人共2000元

16

SC016

H. 閱報室

I. 救濟委員會所用紗布棉花 15000元

(三) 三二一年

A 傷兵送租界,工部局已允許,但不能攜帶武器,檢查好后亦不得帶出租界,攜帶者並工部局檢查,由領團討論

討論事項

(一)傷兵委員會捐款支持項業已用盡,請予再撥十五萬元以便繼續工作案

議決——請予再支十五萬元,向中匯

(二)關於總工會所擬之項計劃意見應否採納案

議決——應予採納照辦

17

SC017

二十六年八月二十一日主席团会议（国际饭店）

出席者　杜月笙　王晓籁　黄任之　金润庠　杨锦昌
　　　　张寿镛　钱新之　[illegible]

列席者　吴开先　陶百川　徐永祚　汪曼云　徐佩璜

主席

报告事项

（一）徐永祚会计师

A、救国捐八日成绩殊佳，一日缴得为853.668,50元，各行庄平均比较以中国银行为最多。

B、付款概况　1.借款113,524元　2.救济75000元　3.宣传1000元　4.事务1729元　5.救护75000元　6.防护13000元

（二）秘书长先生（陶百川先生代）

A、秘书长先生病已渐见痊，下星期或便可到会办事。

B、为介绍本会工作情形及便于推动各项工作起见，定于星期招待中外记者于新新酒楼。

C、「抗战」报可于下星期出版，此事[illegible]赞同。

D、文化界救亡协会附属之救国会化身救亡等编有「救亡日报」，现拟请援「抗战」例予以津贴。

讨论事项

（一）中中交三行人寿款叁拾万元已同意改为捐款，拟宣布即转账以了手续案

议决——照办

（二）军事机关借款请拨所收救国捐款及移作借款~~款项~~用途以济军需案

18

SC018

議決——呈軍委會核覆

(三)本會為事實之需要，似擬有增設設計委員會之必要，俾資所有工作得以策劃推進，是否可行，請公決案。

議決——准予增設設計委員會

二十六年八月二十二日主席團會議（中匯）

出席者
杜月笙 潘公展 王晓籁 錢新之
黄任之 金潤庠 柯幹臣

列席者
吴開先 陶百川 駱清華 徐永祚 陸京士
顏福慶

主席

報告事項

（一）徐永祚會計師
A.八月二十一日共收救國捐95,241.46元
B.至八月二十一日止計收：
1.公債46,490.00元 2.銀角1000角 3.英金六磅
4.存摺存单$90.57 5.廣東双毫5.00 6.日圓1元16錢
6.總計410,766.26元

（二）柯幹臣先生
查防護委員會成立迄今既未能召集會議而工作亦一無表現且該委員會工作處于現在環境之中已無從開展与其虚存毋寧裁撤請予討論此解决之

（三）顏福慶醫師
A.現有傷兵為1325名又傷民305名
B.關于治愈傷兵如何輸送現正与後方接洽中惟後方亦[illegible]，擬由紅十字會办一療養院頭以格于经济恐難办到，故現已請示軍医署傷兵管理科
6.上海傷兵每日食糧约计二角五分較諸南京之每日

SC020

20

一角債、越蓋应

D. 各团体或个人要到各医院去慰劳伤兵服务，须先经本会批准，以限制或改善。最好于每三天红十字会送慰劳品时随同去慰问。

E. 校役工作人员不因工资命令似应予以接收。

讨论事项

(一) 推选本会设计委员会正副主任及委员名单请公决案

议决——A. 沈钧儒为该会正主任，郭沫若、杨德昭、林康侯、彭文应为副主任。B. 邹韬奋、吴经熊、王造时、钱俊瑞、章乃器、陆[illegible]、史良、章蕴、夏晋熊、刘湛恩、胡愈之、史国纲、梅龚彬、孙千里、李公樸、李干、张宗麟、杨东莼、孙寒冰、钱亦石、冯和法、左舜生、毛啸岑、许性初、袁业裕、周尚、郑通和等为设计委员会委员。

(二) 再呈军委会及呈财政部可否准予动用校园捐款为修葺校舍、校役之用案，并请恢复校园收支案

议决——电呈候核。

二十六年八月二十三日主席團會議（中匯）

到會者 杜月笙 王曉籟 錢新之 柯榦臣
金潤庠 宣任之 吳開先 陶百川
徐寄庼 徐永祚 任覺五

主席

報告事項

（一）徐寄庼先生

A. 京滬警備司令部之汽車管理處，業已組織，張司令並着本人主持其事。該處辦理 1.徵調 2.材料 3.輸送。且設有後方辦事處，辦理總務 2.材料 3.修理等工作。所有工作概由本會協同調用。

B. 1.汽油已準備二萬加侖。2.材料正在搜集。3.修理已在着手。4.後方工作尚未着手進行。

C. 前訂200輛汽車分配，茲將支配情形報告如下：
1.紅十字會16輛 2.救濟委員會20輛 3.地方協會19輛 4.八十八師5輛 5.寧波同鄉會5輛 6.軍事委員會專員10輛 7.第一批50輛（計保安隊20輛，司令部15，警察局15） 8.公用局60（如何支配在調查中）

D. 擬開前方擔租用小客車30輛。

（二）徐永祚會計師

A. 昨日徵收 1.國幣2362.54 2.硬幣銀角305角 3.有價証券公債1000.00 4.存摺存單13.00

B. 累計 1.國幣414,457.13 2.硬幣銀角1305角 3.外幣 甲.英金五鎊 乙.日元1元16錢 4.有價証券公債147,490.00 5.存摺存單403.51 6.廣東雙毫5.00

（三）陶秘書長

22

SC022

A，依照顧問周先生意思，本會救濟、救濟工作因格於各種環境關係，擬對工作區域略定範圍。

B，各種救濟機關團體紛紛組織，因此對本會工作不太明瞭，致時有隔閡之批判，甚或竟以肩固(?)之攻擊。茲為使各方對本會一切有所曉解及溝通起見，擬於明日下午三時在上海聯誼社召集各方舉行談話會，業已發出請柬，係以全體主席及顧問先生之簽(?)本人名義出名邀請，並希望各特種委員會由主任擬具簡明之工作報告，尤希望於數字之提示，以便於舉行談話時提出報告。

討論事項

（一）本會經濟支付，應否設立審計處，以便稽核案

議決——函請胡經桩(?)先生及上海審計處推派代表，會同籌備會計(?)於主席團下組織審計處。（稽核）

（二）交通委員會（擬增加(?)）汽車、人工、修理、材料、汽油等預算，計國幣306,200.00元，應請追認案

議決——通過

（三）交通委員會前雇車輛費用請予撥付案

議決——准予先撥一部份，計國幣壹萬貳千元

（四）各特種委員會收支應如何彙集，以便入賬案

議決——限期報告，否則停止付款。

23

SC023

二十六年八月二十五日主席團會議（中匯）

到會者　杜月笙　王曉籟　張壽鏞　金潤庠　柯幹臣
　　　　潘公展　童行白　黃任之　徐寄庼　沈　怡
　　　　陶百川　江問漁　駱清華　徐永祚　顧馨慶

主席

報告事項

（一）徐永祚會計師

A 二十三日救國捐結計：

捐款種類	本日共計	本日累計
甲 國幣	158,437.85	572,894.98
乙 硬幣	銀角 580角	1,885角
丙 外幣	日金 10元	英金 六便士 日金 11元16錢
丁 證券	公債 100.00	公債 47,590.00
戊 存款	116.50	520.13
己 [illegible]		5.00

B 二十四日

甲	107,486.85	680,286.73
乙	銀角 18角	1,903角
丙		英金 六便士 日金 11元16錢
丁	公債 172,081.20	公債 219,671.20
戊		520.13
己		5.00

C. 個人捐款之最多者 1，程輔仁；印午；蕭晴合捐 50,000元由順康莊代收 2，吳瑞元戊種公債 150,000.00元 3，徐懋棠；懋昌 20,000.00 以上2，3，二户由中匯代收。

（二）黃任之先生

SC024

A. 本会为团结抗敌力量之计，特意召集，特于昨日召集各界各团体代表举行茶话会，到会者七十余人，空气紧张，精神极佳，各代表对本会过去工作尤表满意，并于该茶话会之机会中，将来各团体为应付非常时期，都已组织起来如下：1.教育界有战时服务团之组织；2.文化界有救亡协会之组织；3.妇女界有上海妇女慰劳前线将士委员会之组织。以结合大家意思，将来再有组织，不无遗憾，拟由本会起草纪念以组织，俾集中抗敌力量。

(三)颜福庆博士

A. 昨日有本会救护队前往大场救护受伤之我国飞机师，路经罗店遇日本飞机，医师一人当场被击毙，女护士二人受伤。

B. 本会救护工作，在上海有二十四个医院，收容伤兵三千，到今日为止，已有卧在地板上矣，所以对于伤兵者，实将无法收容。

C. 本会所用经费：

品名	数量	单价	合计
救伤包	100,000	0.09	9.000
担架	500	4.00	2.000
急救囊	100	2.00	200
医疗囊	50	50.00	2.500
器械			20.000
杂件			3.000
敷伤粉	5000	2.40	12.000
抗毒气			
	（总计）		48,700元

（此数已由红十字会负责）

D. 每月經常費

院隊別	衛生材料費（以每人每天一角計）	伙食	津貼	
救護醫院 二千床位（11）	6,000	20,000 職工五百人每人每月十元，病人每人每月七元半		
特約醫院 一千床位（13）	3,000	12,000 每人伙食補費每天四角		
戰地醫院 三百床位（1）	900	1,470 職工六十人平均每人每月十元，膳食每天以擔計	1,200 職工六十人平均每月二十元	
救護隊（6隊）	1,800 每隊每月三百元	3,600 每隊職工五十人，六隊三百人每人每月十二元	6,000 職工三百人平均每人每月二十元	
急救隊（3隊）	600 每隊每月二百元	900 每隊職工25人，三隊75人每人每月十二元	1,500 職工七十五人平均每人每月二十元	
交通費				36,000
雜支				4,000
合計	12,300	36,970	8,700	40,000

總計97,970（除紅十字會負擔一萬三千元外尚不敷84,970元）

上項材費按三千傷兵每人每日五角計算（包括伙食醫藥衣服等）
嗣後每增一人即可照此推算。

E. 傷兵運輸，急需汽車現擬徵集30輛以十二輛為運送傷兵兩方之用，餘則為戰地及聯絡交通之用。會擬上項車輛可否由交通委員會辦理。

(四)黄任之先生

上項車輛地方協會可以負責代徵。

(五)徐寄庼先生

A. 地方協會既願負責代徵為好，惟徵得後仍須由交委會轉撥，俾得劃一車輛而資統制。

B. 並為將來需要擬向聯絡車業同業公會及人力車同業公會租借車輛，現擬就合同草約由會一紙，請予簽署以便進行。

(六)杜月笙先生

杭江路政府來電，屬為收容難民，已在辦理。

討論事項。

SC026

（一）日軍殘暴酷虐不顧國際公法殺戮救護人員本會應如何表示案
議決——函中國紅十字會王儒堂先生辦理。
（二）各救護及特約醫院原定床位業已滿額應如何辦理案
議決——1. 函請向蘇州後方醫院輸送並盡量輸送之。2. 各校中要求得增設床位或醫院，但不得超過每人每日三角（包括伙食在內）之費。
（三）擴充傷兵醫院經常費各費予預算行核付案
議決——函送城內滬市紅十字總會撥為捐之五萬叁千元。
（四）前擬以汽車三十輛代墊之款計洋伍千元應予撥還案
議決——准予撥還。
（五）文化界救亡協會出版之「救亡日報」因經濟困難請求津貼案
議決——未便照准。
（六）本會各項亟待改進擬派小組視察俾便激勵救亡案
議決——通行監察委員會辦理。
（七）童子軍理事會以服務本會經濟困難請求津貼俾得撥還案
議決——准予每津貼
（八）應如何健全青年組織以加厚抗敵力量案
議決——交設計委員會計劃辦理。

二十六年八月二十六日主席团会议（中派）

到会者　杜月笙　钱新之　王晓籁　潘公展　童行白
　　　　柯干臣　黄任之　陶百川　沈怡　徐永祚
　　　　汪曼云

主席

报告事项

（一）徐永祚会计师

A 二十五日救国捐结表

捐款种类	本日总计	本日累计
国币		
硬币		
外币		
有价证券		
存款凭证		
广东双毫		

（二）黄任之先生

A. 松江车站今晨来电闻行已被敌军轰炸

B. 莘庄车站被炸

C. 某外文报纸刊登有中国红十字会利用红十字旗运输军需品。

D. 地方协会有派员至内地设法接济遣送难民情形

E. 地方协会总共收到捐款为234,828.86元兹将捐款人指定用途如下

1. 救济83,140.57（交[illegible]芳转收）2. 救护46,471.41（交颜福庆转收）3. 慰劳71,317.18　4. 购车33,500.00
5. 未指定用途400.00

SC028

(三)沈怡先生

A 关于捐募方面因过觉所及略具意见以供参考

1. 捐募最好能多捐金银饰物及外国货币较为实际
2. 上项金银及外币银行及其他指定场所均可收兑.
3. 公债最好能定二种方式甲.牺牲债 乙.所得债 并可以牺牲债调换救国公债.
4. 所收金银先由临时收款机关再由中央银行折实.
5. 公债要多能提高本身价格.

上项办法交筹募委员会详为研究.

(四)童行白先生

A.为谋增强长期抗战起见现拟往下列各点着手宣传.

1. 工厂应继续生产
2. 妇孺遣送,应由中央整订移民办法
3. 勿使教育停顿.

B.捐募办法繁乱已极似应予以纠正

(五)王晓籁先生

A.为救筹银联发红会区长及救护员事项已编书意已发出

讨论事项

(一)各报对本会之告每每未能刊出应如何设法疏解案

议决——请潘公展先生办理.

(二)交通委员会主任委员育伯桢坚辞职案

议决——推陶秘书长接洽

(三)应如何推进人民捐献金银饰物案

议决——饬令收银楼暂停结价候将来办理后再行估价
(收时须编行号码并注银色,标明重量)

(四)内河轮船业同业公会书记王剑平意救利用救济委员会

29

該照截回之遣送難民船只高抬船價營利肥私之阻撓難民遣送殊屬不法已極應如何處置案

議決——交戒嚴司令部嚴辦，

30

SC030

二十六年八月二十七日主席團會議　（中週）

到會者　杜月笙　潘公展　王曉籟　童行白　金潤庠　柯幹臣
陶百川　徐佩璜　徐寄廎　姜懷素　沈怡　[illegible]
胡鳳翔　李子祥　汪曼雲

主席

報告事項

（一）徐永祚會計師

A.救國捐昨日籌募情形

捐款種類	本日共計	本日累計
國幣	51383.61	763808.88
硬幣		銅角1.999角
外幣		美金1元 英金五 日金11元16錢
有價證券	4380.00	228.091.20
存款憑證	111.32	3482.55
廣東雙毫		5.00

B.收支概略

1.收項　323.000.00

2.付項　甲.供應委員會　121.244.20

乙.救濟 〃　75.000.00

丙.技術 〃　13.000.00

丁.宣傳 〃　1.000.00

戊.籌募 〃　100.00

己.交通 〃　12.000.00

庚.救傷 〃　7.5000.00

辛.事務 〃　1.716.00

壬.往來存款　23.939.80

31

SC031

(二) 陶秘书长

A. 関於救国捐是否可以动用以为军需供应问题，曾电呈军委会，顷奉在汉蒋委员长陈主任先生覆电如下：
「养电悉，查各省各方所募就近动用救国捐以充作抗战军队急需之供应，可依照办法由各地军事最高长官核准办理，惟未有将捐款及动用总数报新主管机关备案——」云

(三) 童行白先生

A. 大美英文版及市党部士兵运动亦已分发。

B. 宣委会为使中外新闻消息统一起见，现拟国际宣传处设一办事处，以为国际及交换情报之需，拟请派员参加人员为属新闻界者与各驻华中外新闻记者对外国际宣传之事，以利工作（与市党部及外交部驻沪办事处接洽）

(四) 李子祥先生

A. 市民义勇队590人担任沪西方面侦察及维持交通等工作

B. 学生模范大队皆系自动扩充到第六团，有千余人，现仅选出数百人，而已改组队，且已出发。（该队系军训编制）

C. 所有给养本拟向市商会领，但未能领到，现在每一队每人仅领一角五分之给养（此项给养系由别动队司令部领到者补给）

D. 市民训练处所辖者人数众多，仍不能按旧组织者有无给养者亦有之，因之纪律上或有不能使人了解之处，故已由队长训诫以后务须免除

E. 近来有几个团体也承办市民训练制服，后经查觉有冒充领队，故现在苏州河以北已无受训市民。

F. 近来各处所领给养本人未明，应询李队长何应承者。

32

SC032

(二) 姜怀素先生

A. 去年東戰開始浦東保衛團奉令協助軍隊,旋因保衛隊撤退,而隊伍始終未撤,現有槍三千八百餘枝,計步槍三千三百餘枝,機關槍及其他新式槍六百餘枝。隊長係由軍事機關委任,共分二團,一駐川沙以北,各保衛隊指揮本人為浦北指揮,及蔡局長則管川沙以南之指揮。

B. 吳淞閘北引翔等處炮兵陣地及戰壕工程皆係保衛團所築。

C. 吳淞江灣一帶戰壕皆係本團擔任,自虹橋事變後,開始給養伙食,由商會協助二千元,但不敷用。

D. 自國軍撤退後,保衛團因未接到命令,故不能撤退,至十三日有虹橋指揮部直待至八十八師到達後本團始引退,至在江灣大場引翔一帶伙食每日之一百三十人至今未能還來。

E. 現在閘北浦東大約有一大隊保衛團約二千四百餘人,僅得一千四百餘。至在浦東川沙南匯等處僅三千人,至到現已增加。

F. 浦東方面保衛隊以高橋最危險,以日兵常來登陸,警察即棄職而逃,事平後又復回來,故已遭三次之多,于四日前以敵人槍轟而劇,保衛團不得不應退,現在七高橋組聯合辦事處。

G. 伙食給養問題,且以隊員家屬甲給安插,但恐表于大世界者頗多。

H. 隊員死亡者二人,傷者二十餘人。

I. 給養除自捐金二千元,市商三千元(買軍用鞋)外,如蔡董事會等三千元(每一團每月一千五百元),二團經費約六百餘萬,故商人不堪趙會請求從速撥來.

(六)顧京園医师.

A.救护工作现有三个困难 1.工部局不时阻挠 2.兵车塞于途. 3.救护人不时被捕.

B.昆山所办卫生列车以消息未通致伤兵未能疏运.

C.第卅红十字会在船舶上工作该船现停在京沪.

D.嘉定拨有客车十辆皆不能用.现已有五车辆拖至昆山

E.本院有260床位拟加至560.;常熟600床位现在仅收容伤兵九十人(经常工作已停顿)

F.前线作战时战争犹剧敌机向我〇〇一师袭击,伤兵在战后在野中因死亡者士已与尸血相混,惨不忍言所以掩埋工作,亟待进行.

G.据救护队长来之郭区长谈:青阳港铁桥,被已被炸但跑已修復,且可通车.

H.朱燮之来函告据报西之范部行师副长因事已被敌军枪杀.

I.各药房值此国难严重期间多表同情,惟亦有四五种药装入麦芽糖内出售似宜予以警诫(示明药房)

(七)徐佩璜先生

A 150付人力车轮外胎价约四元五角一付 150付共计为2235元现由同人拟以半价出售余半数作为救国捐款.

(八)姜怀素先生

A.别动队总部张司令委任命令为二纵队第一队队长何相伸和副队长第二队队长李[illegible]副姜怀素.

討論事項

（一）交通委员会提拟于交通车辆上增设防空设备案
议决——照办
（二）「抗战」报因环境关系现已改为「战报」，仍希续予津贴案
议决——照办
（三）各特种委员会应予造具报销案
议决——亦须照办
（四）关于报告事项（四）李公朴先生提出关于工作部份应否定原则案
议决——1.未经受军事训练者不得到前方工作，免受无为牺牲 2.后方工作之军警团体皆应集中来校接受战训由总部统辖 3.所有后方军警亦应接受战训由总部统筹支配。

35

SC035

二十六年八月二十八日主席团会议（中汇）

出席者 杜月笙 王晓籁 潘公展 钱新之 童行白 胡庶华 金润庠 柯干臣 陶百川 沈怡 徐寄庼 王曼云

主席

报告事项

（一）徐永祚会计师

A. 二十七起团捐结表

捐款种类	本日共计	本月累计
国币	6,741.59	770,550.47
硬币		1,999元
外币	日金10元	美金1元 英金 日金21元 16镑
有价证券	120.00	228,111.20
存款凭证		3,482.55
广东双毫		5.00
银两		1两

（二）陶秘书长

A. 监委会今日举行谈话会结果推代表来会报告本会工作（由常务推定柯干臣先生代表出席）

（三）沈怡先生

A 防毒面具除已在进行外，昨又同校长会商，因为新对于原料未能全備，故生产减少每日出200具，如能把材料人工加以统制，则每月可出千具，以后不断生产，三个月可有九萬具

B. 技术委员会对于防毒面具之检查，验备现正在进行中。

（三）地方协会代表徐永祚先生

A 拟具征集车辆办法（交委员会）

B. 市警察局送到165枝枪归军需保存（由各方办事处接洽）

C. 地方协会及商会函季廉(?)商会请转告接济加拿大皇后轮上之由美返国学生(?)

D. 麻袋业筹送二万只收存堆场一并办法。

(四) 徐佩璜先生

A 系市长嘱我报告本总团之部队於二十一日开到吴淞去，受指挥下颇有伤亡而伤者尤多，请给予以接济。该部队为本市部队，故除(?)本会所给(?)慰劳费外，并加感谢该队在军用品亦希予以接济，其数量如下：

1. 铁棘(?)线50圈　2. 20寸锯机2件　3. 10寸锯机1件

4. 木桩若干　5. 麻袋20000只。

(三) 颜福庆医师

A. 各医院对伤兵伤员与各方办事接洽后，於十日起已开始输送，惟以前各处转送不周，致伤兵无法(?)收容，有部队因之延迟二日，於铁门外(?)设立一处，於今日又将(?)向到医院以一程(?)之饥寒相继(?)，请(?)设法(?)救济伤病之人，使打(?)医生、护士之数增(?)加(?)。

讨论事项

(一) 本会应对所有抗敌救护团体取得联络，并以加强抗敌力量，依据上次谈话会决定，推每团每行谈话会一次，并推吴(?)市长为召集人，请通过案

议决——通过

(二) 救护委员会提：拟借光华大学为伤兵集合站，以便输送轻伤伤兵案

议决——照办(?)，并由颜医生向张寿镛先生接洽

37

SC037

二十六年八月二十九日主席团会议（十三次）

出席者 杜月笙 潘公展 王晓籁 钱新之 金润庠 沈怡 童行白 张寿镛 徐佩璜 胡筠秋 汪曼云 徐寄庼 陶百川 汪大逵

主席

报告事项

（一）沈怡先生

A. 浙嘉西县以上海各厂救济难民合作社一时无法统制收货各方催询调查则以该县之署合作之保安及难民二处之出品粗糙为上乘且据难民之陈情皆先生谈就该厂现有之原料而言可以供给浙嘉西县六万县收货厂有三项困难须本会予以解决者 1. 有一部份机器存储在江湾因停业中须设法运出 2. 在该处需找一四上四个或八个间之平屋以备该厂制造 3. 现有货料须现钱出货

B. 前拟计划系以各难民厂之原料仍行制造且原定4800县须于九月底可以出货今难民自九月十五日起分日往开工每日可出货八百县于一个月后且可增至一千六百县为与之订约，如将出货转交抵押而出品亦比较可靠，本会似可与之订约俾取得优先购买权，

（二）徐佩璜先生

A 第三战区陈总监以人民个别前往前方慰劳每致不便妨碍军运困难以后慰劳物品等分配转运至已知照浙江省政府同样办理矣（照办并知照各机关）

B. 薛委员报告，在上海所买卡车之99辆，均寄港已全部起运100辆，现拟由卡车业同业公会就本会前订购之中优先调用90辆，均拟预付四千元保安费以利运行（照办）

（三）汪大燮先生

A 江西桂越两省公路局英美侨务，警察之械于大前天业司令已将该械缴去，均有地方保安。

B. 南京沦陷警察三千士兵四千被敌缴械，在就地施行屠杀，后居民之留存南京者，只余十万人左右。

C. 日昨有敌机十二架于一点四十分至二点十分向南市轰炸，有七弹落于在国货公司及南站一带，伤数十人，死者三十余人，房屋多数全毁。

（四）徐寄庼先生

A 本会二届会议议决三项 1.卫生 2.宣传 3.救济工作

B 有外人二、一名 Tyle（美籍）一位国际饭店事务所人组织大之新闻，以推销报纸为生（请钱新之先生）

C. 黄任之先生已到京.

讨论事项

（一）防毒面具应否与消防队订定购买案
议决——就前拟预算十三万[illegible]提出七万贰千元交技术委员会负责办理。

（二）保卫委员会闸北区请拨款继续每日供给汽油三十加仑案
议决——交通委员会办理。

（三）松江红十字会来电现已设有收容所六处，惟以绅富已离松江给养无从筹措请设法救济案
议决——准予函请拨壹千元

39

SC039

二十六年八月三十日主席团会议（觉园十一号）

到会者 杜月笙 潘公展 王晓籁 钱新之 张寿镛
陶百川 徐寄庼 徐佩璜 徐永祚 徐采丞
陈君毅 汪曼云

主席

报告事项

（一）徐永祚会计师

A 二十八日救国捐结存

捐款种类	本日共计	本月累计
国币	37575.96（廿八日） 201（廿九日）	808.327.43
硬币	铜币213	2212角
纸币		毛1元[illegible] 5 21元16钱
有价证券	3010.00	231.121.30
救国公债	123.00	3605.55
广东双毫		5.00
银两		宝银1只3656两

B. 支付收纳项目

支 1. 借款 127.164.30　2. 救济 65.000.00

3. 救护 13.000.00　4. 宣传 1,000.00

5. 筹募 100.00　6. 交通 37.000.00

7. 事务 1,716.00　8. 救伤 75.000.00

9. 现存 53.019.70

收入 373.000.00元

（二）钱新之先生

A 德人拜耳捐款壹千元（指定救济救护各半分配）

（三）陶秘书长

40

SC040

A 本会缝棉衣已函送市商会转分会，分派各业，已在胡先生家办了，希望各委员会可速速同单据送棉衣棉被。

B. 国际饭店已与端楷商妥收表，以后任何自办娱乐，及来本市各跳舞场者，应以五元同以捐助本会救济经费为捐证，至于名誉方面，已经本会除将所捐款及人名于舞场内公开刊登外，并将入舞者姓名登刊报端，以资表彰，一方面并函新闻检查处将舞场广告一律取消（照办）

C. 设计委员会经拟定林康侯等六人审议各抗敌团体与本会连系问题之意见，

1. 全市抗敌团体以后援会为最高机关
2. 各团体均应依法呈党部手续分别组织或就原有团体中增设关于该项性质之特种委员会
3. 各团体组织后，应向后援会登记。
4. 后援会须每二周召集谈话会交换意见
5. 各团体如须向外募捐，其捐册应经社会局加盖图章以昭郑重。
6. 办理募捐之团体其会计应由会计师主持之
7. 各团体募捐如不照5.6.二项办法办理时，抗敌后援会得因其情节轻重加以处分

D. 救国公债得于下月间始捐，国捐不须结束，亦须公告（可暂缓商讨）

（四）骆清华先生

A. 金银饰物用品原定由老凤祥银楼收集，然该楼自今日起已不愿再收，此事于二十九日已决定由中行收集，而中行亦以件数太多又复拒收，故一会决议乃适通绸业银行

暂为保管。现今救国公债会对金银物件亦有征收办法，则是项物件似可送达该会。

(五)徐佩璜先生

A.经市团体为同样交通委员会之车辆修理与调查有统一之必要，故已拟就综合管理处办事细则，一俟该司令同意即可办理。

B.关于此次各界捐给之汽车，除依照本团体组织交通车辆应由各该负责办理外，故本人已预备移交管理处之后，将上海车辆仍由本人负责。

C.前奉经委会常务会议统筹交通大队，计为或有八十八辆，现据以各方报捐之汽车及卡车等未之实数，按交货后，对于工资给养等各项均不负责任，至上海方面修养给养问题似可会同熟商，对于交通问题须谋解决(最好能早日促其实现)。

(六)徐采丞先生

A.红十字会丹阳分会来函，(由地方协会及商会)对于在丹阳同乡已由该会负责经办可俟免费遣送回籍。

讨论事项

(一)救济救护二会来领之款项提先拨付以利工作案

议决——就原定预算照拨。

(二)救济委员会为工作频繁经济拮据可否准予自动募捐以利工作案

议决——准予自动募捐，惟须以所募数目随时报会备查。

(三)救济委员会为移秘书处库存万元现以需款迫切请求照拨案

议决——该款应由交通委员会经济项下拨付。

二十六年八月三十一日主席团会议（杜公馆）

到会者 杜月笙 王晓籁 钱新之 潘公展 张寿镛 林康侯
童行白 金润庠 陶百川 徐佩璜 徐寄庼 徐永祚
蔡劲军 陈小蝶 汪曼云

主席

报告事项

（一）徐永祚会计师

A 救国捐三十日结束

捐款种类	本日共计	本日累计
国币	20.521.01	828.848.87
硬币 "		银角2.212角
外币 "		美1元 英五镑 日21元16钱
有价证券	200.00	231.321.20
存款凭证	197.40	3.802.95
广东双毫		5.00
银两		1两 宝银3.656两

（二）蔡劲军先生

今日来此系会议机会对于前线方面作一简单报告。

A.作战方面：

1.吴淞罗店方面敌军左翼突向嘉定进攻，拟抢猫儿庙与我军发生遭遇战，初，我军稍不支后得援军又复反攻，不但击退敌人且占领曹王庙，敌已击溃，我军亦颇损失

2.闸北虹口之我军暂取守势

3.张华浜之敌，曾一度进扰，引行御任车站。

4.警察总队，係于今年三月一日成立，因係秘密组织，故

中3 SC043

SC042

外界早有知者，作战计划等因未奉命令守秘密以致各方颇多怀疑。

5. 经董涧桥事件起，于八月十二日我保安总队及警察总队，由上大纱厂警戒至沪宁路，八十七师攻上大厂，八十八师则攻吴淞，八十七师以未知上大厂北面之沪江大学内尚有敌人藏匿其间，故受相当警察大队因相助支持亦丧亡多余人。二十二日敌炮轰又死亡多余人。二十三日敌大队援军间至，炮火甚烈，甚至总团长以该大队为后退，故吾团长即将该大队长撤职。因之敌遂来势攻我，致我警察大队不得已撤退至三四分钟后，敌军师才开始将敌人击退，旋由三十六师宋师长一旅之众前来接防。

6. 前日会同各师长苏浙湾与总长王师长称此次警察参加作战实开全世界警察之新纪元，且以敌之海陆空军同时作战，用之旋即作为总体实深欣幸。

7. 前方汉奸太多，在闸北穿工民训练制服者十四人，穿警察制服者二人，现均予枪决。

B. 沪南方面

1. 自十三日至十八日市面治安均甚十分混乱现象，当时奉到委员长命令须于二小时内封锁栅栏，车辆家家窗户，当地士绅因不能细察，致对警察动作颇多误会。

2. 在南市拿获一警察及一警长，因搜获市民衣服均被我查明镇压。

3. 上海在警察方面有时因汉奸过多警力单薄，遂不能不利用保卫团及受过民训练者协助维持秩序，奸人仍复造谣生事，对于各分所则言军事失利，对后方则言警察不行，经我捉获数名尚须

44

·SC044

不用其极。如近一月以来闸北残存妇孺急待疏散者为数甚多，最近本人曾一度至市中心区，不意竟遭射击，该系由敌人所为，故闸北难民移至安全地带之意，在一时无力再来，亦不能使之扶老携幼而去。

4. 上海警察力量统计约千人，有二个警察。

5. 前方作战之死伤计分左右中三路，左为杨总司令，右为王敬久，中为宋希濂等，保安队任对于侧方面参加战斗，而亦望能助以机器脚踏车25辆分配三个师部以作传令之用。

6. 警察总队及保安总队系属地方军队，而近来未奉专款，恐殊难维持。

7. 南市之各团体，张司令及杨司令安排作南市抵抗支援，于十六铺一带已划为警戒区。

B. 浦东方面

1. 据委员长命令给张司令，应于浦东必要时遗弃在浦东之物资，即日开始。一时撤退者，亦为军民及保卫团团员之家属等。

(三) 杜月笙先生

A. 警察总队既有如此成绩，果属实在，此是尽忠于职，警察天职为维持地方秩序，是以在非常时期后方治安尤属重要，不可忽视，故保全前方之警察，亟应调回，盖后方治安维持得宜，其丰功伟绩亦不亚前方作战之将士也。

(四) 陶秘书长

A 听据交通部俞部长来电，其要旨如下

1. 苏州已设有汽车修理厂。

2. 苏州南翔常熟一带沿途损坏之汽车为数十辆，双方合作修理

3. 给养材料由彼负担
4. 南翔至真如江湾大场一带由我负责
5. 南翔以东一带伤亡甚多，伤者固速救，死者亦应急埋（拟请江苏徐采丞、颜京周、陆京士、朱学范五人负责办理。又死牛亦同掩埋，而电詹家部长通部队予以便利）

(2) B. 据中央宣传委员会电，以中苏互不侵犯条约，在我国对外关系及世界和平均有显著之影响，自可发表，于三民主义结军事同盟，尤非放弃根绝赤化政策，希即重为宣言，于言论时勿用联俄字样。

(三) 颜京周医师

A. 救护工作不能使人满意者，以于九十平方里内仅有三百人在工作，于比较上相差殊远，十余以后长期抗战，则决非现在情形所能应付。

B. 拟呈伤兵出院之程序及办法
1. 军官训话 2. 请张司令发表 3. 组织轻伤者之集合站 4. 轻伤者送后方 5. 经由组织伤兵管理处。

C. 同德医院亦有伤兵医院，但京未向外募捐，昨突接抗敌后援会特务队警告，务须捐三万元于抗敌后援会，否则对付。本会既无特务队之组织，显系奸人假借名义从事以敲诈。（请查）

D. 救护委员会来函请求对因救护工作而丧亡者拟定抚恤办法如下
1. 担架员或伙夫200—400 2. 车夫200—500
3. 看护或职员300—600 4. 医师600—1200
(

SC046

(六) 徐佩璜先生

A 该有道奇卡车十五辆现愿廉价出售每辆价为1600元 殊觉十分便宜可请购买请予进行.

討論事項

(一) 交通委员会主任贡伯棠先生续请辞职情词恳切请予照准案

議決——1. 既经挽留不获姑准辞职惟因铁路交通仍须勉为其难 2. 推徐佩璜先生为交通委员会正主任包可永先生为副主任.

上海市各界抗敌后援会主席团会议记录（一九三七年九月）

二十六年九月一日主席团会议（杜主席）

到会者 杜月笙 王晓籁 钱新之 童行白 张寿镛
金润庠 杨静层 陶百川 徐寄庼 潘公展
徐采丞 徐永祚 胡筠庄

报告事项

（略）

讨论事项

（一）据检阅西一带设址楼以便堆置大量物品案

议决——交总务委员会于最近期内负责办理。

（二）地方协会提付据就捐来汽车提出二辆作为京沪线之联络车是否可行付核议案

议决——照办。

（三）据代电张司令是否需要由本会代办防毒面具一万只以资应用而利战事案

议决——通过。

（四）童子军战地服务团请求将原有每月津贴增为五百元案

议决——照办

二十六年九月二日主席团会议（国际饭店）

出会者 杜月笙 钱新之 王晓籁 潘公展 童行白 张寿镛
柯干臣 金润庠 黄任之 陶百川 陈小蝶 汪曼云
徐寄庼 徐永祚 徐佩璜 胡筠庄 杨志雄 杨德昭

主席

报告事项

(一)徐永祚会计师

A 九月一日救国捐统计

种类		本日共计	本日累计
国	币	46.487.46	909.407.73
银	"	572两	3.958两
外	"		美1元 英金16 日21元16钱
有价证券		10.040.00	248.751.20
存款凭证		1.079.50	4.943.45
广东双毫			5.00
金	两		1两 宝银3.656公分

B. 收支概况

(1) 收入 373.000.00

(2) 支付

甲. 供应 15.522.00 乙.宣传 500.00 丙.事务 97.29

共付 16.119.29

(二)杨德昭先生

4. 联合办事处，任务为北七区各部队军需供应，最初由部处同负责，旋由我经任，以后应付各战队补充要求，有一旅部要领汽车15辆卡车15辆，柴油50加仑，自由车70辆，我不知该旅何故要此许东西，我故不予批准但对交通材料及燃料等均予照顾，故我们对于伤兵问题最好能够完全负责伤兵费，俾便支付五十四個軍兩個團及特種兵，地方協会商会等合組一審查委員会，以后所領傷兵費經過審查手續較為妥當。

B. 现在有未参加作战者，却时来领取伤兵物品，而久战不息者反未领有一物，此種怪象亦望糾正。

(三)王晓籁先生

A. 昨晤朱家驊自前方歸來，據稱勞苦功高士兵情況紊亂，實有將來重新改組之必要。

(四)錢新之先生

A. 现在兵站已經成立，本会傷兵工作，似應可予停止，嗣后各項物品可改作慰勞品。

B. 第三戰区（浙蘇贛皖）兵站總監其負責所應办者為 1. 指導交兵之輸送 2. 協助輸送難民 3. 疏通傷兵交流。

(五)陶秘書長

A. 軍政部兵工署来電派李知常来滬，指導防毒設備。(附)

(六)柯幹臣先生

A 監察委員会于昨日舉行會議，並由本人出席報告本会工作概况，徐会計師報告本会經濟出納情形，並推潘序倫為稽核（請潘会計師參加本会審核稽核，以利工作）

(七)楊志雄先生

A. 鐵路局撥給車若干輛，汽船者五輛已向外定購。

B. 救濟委員会為遣送江北难民，前曾向怡和公司租一年和輪船，該船本可裝載一千五百人至二千人，但結果七百人都未能裝滿，其原因為在回家之途，其住食等問題尚不如在收容所之住食無虞也。

50

SC050

(八) 貢任之先生

A. 在京卅晤雪艇及張雲搏先生，據云已撥為救濟難民七八萬人，但希望協助救濟。

討論事項

(一) 擬請譯定本會英文名稱俾利國際工作案

議決——譯定為 The Federation of the Civic Associations of Shanghai.

(二) 美國海員工人六萬八千餘人具名函請~~請肴~~美總統同情我國並請對日制裁本會應如何表示案

議決——由本會電謝外並致有關團體去電感謝。

(三) 借款委員會所屬各業經正式函送本會借款工作，擬即停止以一事權是否可行請公決案

議決——照辦並視將來環境需要仍改為勸募工作

(四) 俞部長來電徵募被單三萬條請核議案

議決——電復並推徐寄廎先生負責接洽辦理。

51 SC051

SC052

二十六年九月三日主席团会议（吴子敬）

到会者：杜月笙 钱新之 潘公展 金润庠 柯干臣 王晓籁
黄任之 童行白 张寿镛 陶百川 徐佩璜 徐采丞
徐永祚 汪曼云 顾文周 胡筠庄

主席

报告事项

（一）徐永祚

A 本月二日检阅捐结存

种类	本日共到	本日累到
国币	80,438.96	989,846.69
存单存摺	104.78	5,048.23
公债票面	2,194.00	251,145.20
纹银	5两45	6两45
银角	3角	3,961角
港币		5毫
外币	日金2元110钱	23元126钱
铜钱		1600文

（二）交通委员会王技师（修理组）

A 今日参加主席团会报，觉常荣幸，因於汽车军用於军事同情而去，今后来此机会报告过去并将来。

B 在未开战前已注意交通问题，将来必感困难。自八月一日本会开始，十二日战机已露，十三日发生接触，十四日即着手修理组组织委员会，决定设立三修理厂：1. 大华 2. 佑福 3. 东庐北。於二十日始找到工人，正式成立。自二十三日起开始拖车。

C 自二十三日起至三十一日止，共修好汽车60辆。

SC052

D. 平时拖车稍多，难时分别派自二十七日后即拨归服务工作更生团队。

E. 拖车必须吊车，而吊车在前线上不够，现正在修复中。现在南面以西尚有坏车约七十辆，故须力劝有关单位予以协助。

F. 我修理工作地点在南面卸以来。

(三) 徐总工程司

A. 除主任二先生去工作外，不用局长说明只在拖来共拖车运送回，一为军警半途搁用，一为工人肥料回

B. 现在工作系以卡车拖卡车，并以用吊车去拖。因无在材料保持好车铁丝，现拨修材经费日益就已定数目中，提出一万五千元在室做三部吊车之用费用。

(四) 贾经理

A. 先分析这南面回来，经验北新沿途第二十一段，共停有汽车约31辆，其他例系因大约均系车行不快，前经总部去签以已转五工程车前去修理。我意：1. 应将修理站行政分开勤务部 2. 去信吊车。3. 备用人去拖并以吊车是否适用，亦一问题也。

B. 各站现在无钱，设有总修理所。

C. 指令与总部会商在南面以东坏车逐步设拖运至我们修理。

(五) 王技师

A. 积极办法应由军部供给材料并加管理。

B. 消极办法，以坏车由士兵拖至安全地带。

C. 指令与军部洽商者

1. 会同军部巡视调 2. 倾倒者即予扶正 3. 应由士兵将坏车拖至安全区域 4. 修理车去动时须加以保护 5. 车辆应有修理执行手续 6. 限制调用车辆 7. 考察修理所用电话

53

SC053

(六)慰问团

A. 已在中央研究院陆军医院设有伤兵招待所

B. 招待所每日分至陆军医院者已有七百余人

C. 现在伤兵医院陆续成立,红会方面势必形成上海之医院而分建医药药品之

D. 红会经费现在已感无法应付

E. 特同本会常务商后,红会即要求捐款之请主席团发款.

F. 给各伤兵同志要制服(正与纺织接洽)

(七)王晓籁

A. 信托会八月七日起九月三日止收支简报

1. 收各种捐国币 155,351.35元

2. 付特别费(陆军士兵手) 15,000.00元

" 又 (贫侨救济) 10,000.00元

" 又 (沪北保卫团补助费) 2,000.00元

" 信托品(有细帐) 117,472.15元

" 车夫搬力等车旅费 133.54元

" 工资(临时雇用三个月) 300.00元

收付两抵结存国币 10,445.66元

B. 信托会九月三日以前付未付款

品名	数量	价格	应付总数	已付数	未付数
白米	2000石	9.8	19600.00		19600—
刺铅丝	3000卷	6.2	18600—	946—	9140—
生铁	4000斤	四九	1960—		1960—
山锄	3000把	1.15	3450—		3450—
钢马甲	900件	44元	39600—	21000—	24900—
又	100"	63元	6300—		

54

SC054

防毒面具	100只	17元	1700—	1700—
救济纱线	30卷	57元	1710—	1710—
铜剪	20把	38元	760	760

共总付总计 92927.60元（除已付计30460—元）

两抵计未付 62467.60元

向未除外款净付 42867.60元正

6. 昨日会议本人因事早退，是以对信托委员会改组及停止工作情形未能明瞭

（八）建议

广播电台業经接洽就绪，嗣后对物品征募稿件等概由该宣传委员会接洽转发，俾一统制。

讨论事项

（一）损坏汽车之修理应否规定区域及办法案

议决——1.规定南翔以东损坏车辆由本会运输委员会负责修理 2.由兵站将车拖至安全地带交运输部负责

（二）兵站总监部电请征募棉被三万条，经决拟先向各存棉被处接洽，惟以前存棉被已另有用途，应如何办理案

议决——1.由宣传委员会由广播电台征募 2.所有征募棉被概送红十字会及红十字会指定之代收处

（三）信托委员会業经决议停止工作应於何日实行案

议决——自下星期起实行。

（四）关於军队需要信托应如何办理案

议决——1.军队供应由兵站负责 2.新原有信托委员会改组为慰劳委员会，对于人民输将之物品转交兵站，或人民之委托，协助代办信托事宜（原有组织及份子不得变化，为工作便利起见应简称上海市慰劳委员会）

55

(五)、請通過本会響應美國海員工人对日經濟封制裁日本侵略案

議決——通過

二十六年九月四日主席团会议（国际饭店）

出席者　杜月笙　钱新之　王晓籁　潘公展　童行白　林康侯
　　　　黄任之　陶百川　徐玉书　骆清华　周邦俊
　　　　汪曼云　王沈怡

讨论事项

（一）徐永祚

A 九月三日收救国捐

1.国币 77,578.93　　2.存款 99.46

B.支付

1.伤兵委员会 300.00　　2.救济委员会 10,000.00

3.交通委员会 16,000.00　　4.事务费 500.00

（共付26,800.00元）

（二）周邦俊

A.昨晤八十八师之部医院之全部医药材料已来领到，所需担架兵医药费规定每月一角，则一师医药费每月需千余元

B.军医署所办之军医院已动员五万余位

（三）骆清华

A.慰问伤兵被拒绝

B.各伤兵医院亟待主席团巡回视察以资激发

（四）童行白

A.本会致美国人士之公开信以各种关系，未及发出，拟交新闻社发表，同时美国方面以外交部出来事务，未发者亦已改由现在打击新闻报及英文日报发表

B.平剧界播音征募慰劳金拟继续举行

（五）徐永祚（续）

A.往来存款已借五千余元亟待设法调剂

D. 捐款中其指定用途者，照原照拨，
E. 救济、捐务、慰劳三委员会其性质不妨独立之处，会计制度则须统一（照办）

讨论事项

（一）救护委员会关于医药用品及经费征募可否由该会自行筹募案
议决——得由该会自行办理
（二）慈善协会暨红十字会议设立伤兵医院，应否准予设立请核议案
议决——1.医药用品及医院行政由红十字会负责监督
2.人事问题由市党部负监察，
（三）慰劳品拟仍须集中支配以一事权案
议决——照办
（四）慰劳委员会应照予组织并同时举行慰劳物品及慰劳金之征募以利工作案
议决——1.照办 2.以前征慰委员会全体委员即为该会委员、3.其余人选由主席签报推定后提会通过。
（五）救济、捐务二委员会前拨经费各七万五千元应呈请政府核销以便转账而完手续案
议决——呈请核转。

二十六年九月三十日主席团会议（国际饭店）

到会者 杜月笙 王晓籁 林康侯 钱新之 潘公展 童行白 金润庠 陶百川 汪曼云 徐寄庼 沈怡 骆清华

报告事项

（一）徐寄庼

A 四日所收捐款

1. 国币25,081元 2. 外币1,320元 3. 黄金1两58钱

B. 支付项下

1. 伤兵慰劳会 2,840元 800元

（二）潘公展

A 救国公债募集之后，救国捐款势难征募，此事会各项工作势难停顿，应向财政部及救国公债募委会接洽，以为本会工作经费，此事除已由俞市长向财政部接洽外，望主席团亦须向宋部长接洽。

（三）徐寄庼

A 在闸北水电二项意见现在我会当对大团者问题，然水之问题最为严重，在新闸桥虽有一水管，然以仍在枪火保护之下救火，须送往补救，现在此处尚有一水管可以接至卸桥，惟水电公司以闸北此会居民不列费者收入殊少而负消防水责也。

B. 市商会为便于交付各方起见，拟由本会统制保管据付事（交宣传委员会

~~议决——照办~~

议决

（四）沈怡

A.前曾據同濟詢問,是否需要防毒面具以適合前方需要,經接洽及蒙送

B.防毒面具不能以價格之上下定其效用標準

C.前以據同華聯會需要防毒面具,當向強華公司定購每一二百只每只價為十七元五角,並已照付(先予照付)

(五)經濟方面

A.救濟委員會前領七萬五千元業已用罄

B.現在難民已由三千名增至四千五百名

討論事項

(一)救濟委員會函請派員出席參加幹部會議並予指導案

議決—1.原則通過,2.請總會預先發給

(二)據新外慰勞隊會辦理請予核議案

議決—通過並交慰勞會

(三)據就慰勞品徵集及處理辦法請核議案

議決—通過並交慰勞會

(四)除本會慰勞委員會外其他團體可否徵募慰勞金請核議案

議決—除本會所屬慰勞委員會外其他各團體一概不得徵募慰勞金。

(五)救濟委員會擬將據接三馬路四行儲蓄會房由本會自辦一五百床位之醫院是否可行請公決案

議決—照辦。

SC060

60

二十六年九月六日 主席团会议（国际大厦）

到会者 杜月笙 潘公展 王晓籁 张寿镛 黄任之 钱新之 陶百川 [illegible] 杨志[illegible] 徐永祚 颜福庆 [illegible]

主席

报告事项、

（一）杜月笙先生

A 交部来信：云南某卡车修理费 [illegible] 已[illegible] 第三战区兵站总监部 [illegible] 材料 [illegible] 周日期维持一月以后补充已[illegible] [illegible]（交[illegible]委员会）

B. 第三战区兵站总监部 [illegible] 伤兵运回苏州杭州以免[illegible]（交[illegible]委员会及红十字会）

（二）陶百川先生

A 财政部快邮代电来电所请以救国捐换救国公债之议照准（交筹募委员会）

（三）潘公展先生

A. 昨有大批难民运送回籍不幸于北新泾遭遇敌机轰炸有数十人死亡.

B. 闻[illegible]本会宣传委员会[illegible]所宣传[illegible]用于[illegible]后援会名义（交宣传委员会）

（四）颜福庆先生

A 首长住院免费办法

B. 慰劳物品应编号登记

C. 慰劳团体应登记包括

（五）黄任之先生

61. SC061

A. 崇明王青梯先生来电转请许大使抗议日机惨杀无辜人民

B. 敌机残暴情形应速一记录以便将来交涉

C. 请陈微代表某重方四点意见嘱傅参考 1.慰劳前道及死亡士兵之家族 2.抚恤士兵之善后 3.鼓励给养于胜利战事 4.现金为该救济战死兵士家族及残废兵

D. 请该同乡会等以更有组织来大规行将后业有办理安置计划将暂停后业。

E. 现有人推办一伤民医院。

讨论事项

(一) 救济委员会提国救护工作被伤之者应如何拨款案

议决——由救济委员会拟具拨款办法再行核议。

(二) 交通委员会经费306.200元应如何拨转以竟手续案

议决——由中国银行转账。

二十六年九月十七日主席团会议 （南京大厦）

到会者 杜月笙 王晓籁 俞佐廷 林康侯 钱新之
金润庠 陶百川 徐寄庼 王[illegible]曼 徐永祚

主席

报告事项

（一）陶百川

A. 张文伯司令来电以防毒面具为切需要物品请急办（交技委会）

B. 中央党部来电慰劳物品不必分散，撤运运军可速运南京励志社战地服务团以便分配（交慰劳会）

C. 京沪警备司令部密函，迅将军用品移至安全区域（密转各团体）

D. 嘉定抗敌后援会八月十五日成立救济会函请随时援助，并征药品食粮以便救济难胞（交后援会及各会）

（二）俞佐廷

A. 淞沪司令部军需处长，昨日要令苏北十万号除捐得三万号外余三万号係向朱静庵处买来，價为一万三千元，并请与朱静庵商定就所付货价中留下三千元作为救国之债。

（三）王晓籁

A 平时汽车运输价格业经查明兹录出以供交委会参考

1. 上海区内每吨运费1.20 2. 每车装三吨 3 每次3.60元

4. 每日平均六次，计21.00元（汽车汽油人工均在内）

（交交通委员会参考）

（四）徐永祚

A 九月六日止救国捐：

1. 国币 26.666.92 . 2. 杂款 5.034.98

63.

SC063

B.支付项下

1.保管委员会 949.00

C.保管委员会昨日举行会议决定如下：

1.救国捐自十日起停止征收。2.对于银行代收者不计息

3.救国捐款中指定用途者为16,687.00元

讨论事项

(一)购买麻袋货价壹万伍千元应否照拨案

议决——照拨。

(二)征集各银行运钞铁甲车以便运送伤兵案

议决——由红十字会与银行方面接洽

(三)推定慰劳委员会全体职员名单请核议案

议决——王晓籁为正主任委员，金润庠、陈小蝶、骆清华、马少荃为副主任，陈小蝶兼秘书，曹志功为总务，李文杰为会计，马少荃为输送，张佩玲、王壮飞为保管，周邦俊为宣传，贡场人为劝募。

(四)慰劳委员会经常费应如何拨付案

议决——由秘书处项下拨付。

二十六年九月八日主席团会议（国际饭店）

到会者 杜月笙 王晓籁 钱新之 黄任之 [illegible] 林康侯
金润庠 张寿镛 陶百川 庞京周 徐佩璜 王揆生
郭琦元 杨志雄 汪曼云 胡筠庄 徐寄庼 骆清华

主席

报告事项（王揆生）

（一）A 救济委员会除在本会领到七万五千元外，在地方协会亦领到一万余元，该项费用早经用罄，不得已在红十字会借拨二万元。

（二）庞京周

A 华东红十字会买九辆，救济委员会买三辆，租用二十辆，而租用者一时又不能归于手。现在经济部分已達至極，明天来任务增加到经常费八万元或可够用，否则增加则难以预算。

（三）骆清华

A. 昨日保管委员会开会，决议：1. 救国捐自十日起停止收，2. 十一日起结束，3. 三日内将账单结出，4. 所有收据，核定送徐寄庼会计师审核，中华、交通、盐业[illegible]及中汇等五行之存折送由，送救国公债委员会。5. 与救国公债委员会衔布告，调换手续七日起另行公布。

（四）徐寄庼

A 收入救国捐

1. 国币 9134.39

B. 昨日支付

1. 供应委员会 7695.10 2. 宣传 500.00 3. 车辆 1600.00

（五）黄任之

65

SC065

A 今日公安局會同公安局紅十字會救護隊搶救華人往來被炸者甚眾並派警士維持秩序於中地方擔任工作者甚多，今晨敵機轟炸閘北，難民最多時有八九萬人。
B. 租界當局對於日本商人，擬以軍隊保護，各救濟團體由總商會調查各團體後救濟。

（六）郭琦元

A 報告救濟慈善事業向南翔一帶救護傷兵。

（七）何德奎

A. 本日英租界各戶因日軍大砲連續轟擊上海安全之保障，因公市民均甚為恐慌，今日下午電話詢問該工部局經理及工程師，處兼理救護者因係商用戶需要保護，詢以有無炸彈所毀，甚為危險，但均答以該局工部局已允許其人等無償居住，不受何種傷害。

B 新聞檢查會經查閱問題，似應擬定計劃研究。

討論事項

（一）前定由某委員會本會救護費用概由救國捐項下撥給二十萬元，移用救護以利工作案

議決——照辦。

（二）國聯會將於九月九日舉行大會，議定對日實行制裁日本案

議決——由本會及市商會、銀行公會名義致電國聯。

（三）救國捐捐款人對於捐款指定用途者，應遵照捐款人意見，將捐款撥付，並不得移撥救國之用，以示限制是否可行，請核議案

議決——照辦。

（四）軍用糧食應如何設計案

議決——交技術委員會陳主任負責研究。

9

66

SC066

二十六年八月九日主席团会议（杜之録）

到会者 杜月笙 钱新之 王晓籁 潘公展 童行白 金润庠
张寿镛 林康侯 陶百川 徐寄庼 江景智 沈怡
颜惠庆 胡詠骐 徐佩璜 徐永祚 黄任之

主席

报告事项

（一）徐永祚

A.九月八日止收捐款
28571.02

B.支付项下
1.借会垫款 11,555.00

（二）黄任之

A.地方协会所收各项捐款总数为 375,005.33

B.经捐款人指定用途者计
1.慰劳 77434.13 2.救济 182,617.97 3.救护 77019.63
4.车辆 33500.00 5.大刀 4033.63

C.未指定用途者 400.00

D.嗣后凡指定各项指定用途者概交由经手之专户，不再直接收款

E.慰劳会除已转交外尚余 67018.30元

讨论事项

（一）陣亡将士遗族及残废士兵应如何抚恤案
议决——1.筹办抚恤金 2.由本会委托上海市商会及上海地方协会代为征募俾成巨款 3.该项抚恤金之保管另组保管委员会，并推宋汉章、宋子良、吴蕴斋三人为保管委员。

67

SC067

（二）地方協會所募犒勞金餘款計洋67018^{30}元應如何處分案

議決——作爲陣亡將士遺族及殘廢士兵之撫卹金。

68

SC068

二十六年九月十六日常团会议（上海联欢社）

到会者 王晓籁 金润庠 张寿镛 潘公展 童行白 柯干臣 陶百川 汪曼云 陈大球 徐永祚 徐寄庼.

主席

报告事项

（一）徐永祚

A. 九月九日救国捐

1. 国币 37072.66 2. 公债 240—

B. 支付

1. 付兑金 5330.00 2. 宣传费 1000.00 3. ~~募募金 19.83~~

C 收募募金 19.83

（二）徐寄庼

A. 自来火行营业之查过，原有用户一万二千户，现在仅七千户，实销二百十万立方尺，现仅七十四万立方尺，其营业原因纯因各种公用户之催促迁出危险地区，因而至住在必要时仍可停止，故现在极需工部局之纳税金加以压力，致能制止.

讨论事项

（一）八十八师前方防御工程材料引信会索用约计十万元左右请予追认案

议决——准予追认.

（二）宣传委员会请拨款与中国教育电影协会上海分会合作摄制战地影片，以资宣扬抗敌行动，并拨播音电台以利进行，是否可行，请核议案

议决——照拨三千四百元.

69. SC069

（三）救济救护慰劳等委员会关于征募物品款项等可否委托银钱业及新药代为征募案

议决：一致通过委托办理并推金润庠先生负责接洽

二十六年九月十一日主席团会议（国际饭店）

到会者 杜月笙 潘公展 王晓籁 金润庠 林康侯
童行白 杨卫玉（代黄任之） 陶百川 俞佐庭
周[illegible] 徐寄庼 沈[illegible] 徐永祚 陈[illegible]

主席

报告事项

（一）徐永祚

A 九月十日止救国捐结表.

捐款种类	本日共计	本日累计
国币	25,081.09	1,219,032.75
存摺存单		10,182.67
有价证券		252,865.70
银两		纹银 6.45 宝〃 35633两
硬币	100角	银角 4061角 广〃 5元 5毫
港币		
外币		美1元 德国辅币70分 英金lb 日24元184钱
铜钱		1600文

B 收付

1.收项

种类	~~本日收入~~	~~本日累计~~
借入	306,200.00	679,200—
往来透支	60,472.14	95,902.95
合计	366,672.14	775,102.95

2 支付

种类	本日付出	本日累计
借出	58,972.14	243,359.49

71

救济		75000.00
技术		13000.00
宣传	1500.00	4500.00
募捐		80.17
交通	306200.00	359200.00
事务		4963.29
救护		75000.00
合计	366672.14	775102.95
技术未付		122000
宣传未付		50000
总计		947000.00

(二)杨卫玉

A 现在预备七十五万光饼，已给三万多，十三日之团会乃需饼多件，要求团体出则食粮少，另有一部份尚在杭州部中，寄出货不易，现据三日内出十五万枚。

B 最初一天只做光饼七十五枚，现在已不及此数。

C 前闻要做光饼由杭州捐面粉一千包，便可做八十万枚，现面粉多有存底，而糖也望也供给的罢。

(三)沈怡

A 前次由会通过之防毒面具，由各团体来者不多，按各项面具皆待结束，关于防毒面具应否继续，抑或可予停止，皆须决定。前据杨君云，工厂做好后方送信。会委员会现信会委员会已取消定意，做好后送到何处，亦希予以决定。

B 经济本月十二日止号现以借给各钢厂协助铁力救国铁甲车120号，而工部局方面又借了需六十号，本会可得六十号，故前订一万面具如须待日内用行便毫无把握。

故不為自做，到五、六年中旬仍缺三千具

討論事項

(一)防毒面具應如何繼續進行案

議決——決定自做，並另定預算1350000元，按期趕做

(二)防毒預算中五千兩項擬移作為防毒眼鏡預算案

議決——照辦

(三)抗戰一周紀念行將屆臨應如何表示以資鼓勵士氣案

議決——籌辦物品二十萬份前往慰軍

73 SC073

二十六年九月十二日主席团会议（国际饭店）

到会者 杜月笙 王晓籁 钱新之 潘公展 童行白
柯干臣 金润庠 黄任之（杨卫玉代） 陶百川
江问渔 徐寄庼、

主席

报告事项

（一）潘公展

A 办理收容所难民阶段经过。

B 遣送难民之困难原因 1.舟车时被敌机轰炸 2.江阴大场等处之难民根本已无家可遣无从遣送

C 拟在无锡等处设收容所。

（二）陶百川

A 上海市救济、救护、慰劳三委员会募款管事业经拟就，拟于明日刊登广告。（照办）

（三）童行白

A 为抗敌周月致蒋委员长及淞沪抗敌将士致敬电文业已拟就，并拟于明日拍发。（照办，并分电全军致敬）

B 致~~中国~~日内瓦国联会中国代表，为请公告敌军暴行，提请国联会予以制裁电文业已拟就，拟即日拍发。（照办）

讨论事项

（一）慰劳委员会运输费用应如何办理案

议决——1.运输卡车暂定拾辆 2.所需汽油由交通委员会负责 3.给养由慰劳金项下支付。

廿六年九月十三日主席团会议录（顾馥秋）

列会者　杜月笙　王晓籁　钱新之　潘公展　童行白
　　　　柯干臣　金润庠　奚玉书（杜衡代）　陶百川
　　　　徐佩璜　张寿镛　沈怡　徐寄庼　陈小蝶
　　　　[illegible]

主席

报告事项

（一）徐寄庼

（A）九月十一日止救国捐统计表

捐款种类	本日收数	本日累计
国币	48,242.48	1,267,275.23
存款凭证	76.86	10,259.53
有价证券	公债 1,850—	254,715.20
银两		纹银 6.45两
		宝银 3,656公分
硬币	银角 260角	银角 1,321角
		铜角 5元
港币		5元
外币	日金 1.00	美金 1.00　法郎 70分
		£ ½　$25.00　184钱
铜钱		1,600文

（B）支付

（收入项）种类	本日共计	本日累计
借入		679,200—
往来透支	4140—	100,042.95
合计	4140—	779,242.95
（支出项）借出	4140—	247,499.49

救济		75,000—
技术		13,000—
宣传		4,500—
筹募		80.17
交通		359,200—
杂务		4963.29
救护		75,000—
共计	4140—	779,242.95

(二)材料组

绵纱袋样子已做好，大家改样后可于明日送交征收处所，宣委会即可宣传

(三)防卫组

急救包已做十五万只，日内即可送来，要方试用，每只计一分四厘，拟制第二批为七十五万只（先拨二千元）

(四)救护

关于前方饮料问题已由卫生局专家研究，得有改进方法二种

讨论事项

(一)慰劳委员会支用款项应如何办理案

议决——另立"慰记"户名，先以抗敌会市商会为慰劳金拨入支用

(二)徐局长提为本市将来自请供应防御材料案

议决——先从本月起之生产，俟市长核准

(三)沈局长提拟将校园捐改充慰劳金及救济金案

议决——照办，即行登报公告

76

SC076

(9) 路十七號建設防疫及治療事業
議決 — 保留

廿六年九月十四日主席团会议 （联欢社）

到会者 杜月笙 张寿镛 黄任之（炎培） 陶百川
金润庠 潘公展 童行白 林康侯 王晓籁
颜福庆 严谔声 徐寄庼 骆清华 陆小蝶
徐永祚

主席

报告事项

徐永祚

(a) 九月十三日收入救国捐 $3754.70 又存款息 $9.70
支出 供应方面 $3,096.80

(b) 慰劳处已用罄 提存贰万除之 又 $3162一六可拨付

陶百川

(a) 各地商会纷来询问日货鉴别方法 有实业部商标注册可查 拟由中华书局承借依法翻印

(b) 救国捐收据十张遗失可否挂失 （决议不得挂失）

(c) 技术委员会预算仍维原额 惟内容更改

(d) 昨日沈局长提议救国捐移充慰劳金救济费 拟暂缓 （黄异议）

严谔声

红会经费十分困难 请为设法

决议事项

① 推杜王钱等偕宋部长接洽本会经济办法

② 推陶[illegible]拟具本会第二期工作计划

SC078

廿六年九月十四日主席团会议录　（联欢社）

到会者　潘公展　杜月笙　柯干臣　张寿镛　金润庠
　　童行白　黄任之代　钱新之　陶百川　颜福庆
　　庞京周　徐佩璜　陈小蝶

主席

报告事项

徐寄庼

(a) 九月十三日收救国捐 $3,734.02

(b) 付士兵会 $1,920— 另付400— 共784,669.25

徐佩璜

租车定完一个月每天二十元计算现以过期且将进入第二期现已与车行商酌可减为每天十八元计算（以本月为限）并拟将已旧车加以修理将破旧者加以调换更拟逐渐移交兵站接收所拟限以一月计为标准

金润庠

供应方面新来二帐一为兵站方面一为市政府方面大概均可办款惟有剩铁丝原料尚在商洽

柯干臣

绵衣每件约料一元工在外暂批三万件即做送去以后再行续做

庞京周

红会募捐约得十一万元现除付外仅存一万余元但目下伤兵太多院费及五千余位费用务须款请再拨付

付议事项

① 交通委员会请展期租车五个月案

议决——准予展期五个月每天以十八元计算

79.

SC079

②救护会请再拨款案
议决——准拨壹万元
③九一八纪念办法请予拟订案
议决——
1.宣誓抗敌
2.节食吃光饼
3.不举行集会实行精神动作
4.由秘书处对宣委会负责办理
④电影院广告如何应付案
议决——拟送广告
⑤供应会需用铅丝现中央信托局尚有存料应否请拨案
议决——通知需要者向中央信托局商用
⑥俞部长前电需用棉被三万条现已做得弍千组余应如何办理案
议决——即电俞部长核示
⑦市政府业需南市作防各项军用品应否拨给案
议决——俟杜月笙先生与俞市长接洽

廿六年九月十五日主席团会录　　（顾吟秋）

出席者　潘公展　王晓籁　林康侯　童行白　钱新之
金润庠　杨卫玉（代）杜月笙　徐永祚　颜福庆
陶百川　徐佩璜　胡维昌　陈小蝶

主席
报告事项
陶百川
1. 大公报征收救国捐五六万，今仍用临时收据，昨日已取来二千数百元之临时收据，来掉换正式收据方签完
2. 又各报广告帐均未结，大公报应出在收救国捐内全部扣除

徐永祚
九月十五日收 $2900—
支出 借与 10000—
小结 12,000—　连前共支 806,669.75

童行白
宣委会转来拍发国际联盟电费款二千余元

讨论事项
1. 今日下午各团体负责人谈话推举主席案
议决——　公推杨卫玉出席
2. 军委会来电为前借拨款二十万元救护费不能照办应如何办理案
议决——连同救济费七万三千元救护费八万三千元先请钱新之先生商宋子文便请准核准

廿六年九月十七日主席团会议　（顾欣秋）

到会者　潘公展　王晓籁　张寿镛　金润庠　童行白
林彝臣　杨卫玉(北京)　陶百川　徐寄庼
徐永祚　骆清华　沈怡　黄伯樵　王屏生
汪曼云　彭文应　陈小蝶

主席

报告事项

彭文应

设计委员会最近工作状况及内部组织分外交、金融、实业、国防、民运、资源、文化、筹募、救济、宣传等十组。

徐永祚

九月十六日收到救国捐 $34,050— 支出 10,000—

讨论事项

1. 会计逐日稽核应否实行案

议决——商请立信会计师潘序伦查照

2. 九一八纪念市党部已有规定本会应如何督促进行案

议决——推汪曼云接洽补充
函知文化界救亡协会分派歌咏队至马路上歌咏

3. 别动队要求补助毯子千五百条跑鞋千五百双应否照办案

议决——照拨

4. 闸北救火会及沪北保卫团请求给养补助白米案

议决——函救济委员会照拨

5. 各团体参与外埠宣传技术组织应呈核备案

议决——A. 技术组织者须已登记之团体会员方具资格

B. 出外工作人员须预先举行甄别试验

C. 组织者须有二张照相

83

SC083

廿六年九月廿日主席团会议　　（国际饭店）

到会者　黄任之　徐寄庼　钮惕生　童行白　沈怡　徐佩璜
杨卫玉　陈小蝶　王晓籁　潘公展　杜月笙　陶百川
江问渔　金润庠　徐永祚　骆清华　陆京士　朱学范
次康之　钱芳镛

主席

报告事项

黄任之：——

1. 介绍中央特派钮惕生先生来沪报告事项

钮惕生：——

最近在西北工作忽奉令来沪稍尽力多方又有困难之处当代为往返至部继续努力

王晓籁：——

1. 供应委员会经过
2. 费用已超卅余万，且自动捐助者尚不在内
3. 现在危险区域尚有大批军用品，应设法设法收买，并移运应用，
4. 对于银行押款之军用品，如何设法疏通，

徐佩璜：——

1. 交通委员会经过及困难状况
2. 费用已近四十万，原预算一个月，时已过，维持扩展，
3. 急速疏通河运以便运输，
4. 购车运钢板等军用品
5. 取缔各军团自由拉车

潘公展：——

1. 救济会经过

2. 已设收容所147所，难民约五万，直接共十万；
3. 经费由市政府拨十万，地方协会六万左右，后援会七万五千，自动捐助九万左右，已用去十四万余，
4. 目下平均有四万人收容，每人每日一角，月需十二万元，运输及管理费尚不在内，
5. 难民运输第一在交通，
6. 希望移民殖垦，

许冠群：—
1. 救护会与红会合作经过，
2. 前方运输车辆缺乏，及特区交通之阻碍，

童行白：—
1. 宣传会之组织经过，
2. 宣传对于广播及国际宣传之重要，拟定计划，请中央指示，

沈怡：—
1. 技术会经过
2. 目下工人星散，招之匪易，最好联合苏浙京各方人材物力，分工合作，
3. 各厂机关购买，而结果仍集中于沪工务局，

陶百川：—
1. 关于国防有关之工厂须从速迁移至内地，
2. 动员人才需要统筹，
3. 军需品须迅速运出上海，有押款关系，更需从速，

王晓籁最后并补充，因难民此最重要，以后应即继续不断的增加后援工作及其补充，
张寿镛希望委员长对于立法同胞待遇者特予通融

85

SC085

讨论事项

1、拟定组织委员会人选付予通过案

议决：一　主任委员——姜豪

副主任委员——周学湘　顾清廉　章孔案　钱剑秋

廿六年九月廿一日主席团会议　（联欢社）

到会者　王晓籁　潘公展　张寿镛　童行白
陶百川　金润庠　顾馨一　骆清华　陈小蝶
徐寄庼　许晓初　徐永祚

主席

报告事项

徐永祚：——

救国捐九一八止共收经数如下

国币	1,329,928.43	毛银	6.45
存折	10,386.23	実银	3,656 公分
证券	254,715.20	银角	4,485
港币	.50	毫角	5元
美金	1.00	法辅币	70分
金镑	£3	日币	25— 184元
铜钱	1600文		

支出项下

技术会	$20,000.00		
慰劳会	1,000.00		
了会	500.00	共计支出	$838,169.75

讨论事项

1. 胡筠庄、周祥辞撤换主任案
议决：— 挽留
2. 劳军委员会来函征收钢铁等件案
议决：— 即行定制并通告先行接运以资应用
3. 市保安总团函需要之木材钢丝等品请给案
议决：— 照拨。钢丝500卷 木桩5000根 最后一次作结

4. 市商会军需处防毒面具等应否供给案
议决：——准给军需处照价代办
5. 市上发现光华公司应否取缔案
议决：——公告物品一律须由慰劳会代办以免流弊
6. 美国最近禁运军需品出口案
议决：——先由上海市商会及地方协会去电或发表
谈话并由慰委会国际组研究应付
7. 青年救国服务团登报直述慰劳会为破坏慰劳工作
应如何应付案
议决：——不加理会交宣传组办理

88

SC088

廿六年九月廿二日主席團會議　（徐永祚）

到會者　杜月笙　張壽鏞　陶百川　唐承宗　徐永祚
嚴諤聲　金潤庠　姜豪　徐佩璜　駱清華
汪曼雲　童行白　[illegible]　王曉籟

主席

報告事項

徐永祚

救國捐行將結束，各委員會帳目手續移交備案，

討論事項

1. 捷克斯拉夫出品防毒面具請為採購案

議決——轉交軍委會

2. 朱靜安募慰勞委員會什費三千元 現朱君請將該款之餘三千元購救國公債給據案

議決——由該款照付三千元代為購買

3. 新聞學同學公會等來函墊付款方4,262.300元請為撥還案

議決——保留

4. 聯合會……軍委會印製宣傳品二千石計$19,600.00應否付給案

議決——先由主任委員金潤庠接洽

5. 組織委員會擬定預算每月$1,310.00請求通過案

議決——通過

6. 明日全國僑商總會請推員出席案

議決——推派代表出席

一一三

廿六年九月廿三日主席团会议　（国际饭店）

到会者　杜月笙　王晓籁　张寿镛　潘公展　童行白
　　　　杨啸天　徐佩璜　[illegible]　金润庠　周学湘
　　　　黄炎培　陶百川

主席

报告事项

徐佩璜

1. 目下各汽车或因車胎破坏亟感缺乏当予以换好此项费用即在租車费项下扣除

2. 闸北接水自7/15—9/22一星期中已用去$1,949.43

[illegible]

闸北厂内所存货物应速运出

金润庠

棉军夹被需部长电请统制办理惟目下市上棉花缺乏

讨论事项

1. 闸北接水费1,949.43应如何付案

议决——暂行垫付请王晓籁先生向市长接洽

2. 本会军需棉军夹应如何办理案

议决——请本会军需电部长核付

90

SC090

廿六年九月廿四日主席团会议（国际饭店）

出席者 黄任之 章乃器 徐佩璜 胡锦臣 王晓籁
金润庠 潘公展 杨卫玉 陶百川 陈[illegible]

主席

报告事项

1. 京沪警备司令部来函已于今日将阵亡将士传来

2. 救济会复函已拨救大会及保卫团给养米225石

3. 委员长复电准予转饬财部不准扣车

4. 江西省救济接会函询前方需要何物已电复

5. 胡锦臣报告捐募来已领去者计有31,000件又已有5000余件及来者尚多

讨论事项

1. 最近捐募寄给受伤兵之降 8/20 曾解七八千元至地方协会 计 8/29 后计有$18,390.30 又小洋 1600角 银元等不计者未解来应如何办理案

议决——先函捐募委员会拨来候解

细账如下

8/27	$210.35	9/3	1135.12
30	2,691.43	4	841.68
31	2,748.84 小100角	5	4,058.17
9/1	4,725.75 又1500角	13	211.20
2	1,152.48	14	615.86

2. 上次秋水拟借庐山芦林全等房屋一所及出分捐等

91

SC091

全部捐献应如何办理案

议决——先行询问本人意旨再核

3. 日货牌子问题应如何办理案

议决——交设计委员会拟具办法再核

4. 特区陷落状况应如何应付案

议决——按其形势再行讨论

5. 88师需麻袋一万只又五千条能否予照拨案

议决——照拨

92

SC092

廿六年九月廿三日主席团会纪 （国际饭店）

93

SC093

廿六年九月廿六日主席团会议　　（国际饭店）

到会者　　张寿镛　杜月笙　童行白　陶百川　王晓籁
　　　　　郭文[illegible]　顾馨一　徐寄庼　潘公展　钱新之
　　　　　杨卫玉　黄任之　[illegible]　陆伯鸿　何友之

主席

报告事项

1. 徐寄庼介绍闸北水电公司经理陆伯鸿、何友之报告上次借偏闸北水电问题当经决定目下暂由会借[illegible]付将来公司复业后再行归还偿还（旋陆、何退席）

2. 黄任之报告

a. 上次[illegible]捐助庐山房屋傢具一案顷已得捐赠人同意全部捐赠该项房屋将来拨归本会作为[illegible]

b. 某西人报告[illegible]西[illegible]内敌人[illegible]大炮[illegible]事　（报告会市长）

c. [illegible]部司令部[illegible]由地方协会[illegible]

d. [illegible]薛[illegible]来信[illegible]

e. [illegible]二十[illegible]医院[illegible]

3. 钱新之报告

a. 此次到京杭湘等处计十天当时各委员会对于上海难民及失业工人非常关切现由市党部会同市社会部规划进行上海至[illegible]人[illegible]办理

b. 上次二十万救济费[illegible]再[illegible]量[illegible]批复

c. [illegible]难民[illegible]地[illegible]壮丁训练成绩颇佳

4. 陶百川报告

a. 西方商会方前分院已由中央财务处拘捕来会已通知即予加派会救国经手捐款确有侵吞行为而收条存根缺少一千件

b. 公共租界对于失业工人登记可共同设法惟须派员参加共同办理

c. 各代表同情会议宣言（后）

5. 救护团报告

a. 最近万国红会代表来沪晤予拟请英侨协助

b. 目下租界伤兵每日总计只75人送往各医院结果且限定二個医院收容医师等亦不够

c. 小医院百人以下者归併大医院

d. 后方方面救护成立一处方卫生勤务部下设方四股专管伤兵之重由颜福庆任主任

e. 军委会意上海决计不收伤兵医务人员及器械药品材料应速向内地迁移

f. 请租界政治部派人调查伤兵待遇有人相吞时已将为早散各再来核对情形

g. 红会救护一万余人军医救护不及一万共计式万余 9/14 止故目下我方死伤在五万左右与敌人适成5与2比惟罗店一役为1.7比1其他各地为3比1

6 颜福庆报告

a. 霍乱者集中中山医院

b. 伤兵送沪集中外交大楼择其重伤者送租界轻伤者送松江等后方

c. 向租界交涉限制二院已改为四院将来拟改为十院

d. 市15，16医院筹备迄今尚未开幕

附论事项

1. 沪南区救火会之款经付案

95

议决——请南市政府速拨。

2. 15-16伤兵医院送来开办及经常费预算

议决——请卫生局救济

3. 拟刊印抗敌后援工作摘要（册子）分送内地案

议决——照办，由文书组委员主稿再交秘书处发送

4. 推动各县市制造棉衣以应前线需要案

议决——照办

86

SC096

九月廿七日主席团会议　（冀嵘室）

到会者　沈怡　陶百川　童行白　王晓籁　金润庠　杜月笙
柯干臣　姜豪　张寿镛　方治之　舒传贤　钱新之
徐寄庼　潘公展

主席

报告事项

陶百川

1. 此方救大家侨方面要医院至需医师限七日内调三十人到京已复电代为办理

方治之

密报至各地公学弍件，又准电浦江送慰劳金三万

讨论事项

1. 前辅助教育界服务团出版"前线"一月卅期计1500元已拨1000元现改为三日刊尚有500元应否续拨付请核示案

议决——本会经济困难即予停止

2. 组委会登记团体已收到63份表格加以调查批准转呈市党部社会局二主管机关核予以甄别本会即根据批示转饬知照并予核准案

议决——照办

3. 调整各埠保接工作办法已经加以讨论予通过案

议决　1. 沪杭线方面　加硖石

2. 津浦〃　加青岛　芜湖

3. 平汉线〃　加九江

4. 加第五项　"除上开地点外凡得有政府证明而各地情形亦需保接工作以资方便

5. 学联第七项删去
6. 上海抗敌后援会十项删去
7. 推宣组之江问渔接衔，及状表
8. 文件手续由宣组之陶副面洽办理

98

SC098

九月廿八日主席团会议　　　　（轩铭记）

到会者　沈怡　金润庠　陶百川　张寿镛　童任之

杜月笙　潘公展　徐寄庼　[illegible]　钱新之

王晓籁

主席

报告事项

金润庠

募徵集白布袋请缝纫工改为马夹之用

讨论事项

1. 建议中央双十节举行救国运动推销公债事宜案

议决——通过

2. 亚声电台案业已由检查委员会办理案

议决——转主管机关法办

3. 宣委会提编印对外刊物预算需3800元 核之原定预算每月3500元两个月计7000元 除过外尚不敷数另行通过案

议决——a. 抗战画刊　84本　英法文各半

b. 日军之暴行　14本　〃〃德文1/3

c. 中国对日军之批评　〃　〃〃〃

d. 中国抗战之真相　〃　〃〃〃

e. 津贴资料费共计　$3820.00

f. 中国青年国际问题研究会印"青年呼声"津贴 $400—

g. 国际问题杂志刊补助 $500—　均通过

4. 北方战事胜利应否表示案

议决——电八路军贺

5、救護委員會墊款十六萬元應由保管委員會撥還支給案

議決——通過

6. 慰勞物品徵集委員會修正案

議決——照修正意見通過

九月廿九日主席团会议　　（杜公馆）

到会者　王晓籁　杜月笙　方纪之　童行白　陶百川
　　　　徐寄庼　俞鸿钧　吴宗　潘公展　杜刚锋
　　　　钱新之

主席

报告事项

　潘公展

　　失业工人登记虽已举办　但各方面尚须协商

　陶百川

　　○失业工人中央已决定办法如下
　　　1.举办登记　2.登记者分三大类　a有技术者及能力者编入运输工程队　b年壮力强者编为壮丁队由军委会派员办理　c老弱者由救济会

　　○各团体登记已经审查完毕即日起可以通知各团体会员

讨论事项

　1.经济筹募财务组副主任案

议决—照通

　2.救济救护二委员会帐目应如何办理案

议决—八九二月帐保送监委会审核

　3.各团体帐目应否审查案

议决—请会计师公会派员办理

　4.拟组织委员会名单请予通过案

议决—通过

九月卅日主席团会议　　（国际饭店）

到会者　殷芝龄　陈建白　杜月笙　王晓籁　钱新之
吴蕴斋　童行白　陶百川　潘公展　黄任之　沈怡
金润庠　徐佩璜　周作民

主席

报告事项

陶百川

1. 西方电气等已经批交银行抵押之米厂将解成兵工部
2. 本会组织募捐委员会内容状况如下

※经济方面　9/11—9/28止 收入捐款 11622.72 慰劳
2211.25 市商会 7344.82 公务员 1000.00 孔
存息 .63 共计 $22179.52
支出方面 购办慰劳品 7487.81 公务费
494.82 宣传费 86.70 输运费 231.76 保
管费 40.13 共出 8,341.22 结余
$ 13,838.30 其他流言完全无稽

3. 司法院批示关于本会请指示押款事件经费自同意而
于此公安全地区内于军事当局而经政府命令者在此事
时期内应有拘束力
4. 房屋业工会捐一月房租购公债

徐佩璜

各师旅部向市府要交通车辆搬运大批水泥钢骨钢铁
收集各用民船及汽车，沿途被车站各组拖车队扣留

金润庠

1. 对旗舰方面之谈判一事之解释
2. 闸北方面需用水泥三千包拟代办借信

SC102

讨论事项

1. 本市抗敌后援团体会计出纳须知通过案

议决——通过

2. 慰劳委员会拟奉令组织伤兵慰问委员会案

议决——即以原有之慰问伤兵组改为慰问伤兵委员会，仍隶属于慰劳委员会，除原有三组组长外，加推郑辞及第三战区代表一人，合为五人

3. 慰劳会发收条交各团体征募仍多流弊，拟将本市收条删除，由各团体自印收条案

议决——照办

4. 主委会拟双十节国庆纪念办法案

议决——1. 慰劳前线士兵及后方伤兵

2. 劝募救国公债

3. 国民经济绝交

十月一日主席團會議　（國際飯店）

到會者　杜月笙　錢新之　張壽鏞　褚輔成　童行白
王曉籟　徐佩璜　陶百川　潘公展　朱學範
周學湘

主席

報告事項

陶百川

1. 傅作義復電已到　擬再電督促抗敵

2. 閻錫山覆電亦到

徐佩璜

交通會供給近今將近二月　目下後方勤務部汽車管理分處尚未成立　交通會應否電交部部長即速設立以便接交（仍繼續供給）

朱學範

救濟失業工人事前舉行一次　目下所需要者 1. 技術員工. 2. 運輸勞力 3. 工程人員 4. 壯丁.

討論事項

1. 雙十節贈旗慰勞應否規定案

議決——士兵每人背心一件　旅師/各單位各贈旗一面

2. 國民對日經濟絕交方法應否制定案

議決——交宣委會擬後再核

3. 上海市編輯人協會、文化界救亡協會、設計委員會三團體擬從推動出版界戰時運動案

議決——推潘公展先生先行審查

十月二日主席团会议　　（国际饭店）

到会者　张寿镛　杜月笙　钱新之　王晓籁　金润庠　潘公展
　　　　徐寄庼　陶百川　颜福庆

主席

报告事项

金润庠

1. 马夹样子已来三种　每件约.68元　可设法再求减
2. 目下共有马夹64000件　已发36570件　尚存27775　已在分发捆或装箱　（决速发已允者之部队）
3. 望远镜指定分送某战区，现正须送去，

颜福庆

1. 红会已得本市外侨资助
2. 美红会捐款金十万元　并派专轮运药来华　外籍医师亦可设法同来
3. 二村民医院安妥

讨论事项

1. 十八师请拨小汽车一辆案

议决一　不必通令速办给发

2. 上海市咖啡馆业请准登记本会组织大纲草案已拟定付通过案

议决——修正通过并推刘湛恩　褚慧僧　潘公展　陶百川　王晓籁并张寿镛　并指定陶为召集人

十月二日主席团会议　　（国际饭店）

出席者　杜月笙　钱永铭　潘公展　王晓籁　金润庠
　　　　陶百川　童行白　柯干臣　徐寄庼　徐采丞

主席

报告事项

潘公展

1.74军来函索口罩药品军医并希望在太仓设医院即转知救护会

2.66军请防毒面具千只又山东好烟每师各三万包交慰劳会设法

3.晓江一年又对於失学之人员拟由二部合给高级救济并先促其实现登记处

4.南京戏院开幕游艺救济办法

徐寄庼

公运股拟经通信法调回租车十辆一经修好前方之即需要者有友人朱某与前部长相识拟请其代为疏通假借将租车合同由兵站总监继续履行最好

何部长来电嘱收买卡车二百辆但市内至多购得廿辆亦困难

陶百川

军委会最近通令各方征集物品发给以皮鞋青衣棉青鞋等为限物件已见今日报载

讨论事项

1.慰劳会拟在手套上加钉白布刊明捐赠人姓名

以资纪念案

议决：一 通过

2. 马夫倭敦相居者银行拟于今年继续劝募案

议决：一 通过

3. 设计会工作繁多主任委员沈钧儒不能兼顾拟请即以
郭文应充任委员以王绍鏊为副主任案

议决：一 照准

4. 播音学同学会名誉会长同学会开支起见收入时应募捐
提十分之一充律院计行储蓄案

议决：一 原则上予赞同

107 SC107

十月四日主席团会议　　（联欢社）

到会者　钱新之　潘公展　童行白　陶百川　徐寄庼
　　　　金润庠　王晓籁　杜月笙　朱学范　张寿镛
　　　　马少荃　吴开先　骆清华

主席

报告事项

·吴开先

1. 防毒面具不久可出数约千只，继将可出三千只
2. 大批口罩成效欠佳，各方捐来者都不合用，故一部拨改为防疫之用
3. 教授各军师训人员学习防毒方法
4. 本会试验防毒面具贡献政府
5. 口罩前批五万已成三万，尚有二万不日可成，故第二批五万亟需赶制

讨论事项

1. 明日座谈会请推代表出席案

议决：——推童行白先生出席

2. 国庆日举行执监会聚餐案

议决：——假座同日即今正午举行

3. 市民防疫问题案

议决：——稍缓

4. 捐募寒衣双十节运送应用如何赶制案

议决：——即速赶制（杜先生捐伤兵卫生衣一批计4000件，捐募寒衣三万件）

十月五日主席团会议　　（顾吟秋）

到会者　杜月笙　王晓籁　[illegible]　童行白　陶百川　杨
虎臣　徐寄庼　钱新之　李大超　徐佩璜　潘公
展　吴蕴斋　骆清华　褚慧僧　沈怡

主席

报告事项

童行白

童委会双十节大纲已决定如下

悬旗　三呼万岁　敬礼　名人演讲　征募慰劳　慰劳

前敌将士及后方伤兵　劝募救国公债

沈怡

日军原制五万只本部续制五万只前因前方需要向该厂

续制三万只因无固定制造现季节尚短已定五千

只现可增加至七千九千只

征募经费饮食事之（照案）

讨论事项

1. 上海市抗敌救国团体会计通则修订通过案

议决—通过

2. 救济救护二委员会来函为会计审查事拟定先由各

该会会计师审查再送本会复查是否可行请核示案

议决—照准

3. 闸北水电本二三月中共$3909.86请为照付案

议决—应先由本会介绍银行商借一万元并由本会

负担保

4. 电请中央枪决张自忠以伸国法案

议决—即发

5. 保衛指揮部代表接洽軍食案
議決：一、由慰勞項下撥給貳千元一次為限。

SC110

十月六日主席团会议　　（孙起孟记）

列会者　金行白　沈怡　徐寄庼　钱新之　王晓籁　杜月笙　许冠群　骆清华　陶百川　潘公展　颜福庆　徐采丞

主席

报告事项

颜福庆：

伤兵因不断移运内地上海方面结存三千一百余人约二三日内即有三千四百余人来沪均待备款

沈怡：

最好中央政府开办"军医""交通"训练班，以造就军用人材

讨论事项

1. 美国罗斯福总统发表反孤立政策本会应否表示

议决——推会长用本会名义致电

2. 建议中央召回大使等

议决——通过

十月七日主席团会议　（国际饭店）

到会者　杜月笙　王晓籁　徐永祚　胡梓臣　沈怡
姚慕莲　钱新之　郭文远　陶百川　金润庠
童行白　徐寄庼　潘公展

主席
报告各项
徐永祚
收支概数

支出方面	供应	295,038.49
	救济	75,000—
	技术	33000—
	宣传	4,900—
	募集	80.17
	交通	382,000
	救护	85,000—
	杂务	6,363.29
	医药	1,000—
	组织	600—

共 882,981.95

潘公展
1. 失业工人救济会已登记者千余人 收容地点日渐减少给养问题最好由本会函知以便照办
2. 本会会员与各界合作办法以了实用者太多不易解决
胡梓臣
愿捐棉袄六万件给失业工人
陶百川
农工生产指导处请主席大批注意□来会接洽最好对行之商

会计报告
战费清查管理委员会奉令组织
出席工人死亡给恤抚金已同意照给向李校长
总务组
棉背心现在除已发53130件外存有71376件合计已逾十万件
再加杜先生捐三万件及各方陆续捐来者廿万件可不成问题
讨论事项
1. 西安危急救济事本会应否再行募款案
议决—(甲) 函司令部及军需处实行依法发放
(乙) 交通利用封闭
(丙) 中汇银行存有千余元止付
2. 棉背心应如何支配案
议决—每包由部长所属司令按年均分配并由该便利军
机长官经全体各部队直接向该会具领将
来即以收条汇呈(已发者除外)
3. 保安团需要供应应如何办理案
议决—(甲) 车辆向交通会商办
(乙) 棉背心2100件
(丙) 短枪二具照发
(丁) 款项向宋部长交涉
(戊) 伤兵向红十字会接洽急救包等酌给
4. 88师为建闸北防御工事请中央拨水泥九千袋当时
因急需应用曾由本会向刘鸿生借四千袋现以中央尚未
批复拟再请本会续垫六千袋应急案
议决—照办
5. 闸北小学费用请由公园合接洽案

113 SC113

议决——由会介绍银行由水公司直接办理

6. 组织上海市慰劳团赴华北各地慰劳案

议决——俟虞洽卿先生回沪再商

十月八日主席团会议

到会者　杜月笙　王晓籁　褚辅成　徐寄庼　童行白　[illegible]
　　　　陶百川　张寿镛　潘公展　钱新之　徐佩璜　金润庠

主席

报告事项

1. 将高[illegible]长来函宣读一通
2. 双十节叙餐改大西洋
3. 地方协会双十节慰劳伤兵计毛巾卫生衣袜帽子已

讨论事项

1. 双十节伤兵应如何慰劳案
议决——由全体主席团就自己组织各医院每人二元之[illegible] 暂借中汇垫 将来在慰劳金项下归还
2. 别动队第二支队代表请领棉被棉袜千五百件案
议决——即拨棉背夹千五百件
3. 十八师五十二旅为沪南市防御工事请拨给铁锹案
议决——通知该案应由师部单位具领
4. 经济绝交委员会主席团五人 除二人当场公推外三人请主席团推
议决——推王晓籁 潘公展 童行白担任

十月九日主席团会议　　　　（国际）

到会者

主席

报告事项（略）

讨论事项

1. 双十节慰劳如何分配案

议决——分三组慰劳者由秘书处拟办

2. 中国通商银行拟请商保管委会拨出四十万元以三十余万归还通商银行借款以技术会章支用案

议决——照办即商保管会

SC116

十月十一日主席团会议　（同济俱乐部）

到会者　张寿镛　杜月笙　钱新之　潘公展　徐采丞　陶百川
　　　　王晓籁　徐佩璜　严谔声　骆清华　金润庠

报告事项

1. 俞部长来电已到，棉背心仍须运送事由本会分送各方人员接洽，尚须具报

2. 外交大楼伤兵分发站内容前随亚蕊棉被事宜由该处即连接完（先由各方分送被服等去）

3. 杭嘉师管区来接洽收纳难民中之壮丁，请本会予以上海难民团体协助

4. 宁波大夏大学御送有坏车十四辆由本会派拖车等去修理拖回，不料中途及被八十八师连拖车工匠一并扣去

讨论事项：

1. 纪念会应速定召集日期案

议决：—　十三日上午十时仍在浦东举行

2. 八十八师请发急需药品案

议决：—　请迳向宋部长原具领

3. 七十八师请发急需案

议决：—　准给草鞋七千双 棉背心再给式千 口罩给式千

4. 六十师请给慰劳品案

议决：—　准给棉背心三千件

5. 独立三十四旅由黔来行入沪请给慰劳品案

议决：—　准给棉背心式千件

6. 本会拟组织慰劳华北战地将士团应否着手筹备案

议决 a、暂分平汉线 平绥线 津浦线 首都宣军四组
b、每组人数为十人至廿人
c、每组经费贰万，由本会拨付之
d、经费定限十一月二十日前征集
e、征集办法向各团体劝募

7、李一帆请将存储麦粮及油精值一千余元之全部捐充经费应如何办理案
议决：——即行设法提出交该同业公会变卖

168

SC118

十月十二日主席团会议　（国际）

列会者　杜月笙　钱新之　张寿镛　王晓籁　杨梓臣
　　　　潘公展　徐采丞　陶百川　奚玉书　徐寄庼
　　　　俞佐庭　金润庠　沈怡

报告事项

1. 前收金银兑回估价值63450.00
2. 伤兵医院方面送会本部全部伤兵烈士

讨论事项

1. 拟请下届常务中时间结束不会再加　你再电家都会陆续就近划拨案

议决：一通过

2. 本会公文寄在市参会时主席团均难来阅行闭会一再建议送会本部适当地点及时间可以办理此项应即何办法请公核定案

议决：一除紧要者由主席团分别核批外余公全权办理

3. 拟将服务团征集有余青年编为公队　保卫壹体工程以通[illegible]被[illegible]阻何办法予通过案

议决：一通过

4. 双十节献金除去计入千余元者存中汇应予何归还案

议决：一由应献金项下归还

5. 拟将献金拨入书馆应予何办理案

议决：一再行推选大校捐建劝征集委员会计会迅速设计

6. 18军[illegible]补助经费一千五百元案

议决：一 婉谢

7. 孙立师征求借款案

议决：一 贴给铁锹贰千把 余婉谢

8. 报载军政部经济部警察局商家银行定于何限制案

议决：一 函新闻检查处严密执查

9. 华北战事经费如何筹集案

议决：一 由主席团暨代表团等主要人员进行筹集

10. 响应南昌一千号即将来沪请速召集财政救行案

议决：一 照办

11. 捐同捐千元以上应否通知各报给予奖状案

议决：一 照办 又募集棉背心五百件者由本会致函感谢 一千件以上者呈部请奖

1.20

SC120

十月十三日主席团会议　　（国隆）

列会者　张寿镛　杜月笙　陶百川　童行白　钱剑秋　王晓籁
　　　　金润庠　潘公展　骆清华　徐寄庼　郑文彦　朱学范
　　　　徐伦硕　杨管北　徐采丞

主席

报告事项

1. 市上缺少Urotropin药品 已输十万只 每三西西 每西西市价为2200—2400

2. 九月份房捐归公债储蓄召集

讨论事项

1. 童子军特别费分配给予五拨款

议决：一 通过

十月十四日主席团会议 （国际）

出席者 潘公展 王晓籁 骆清华 林康侯 杨卫玉
陶百川 金润庠 胡鄂公 钱新之 褚辅成
顾文生 徐寄庼 朱学范 童行白 徐采丞

主席

报告事项

1. 今日召集各团体代表筹募此次救亡团体经费会已得款五万七千元

2. 经济统制委员会组织推定 陶百川（总会） 褚辅成（检查） 徐寄庼（登记、统制） 朱学范（供应） 顾文生（宣传） 各种土货大队内定（总务） 顾继武（会计主任） （登记） 李文杰 （统制） 虞洽卿（供应） 徐采丞 （宣传） 黄宝慧 （检查） 胡邑中

讨论事项

1. 本会此后工作以救亡为中心应如何改进案
议决：一 推钱新之 金润庠 杨卫玉 陶百川先行研究

2. 请外蒙古出兵抗敌案
议决：一 呈请中央

十月廿日主席团会议　（国际）

列会者　[illegible]　杜月笙　王晓籁　徐佩璜　童行白　金润庠　徐寄庼　徐采丞　[illegible]　陶百川　[illegible]　潘公展　周作民

主席

报告事项

1、[illegible]捐助童子军会报告十全　（[illegible]）

2、周作民报告晋京与当局接洽事项，而于绝不宣战等六点谈及大体，中央对于宣战绝交一事，前述外交协议结果为普通对峙，绝交与宣战为二事，而军事对峙绝交与宣战为共同行动。我国以自卫而抗战，如经开战则各国咸表同情，若我方首先宣战，则我国为九国公约签字国，而自行宣告绝交，或宣战于各国，或大部宣告中立，反与我国不利。至国民经济绝交一事，大可运用社会舆论力量，彰显诉诸力避免法律手续及外交形式。又外交部方面拟就1928年国联制裁原文大纲，详细办法可以参考之。

3、经绝会举行常务会讨论登记，以[illegible]契约三大类，由该会向同业公会主办，以已经奉经过以后者程序为目的，新部主持七月七日为期，以前[illegible]以八月十三日为期比较容易进行。

讨论事项

1、欢迎孔部长返国电

议决：一、通过

2、交通会拟东大商会为国际[illegible]请予接办案

议决：一、通过原订契约一次，接办主方之由交通会付

183
SC123

3. 六十师请求供应案
议决：一 准给棉马夹1件急救包84只军毯14先锋脚车两辆给
4. 各师部队缺乏雨衣应如何办理案
议决：一 推姚慕韩杜月笙二先生先向宋部长接洽
5. 交通会前三月租车费68040元请予通过追认案
议决：一 本会经费已拮据拟请俞部长代付
6. 美国哈恩少将发起征募飞行士为我国抗战参战被日人刺伤本会应否表示以昭激劝案
议决：一 去函慰问

SC124

十月十六日主席团会议　（国际）

到会者　施肇铮　杨锦昌　杜月笙　王晓籁　徐采丞　徐寄庼

杨卫玉　陶百川　钱新之　金润庠　沈少怡

主席

报告事项

1、青年会代制救护棉背心款十六万之半数由国际救济会速将账目送财部核销

2、全体委员清册速即办理

3、检查科主任康之方先就意外被敌困难之处拟于明日来会面陈

4、棉背心已发放十万件　惟前方需要尚有廿万件不可因此中止　须补募十万件　故再按原计划赶做十万件　将于日内运出

讨论事项

1、绥远会经费请由本会捐垫一千元案

议决：——照准

2、童子军战地服务团经费除已拨六百元之外尚须追加398元之请予核拨案

议决：——照拨

3、游击队方面服务经费一万元之外急需棉背心请即拨三万件案

议决：——照拨

4、此后服务方面应续制棉背心十万件请推定负责人主办案

议决：——推徐采丞　金润庠　杨锦昌三人负责採办

5、充实服务委员会改推常务主任案

议决：——改推杜月笙　钱新之　金润庠　吴蕴斋　王晓籁　主

人为书家

6. 星华学会会前为捐款之事务手续未了应当如何办理案

议决：——明日与徐会计师接洽

126

SC126

十月十七日 主席团会议 （杜宅）

到会者 潘公展 [illegible] 陶百川 [illegible] 童行白
褚辅成 钱新之 杨卫玉 [illegible] 金润庠
徐采丞 [illegible] 王晓籁

主席

报告事项

1. 卫生衫十万件仍再由同业公会接洽
2. 前线需要雨衣甚急
3. 青年救国服务团 市教育会 文化界救亡协会参加 此三团体已函复速募款

讨论事项

慰劳会常委推定为七人案

议决：一、通过 加推[illegible]为[illegible]

187 · SC127

十月十八日主席团会议　　（联欢社）

列会者　　陶百川　徐永祚　钱同年　钱新之　杜月笙
颜福庆　童行白　杨锡臣　徐寄庼　王晓籁
许晓初　张寿镛

主席

报告事项

1. 本日止收　借入　606,200—
拨来　400,000—　　1,006,200—

支出　往来存　74,756.10
事务　8,042—
供应　805,038.49
救护　53,000—
组织　960—
设计　580—
宣传　4,900—
筹募　80.17
交通　391,000—
事务　6,863.29
救援　85,000—
防空　1,000—　　1,006,200—

支存实支 $931,443.90

2. 救护处

目下每日有一千伤兵 五百运外埠 五百到外交大楼
美国红会拨十万金由美大使支配以五万为华北之用
五万为上海医药之用
本日止共救伤兵 24146人 内住院者 12504人

出院者 8605人
经费已告罄行设法借垫（决由红会借支应）

129

SC129

十月十九日主席团会议　（陆京士）

到会者　金润庠　杜月笙　王晓籁　钱新之　骆清华
徐寄庼　徐永祚　徐采丞　林康侯　[illegible]
陶百川　潘公展　[illegible]　童行白

主席

报告事项

1. 闸北水电费由陆伯鸿向市政府担保
2. 技术会购办已成口罩56000只　面具1040只　眼镜15000付
3. 交通会第二期经费76,680—　已付去

讨论事项

1. 慰劳会主任常务一人请再推定案

议决：—　公推陶百川担任

2. 慰劳费拟请中中交农四行担任五万案

议决：—　商由四行联合会办理

3. 建议中央遣派实业界赴国外联络案

议决：—　通过

4. 筹款会另请代表出面向各大公使馆请向我外侨劝募案

议决：—　通过

5. 廿四日上午召开各团（组织会办）请推员出席训练案

议决：—　推潘公展　童行白　陶百川代表出席

6. 今日在侨会请推员代表出席案

议决：—　推童行白出席

1.30

SC130

十月二十日主席团会议　　骆晓秋

到会者　徐寄庼　潘公展　徐永祚　陶百川　钱剑秋
　　　　张维翰　杨锦臣　徐采丞　童行白　金润庠　[illegible]
　　　　王晓籁

主席

报告事项

1、卫生运动 20.71 14.50
2、救济会函劝被，袜，棉背心，报纸，等
3、联席会明日开会

讨论事项

1、拟由借淞沪警备司令部派员来沪押运伤病士兵回防案
议决：—— 通过

十月廿一日主席团会议　　（[illegible]）

到会者　徐寄庼　童行白　徐采丞　金润庠　徐永祚　俞松筠　陶百川　钱新之　黄任之　江问渔　王一亭　王晓籁　[illegible]　杜月笙　[illegible]　吴蕴斋　[illegible]　李廷安

主席

报告事项

李廷安

上海目下病伤兵约四千二三百名，而伤兵每日有千人以上，收容站常有不敷运送之苦，好在中山医院即日起可收五百人，另外红十字会在中央研究院亦可收五百人，最好能在邻近租界地方觅大量处所办理伤兵医院

俞松筠

本会救护队目下应用车辆太多，以致不能制止，故伤兵仍是送来须要限制

颜福庆

伤兵每人每天给费六角七分　救护队目下本会有三队

黄任之

报告平津沪战经过　最重要者莫如使各方团结一致

江问渔

目下绥方一带形势很好　当地有民众组织委员会指挥当地军民进行大举

陶百川

军部来电嘱可尽捐至本部统筹支配

132

SC132

决议事项

1. 救护会应如何改进案

决：一 A 统制救护队和卫生局办

B 候俞市长回沪主持红会各方联席会议

C 给养归军部负担

D 红会与本会须一致联合不可分开

十月廿二日主席团会议　（联谊社）

出会者　骆清华　徐永祚　潘公展　陶百川　钱新之
张志韩　王晓籁　杜月笙　沈怡　徐寄庼
王一亭　秦润卿　吴蕴斋　徐采丞　宣维之
李廷安

主席

报告事项

1、交通部交通处接收车辆租价太高外商困难
（先由杜徐二委到部接洽）

2、外交大楼伤兵收养院内容急须改进

讨论事项

1、军政部来函请将□军运部以便平均分配案

议决　由有函具呈千里婉谢军运部

2、外交大楼收养院应如何改进案

议决　先请会相关各负责办理

1.3.4.

SC134

十月廿三日主席团会议　　（国际）

决议5项

1、战友社进行一次补助叁百元

2、校友通讯社〃　〃　壹百元

3、推举函由杜先生俞市长周甯宋部长

4、召师生捐十字镐四百铁锹五百

5、顾问会常委改为九人　加推刘海生　杨云竹担任

十月廿四日主席团会议　（国际）

到会者　黄任之　杜月笙　童行白　金润庠　王一亭　张寿镛
钱新之　颜福庆　俞松筠　徐寄庼　陶百川　朱学范
潘公展　褚辅成　[illegible]

主席
报告事项
俞松筠
※ 关于分发、治疗伤兵状况，已有房79间，足容千人，惟缺乏棉被六七百条及单衣裤，又器械药品亦缺
※ 第二院经姚锦九同志办理，拟扩充至150床，计250床，约需洋之经费
※ 经吴市长函嘱指定红会第一医院将来再行商议
陶百川
中央来电嘉奖本会并嘱继续努力
朱学范
伤兵数多须设医院
金润庠
供应会应付未付款除存外有63,794.86元
褚辅成
检查科加聘胡厥成、王佐才为副主任
经费可否将中日贸易协会存款拨用
童行白
九国公约会开会，国际宣传会须将意见发表，并与各会联合办理
讨论事项
1. 关于改进医院内部案
议决：一 由本会函请救护委员会、红十字会、红卍字会

三团体代表同于十月廿七日下午四时假浦东大楼举行院长谈话会

公共租界方面请江一平先生为一主发言

法租界方面请奚玉书先生为一主发言

2、战地服务团团长姜怀素副团长朱学范相继辞职，请予通过改组案（秘书长提）

议决：——通过

3、本会救急需运送车辆请予设法案

议决：——交交通部及地方协会核办

十月二十五日主席团会议录　　（国际）

出席者　钱新之 杜月笙 徐寄庼 金润庠 陶百川
沈怡 庞京周 张继銮 王晓籁 王一亭
俞松筠 杨树臣 颜福庆 徐永祚 陆京士
徐佩璜 童行白 刘鸿生 李廷安

主席

报告事项

1、庞京周报告南京中央救护组织状况

2、颜福庆报告陈姓军官宝隆医院328元已付清出院

3、日报公会北上慰劳捐借得一千五百八十七元（系钱新之先生主办）

讨论事项

1、慰劳委员会应推出席市会代表二人案

议决——推虞洽卿 徐寄庼

2、交通委员会请追认车辆租费第一二两月遗漏数计二万一千六百元案

议决——先推该会会计师审查再核

3、红十字会应否派员列席本会案

议决——由红会推派一人

4、救护委员会拟请添聘林康侯 童行白为副主任委员案

议决——通过

十月廿六日主席团会议（国际）

到会者 金润庠 柯干臣 张寿镛 袁履之 陈伯 杜月笙
陶百川 俞松筠 刘鸿生 徐寄庼 许晓初 王一亭
钱新之 徐佩璜

主席 杜月笙

报告事项

柯干臣

此上慰劳捐市商会方面已收到76,225.62元已解中汇

徐寄庼

分配	已付	未付
供应	319,223.49	64,869.06
交通	424,480—	
技术	75,000—	60,000—
救护	85,000—	
救济	75,000—	
共计	978,703.49	124,869.06

俞松筠

外交大楼分发站已較完进步惟各方面尚嫌不周尚再改良

陶百川

保管科金银器四共计一万余件结果缺少四件计值78.10拟赔偿了案

讨论事项

1、北上慰劳究竟如何办理案

议决：先行电询当局能否及何人候复后再行核办

2、金银物品拍卖公债手续应如何办理案

SC139

议决：先推请华李文杰研究再核

3. 供应处通知本会报销手续应如何办理以期迅速掉换公债案

议决：本会报销速分批送呈财部核销俾得迅批掉换公债并请会计师会同本会经速办理

4. 交通分会函以拜生车行前供给市警察局汽车卅辆一再核减尚有2400元可否核付案

议决：应直接向征用机关索取

5. 南市分会呈为大达轮船股大达船夫许宁摇卸案

议决：转八十八师

SC140

十月廿七日主席团会议　　（孙祥记）

到会者　王晓籁　杜月笙　钱新之　陶百川　顾馨一　徐寄庼
徐佛苏　金润庠　潘公展　胡西园　林康侯　俞佐庭
颜福庆　徐采丞　许晓初　童行白　徐晓初　王一亭
朱子范

主席　王晓籁（钱新之代）

报告事项

颜福庆

伤兵医院大部在租界内　仅国际一二两院在沪西　现拟将重伤运内地　而将轻伤移租界

潘公展

救济会经费仅能再维持一个月　运输已停止　现拟[illegible]国际救济会办法

141 SC141

SC140

十月廿八日主席团会议　（杜七号馆）

到会者　潘公展　王晓籁　杜月笙　张寿镛　陶百川　胡铎臣
　　　　钱新之　金润庠　俞佐庭　许冠群　童行白　徐寄庼
　　　　沈怡　毛云

主席　张寿镛

报告事项

潘公展

连日学生救护队拟支援大场之国际救济会

救济会经费须七万元方能维持两个月向国际方面一时亦不能拨付决向宋部长接洽

童行白

九国公约会议代表已经中央改正各人团会议定三十日举行国外代表外交部已派定未发表

沈怡

公募已发66000 收回20000 开支40 经费已领73,000 再领25000 可不超过十万元

讨论事项

1. 各军战地服务团分方工作仍请按月拨助以符之案

议决：一　由总务委员会核定办理

2. 文化界救亡协会拟请核定①为与会各国会议②推派国民代表③向教育当局建议修改应付方针案

议决　①已办　②外交部已派　③行之

1042.
SC142

十月廿九日主席团会议　　（杜寓）

到会者　杜月笙　王晓籁　徐寄庼　潘公展　童行白　陶百川
秦润卿　姚慕莲　杨梓楙　王艮生　许宝庠　俞松筠
徐寄庼　徐永祚　徐采丞　钱新之　颜福庆　沈怡
毛云　张志让　史良　章乃器　沈钧儒

主席　童行白

报告事项

沈钧儒

在特殊环境下如何继续努力以发扬民族意志
公决推章、徐寄庼、陶、潘、童、姚六人先行研究

俞松筠

目下中山医院分会诊所因地点关系拟改地址

讨论事项

1. 保卫大上海拟举行宣誓运动已予核示案
议决：— 九月二日举行宣传
2. 八路军请捐赠防毒面具案
议决：— 即将前送岭南剩制之一千具捐赠价值一万六千元
由此上警务费项下开支
3. 慰劳沪西部队案
议决：— 交慰劳会办
4. 九月三日白俄细侨事宜请愿书推定代表案
议决：— 推虞、杜、颜、刘鸿生、徐新六、陶、王七人于十一月一日前去

143

十月三十日主席团会议 （廿七次）

到会者 陶百川 骆清华 潘公展 童行白 许晓初
林康侯 徐永祚 杜月笙 王晓籁 [illegible]
钱新之 俞佐廷 徐寄庼 颜福庆 沈怡
毛云

主席 王晓籁

报告事项

1. 航空委员会函为蒋夫人函电需要皮大衣
2. 山东抗敌会函电需要毛衣、牛奶、饼干、药品
3. 陶百川函电需要卫生衣、药品、棉、纱布，

讨论事项

1. 伤兵医院视察团本会应推代表一人参加推定案

议决——推本会常委许晓初担任

2. 会计师报告本会前支救国捐四十万元之款已用尽在预算范围内请再拨十五万元之款以资应付案

议决——照拨即函保管会

3. 保卫委员会函请在旅华请招待伤兵案

议决——交救济会注意保护

4. 伤兵管理委员会请拨棉被卫生衣裤枕头热水瓶碗碟茶杯等案

议决——应向救济委员会请求

5. 三师司令部需要雨衣行军案

议决——由本会先制五千件每件以一元为度制就后交兵站分发

6. 明星公司拟派摄影师二人随同北上慰劳团出发摄制影片请资助川资案

议决——函请中宣部核准
7，慰劳沧西部队应送何物案
议决——先将现存戏剧件择要送去并积极征募

1455 SC145

十月卅一日主席团会议　　（杜公館）

到会者　杜月笙　徐寄庼　俞佐庭　胡筠庄　金润庠　陶百川
徐[illegible]　张寿镛　钱新之　潘公展　童行白　[illegible]
王晓籁

主席　潘公展

报告事项

1、伤兵昨止已不满四千人

2、收容所伤兵留医者机关中央切实负担

3、连日受难民全部收容的计算与此收容难民三万五千人

讨论事项

1、据东京宋部长复已转达会长函北平部长按照应否再电俞部长案

议决——即交由交通会拟复

2、贸易会筹办了到场生产急需本会案

议决——函观当日到会

3、前拟各项章程条件已经审核一遍俟正式核定案

议决——交常委会

4、闸北救护会奉令撤退经费缺乏再接济案

议决——补贴之再由救济会

十一月一日主席团会议　　（孙晓村）

出席者　许晓初　徐永祚　刘鸿生　陶百川　王晓籁　张寿镛
杜月笙　钱新之　徐寄庼　俞佐庭　毛云　沈怡
颜福庆　潘公展

主席　王晓籁

报告事项

刘鸿生：一

飞机师需用皮衣明日当与林世良君接洽

至于山西方面已去询问

俞佐庭

外交大楼尚有30人的吃饭钱已给

童行白

各使馆已去过

陶百川

军事委员会复电上海银行30万元掉换公债只须即已转劝募会即予照数掉换公债交后援会领收转发并须将动用救国捐款数目报部核销

十一月二日主席团会议　（陶记录）

到会者　杜月笙　张寿镛　潘公展　严谔声　陶百川　徐寄庼
刘湛恩　许晓初　俞佐庭　骆清华　王□生　徐采丞
毛云　童行白　王晓籁　林康侯　杨志雄　周学湘

主席　杜月笙

报告事项

陶百川

蒋夫人允任本会顾问

今日宣传科招待者方面

讨论事项

1. 北上慰劳山东山西已决定外平汉线全军二万六千件棉衣数目案

议决——平汉线三万元 全军成衣四万件计二万四千元包括各项费用均由接收总干事办理以不超预算为度

2. 现存上海之慰劳品应否即行运出案

议决——即速运出南桥暂储

3. 救护事业应当设法调整案

议决——推陶百川 林康侯 颜福庆 俞佐庭 刘湛恩先行研究交换意见

4. 南京浦来船阻止普通三百余艘影响民食应予如何办理案

议决——推王晓籁 潘公展 杜月笙致函一等处请令放行

5. 宣传会提请在抗敌期内刊行"大时代"刊物案

议决——照办

十一月三日主席团会议　　（国际）

到会者　颜福庆　林康侯　俞佐庭　陶百川　许晓初　王揆生
钱新之　徐寄庼　张寿镛　徐采丞　童行白　刘鸿生
潘公展　杨锡臣　王晓籁　杜月笙　徐新六

主席　钱新之

报告事项

1. 红会与救护会之调整办法已经小组会议决定如下
A 医院及分发站归救护会主办
B 救护队及汽车等归红十字会主办及负担
2. 救济费宋部长已允借廿万元将来国际会方面归还
3. 南市方浜路以北之难民区域可于明晨决定

讨论事项

1. 空军需要皮衣现可制340件 @5元 请予通过案
议决一照办
2. 总理诞辰纪念办法请核定案
议决一　A 悬旗　B 集会　C 献金　D 征募雨衣五万件
即日起开始 以总理诞辰截止

又报告事项
颜福庆

(A) 自8/14-10/31止 本市各医院共收伤兵 14354 民 1365 名共15,722名
出院兵 9586 民 1095 …… 10,681名
死亡兵 1033 民 106 …… 1,139名
现住兵 3735 民 167 …… 3,902名

(B) 自10/1-10/31止 伤兵分发站直接运各地 共计6,5[illegible]名
杭 5301　松 12919　卫生船舶 352

(C) 自10/1-10/31止 由京沪铁直接运送各地…… 共计17,841名

南翔 3961 昆山 2260 常熟 176 江阴 3
松江 452 杭州 1268 京陵 487
自8/14—9/30由前线直运各地共8784名
以上三项共收治伤兵民39,685名
(附注) 出院伤兵运送下列各地……共计9586名
杭州 5469 松江 264 常熟 405 江阴 67
吴兴 321 嘉兴 659 转往内陆及其他 2421

十一月四日主席团会议　　　　（国际）

到会者　张寿镛　杜月笙　杨锦臣　金润庠　徐寄庼　刘鸿生
　　　　沈怡　颜福庆　钱新之　俞佐庭　陶百川　许冠群
　　　　[illegible]　吴蕴斋　徐采丞　潘公展　王晓籁

主席　张寿镛

报告事项

刘鸿生：—

此上海劳山东牛乳公司再送救护会加印合各再保养金曲及罗袜

再捐洋一元七角者

吴蕴斋：—

云南向药捐助洋一部　准价抽验

颜福庆：—

国际医院拟继续办理

沈怡：—

嘛简函具一千只仍未到　拟不必再　考虑制作已印好

陶百川：—

组织会对于国际已加以戳别

俞部长交通车辆须重明牌号并作记号

讨论事项

1、67师派陈廷华来称药品口罩急救包等应否给予案

议决：—准给口罩[illegible]件　急救包[illegible]

十一月五日主席团会议（国际饭店）

到会者 金润庠 张寿镛 刘湛恩 童行白 王晓籁 钱新之
许晓初 俞佐庭 陶百川 徐寄庼 骆清华 杜月笙
潘公展 颜福庆 徐佩璜 宣但之 徐采丞 姜延等

主席 金润庠

报告事项

刘湛恩—雨衣五千件一元六角比上海商品又有贵者行提出

俞佐庭—备妥寄用棉衣褥及被子

颜福庆—经济委员会向银行借款三千万元已请宋部长拨付或由政府负责

陶百川—1. 孙院长电复尽力与政府接洽做去
2. 欢迎孔院长信已来云候林宗接复
3. 朱毛电捷已去电嘉奖
4. 文化救亡协会专员周佚被捕事

讨论事项

1. 救护会经济紧张向银行应如何办理案
议决—先由本会请钱新之王晓籁杜镛徐寄庼于明日午宴国际金融界商议

2. 文化救亡协会专员周佚被捕为本会出面援助事
议决—推吴开先设法查报

3. 秘书长请假赴京案
议决—照准一星期

SC152

十一月六日主席团会议 （国际）

出席者 王晓籁 金润庠 徐采丞 许冠群 骆清华 杜月笙
钱新之 陶百川 潘公展 钱剑之 [illegible] 童行白
徐佩璜

主席 钱新之

报告事项

陶百川 — 文救会主国际宣传今日曾推代表来会接洽要求补助①拟回巡捕②蒸西文件

潘公展 — 失业工人救济会所收容未能出路者尚有四千七百余人拟分节略访陶秉亨

15 3/11 SC153

十一月七日主席团会纪　　（[illegible]）

出席者　张寿镛　徐寄庼　杜月笙　王晓籁　金润庠　陆京士
刘鸿生　穆藕初　胡筠庄　俞市长　钱新之　颜福庆
许冠群

主席　钱新之

徐永祚报告

金银物品捐换办法送经研究并商若干点依拟订捐换办法修正通过　　议决　通过

大会根据军委会救国捐五千元后来函依再呈军委会捐换公债

讨论事项

1. 慰劳委员会请预付雨衣工料三分之一费（共计35000元）案

议决——通过

2. 救护委员会因本会存货寄缺大部须付现请拨现款以资应付案

议决——照办

3. 四行仓库孤军给养每日一百数十元可否由本会负担案

议决——准由本会负担

4. 陆军炮兵独立四团请求给养捐助案

议决——交慰劳委员会

5. 救护委员会委员应请推定案

议决——限各团体于三日内推定报告

154

SC154

十一月八日主席团会议

到会者　杜月笙　刘鸿生　钱新之　蒉延芳　沈怡　徐寄庼　王一亭

林康侯　俞佐庭　[illegible]　王晓籁　徐寄庼　徐[illegible]

主席　王晓籁

报告事项

俞佐庭——分发难民二次，积存伤兵千余人，内有重伤者二百余

王一亭——与工部局交涉被封各团体经过

沈怡——八将军需防毒面具捐款准由后援会内五千元内支用

讨论事项

1、失业工人救助会需毛毯贰千条照拨。

2、此上海劳动局内难民一项加设难民收容所照办

3、秘书处函知晋京银行支单由主席团签字函知中汇照办

155 SC155

SC154

十一月九日主席团会议　　　　联欢社

到会者　杜月笙　王晓籁　张寿镛　[illegible]　[illegible]　徐寄庼

奚玉书　陶百川　[illegible]　刘鸿生　童行白　江一平

钱新之　许晓初　徐寄庼

主席　童行白

报告事项

1、战地服务团成立

2、枫林桥伤兵已全入租界

讨论事项

1、设计会为刊印设计报告需款四百元照准

2、募集会为金银首饰计少78.10已由钱新之个人赔偿

3、此后各团体市商会代收款项一律拨交慰劳会

4、广东水手伦敦工会捐款八百送附团体

5、募集雨衣即登报并请募

6、闸北孤军服装费由本会照拨

7、广西部队拨十六号背心贰百件

8、保卫大上海运动请示中央

9、募捐纪念[illegible]在全城戏院举行

SC156

十一月十日主席团会议

刘 清 杜 王 严 钱

○中央宣传部传特宣字各项对外文件照做出宣部长六月廿九来缓办

○决议⑴秘书处发各部会传单避免标办传案

⑵请付报告即出结案

⑶组宣组做工作人员一律遵照国家总动员法令服从领导律令十五五十之

⑷组长处所任五名三人办结若干

⑤宣传品五万件担任分发工作七角五分如下处理

⑥此次为维护国难处理会务全权办理

⑦闸北日军尚有三万余降南市三千与对方政治运动

⑧南市敌军约三千余人

⑨敌方会务行政必要时隐藏办理宣传攻略事宜

SC157

十一月十五日常务会议

到 潘 林 王 童 韩 杜 姚 朱 陆

决议——

①各界会即日结束遣散，报[illegible]回

②本会暂不结束，但[illegible]会何[illegible]事宜即速停止

③保付款交财务会保管运出

④工作报告须即补办

⑤十六日修常务[illegible]费人即发

中國國民黨上海特别市黨部用箋

（三）宣传委员会

上海市各界抗敌后援会宣传委员会第一次委员会议记录（一九三七年七月三十日）

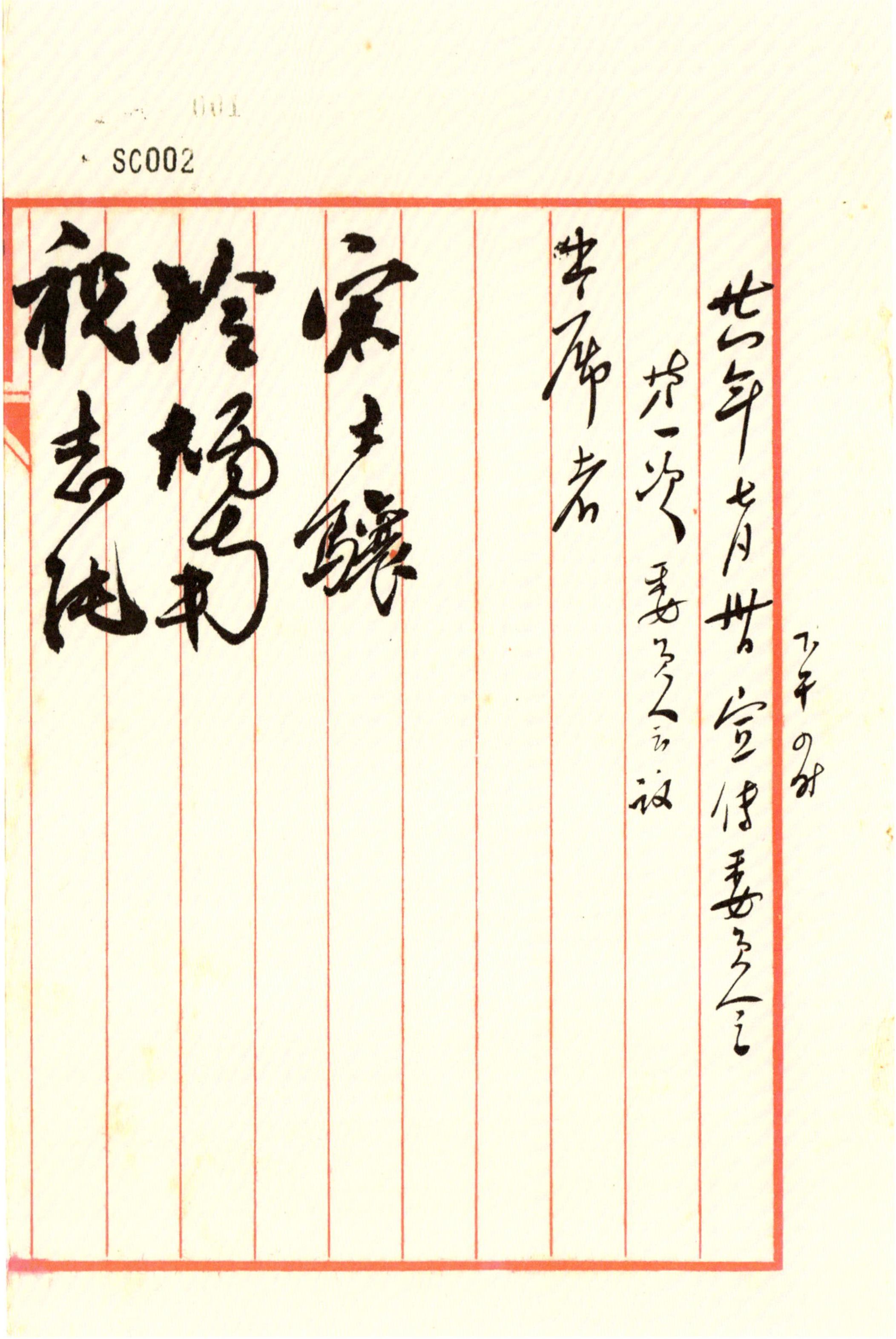

SC002

廿六年七月卅日宣传委员会

第一次委员会议

下午四时

出席者

宋士骧

[illegible]

祝志澄

速即發
鄭子褒
宋安
執雨覆
錢 同上

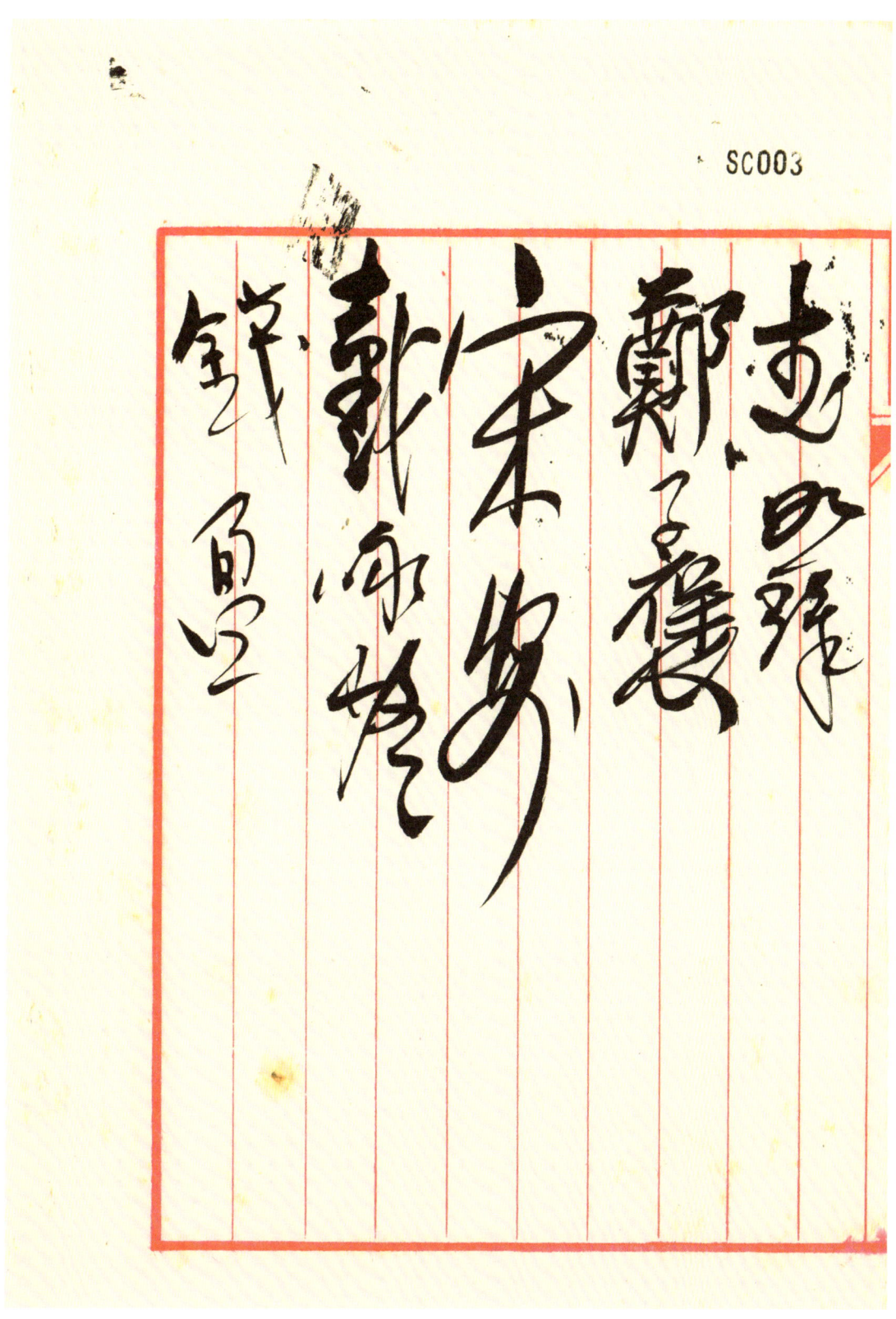

王健民

曾虚白

馮美學

黄寄慈

黄敬斋

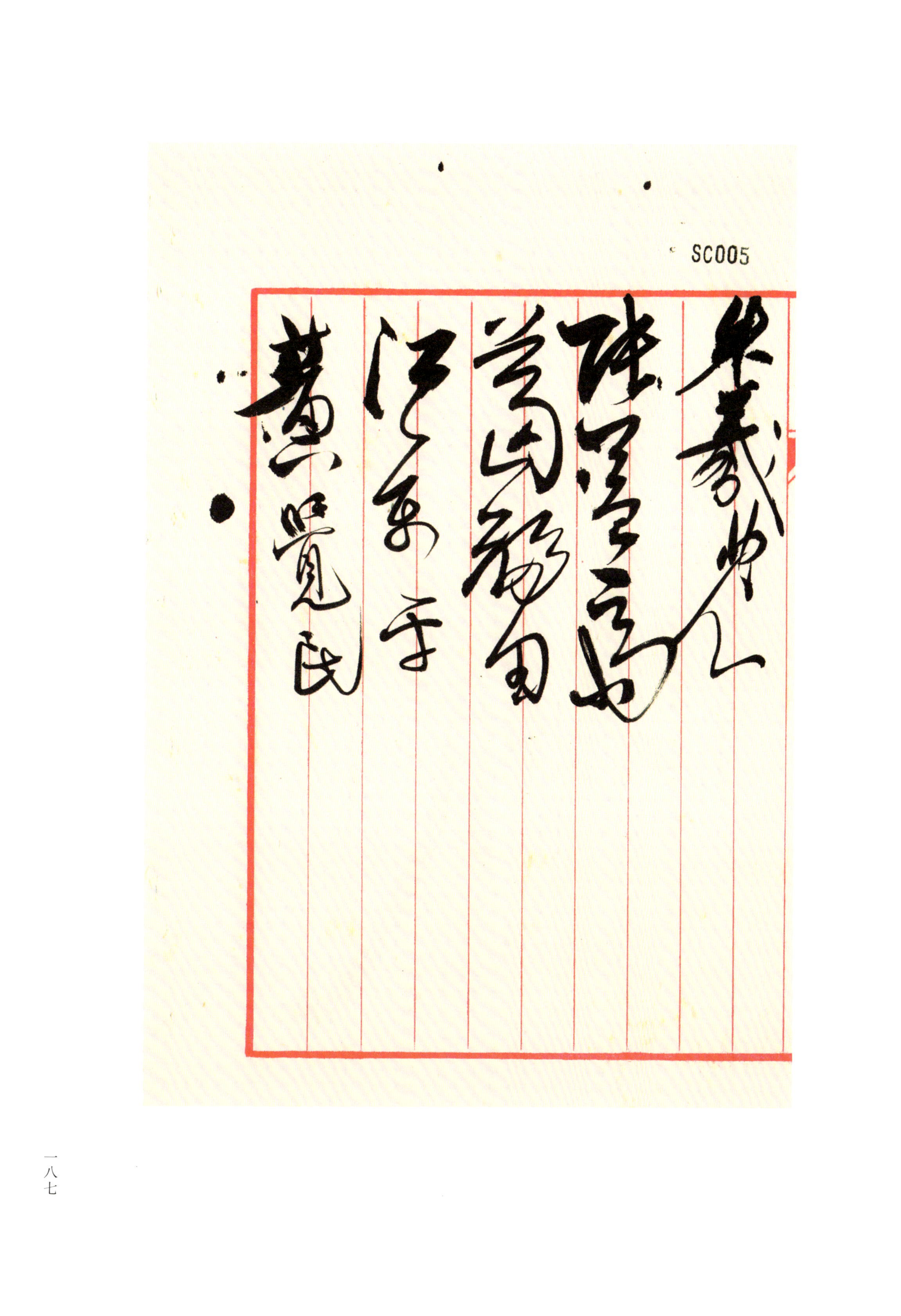

SC005

[illegible]

董道雄

劳廿八

何守元

至六部

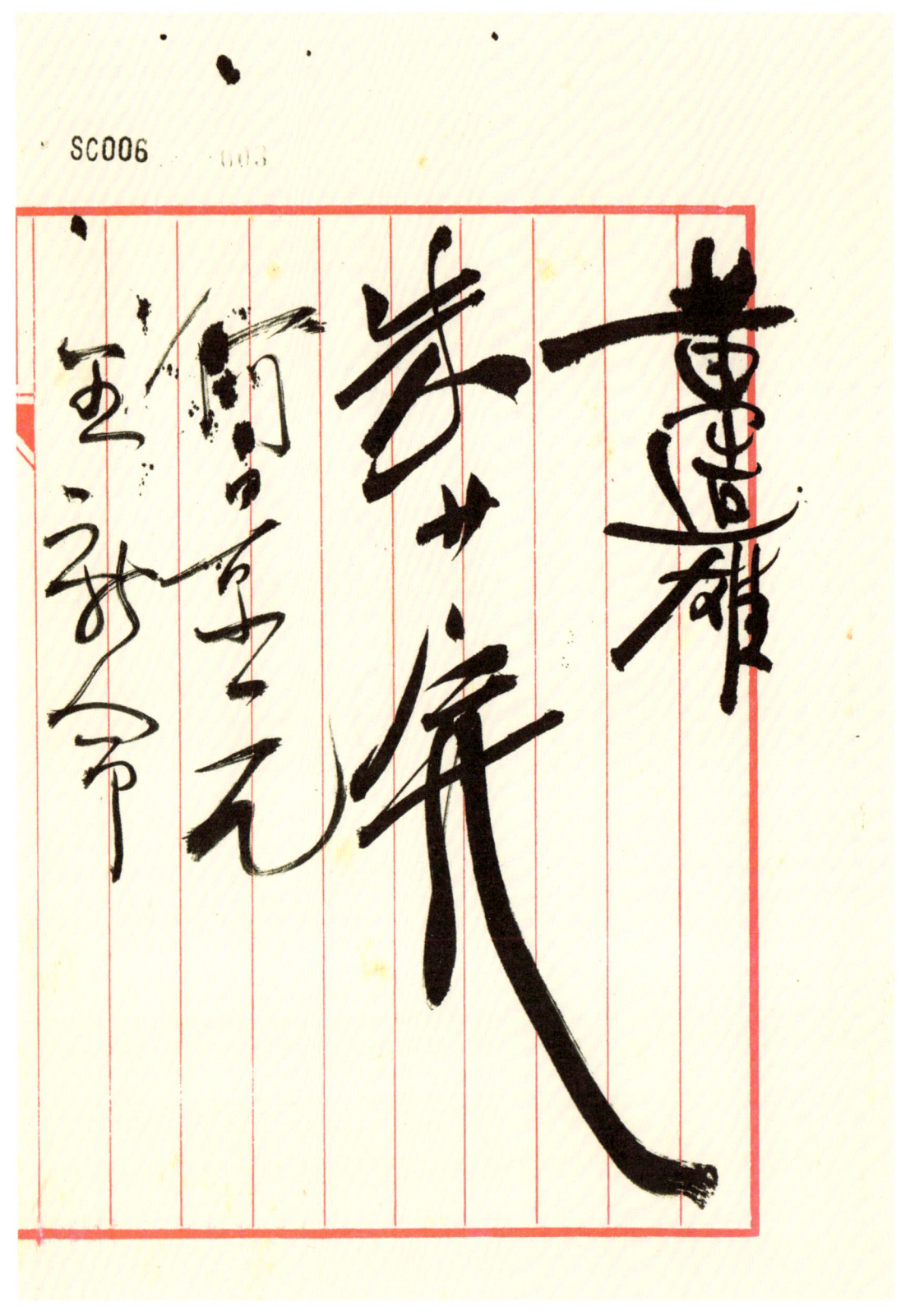

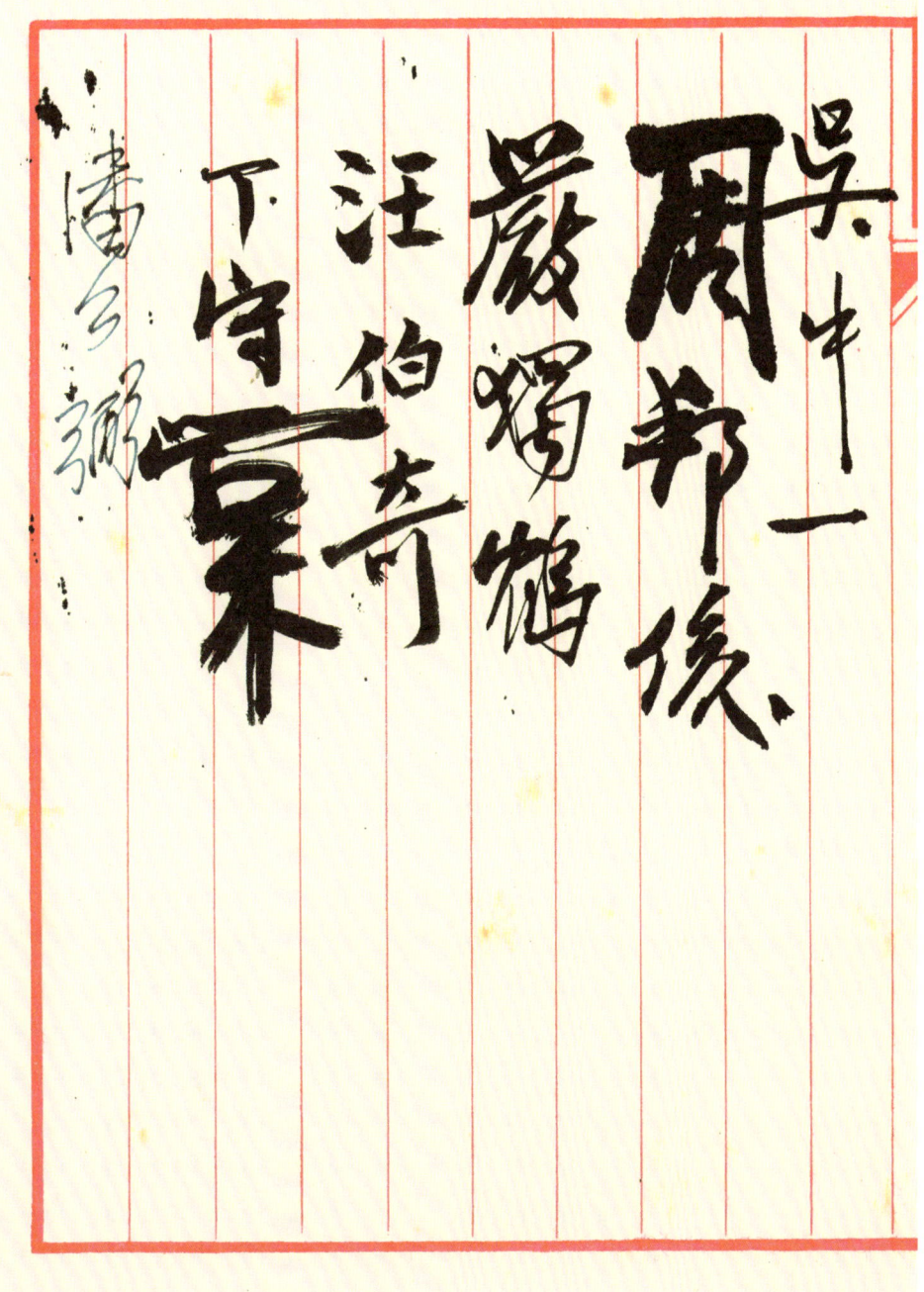

SC007

吴中一
周邦俊、
严独鹤
汪伯奇
下守宋

陈公阅

寄信昭

回执

赞同主张

[illegible]

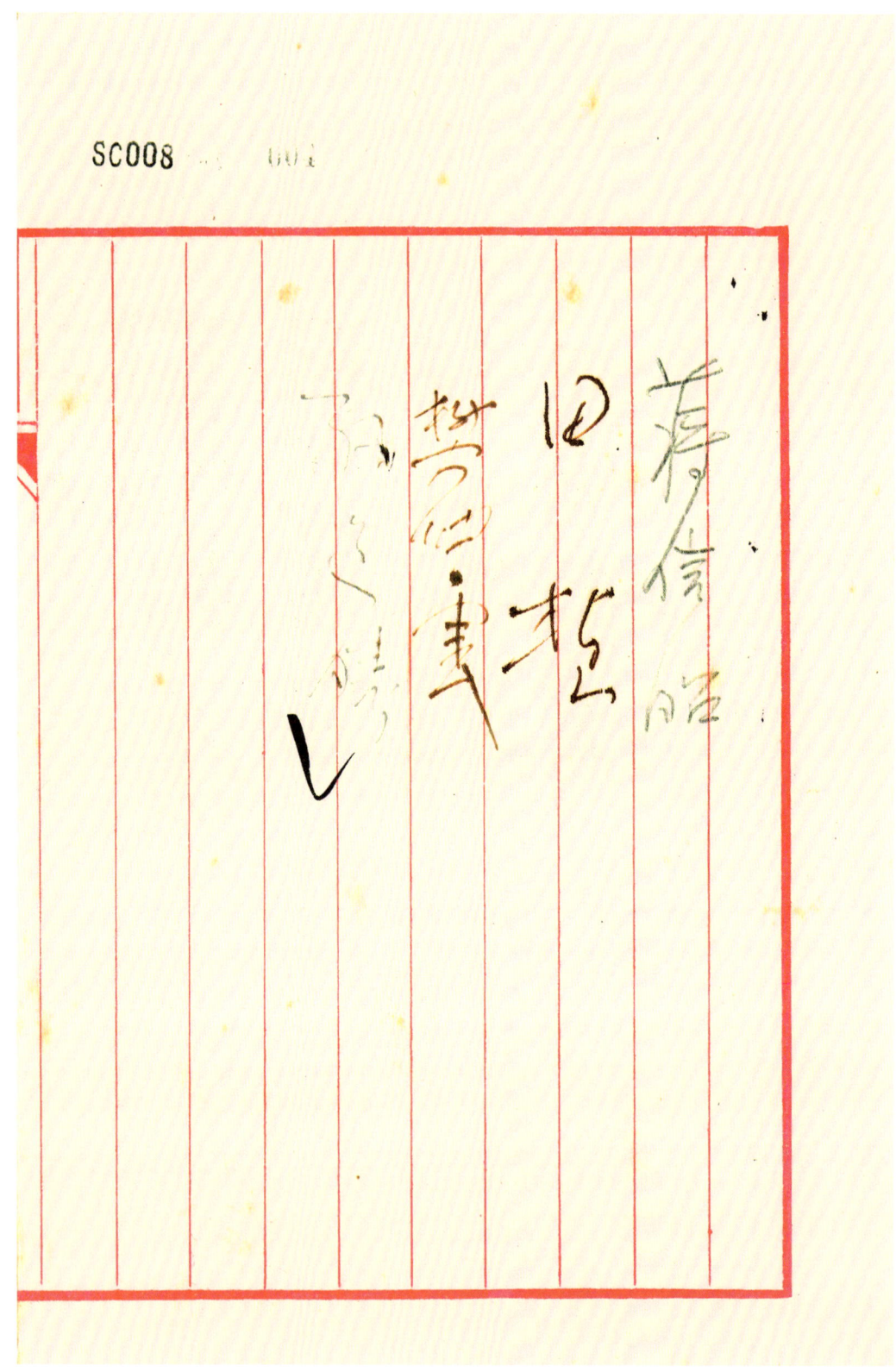

SC009

第一次常務委員會紀錄

日期　七月三十日下午四時

會場　市商會禮堂

出席者　三十二人

主席　潘公弼

紀錄　詹慕葛

報告事項

(一)秘書長陶百川先生報告本市民众對於政府抗戰政策，尚未充分瞭解，故本会任務，应設法溝通政府与民众，使民众与政发生怀疑与恐慌。现在本会已商请吴开先先生每日与中央通话一次，俾可将中央意旨，随时宣达民众。其次，民众对于前方消息，胜则虚骄，败则沮丧，胜败为兵家常事，非至最后一刻，绝不能判明谁胜谁负。后方民众，正须万众一心，援助前方，以期把握最后胜利之关键。本会第二任务，应积极教育民众，使民众晓得其本身使命之重大。

（二）主席潘公展先生报告本会主任委员董

SC011

行白先生昨晚热度升高，以病不能，嘱另

主持今日会议。又本会秘书业由主席团

指定孙蔚香蓉先生担任。

讨论事项

(一)宣传委员会工作计划案经主席委员草

定，是否可用，请付讨论案

(决议)工作计划(甲)项工作原则照原案通

过，(乙)项工作方法修正通过，(丙)项工作

系统与(丁)项宣传大纲照原案通过。

(二)本会各组负责人现由主席委员拟定名单

請討論案（附名單）

國際組——樊仲雲

戲劇組——洪深

遊藝組——丁守棠

文藝組——傅東華

新聞組——陳克成

歌詠組——鄭克定

廣播組——周邦俊

總務組——邢琬

（決議）通過

臨時動議

敬會

附上海市抗敌后援會宣传委员会工作计劃(修正案)

甲、工作原则

1、以最经济的方法收最实际的效果

2、用最少的人力求最大的成就

3、根据前项原则将本会工作分直接间接两方面进行

4、间接工作利用社會已有之宣传工具而统一指挥之

5、直接工作侧重于对外对下两方面进行而求其普

適與有效

6. 為求工作之有系統有效果起見採分工合作方

式行之

乙. 工作種類

1. 國際組

2. 戲劇組

3. 遊藝組

4. 文藝組

5. 新聞組

6. 歌詠組

SC015

7. 广播组

8. 总务组

丙. 工作系统

1. 各组各设一负责人，工作进行由各组自行商讨，或由负责人与主任委员洽定行之，其有重大关系者更须转呈主席团核定后方可实行

2. 有关两组以上之事由主任委员召集两组以上委员联席会议商讨之

3. 各组工作经过每月须据实报告主任委员转报主席团

4、其有関經濟事項由各組擬定最低限度之擬稿由主任委員彙編發稿呈請主席團核行

5、遇工作必要時由主任委員召集各組負責人會議商討工作之進行

丁、宣傳大綱

1. 積極方面

(一)提高民族意識

(二)鼓吹愛國思想

(三)發揚抗戰精神

(四)確定中國民族自求解放的革命觀

SC017

（五）確立民為邦本本固邦寧的國家觀

（六）確立犧牲個人自由爭取民族自由的政治觀

（七）確立國亡與亡國存與存的人生觀

（八）指導人民節衣縮食愛惜物力以供國用

（九）指導人民以所有之資力物力慷慨供獻於國家

（十）指導人民以所有之知識技能聽受國家之徵發調用

（十一）指導人民勿因小勝而有虛驕之氣勿因小敗而有頹喪之心以爭取國家最後之勝利為依歸

（十二）指導人民以悲壯之精神沉著之態度犧牲之決

心以應付一切事宜

（十三）指導人民臨事不畏懼臨危不變節義之所在勇敢赴之

（十四）指導人民謹守秩序服從政令擁護領袖在統一的國策下一致進行

（十五）指導人民提高民族自信力

五、消極方面

（一）防止一切階級鬥爭非戰觀念個人主義的傳布

（二）防止一切空談真理迷信畏敵祈求人助的錯誤思想

(三)防止一切挑起内部仇纷分化团结力量移转对外目標的謬誤觀念

(四)防止一切反革命的樂天見解混世观念隐遁思想

(五)防止一切与國家相反的個人行動以免惹起意外事件牽動整個國家

(六)防止一切隔岸觀火袖手旁觀托庇外人得求安全的卑劣思想(完)

上海市各界抗敌后援会宣传委员会工作计划草案（一九三七年七月）

上海市抗敵後援會宣傳委員會工作計劃草案

甲、工作原則

1. 以最經濟的方法收最實際的效果

2. 用最少的人力求最大的成就

3. 根據前項原則將本會工作分直接間接兩方面進行

4. 間接工作利用社會已有之宣傳工具而統一指揮之

5. 直接工作側重于對外對內兩方面進行而求其普遍与有效

6. 為求工作之有系统有效果起見採分工合作方式行之

乙、工作方法

1. 分工 根據前項原則將本會工作分下列各組進行

(一)國際組

審察國際对中日問題之形勢而巧妙運用之如發告友邦國民

SC002

書或告日本國民書，刻劃起其對日之仇恨，或挑動敵人政府與人民之惡感等，總在把握住時間與空間的重要性，而在有利于本國條件下隨時運用之。

(三)戲劇組

包括影劇、平劇、話劇三項，與各劇社切取聯絡，而多選已成之愛國劇、抗戰劇、帝國主義罪惡劇等，使在抗戰時期多多映演，以振奮民心。其他一切違反民族主義、抗戰主義之優優劇、戀愛劇、非戰劇、神怪劇、頹廢劇等概行勸止勿演。

(三)遊藝組

包括說書、灘黃、滑稽等數方面，能選取合於中國抗戰本旨之腳本最好，否則不妨由本會編定大綱，分發各遊藝家，使之在每劇開場或收場或中間插入一二則，亦頗有效。

(四)文藝組

根據前項原則文藝不採取自編刊物為原則本會應將全市已有之各雜誌各書報分別聯絡登記後由本會分發宣傳大綱令各書報雜誌在抗戰時期依據大綱要旨一致撰文發表其與民族主義抗戰精神相反之作品在大綱中指示勸勿登載蓋純用文藝總動員之方式進行也

(五)新聞組

新聞國家已有統制本會可以不必顧問惟各報社論及對民眾愛國行動之鼓吹介紹由新聞組與新聞界切取聯絡隨時運用

(六)歌詠組

SC004

本會應聯絡各已成立之歌詠團體選定有關民族抗戰之樂曲分日或分地作沿街歌唱或令民眾隨時習唱以振奮其精神堅定其意志

(七)廣播組

本組除每日作時事廣播或名人演講外凡關于民族抗戰主義有關之唱片節目盡量予以提倡反是則設法勸阻之

(八)總務組

本組專辦本會一切對民眾之文告及文件保管印品收發等行政工作

2、分類

1 根據前項直接間接分類原則將本會工作分類如下

(一)直接工作

國際組　新聞組　廣播組　總務組
戲劇組　遊藝組　文藝組　歌詠組

三　間接工作

丙　工作系統

1. 各組各設一負責人工作進行由各組自行商討後由負責人與主任委員洽定行之其有重大關係者更須轉呈主席團核定後方可實行

2. 有關兩組以上之事由主任委員召集兩組以上委員聯席會議商討之

3. 各組工作經過每月須擬要報告主任委員轉報主席團

4. 其有有關經濟事項由各組擬定最低限度之概算由主任委員彙編預算呈請主席團核行

5. 遇工作必要時由主任委員召集各組負責人會議商討工作之進行

丁. 宣傳大綱

1. 積極方面

(一) 提高民族意識

(二) 鼓吹愛國思想

(三) 發揚抗戰精神

(四) 確立中國民族自求解放的革命觀

(五) 確立民為邦本本固邦寧的國家觀

(六) 確立犧牲個人自由爭取民族自由的政治觀

(七) 確立國亡與亡國存與存的人生觀

（八）指導人民節衣縮食愛惜物力以供國用

（九）指導人民以所有之資力物力慷慨供獻于國家

（十）指導人民以所有之知識技能聽候國家之徵發調用

（十一）指導人民勿因小勝而有虛驕之氣勿因小敗而有頹喪之心以爭取國家最後之勝利為依歸

（十二）指導人民以悲壯之精神沉着之態度犧牲之決心以應付一切事變

（十三）指導人民臨事不畏懼臨危不變節為義之所在勇敢赴之

（十四）指導人民謹守秩序服從政令擁護領袖在統一的國策下一致進行

SC008

（十五）指導人民提高民族自信力

乙 消極方面

（一）防止一切階級鬥爭非戰觀念個人主義的傳布

（二）防止一切空談真理迷信果報祈求人助的錯誤思想

（三）防止一切挑起內部糾紛分化團結力量移轉對外目標的謬誤觀念

（四）防止一切反革命的樂天見解混世觀念隱遁思想

（五）防止一切與國策相反的個人行動以免惹起意外事件牽動整個國策

（六）防止一切隔岸觀火袖手旁觀託庇外人得求安全的卑劣思想

上海市各界抗敌后援会宣传委员会工作计划（一九三七年七月）

上海市各界抗敵後援會宣傳委員會工作計劃

甲. 國際宣傳部

(一) 交際組

1. 搜集重要情報
2. 聯絡友邦人士
3. 供給正確消息
4. 引起國際同情
5. 糾正虛偽宣傳

(二) 研究組

1. 戰時國交問題之研究
2. 戰時中立問題之研究
3. 戰時國際問題之研究
4. 戰時租界問題之研究
5. 戰時公法問題之研究

(三) 編審組

SC010

5. 編撰宣傳文字印發敵軍陣地

4. 對歐美留學生之通訊與指導

3. 撰擬論文投寄各外報登載

2. 各種有利消息之編發

1. 各種外報之審查

乙、總務部

(一)文書組 [illegible]

1. 收發文件
2. 保管卷宗
3. 撰擬函牘
4. 印刷文件

(二)會計組 [illegible]

1. 經濟出納
2. 採辦物件
3. 賬目登記
4. 編製報告

SC011

006

明日上午十時召集各組正副主任在本會開會

丙、國內宣傳部 陳芝水

（一）播音組 周和儀

1.聯絡廣播電台
2.報告時事消息
3.勸募救國捐款
4.收集軍需物件
5.編排名人演講
6.破壞敵方音波

（二）演講組 何景之

1.慰問傷兵
2.組織演講隊
3.編排演講節目
4.指導戰時常識
5.宣傳愛國思想

（三）指導組 [redacted] 邢琬

1.民衆捐款之指導

SC012

2. 民衆生活之指導
3. 民衆思想之指導
4. 民衆工作之指導
5. 民衆行動之指導

（四）歌詠組 鄂克定

1. 領導歌詠團体
2. 編選歌詠節目
3. 指導民衆歌唱
4. 振起抗戰精神
5. 播送敵方歌曲

（五）繪畫組 曹少飛

（六）電影組 盧蔣白

七、遊藝組 周寒梅

上海市各界抗敌后援会宣传委员会组织系统表（一九三七年七月）

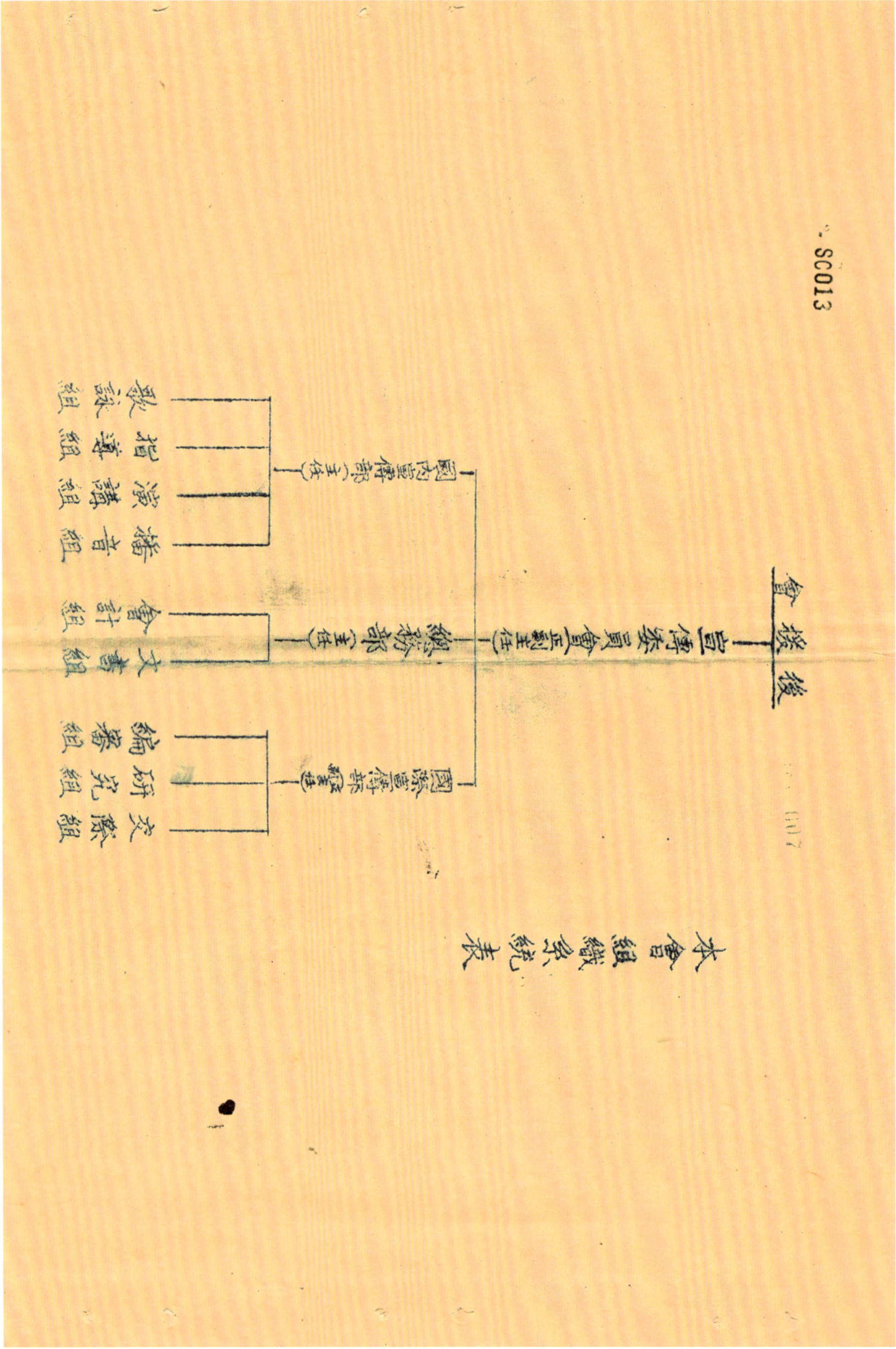

本會宣傳大綱

甲 積極方面

(一) 提高民族意識
(二) 鼓吹愛國思想
(三) 發揚抗戰精神
(四) 培養民族自信力
(五) 確立中國民族自求解放的革命觀
(六) 確立民為邦本本固邦寧的國家觀
(七) 確立犧牲個人自由爭取民族自由的政治觀
(八) 確立國亡与亡國存与存的人生觀
(九) 指導人民節衣縮食愛惜物力以供國用
(十) 指導人民以所有之資力物力慷慨供献於國家

（十一）指導人民以所有之智識技能聽候國家之徵發調用

（十二）指導人民勿因小勝而有虛驕之氣勿因小敗而有頽喪之心以爭取國家最後之勝利為依歸

（十三）指導人民以悲壯之精神沉着之態度犧牲之決心以應付一切事變

（十四）指導人民臨事不畏懼臨危不變節義之所在勇敢赴之

（十五）指導人民謹守秩序服從政令擁護領袖在統一的國策下一致進行

（十六）指導人民一切戰時常識

（十七）指導人民隨時隨地偵察漢奸捆送當警

（十八）指導人民隨時隨地救濟難民愛護同胞

SC016

009

乙.消極方面

(一)防止一切階級鬥爭非戰觀念個人主義的傳布

(二)防止一切空談真理迷信果報祈求人助的錯誤思想

(三)防止一切挑起內部糾紛分化團結力量移轉對外目標的謬誤觀念

(四)防止一切反革命的樂天見解混世觀念隱遁思想

(五)防止一切與國策相反的個人行動以免惹起意外事件牽動整個國策

(六)防止一切隔岸觀火袖手旁觀托庇外人得求安全的卑劣思想

SC017

附告

(一)請新聞界根據本大綱所示原則撰著社論編發新聞以導民智

(二)請文藝界著作人編輯人根據本大綱所示原則編著文藝以作民氣

(三)請戲劇界根據本大綱所示原則排演各種影劇平劇話劇以感民心

(四)請歌詠界音樂界根據本大綱所示原則選歌作曲以勵民情

(五)請教育界根據本大綱所示原則編擬臨時教材以化青年

本會委員一覽

童行白　潘公弼　嚴獨鶴　黃任之　汪伯奇
黃香谷　王芸生　劉湛恩　吳凱聲　盛成
顧炳元　董顯光　朱少屏　樊仲雲　孫寒冰
朱羲農　袁文彰　陳高傭　王新命　杜佐周
梅龔彬　吳叔龢　陳蓋民　盛振為　李聖五
周憲文　方煥如　邢琬　陳丕士　陳克成
陳訓畬　王健民　章益　周邦俊　周劍雲
應雲衛　胡愈之　溫源寧　馬蔭良　洪深
傅東華　吳中一　蔣光堂　林柏生　馮有真

SC019

曾虛白 丁守棠 黃敬齋 陳韻篁 周寒梅

宋安 戴葆鎏 鄒耀坤 楊大龢 朱學範

桂中樞 盧薪白 王完白 黃造雄 王揆生

孫道勝 任矜蘋 鄭子褒 蘇祖國 黎民偉

何景元 胡漢 賈希彥 趙允安 童慕葛

朱斅春 鄒克定 賴志文 友明

國際宣傳部第一次部務會議

日期　八月廿八日下午三時

地點　拉都路

出席者　童行白　章友三
劉湛恩　朱少屏
樊仲雲　黃香谷

主席　童行白

報告事項（畧）

討論事項

(一)本會應否請中央特派大員來滬主持國際情報

SC022

事宜

（議決）照辦

（二）本會應積極研究下列各問題以便提出意見貢獻政府

1.日海軍封鎖中國海岸之國際法的研究

2.上海中立區問題

（議決）交研究組

（三）本會應積極進行下列各項工作

1.用個人團體名義發致國際聯盟中國代表轉各國代表請主持正誼文

SC023 013

2、延請長於各國文字之人才撰著論文分發各外報登載

3、推動同情中國之外人組織團體出面作間接之宣傳

（議決）1、2兩項與編纂組所擬辦法彙合編製工作大綱並積極進行3項交交際組辦理

（四）本會應從速確定各組小組委員案

（議決）[redacted]推定如下：

1、交際組

SC024

朱少屏　董顯光　溫源寧　戴藹廬

吳經熊　吳凱聲　鄺耀坤　桂中樞

張似旭　夏晉麟

又

研究組

樊仲雲　潘公展　王芸生　盛成

章乃器　顧炳元　董顯光　孫寒冰

王新命　杜佐周　梅龔彬　盛振為

李聖五　周憲文　陳石士　胡愈之

溫源寧　傅東華　曾虛白　桂中樞

項遠村　徐仲年　張歆海　郭斌佳

史國綱　耿淡如　吳清友　葉青

薛農山　錢振海

3. 編審組

章益　盛振為　全增嘏　王芸生

盛成　孫寒冰　袁文彰　陳高傭

陳豐民　李聖五　周憲文　方燦如

陳訓畬　胡愈之　溫源寧　傅東華

曾虛白　黃敬齋　周寒梅　鄺耀坤

史國綱　耿淡如　金通藝　陸鼎揆

張歆海　李幹　郭斌佳　熊式一

SC026

江文新　郎鲁逊　田恩霈　王蕴徽

王亚微　王伪民　路式导　范　性

颜实甫　卦保宗

(五)本会应速定本埠各外报以资审阅案

(议决)先定密勒氏周报　中国评论　字林报　泰晤士报

　　大陆报　大美晚报

(六)本会应从速延请长于各国语言之人才担任各电

　　台播音案

(议决)请下列人员担任

　　英语　文曾云容

SC027

法語　王迺徵　王遜徵

日語　袁文彰　周文彬

俄語　吳清友

（七）本部应確定部務會議常會日期案

（議決）每星期六下午三时地点另定之

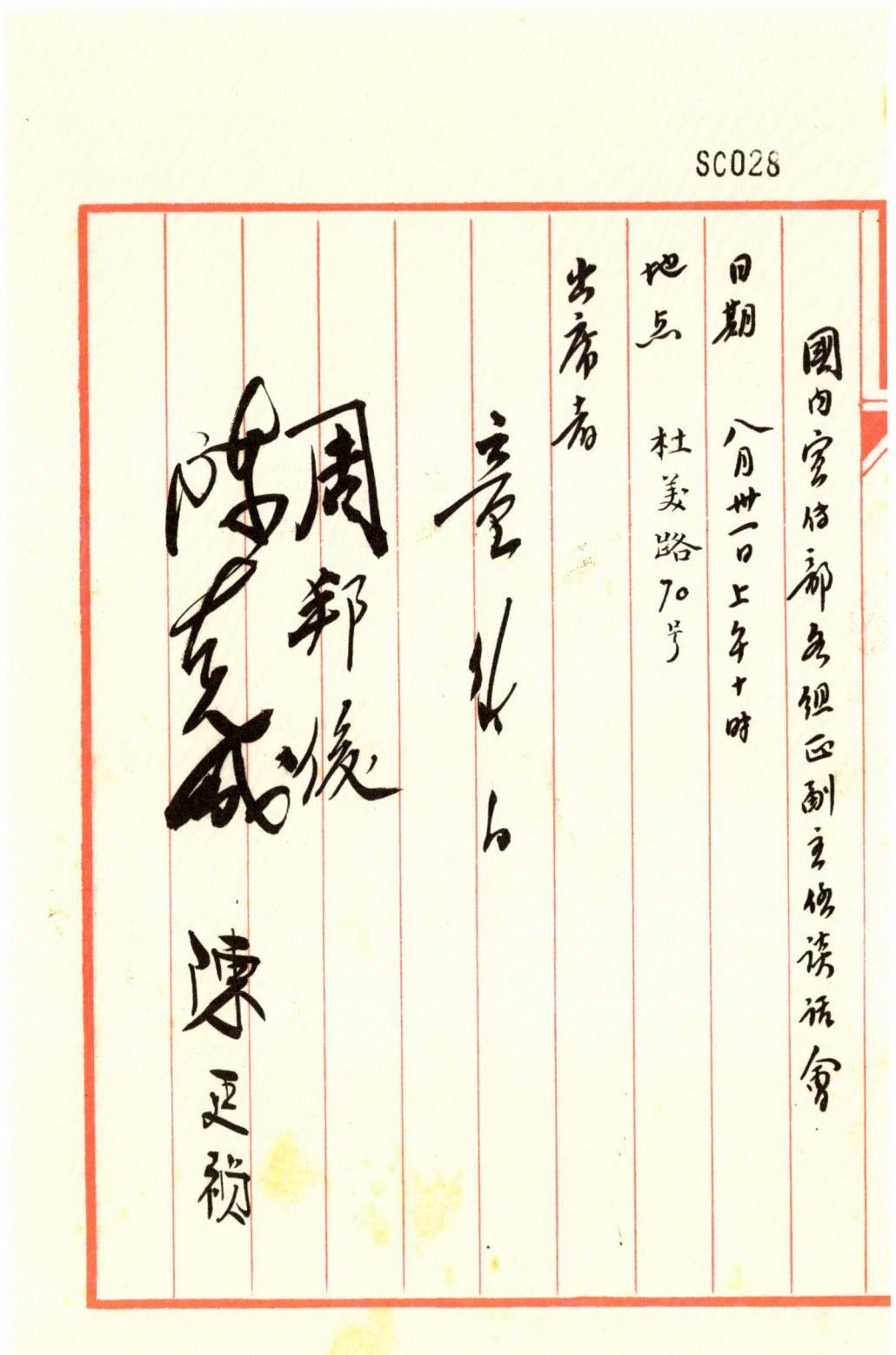

上海市各界抗敌后援会宣传委员会国内宣传部各组正副主任谈话会记录（一九三七年八月三十一日）

SC028

國內宣傳部各組正副主任談話會

日期 八月卅一日上午十時

地點 杜美路70號

出席者

童[illegible]白

周鄭俊

陳彬龢

陳廷祁

SC029

蘇祖國　何畏先

鄭克定　邢琬

魯少飛

主席　章竹白

紀錄　邢琬

報告事項

甲　主席報告

一　本委員會已擬定工作大綱請各部各組依照此

SC030

項大綱計劃進行

二　本委員會~~圖~~繪畫組漫畫宣傳隊第一大隊已~~首途~~出發其他各隊亦將分別首途

三　國際宣傳部招待外報記者情形

四　各組工作計劃須從速確定以便按步實施

五　本市文化界救亡協會開具演講工作人員名單參加本會宣傳工作

乙　各組工作報告（從略）

討論事項

（一）　請擬定本會辦事通則請公決案

議決 通过

(三) 文化界救亡協會介绍宣传工作人員应如何辦理案

議决 交演講組辦理其辦法如下

1 在名单中選擇三十人(大学教授因须举辦特种演講不在此次選擇之列)先召集個别谈话考察其思想与知识

2 三十人分为六隊每隊五人

3 演講組先草拟演講詞交由本委員會審定

後与歌詠组合作進行

(三) 演講组与廣播組演講工作有類似点应如何劃分

案

議決 經常演講歸演講組特種演講歸廣播組

(四)廣播組擬具播音節目是否合用請付討論案

議決 通過並印發本市及全國各電台照辦

(五)廣播組擬具統制全滬電台建議請公決案

議決 擬訂統制管理辦法並函全滬電台知照

(六)繪畫組擬具工作原則五項如下請公決案

1 領導繪畫團体

2 鼓勵抗戰熱情

3 指示民衆動向

SC033

4 從事國際宣傳

5 供給戰時常識

議决 由該組依照原則擬訂具體工作計劃

(七)請確定國內宣傳部常會日期案

議决 每星期二上午十時

散會

主席 川

上海市各界抗敌后援会宣传委员会战时广播电台统一管理办法（一九三七年八月）

上海市各界抗敵後援會宣傳委員會戰時廣播電台統一管理辦法

第一條 在非常時期為統一步驟集中力量起見所有廣播電台各項播音應遵照本辦法之規定

第二條 在戰時各廣播電台應一律以下列各項為播音主要節目

1. 時事報告
2. 勸募救國公債
3. 勸募軍需物品及其他徵集事項
4. 國民軍事常識指導
5. 外國語演講及時事雜評
6. 抗戰歌曲演唱
7. 名人演講
8. 游藝勸募或宣傳

第三條 前條第一項節目可由各電台自由播送惟須以受新聞檢查所檢查之報紙為根據不得超越其範圍或增減其意思

SC024

第四條　第二條第二項節目由本會擬定宣傳稿件送各電台播送每三日更換一次

第五條　第二條第三項節目由本會依照供應委員會所需之物品擬就稿件通知各電台播送有必要時得以電話通知徵集

第六條　第二條第四項至第八項概由本會特派人員播送各台可以轉播其日程由本會另定之

第七條　各團体各私人欲借各電台播送節目者概須說明原因理由與必要函請本會核准通知各電台後方得播送但不得移動本會已定之播音程序

第八條　本辦法由本會與廣播業同業公會會同議定實行以後如須修改須經雙方同意行之

上海市各界抗敌后援会宣传委员会战时广播电台统一宣传办法（一九三七年八月）

SC025

014

上海市各界抗敵後援會
宣傳委員會戰時廣播電台統一宣傳辦法

第一條　在非常時期為統一步驟集中力量起見所有廣播電台播送第二條各類節目並遵照本辦法之規定

第二條　在戰時各廣播電台應一律以下列各項為播音主要節目

1.時事報告（取材申·新·時事·大公·時事午刊·新聞夜·大公晚·申晚）　2.勸募救國公債

3.勸募慰勞物品及其他徵集事項　4.各類常識指導

5.外國語言演講及時事講評　6.抗戰歌曲演唱

7.名人演講　8.游藝勸募或宣傳

第三條　前條第一項節目可由各電台自由播送惟須以受新聞檢查所檢查之報紙為根據不得超越其範圍或增減其意思

第四條　第二條第二類節目由本會擬定宣傳稿件送各電台播送每

SC026

三日更換一次

第五條　第二條第三類節目由本會依照慰勞委員會所需之物品或其他徵集物項函知本會再通告各電台播送之

第六條　第二條第四類至第八類概由本會特派人員播送各台可以轉播其日程由本會另定之

第七條　各團體各私人欲借各電台播送第二條各類節目除第四及第七類不涉及後援與勸募者外概須說明原因理由與必要函請本會核准通知各電台後方得播送但不得移動本會已定之播音程序

第八條　本辦法由本會與廣播業同業公會會同議定實行以後如須修改須經雙方同意行之

上海市各界抗敌后援会宣传委员会办事通则（一九三七年八月）

SC020

011

上海市各界抗敵後援會宣傳委員會辦事通則

第一條 本委員會屬於上海市各界抗敵後援會

第二條 本會設委員若干人由上海市各界抗敵後援會聘請之

第三條 本委員會設正主任一人副主任二人由委員擔任綜理本會一切事務

第四條 本委員會依照工作性質設以下各部組

甲、國際宣傳部

一、交際組

二、研究組

三、編審組

乙、總務部

一、文書組

SC021

二、會計組

丙、國內宣傳部

一、廣播組

二、演講組

三、指導組

四、歌詠組

五、繪畫組

第五條 每部設主任一人由委員担任(必要時得增設副主任)秉承委員會正副主任處理各該部事務

第六條 每部設幹事若干人由委員會聘請之協助部主任處理各組事務

SC022

012

第七條　各組工作依照本委員會工作計劃設計進行

第八條　本委員會遇必要時開會由會主任召集之

第九條　各部每星期開會一次由部主任召集之

第十條　各組設小組委員會每星期開會一次日期另訂之

第十一條　本委員會以每日上午九時至十二時三十分下午二時至六時為辦事時間（星期日照常辦事）

第十二條　本會各小組每星期須作工作報告一次送委員會核閱

第十三條　本委員會工作計劃及各部辦事細則另定之

第十四條　本通則呈報後援會主席團核准行之

第十五條　本通則經委員會通過施行

SC034

國際宣傳部第二次部務會議

日期　九月七日下午五時

地点　商社

出席者

章益　吳家[illegible]日

姚莘農　吳大峯　宋英

SC035-0013

麦芹 英

周邦俊

張孝民 英

虞文彰 日

周文彬 日

盛成 法

王亞微 法

SC036

王家述徵 法

戚子明 日

陳善民 法

劉浩思 英

孫浩煌 英

主席 章益

紀錄 邢琬

報告事項

甲 主席報告

一 國際宣傳播音的目的

二 每日播音次數

三 關於各電台接洽經過請周邦俊先生報告

乙 周邦俊先生報告

一 「八一三」淞滬戰事發生後滬市各電台播音紊亂情形

二 本會統制全滬電台至上月底始告就緒

三 每一星期排定一播音節目通知各電台遵照辦理所

SC038

有播送材料必須經本會核准

四 播音之效力晚間較日間為大故外國語播音以晚間為適宜

討論事項

(一) 外國語播音時間應如何確定案

議決 確定為每日下午七時至七時四十五分

(二) 各外國語播音應如何支配案

議決 英語日語每日俱有所餘時間為其他外國語播音

(三) 每種外國語播音時間應如何限制案

议决　以十分钟至十五分钟为限

（四）讨论题及材料应如何规定案

议决　由讲演者自己选拟定讨论题计划材料惟须以新颖而切近事实为主力避冗长

（五）讨论题及材料如何可以避免重复案

议决　每国语由一人负责每种外国语由一人负责最后由国际宣传部负责听播音后随时通知后一播音者

（六）新闻材料应如何搜集案

议决　由本委员会供给

SC040

(七)每日播音由何人担任应如何支配案

議決 由國際宣傳部排定日程表

散會

主席 [signature]

上海市各界抗敌后援会宣传委员会国际宣传部第三次部务会议记录（一九三七年九月十一日）

國際宣傳部第三次部務會議

日期　九月十一日下午　時

地點　國際飯店十四樓

出席者　潘公展　童行白　卜湛恩　樊仲雲　朱少屏

主席　童行白

紀録　樊仲雲

主席報告（畧）

SC042

討論事項

（一）本會部編輯專刊擬請戴蘇鑾先生加入編審組負責編輯案

（議決）通過

（二）擬請陳丕士先生加入編審組擔任編譯工作案

（議決）通過

（三）本會部發起組織國際友誼社請推定負責人案、

（議決）請朱少屏先生負責籌備

SC043

（四）關於國際宣傳方針應如何確定案

（議決）1.以以國際宣傳以促成各界對日經濟制裁為目標分四方面進行(一)婦女方面(二)商會方面(三)個人方面(四)政府方面

2.實行方法：(1)由本會通知全國各社團致電各國社團主張公道並發動制裁（電稿交編審組擬定）(2)通知各報評論記者每星期必有一篇有關經濟制裁之評論

（五）建立精神國防運動案

SC044

（議決）1.定九一八紀念禁食一餐，又於當日中午宣
誓。2.由教會於當日中午鳴鐘爲國祈禱
3.依九一八成爲日吃四日餅運動。

（六）下次會議請確定日期案

（議決）定本月十四日（星期三）下午四時在三
先生寓所舉行

散會

主席 [signature]

上海市各界抗敌后援会宣传委员会国内宣传部各组正副主任第二次谈话会记录（一九三七年九月十四日）

SC045

國內宣傳部各組正副主任第二次談話會

日期 九月十四日上午十時

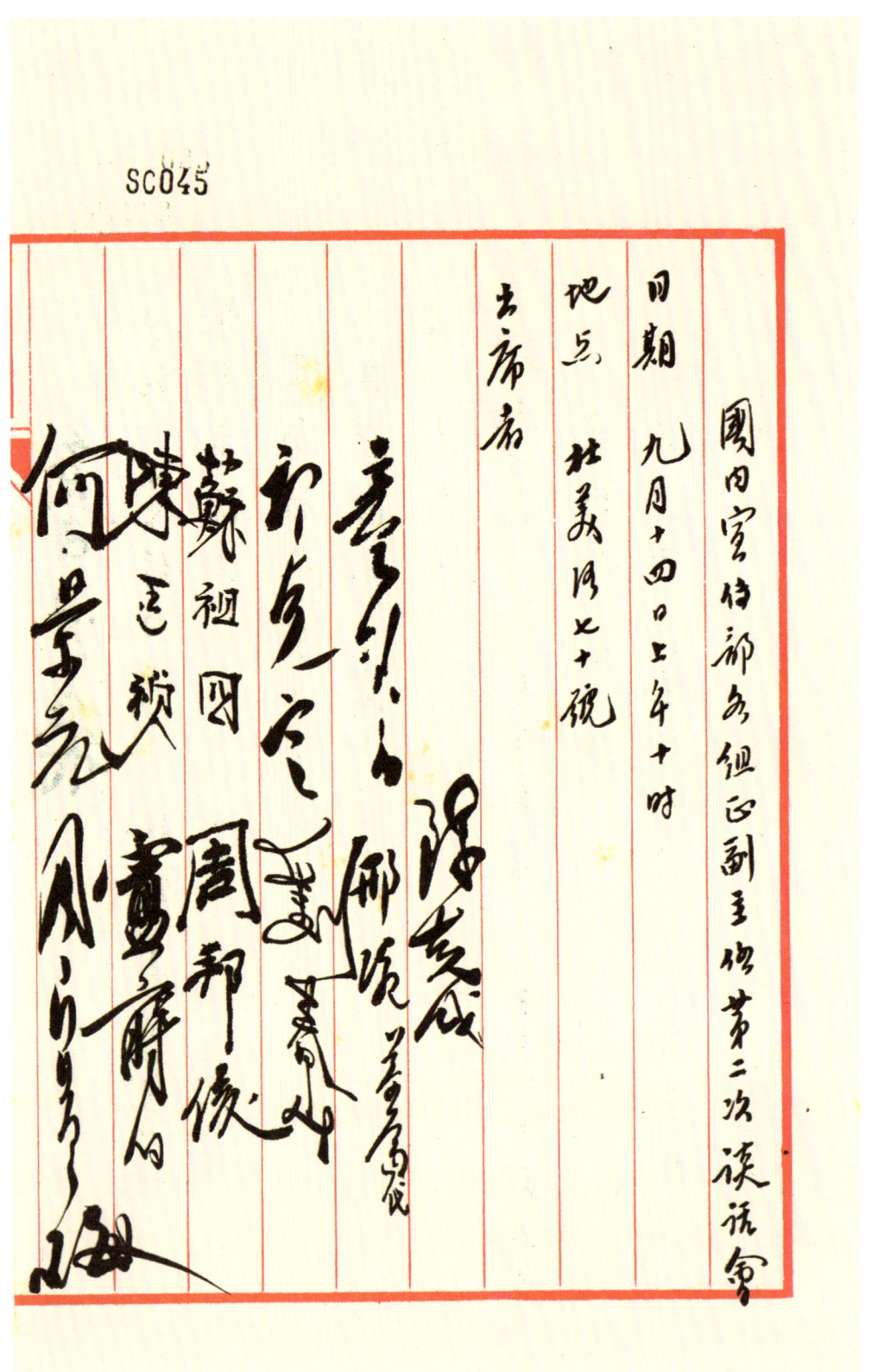

地點 杜美路七十號

出席者

[illegible] 蘇祖國 [illegible] [illegible]

[illegible] [illegible] 周邦俊 [illegible] [illegible]

SC046

魯少飛

主席 董行白　紀錄 彥慕蕙

報告事項

主席報告（畧）

各組主任報告（畧）

討論事項

（一）遊藝界播音電台每月需費三四百元應如何籌措敬請公決案

（議決）由主任委員与潘局長當面解決

（二）游藝界從業人員為數甚多自八一三事変

發生以來就能捐除浮文致力於救國宣傳實

屬難能可貴值此影戲業人員自應設法救

濟以免流離失所請付討論案

（議決）併案辦理

（三）本市電台戲曲均受本會統制爲本會宣傳此

項犧牲數極鉅大應如何設法補救以資維持案

（議決）

（四）淞滬戰事非短期所可解決影戲院仍須

開映勢難過制本會對此應取何種態度案

（議決）影戲院募資提成充救國捐款詳細辦

SC048

請交虞薛白先生研究擬具

(五)關於攝製戰利品戰地照片可否由本會統制案

(議決)戰地攝影有關軍事秘密應由中央統制

臨時動議

散會

上海市各界抗敌后援会宣传委员会国际宣传部第四次部务会议记录（一九三七年九月十四日）

SC049

國際宣傳部第四次部務會議

日期　九月十四日下午四時

地點　[illegible]部內

出席者　虞行白　朱少屏
劉湛恩　樊仲雲
章友三　陳石士

主席　虞行白

紀錄　樊仲雲

報告事項

SC050

主席：宣傳部報告（略）

討論事項

（一）外國語播音亟待開始請推定負責人接洽電台案

（議決）由宣傳部先生覓人負責

（二）請推定負責人會同秘書處擬撰電稿案

（議決）由秦有三先生負責

（三）國際宣傳部擬出版宣傳畫報以引起歐美人士之同情與援助是否可行請付討論案

（議決）由本會供給照片與印刷公司接洽由印

刷公司出版

（四）第一次國際友誼社即將成立應如何招待案

（議決）第一次國際友誼社成立宴由朱少屏、鄭惠恩兩先生辦理，其費用一百元以內由本會付，白先生負責籌措

（五）精神國防運動及國際對日經濟制裁運動辦法請從速確定案

（議決）由研究組提出相當辦法報告

（六）本會對國聯中國代表團應否供給情報案

（議決）請國際組負責託各團體多拍電國聯中

SC052

国代表郭沫若同志

主席

上海市各界抗敌后援会宣传委员会编审组第一次小组会议记录（一九三七年九月十七日）

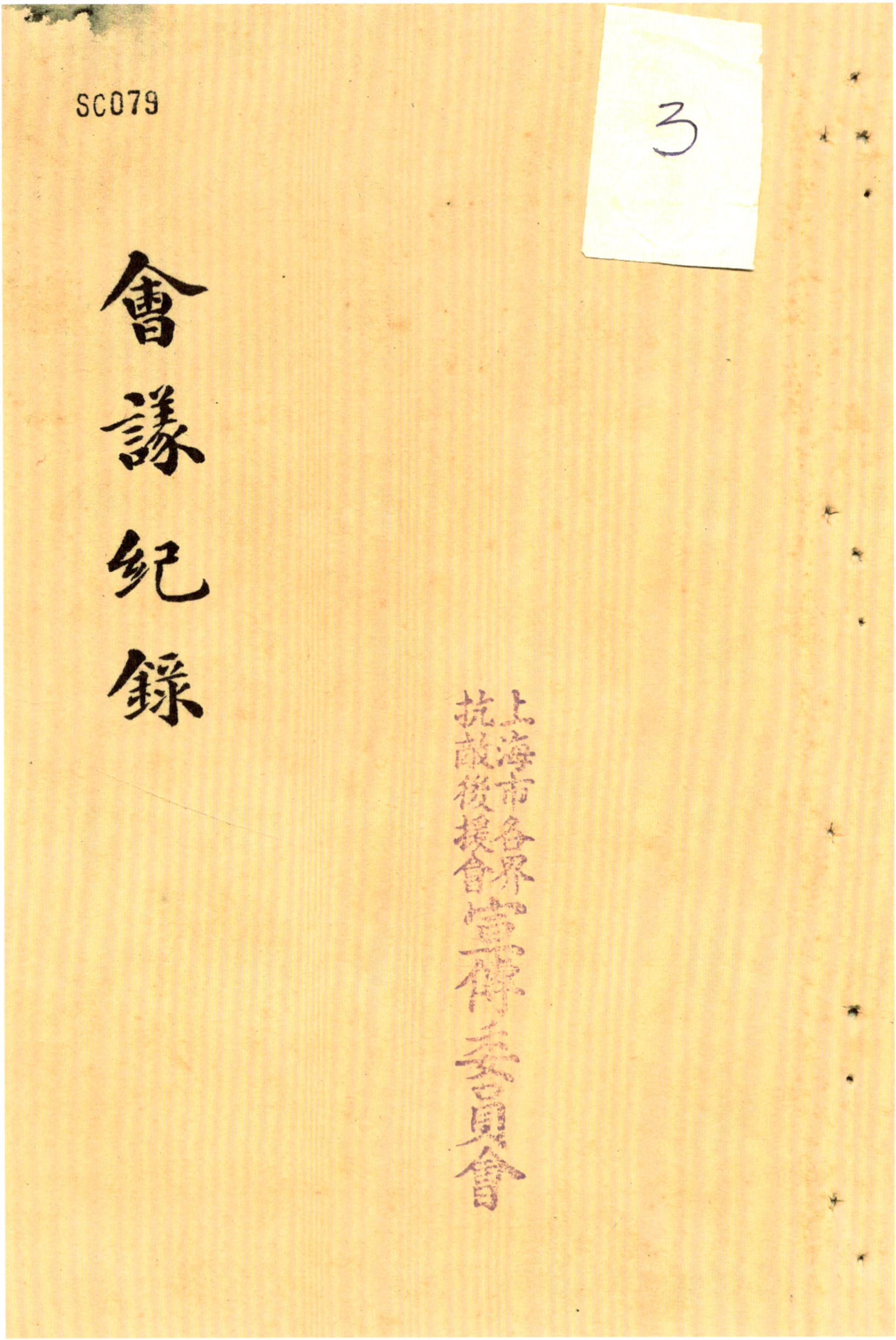
SC079

3

會議紀錄

上海市各界抗敵後援會宣傳委員會

050

SC080

民国二十六年九月十七日编审组小组会

出席者

章伯江 70055

席时泰 70838

吴子修

盛成 81973

鄺耀坤 72024

张中桓 32855

SC081

朱廿元
陳訓金
黄敏悟
曹亞堂
華蘆
果林社 閔學森代

31164

85372

SC082

朱宇寬 吳姓和代 03298

江之新

王遂徵

劉係寰 94172

卞紀迪

陸昭華

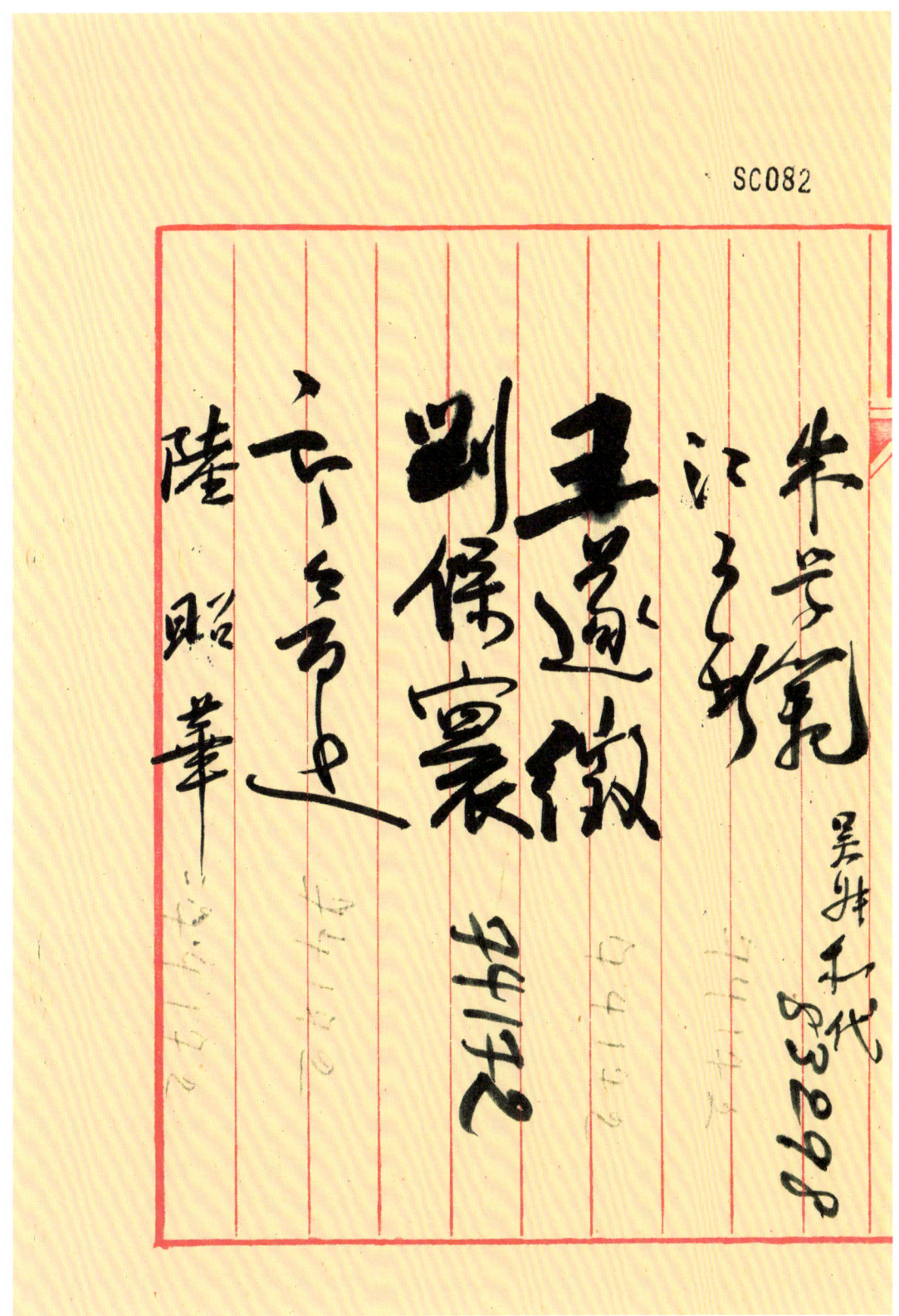

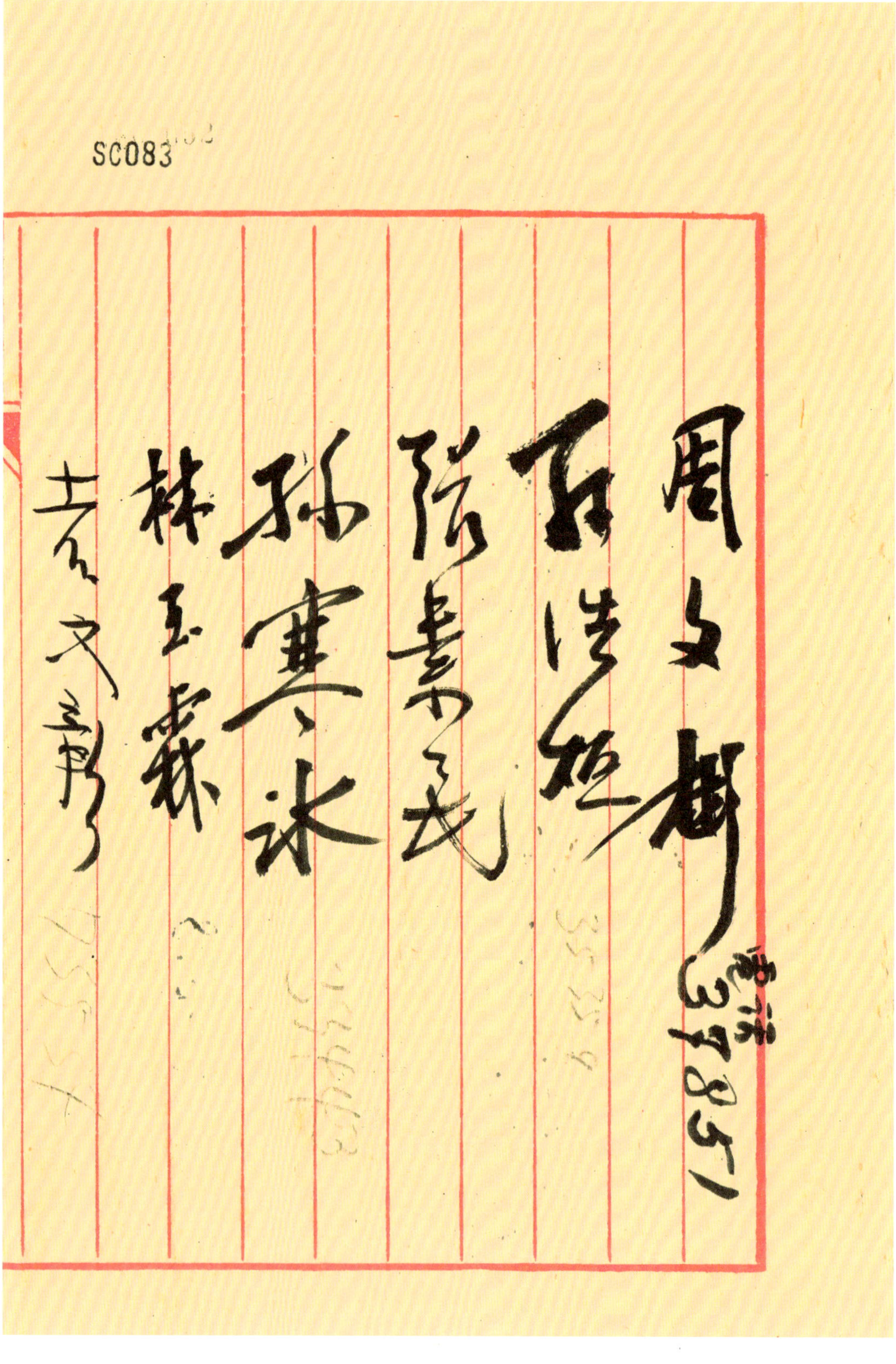

SC083

周文樹 电话37851

石法经

陆嘉民

孙寒冰

林玉霖

章文彭

SC084

蔣南翔

胡愈之 81975

陳岱孫

翦伯贊 18489

張仲實 每日下午 97/11 或 82388

姚依林 75154 16290

周

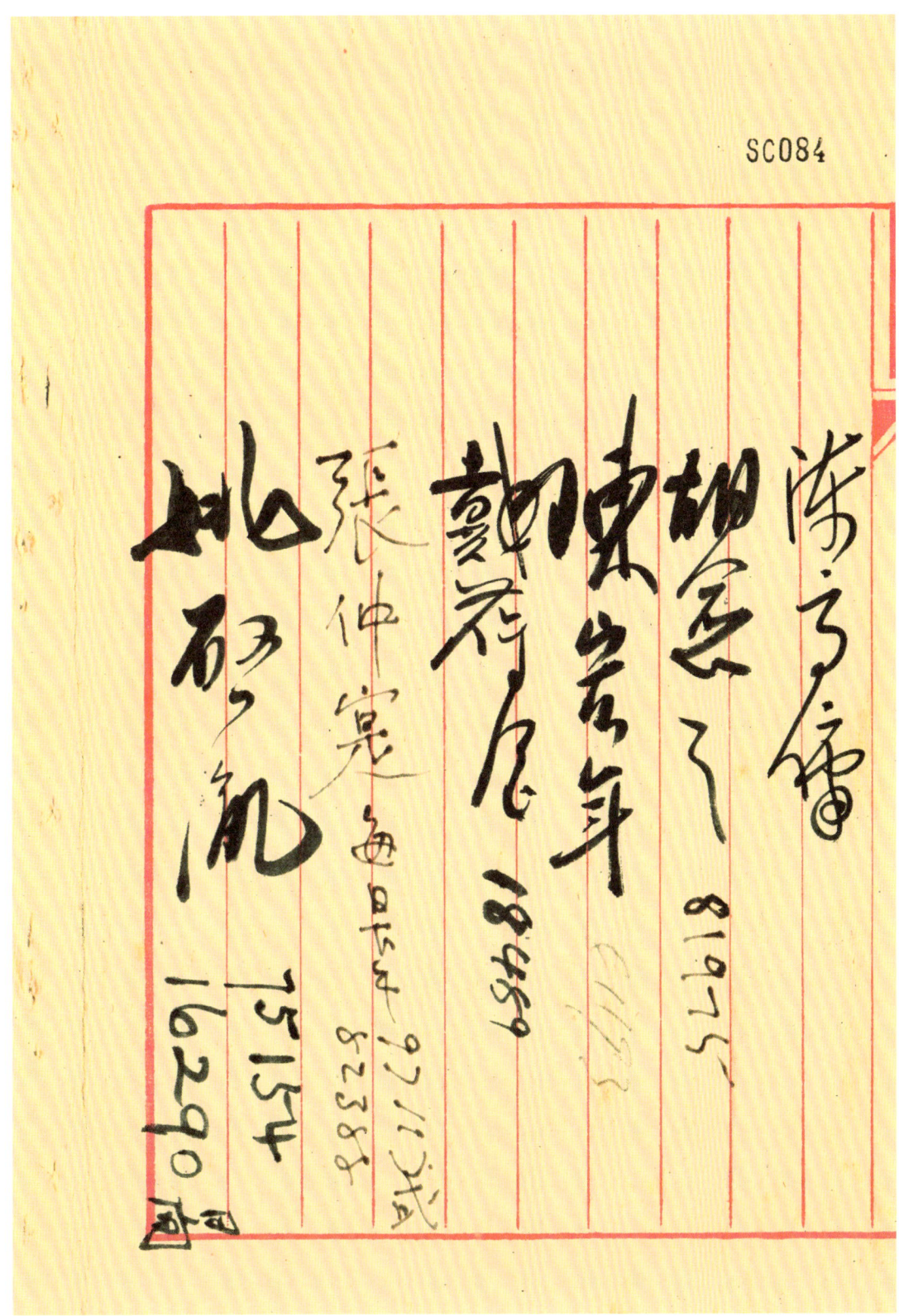

編審組第一次小組會議

日期　九月十七日下午四時

地點　三馬路上海聯歡社

出席者　三十人

主席　章益

記錄　王國彝

報告事項

（一）主席報告：關於本組已作的工作，簡略的分幾點來報告。第一點就是預備出版一種小冊子，性質是以日本作對象的，不過僅是供智識份子閱讀的。

SC086

此項工作，由戴葆鎏先生和幾位專門研究的人負責編撰。第二點，就是剪報的工作，這種工作又可分三項報告：一、翻譯日文報紙；二、把本國報紙的社評譯成外國文字；三、剪貼英文報紙，剪後並分為十八類，由曹孚先生担任此項工作，此項材料均可隨時作為參考。第三點，就是編撰電稿，不但用後援會的名義拍出，由本組負責編撰外，就是海員工會和商會等團体向外國拍發的電稿，也都是由本組代為編撰。還有關於外報有對中國不利的言論，本組也隨時撰文予以糾正。其他尚在計劃中者，也有幾點值得提出報告第一點：就是預備把敵軍種種慘無人道的獸行照片編訂成册。第二點：預備分頭用私人名義寫信給外國友人，叙述我抗戰的實情，不過信的內容大綱本組擬為草定。第三點：關於投稿給外報的人，預設法請其參加本會工作。第四點：對於被敵人壓迫下的民族我們也預備作一點必要的工作。以上的報告，尚希同人予以指示並希望對於我們今後的工作，討論出整個的計劃。

（二）主任委員章行白先生報告：宣傳的工作，對外比較對內重要的，目前工作中心是在國際宣傳方面的，所

SC088

以國際宣傳部負責的人，是相當特殊的，同時並依照各人的事業和才力分為三組，本組就是其中之一。至於將來工作進行的計劃和步驟，都是要由小組決定的。作此項國際宣傳工作的有文化界和教育界青救亡協會同外交部駐滬辦事處。可以見到各團體對於此項工作都注意到的，不過相互間要沒有一種聯繫，那末將來就免不了一種無謂的浪費。所以本會國際宣傳部三組的負責人，是吸收各團體的人參加的，這種作用就是能夠無形的把各團體對國際宣傳的工作統一起來，同時精神也可以藉此趨於一致。

至於國內宣傳方面，已決定在九一八六週紀念日起，策動精神國防運動，並通電全國一致推動此項工作。最後，因各位先生很忙，不能夠常時的聚會，很希望能想到就作，並希望能擬就一工作大綱，以作將來工作的準繩。

(三)胡愈之先生報告：我今天藉着出席本組會議的機會，順便的把文化界救亡協會國際宣傳委員會的工作，簡略的報告出來，以作溝通工作的方向。文化界國際宣傳工作開始已經有一個多月，在第一次招待外報記者的時候，大家都有同一的意見，就是中國對於戰時的新

SC090

關消息，對外國傳遞過遲，而中央社一方面因為規模不能擴大，同時且為官辦，一切須負責任，所以不能夠有特殊的貢獻。而日本的同盟社，它是聲言由民營的，所以它可隨便的造謠，而且它們發稿特別的迅速，所以足以影響我們國外的輿論，就是一些外報的記者，也都很能同情於我們這種見解。所以我們便在這種需要之下，便成立了「國際新聞供應社」。本社因為不是官辦，因此可以隨便，不受輿論的拘束。本社是在上月二十四日起發稿，每日兩次，各外國登載的很多。不過因為經費的關係，當然不能令人十分滿意。同時中國在外國的報紙有七十幾種，對於國內消息的傳遞，不無遲緩，所以我們另設一中文部，不過此項消息的供給，多是整章有系統的，並且大部份是用信的方式敘述的。因為工作能做得順利，我們國外的一些外文報學生報便可以根據着宣傳。至於我們的工作，雖說是已經有了一個多月，但不過都是偏重於新聞供給方面的工作。我們另外還正在編製小冊子，現在已有十二種，可是因為人才還沒有集中，所以仍沒有特殊的貢獻。

（四）朱少屏先生報告：關於交際組近來的工作，除招待幾次外國記者外，每晚亦約定各記者聽談各團体記本會

SC092

代編撰的宣文電稿也都是由交際組聯絡的。並且我們最近預備擴大招待有聲望的外國人士，想利用聚餐的方式暢談我們心中所要說的一些問題。

討論事項

(一)用人的溝通方法以調整工作案

決議：1.依工作的性質分：出版、通訊、勸導、指導、情報、撰稿、轉譯、廣播八股。

2.依語言種類分：英、法、日、德、俄五國語。

(二)推定各股及各國語負責人及工作委員案

SC093

（決議）出版股　主任　戴葆鎏、范任
委員　朱少屏　黃敬齋　陳宏年　孫鴻楨　吳子修
曹孚　朱學範　盛成　袁愈佺　周文彬
袁文彰
通訊股　主任　酈耀坤
委員　張仲寔　朱學範
勸導股　主任　袁文彰
委員　周文彬　盛手明　唐時泰
指導股　主任　孫寒冰
情報股　主任　胡愈之

SC094

委員 陳宏年

、撰稿股 主任 章益 劉大鈞

委員 郭斌佳 徐瑗

、轉譯股 主任 林玉霖 吳子修

委員 周文彬 袁文彰

、廣播股 主任 朱大屏 袁文彰

委員 席時泰 梁扶初 林玉霖（吾日凖） 周文彬

盛子明 袁愈佺 吳子修

英語 負責人 章益

委員 朱大屏 朱學範 林玉霖 孫鴻烜

張仲樞 曹平 陳宏年 胡愈之

、法語 負責人 陳盡民

委員 黃敬齋 劉保寰 郎魯遜 盛成

胡愈之

、日語 負責人 周文彬

委員 袁愈佺 吳子修 龐騁泰 梁扶初

袁文彰 盛子明

、俄語 負責人 張仲寔

上海市各界抗敌后援会宣传委员会八月份工作报告提纲（一九三七年九月）

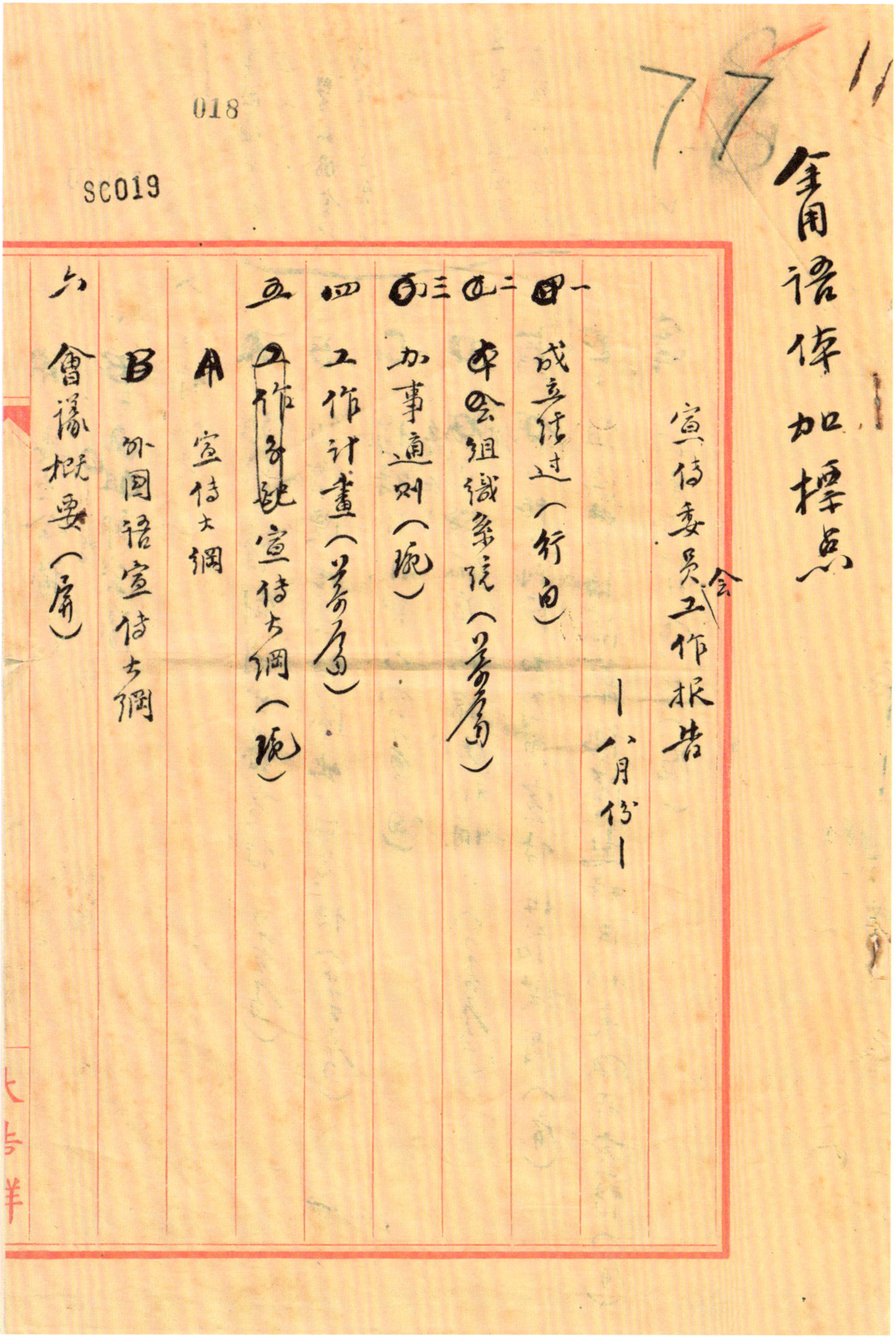
018

SC019

77

11

會語俸加標點

宣傳委員會工作報告

—八月份—

一 甲 成立經過（行白）

二 乙 本会組織系統（著屬）

三 丙 辦事細則（琥）

四 工作計畫（著屬）

五 A 工作系統宣傳大綱（琥）

A 宣傳大綱

B 外國語宣傳大綱

六 會議概要（屏）

电美国海员工会
感谢援助
代表劳动协会致
美国工会电の件
编辑英文小册
编辑英文季刊
发起组织国际
友谊社联络友
邦人士

SC020

A 委员会议
B 各组部务会议

X 工作概况
A 组织先锋剧团出发宣传（少年部）
B 组织漫画宣传队出发宣传（少年部）
C 招待外报记者（少年部）
D 参加国际饭店供给外报消息（少年部）
E 假大陆商场为国内宣传活动机关（宣）
E 组织演讲队歌咏队赴难民收容所宣传（宣）
F 统制全沪电台（总）

019

SC021

H 發表告民眾四事（張）

I 製定宣傳標語（翁）

J 動員文化團体（張）

K 攝製抗戰影片（中宣部）

L 實施外國語播音（中宣部）

M 聘請名人演講廣播（中宣部）

N 播出歌詠廣播（先定）

O 擾亂敵人電台音波（張）

P 制止平津電台勿為敵人利用（張）

Q 請全國電台与本会一致工作（張）

八 来往文件（密）

九 附件其他（另存）

A 本会委员名单

B 本会委员各部组工作人员名单

C 非常时期播音节目

D 各项广播节目

月歌咏谱

上海市各界抗敌后援会宣传委员会编审组各负责人第一次谈话会记录（一九三七年十月一日）

SC096

編審組各負責人第一次談話會

日期：民國二十六年十月一日

地點：三馬路聯歡社

出席者：

章[illegible]

劉海粟 [illegible]

鄺耀坤　李廿庵

樊仲雲　周文樹

袁文彰　陳蓮民

胡愈之（盛成代）　章乃蔭

林玉霖

主　席：章剣白

紀　錄：邢琬

(甲) 報告事項

一 主席報告

1 宣委會最近工作計畫，擬於國慶紀念日，鼓勵民眾[illegible]抗戰精神，加强抗戰力量。其目的有三點：

A 發動全國民眾，購買必需品，慰勞前線將士。

B 促進民眾，認購救國公債。

C 發動全國國民對日經濟絕交運動。

2 國慶紀念日，擬召集全市各團体組織上海市各界對日經濟絕交實施委員會，計分執行，監察，鑑定三部。

3 本會國際宣傳部編審組最近擬出版各種宣傳手冊，曾由范任先生擬定計劃，並決定將左列各種，先刊完成。

A 第一種為畫報，蒐集各種宣傳照片，用英法文說明。

B 第二種表露日軍暴行，包含日機轟炸英大使許閣森，中國文化機關及難民等。

C 第三種，關於中國抗日之意義，立場，及態度。

SC100

D 第四種，國際對中國有利之評論。

[redacted]

4 戴保鎏先生擬出版遠東月刊，注重理論方面，由本会津貼。

5 中國青年國際問題研究会，擬出版青年呼聲（英文），由本会主持。

6 最近總工會即將致電國際勞工局，紐絲蘭工会，英法美總工會，表示感謝。

7 編審組戴保鎏（章友三）先生，因即將離滬，擬請國際問題研究会（江西路）戴保鎏先生擔任。

8 请将播音稿件或摘录要点送會。

9 请情報股每日将稿件送会。

二 各股及各國语文负责人報告（從畧）

（乙）討論事項

一 鄺耀坤先生提，洋商供给军用物於日军，如美孚油等，应请策動工人设法阻止案。

議决 请総工会设法，并由外人自動勸告。

二 拟传单，交外輪海員，至日本寄遞案。

議决 与海員工會接洽。

三 日語播音请改为每日下午七時至八時，星期日照常举行案。

議決 交廣播組辦理。

四 文電撰稿，周章友三先生離滬，应請何人代理案。

議決 請徐瑗先生代理。

五 范任先生提，西文小冊子，插入影片，应如何搜集案。

議決 由宣委会蒐給。

六 剪報工作曹先生將離滬，应由何人繼續辦理案。

議決 由宣委会請人代理・接办。

七 西文小册子出版處所，应如何擬定超然性質名稱案。

議決 請范任之先生擬定。

八 請確定常會日期案。

議決 每星期二準十時，在杜美路七十号開會，以一小時為限，通告於前三日即星期六發出。

（丙）散會

主席 川

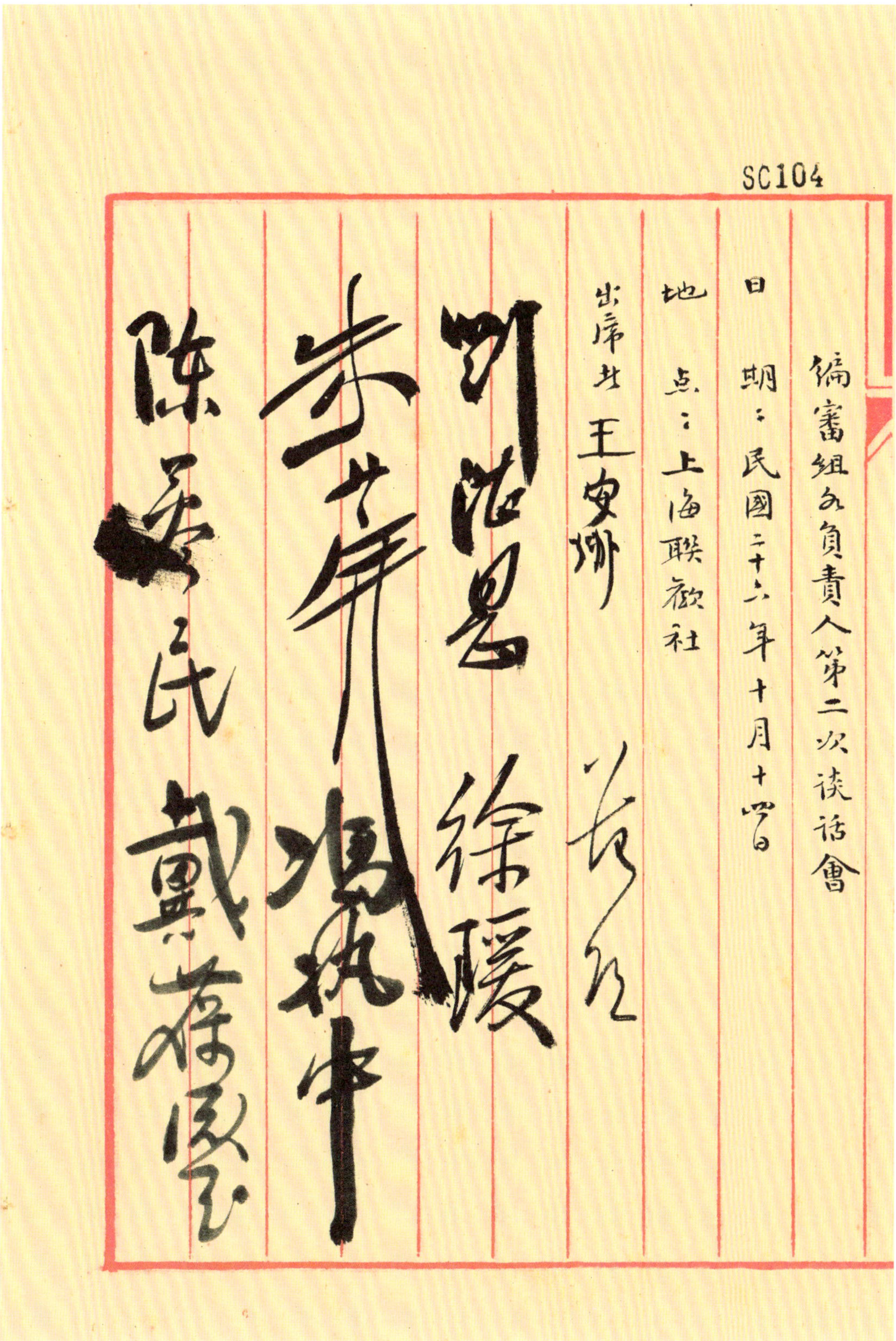
SC104

编審組各負責人第二次談話會

日　期：民國二十六年十月十四日

地　點：上海聯歡社

出席者　王安娜　[illegible]

劉湛恩　徐[illegible]

朱少屏　馮執中

陳[illegible]民　戴藹廬

主席 章剑白

纪録 邢琬

報告事項

主席報告：

一 編審組主任章友三先生已赴牯嶺，經推薦戴保鑒先生擔任，戴先生現在江西路四〇六號，如有關於編審事宜，可與之接洽。

二 宣傳品四，分下列各種：

第一種 日軍暴行

第二種 中國態度（完全為本國生存自衛而戰）

SC106

第三種　國際对中日戰爭之言論

第四種　抗戰畫報

第五種　敵軍摧毀中國文化概圖

第六種　青年呼聲

討論事項

一　宣傳手冊，應如何限期編發案。

議决　如下：

第一種　限本月二十日以前完成

第二種　漢文中國抗戰的意義，限本月二十日完成、

第三種　分英文法文，限本月二十日完成。

第四種　從速編譯

第五種　係英文，已編譯。

第六種　已委託英文大美晚報代印

（關於法文者，由合群代印。）

二　宣傳冊，每國文字之印刷數量，暨寄發標準，

應如何確定案。

議決　如下：

1　請戴藹廬先生搜集外國人名錄

2　由各國語文負責人，提出名單，交戴藹廬先生

辦理。

SC108

3 除中國在駐外機関外，并寄發華僑團体，学

生團体。

4 印刷數量及代印處所，均請戴保鎏先生酌办。

三 宣傳手冊之發行機関，应用何名称案。

議决 用後援會所擬定之名称。

四 宣傳手冊上，应否刊印定價案

議决 刊定價，以成本稍高。

五 馮執中先生提，如有外國記者來華，应如何招待案。

議决 請與朱少屏先生接洽。

（附報告：現已請法報女編輯，本素同情中國，現在寫

山路救火会某電台播音，故需要汽車及打字員。）

六、英語播音，应如何调整案。

議决 如下：

1 所有缺額，請朱少屏先生设法補充。

2 請朱少屏先生召集各播音人談話。

七、播音人名，請預先在報端發表案。

議决 通過。

八、本会会期，应如何規定案、

議决 每二星期一次，日期由本会隨时通告。

主席：[signature]

SC046

32

上海市各界抗敵後援會宣傳委員會九月份收支報告

收入 戶名	收入 千百十元角分厘	支出 物品名稱	支出 千百十元角分厘	單據編號	備註
收後援會	伍00000	文具用品	肆陸柒伍	19	編審組用
收上月結存	壹伍捌貳伍0	白報紙	貳貳0	20	編審組用
收後援會	伍00000	車資	肆00	21	購物用
收後援會	壹00000	別針	貳伍0	22	別臂章用
收後援會	壹伍00000	郵票	貳000	23	本會用 演講組用
收後援會	肆00000	白竹布	貳壹00	24	演講組做臂章用
收後援會	伍00000	車資	壹玖0	25	購物用
		快信郵資	壹柒0	26	寄中央電台

SC047

編號	項目	金額	備註
27	信封	貳柒0	本會用
28	郵票	壹000	
29	橡皮圖章	捌00	
30	白信紙打字紙	叁000	編審組用
31	貼報簿	伍叁玖0	編審組用
32	臘紙	叁陸00	編審組用
33	時事新報定費	陸00	編審組用
34	車資	肆肆0	購物用
35	法文報廣告費	叁000	
36	大陸報定費	貳伍00	編審組定閱

SC048[illegible]

號	摘要	金額	備考
37	英文大美晚報定費	叁〇〇〇	編審組定閱
38	中文大美晚報定費	陸〇〇	仝右
39	字林報	弍伍〇〇	仝右
40	車資	弍叁〇	定報
41	白報紙複寫紙	拾捌〇〇〇	編審組用
42	香烟茶資	弍伍〇〇	開會用
43	車資	壹〇〇	送白報紙至編審組
44	白報紙	伍叁〇	張友三用
45	漿糊銅夾	陸弍〇	仝右
46	夾針	弍肆〇	仝右

SC049

47	木圖章	叁〇〇	
48	車資	壹陸〇	到中匯銀行
49	文稿簿	壹伍玖〇	本會用
50	圖章	伍柒〇	
51	白報紙	弍陸〇	貼報用
52	車資	伍叁〇	往來二次
53	日記簿	壹〇〇〇	
54	國外電報	壹肆壹〇壹伍〇	計五件
55	印刷品補助費	伍〇〇〇〇	付中國青年國際問題研究會
56	腊紙	陸伍〇〇	編審組用

SC050

編號	摘要	金額	備註
57	泰晤士報定費	弍〇〇〇	本會用
58	英文大美晚報定費	叁〇〇〇	仝右
59	車資	弍陸〇	定報用
60	黃信封	肆〇〇〇	編審組陳蓋民用
61	腊紙	壹伍〇〇	仝右
62	白報紙一令	伍肆〇〇	本會用
63	切紙費車資等	叁陸〇	
64	字林報定費	弍伍〇〇	本會定閱
65	本會書記津貼	壹〇〇〇〇	
66	車資	叁〇〇	贈物定報用

SC051

車資餐費	貳〇〇	67	
地圖鋅版	壹伍壹貳〇	68	九一八紀念付各報刊登
汽油津貼	壹伍〇〇〇	69	接送播音人
法文廣告	貳貳伍〇	70	
大美晚報	捌〇〇	71	編審組另買七份
印日文傳單	貳肆〇〇〇	72	
印日文傳單	肆捌〇〇〇	73	
車資	貳〇〇〇	74	接送播音人
開會用費	叁捌伍〇	75	在上海聯歡社
軟信夾	叁叁〇	76	編審組用

上海特別市黨部稿紙

訂書機	叁伍伍〇	77	編審組用
橡皮圖章	壹〇伍〇	78	仝右
臘紙	柒陸伍〇	79	仝右
郵票	弍叁伍〇	80	仝右
僕役津貼	陸〇〇〇	81	仝右
電話費	叁〇〇〇	82	仝右
車資	肆弍〇	83	購物用
車資	壹玖叁〇	84	招待外國語播音人
郵票	壹〇〇〇	85	
補助費	叁〇〇〇〇	86	付与抗敵美術展覽會

僕役津貼	壹〇〇〇	87	本會
新聞報費	壹〇〇〇	88	
郵票	壹〇〇〇	89	編審組用
白報紙	叁〇〇〇	90	仝右
朱斅春膳食費	玖〇〇〇	91	津貼九月份
龔夏膳食費	玖〇〇〇	92	仝右
邢琬膳食費	玖〇〇〇	93	仝右
鄢克定膳食費	玖〇〇〇	94	仝右
陳廷楨膳食費	玖〇〇〇	95	仝右
王國屏膳食費	玖〇〇〇	96	仝右

上海特別市黨部稿紙

SC054

039

童慕葛膳食費	玖〇〇〇	97	仝右
施篤東膳食費	玖〇〇〇	98	仝右
新聞檢查所	伍〇〇〇〇		
前綫報費	伍〇〇〇〇		付教育界战時服務团
攝製战時影片	肆〇〇〇〇		付与教育電影协会上海分会
前线報費	伍〇〇〇〇		付与教育界战时服務团
九月份共收肆伍伍捌贰伍〇 共付	叁柒贰叁捌〇伍		
結存 捌叁肆肆肆伍			

上海市各界抗敵後援會宣傳委員會九月份收支報告

摘要	收入數	支出數	單據編號	備註
上月結存	壹伍捌元貳伍〇			
收後援會	貳伍〇〇 肆肆〇〇〇〇			
文具用品		肆元陸柒伍	19 接上月	編審組用
白報紙		貳貳〇	20	編審組用
車資		肆〇〇	21	購物用
別針		貳伍〇	22	別臂章
郵票		貳〇〇〇	23	演講組用
白竹布		貳壹〇〇	24	演講組做臂章

SC056

車資	壹玖〇	25	購物
快信郵資	壹柒〇	26	寄中央電台
信封	弍柒〇	27	
郵票	壹〇〇〇	28	
橡皮圖章	捌〇〇	29	
白信紙打字紙	叁〇〇〇	30	編審組用
貼報簿	伍叁玖〇	31	仝右
臘紙	叁陸〇〇	32	仝右
時事新報定費	陸〇〇	33	仝右
車資	肆肆〇	34	購物用

前線報費		伍〇〇〇〇	付教育界戰時服務團
合計	貳陸元 肆仟伍捌貳伍〇	壹捌元 叁萬貳叁捌〇伍	
結存		捌叁肆肆肆伍	

上海市各界抗敵後援會宣傳委員會
對九國公約會議宣傳方策

甲．理論原則：

（一）九國公約會議應絕對維持九國公約之精神及條文公約之目的

（二）九國公約會議參加各國應絕對擔負公約上應有之義務

（三）九國公約之立法意旨在維持遠東和平，故任何決議均應恪守公約之尊重[illegible]之精神

（四）對於違約國應課以法律上之責任予以實力上之制裁

（五）對違約國一切違反公法之侵略行為[illegible]，以公約之權利主張者皆為違約行為也

乙．我們主張：

（一）根據公約第一條之精神以[illegible]維持[illegible]訂約當時中國之主權獨立領土與行政完整之原狀

（二）根據公約第二條之精神凡一切違反公約第一條原則之任何國際條約或協定應宣告無效

（三）凡破壞九國公約非戰公約國聯盟約侵害中國獨立一切領土主權生命之損失應由違約國負賠償之責

（四）中國政府暨人民以[illegible]抵禦侵略之生命財產損失[illegible]，對於違約[illegible]國[illegible]之責任應由違約國[illegible]之

（五）違約國不得再[illegible]一切決議應由國際予以[illegible]制裁

丙．宣傳方法：

（一）集團行動：

1．於九國公約會議開幕之前，由本市各團體聯名發電

SC002

002

會議發表宣言表示主張

2. 推派代表赴上海各國領事署遞書請求轉電各該國政府一致本公約主張

3. 推派代表或電請首都抗敵後援会推派代表赴各大使署請求電該國政府援助

4. 請約專家向各電台作有系統之播音演講

(二) 發表文電：

1. 用各團体名義分別致電九國公約會議主席及各國代表，表示主張，請對違約國予以制裁

2. 用各團体名義分別致電九國公約會議中國代表，表示主張，請堅決提出，設法辦到

3. 用各團体名義分別致電各國工会、商会及學術團体，表示主張，請予援助

4. 通電全國各團体請一致發電國外，以壯聲勢

5. 致電英、法、德、意各國留學生，應即組織團体，備具文書，向九國公約会議提出主張，請予對日制裁

6. 通電全國，普告民衆，對九國公約會議勿存奢望，惟有咬緊牙根，忍受犧牲，抗戰到底，才是我們真正的出路

7. 本會各項主張請各報館撰著社論闡發真理

8. 本會各項主張編著壁報，粘貼標語，廣為宣講

9. 將九國公約全文請各報在顯要地位逐日登載一星期，喚起群衆之注意其研究

10. 將九國公約節錄第一第二兩條，由各團体書成壁報，張貼里弄

（註：上項文電請各團体擬就送本会拍發）

一律排六

SC005

005

附錄

上海市各界抗敵後援會宣傳委員會對九國公約會議宣傳方案

甲、理論原則：

（一）九國公約會議應絕對維持公約之精神，貫徹公約之目的。

（二）九國公約會議參加各國，應絕對担負公約下應有之義務。

（三）九國公約之召集，為解決違約問題，故任何決議，皆應恪守公約之尊嚴的立場。

（四）對於違約國應課以法律上之責任，予以實力上之制裁。

乙、我們主張：

（一）日本破壞公約，侵略中國，已由國聯決議証明，九國公約會議應與國聯取同樣行動，宣布日本為侵略國違約國。

（二）根據公約第一條之精神，必須恢復中國主權獨立領土與行政之完整之此原則下，應責令日本履行公約規定之義務，最低限度應限期做到：

1. 撤退在華之海陸空軍全部回日。

2. 取消一切破壞中國主權獨立行政完整之偽組織。

三、根據公約第二條之精神，凡一切違反公約第一條原則之任何國際條約或協定，應宣告無效。

四、違約國不履行上項維護公約之一切決議，與會國應會同國際聯盟會員國家，迅速予以集體的有效的制裁，其制裁步驟：

第一斷絕與日本之外交商務及金融之關係，如仍無效，則採取：

第二使用武力制止日本之侵略行為。

五、中國為維護公約而抗拒侵略國，九國公約會議與會國及國際聯盟會員國，應予以實力上之援助，如接濟軍用品原料，不禁

006
SC007

止本國人民參與中國軍備服務及類似行為。

六、為貫徹九國公約之精神及實現其目的起見，九國公約會議，應將原有公約擴充或擴大為太平洋一般的集體安全公約，其中應添加：

1. 互助條文；
2. 制裁條文；
3. 規定設立常設監督及執行機關；
4. 簽字國應包括所有東亞或太平洋有利害關係之國家。

七、請我政府發表重要宣言，表示嚴正主張，內容包括下列各事項：

1. 中國係為擁護公理、正義、世界和平及國際法與條約之尊嚴而從事抗戰。

2. 中國之獨立與主權及領土與行政之完整，絕對不能絲毫放棄，因此對于九一八及盧溝橋事變以來，日本在中國所造成之既成事實，絕對不能承認，凡以此種既成事實為根據之任何調解或解決，中國方面不能接受。

3. 中國願繼續忠實履行九國公約所規定之機會均等主義及其他應盡之義務，

4. 中國願維持並增進與各友邦現有之友好關係，願繼續忠實履行全部條約義務，並願竭力保護各友邦在華僑民生命與財產。

5. 對于各國所給與中國道德上精神上及其他種種援助，包括最近國際聯盟之議決及九國公約會議之召集，表示非常感激，並希望此種援助能繼續並擴大。

丙、我們態度：

SC009

007

各国如提出调解主張，我們對於下列各项之態度：

一、如各国以嚴格維持九国公約之精神，出而调解，所提办法，不損害中国之獨立與主權及領土暨行政之完整，我国自可接受。

二、如各国對于九国公約缺乏責成日本嚴格履行之意，而以既成事實為根據，提出调和折衷之调解办法，致使中国獨立與主权及領土與行政之完整，蒙受損害，則此種调解，我国應斷然拒絕。

三、由于各国不願中国久陷战局，及不願日本與中国任何一方最後之完全勝利，各国中特別英美勢必遷就事實，而提出对中国不利之调解及停战，甚至加中国以壓力，使之接受，但我国為立国前途计，仍應抵抗此種壓力，拒絕接受。

丁、宣傳方法：

SC010

一、集體行動：

1. 于九國公約會議時，召集全市各團體舉行緊急會議，發表宣言，表示主張。

2. 推派代表赴上海各國領事署遞書，請求轉電各該國政府，一致本公約為主張。

3. 推派代表或電請首都抗敵後援會推派代表赴各大使署，請轉電該國政府援助。

4. 特約專家向各電台作有系統之播音演講。

二、發表文電：

1. 用各團體名義分別致電九國公約會議主席及各國代表，表示主張，請對違約國予以制裁。

2. 用各團體名義，分別致電九國公約會議中國代表，表示主張，請堅決轉告，設法辦到。

SC011008

3. 用各團體名義，分別致電各國工會商會及學術團體，表示主張，請予援助。

4. 通電全國各團體，請一致發電國外，以壯聲勢。

5. 致電英、法、德、意各國留學生，就即組織團體，備具文書，向九國公約會議，提出主張，請予對日制裁。

6. 本前項主張，請各報館撰著社論，闡發真理。

7. 本前項主張，編著壁報，書貼標語，廣為演講。

8. 將九國公約全文，請各報在顯要地位，逐日登載一星期，喚起民衆之注意與研究。

9. 將九國公約節錄第一第二兩條，由各團體書成壁報，張貼里弄。

对于九国公约会议开会前后我国外交政策意见书（一九三七年十月）

87

對於九國公約會議開會前後我國外交政策意見書

抗戰開始以來，賴 最高當局之賢明領導，前線將士之壯烈犧牲，抗敵軍事節節勝利，國內團結，已成事實，國際形勢，頓然改觀。所惜外交方面，我國迄無堅決明確之表示，外交與軍事未能善為配合，實不足以正國際之視聽。茲值九國公約會議開會在即，外交折衝，影響抗戰局勢與國族前途至鉅，為此特就民族立場，國際現勢與夫國際法之見地，畧抒管見，以備我 政府之採擇。

一則如何對外表示我國抗戰之意義與立場也。我國此次集合全民族力量以對日抗戰之目的不僅在於保障領土主權，且亦在於維持條約尊嚴與國際和平。光明正大，有如日月。然我國政府迄無明文表示，而一般同情我國抗戰之國家，遂亦踟躇却步。職是之故，九國公約開會之前，我 政府應立即向全世界有所表示。其要点如下：

甲、申述日本違犯國際法及條約，向中國從事侵畧戰爭。國聯決議及美國國務院聲明已將事實加以認定。中國不得已而抗戰，目的不僅在於保衛本國領土主權，且在於維持國際法及條約尊嚴，並保全遠東及世界和平。在上項目的未達到之前，中國決不停止自衛抗戰。

SC022

乙、中國既為自衛並履行國際義務而抗戰，則因此戰爭所引起之一切責任，自當由日本負之。

丙、中國希望各友邦為維護和平與條約尊嚴計，予中國以精神的及物質的援助。

至於表示之方式，或由　政府照會九國公約各簽字國及蘇聯、德國，或由　最高當局發表對外宣言，或由外交部發言人發表談話，均無不可。總之，目的在於申明中國抗戰之意義及立場，增強各友邦政府、人民對於我國之同情，亦以正國際與國內人士之視聽。

二則如何糾正國際希望妥洽之錯誤觀念也。近日時論多主張對日宣戰，其實我國為自衛而應戰，並無宣戰之必要。且查日本大使館人員，早離我國轄境，日本僑民，亦幾悉數撤退。我國駐日大使館亦並無任何外交活動。是則兩國外交關係在事實上早已中斷。矧　蔣委員長業已再三聲明抵抗到底，犧牲到底，並謂中途妥協，即是亡國。更無須人民鰓鰓過慮，然在外交上為糾正國際希望妥洽之錯誤觀念起見，對于敵方亦當有所處置。例如宣布停付對日債務，其一也；對於日僑及日本在華公私財產，按照大戰時對德奧辦法，分別加以處置，其二也；即行召回駐日大使館人員，其三也；委託第三國代任保護我國家及人民在日本之利益，其四也。以上各端，俱為兩國發生戰爭後國際法上應有之義。

三則中國參加比京九國公約會議應採取何種態度也。就目前國際形勢，吾人對于此次會議，雖不能希望過奢，然亦不可遷就過甚。我國既已具有決心，抗戰到底，則九國公約會議縱使失敗，亦與我國無損。反之，我國代表倘能抱堅定之立場，作靈敏之應付，則友邦之觀望態度不難克服，敵人之離間手段，無從施展。茲就管見所及，縷舉我國出席代表應堅持之各点如下：

甲.中國應提出九一八以來日本破壞九國公約、非戰公約、國聯盟約，在中國從事侵略戰爭之事实。

乙.中國應主張九國公約簽字國及國聯會員國，共同對日实施經濟及武力的制裁。

丙.中國抗日戰爭，目的在于保障領土主權，條約及國際法尊嚴，故應要求九國公約簽字國及國聯會員國，與中國以精神及物質的援助。

丁.九國公約會議如提議休戰，中國應以日本軍隊退出上海一帶及冀、察、晉、綏四省為接受休戰之先決條件。九國公約會議如提議調停或議和，中國應以恢復九一八以前領土與主權之原狀，為接受調停或議和之先決條件。

SC024

戊、蘇聯為太平洋主要國家之一，且在國聯及國際上援助中國最力，說中國應堅決要求蘇聯參加九國公約會議。

上海市各界抗敌后援会宣传委员会赈灾音乐大会第一次筹备会记录（一九三七年十一月一日）

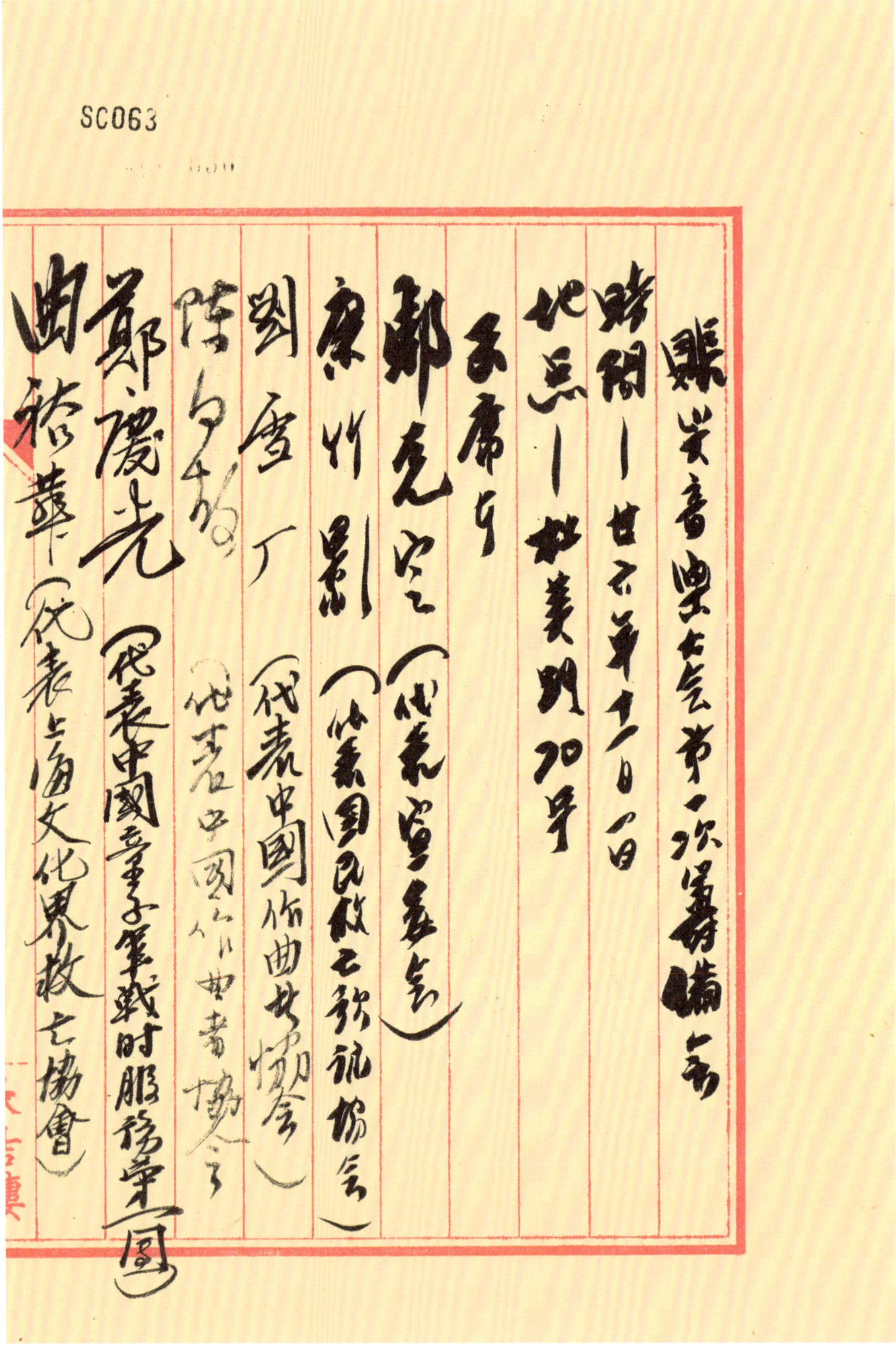

SC063

赈灾音乐大会第一次筹备会

时间—廿六年十一月一日

地点—林美路70号

出席者

郑克定（代表宣委会）

康竹影（代表国民救亡歌咏协会）

刘雪厂（代表中国作曲者协会）

陈白秋（代表中国作曲者协会）

郑慶光（代表中國童子軍战时服務第一團）

曲務華（代表上海文化界救亡協會）

SC064

陳伯韜（代表國防戲曲播音聯合會）

朱慧覺（代表上海教育界戰時服務團）

討論事項

一、組織——籌備會下分三部

總務部 郭克定（正） 鄭子良 朱慧覺

設計部 劉寧一（正） 陳日鵬 謝啟平

宣傳部 諸華（正） 陳伯韜 崔聯君

另設經濟保管委員會，本會以唐竹副員

募款救濟會派代表一人，後援會派會計

一人，共三人組織之

SC065

（二）节目——内容分声乐、器乐二部，又分中乐、西乐二类。

拟请担任表演者由音乐专家、国立音专、上海美专、新华艺专、中西、启秀、务本、清心女中、歌咏协会、播联、圣乐团、孩子剧团、大同乐会、童子军乐队等，节目由本会临时派员接洽。

（四）接洽委员

（三）地点——南京或卡尔登

（四）日期——限两星期内之星期六日

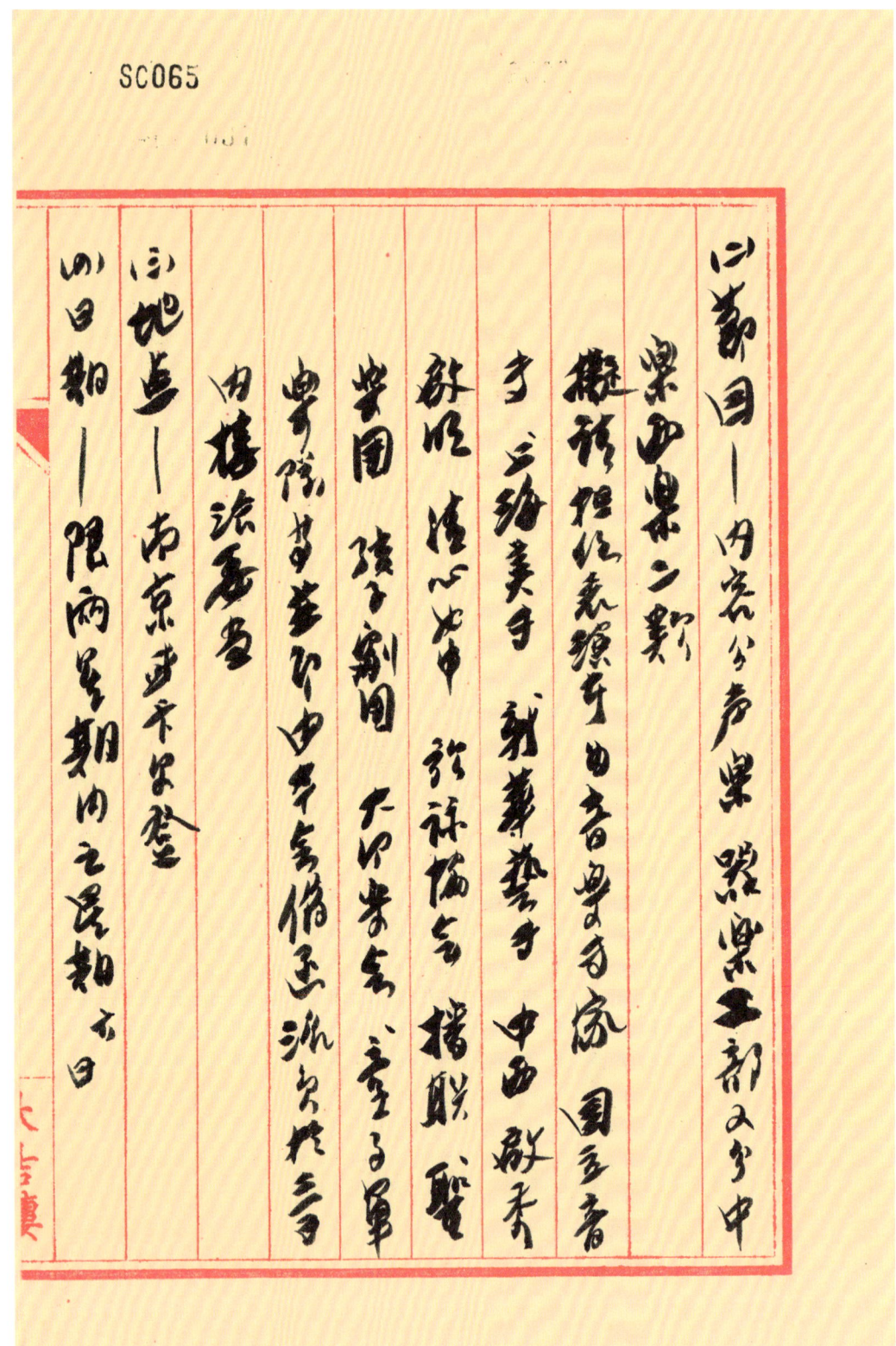

(四)票價—名譽二元 一元 半元の種

(五)票子推銷—對定地点發售

對於同伴代售

臨時售票

其餘一切要多办法隨時研究

(六)籌備處—設在盟所16号正行此中每日

上午九時至十二時集中办公

(七)籌備處—

上海市各界抗敌后援会宣传委员会关于一周新闻致中央通讯社的报告表（一九三七年十一月七日）

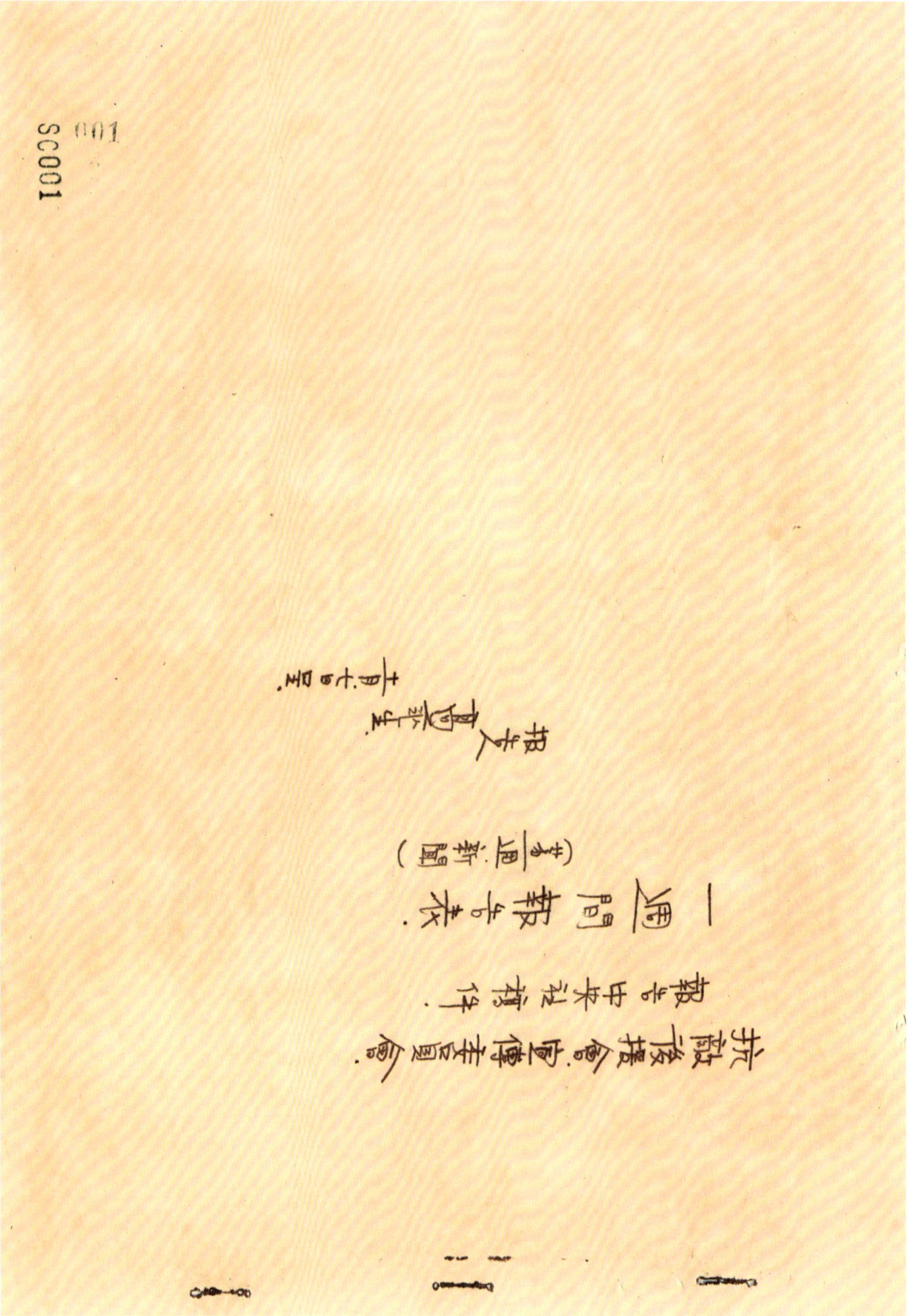

1.

抄 廿一日(午)(星期日)(大陰·小雨)

中午十二時四十五分至中央社抄電稿件.

十三時四十分報告新聞(董、沈)

共十三件.(中央社)

(一) 據調東敵增援於昨在宜昌附近向我濱東陣地展開激烈之戰鬪,一時陸空之[illegible]及全部,我濱東陣地因種種關係[illegible]傳訊江北七星[illegible]之敵一部已逐[illegible]被我擊潰,[illegible]敵兵死傷者三千人,一時戰局上頗呈好轉之象,[illegible]其勝之(本社訊)

(二) 廿一日上午七時半據有力方面消息之敵[illegible]由海南[illegible]敵陣上[illegible]敵損失[illegible]共[illegible]等(本社訊)

(三) [illegible]一時之敵今晨三時[illegible]我用[illegible]一[illegible]其[illegible]連續共六十[illegible]敵[illegible]二時[illegible]之[illegible]敵即[illegible]人,[illegible]十時左右[illegible]敵我[illegible]激烈之戰[illegible]十未停.(本社訊)

(四) [illegible]今日上午[illegible]國[illegible]今日下午[illegible]該國[illegible]之[illegible](本社訊)

(五) 今晨四時半左右敵由[illegible]我[illegible]我軍又圍[illegible]之上午八時左右[illegible](本社訊)

(六) 渝廿日電. 廿日[illegible]

[illegible]一[illegible]我[illegible]二人[illegible](專電)

(七) 渝廿日電. [illegible]有廿一機[illegible]約十餘人[illegible]

[illegible]人.(專電)

(八) [illegible]廿日電. [illegible]

國[illegible]元,[illegible]五十元.[illegible]元.(專電)

(九) [illegible]廿日電. [illegible]

Z.

左右，死伤有千余人。现因该方交通线全部截断，详细情形尚未能获悉。廿日下午敌机四架又飞钱塘江南岸临浦投弹，死伤之数尚未据报。又三架至萧山车站附近投弹。（中央电）

（十）中央社伦敦廿日路透电。英外部发言人称，英国对华态度，望各国于本月十八日八时二十分在伦敦开会，讨论对日本国民政府实行制裁之。（路透社电讯）

（十一）开封二十日电。许昌专员同盟会在许昌县议决成立抗敌后援会。（中央电）

（十二）开封廿日电。难民救济会请拨款救济十万难民，豫省已拨款救济。（中央电）

（十三）柏林廿日路透电。德国外长以德国公民在柏林附近一百五十六万马克……以为中国……之……（路透电）

（共十三件）十四时报告完毕。

报告人：何云记。

拾月廿日（下午）（星期日）（阴雨）

十七时三十分报告『一周来战事』（时事新报本刊）

（此时间原系各国报告，因星期日停，改由本会人报告一周来战况新讯。该社于一星期『关于上海战事之动态』（时事新报））

除后逢星期日报告『一周战事』，星期一至星期六，十七时三十分至十八时仍为国际报告。

十八时廿三分完毕。

报告人 何云记

拾月廿一日（星期一）（晴）（阴雨）

二十一时三十分中央社稿件送到。

二十二时报告新闻（共三次）

共十二件（中央社）

SC004

003

3.

(一) 敵今晨起猛烈進犯小南翔之江橋一帶我軍陣地，皆被我軍擊退，我陣地毫無變動。（本埠新聞）

(二) 廿九日上海西門[illegible]被日炸毀之三樓房，是日（一日）舉行[illegible]，是日謝絕日人參加儀式。（本埠新聞）

(三) 廿日下午三時許，日艦駛到[illegible]，轟擊本市[illegible]（北上）四十多次，彈落約二十餘枚。（本埠新聞）

(四) 今日雖細雨濛濛，惟敵機仍[illegible]，[illegible]甚久。（本埠新聞）

(五) 駐守[illegible]軍之八百壯士，奉令撤退後[illegible]，[illegible]之[illegible]，[illegible]由上海二十一日[illegible]。（本埠新聞）

(六) 上海市各界抗敵後援會[illegible]，今日[illegible]，[illegible]正式收[illegible]。（本埠新聞）

(七) 今日上午十一時左右，北站[illegible]日機轟炸傷華兵三人。（本埠新聞）

(八) 本市各界抗敵後援會昨日[illegible]，[illegible]國際聯盟會議，全面檢討九國公約會議，[illegible]。（本埠新聞）

(九) 今日下午三時[illegible]，[illegible]。

(十) 本市各界抗敵後援會[illegible]，今日[illegible]。（本埠新聞）

(十一) 本市[illegible]，[illegible]。（本埠新聞）

(十二) [illegible]，今日下午二時[illegible]會議，[illegible]，約二萬數十餘戶。（本埠新聞）

（共十二件）二十二時二十一分[illegible]

報告人[illegible]

SC005

100

十一月一日（星期一）（午）（阴）

十时五十分敌机来沪轰炸。

十二时四十分敌机轰炸南翔（第二次）

共十二次。（本会记）

（一）沪西[illegible]。（大美晚报）

（二）[illegible]。（大美晚报）

（三）[illegible]。（大美晚报）

（四）[illegible]。（大美晚报）

（五）[illegible]。（大美晚报）

（六）[illegible]。（大美晚报）

（七）[illegible]。（[illegible]）

（八）[illegible]。（[illegible]）

（九）[illegible]。（[illegible]）

（十）[illegible]。（[illegible]）

（十一）[illegible]。（大美晚报）

（十二）[illegible]。（大美晚报）

（十三）[illegible]。（大美晚报）

（十四）[illegible]。（[illegible]）

SC006

005

（十五）[illegible]。[illegible]（[illegible]）

（十六）美國[illegible]大使[illegible]（[illegible]）

（共十六件。）

十四時完畢。

[illegible] 十四日記。

十四日（星期一）（晴）（[illegible]）

二十一時、二十一時四十分中央社[illegible]。

二十二時[illegible]新聞（中央社）（[illegible]）

共十四件。

（一）[illegible]（大公報新聞）

（二）[illegible]一日電。[illegible]（中央社）[illegible]（中央社）

（三）[illegible]一日電。[illegible]（中央社）

（四）[illegible]一日電。[illegible]（中央社）

（五）[illegible]（大公報新聞）

（六）[illegible]（大公報新聞）

（七）[illegible]（大公報新聞）

（八）[illegible]一千九百九十六元。（中央社電）

（九）[illegible]（大公報新聞）

（十）[illegible]

SC007

006

重我旅長秦霖、龐漢楨、團長謝升新等三人皆以身殉。（本埠新聞）

（十一）南京一日電。第五十二軍第二師七團三營營長謝國雄、排長李扶秋在保定作战时，因不得命令擅自退却，现已就地槍決。（專電）

（十二）南京一日電。國府一日命令三道。（專電）

（十三）蘇州卅日電。三十日崑山被我擊落之敵机係九六式兩發動机重轟炸机，聞價值當在四十万以上，机内七人，五人俘獲，二人身死。（專電）

（十四）本市字林西報云。敵軍以廢票（如殖边銀行之紙幣、德国不用之紙幣、俄国之盧布票等）向我民众强索物品。（本埠新聞）

（共十四件）

十四時過五分完畢。

報告人 高丞生

SC008

007

十一月三日（星期三）（午）（陰雨）

十三時四十分報告新聞。（李子沐）

共十二件（中央社）

（本埠者）

（一）滬西我軍自昨晚至今午十餘時猶在劇戰。昨午敵二次偷渡蘇州河。

（二）今晨敵機即有下列飛機十餘架飛南市滬西浦東閘北等處轟炸。

（三）今晨二時敵有二百餘人偷渡蘇州河，被我包圍全部殲滅。

（四）十二時左右敵機在北新涇等地轟炸，炸傷我平民四人。

（五）一日午後二時敵攻我大場南翔，我陣地鞏固。

（外埠者）

（六）晉東戰局轉劇，我屢有反攻，敵死傷甚眾。

（七）正面戰事激烈，晉軍在忻口奮戰中。

（八）東北義勇軍在四平街附近有激戰，敵軍傷亡百餘人。

（國際者）

（九）我國出席九國公約會議代表團一日已到達比京。

（十）蘇聯參加九國公約會議代表已派定。

（十一）九國公約會議意代表團今日啟程赴比京。

（十二）英代表團一日啟程赴比京參加九國會議。

十四時報告完畢。　　　　報告人　[illegible]

十一月三日（星期三）（夜）（陰雨）

二十二時報告新聞。（李子沐）

共十四件（中央社）

（本埠者）

（一）敵軍三百人於昨晚偷渡蘇州河，[illegible]

（二）南翔大場敵軍昨晚有猛烈轟炸。

（三）西路閘北敵機繼續轟炸。

SC009

(四) 罗店训行之敌又施用毒瓦斯，经国军抵御，我反攻获胜。
(五) 今日十一时五分敌重轰炸机又飞到此上空投弹。
(六) 今日下午一时五分吴淞有敌舰[illegible]进口五十。
(七) 敌又发表有军官三人在沪战死。
(八) 沪日本领事馆来电，东京海军已向日本政府要求陆战队司令部提出抗议。
(九) 法租界当局派兵保护难民，拆除之大难民收容所。
(十) 中华民国抗敌后援会电请九国公约会议主席来日。
(十一) 蒋委员长夫人宋美龄女士电慰上海抗敌后援会慰问。
(华北方面)
(十二) 津浦电：沧州附近有激战，我军已击退敌军，现更夺回车站。
(华南方面)
(十三) 广州电：敌机三架今晨轰炸粤汉路。
(十四) 广州电：敌机三架下午又来轰炸广九路。
共十四件
二十二时二十分止之事。　　报告人 [illegible]

十一月三日（星期三）（午）（陰）

十一時四十五分赴中央社抄寫稿件.

十二時四十分聽華語新聞.（抄十七次）

共十三件（中央社）

（本埠者）

(一) 敵軍繼續猛攻浦東，未成。虹口我軍已三次攻入，我忠勇戰士仍固守之。

(二) 敵機轟炸浦東，大火延燒至南市附近.

(三) 敵艦紛紛開來大批新兵到滬.

(四) 敵人在大場廟附近，又發現臨時飛機場.

(五) 敵機今晨又飛南市轟炸.

（華北者）

(六) 晉東我軍向敵反攻，雙方在一帶激戰甚烈.

(七) 我某部與敵在…發生激戰.

(八) 我克復大城縣，…

(九) 昨日收復…

（國際者）

(十) 九國公約會議，共有十九國代表.

(十一) 日駐比使館…

(十二) 英…

(十三) 日本…

十四時…

十一月三日（星期三）（夜）（陰）

二十一時聽華語新聞（抄八次）

共十七件（中央社）

（本埠者）

(一) …

SC012

011

（一）今市中心戰事甚激，[illegible]亦在中日混戰中。
（二）虹鎮下面，我軍收復竹園。
（三）敵機十一時起在本市向浦東[illegible]。敵機在十六鋪上空[illegible]。
（四）楊樹浦[illegible]公積[illegible]三十[illegible]。
（五）敵又有大批軍火今日十二時在[illegible]運到。[illegible]載有兵八百餘人過[illegible]。
（六）劉行[illegible]一處我在[illegible]。
（七）小沙渡十地方我們向敵擲手榴彈。
（八）敵欲進攻上海被我擊退。
（九）（十）抗敵後援會向各團體組織抗戰工作。
（十一）日軍強奪英商船事，日本已向英國公使表示遺憾。
（十二）國民軍事訓練委員會及社會軍事訓練總隊分組宣傳推銷救國公債。
（十三）抗敵後援會設訓練班招生。
（以上華東社）
（十四）瀏河至三江有敵艦七艘，瀏河[illegible]甚烈。
（十五）金門被敵炸毀，[illegible]。
（十六）旅日華僑約二千餘人返國。
（十七）敵機炸毀廣九路又炸[illegible]。
二十二日四時十分收到[illegible]。　　報告人　[illegible]

十二月三日(星期六)(午)(阴雨)

十三时四十分报告新闻(第九次)

共十二件(中央社)

(本省消息)

(一)[illegible]

(二)[illegible]

(三)[illegible]

(本市消息)

(四)[illegible]

(五)[illegible]

(六)[illegible]

(七)[illegible]

(国际消息)

(八)[illegible]

(九)[illegible]

(十)[illegible]

(十一)[illegible]

十四时报告完毕。

十二月四日(星期日)(雨)(阴)

二十二时报告新闻(第十次)

共十七件(中央社)

(本省消息)

(一)[illegible]

(二)[illegible]

(三)[illegible]

(四)[illegible]

SC013

012

(七)今日下午三時許敵機兩架又至南市一帶偵察。
(八)今日下午一時半敵艦浦江中又遭到大批轟炸。
(九)今日敵機三架往復轟炸浦東，敵艦亦隨往轟擊。
(國際方面)
(八)九國公約會今日續開會，俄國代表演說贊助美國見解，願維
約解決我國所持之立場。
(九)九月份美對中日輸出減少。
(十)九國公約會議考慮再請日本參加。
(華南方面)(其他方面)
(十一)敵機三架轟炸嘉興車站。
(十二)韓省認購公債千萬，將完成。
(十三)廣九路又遭炸毀。
(十四)敵現圖久佔金門島。
(十五)閘北發現敵機三架。
(十六)敵機三架在三日轟炸潮汕路。
(十七)日機轟炸全蘇皖京滬車站。
二十八時三十分報告完畢。

013

SC014

十一月五日(星期五)(午)(陰)

十三時赴中央社抄呈稿件.

十三時四十分報告新聞(第十一次)

共十三件(中央社)

(本埠者)

(一)姚家宅將展開陣地主力戰,姜家宅殲敵甚數.

(二)八字橋之敵,经我擊退,偷渡之敵,我已限令肅清.

(三)陳家渡今晨敵偷渡の次,均為我擊退.

(四)敵艦昨夜又運來坦克車等.

(五)新聞界赴前方工作.

(六)敵机今晨又飛南市窺察.

(七)敵軍百人今晨在金山嘴外登岸,经我衛軍已殲滅半數.

(八)敵今晨三时有二聯隊犯我泖橋鎮,我軍已將敵聯絡綫切斷.

(國際者)

(九)九國公約會議我代表团發表公報並於今日下午声明書.

(十)國際婦女界和平自由協會致電九國會議主席斯巴克:各國制止中日戰事,應尊重中國主權領土.

(十一)蔣百里將軍明日赴比京.

(華北者)

(十二)晋北我軍移不嶺開新陣地,對敵設方施行游擊戰.

(十三)津浦綫左翼昨有接觸,我軍小勝.

十四時報告完畢.

十一月五日(星期五)(夜)(陰雨)

二十二时报告新聞(第十二次)

共十一件(中央社)

(本埠者)

(一)敵重轟炸机今晨在浦東高廟鎮墜落,毀屋數幢,機身亦全毀.

014

SC015

015

SC016

黄鼎昌二人會晤談話。

（二）今日下午三時，敵又轟炸南站及車站。

（三）市府及各局職員本月捐薪慰勞將士。

（四）廣播北新涇敵偽宣傳事。

（五）粵籍人民踴躍購買救國公債。

（六）市聯救會自十一月二日起至二十日止徵募將士雨衣三萬件。

（華北方）

（七）昨日敵機飛太原襲擊。

（八）敵機一架昨日於定襄縣車站被我擊落。

（國際方）

（九）九國公約會議通過組織小組委員會。

（十）十月份美國軍火輸出統計。

（十一）比國外長致函九國公約會議各國代表。

二十二時二十分完畢。　　報告人　曹詠生

十一月六日（新华社）（午）（路）

十二时起中央社新闻稿。

十二时四十分报告新闻。（第十三次）

共十三件（中央社）

（左干版者）

（一）敌国[illegible]，[illegible]。

（二）敌机今午又至南京投弹。

（三）敌舰[illegible]大批[illegible]。

（四）今晨敌以十七架[illegible]。

（五）敌后[illegible]。

（六）敌机今晨又在沪西、浦东[illegible]。

（七）我敌今晨在闸北[illegible]激战。

（国际者）

（八）德国对我政府表示，对中日战事[illegible]中立。

（九）敌[illegible]，[illegible]国[illegible]，[illegible]。

（地方者）

（十）[illegible]。

（十一）[illegible]，[illegible]。

（十二）敌机[illegible]。

（十三）[illegible]，[illegible]。

十四时报告完毕。　　报告人 王[illegible]

（[illegible]）

十一月六日（新华社）（夜）（路）

二十一时报告新闻。（第十四次）

共十三件（中央社）。

（左干版者）

016

SC017

SC018

017

（一）沪战区今晨我敌未起激战。
（二）今晨敌犯竹园湾，我军击退。
（三）今日下午敌机九架袭[illegible]投弹十余枚。
（四）敌机又轰炸[illegible]人员（[illegible]）。
（五）沪战区我军今晨反攻。
（六）敌军于金门登岸。
（七）上海浦西敌舰炮轰我阵地，全团[illegible]。
（八）广州以北，敌[illegible]我击[illegible]。
（国际方面）
（九）德国总理廿日发表演说。我首席代表顾维钧发表[illegible]，[illegible]比京会议工作。
（十）日报攻击比京会议。
（十一）敌于[illegible]。
（十二）日[illegible]，[illegible]决。
（十三）比京会议[illegible]日[illegible]书尚未成立[illegible]。各国代表[illegible]。
二十三时二十分收毕。 报告人：[illegible]

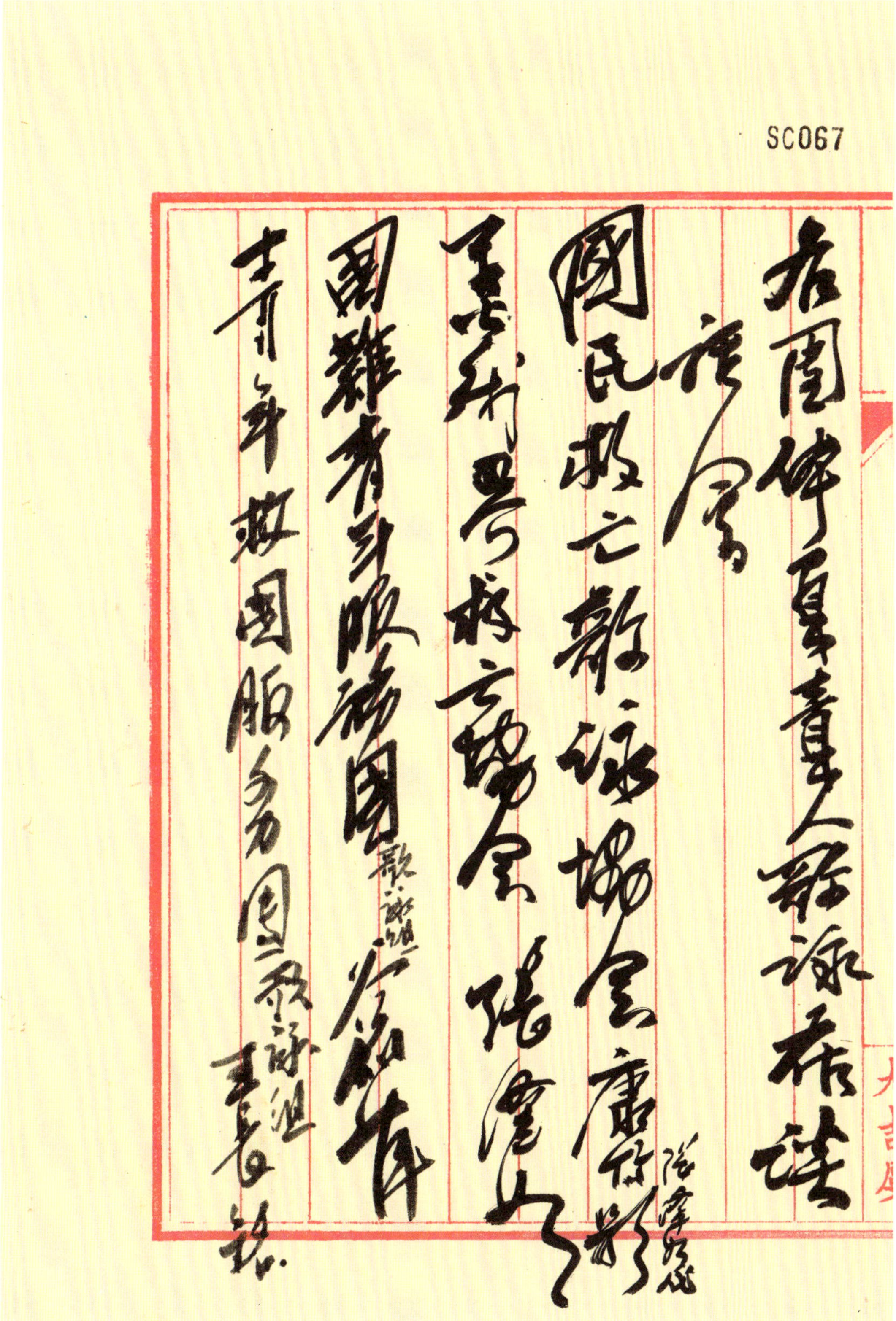
SC067

各團體青年人歌詠工作諸
[illegible]
國民救亡歌詠協會 唐[illegible] [illegible]
[illegible]救亡歌詠會 [illegible]
國難教育社服務團歌詠組 [illegible]
青年救國服務團歌詠組 [illegible]

公仁社救亡委员会 陆晋君

中国青年座谈会 吕植林

国防歌曲播音联合会 崔质人

中华青年急进救亡协会流浪团 陈仲衡 郭念

国民救亡团 陈恩

新中国剧社 叶子

SC069

青年戰時工作團 丁強

民衆救亡演說團 齊鶴楨

博士德學校同學會戰時服務團 游泳團 陸平山

中華婦女國防會 朱素萼

聯藝界救亡會 李文照

中國醫藥界救亡協會 徐公勉

SC070

文化界救亡协会 欧阳予倩

□民战时服务团 郭嵐

国民救亡歌咏协会战时服务团 冯国桂

印刷界战事服务团 湯洪麟

残废者救亡协会 郁珠根

组织委员会 吕可閑

中国作曲者协会 刘雪厂

陈田鹤

国民战时服务团 林风

SC071

時間　十一月八日下午四時

地点　上海聯歡社

主席　鄧克定

甲　報告事項

1. 本市民學校音樂課程已由社會局允准協濟。

2. 聯合音樂會準於廿日在杜美大戲院舉行，所得券資悉數撥充難濟委員會救濟難民之用。

SC072

3. 编制新的歌曲，以应需要，

4. 现在租界当局，禁止好多歌曲在电台播送，此种压迫且有日趋严重之势，如何设法疏通及改良办法，以推行歌咏之工作，尚请各界诸先生特别讨论，以谋解决困难，

5. 我们要努力参加后援工作，安定人心，务使民众胜勿骄，败勿馁，此为本人代表后援会宣传委员会所要说的话。

要努力行的精神

咏调歌词是一种艺术，然而非每个人都能够的，但此歌词确能振奋人心，鼓

現思想，力量是很偉大的。現在已到大時代開展的時候，在政府方面，有的是文學家，有的是歌詠家，當能夠發揮歌詠的力量，引起民眾心靈上的共鳴，以推動創新。要是歌詠界對于難民收容所教導難民歌詠，熱心工作，殊堪欣慰，不過上海因在特殊環境之下，租界當局，禁播救亡歌曲，我們在此革命時代本當起來反抗，但是我們因為目前祇當認定一個敵人，免和其他方面引起衝突起見，所以可用其他知識方法以達目的的話，要是用知識的方法去求解決，這

SC074

件事我们实付要负会所负责向租界当局交涉

请其谅解，倘不能办到，结想其他方法。本人所希

望的有下列几点 ①创造新歌曲 ②上海音乐界歌

咏界要协力扩充到全国各学校各团体去，使她

共同努力，发扬歌咏艺术的精神。此外又倘要我们

帮忙的话，能不辞于效力的。

乙、讨论事项

一、租界当局禁止播送抗敌歌曲，应如何对付案。

议决：①请负责会所负责向租界当局接洽交涉

②由歌咏团体备文解释并推举代表呈请

SC075

市政府對外國租界當局交涉

③各歌詠團体聯合發表宣言表明態度

④所有救亡之歌曲用其他方法擴大推行于民間

⑤所有禁播之救亡歌曲抄送國際宣委會翻譯為外國文分向國外宣傳

二、推舉代表主持第一案事項

議決：推舉上項五個團体負責擔任一切

三、應如何推動各地歌詠工作案

議決：㈠請由宣委會建議社會局呈請中央教育部轉令各級學校加緊教唱救亡歌曲

㊃由宣委會調查全國歌詠人材，以便切實聯絡，交換意見，增加力量，

㊄統一組織——由國民歌詠救亡協會統率辦理，由該會擬具詳細章程，徵求參加，

（四）组织委员会

上海市各界抗敌后援会组织委员会关于遵令结束并办理移交手续事致后援会秘书处的函

（一九三七年十一月二十一日）

SC039

022

逕啓者查本會現已遵 令結束關于文件方面除已經辦過而不必要者焚燬外餘如各團體名冊等重要文件待整理清楚即行送上至于辦公所用之器具等均係向各處借用現因被捕房派警監視無法取出用特懇請迅向捕房交涉以便取出分別歸還以清手續結束為何為乞 示知此致

秘書處

組織委員會

十一月廿一日

上海市各界抗敌后援会组织委员会关于结束情形事致后援会秘书处的函（一九三七年十一月二十二日）

逕啓者本會遵令結束並奉函飭辦移交手續所有辦理情形已於二十一日函報在案茲已將重要文件整理分編拾卷開列清單送請

查收至於經濟報銷業已依照手續造送總會計師審核銷外相應將結束情形函達

查照並祈賜予回復爲荷此致

秘書處

附文件清單一紙

組織委員會 十一月廿二日

附：重要文件清单

SC041

重要文件清單

一、各團体登記表一卷

二、各團体登記總册一卷

三、各團体視察表一卷

四、核准各團体現狀一覽表一卷

五、登記團体目録一覽表一卷

六、文化界聯繫團体一覽表一卷

七、各團体團員名册等一卷

八、各界人才登記表一卷（設計会送来）

九、公私立各學校舊新地址册一卷

SC042

十、难民收容所地址册一卷

以上共计拾卷

组织委员会 十一月廿日

（五）设计委员会

上海市各界抗敌后援会设计委员会主任委员彭文应关于办理结束事致后援会秘书处的函

（一九三七年十一月二十三日）

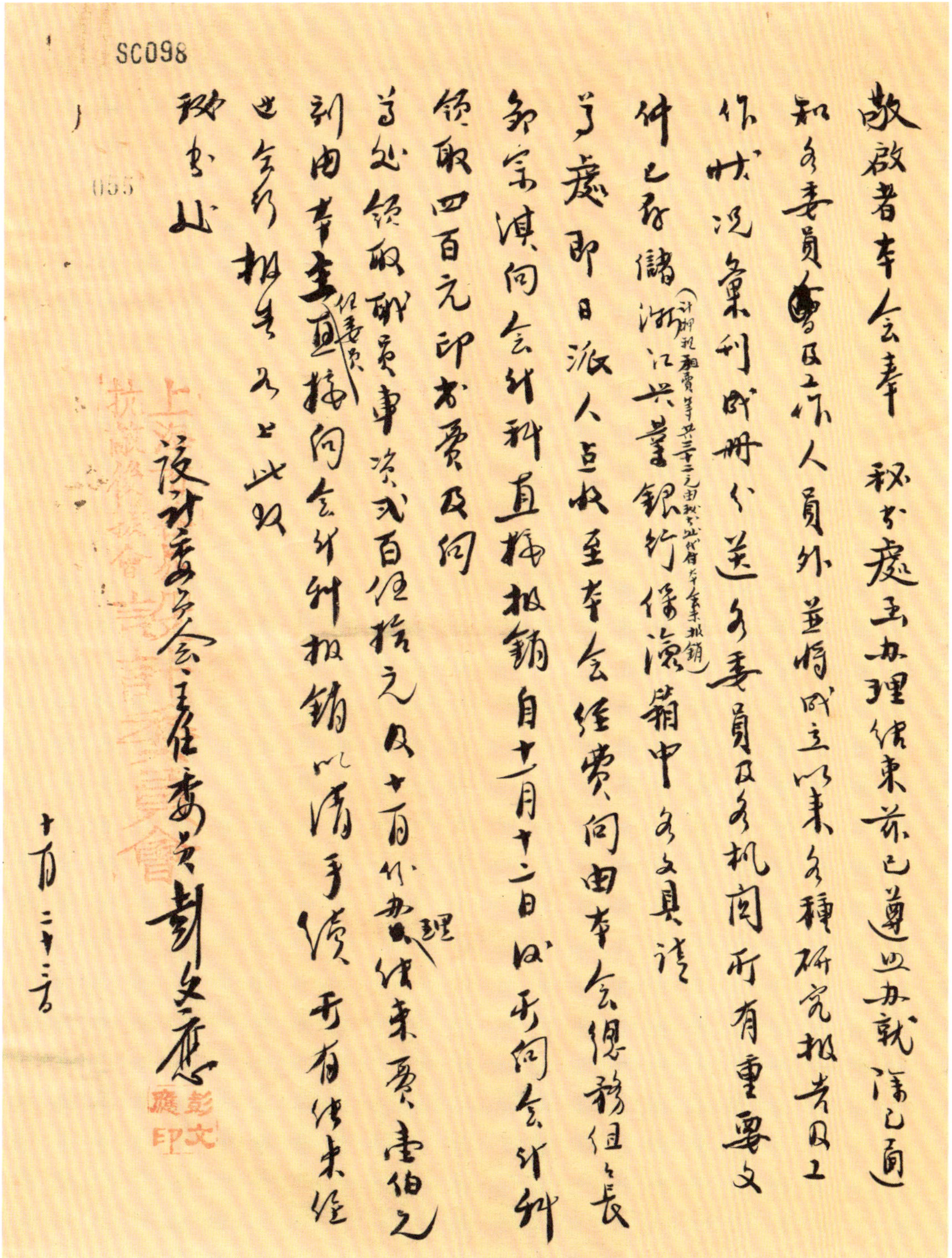

敬启者：本会奉
秘书处函办理结束，兹已遵照办就。除已函
知各委员会及工作人员外，并将成立以来各种研究报告及工
作状况汇刊成册，分送各委员及各机关。所有重要文
件已存储浙江兴业银行保险箱中（计押租租费等共三十二元由秘书处代付，另案报销），各文具请
贵处即日派人点收。至本会经费，向由本会总务组组长
负责向会计科直接报销。自十一月十二日以后，所向会计科
领取四百元，即书费及向
贵处领取办事费贰百伍拾元及十一月份办理结束费壹佰元之
则由本会（组长签交）直接向会计科报销，以清手续。所有结束经
过会计报告另上，此致
秘书处
设计委员会主任委员彭文应
十一月二十三

（六）供应委员会

上海市各界抗敌后援会供应委员会工作报告、会计报告（一九三七年九月）

SC065

036

16

供應委員會報告

上海市各界抗敵後援會供應委員會

SC066

供應委員會

[redacted]

本會成立於七月廿七日，當推錢新之先生爲主任委員，王維駰先生爲秘書，旋因事忙辭職，改推曉籟、潤庠、小蝶爲正副主任委員，並由小蝶擔任秘書工作。按本會事前已由市商會策動工作，召集關於防禦供應物品之同業公會（一）調查市上存數及定貨狀況，（二）制止各業以防禦品供給非軍政機關，（三）籌劃有關係各業之安全問題並幫助其運輸，（四）集中必需品之全部或一部以備緊急需用，上項工作均由曉籟、潤庠、小蝶聯合各業公會主席，共同籌措，故本會成立之初，已能粗具眉目，不致臨事倉卒，更由潤庠、小蝶擬具工作大綱，組織章程，通通大會組織成立，其工作目的，本側重於軍用品之調查及統制，以免資敵，抗戰伊始，國軍初蒞，人地生疏，防禦物品，採辦爲難，更由上海市抗敵後援會主席團之議決，暫行籌墊鉅款，交由本會採辦供應，於八月五日開始辦公，事先更與淞滬警備司令部商定，凡各部隊需用物品，均須開單送呈司令部核准，方可照發，迄八月十三日戰事發生，大軍雲集，各部以前線緊急，往往逕向本會索取需要物品，此爲軍書旁午之難免情形。本會除斟酌情形，與以便利外，特派代表至京滬警備司令部商洽統一辦法，制定供應章則九條，當蒙決定各師旅團部隊同需要供應品，屬於京滬警備司令部隊者，由京滬辦事處核准，屬於蘇浙邊區司令部隊者，由蘇浙辦事處核准，本會更派代表面謁蘇浙邊區總司令，亦蒙允許，辦理以來頗感便利，自八月八日始九月七日止，供應工作凡三十日，供應物品屬於本會購辦者，計總值十八萬七千七百八十三元八角四分，屬於捐募者，估計價值八萬八千三百九十一元六角二分，共計總值念伍萬五千一百六十三元二角六分。茲因兵站分監已經成立，經主席團之議決，軍用物品已有兵站自行採辦，本會自當結束，爰於八月六日將全部工作結束，改組為上海市慰勞委員會，辦理前方慰勞事宜。合將經過工作分別報告如左：

（一）工作大綱

（一）供應之對象

（一）前方防禦工事材料及物品、

SC069

（二）後方糧食及物品之接濟、

（二）供應物品之種類

屬於防禦品之部

一・五金零件類　凡鑿刀鋸繩索羅絲釘皆屬之、

二・鋼板類　凡各種尺寸鋼板皆屬之、銅鐵附、鋼銅皮附、

三・鋼條類　凡各種尺寸元扁鋼條皆屬之、銅鐵鉛附、

四・鋼管類　凡各種對徑鋼管皆屬之、

五・鉛絲類　凡各種鉛絲皆屬之、鋼絲銅絲附、

六・電器類　凡各號電話線機及無線電收發機料軍用手電筒皆屬之、

七。燃料類　凡各號煤及火油汽油木炭等皆屬之、

八・包扎類　凡蔴袋土布及包扎零件等皆屬之、

九・土木類　凡黃沙石子木料皆屬之、

十・交通類　凡各項車輛皆屬之、

屬於接濟之部

一・糧食　凡軍米麩麪及慰勞食品皆屬之、

二・服用　凡雨衣草鞋皇違鏡糧袋水壺等皆屬之、

三・救護　凡藥棉紗布救急包行軍藥物等皆屬之、

（三）工作步驟

（一）組織章程（附件一）

SC071

（二）祕書處施行細則（附件二）

（三）防禦科辦事細則（附件三）

（四）供應物品保管及支配辦法（附件四）

（五）供應物品採辦法（附件五）

（六）各軍隊防禦物品供應章則（免附）

（七）供應品運輸之目的及其辦事規則（免附）

本會工作完全包含於右列七項細則之中，惟大軍雲集，事務紛繁之際，不免間有出入。其供應之目的：（一）供應迅速（二）切合實用（三）不消費物力，在此三項條件之下，是否能夠完全適合，未敢自信，還祈各界抗敵熱心人士，與以教正，則幸甚焉。

職員一覽

正主任 王曉籟

副主任 金潤庠 陳小蝶 許曉初 劉偉軍 [redacted]

祕書 陳小蝶

祕書處幹事

文書 曹志功 鍾謹忱

庶務 李子洋 董文中 朱企彝 袁鴻鈞

登記 薛楚新 許正明 檀倚雲 張立中 李芳鼎 楊寶如

楊瑞華

會計主任 李文杰

SC102

幹事　俞家忠　潘可倫　邵明達　邸烈慶

保管主任　正　王性堯　副　張佩珍

幹事　張之龍　張晉康　方屏藩

第二辦事處　王問樵　孫增慶

第三辦事處　蕭達生　高維洛

第四辦事處　朱龍謨　宋炳元

運輸主任　正　馬少荃　副　李碩唐

幹事　楊士隆　臧繼麟　薛永清　胡海倫　吳文玉　李天錫

張智調　徐旭初　陳[illegible]超　李欽文

附上海市商會童子軍外勤報告

外勤報告

上海市抗敵後援會供應組物品調查

日期　二十六年八月六日（星期五）至二十三日

地點　本市各區

工作綱目　調查各同業公會所屬商號及其存貨與押運

來由　上海市抗敵後援會供應組

領隊　應毓

參加人員　詳後

提要　調查有關軍需之同業公會共計廿七家

調査各該公會所屬之商號共計二千一百四十二家

押運共計三次

詳情 [redacted] 廿六年八月五日應上海市各界抗敵後援會供應委員會防禦組之託擔任調査軍需物品之工作翌日即派本團偕備軍隊員分別向有關軍需防禦物之同業公會廿七所調査其所屬之商號地址經理姓名與其營業範圍惟內有機器造纜業公會因已解散無法調査又如化學原料業鋼鐵機器業賽琺瑯業石灰業五金舊貨業等五公會則推諉其詞中止調査所有可調査之各業之商號約計二千一百四十二家自十三日起即派員分發調査存貨數量表自十三日起至十七日止調査砂石業、木業、鋼條業、廢鐵業、銅錫業、電器製造業、運貨汽車業、所屬商號存貨出品等情，十八日起調查橡膠業五金零件業採辦布疋業電器業等商號，十九日調查五金業，二十日調查販製脚踏車業，機器造繩業，廿二日調查煤業，廿三日調查棉布業等商號，此後即將調查所得各項之結果，收集統計，彙訂成冊，送交後援會陳小蝶先生。計此次調查參加人員計有：

應競　葛劍琴　楊永飛　董太峯　薛斗才　陸震家　[illegible]榮明

彭麟才　鄭志值　楊邦瑞　吳宗鑫　梁敬斌　沈文宇　張桂章

錢一民　蔡同華　沈積祥　薛志鴻　蕭志良　劉明傳　孫德福

陳文新　黃嘉信　李謙　陸棟齡　葉桃春　張錫麟　李俊

李炳耆　許榮壽　王國祥　姚孝福　馬涵滔　周國良　羅文光

SC075

黄柏青　何焯然　王寿椿　朱执中　韩尚义　黄浩然　刘琏葆

卢　益　黄嘉禄等四十四人

附件一

供應委員會組織章程草案

一、本委員會應設主任一人，副主任四人，酌量性質分課辦事，受主任之直接指揮合力工作。

二、本委員會應設秘書一人，綜攬一切事務，完成各課文件，彙報製成表册，並行使主任命令傳達於各課主任及幹事，以收指臂之效。

三、本委員會應設軍需防禦物品供應科主任一人，幹事若干人，凡防禦上一切供應物品及工作皆屬之。

四、本委員會應設救濟供應課設主任一人，幹事若干人，凡救濟物品及收容所設備部份一切工作皆屬之。

SC077

五、本委員會應設救護供應組，設主任一人，幹事若干人，凡救護材料及藥品部份一切工作皆屬之。

六、本委員會辦公地點設於上海市商會。

七、本委員會辦事細則另訂之。

八、本章程經本委員會之通過，陳報抗敵後援會主席團核准施行之，修正時亦同。

按本會成立伊始，原定工作防禦救濟救護三者並重。旋因救濟救護兩委員會相繼成立，本會決定專重防禦品供應工作，以下細則均側重於此，故與總則略有出入，合併聲明。

附件二

秘書處辦事施行細則

一、秘書處有承接正副主任之命令，以書面式口頭傳達行使其職權於各科主任之責任。

二、秘書處每日規定於上午九時至下午六時到會辦公，於必要時得延長其時間。並應成立下列四科，以便推動工作：（一）調查（二）登記（三）文書（四）庶務。上項工作人員於必要時，得行雇員，給其薪食，俾得長期辦公。

三、秘書處每日搜集各科主任談話及報告，分別成立工作日記及調查報告，以備查閱應用。

1各供應品之現存數售出數實存數。

2本日儲數之出動狀況，及其實存數之安全狀態。

3某項供應品之需要預備量，及其缺乏之狀況。

4某項供應品之應予遷移或保護或出價收買情形。

5供應品之來源及其樣本價格。

6將來供應品有缺乏之時，內地土產之足以替代者。

四凡上列各項秘書處應有保密之統計及策劃，隨時編號，開具書面計劃，供獻於正副主任以待採用。

五秘書處應立文件除關登事項歸併於登記簿，無須另立文件外，其應立文件如左：

應立文件

登記類

1 調查表册

2 供應物品登記

3 供應物品決定單

4 各同業公會及商號名錄

5 各委員及關係人名錄

6 貼報簿

文書類

1 議事錄及簽到簿

2 各種章則

SC081

3 收文摘由

4 發文留稿

5 通告摺卷

6 工作日記

庶務類

1 供應物品收文流水

2 供應物品收文清冊

3 保管物品編號

4 日支流水及分清

六 秘書處各組組織大綱之規定行使其職權

七本辦法經供應委員會通過施行並呈請主席團備案修改時同

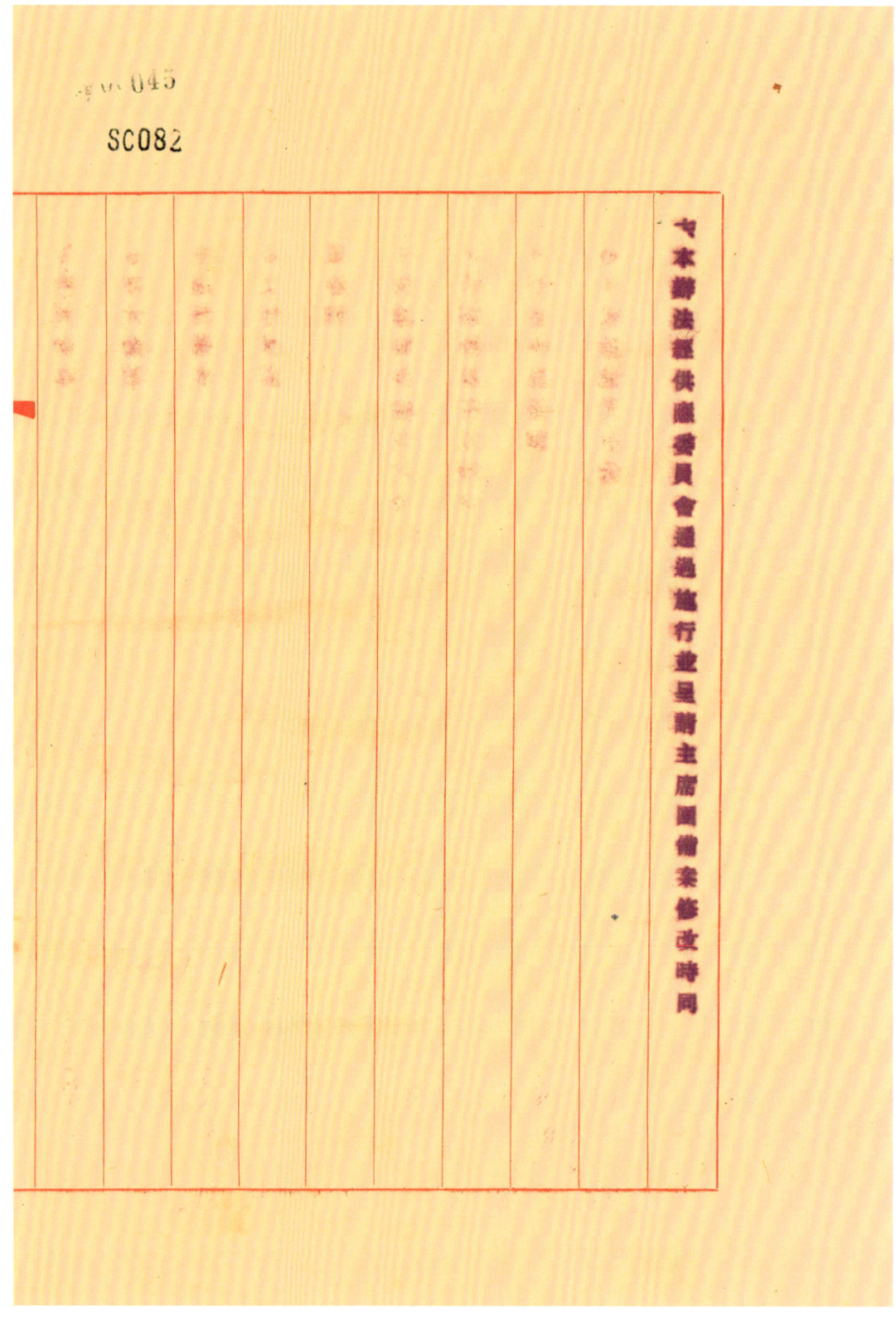

046

SC083

此件似可不要

附件三

防禦組辦事細則

一、防禦組一切工作由市商會直予軍團組織之以榮春年爲正主任徐國治爲副主任指揮一切工作直接秉承秘書處之命令

二、本組[illegible][illegible]軍團團員二百人遇必要時應全體出發工作在平常時間則以不妨礙其職業時間爲原則

三、防禦組應負防禦[illegible][illegible]使應上之一切調查[illegible][illegible]其調查法另詳於調查表附則[illegible]細則第一條防禦組應於每日上午九時以前將調查表分別送達於各調查商號於六時後收回彙齊送交於秘書處以便彙集登記

四、在調查工作中對於調查商號應明白解釋其調查之用法使其明瞭國民之

SC084

責任並於必要時行使調查辦法第四五條之手段時亦同

五、防禦組應受秘書處之指定每日五時以後留供團員若干人帮助秘書處整理一切調查工作

六、防禦組現有送貨車二輛隨時供應輸送並應取得交通委員會之聯絡遇有巨量物品輸送時應報告秘書處隨時通知交通委員會供應車輛連絡輸送

七、本委員會立有保管委員專門保管各界捐贈及自行購買之供應物品其輸送法亦同

八、防禦組對於工事應用品遇有調查缺乏時應立刻報告秘書處籌備補充或替代之方法以供獻於本會委員會主任決定施行

047

SC085

調查表附則（表格從略）

一、此項調查表由本會註明分類由商號自行按類凡屬於防禦工程者均應分別填寫每一種類一張應由經理或負責人簽字每日上午九時前由本會派員送達下午五時後收集彙編登記幸勿延誤

二、各商號在非常時間應將該項調查物品加意保存如有大量售出數時應得市商會之購貨憑證方可發售並應於備考證明

三、如有各軍政機關購買不及咨取市商會憑證者應以該機關公文為憑除於報告時並於備攷填註明白外應將該公文出示調查員以資證明

四、本表調查員有隨時察看其存貨地點及安全狀況之責任如認為有危險狀態發生時應隨時報告本委員會會同其經理幫助遷移或出價收買之

五、本表報告數目務徵實在不可隱匿或私售情況倘有故違者當按照軍事徵用法處理之

六、本辦法經供應委員會通過施行並陳請主席團備案修改時同

附件四

供應物品保管及支取辦法（表格從略）

一、凡供應委員會購入或募得之各項防禦救護給養等物品，須暫行保管，以待支配者，均交保管委員會負責保管。

二、供應委員會將物品交付保管委員會保管時，應附具「保存物品通知書」（式一）經保管委員點收無誤，掣給收據。（式二）

三、保管委員應逐日填具「保管物品收支明細表」（式三）報告秘書處主任委員。

四、保管物品應需之棧房及管理人員，由保管委員籌辦，其應需費用，應報委員會核准開支。

SC088

五、物品在棧房內一切登記存放手續由保管委員另行訂定之。

六、保管物品之支取依左列手續辦理：

甲、主任委員預先將支取物品負責人印鑑送交保管委員。

乙、主任委員開具支取物品憑單（式四）加蓋印鑑向保管委員領取。

丙、保管委員驗明憑單印鑑相符當即將物品（或棧單）照付持單來人，並在憑單上加蓋「付訖」戳記。

丁、憑單塗寫不明，印鑑不符，或有其他錯誤，保管委員應拒絕支付。

戊、付訖憑單，由保管委員保存於物品支取完畢時，向供應委員會對銷收據。

七、本辦法如遇特殊情形必需變通辦理時，由主任委員書面通知之。

049

SC089

八、本辦法經供應委員會通過施行，並陳請主席團備案修正時同。

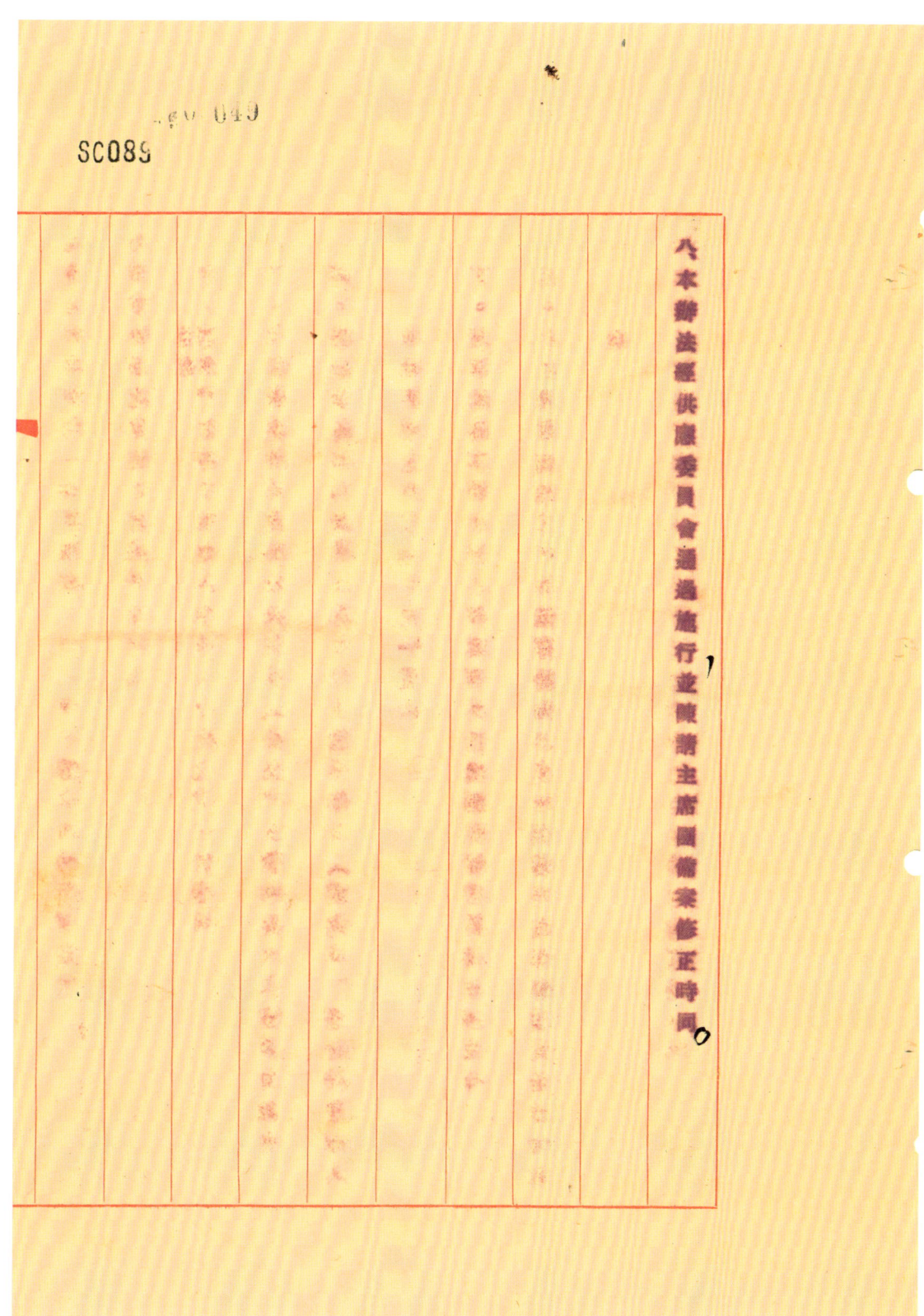

此件仍可不要

附件五

供應物品採辦法（表格從略）

一、秘書處接到應需供應物品機關之通知公文後當將應需物品登記（式甲）並將每日調查之最低市價填入（式乙）送呈主任

二、主任接到該表之後當行送呈審查委員會決定支配數量（式丙）後即行召集供應商號填明實價（式丁）及（戊）（己）兩項交還秘書處執行

三、主任將供應品決定單（式一）簽定之後當將決定單發交秘書處分別接洽

四、秘書處按照決定單關照各承辦商號分別開具送貨單（式二）由各號照單送貨

SC091

五、貨品輸送到達時應將送貨單正張由收貨人蓋章帶同連同正副發票送交秘書處領款

六、秘書處驗明貨單發票後應即開具領款書連同引手及正收條向總務處領款

七、秘書處領到支票由各出票人簽章蓋齊後通知送貨商號應具收條具領

八、秘書處立收付傳票四種（式三）每日彙訂呈由主任簽核

會計報告似可不要

會計報告

本會會計統屬於上海市各界抗敵後援會祕書處會計科之下爲適應特殊情形起見就購辦及收納捐助之供應品以及分配供應品分別辦理金錢會計及物品會計由李文杰會計師率同事務員詹家忠等四人駐本會辦理一切會計程序可約略申述者收付款項用收付款傳票黏附發票副張（發票正張及收據呈祕書處會計科付帳）收付供應品用收付貨傳票（收受供應品機關之正式印收現在整理中備送祕書處會計科）供應品出棧及入棧用送品單及支品單以爲會計上之記帳憑證另設供應品分類日計帳及各棧收付供應品日報表以爲會計上之正式記錄茲將會計方面結至最近期內之表單列附於後

SC093

（一）結至本年九月六日止之試算表

附：應付未付明細表

暫記欠款明細表

[redacted]

事務費明細表

（二）贈品供應表

（三）捐助品供應表

（四）供應品結存表

上海市供應委員會試算表

二十六年九月六日

科目	借項	貸項
供應經費（後援會秘書處會計科來）		247,475.29
事務經費（後援會秘書處總務科來）		500.00
應付未付款（附表一）		26,382.00
供應品	187,783.84	
市商會財務科	4,369.41	
暫記欠款（附表二）	81,704.04	
備用金　（存市商會財務科）	241.89	
現金	0.86	
事務費　（附表三）	257.25	
	274,357.29	274,357.29

應付未付款明細表

附表一

SHU-LUN PAN & CO, C.A. WORKING PAPER　　立信會計師事務所用紙

二十六年九月六日

摘要	金額	
中國製釘公司有刺鉛絲700卷定價	4712 00	
蕭順興十字鎬1800把定價	2070 00	
白米2000石	19600 00	
合計		26382 00

No. 21 (300 大)
1000/26,8,5

SC096 004

暫記欠款明細表

附表[illegible]

SHU-LUN PAN & CO, C.A. WORKING PAPER　　立信會計師事務所用紙

二十六年九月六日

摘要	金額	合計
代京滬警備司令部辦元釘	5,280.00	
代京滬警備司令部辦剪刀	355.10	
代八十八師付砂石運費（第一次）	1,000.00	
代八十八師付砂石運費（第二次）	3,000.00	
代八十八師付方圓竹節鋼鐵	58,972.14	
代京滬警備司令部購竹節鋼	3,096.80	
代八十八師付砂石運費	10,000.00	
合計		81,704.04

No. 21 (300 大)
1000/26.8.5

SC097

事務費明細表

附表三

SHU-LUN PAN & CO, C.A. WORKING PAPER　　立信會計師事務所用紙

二十六年九月六日

摘要	金額	合計
運草袋小工費	12 60	
車蔴袋用汽油	10 40	
祥生汽車費	45 00	
〃 車資飯費	2 00	
鄭祖銘去通行証車費	2 40	
搬運鋼板上力	16 00	
送蔴袋車力	40	
供應品分清日記帳印刷費	6 00	
李子澤調查蔴袋事車力	62	
朱征榮車鋼絲馬甲車資	30	
李子澤送帳目車力	36	
〃 赴成都路部附車力	50	
〃 至億定盤路車力	36	
朱征榮至蒲柏路車力	40	
通商辦事員三人飯資	18 00	
會計處助理員三人飯資	18 00	
李子澤至徐永祚處車力	20	
順記車行車蔴布三十四件車力	23 80	
李子澤至徐永祚處同義中學及法公董局車力	57	
〃 至浦東同鄉會車力	20	
慰勞會印章一枚	20	
李子澤至徐寄廎處車力	34	
八月十三至九月九日各幹事膳食	98 00	
李子澤車力	40	
董文中往聯歡社車力	20	
合計		257 25

No. 21 (300 大)
1000/26.8.5

立信會計師事務所計算用紙

品名	總額		京滬司令部		淞滬司令部		公安局		八十八師	
	数量	金額	数量	金額	数量	金額	数量	金額	数量	金額
有刺鉛絲	3004捲	1849442	1000捲	$620000	481捲	$297966	42捲	$29400	121捲	$58876
無刺鉛絲	622〃	739350			490捲	591500	12〃	16100	10〃	13250
鋼板	180塊	10,21884					10塊	48000	100塊	705750
鋤鏟	16[illegible]88件	1242220	1100件	86900			1104件	1,21005	4378件	390955
五金另件		2,02752		3438		60390		28609		65
自由車	68輛	2,07600			8部	25600	10部	32000	50部	1,50000
機器腳踏車	1〃	55000			1〃	55000				
電料		~~11,65938~~ 14,21938		444640		1,12588		260310		199300
電話總機	76件	10,59450	4件	93200	33件	493500	14件	124450	15件	192400
蔴袋	50000只	17,00000			495[illegible]只	1[illegible]5000	500只	15000		
蔴繩		41000				36000				
汽油	10000倫	10,48000	10倫	1000	7500倫	795000			700倫	70000
機油		54120		5620		37600				
槍油		5829								
火油	6听	2865	6听	2865						
油桶	614只	223200			4只	1200			10只	30000
糧米	1800包 401石	2373100	1750包 1石	1906000 1100						
圓木	934根	1,36960					434根	1,04460		
黃砂	50噸	9600			50噸	9600				
藥品	20000件	38300					20000件	38300		
草鞋	2000双	22000	2000双	22000						
鋼絲剪刀	720把	50250	720把	50250						
桅燈	79打	90900	79打	90900						
保險盾	300座	30000	300座	30000						
內外車胎	20只	44100	20只	44100						
防毒面具	200套	3,40000								
熱水瓶	18只	1620								
油布	90条	26620								
洋燭	15箱	7500								
襍料		2784		1884						
鋼馬甲	1000件	45,90000	1000件	4590000						
		$185,78384		$7993897		$4200944		$817634		$1810596
給養		200000								
		$187,78384		$7993897		$4200944		$817634		$1810596

購品供應表

SHU-LUN PAN & CO. C.A. WORKING PAPER 立信會計師事務所

八十七師		九十八師		五十七師		三十六師		二十獨立旅		保安團	
数量	金額	数量	金額	数量	金額	数量	金額	数量	金額	数量	金額
								50挑	$31000	50挑	$31000
						50挑	~~[illegible]~~ $37500	10〃	13500	50〃	67500
70噸	$2,68124										
								406件	43260		
							24000		1250		
	45140		$5790						236520		13600
								8件	96400	2件	59500
					$5000						
500桶	53000	200桶	20000								
					10900						
									4389		
						50包	54000	400石	352000		
								500根	32500		
					900						
	$366274		$25790		$16800		$115500		$810819		$1,71600
	$366274		$25790		$16800		$115500		$810819		$171600

SHU-LUN PAN & CO. C.A. WORKING PAPER

保安團		保衛團		救火會		工務局		蘇浙邊區办事處		戒嚴司令部	
數量	金額	數量	金額	數量	金額	數量	金額	數量	金額	數量	金額
50桶	$31000							500桶	$3,10000		
50〃	67500										
						300件	$14700			400件	$19600
									6900		
									104050		
	13600										
2件	59500										
		200筒	$20000	270筒	$27000						
								200套	3,40000		
		18只	1620								
	$1,716 00		$21620		$27000		$14700		$7,60950		$19600
			200000								
	$171600		$221620		$27000		$14700		$760950		$19600

SC098

SHU-LUN PAN & CO. C.A. WORKING PAPER 立信會計師事務所

工務局		蘇浙皖區辦事處		戰廠司令部		救濟委員會		本會		餘額	
數量	金額	數量	金額	數量	金額	數量	金額	數量	金額	數量	金額
		500桄	$3,10000							760桄	$4,71200
300件	$14700			400件	$19600	308件	$12880			8392件	$5,52920
			6900								78100
			104050								
								595编	$59500	25编	2500
										4打	1440
								500只	192000	100只	
		200套	340000								
										90条	26620
										15箱	7500
	$14700		$7,60950		$19600	$	$12880		$251500		$11,40280
	$14700		$7,60950		$19600		$12880		$251500		$11,40280

SC099

SHU-LUN PAN & CO. C.A. WORKING PAPER

品名	數量	估計單價	估計總價	淞滬司令部	京滬司令部	八十八師
麻袋 {	4捆 180939只	30	(未估) 85428170	11086只	29000只	4捆 60758只
有刺鉛絲	65卷	620	40300			
篷車	1輛	50000	50000			
脚踏車	41〃	3000	123000		10輛	
機器脚踏車	5〃	45000	225000		2〃	3輛
望遠鏡	9只	3000	27000			
桅燈	4打	(未估)	(未估)		4打	
馬號	2只	〃	〃			
電筒	20〃	〃	〃			
水瓶	66〃	〃	〃			
地圖	8張	〃	〃			
鉛絲	4捲3袋 1捆	〃	〃			
鋼板	56塊	24000	1344000			
鉄板鉄皮	2塊,2扎,393磅	(未估)	(未估)			
煤鍬煤釵	50把	100	5000			
汽油	830介侖	100	83000			
油桶	28只	(未估)	(未估)			
橡皮手套	959双	100	95900		751双	
鋼馬甲	11件	4000	44000			
軍衣	141套	200	28200			
雨衣	124件	200	24800			
雨帽	367只	100	36700			
被肩	570件	200	114000			
白布	53疋	800	42800			
白帆布	19塊	(未估)	(未估)			
電話机	25具	3000	75000		8具	
被覆綫	45捲	2500	112500	8捲	15捲	
聽筒	5只	1000	5000			5只
電綫	8捲	(未估)	(未估)			
電繃	1只	〃	〃			
電池	6482〃	06	38892			
麪粉	60包	400	24000			
軍米	500担	1450	725000			
糧袋	73只	100	7300			
藥包	3200个	10	3200			
收品簿	10本	(未估)	(未估)			
木炳	296只	〃	〃			
麩皮	100包	300	30000			
防毒口罩	5080只	20	101600			
防毒面具	1只	1200	1200			
云綫銅絲	1捲	(未估)	(未估)			
打氣筒	6只	〃	〃		6只	
車胎	1个	3600	3600			
毛巾	1条	(未估)	(未估)			
洋襪	1000双	0010	10000			
蔴布	3000碼					
橡皮靴鞋	1000双	(技術會未估价)				
			$8839161			

捐助品供應表

立信會計師事務所計算用紙 ORKING PAPER

淞滬司令部	京滬司令部	八十八師	八十七師	三十六師	九十八師	五十二師	二十獨立旅
11086只	29000只	60758只 4捆	8978只	10000只			12000只
	10辆						
	2〃	3辆					
					2只		4只
	4打						
			10塊	36塊	10塊		
				200倫		300倫	
	75188						
					3件		
	8具				8具		
8捲	15捲						
		5只					
						60色	
						500担	
					1000个		1000个
							296只
						100色	
	6只						

會計師事務所計算用紙

警察局	保安總隊	保衛團	救火會	其他	本會用	存栈
12040只	10000只					27077只
						65捲
				(交通委員會) 1辆		
				〃 20〃		11辆
						3只
						2只
						20〃
		12只				54〃
						8張
						4捲3裝 1捆
						2塊2扎393磅
	50把					
			30编			300编
					28只	
						208双
						8件
				(紅十字會)141套		
		123件				1件
		363只				4只
		398件				172件
53疋					½疋	
						19塊
	8具					1具
	9捲					13捲
						8捲
						1只
						6482只
						73只
						1100个
					10本	
						5080只
						1〃
						1捲
			1个			
						1条
						1000双
						3000碼
						1000双

SC100

上海市供應委員會供應品結存表

二十六年九月六日

SHU-LUN PAN & CO, C. A. WORKING PAPER

立信會計師事務所用紙　　立信會計師事務所用紙

品名	第一辦事處	淨土處	聯運公司	本會		合計
蔴袋	998隻	2000隻	688隻	23391隻		27077隻
蔴布				3000碼		3000碼
糧袋	3 〃		70 〃			73隻
自由車	7輛		4輛			11輛
急救藥包	1100包					1100包
橡皮手套	5½双		202½双			208双
電話機	2隻					2隻
鋼絲	393磅					393磅
毛巾	1條					1條
望遠鏡	1隻		2隻			3隻
無線電鋼絲	1卷					1卷
水壺	4隻					4隻
煤鍬		4190把	1360把			5550把
有刺鉛絲		65卷				65卷
鉛芯		4卷 3綑 1捆				4卷 3綑 1捆
皮覆線		13卷				13卷
山鋤木柄		142根				142根
鐵桶		100只				100只
襪子		1000双				1000双
洋燭			15箱			15箱
馬燈			2只			2隻
雨衣			1套			1套
汽油			1桶	320桶	存金嘉員300斤 存祥生 20斤	1桶 320桶
雨帽			4頂			4頂
舊電線			2捲			2捲
電線			6卷			6卷
油布			90條			90條
白帆布			19幅			19幅
鐵板			2塊			2塊
鐵皮			2張			2張
探燈油			48听			48听
電筒			20只			30只
水瓶			50 〃			
電池			537.5斤 2只	30只	存善自室	537.5斤 32只
電箱			1 〃			1 〃
鋼絲馬夾			8件			8件
橡皮靴			1000双			1000双
防毒口罩			5000具	80具	存善自室	5080具
毛竹				1500根	棧車	1500根
長形鐵腳				20塊	存善員室	20塊
防毒面具				1只	〃	1只
地蓆				8張	〃	8張
板府				172件	存第四區同鄉會四樓	172件
十字鎬				600把	棧車	600把
〃				1800	定貨	1800 〃
有刺鉛絲				760卷	〃	760卷

（七）交通委员会

上海市各界抗敌后援会交通委员会第一个月工作报告（八月一日至三十一日）（一九三七年九月）

交通委員会~~第一個月工作報告~~

本会係上海市各界抗敵後援会所設特種委员会之一，經七月　日後援会第　次會議之決組織，並印席推定京滬滬杭甬鉄路管理局局長黄伯樵君為主任委员，上海市公用局局長徐佩璜君、第四科科長張登義君、祥生車行總經理周祥生君為副主任委员。旋于七月二十七日下午先由主任委员及副主任委员一度会商，決定分股分組工作（附本会組織系統表一份），並加聘對于交通有深切研究之委员數十人，以期增厚本会力量。

八月一日，本会在上北站京滬滬杭甬鉄路管理局七樓舉行成立大会，到会委员六十八人，都盡量發表意見，對于進行方針，亦具体決定。

此次会議之後，本委员会乃正式宣告成立，其後即由各股組分別進行實際工作。

兹将八月一日至八月三十一日一個月内本会各股組工作情形依次畧述如下：

（甲）水運股

本股之下，分設「輪船」及「民船」兩組。八月二日下午，首由楊股長獨能在航運俱樂部召集副股長、組長、副

第 一 頁

組長等舉行第一次會議，除決定暫設辦事處于廣東路九十三號輪船業公會外，復以本股工作之進行，當先從調查統計入手，爰就

(一)關於江海輪之數量、效用，及如何準備；

(二)關於內河小輪拖駁、公司船、貨船等之數量、效用，及準備燃料，停泊地點；

(三)關於民船之數量、效用，及停泊地點；

(四)關於碼頭搬運伕役如何統制及管理運用

等四點，分別推派人員，負責調查報告。

同時，本股並于八月十五日前商承本委員會辦理下列三項工作：

(一)軍政部交通部電囑租用商輪三十艘，供應軍用；當即會同航政局及軍政部船舶管理所趕辦，於極短之時間內已為租用足數。

(二)八月四日以後，上海市民紛紛回鄉，長航線原有各班輪船均極擁擠，經會同各輪船公司竭力設法加添船只，並加開星期特班，以資疏運，

（三）資源委員會專門委員會有大宗物件，須由滬運京，亦經本股代為租調船隻，迅速運出。

自八月十三日以後，黃浦江在十六浦、楊子江在江陰地方，均加封鎖，所有本國江海輪船奉命移泊，工作重心限於小輪及民船。惟軍興以來，軍事運輸及輸送難民暨其他救濟工作，小輪及民船數量有限，不敷分配，遂由本會代表抗敵後援會會同交通部上海航政局及軍政機關暨有關團体組織內河船舶管理委員會，辦理來往上海一切水運事宜。

（乙）公運股

本股之下分設長途汽車組、運貨汽車組、專用汽車組、材料組、機器腳踏車組、腳踏車組、人力車組、修理組等。自全面抗戰開始後，後方運輸事務異常繁忙，爰於八月九日由米股長愷儔商承委員會，轉請後援會核准，以後援會名義與上海市運貨汽車業同業公會訂定租借運貨卡車合同，共計二百輛。第一批五十輛，於開戰前數日送交軍警應用，第二批租得六十輛，於抗戰開始後分送各軍部及救濟委員會應用，其餘九十輛現擬繼續租用，以利運輸。同時復與盛錫圭先生及銀色汽車公司馮振鐸先生訂租用小客車合同，租借專用汽車三十輛，以備使用。於租車外，本會復用後援會名義會同上海市政府向市民徵用

SC153

各種車輛，徵得大小車七十餘輛，已陸續運往前方應用矣。

又自八月廿日至八月二十七日之一個時期內，本股因供應委員會掩埋隊及其他種任務運輸繁忙，更經另派人員協助工作，同時並代向各方徵租車輛，逐日輸送。

其由本股各組自行辦理之工作，大致有如下述：

（一）長途汽車組

在八月十三日滬戰未爆發以前，錫、常、蘇、崑一帶運輸軍隊事宜，均由本組負責辦理，其後此項汽車由江蘇省編列汽車大隊，至上海市之公營商營公共汽車亦於戰事爆發時送由前方軍隊應用。

（二）運貨汽車組

自後援會與上海市運貨汽車業同業公會簽訂租車合同後，本組除逐日派員辦理承轉手續外，並竭力向各運貨汽車公司勸令將所有卡車儘量租與本會使用，又遇其他各機關或各團體因公需用卡車時，亦均由本組隨時代為接洽僱用。

（三）專用汽車組

沪战爆发后，本组因前方各部队需用小汽车甚殷，除由各方自行向车商祥生汽车公司商租小汽车二三十辆，以供急用外，后由本组与银色公司及盛锡圭先生洽商，得其同意，允将所存旧车三十辆，一并交与本组，作为借用性质，不计租金。现此项车辆已悉由本委员会分别支配与各部队应用矣。

四、汽车材料组

本组工作人员，均系向在上海市内各汽车材料业服务之热心同志，当组织成立之后，第一步即从事着手调查各组汽车材料之存货数量，以备大量采购。其后本股修理组成立，需用汽车材料日多，本组除与修理组取得密切联络，随时代为购备各种应用材料外，并拟商请汽车材料业公会转请各厂商酌予捐助，藉以减轻本委员会之负担。

又本组顾苏副组长福基在职时，曾代本委员会向大中华橡胶厂捐到人力车内外胎各七十五付，又脚踏车内外胎各五十付，转交本股人力车组及脚踏车组应用。

至油料方面，如汽油、柴油及机油，亦经分别劝募采购，以供前方应用。

SC155

(五) 機器腳踏車組

本組主要之工作，以下列三項最為重要：

1、協助通訊 選得頗盡義務而精於駕駛機器腳踏車者四人，長駐本組，協助本委員會及前方部隊暨上海市地方協會等各團体辦理通訊工作。

2、訪購車輛 前方需要機器腳踏車甚殷，往往請求本委員會代購，惟現在滬上存貨缺乏，訪購頗為不易，經本組叠次派員四出訪購，先後共代購得新舊機器腳踏車二十餘輛。

3、代雇駕駛員 前方各部隊對於駕駛機器腳踏車人員亦多需要，請求本會代雇者由本組就各車行中擇精嫻駕駛技術並長於修理之人來會面試，經面試合格後始令繳具保証書，送往前方，聽候雇用。

(六) 腳踏車組

關於腳踏車之徵集，本組係代表本會與上海市腳踏車同業公會磋商合同，以最低廉之價值，移用腳踏車一万輛外，並向各車行捐到新車一万輛，陸續送往前方應用。

紙二〇 1000 26.6.30

(七)人力車組

人力車一項，因京方需要不甚急切，故至八月三十日始由本組與上海市人力車業同業公會商定以不收車租之條件，向該會借用人力車一百五十輛，並即日以後援會名義簽訂合同，商請該會陸續交車，現已交到者計有八十一輛，經加整理，陸續運出。

至拖駛此項人力車所需之車夫，原擬由本組自行設法招募，旋為妥善可靠起見，乃由本委員會函托上海市商會金潤庠先生雇用可靠之車夫一百五十名，已蒙許諾，並酌定待遇辦法，商得本會同意後，即於八月底以前，運到車夫八十二名拖車赴京方工作矣。

(八)修理組

本組於八月十一日開始組織，十四日正式成立，由組長王德善君召集各負責人員在上海市地方協會舉行會議，決定重要事項五點：

1.借用大昌車身製造公司、友福車身製造公司、大夏汽車公司三處為修理場所。

2.工作分配問題，所有損壞車輛，一律先送大昌廠檢驗，損壞較輕者，即留在大昌修理，其損壞較

SC157

六、修理时期须超过三日以上者，即酌量情形，送至友福公司或大夏公司修理。

3、向全国道路协会、友华汽车公司、北岸汽车公司等三家各借救济车一辆，备拖回损坏汽车之用。

4、规定工人总数为五十人，先以三十人试办，每日工资规定内勤者一元至二元，外勤者二元至四元。

5、组织修理队，每队以正工一人，副工一人，乘坐小汽车、或机器脚踏车，随带少数通常配件，每日按照规定路线，至各处巡行，随时随地为损坏车辆修理。

经决定进行方针后，即召集匠徒，向各方商借应用工具，并与材料组接洽材料配件，迨一切布置完竣后，于八月二十二日派员乘坐小汽车，至真如以来各处，调查车辆损坏状况，二十三日起，即开始派匠由金副组长秋生率领，至各处拖回损坏及无人看守之车辆，其时敌机出动尚少，工作时间较长，以三辆救济车之力，每日拖回损坏车辆五辆或六辆。二十七日以后，敌机不时往各公路投掷炸弹，见有汽车，即以机关枪扫射，故工作深感困难。总计自二十三日至三十一日九日之中，共计修理大小损坏车辆五十九辆（整理云飞银色两汽车公司车辆三十辆尚未列入），其中三十一辆，系由前线拖回，二十八辆，系由各处送来。

附派出汽车及司机次数统计表各一纸

SC158

090

紙二〇 1000 26.6.30

（丙）铁运股

本股之下分设"货运"、"客运"、"调度"三组，以现任京沪沪杭甬铁路局车务处处长萧卫国为股长，其副股长及各组组长等人选，亦悉于该路车务人员中指派之，但并不固定，以便随时斟酌调派。

本股成立之后，即积极筹备车运事宜，八月五日起，上海情形益见紧张，大批客籍居民，纷纷束装归里，每次列车，无不拥挤万分，当经本股就京沪沪杭甬两路运输能力所及之最高限度内，尽量设法疏运，平均每日约有六千余人运出。

战事既作，上北站以北交通阻断，暂行关闭，惟上西上南两站，仍逐日开驶客车，藉便回乡民众。其后上海市内难民充塞，给养为难，而若辈又无力购票乘车，爰由本股徇上海市救济委员会及其他各慈善机关之请，商得两路管理局同意，于八月二十日至八月二十七日间开行难民专车六次，不收车票，但由遣送机关酌给路局以煤油耗费每列车二百元或四百元。计共运出难民七八千人。

自八月二十七日以后，因沪杭甬铁路第三十一号桥已被敌机炸毁，运输困难，不得已暂停

第五頁

辦理。

同时，本股并随时利用铁路车辆，输送在沪作战受伤之战士至内地疗养，但为避免敌机轰炸起见，每次均拖驶极少之车辆，於夜间开行。

（丁）空运股

本股之下，分设「客运」「货运」两组，即以中国及欧亚两航空公司同人分任股长副股长组长副组长等职务。经在中国航空公司举行小组会议，经各股组长详细会商之下，咸以本委员会之组织，事关救亡大计，各方自应一致努力，惟自芦沟桥事件发生以后，中国欧亚两公司即奉交通部令，将上海所存机件除一部份留存应用外，其余已尽数运往内地，万一全部抗战发动，所有飞机及一切机件均将於数小时内，全部集中内地，供给政府应用，故飞机及器材等，势难再作他用，而临时筹置，亦属缓不济急。至以本委员会倘确有办理空运方面事务之必要时，除需用之人材可由本股供给外，一切器材，皆须本委员会另行设法。惟此项航空器材，本委员会一时既无从设法，而目下空运工作，亦尚不十分需要，爰经各方商决，暂行缓办。

（戊）通訊股

本股之下，原設「電報」「電話」及「郵遞」三組，旋又添設「信鴿」一組，共四組。經陸續舉行小組會議，積極籌劃進行。首由本股依照本委員會規定辦法，擬定本股設備費及經常費概算一種，呈報後接會指示。同時並由電報電話兩組分別派員向上海市內各廠商調查所存電報電話機件等數量，以便隨時採購。其後復由電話組與上海電話局洽商，以為欲期便利聯絡並使技術充分普及於軍隊計，應先由京滬滬杭間各軍隊抽派通訊兵輪流前往上海電話局實習，當經擬定具體辦法四項，轉由本委員會分函京滬警備司令部及蘇浙邊區主任公署商洽辦理。

信鴿組係於八月九日組織成立，由本股推薦上海市立動物園主任沈祥瑞君為組長，首即着手規定京滬滬杭間信鴿網，預為佈置，俾於緊急時期內隨地飛放。並以此項工作，非與各軍隊取得聯絡不可，因復由本委員會分函京滬警備司令部及蘇浙邊區主任公署洽商。未幾，滬戰爆發，此項信鴿需要尤切，乃更推沈組長祥瑞、張副組長玉之，於八月十

SC161

八日親赴各部署接洽，加緊佈置。

此外，尚有業餘無线電專家顾公林等四人，经包股長之介绍，備具联環保证，参加本股，各別設立電台辅助联络通讯工作。

以上所述，係屬本委员会第一個月工作之大概情形，其関係较细及未能实際办到者均不列。前後尚有附表報告[illegible]二。

主任委員之更迭　本委员会黄主任委员伯樵因蒋委員長另有任命，不能兼顾，爰於八月二十五日致函後援会请求辞職，一面将主任委员職務，暂交徐副主任委员代理。至九月一日徐副主任委员奉後援会函，正式被推任为主任委员，另聘電報局包局長可永担任副主任委员。

附：交通委员会各股组现任负责人员名单、交通委员会现行组织系统表、交通委员会派出汽车次数统计表
（自二十六年八月十三日起至八月三十一日止）

交通委員會各股組現任負責人員名單

主任委員	徐佩璜	公用局
副主任委員	包可永	電報局
	張登義	公用局
	周祥生	祥生汽車公司
委員兼秘書	徐守浩	兩路局
	施孔懷	公用局
水運股		
股長	楊猶龍	上海市輪船業同業公會、廣東路九三号
副股長	張豐受	大利公司、南市閔橋
	陳鑾	航政局、福州路

第 一 頁

SC163

	高叔安	公用局碼頭倉庫管理處
輪船組組長	陳巳生	通裕航業公司、北京路
副組長	李志一	三北公司、廣東路九十三號
	汪劍平	大利公司、南市關橋
	周保之	正昌輪船局、山西路橋南堍
民船組組長	宋金麟	公用局
副組長	方長根	煤石駁船業同業公會 天津路香粉弄
副組長	蔣石雅	經售米粮業同業公會 閘北長安路二十四号

公運股

股長	朱愷儔	錫滬長途汽車公司、虬江路
副股長	盛錫圭	雲飛汽車公司、大西路七六号
長途汽車組組長	吴仲裔	錫滬長途汽車公司

093

SC164

紙二〇 1000 26.6.30

副組長 黄中文

副組長 金仲賢 公共汽車管理處、斜徐路

運貨汽車組組長 樓銀川 寧波搬場汽車公司、敏體尼蔭路

副組長 宋文魁 茂泰洋行、東百老滙路一〇〇號

副組長 方月舫 中國搬場公司、福煦路五三〇號

專用汽車組組長 馮振鐸 銀色汽車公司、海格路三五六号

副組長 周三元 祥生汽車公司、北京路

汽車材料組組長 朱廷鈞（另件）中華汽車材料行、静安寺路769弄八号

副組長 何祝封（汽油機油）公用局

副組長 薛福基（車胎）大中華橡膠廠、徐家滙路一〇二号（已故）

機器脚踏車組組長 宋有濂 如雲汽車修理行、百老滙路二五六号

脚踏車組組長 屠潤才 潤大車行、愛多亞路六六六號

第二頁

副組長 李孝時 寗波路三七二号

人力車組組長 蕭賀昌 公用局

副組長 后紹庵 特區人力車同業公會 勞合路八一号

副組長 張石舟 滬南區人力車同業公會 普育東路三民坊三四号

修理組組長 王總善 錫滬長途汽車公司

副組長 金秋生 友華汽車修理公司

副組長 陳秉鈞 友福車身製造公司

空運股

股長 林偉成 中國航空公司、郵政總局内

副股長 李景樅 歐亞航空公司、仁記路九七号

萬長慶 兩路局

沈家錫 龍華飛行港管理處

貨運組組長 梁鋆 歐亞航空公司
副組長 何志競 中國航空公司
客運組組長 聶開一 中國航空公司
副組長 徐頌平 歐亞航空公司

通訊股

股長 包可永 上海電報局
副股長 郁秉堅 上海電話局
王毓明 公用局
電報組組長 盧宗澄 交通部國際電台
副組長 聶傳儒 上海電報局
副組長 蘇祖圭 亞美公司
電話組組長 吳興吾 上海電話局

SC167

副組長　吴皆仰　上海電話局

凌松年　公用局

郵務組組長　史貽堂　上海郵政管理局

副組長　范才聰　同　上

陸克明　同　上

梁紹棟　同　上

信鴿組組長　沈祥瑞　上海市立動物園

副組長　張玉言　同　上

交通委員會現行組織系統表

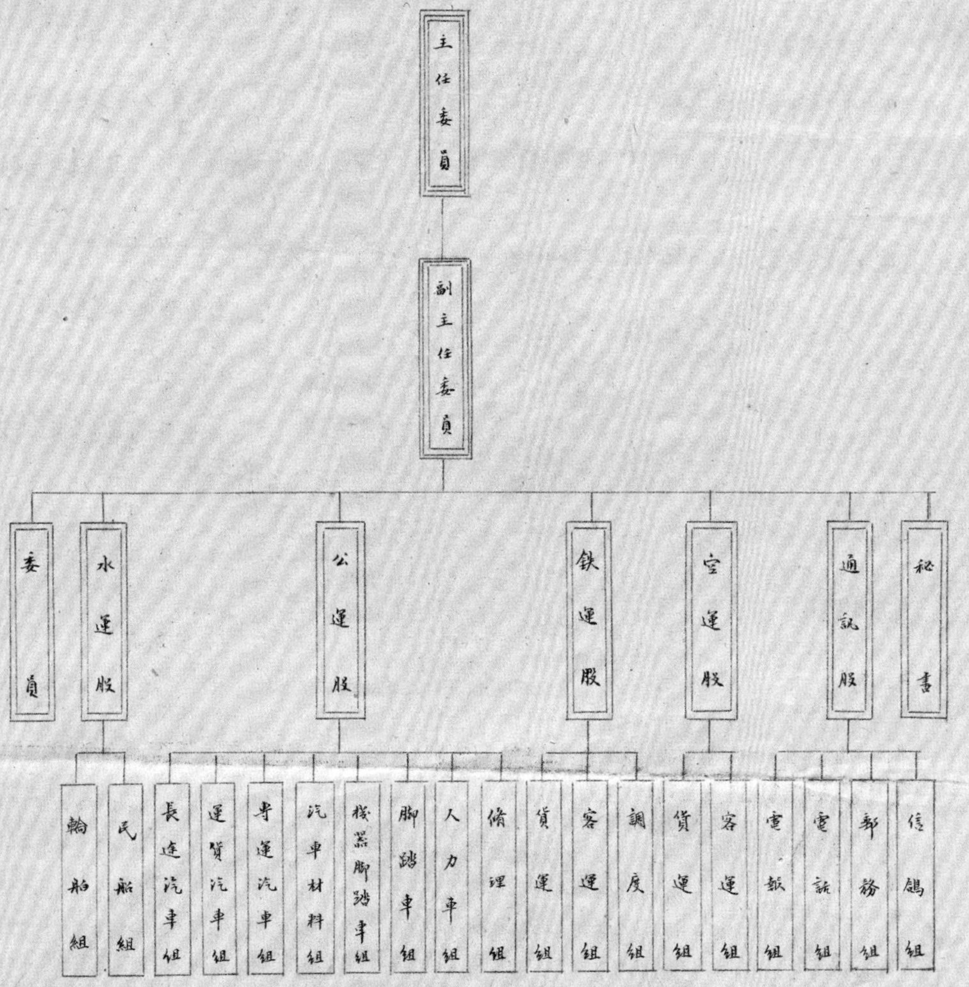

交通委員會派出汽車次數統計表 自二十六年八月十三日起至八月三十一日止

徵用機關名稱	使用汽車次數	備註
京滬警備司令部	102	
淞滬警備司令部	67	
保安團	23	
北站警察分局	1	
警察第三大隊第九中隊	1	
浦東警察分局	4	
警察總局	16	
仁濟堂	7	
上海防護團	2	
公民訓練處	9	
救濟會	16	
二十獨立旅	4	
九十八師	7	
三十六師	3	
五十七師	1	
八十八師	22	
八十七師	14	
五十五師	1	
軍政部軍需署	9	
參謀本部	1	
中央宣傳部	1	
兩路局	2	
電話局	2	
地方協會	1	
紅卍字會	5	
前方汽車修理廠	6	
往前方拖車	17	
共計	344	

上海市各界抗敌后援会交通委员会关于送该会九月份工作报告事致上海市各界抗敌后援会的函（一九三七年十月三十一日）

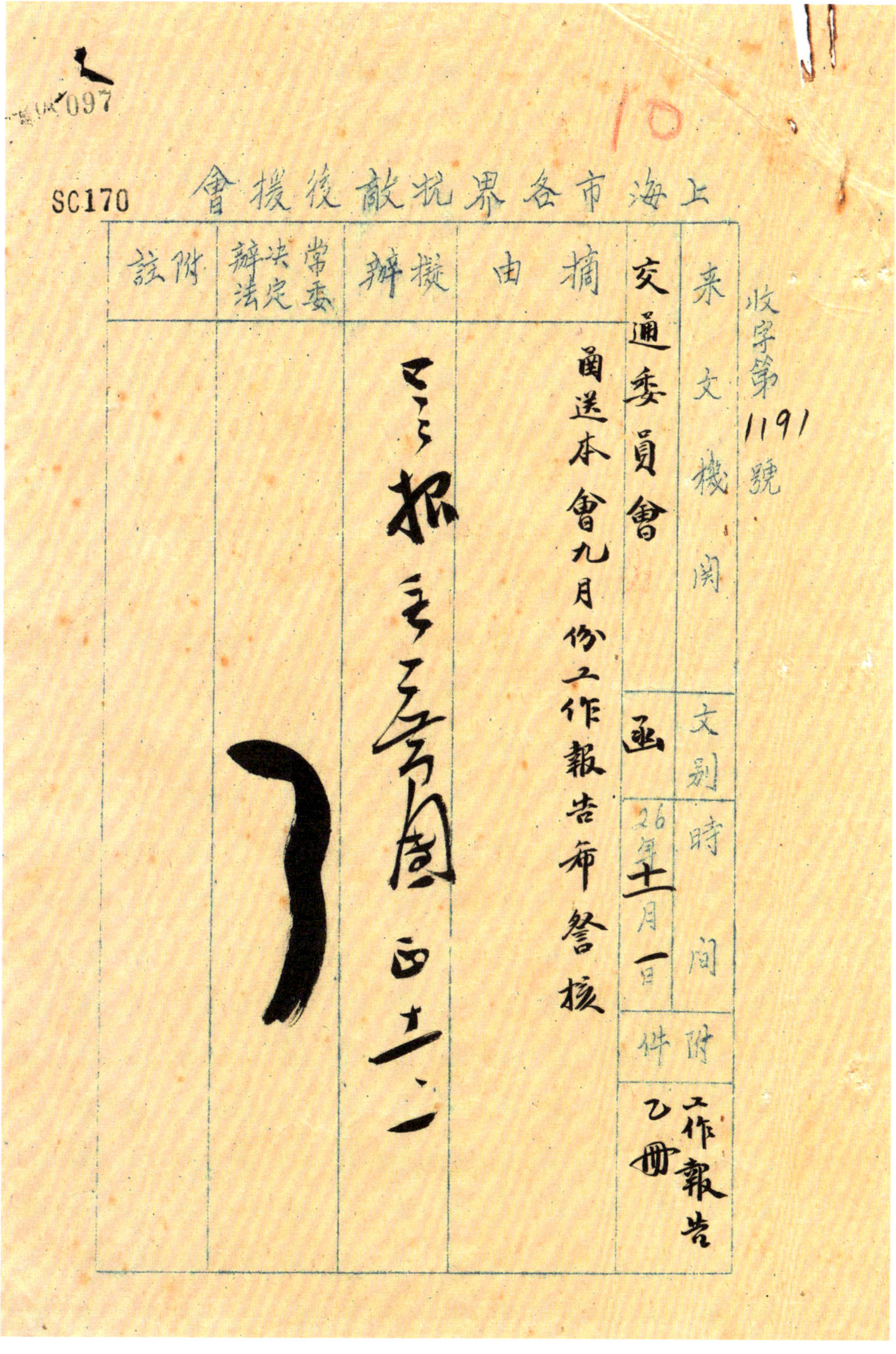

交通委員會

字第 三三九 號 第 一 頁

逕啓者查本會第一個月（八月分）工作報告書業經函達在案茲將第二個月（九月分）工作情形編成報告書一冊特函附奉尚希

詧核是荷

再本會報告大都與軍事國防有關未便刊佈擬請嚴守

祕密至爲盼禱

此致

上海市各界抗敵後援會

中華民國 年 月 日

099

SC172

交通委員會

字第三三九號第二頁

附工作報告一冊

上海市各界抗敵後援會交通委員會

主任 徐佩璜

中華民國廿六年十月廿一日

附：交通委员会第二个月工作报告（九月一日至三十日）

交通委員會第二個月工作報告 九月一日至三十日

本會第一個月工作報告，係按照各股組工作情形，分別編列，而本月份，則各股組工作情形，繁簡不同，且有各股組合办一事，難於分晰者，故本月份報告，祇就各股組所办之事實，分項編列，其有工作稍簡，或雖有工作而無報告之必要者，概行從畧，爰將本月份办理經過事實，擇要分列如左。

(一)調度軍運車輛

(甲)車輛之來源 約分三項

(1)徵調 當戰事發生之初，除公用局公共汽車管理處，及華商汽車公司之公共汽車錫滬滬太滬閔等公司之長途汽車悉數撥充軍用外，又訂約調用雲飛汽車公司二十輛，及銀色汽車公司十輛（軍事機関直接向祥生汽車公司徵調小客車四十輛尚不在內）此外又依照軍事委員會頒发之軍事征用法及征用汽車施行细則，向市民儘量征用，但本会实施之後，其中困难甚多，有車輛本在戰區，無法徵調者，有為軍警機関直接徵用者，有為慈善救濟等

第 頁

SC174

公私團体借用者自經徵調以來市民熱心愛國自願應徵者固不乏人而遷延規避不肯送出者在所難免第本埠情形特殊所有車主大都分寄居租界政令未易实施光須另想方法曉以大義或為情感所動始得收效自徵調日起迄九月底止計征得運貨汽車（即卡車）五十輛團体汽車（即大汽車）五輛專用汽車（即小汽車）十五輛機器腳踏車五輛（以下簡稱機踏車）

(2)租用　約分兩種

(a)向運貨汽車公會間接租用者　前經後援會主席團與運貨汽車業同業公會訂立租車合同規定長包五十輛臨時一百五十輛（均卡車）每車司機一人小工二人每日租車費及工食共二十元原議以一個月為期嗣經屆滿後經本会派公運股長朱愷儔與該公会磋商將第一批（五十輛）第三批（六十輛）租用之車輛續租一個月租費自第二個月起每輛每日核減為十八元如不用小工再減二元自雇司機再減三元

租車輛數照原訂合同定為二百輛該公會第一批送到五十輛第二批送到六十輛嗣經陸續補

送除去退回外截至九月底已又增加十辆（损伤不计）共计实租一百二十辆依照合同尚少八十辆租费第一批分三期支付每期一万元计三万元第二批亦分三期支付每期一万二千元计三万六千元第一批续租第一期九千元共计七万五千元又车辆损坏在修理时间应予停租是项停租手续即于给发租费时照数扣除

(2)向营业汽车公司直接租用者　各卡车公司不经公会手而照所订合同直接租与本会之车辆截至九月底止计二十辆九月二十五日垫给第一期租费计三、〇四二、〇〇〇元内有两辆因陈旧太甚已于八月二十九日退租现实租十八辆

租费每辆日给车租十三元司机一人工资三元小工二人每人工资一元共十八元当租用时先行检验车辆之新旧估计价格填给估价单如车辆被毁照单偿给

(3)捐赠　凡各机关团体及市民捐赠之车辆截至九月底止计卡车二辆小汽车七辆机踏车三辆三轮脚踏车三辆两轮脚踏车四百三十八辆

(乙)车辆供应状况　沪战发生以来军运频繁各军队需要车辆急如星火又有警卫机关及

第　页

SC176

公私团体亦因战事关系纷纷来会索车而车辆来源本有限度大有供不应求之概如各方能将车辆用毕之后立即送还尚可藉以周转无如车辆一经送出又发生意外障碍如车辆损坏停驶待修或敌机轰炸司机人等胆怯潜逃或行驶中途被其他军队扣留或甲军队用毕转交乙军队使用种种情形不一而足以故所有车辆送出者多送回者少几有穷于应付之势兹将供给各方使用者截至九月底止分述如下

(1)供应各军事机关使用者　计卡车一三三辆大汽车一五一辆小汽车四八辆机器车四辆脚踏车三三一辆

(2)供应警察保卫保安各机关使用者　计卡车三九辆大汽车七辆小汽车五辆

(3)供应慈善救济等公私各团体使用者　计卡车九辆大汽车二辆小汽车一辆脚踏车五辆

(4)发给本会各股组使用者　计卡车十二辆机器车一辆脚踏车十五辆

(5)人力车　车辆由本会征集拖往前方者计八十二辆其车夫则由人力车夫互助会送来出

紙二〇 3000 26.9.10

具志願書者一百人應往前方者計八十三人（內有隊長一人）未去者十七人車夫待遇每日工資一元服務時間如遇傷亡酌給二百元至五百元之撫恤金現在行駛地點在閘北一帶經陸軍八十八師全部調用

（丙）司機小工供給狀況　司機由本會公運股與各司機人訂立合同取具保証方得雇用其合同大旨（一）不論戰區前後兩方均須前往不得託故拒絕（二）每人每月工資四十八元膳宿費在內（未派出時每日給津貼一元）（三）應遵守指揮人員之命令（四）受傷時由本會醫治如殘廢得酌給三百元至五百元之撫恤金死亡得酌給五百元至一千元之撫恤金（五）倘有託故不到中途脫逃或違抗命令者送軍事機關懲處是項司機截至九月底止計雇用二〇一名除停歇一九名死亡二名外實雇一八〇名內介紹兵站總監部者九名派往各機關服務者一七一名此外尚有銅匠六名隨同服務

小工由本會臨時雇用未派出者每人日給津貼五角派出以後日給工資八角原雇四〇名續雇二名共六二名除停歇一八名外實雇四四名

第　頁

SC178

(丁)編組汽車隊　市政府奉　中央命令編組汽車兩大隊，每隊一四四輛，共二八八輛，移交兵站總監部接收使用。第本市地當戰區，前向各方徵集之車輛大都為軍隊陸續調用，若整隊移交勢所不能，爰經公用局電請第三戰區兵站總監部派遣程章玉參議來滬商定移交原則六項：(一)公用局公共汽車管理處及錫滬、滬太、閔華商各公司之車輛已由各軍事機關徵用者依單點交；(二)上項車輛有損壞者由蘇州、上海兩處修復後送交；(三)征調之自用卡車已送各軍事機關應用者依單點交，損壞照上項辦理；(四)公用局公共汽車管理處及各公司之車輛現不在各軍部使用者集中點交；(五)後援會移用卡車八十輛點交兵站分監上海辦事處；(六)繼續徵調之自用卡車隨到隨交。以上原則商定之後，業經本會將各部分車輛已送各方應用者，截至九月二十七日止，由公用局造冊送交兵站總監部查照，計公營私營之公共及長途汽車一四八輛，徵用市民汽車九一輛，後援會移用汽車二五輛，共二六四輛，依照應編兩隊二八八輛之規定尚少二四輛，再行分批續交。

(戊)制止各軍任意扣車　本會鑒於陸軍各師旅團部時在本市任意攔扣各項運輸車

辆以致本会所办之军事有直接间接之重要运输大都不能进行当经函请后援会主席周电奉第三战区顾副司令长官复电内开所请制止各部在沪市内搁扣运输车辆一节已电饬各部队严加制止并电吴淞司令及上海杨司令派员在沪查禁等语自经此次顾长官电饬之后各军队对于扣留车辆之事已为之稍息

(己)查缉失踪车辆　本会供应各军事机关之运输车辆如遇损坏停驶中途经派员前往拖修时已被人窃去无从追寻者又有司机人因避敌机轰炸将所驶之车潜逃无踪者虽项失踪车辆截至九月底止计有廿辆之多业经本会开具失踪车辆清单请公用局饬令车务处并特函两特区捐务处于该车辆前往捐领车照时予以扣留并分函各公路处一律予以注意列表如下

派赴前后两方失踪车辆表

市照号码	牌子及引擎号数	失踪情形
四九二六	Ford A 240476	在松江损坏后

第　頁

SC180

	八七六七		在常熟中國銀行後門失蹤
	九〇四一		在大場損壞後
	一二八三三	Federal 584104	在滬太路損壞後
	一三〇二八	Stewart-4SL-39983	在虹橋路中山路損壞後
	一三〇三八	" 4SL-48933	失蹤不明
	一三〇六三	G.M.C 2392266	在真如車站撞壞後
	一三〇九二	Federal 574497	在南翔附近撞壞後
	一三一一五	Studebaker 2T-1481	仝上
	一三一七七	" 2T-566	在中山路損壞後
	一三一七九	Ford BBS-210273	在劍河損壞後
	一三一八九	Chevrolet-RT-605984	在劍河損壞後
	一三二四六	International 580644	司機陳雲清駛車潛逃

一三三四四	Studebaker 2T-2802	在刘河損壞後
一三三四六	Stewart 4SL-53223	在真如損壞後
一三三九四	" 4SL-42944	在真北路損壞後
一三五六四	Federal 160-12238	在羅店炸壞
一三五六八	Opel Blitz 2012	在真如八字橋損壞後
一三七三〇	Stewart 4SL-48391	在蘇州損壞後
一三七四二	G.M.C. 12215323	在共和路損壞後

（二）購募車用材料

本会材料組應備材料約分兩種（一）行車時所用之材料如汽油機油黃油及其他油類是也（二）修車時所用之材料如車胎電瓶配件工具及其他雜料是也自本組成立日起迄九月底止所有材料收付情形如下

（甲）材料之来源　約分兩項

第　頁

SC182

(1) 本會自行購置者

(a) 汽油 二八、三七五介侖平均總值計二八、九四二、五〇元

(b) 機油 供汽車用八三二、二介侖計值二、一八〇、〇〇〇元供柴油車用四八四、二一介侖計值三二三、二〇元共計二、五〇三、二〇元

(c) 柴油 三、〇〇〇、介侖計值九〇五、〇〇元

(d) 其他油類 計值九八、八〇元

(e) 車胎 供汽車用裏胎一五一隻外胎三七五隻計值二七、三一九、八八元供人力車用裏外胎各一五〇隻計值二、二三五、〇〇元共計二九、五五四、八八元

(f) 配件雜件 是項材料種類繁多難於分列茲從略

(2) 市民捐贈者

(a) 油類 牛油八磅汽油十介侖

(b) 車胎 汽車胎二隻腳踏車胎裏外胎各一百隻人力車胎裏外各一百五十隻

以上材料由市民捐到後原件處給各項應用均不計值

（乙）材料之支配

（1）油類　汽油二一一五五介侖計值二、五七八、一〇元　機油二六四、五介侖計值五八一、九〇元

柴油計值二四一、三三元　其他油類計值八六、三〇元　共計三、四八七、六三元

（2）車胎　汽車裏胎八十隻計值五四六、五〇元　外胎一百七十六隻計值一一、七八六、六七元

腳踏車裏外胎一百副（捐贈）人力車裏外胎二百副計值一、四九〇、〇〇元　除捐贈不

計值外共計一三、八二三、一七元

（3）零件　電瓶一百四十六隻計值四、一四七、〇〇元　配件計值四、七八一、〇九元　工具計值

二九九、七八元　雜料計值六一二、二六元　共計九、八四〇、一三元

以上材料價值總計四六、一五〇、九三元（腳踏車胎除外）

（三）修理損壞車輛

自修理組成立以來業經本會供給前後兩方軍運車輛損壞甚多者不設廠

SC184

修理不特遗弃道旁被人窃去抑且征募车辆为数有限值此军运频繁之际恐有不敷支配之实查其损坏原因(一)道路毁坏崎岖不平(二)运输军品载重逾量(三)暮夜行车驾驶失慎(四)司机恐被敌机轰炸仓皇逃避有此种种原因故损坏车辆日益众多爰经本会筹拨款项赶购材料分发专厂从事修理一面派员调查车辆损坏状况及其停留地点一面派员督同司机工匠备具吊车分头拖驶并于九月旬及二十六日两次召集有关人员开会讨论议决进行办法后经本会与第三战区兵站总监部约定拖修界限应以南翔为界自南翔以东由总监部派交通兵拖至真如路再由本会派人拖修自南翔以西统由该部苏州修车厂修理第着手进行以来又有下列之困难(一)车辆跌入河浜车身陷入淤泥应需大三角架方能吊起而路面狭窄若架起三角架不但往来车辆被其阻梗且恐引起敌机注意用为轰炸目标(二)前后轮胎均被剥窃无法即行拖回(三)转向器或地轴折断不能拖回除上述原因另想方法补救外自经派员陆续拖回送厂修理者截至九月底止计有一百四十五辆

(甲)军需拖车须知　查修理组现正办理拖驶战区及其附近地方损坏车辆工作责任綦重

為辦事慎密起見特釐訂職工拖駛戰區車輛須知十四條業於九月十九日分發有關員工一律遵照節叙如下

(1) 職工拖駛車輛應遵本須知之規定

(2) 拖車時每車配齊銅匠司機小工助手各一人隨車軍士二人必要時派職員一人

(3) 職工等派拖車不得推諉

(4) 職工等派拖車時

(a) 職工及隨車軍士齊集出發

(b) 準備拖車應用車輛

(c) 具領應用証章

(5) 所領証章遇軍警查問時即行呈驗

(6) 職工分日夜兩班日班上午八時至下午六時夜班下午七時至次晨五時

(7) 沿途開車及覓得車輛準備拖駛時不得高聲談話

第　頁

SC186

(8) 車輛在戰區內拖駛時晚間不得開灯不揿喇叭

(9) 拖車行駛時各車須距離二十碼左右

(10) 覓得戰區車輛時應詳登該車屬於何方

(a) 軍隊自置車輛除該車本隊部或警備該區之隊部出具書面憑證請代拖修者不得擅自拖駛

(b) 敵方遺置車輛除警備該區之隊部出具書面憑證請代拖修者不得擅自拖駛

(c) 如非軍隊自置或敵方遺置車輛而為普通乘人及運輸救濟等車應即一律拖回修理

(11) 應拖之車如車上置有備胎零件及存留物品應交修理組點收

(12) 拖車任務完竣後應將拖車應用之憑証車輛暨附件等归還修理組保存

(13) 拖車應用之憑証車輛附件等須特別慎重保管

(14) 應班拖車任務完畢次晨得休假半日

(乙) 規定修工証章　本會為拖修戰區前後兩方損壞車輛免除宵小乘隙竊取與軍隊方面誤

會製見規定憑証兩種給予拖車機工服務時佩帶之用

(1)本会竹布拖車憑証(即臂章)盖上海公用局局印

(2)本会硬紙拖車憑証(附拖車人照片)盖公用局鋼印

竹布憑証式

交通委員會公運股修理組
職工
公用局印
拖駛戰區車輛憑証
第　號

硬紙憑証式

照片
交通委員會公運股
修理組職工
拖駛戰區車輛憑証
鋼印
第　號

以上兩項憑証須號碼相同此外尚須携帶京滬警備司令部駐滬辦事處或上海戒嚴司令部之通行証以昭慎密倘查有未帶前項拖車憑証之人拖駛戰區遺置車輛即請軍事機関予以逮捕依戒嚴法懲處

(丙)設置第一修車廠　該廠於八月十七日成立地址在斜徐路南大木橋路西大昌車身製造公司内設職員七人練習生一人工匠二十三人此外尚有公用局派來司機六人專司分赴前後兩方

第　頁

SC188

拖回損壞車輛事宜凡拖回及各方請修之車輛須經該廠檢驗為損壞較輕或急待需用者由該廠修理至損壞較大修理期間在三日以上者得酌量情形轉送第二第三兩廠辦理本月份由前方拖回及各方送來之損壞車輛共二百七十二輛經修竣出廠及轉送二三兩廠者計二百三十六輛在廠待修者尚有三十六輛

(丁)設置第二修車廠　該廠於九月四日成立地址在大西路友福車身製造公司內設職員二人工匠十八人該廠任務係專修損壞重大之車輛故修竣之數比較他廠為少本月份入廠修理者共五十八輛修竣出廠者計四十二輛在廠待修者尚有十六輛

(戊)設置第三修車廠　該廠於九月二十日始告成立地址借在甘世東路西愛咸斯路南之空場建築臨時車廠設職員二人工匠十一人該廠任務與第二廠大致相同本月份入廠修理者共七十八輛修竣出廠者計四十六輛在廠待修者尚有三十二輛該廠成立較晚一切設備雖經裝置完竣惟工匠尚感不敷擬續僱數名以資應用

(己)建設防空壕　本會為修理廠服務人等工作安全起見爰於第一修車廠內建築能容三十人之

防空壕一處業經工務局代為設計繪就圖樣估計工料價格籌以興工建築費仍需八五八〇〇元
是項建築工料除鋼板麻袋兩項由本會供給外其餘均託工務局代為辦理惟該廠人數較多
如築三十人之防空壕一處實不敷用現擬添建一處以應需要

(庚)建設停車場　本會為修理車輛便於停放起見特設停車場兩處(一)在拉都路環龍路口(二)在甘世東路第三修理廠內拉都路停車場能容汽車百餘輛甘世東路停車場能容汽車六百餘輛所有地點及堆放材料蘆席棚內需鋪用木材以節省經費關係俱向久記木材公司借用

(四)調用軍運船舶

軍興以來水運事宜非常重要本會水運股有鑒於斯曾經商得內河輪船業同業公會之同意組織上海市內河輪船業同業公會之同意組織上海市內河輪船業管理委員會無如開辦伊始即遭事實上之障碍(一)內河輪船民船悉被當地軍警扣阻(二)軍興之後外埠船舶不敢來滬即在滬船隻亦復逃避一空故航政局雖有另組內河輪船聯合辦事處之舉而一切水上交通仍

第　頁

感不便迨敵人封鎖海岸浦江十六舖地方又為我國自行堵塞至此則水上交通幾致完全斷絕爰經本會特請　市長電請第三戰區兵站總監部調撥船舶三百艘來滬交與本市運輸委員會應用緣是本埠對於運送軍需物品以及防禦工程材料頗為便利

(五) 轉運軍需物品

各軍事機關需用及存儲在滬軍需物品委託本會覓妥車船派員押運至前後兩方應用者截至九月底止計陸續運至大場南翔嘉定太倉蘇州等處者有鋼板一千一百十九塊麻袋十萬隻鋼條五十噸水泥一千六百袋又代工務局運送防禦工程材料有石子三百噸水泥九百二十袋

(六) 運送傷兵難民

運輸傷兵難民係由本會鐵運股辦理本月份工作情形如下述

(甲) 傷兵方面　鐵運股對於軍運工作在此一月中不憚艱險盡量疏運其運輸車輛由新就華等站出發同時輸送作戰受傷之兵士轉至內地治療運輸情狀嚴守秘密藉避敵機注目除九月七日以前此項運輸紀錄已於上屆報告外自是月八日起至三十日止計由新就華運至杭州者有專車

三次附乘客車三次又運至嘉興者有專車一次附乘客車二次由龍華運至杭州有專車八次（以上均火車）共運出傷兵二八六二名

（乙）難民方面　本月分因上南站被敌機炸燬客運往來均改由上西站出發且因石湖蕩第三十一號橋梁又被炸壞須在橋之兩端停靠換車惟本股對於由沪出發之住民旅客仍竭力輸送計本月分由上西站運出乘客計達六七萬人其中有一部分係難民及難民同伴惟開車時間均在傍晚俾期安全

（七）辦理國防通訊

本會通訊股各組人員大半係政府機關交通人員組合而成各員就原有職務並办國防通訊工作茲將本月份工作情形分述如左

（甲）電報部分　本月分受市党部警察局兩路局之委託先後介紹前往工作之無線電報員及機務員不下十餘人並負偵察敌方通訊工作其在電報方面者已委由本市業餘電台四家办理其阻碍擾亂敌方長短波廣播無线電宣傳工作已由本股組設法利用各電台办理

上海蘇州間新設無線電台各一處上海電台為七十五瓦特蘇州電台為十五瓦特是項電台專供運輸及修理軍事車輛之用並備萬一有線電信阻絕時藉以通訊

本組為上海保安總團部增設無線電通訊練習班一處訓練收報發報各法及裝修無線電機各項技術藉備國防通訊之用

(乙)電話部分　電話通訊工作次經呈准交通部供給工料修繕辦理本月分除在重要區域酌量加設話線外並指派員工辦理軍政機關電話機線裝置及拆移事宜

(丙)郵遞部分　現經郵局慎選幹員十餘人派為本會郵務組組員以利進行工作又挑選郵差三十人加以組織所有地段分畫責任支配均經分別規定以備本會差遣惟本月分事務尚簡除本組一部分人員已由後援會直接指揮外其他尚未進行工作

(丁)信鴿部分　信鴿組成立之後曾經分向本市動物園信鴿研究會各會員徵集信鴿預備將去年曾受訓練之老信鴿盡量供用並經一度派員前往蘇浙邊區主任處接洽嗣據報告現在尚無需要俟將來需要時再行辦理

（八）送核帐目单据

本会各项经支帐目单据前经后援会函嘱按月送交徐永祚会计师审核以昭信实曾将自八月十二日起至是月三十一日止经本会检齐单据造具清单送交徐会计师点收作为第一次之审核计支出九〇、九九一、四六元又自九月一日起至十日止为第二次之送核计支出二四、四〇五、九二元又自十一日起至二十日止为第三次之送核计支出二三、一三三、七七元又自二十一日起至三十日止为第四次之送核计支出三四、一〇九、七四元本月份共支出八一、六四九、一三元连同上月份统计支出一七二、七四〇、五九元

本会收入款项八月份计收后援会三四三、二〇〇、〇〇元本月份计收后援会租车费四七、四〇〇、〇〇元共收三九〇、六〇〇、〇〇元除支出一七二、六四〇、五九元外尚有已付未给之款一三、五四六〇四元实存二〇四、四一七、三七元

第　頁

上海市各界抗敌后援会交通委员会关于告知未办理结束各项事宜及会计部分办理情形事致后援会秘书处的函
（一九三七年十一月二十二日）

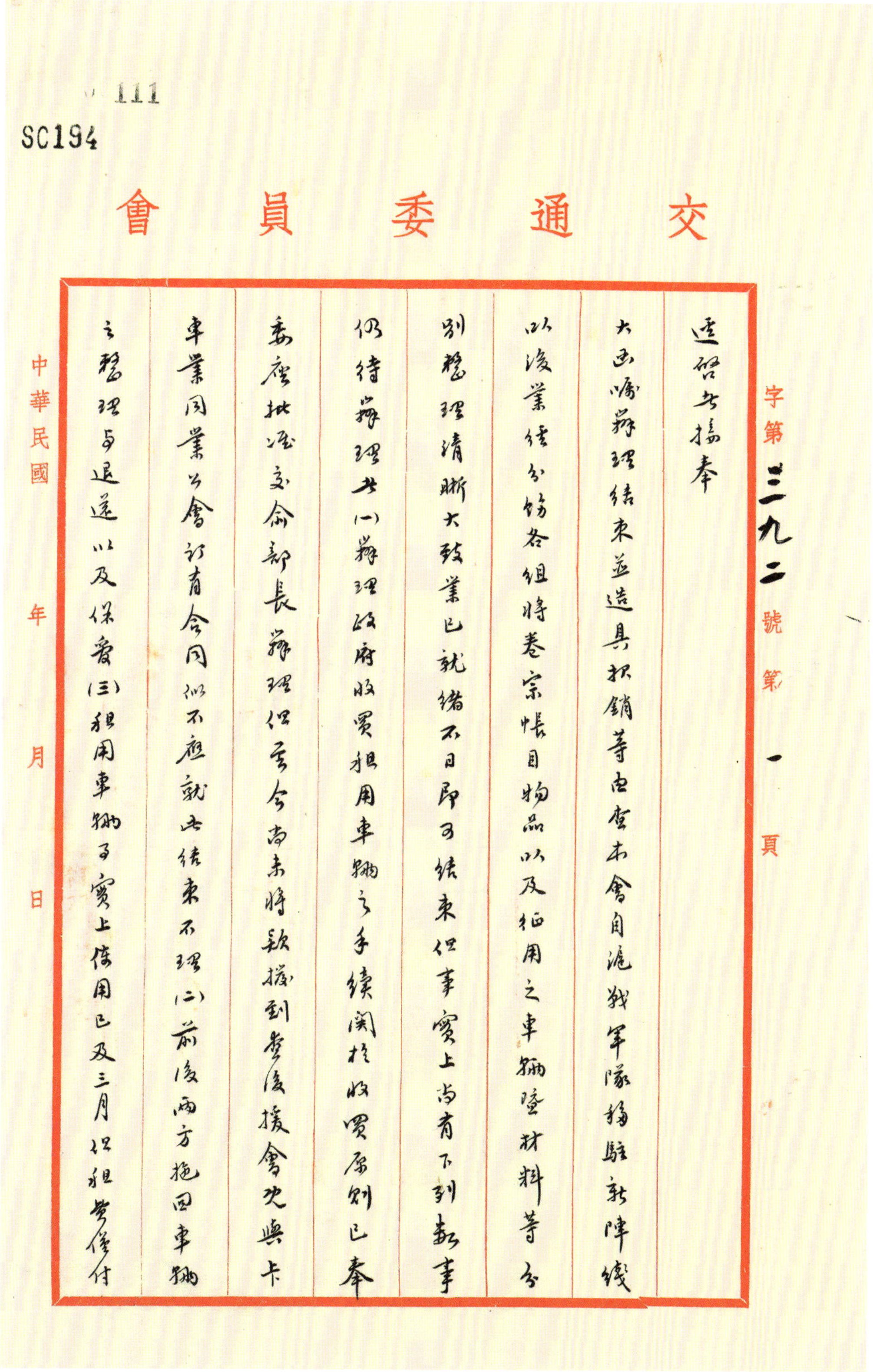
111
SC194

交通委員會

字第 三九二 號 第 一 頁

逕啓者接奉
大函囑辦理結束並造具報銷等由查本會自滬戰軍隊移駐新陣綫
以後業經分飭各組將卷宗帳目物品以及征用之車輛暨材料等分
別整理清晰大致業已就緒不日即可結束但事實上尚有下列數事
仍待辦理者（一）辦理政府收買租用車輛之手續關於收買原則已奉
委座批准交會計部長辦理但至今尚未將款撥到貴後援會此與卡
車業同業公會訂有合同似不應就此結束不理（二）前後兩方拖回車輛
之整理與退還以及保管（三）租用車輛事實上係用已及三月但租費僅付

中華民國 年 月 日

交通委員會

字第　　號　第二頁

過兩個月，公會及車主方面皆紛紛請求再發一個月，經本會提交主席團討論，未獲邀准。現在未將貫以前，公會及車主仍一再嘵嘵請求，為體恤起見，已由本會再向主席團代為申請，如能邀准，即須辦理結付手續。

（四）在各部隊服務之司機小工，由家屬根據合同向本會具領工資，在第三戰區司令部未正式接收以前，本會似應繼續撥付，以維生計。以上數項冀於最短期間辦理完竣後，至關於會計部份業經派員與徐永祚會計師事務所商洽結束步驟，除十一月十日以前各項帳目已陸續（每十日）移送審核外，截至現在止所有帳目均可如期結束。准函前由，相應

中華民國　　年　　月　　日

113

SC196

交通委員會

字第　號第二頁

電話

貴會轉飭陳足蔚西路

後援會秘書處

上海市各界抗敵後援會交通委員會

中華民國廿六年十一月廿二日

上海市各界抗敌后援会交通委员会关于附送一九三七年十一月十一日起至二十日止所有经支单据清单副本事致后援会的函（一九三七年十一月二十六日）（附件缺）

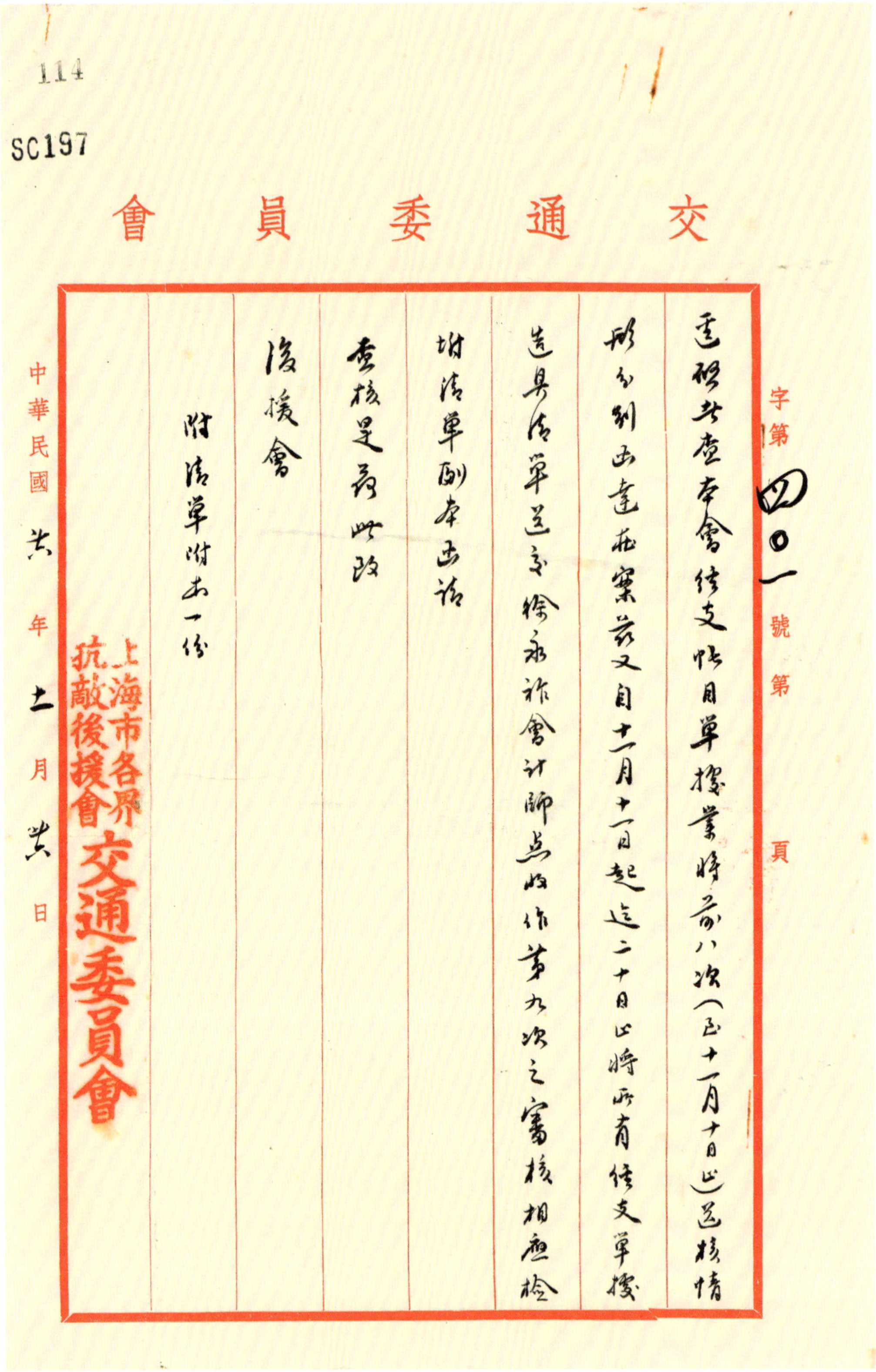
114

SC197

交通委員會

字第四〇一號第　頁

逕啟者查本會經支帳目單據業將前八次（至十一月十日止）送核情形分別函達在案茲又自十一月十一日起迄二十日止將所有經支單據造具清單送交徐永祚會計師點收作第九次之審核相應檢附清單副本函請

查核是荷此致

後援會

附清單副本一份

中華民國廿六年十一月廿六日

上海市各界抗敵後援會交通委員會

（八）技术委员会

沈怡：上海市各界抗敌后援会技术委员会工作报告（一九三七年九月十五日）

（此項報告請勿對外發表）

技術委員會[illegible]

本委員會為滬市各界抗敵後援會附屬之特種委員會之一，於二十六年七月二十八日正式成立。暫分土木、電氣、化工、機械、兵工、等五股，茲將成立以來經辦事項擇要報告如次：

一、關於軍用道路橋樑之建築與修繕，軍興以來，即由本會土木股商請上海市工務局及上海市營造業公會組織工程隊，在軍隊後方協助，工作頗著成效。

二、本會鑒於傷兵中似有觸電受傷情形，當由電氣股擬具破障電網簡單方法，經軍事機關認為切合實用，當即印

SC206

刷五千份，轉發前方應用。

三、本會鑒於簡易防毒口鼻罩，不特可供民衆防毒之用，且於防毒面具未能普遍供給以前，此項口鼻罩亦可供兵士應急之用，因此建議大會主席團一面由本會自製五萬具，一面發起徵募運動，由中國婦女慰勞自衛抗敵將士會、戰事縫紉服務團體等團，向各方面勸募，頗具成績，兹附錄徵募辦法於後：

一、兹發起徵募防毒口罩運動，請全市婦女界照様自製踴躍捐助，以便彙送前方將士備用。

二、口罩浸藥水，由本會自行辦理，但有願為浸藥者，本會亦可供給藥水。

三、浸過藥水之口罩，須裝在香煙罐内。

四、本會備有説明書及口罩樣子，以便借閲。

五、本會於收到口罩後，當即掣給收據，并將捐製者姓名及捐製口罩數目公佈，以揚仁風。

六、捐製者如爲本人家庭之需而需用藥水者，本會當酌量奉贈，或介紹妥當可靠之出售地點，俾資應用，而荅厚意。

七、關於應徵防毒口罩一切事宜，請與辣斐德路四

SC208

百五十八號戰事縫紉服務團接洽。

四、關於防毒面具及其他防毒材料之製造，曾由本會提出預算，經大會主席團議決照辦，當由本會化工股向各方接洽，初擬與滬上製造面具廠家合作辦理，嗣因原料及種種關係，廠家產量發生問題，未成事實，現決定由本會自行主持製造，並已在積極進行中。

五、查毒氣種類甚多，為易於辨識起見，已由本會化工股製就檢驗毒氣盒數百具，其使用方法至為簡便，又印有小冊子二種，俾供檢驗人員參考之用。

六、前线兵士，尝有数昼夜不得一食者，大會主席團以此事関係抗戰至為重要，交由本會研究，當與地方協會共同討論，決定製造餅一種，其成份為通和麵粉、糖、粗鹽、豬油及發麵，試製結果頗合需要，因其滋養可口，且又經久不乾不壞，此外對於兵士飲料問題，亦经加以研究。

七、除上述各項外，其他工作如協助各方解決零星困難問題，或研究審核各種技術問題，以其過於瑣碎，不備載。

民國二十六年九月二十日報告

（九）上海市救护委员会

上海市救护委员会第四次工作报告（一九三七年十月一日）

30

上海市救護委員會第四次工作報告　廿六年十月一日編製

本會自本年七月二十日由救護事業協進會改組成立迄九月十五日止，關于工作概況，曾三度編製報告。而第三次報告，因備九月十九日本會第二次全體會員大會之用，內容最爲詳盡。茲再將九月十六日起迄三十日止之工作狀況，概述如下：

（一）第二次全體會員大會。　本會以自抗戰以來，工作範圍廣大，每月經費至少需十萬元，籌措頗感困難，且各部工作亟須向本會各代表團體機關報告，因於九月廿九日下午四時假八仙橋青年會九樓召開第二次全體會員大會。出席者四十餘人，當經議決，關于經費籌募辦法，由紅十字會請求中央在救國公債項內撥助二十萬元，請市政府籌

SC114

機十萬元，並呈報公開徵募及請本會各代表團體機關分別籌募等。關於如何調整本會工作，經決定本會應與紅十字會總會取得密切聯繫，並以紅會為主體及聘請本會各團體機關代表組織專家委員會以推進救護事工等項。現市府方面已撥給本會三萬元。並根據大會組織專家會議之議案，已分別設立設計及籌募兩委員會。

(二)醫院　關於各醫院及收容受傷兵民情形，大致如下：

(甲)傷兵進租界辦法　租界當局因上海霍亂流行，故于九月十六日至十八日曾禁止傷兵還租界，本會當即商請俞市長，李廷安局長會同本會顏主任及紅十字會龐秘書長向租界當局幾度交涉，乃經決定如下辦法：

(子)中山醫院（第六救護醫院）改為國際防疫醫院，專收霍亂病人；(丑)指定公共租界法租界床位較多，設備較好之救護醫院各六處作為隔離醫院，前線救回之傷兵即送入此十二所醫院，(寅)此十二醫院內隔離之傷兵，經過六日之觀察，如無霍亂發現，則可轉入其他救護醫院，(卯)租界傷兵床位，照目下情況規定，公共租界三千只，法租界二千只，傷兵進租界數即以各指定醫院空床數為準。

(乙)設立包紮站　本會自將中山醫院改為霍亂醫院後，即在八外交大樓成立包紮站一處，派有醫師護士常川駐守。同時並規定：各救護車救濟之傷兵先須送往該處，由該處醫師按照傷勢輕重施行急救處置後，再分別送入指定醫院或轉往後方。

(丙)結束特約醫院　本會鑒於租界內原設之特約

SC112

醫院，因收容量極小，故決定陸續設法將傷兵轉入各救護醫院，以利進行，同時再可調出床位，以備收容一般患疫病之市民

（丁）醫院移往內地計劃　本會因鑒于當此長期抗戰之際，租界內決非辦理傷兵之妥善地點，故經商勸各醫院遷往內地，現已有數院接受此項建議矣。

（戊）收容人數及出院轉送死亡現住數

一、自八月十四日至九月三十日止　本市各醫院

共收傷　兵九，一六一　民一，一六三　共一〇，三二四

出院傷　兵五，七三七　民八一六　共六，五五三

死亡傷　兵三四〇　民四五　共三八五

現住傷兵 三,〇八四
民 三〇二 共 三,三八六

二、自九月三日至九月三十日止 自上海輸送後方各院傷兵

蘇州 四〇五名 嘉興 六五九名

無錫 六七名 杭州 二六七〇名

吳興 三二一名 松江 一六七名

傷愈送廿一救護留院歸隊者 六六一名

船舶運送及其他地點 七八七名

共計轉院傷兵 五,七三七名

三、自八月十四日至九月三十日由前線直接運送後方各地（崑山南翔等）傷兵計八,七三四名

SC116

〔附註〕船舶運送傷兵由本會運上軍醫署第六衛生艦舶

以上三項共計收治及轉運傷兵一萬七千五百五十五人

(三)救護隊急救隊　關于救護隊及急救隊之工作情形，有如下列二表：

救護隊工作成績總報告 九月十六日至九月三十日止

隊別	隊長	救回傷兵人數	救回傷民人數	出發地点	駐紮地点	隊員遇險受傷情形	備註
第一隊	陳榮章	654		江灣大場一帶羅店	本會出發		
第二隊	田倉本	661		大場顧家宅 楊行南翔	仝		
第三隊	王金奎	975		仝	仝		
第四隊	俞卓初	21		仝	本市象園小学		專任輸送工作故未出發救護
第五隊	劉士林	539		仝太倉	和安小学	—	

SC118

第六隊	韓一雷	153	55	浦東一帶	浦東
第七隊	葉露	5	176	南市一帶	南市
第八隊	徐侠	309		大場楊行 刘行	本會出發
第九隊	瞿紹侠	187	6	浦東川沙	浦東川沙
第十隊	蔣方九	272	125	浦東一帶	浦東
计合		3776	262		

急救隊工作成績總報告

九月十六日至九月廿日止

隊別	隊長	救回傷兵人數	救回傷民人數	出發地點	駐紮地點	隊員遇險受傷情形	備註
第一隊	張丹卿	64		大場顧宅	本會出發		
第二隊	謝葆生	276		各戰區	仝		
第三隊	雷樹德	583	1	仝	仝	童軍鄭志祥在永安橋附近受重傷現送体仁医院	
第四隊	金仁忠	798		仝	仝		
第五隊	褚一峰	69	3	大場顧宅	仝		

SC120

第六队何惠駒	385	仝	仝
第七队汪政卿	179	仝	仝
第八队劉星耀	581	仝	仝
煤、業忻元錫	953	各戬区	崑山
计洽	4008	4	

九月十三日受傷之汽車夫杜坤生于廿九日上午在中西療院身故

(四)

運輸　関于運輸方面工作自九月十六日迄卅日止大致情形如下

(甲)車輛

租来時換用之車　共二十二輛

自備車

紅十字会新購新舊各三　六輛

指借来舊車　六輛

前報告所載連指借者在内　十六輛

共二十八輛

派在無錫者　一輛

派在崑山第一傷兵医院　一輛

派紅十字会市分会用　一輛

派赴南京　三輛

SC122

（乙）

改裝吊車 一輛

在修理中 （四）輛

不宜于遠道者 五輛

工作救護者 八輛

留本市轉運用者 三輛

共二十八輛

煤業公會借用在外工作連預備車 共二十輛

每日救護工作平均十六輛自行租來各車

工作統計 自九月十五日至三十日止

共救護傷兵（在外轉運者不計） 共五千六百十七人

本市轉運醫院送至外埠者 共三千三百九十七人

車輛出勤次數 共四百六十五次

共用汽油 共四千九百六十四介侖

共用機油 共九十一介侖半

（五）

近因本埠醫院有所改革故每日轉院並送傷兵至松江老龍華車站每日需車至少五輛因此更感車輛不敷之苦也

播音募款

本會近因工作範圍廣大需款浩繁亟待各界熱心人士之捐助乃為擴大勸募工作起見經于九月二十六日承伶界聯合會及播音業同業公會等熱心贊助假富星電台邀請名伶名票梅蘭芳麒麟童華慧麟等數十人義務播唱拿手好戏劝募捐款各界認捐者非常踴躍本會經認捐者電話通知後當即請市商會童子軍前往收取結果非常圓滿經連四日結算約計

收到現款支票证券存摺救國公債股票等價值一萬三千六百餘元此外捐贈銀器古畫書亦甚夥現已設法加以變價待全部結清後當再登報公告鳴謝

以上本會自九月十六日至三十日之工作概況乃所以補充以前之三次報告者也。

附本會廿六年八月九日至九月卅日收支報告及廿三救護医院及救護訓練班收支報告於後

附一：上海市救护委员会收支报告表（二十六年八月九日至九月三十日）

上海市救護委員會收支報告表

二十六年八月九日至九月三十日

收　入						
撥款收入						
抗敵後援會	$85000	00				
紅十字會	36250	00	121250	00		
捐款收入（註一）			27398	56		
什項收入			381	86		
暫收款項（註二）			11871	61		
暫借款項（紅十字會）			500	00	161402	03
支　出						
傷兵醫院經費			$6899	24		
救護醫院經費			27473	93		
特約醫院給養費			7731	25		
急救隊經費			1109	10		
救護隊經費			10923	79		
醫具及藥品			32127	24		
色紮品			4538	00		
保險費			54	00		
汽油及機油			15987	90		
租車費			12292	93		
捐照費			1082	93		
修理費			3777	82		
遣送費			493	79		
担架			600	00		
轉次頁			125291	92	161402	03

SC125

承上頁	125291	92	161402	03
油布被	79	32		
油燈手電	161	50		
臂章旗幟	125	60		
其他救護用具	893	31		
津貼	744	00		
伙食	2836	83		
車資	304	44		
文具印刷	1706	56		
廣告費	142	20		
郵電	17	85		
收殮費	225	50		
雜費	725	12		
購置	9229	00		
暫付款項（註三）	1800	00		
備用金	100	00		
押金及定銀	4596	00	148979	15
結　存				
中國銀行	$11999	56		
上海銀行	100	00		
現金	166	01		
應收款項（註四）	157	31	12422	88

註一　上海市地方協會捐入$15,779.63併入捐款收入科目內

註二　暫收款項科目$11,871.61係指伶界播音捐收入已存入銀行之數而言待未售出之特種貨幣古画銀器等售出後再行轉賬

註三　暫付款項$1,800內包括預支遣送費15.40司机員預支津貼2.60，一

註四　應收款項科目157.31係指代捐款机関已捐得而尚未交入之數

附二：上海市救护委员会第二十三救护医院及救护训练班收支报告

上海市救護委員會第廿三救護医院收支報告（九月一日至九月卅日）

撥款收入（紅十字會）	$17000.00
經費支出	3000.00
结存	$14000.00

上海市救護委員會救護訓練班收支報告（八月卅日至九月卅日）

經費收入（上海交易所聯合會捐助）		$6000.00
支出		
職員津貼	$200.00	
和安學校津貼	20.00	
文具印刷	24.00	244.00
結存		$5756.00

SC127

（十）上海市救济委员会

上海市救济委员会二周来工作经过述略（一九三七年八月）

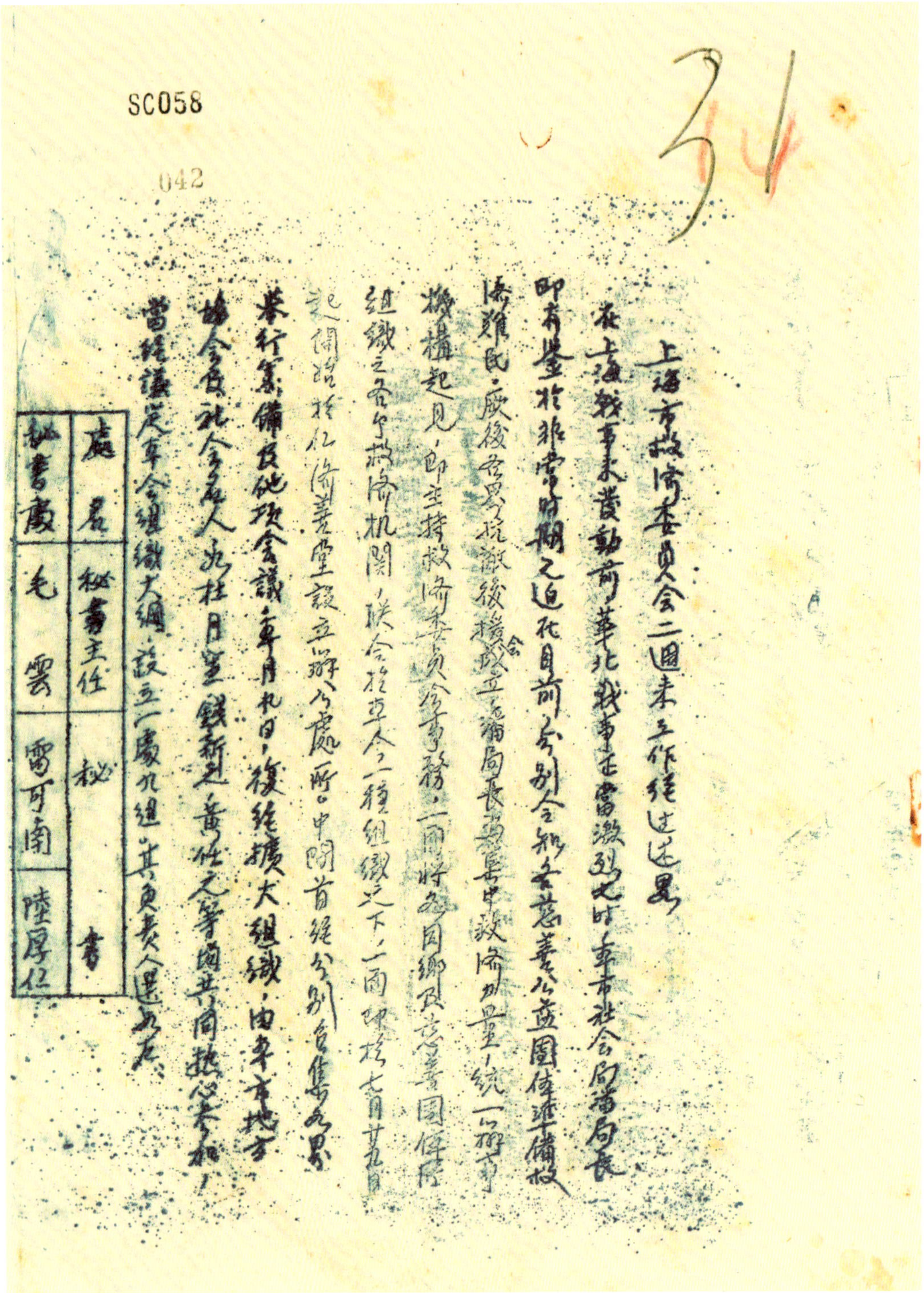

SC058

042

34

上海市救濟委員會二週來工作經過述略

在上海戰事未發動前，華北戰事正當激烈之時，本市社會局潘局長即有鑒於非常時期之迫在目前，分別令飭各慈善公益團體準備救濟難民。嗣後各界抗敵後援會成立，潘局長爲集中救濟力量，統一辦事機構起見，即主持救濟委員會事務，一面將各同鄉及慈善團體所組織之各項救濟機關，統合於本會一種組織之下，一面即於七月十五日起，開始於仁濟善堂設立辦公處所。中間首經分別召集各界舉行籌備及各項會議，本月九日，復經擴大組織，由本市地方協會會長、社會名人如杜月笙、錢新之、黃任之等與共同熱心參加，當經議定本會組織大綱，設立一處九組，其負責人選如左：

處名	秘書主任	秘書
秘書處	毛雲	雷可南 陸厚仁

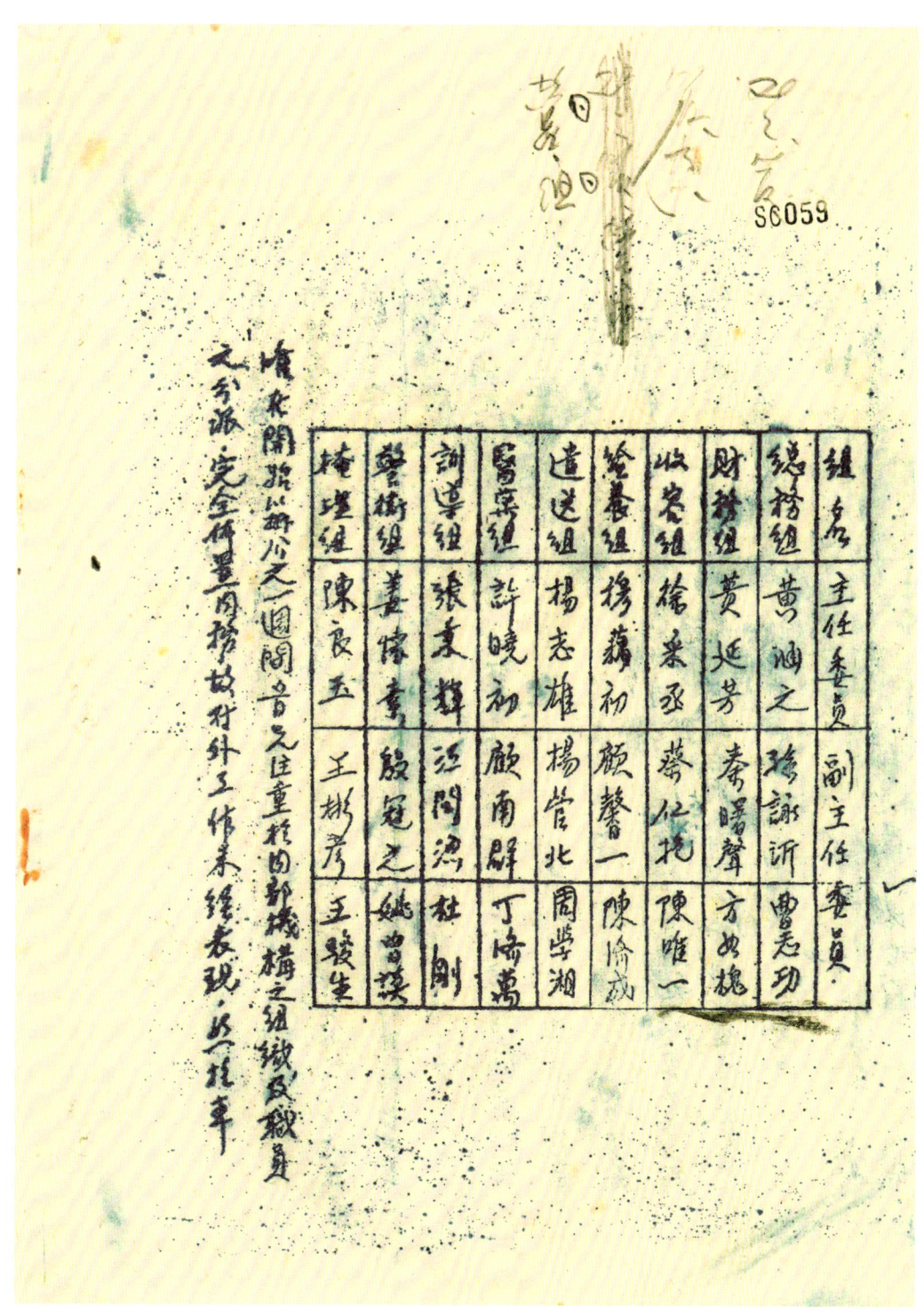

S0059

組名	主任委員	副主任委員	委員
總務組	黃涵之	孫詠沂	曹志功
財務組	黃延芳	秦曙聲	方如槐
收容組	翁采丞	蔡仁抱	陳唯一
給養組	孫藕初	顧馨一	陳倫成
遣送組	楊志雄	楊管北	周學湘
醫藥組	許曉初	顧南群	丁倫萬
訓導組	張素群	江問漁	杜剛
警衛組	姜懷素	殷冠之	姚曾謨
掩埋組	陳良玉	王彬彥	王駿生

繚本開辦以辦公之一週間，首先注重於內部機構之組織及職員之分派，完全係屬內務，故對外工作未能表現，以上乃本

SC060

043

同義

月十三日戰事發生以前，上海形勢已漸吃緊，本會立刻規劃收容所於各處，並即派員救護難民，設法收容難民於各該收容所在。自十一月起，即不分晝夜，開始收容，未經或輟。當時並有留日學生分批返國，亦為接洽寄宿地點，供給伙食。在此期內，本會其他各組尚多未能成立，除收容組內由陳惟一君主持，總務組由黃涵之君主持外，其他一切事務，均由秘書主任毛雲、秘書雷奇南、陸學仁分別商承總局長之指導分別辦理。對於接送難民之車輛及渡輪，均係臨時接洽調度應用。而難民之收容十分擁擠，一時場所不及分配，又復臨時與各同鄉團体接洽，請為不分同鄉畛限，認定收容人數及給養担負，一面由潘局長令飭各學校在展緩開學期內亦改為收容所。又為預防難民之家屬散失，骨肉分離之痛苦起見，設立尋人難民問訊處於本會以內，並請各電

SC061

台廣播通知，俾走失難民知所聞訊。於八月十四日，難民愈來愈衆，收容場所愈見不敷分配，大會遂派員向各游藝場所接洽，一例劃充收容之用，除游藝場外，大世界等，首先允作收容難民之用。於是難民之一擁得以安插樓身者不下數萬人，惟於期發生最慘之事者，於十四日下午四時，大世界前面飛機擲彈爆發，因而無辜死傷者千餘人，即本會服務人員為向社會所派來之范熙、郭君石兩君（范熙）慘遭非命，鄭君受傷甚重，此種因公殉難，雖甚慘酷，然亦可見本會人員為國服務之不辭犧牲也。自十八日後，本會[illegible]繼成立，難民收容所多至[illegible]，收容人數[illegible]，致不敷應用，乃經本會之決議，並取得社會局之同意，將本會所有各處組均一律遷入[illegible]，以便[illegible]辦事亦得便利，本會[illegible]長指導之下，分工合作，一切漸上軌道。截至本月十八日止，本會工作已告完成者：(一)收容難民除各同鄉團體自行收容及遣送者不下數萬人外，由本會直接收容者計四萬一千七百餘人，(二)分設收容場所一百十餘處。(三)在康腦脫路本黨分所設立難民病院，並指定福煦路中德產科醫院為難民孕婦接生之醫院。(四)遣送難民，分遣送至松江及湖州兩處共三千餘人。(五)分別接洽取得遣送難民之通行證及紅十字會旗章。(六)設法辦好遣送難民之車輛，輪船，汽油等。其未完成之已定方案者：(一)分批遣送難民回籍。(二)加設外交組，聘請胡鋁欽先生為主任，對外交涉難民出險。(三)籌劃經費之永久來源。(四)對於已收容難民之實施訓導事宜。(五)對未來難民收容問題，等等。

以上為本會二週來之工作述略，因倉猝應變之際，未免多

SC063

三

缺漏。且當時以辦事地点未定，佈置內部均未就緒，故報告亦殊欠週詳。現下諸事既上軌道，一切均有頭緒，自即日起，自當多多將所有工作擇要彙報請示 鑒察。

上海市救济委员会八月份、九月份工作统计概览（一九三七年十月）

SC041

11

上海市救济委员会八月份工作统计概览

難民收容所數		收容	遣送		給養		診療				病故				掩埋	捐款數目
最少	最多		由本會遣送者	代各團体遣送者	本會發給	其他團體發給	男	女	孩	合計	男	女	孩	合計		
5	126	71865	36000	15984	441580(1)	221664(1)	554	561	1093	2008	36	18	8	62	4272(2)	14424.67

註：(1)給養項中所列之數字係食糧份數。

(2)掩埋人數中包括陣亡兵士、後方被炸民众及收容所中病故者。

上海市救濟委員會九月份工作統計概覽

難民收容所數		收容	遣送		給養		診療				病故				掩埋	捐款數目
最少	最多		由本会遣送者	代各團体遣送者	本會發給	其他團体發給	男	女	孩	合計	男	女	孩	合計		
61	108	16719	27907	33397	673729(1)	151186(1)	5394	3803	5798	14995	169	114	213	496	9757(2)	16529.86

註 (1)給養項中所列之數字係食糧份數。

(2)掩埋人數中包括陣亡兵士、後方被炸民众及收容所中病故者。

上海市各救济团体工作总表（一九三七年十月）

上海市各救濟團體工作總表

收容人數	遣送人數	診療人數	死亡人數	現在收容人數
206547	193273	1283 （有許多團体無报告）	832 （有許多團体無报告）	63045

附記：本表自八月十二日至九月廿六日計一個半月。

SC042

032

上海市救济委员会委员名单（一九三七年十月）

SC043

033

常務委員

陳之毅
李廷安 委
蔡勁軍 委
徐　桴 委
黃伯樵

吳　嵎
錢新之
宋漢章
胡筠秋
陸伯鴻

屈文六
周宗良
龐京周
郭承恩
張嘉甫

周邦俊

SC044

…0034

1. 總務組主任 黃延芳兼 副 鄭式英 陳玉爲
2. 財務組主任 黃延芳 副 秦曙聲 方爲槐
5. 收容組主任 徐采丞 副 蔡仁抱 聶海帆
6. 給養組主任 穆藕初 副 顧馨一 陳濟成
4. 營救組主任 屈文六 副 陳唯一 宏明
8. 訓導組主任 張秉輝 副 江問漁 姜文寶
9. 衛生組主任 許曉初 副 王世偉 俞松筠 丁濟萬
3. 外事組主任 胡筠秋 副 張驤先 姜紹亮
10. 糾察組主任 姜懷素 副 殷冠之 夏煥新
7. 遣送組主任 楊志雄 副 楊管北 周學湘
11. 掩埋組主任 陳良玉 副 王彬彥 江世澄 葉振權

二

上海市救济委员会常委、秘书暨各组主任委员名单（一九三七年十月）

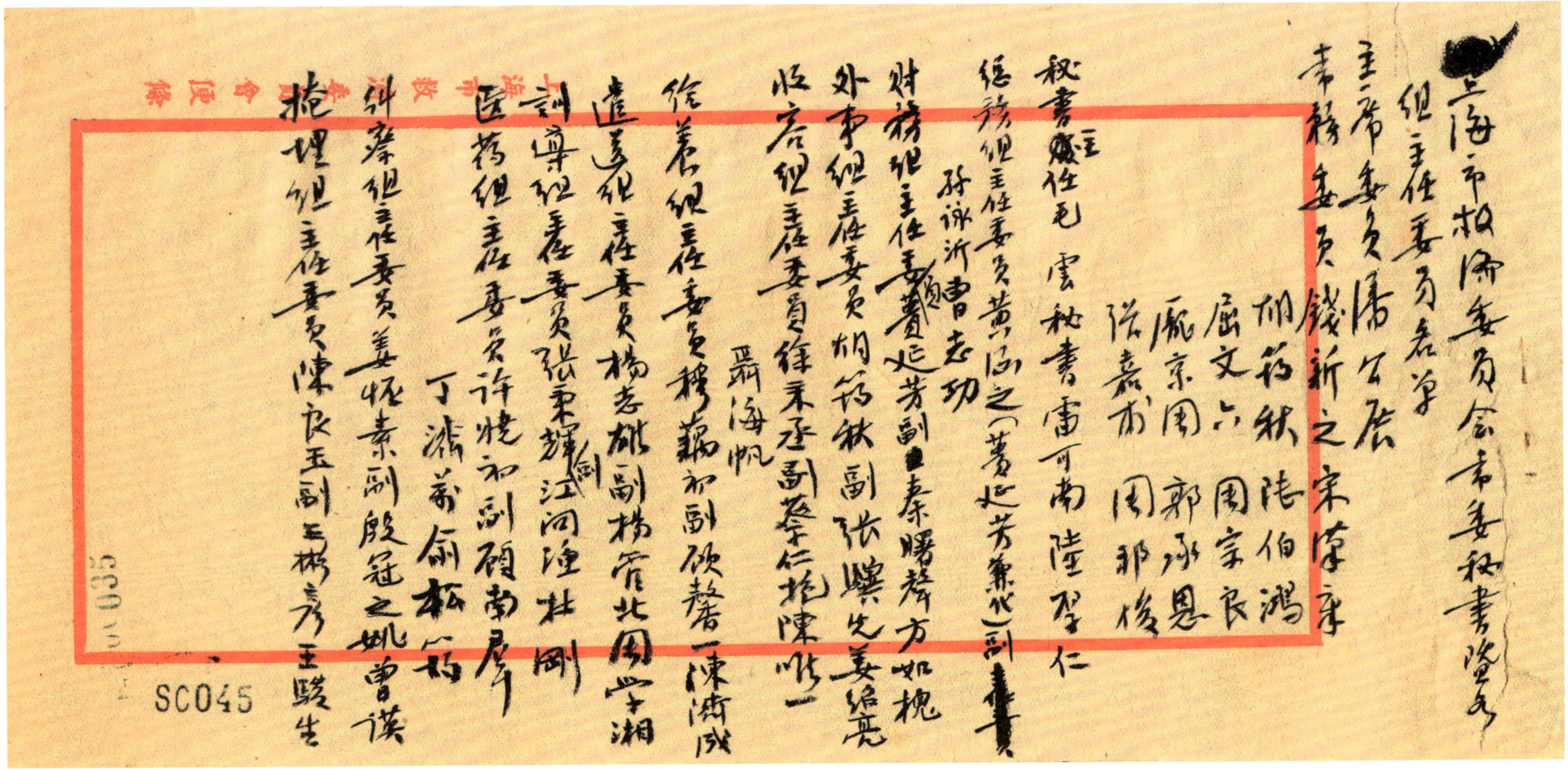
上海市救濟委員會常委秘書暨各
組主任委員名單
主席委員潘公展
常務委員錢新之 宋漢章
胡筠秋 陸伯鴻
屈文六 聞宗良
顧京周 郭承恩
張嘉甫 聞邦俊
秘書主任毛雲 秘書雷可南 陸翠仁
總務組主任委員黃涵之（黃廷芳兼代）副[illegible]
孫詠沂 曹志功
財務組主任委員黃廷芳 副秦曙聲 方如槐
外事組主任委員胡筠秋 副張翼先 姜紹亮
收容組主任委員徐采丞 副蔡仁抱 陳曉一
聶海帆
給養組主任委員穆藕初 副顧馨一 陳濟成
遣送組主任委員楊志雄 副楊管北 聞學湘
訓導組主任委員張秉輝（劍） 江問漁 杜剛
醫藥組主任委員許曉初 副顧南群
丁濟萬 俞松筠
糾察組主任委員姜懷素 副殷冠之 姚曾謨
掩埋組主任委員陳良玉 副王彬彥 王駿生

二、上海市各界抗敌后援会附设战时知识讲习所文件

上海市各界抗敌后援会战时知识讲习所简章（一九三七年八月）

上海市各界抗敵後援會附設 戰時知識講習所簡章

一、本所定名為戰時知識講習所

二、本所以灌輸戰時各種必要知識提高民众國防常識為目的

三、本所由上海市各界抗敵後援會聘定所務委員若干人組織之

四、課程範圍暫設左列各項

1. 軍器知識 二

2. 防毒知識 二

3. 救護知識 三

4. 防空知識 二

5. 避難知識 二

6. 國際知識 二

7. 戰時經濟 二

SC002

8. 戰事常識 二
9. 消防知識 二

五. 每期暫定為十天每天講授二小時
六. 本所不收學費
七. 本所職員及講師均為義務職
八. 本簡章由本海市各界抗敵後援會主席團核准施行

上海市各界抗敌后援会战时知识讲习所课程一览表（一九三七年八月）

戰時知識講習所課程一覽　廿六年八月

1. 新兵器解說
2. 戰時防空知識
3. 戰時防毒知識
4. 戰時消防知識
5. 戰時救護知識
6. 戰時救濟工作
7. 戰時宣傳技術
8. 戰時民眾組織與訓練
9. 戰時交通工作
10. 戰時民族工業
11. 戰時農村經濟
12. 戰時財政與金融
13. 戰時商業與貿易
14. 戰時法律知識
15. 戰時教育問題
16. 特約講座

上海市各界抗敌后援会战时知识讲习所同学救亡工作团关于拨给津贴的请示及后援会秘书长陶百川的批复

（一九三七年十月二十九日）

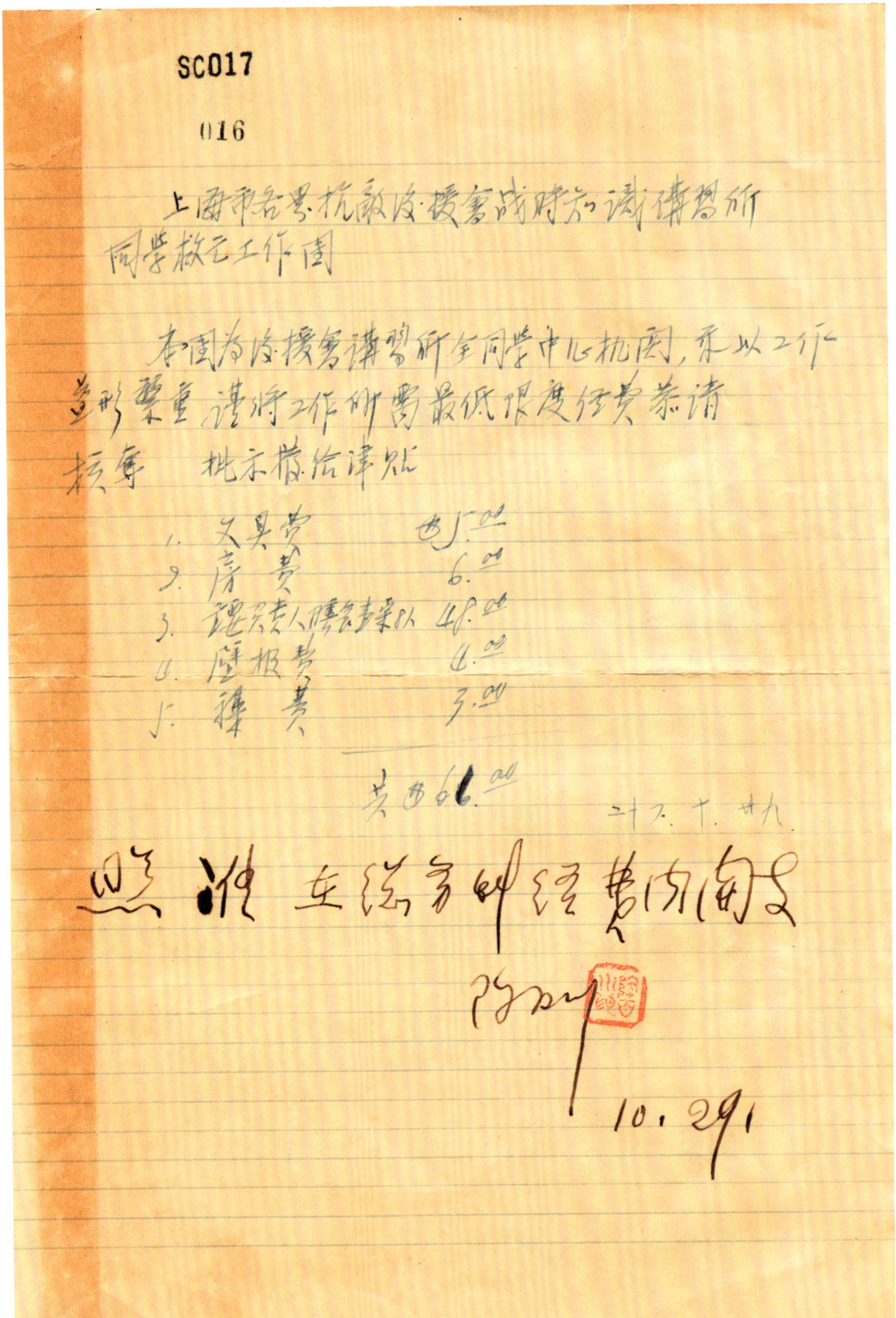

SC017

016

上海市各界抗敌后援会战时知识讲习所
同学救亡工作团

本团为后援会讲习所全同学中心机关，于从工作
并形繁重，谨将工作所需最低限度经费恭请
核夺 批示发给津贴

1. 文具费 5.00
2. 房费 6.00
3. 职员贰人膳食车费 48.00
4. 壁报费 4.00
5. 杂费 3.00

共计66.00

二十六.十.廿九

照准 在总务部经费内开支

陶川

10.29

SC004

003

上海市各界抗敌后援会战时知识讲习所第一周至第四周课程表（一九三七年十月）

週期	日期	星期	科目	講演人	備註
第一週	九月十六	星期四	開講報告		下午五時至七時
	十七	星期五	飛機	湯薪蓀先生	仝上
	十八	星期六	戰車	湯仲明先生	仝上
	十九	星期日	特約講座		上午九時至十一時
	二十	星期一	戰時防空知識	李子祥先生	下午五時至七時
	廿一	星期二	戰時防空知識	李子祥先生	仝上
	廿二	星期三	戰時防毒知識	邰家麟先生	仝上
第二週	廿三	星期四	戰時防毒知識	朱仰高先生	仝上
	廿四	星期五	戰時國際公法	張志讓先生	仝上
	廿五	星期六	戰時消防知識	董致和先生	仝上
	廿六	星期日	特約講座	陶百川先生	上午九時至十一時
	廿七	星期一	戰時救護知識	倪葆春先生	下午五時至七時
	廿八	星期二	戰時救護知識	倪葆春先生	仝上

週	日期	星期	科目	講師	時間
第三週	廿九	星期三	戰時救濟救護工作	黃定慧女士	仝上
	三十	星期四	特約講座	陳志皋先生	仝上
	十月一日	星期五	戰時宣傳技術	邢琬先生	仝上
	二日	星期六	戰時民眾組織訓練	楊家麟先生	仝上
	三日	星期日	特約講座	陶百川先生	上午九時至十一時
	四日	星期一	戰時讀物問題	鄭振鐸先生	下午五時至七時
	五日	星期二	戰時精神訓練	張耀翔先生	仝上
	六日	星期三	戰時交通工作	徐佩璜先生	仝上
第四週	七日	星期四	戰時民族工業	潘仰堯先生	仝上
	八日	星期五	特約講座	黃定慧女士	仝上
	九日	星期六	戰時財政與金融	章乃器先生	仝上
	十日	星期日	特約講座		上午九時至十一時
	十一	星期一	戰時商業與貿易	武堉幹先生	下午五時至七時
	十二	星期二	戰時財政問題	張素民先生	仝上

週

三十

星期三　羣衆心理

張耀翔先生　仝上

上海市各界抗敌后援会战时知识讲习所第一期高级班学员名单（一九三七年）

SC007 006

P.1

第一期高級班學員名單

姓名	籍貫	年齡	性別	職業	住址
秦寶山	海門	廿二	男	學	康惱脫路蔣家橋立德小學
陳賢林	廣東	廿二	男	學	環龍路五二二號
張寶堂	山東德平	廿二	男	學	愛文義路一七一三號
高蓀芳	江蘇青浦	廿五	女	學	珠家角西街七五號
任家耀	江蘇吳江	十八	男	學	愚園路七四九弄一〇一號
潘世媺	嘉定	十九	女	學	卡德路美華小學
李紹聰	嘉定	廿三	女	學	卡德路美華小學
侯浚吉	上海市	十九	男	學	葛羅路十八號
顧同高	江蘇武進	十七	男	學	康惱脫路康惱村三十二號
蔣沙白	上海市	廿一	女	學	卡德路毓德小學
陳乃銓	四川南充	十九	男	學	小沙渡路五二九弄二號
司徒匡	廣東開平	廿五	男	學	白爾路一八三號轉

007
SC008
P. 2

姓名	籍貫	年齡	性別	職業	住址
劉家坤	浙江上虞	廿四	男	學	太平橋口裕來公司
周麟書	浙江定海	廿二	男	學	廣西路福祥里三弄八號
嚴竹友	浙江吳興	廿五	女	學	愛文義路大通路渭風女校
金承雲	江蘇吳縣	廿二	男	學	浙江路洪德里十六號
林鵬年	江西分宜	二十	男	學	靜安寺路一四五一弄十二號
胡材梯	安徽歙縣	廿一	男	學	赫德路昌平路昌平坊六六七號
鍾根偉	廣西陸川	廿二	男	學	薛華立路十一號二樓
王宏	浙江定海	廿五	男	學	蒲石路申江里一〇六號
胡伯明	浙江定海	十九	男	學	康悌路生生里二十九號
朱宜和	江蘇青浦	廿三	男	學	古拔路餘慶里坊二號
馮鼎	江蘇崇明	廿五	男	學	新重慶路三四七號
王易	浙江吳興	廿七	男	學	下德路銘德小學
張忠賢	浙江奉化	十八	男	學	威海衛路三三五弄十八號

姓名	籍貫	年齡	性別	職業	住址
方錫武	廣東開平	二十	男	學	静安寺路静安别墅
陸福堃	江蘇吳縣	二七	男	學	卡德路毓德小學
徐崇賢	江蘇金壇	廿二	男	學	白爾部路新民里六號
葉堅霆	廣東	廿二	男	學	霞飛路榛仁里廿七號
郁惠中	上海市	廿三	男	學	白克路六七六弄十一號轉
倪品山	浙江上虞	廿二	男	學	白克路七四四號
胡錫山	浙江鄞縣	廿一	男	學	巨籟達路大豐里六號
陳葉榮	陝西西安	廿七	男	學	愛文義路福田邨五十二號
曹克明	上海市	廿二	男	醫	辣斐德路四百拾號
袁象純	浙江嵊縣	廿二	男	醫	嵊縣崇仁鎮仁壽堂
凌延禪	江蘇	十八	女	醫	白克路大通里二十號
徐瀾波	四川	廿一	男	醫	四川巴縣蔡家鄉
施懷元	江蘇啟東	廿一	男	醫	愛文義路王家沙花園路十八號

姓名	籍貫	年齡	性別	職業	住址
朱中德	江蘇武進	二十	男	醫	愛文義路四七五號
金兆驤	江蘇淮安	廿六	男	商	江西路金城大樓通成總公司
黃浦	嘉定	十八	男	商	南京路大陸商場四二〇號
陸久成	江蘇吳縣	廿四	男	商	愛多亞路一四六二弄四十一號
盛志祥	上海市	廿二	男	商	霞飛路七八五弄捌號
陳永芳	上海市	廿三	男	商	四川路西九號四〇五房間
朱繼善	嘉定	廿一	男	工	靜安寺路同和里同濟宿舍42號
劉惠成	江蘇寶山	廿二	男	工	巨籟達路民生坊四樓十號
李光世	江蘇武進	廿六	男	工	福履理路三九五弄八號
莊炳文	浙江杭縣	十八	男	工	呂班路瀚安坊十四號
吳國楨	遼寧	廿六	男	銀行	愛多亞路中匯銀行
王德本	江蘇江都	廿一	男	銀行	靜安寺路四行儲蓄會張祥轉
陳興倫	福建閩侯	廿一	男	銀行	同孚路上海銀行

SC011

P.5 010

姓名	籍貫	年齡	性別	職業	住址
唐敦豫	上海市	廿四	男	銀行	西愛咸斯路敦倫里一號
黄青士	浙江德清	廿五	男	政	山海關路一三七號
周經高	杭州	卌四	男	政	環龍路一〇六弄一號
姚振龍	江蘇泰興	三十	男	政	霞飛路和合坊二十八號
秦增壽	江蘇川沙	廿二	男	電氣	天潼路五十九號
殷榮文	江蘇吳縣	二十	男	電氣	白克路摩壽里五號
張瑋	安徽宣城	十八	男	航船	愛文義路至德里十四號
朱文明	吳縣	廿三	男	航船	茄勒路志成坊八號
王世鉞	江蘇	十八	男	法律	普陀路普陀小學田禹轉
王濤	江蘇吳縣	廿九	男	法律	滬西極司非而路一四七九號
李哲文	嘉定	十九	男	新聞	新聞大通路六三八弄一一一號
張遠昕	湖南	廿六	男	會計	江西路四〇六號四樓
朱聲瑜	浙江鎮海	廿三	男	保險	福煦路模範村八號

SC012
011
P.6

姓名	籍貫	年齡	性別	職業	住址
蔣金鍾	河北慶雲	十九	男	音樂	靜安別墅三十二號轉
胡隆芳	廣東潮陽	廿四	男	水產	老北門街必德里十二號二樓

上海市各界抗敌后援会战时知识讲习所第一期高级班统计表（一九三七年）

012 SC013

第一期高級班統計表：（學員六十六人）

(1) 籍貫

籍貫	人數
江蘇	28人
浙江	14人
上海	7人
廣東	5人
安徽	2人
四川	2人
山東	1人
湖南	1人
河北	1人
福建	1人
廣西	1人
江西	1人
陝西	1人
遼寧	1人

(2) 年齡

年齡	人數
22歲	14人
21歲	8人
18歲	7人
19歲	6人
23歲	6人
25歲	6人
20歲	4人
24歲	4人
26歲	4人
27歲	3人
17歲	1人
29歲	1人
30歲	1人
34歲	1人

(3) 職業

職業	人數
求學	33人
醫學	6人
商業	5人
工科	4人
銀行	4人
政學	3人
電氣	2人
航船	2人
法律	2人
新聞	1人
會計	1人
保險	1人
音樂	1人
水產	1人

(4) 性別

性別	人數
男	60人
女	6人

第一期普通班統計表
（學員五百六十六人）：

(1) 籍貫

江蘇	浙江	廣東	福建	湖北	安徽
254人	226人	66人	12人	5人	3人

(2) 年齡

20歲以上者	20歲以下者	30歲以上者	40歲以上者
234人	216人	106人	10人

(3) 職業

商界	學界	工界	無業	醫界
254人	181人	109人	17人	5人

(4) 性別

男	女
456人	110人

上海市各界抗敌后援会战时知识讲习所第二期普通班统计表（一九三七年）

013 SC014

第二期普通班統計表：
（學員一百十三人）

(1)
籍貫

江蘇	50人
浙江	31人
廣東	12人
安徽	6人
河北	5人
湖南	2人
江西	2人
福建	2人
湖北	1人
山東	1人
山西	1人

(2)
年齡

20歲以上者	82人
20歲以下者	23人
30歲以上者	8人

(3)
職業

商界	58人
学界	29人
工界	17人
無業	8人
軍界	1人

(4)
性別

男	101人
女	12人

第一期幹部班統計表（學員三百九十五人）：

(1) 籍貫

江蘇：184人
浙江：80人
廣東：43人
福建：19人
安徽：12人
河北：12人
湖南：11人
山東：10人
四川：10人
江西：7人
廣西：3人
湖北：2人
山西：1人
雲南：1人

(2) 年齡

20歲以上者：298人
20歲以下者：58人
30歲以上者：31人
40歲以上者：8人

(3) 職業

學界：245人
商界：72人
無業：28人
工界：26人
政界：20人
警界：4人

(4) 性別

男：369人
女：26人

抗日战争档案汇编

上海市各界抗敌后援会档案汇编

2

上海市档案馆　编

五洲传播出版社

三、上海市各界抗敌后援会与各方来往文电

（一）关于抗敌后援会组织人事

国民党上海特别市执行委员会关于后援会呈报组织纲要规则及委员名单准予备案事致上海市各界抗敌后援会的批
（一九三七年八月八日）

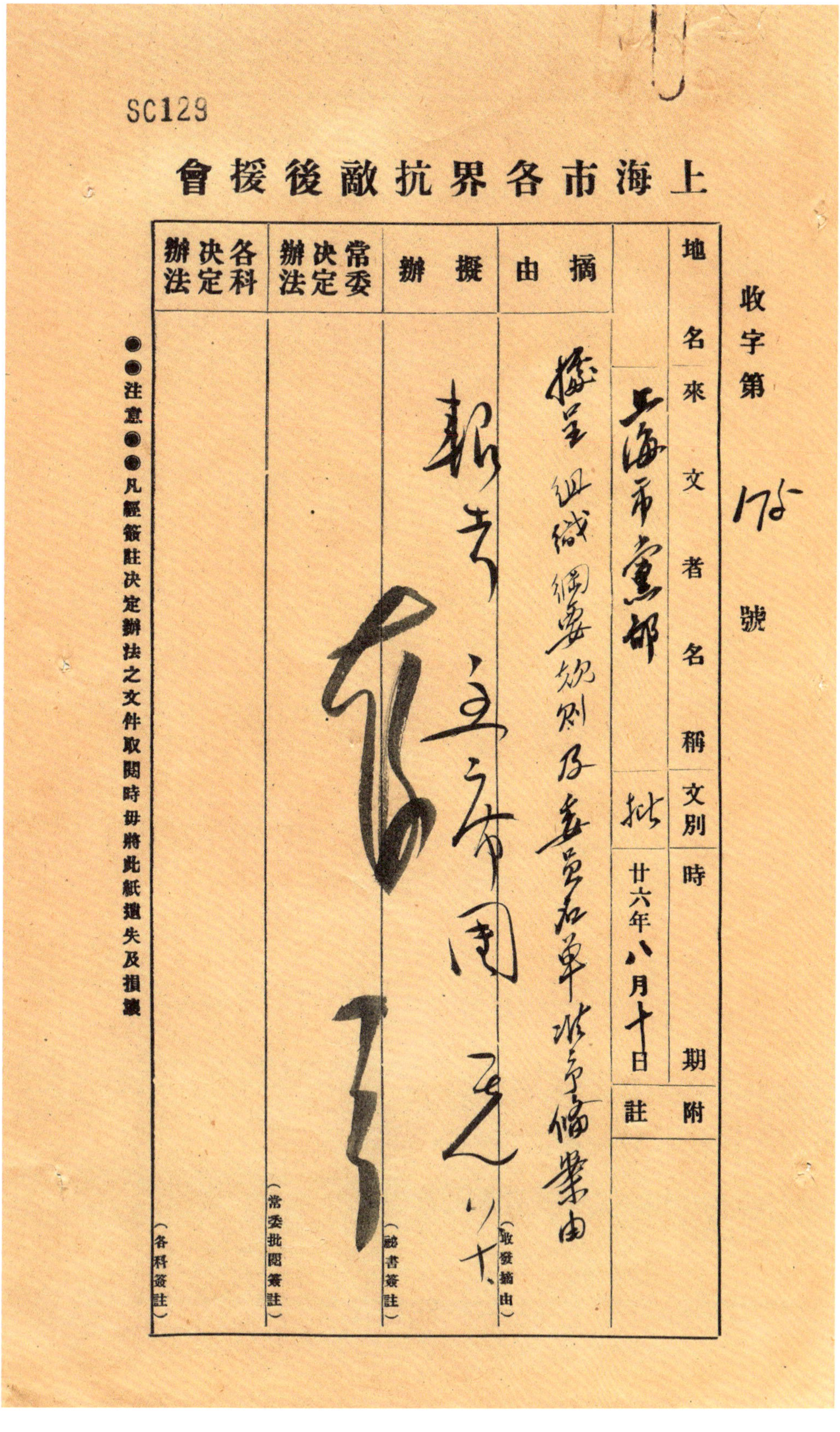

SC129

上海市各界抗敵後援會

收字第 175 號

來文者名稱	上海市黨部
文別	批
時期	廿六年八月十日
附註	
摘由	據呈組織綱要規則及委員名單准予備案由
擬辦	
常委決定辦法	
各科決定辦法	

（收發摘由）（祕書簽註）（常委批閱簽註）（各科簽註）

●●注意●●凡經簽註決定辦法之文件取閱時毋將此紙遺失及損壞

~SC128

中國國民黨上海特別市執行委員會批答 執字第5524號

批 上海市各界抗敵後援會

呈 爲呈報發起組織及正式成立經過附章程組織綱要規則及委員名單懇請鑒核備案由

呈件均悉准予備案件存此批

中華民國廿六年八月　日

常務委員 童行白 潘公展 姜懷素

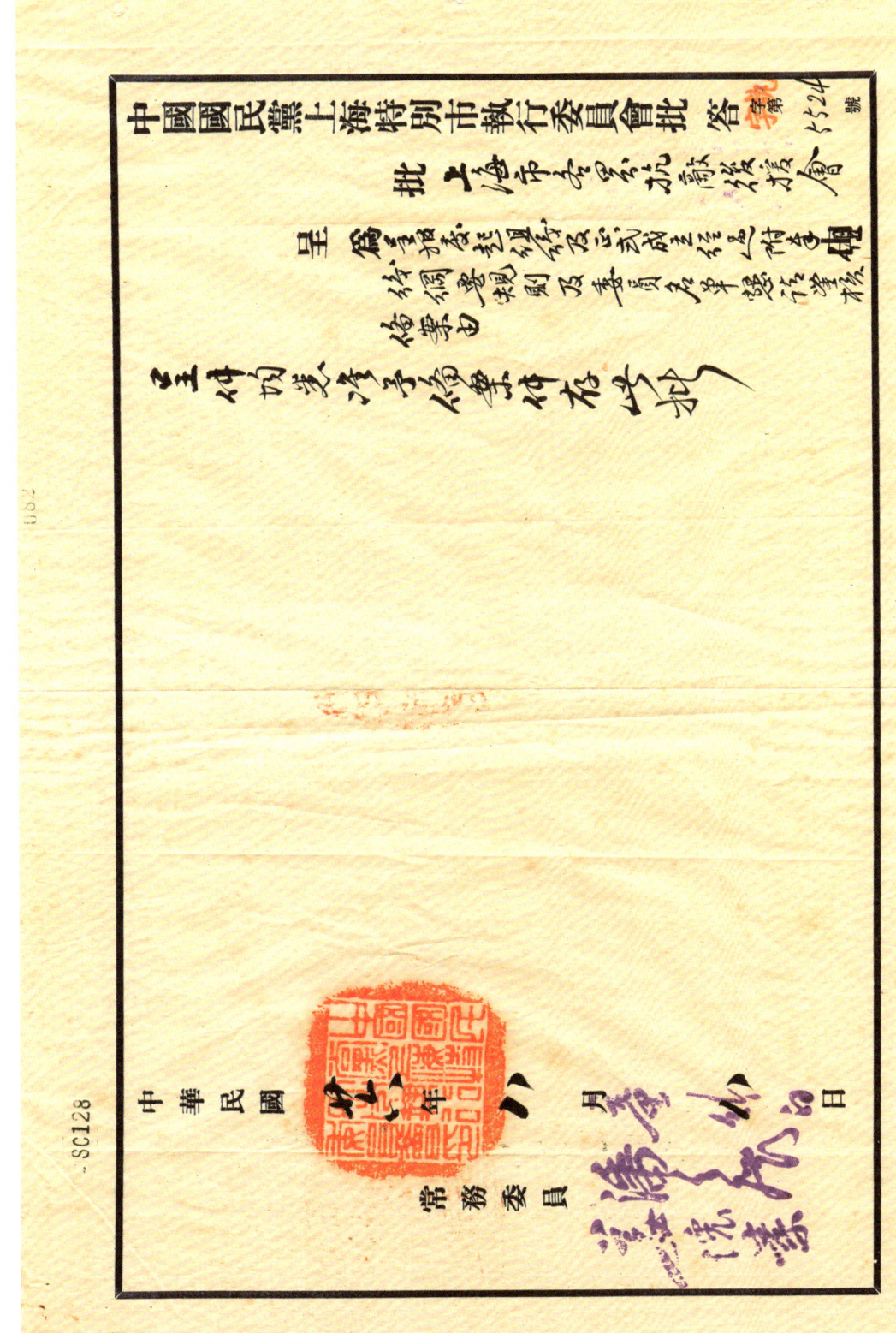

上海市社会局关于后援会主席团王晓籁等呈文准予备案事致上海市各界抗敌后援会的批（一九三七年八月九日）

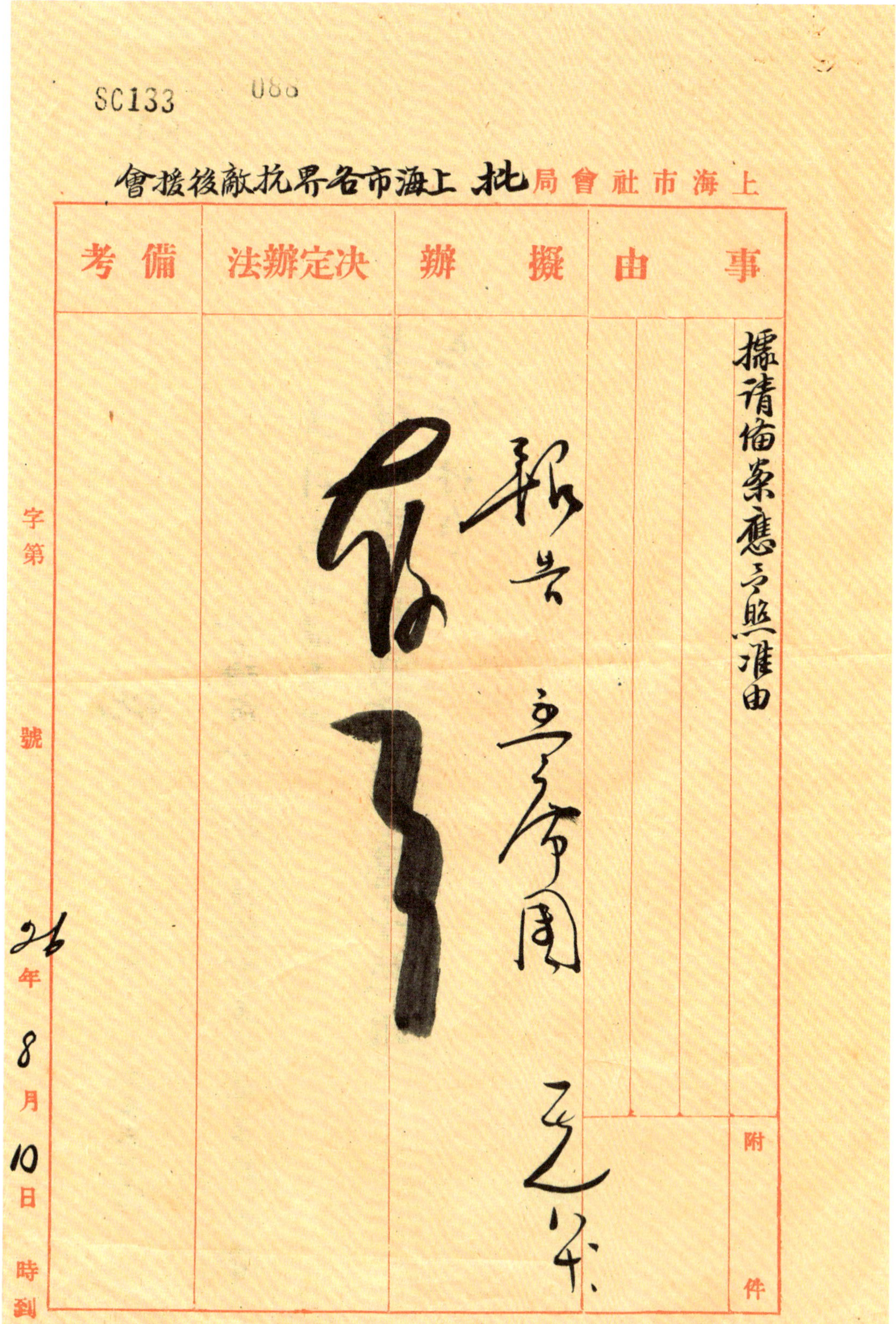
SC133 088

上海市社會局 批 上海市各界抗敵後援會

事由	擬辦	決定辦法	備考
據請備案應予照准由			

附件

字第 號

26年8月10日時到

收文 字第 1124 號

上海市社會局批

市字第二三三三五號

批上海市各界抗敵後援會主席團王曉籟等

呈一件，爲請備案由

呈件均悉。所請備案，應予照准。

此批。件存。

SC135

中華民國二十六年八月九日

局長 潘[illegible]

上海市社会局关于后援会呈送印鉴准予备查事致上海市各界抗敌后援会的批（一九三七年八月十四日）

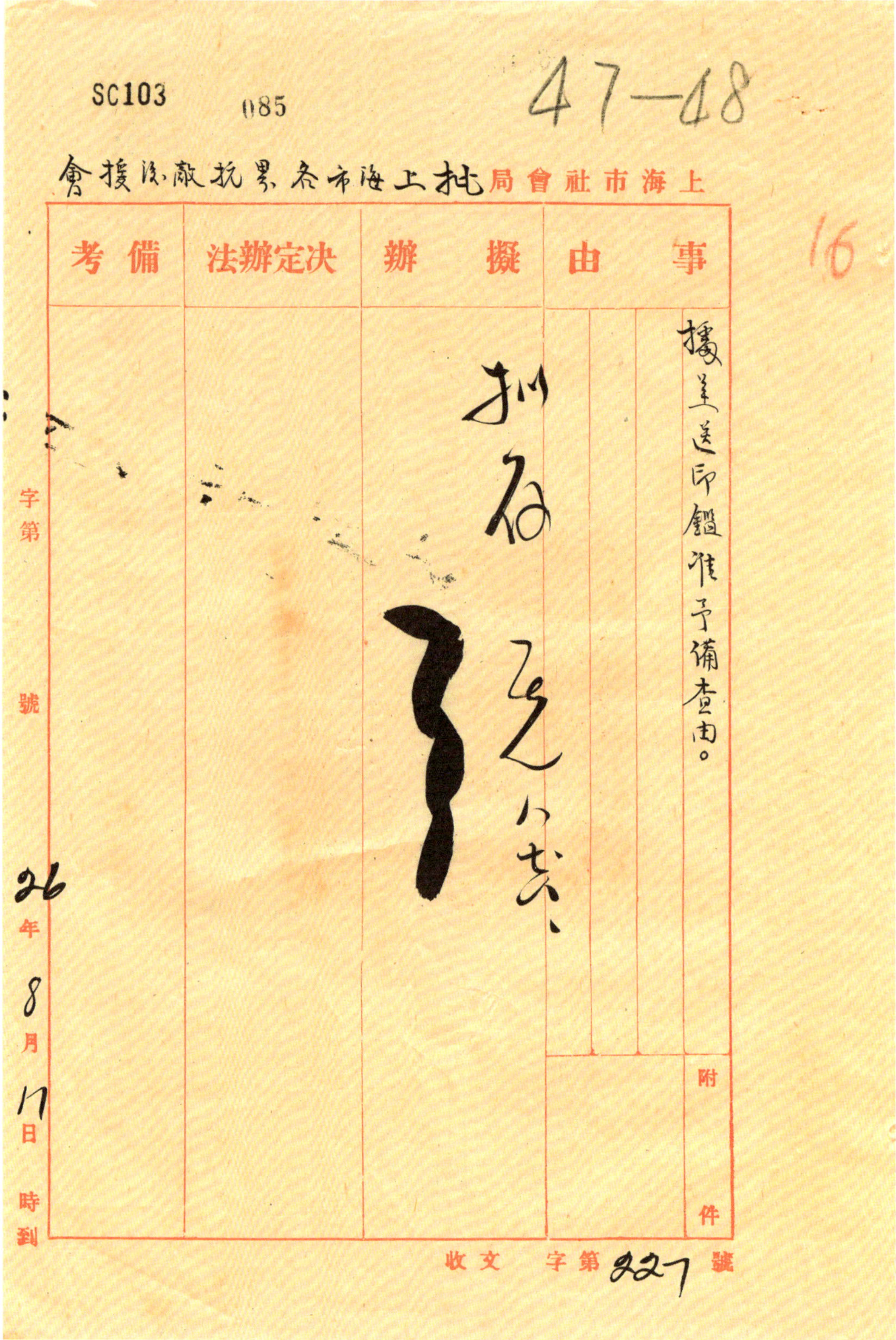
SC103 085 47—48

上海市社會局批上海市各界抗敵後援會

事由	擬辦	決定辦法	備考
據呈送印鑑准予備查由。			

附件

收文 字第227號

字第 號

26年8月17日時到

16

SC104

上海市社會局批

社字第二三三三六號

批上海市各界抗敵後援會

呈一件：為呈送印鑑請查核備案由。

呈件均悉。准予備查。此批。件存。

SC105

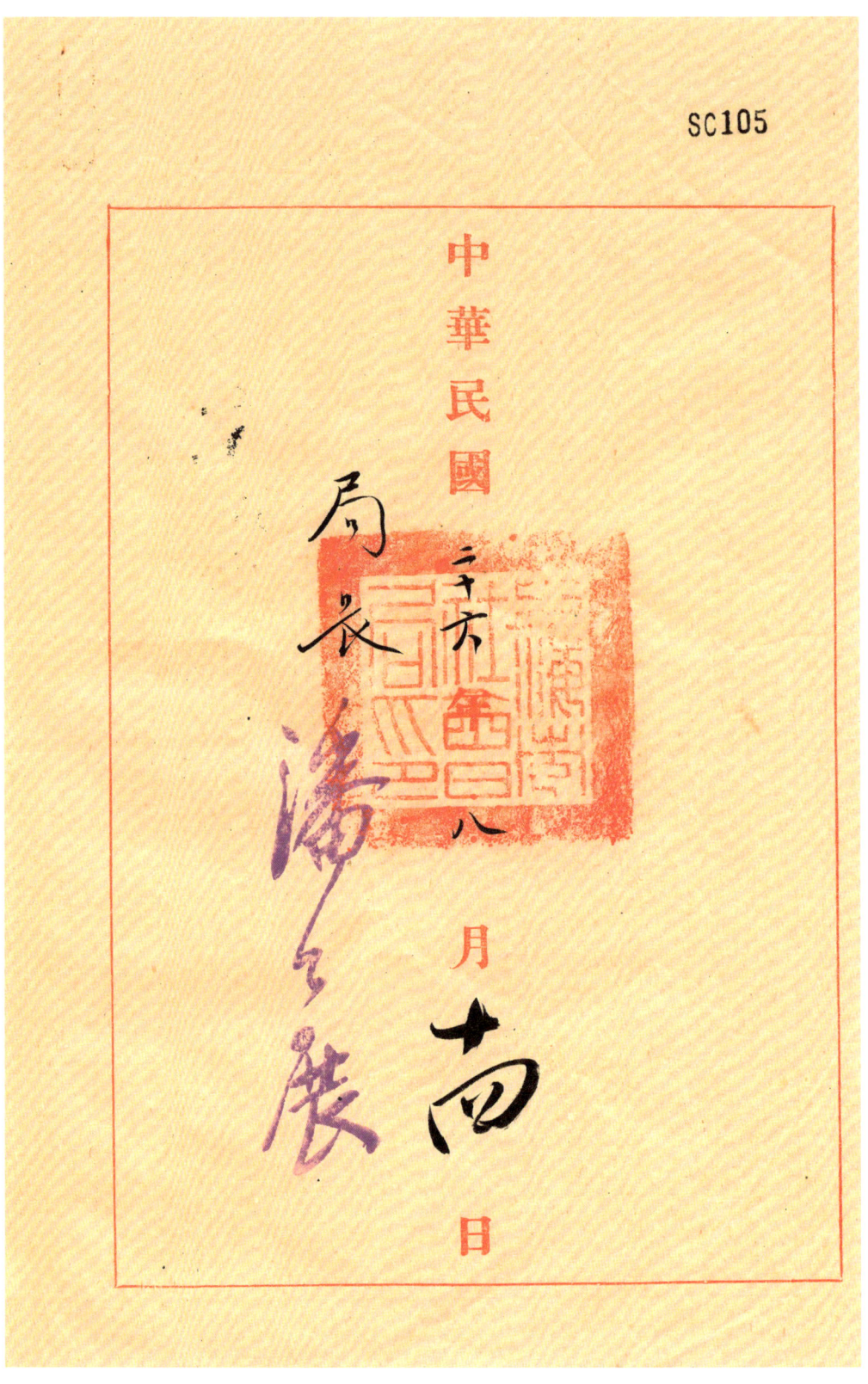

中華民國二十六年八月十四日

局長 潘公展

国民党上海特别市执行委员会关于抄转各地抗敌后援会组织及工作纲要事致上海市各界抗敌后援会的密令
（一九三七年十月一日）

008

SC014

27

簽令

事由（由發文者摘錄）：（密）

交辦：

擬辦：

批辦：

備考：

附件

26年10月2日收文　字第956號

SC015

中國國民黨上海特別市執行委員會訓令　執字第3017號

令上海市各界抗敵後援會

為密令飭遵事案准

國民政府軍事委員會第六部密函義字第三零二號內開本部為調整各地抗敵後援會起見制定該會組織及工作綱要俾資一律遵守除

呈請

中央執行委員會備案暨函請行政院轉飭所屬

遵照辦外相應函達請煩查照辦理並轉飭所屬一体遵照為荷等由並附各地抗敵後援會組織及工作綱要一份到會准此合亟轉抄前項綱要仰該會遵照辦理為要此令

附抄各地抗敵後援會組織及工作綱要一份

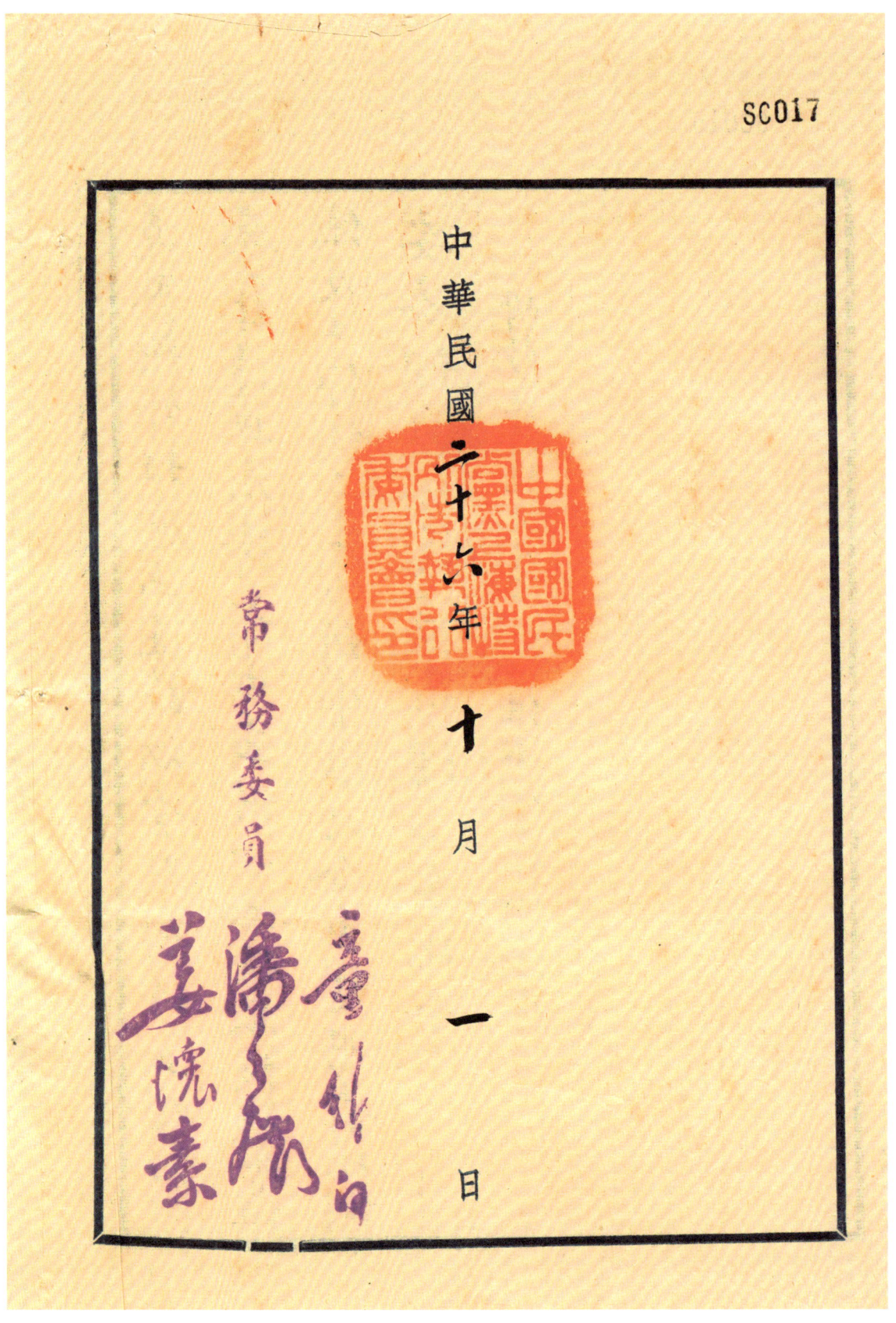

SC017

中華民國二十六年十一月一日

常務委員 童行白 潘公展 姜懷素

各地抗敵後援會組織及工作綱要

一、各地抗敵後援會之設立依左列之順序

(1) 河北、山東、察哈爾、綏遠、山西、江蘇、安徽、浙江、福建、廣東、各省縣、上海、南京、各市，均應設立，

(2) 河南、陝西、湖北、湖南、江西等省，按繁劇衝要各縣市，先行設立，

(3) 其他各省市縣，得斟酌情形設立之，

二、各地已設立抗敵後援會或同性質之團体，應遵照本大綱之原則加以整理，但原有名稱，毋庸更改，

三、各地抗敵後援會，應冠以各該地之名，在省、縣、區應

於地名下加「民衆」二字，在市應於地名下加「各界」二字，例如「江蘇省江寧縣第一區民衆抗敵後援會」「南京市各界抗敵後援會」

四、參加抗敵後援會之單位為當地黨、政、軍、自治機關及依法組織之團体，

五、各地抗敵後援會之系統為省、市、縣、區為最小單位，

六、各地抗敵後援會之設立，應由當地之黨政軍當局召集發起之，民衆之自動組織者，應得當地黨政軍之許可，

七、各地抗敵後援會，應接受當地最高黨政軍當局之指導，

八、各地抗敵後援會成立後，應呈請當地最高黨政軍機關

登記，其爲省及隸行政院之市，並應呈請本部備案，

九、各地抗敵後援會之內部組織自定之，

十、各地抗敵後援會，得斟酌情形，設左列各隊，

(1)自衛隊——以退伍軍人，警察及壯丁組織之，其工作在維持秩序，保衛地方，及負防空防毒之責，必要時作前綫戰鬥員之補充，或担任游擊戰爭之工作，

(2)特務隊——以退伍軍人，教員，學生，記者及在幫民衆之忠实机警者組織之，其工作在擾亂敵人後方，劫奪敵人餉械，破壞敵人交通，刺探敵情，防止間諜及裁制漢奸等，

SC021

(3)(3)宣傳隊——以長於文字，演講，戲劇，歌詠之教員學生組織之，其工作在喚起民衆抗敵救國之精神，

(4)交通隊——以土，木，泥水，鋼鉄，各匠，電氣，五金工人備有車，船，騾馬者，以及苦力，挑伕等組織之，其工作在修理道路，維持通訊，搬運器物，輸送傷兵病軍民等

(5)救濟隊——以各慈善團体，各同鄉會，各宗祠，廟宇及殷实紳耆組織之，其工作在收容，救濟，遣送戰地難民，及掩埋軍民尸体等，

(6)救護隊——以醫生，看護及婦女組織之，其工作在醫

治看護傷病軍民等，

(7) 慰勞隊——以紳耆，教員，學生，官佐眷屬等組織之，其工作在徵集慰勞品，慰勞前方或受傷將士，

(8) 募捐隊——以學生，童子軍，及熱心捐助者組織之，其工作在勸募救國公債，募集財物，補濟軍需，

(9) 消防隊——以各地消防隊人員及稍具防空消防知識技能者組織之，其工作在撲滅火災，

(10) 留守隊——以貧苦婦女，老年殘廢者組織之，其工作在敵軍壓境時居留看守，並設法察看敵情，傳遞消息，

SC022

012

SC023

十一、各地抗敵後援會，應設置訓練委員會，予各隊之員以相當之訓練，

十二、各地抗敵後援會，得斟酌情形，設置設計委員會，從事研究並計劃該會工作，

十三、各地抗敵後援會，為當地黨政軍民之共同組織，各職業團体，社會團体，應按其性質，加入各隊工作，不得有性質團体之設立，

十四、各地抗敵後援會，應以出力不受酬為原則，各職員概為無給職，其必需經費，由所在地黨政机関酌予津貼，或由地方公款撥充，不得濫加民衆負担，或動用募得之救國捐款，

国民政府军事委员会第六部关于后援会呈报该会组织纲要、组织规则及重要职员名单准予备案事致上海市各界抗敌后援会的指令（一九三七年十月六日）

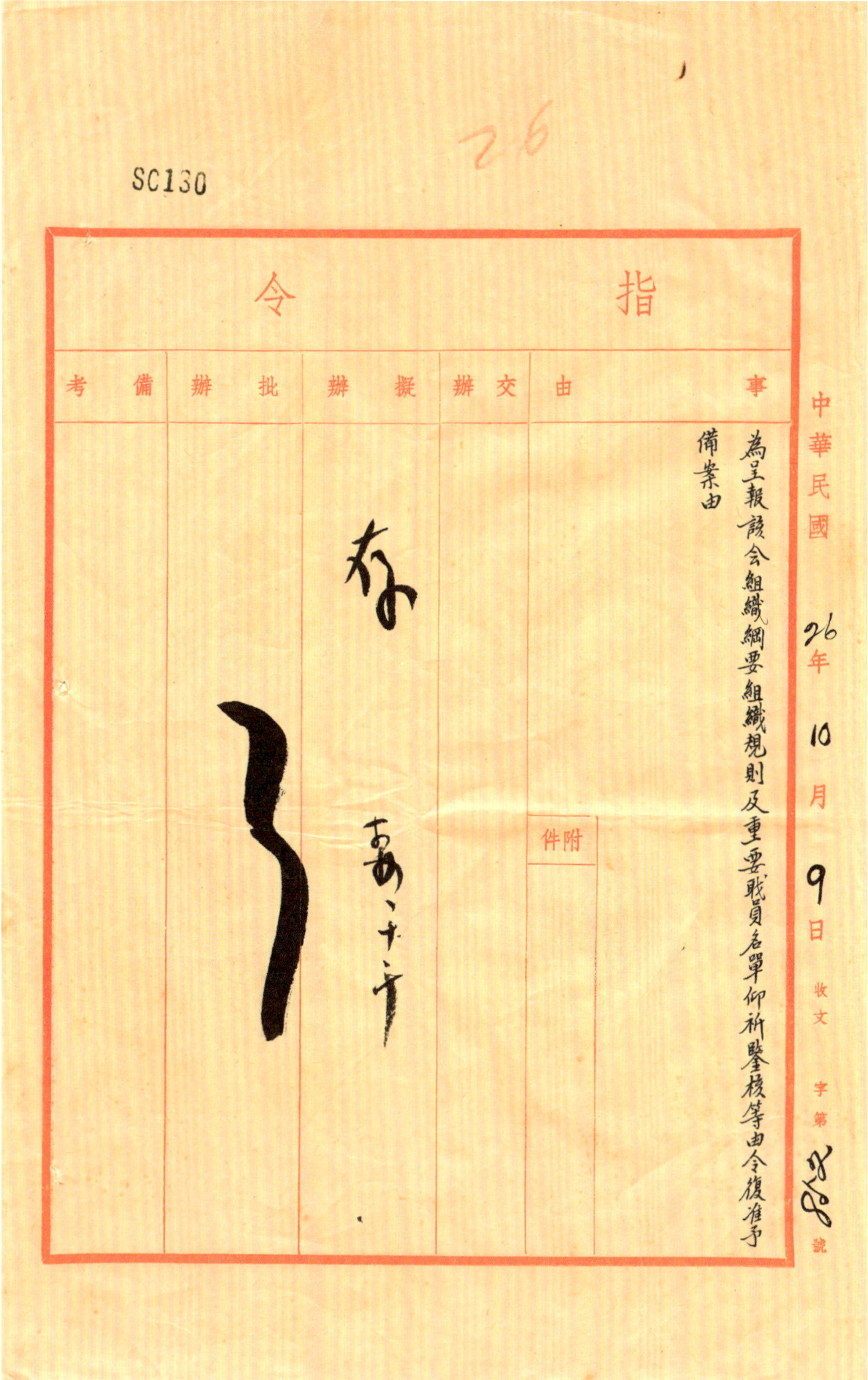
SC130

26

指令

中華民國 26 年 10 月 9 日 收文 字第 858 號

事由	附件	交辦	擬辦	批辦	備考
為呈報該会組織綱要組織規則及重要職員名單仰祈鑒核等由令復准予備案由			存		

SC131

國民政府軍事委員會第六部指令 康字第五九三號

令上海市各界抗敵後援會

呈一件 為呈報該會組綱要組織規則及重要職員名單仰祈鑒核由

呈及附件均悉應准備案此令附件存

SC132

中華民國二十六　十　月六日

部長　陳立夫

監印潘眠石

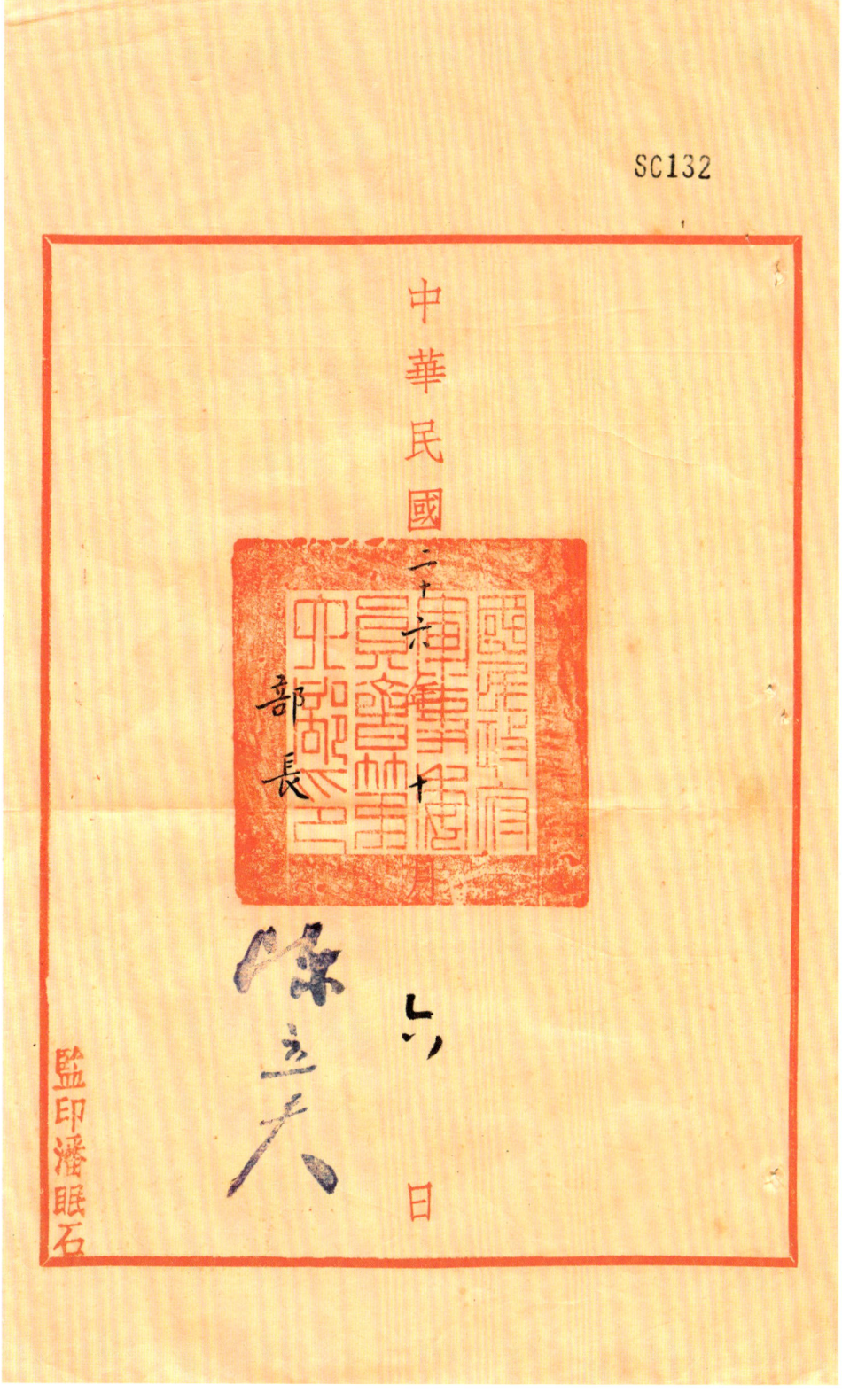

上海市各界抗敌后援会主席团关于呈报参加该会工作之地方士绅姓名及其态度事致国民党上海市党部的呈

（一九三七年十月十四日）

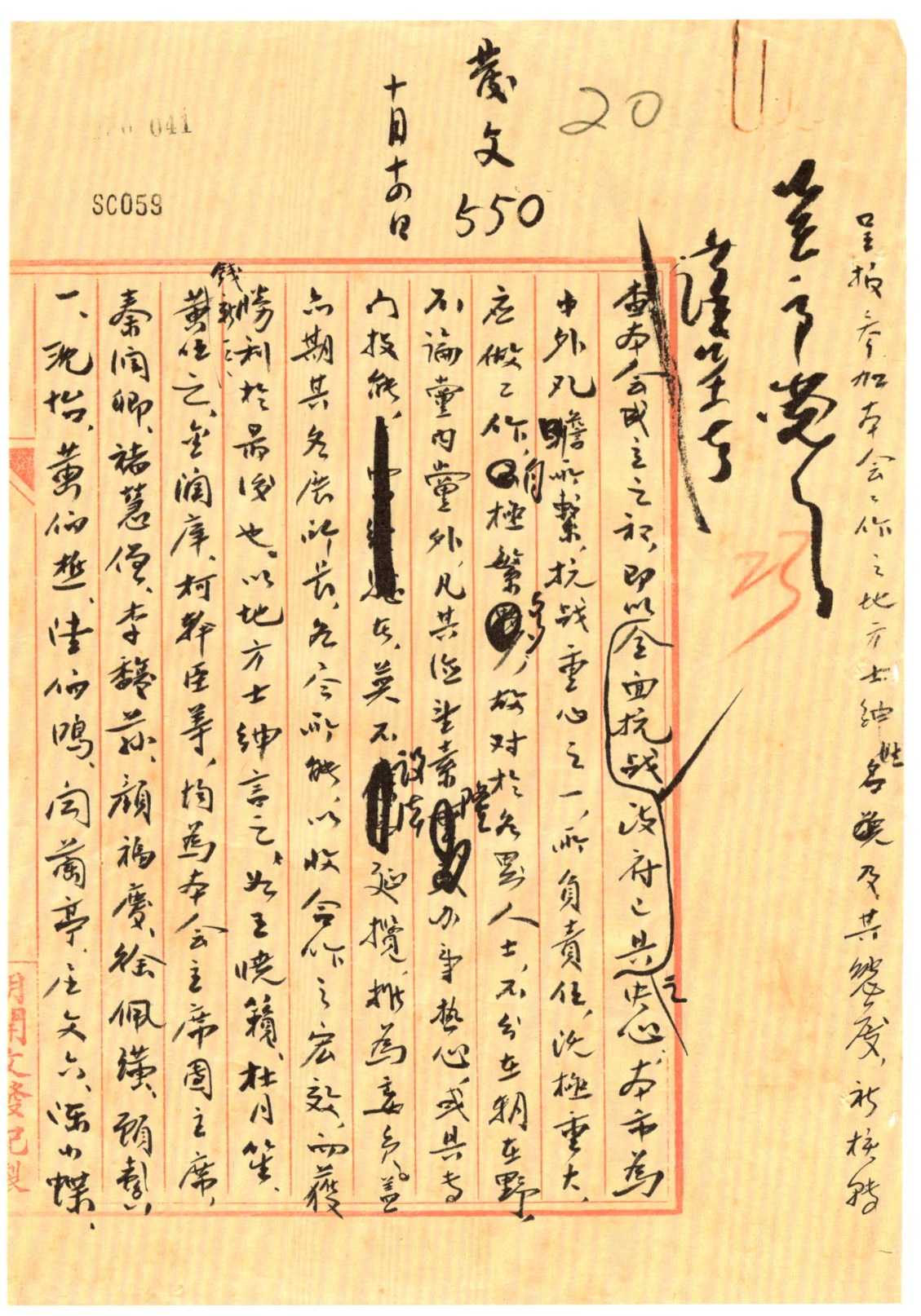

呈报参加本会工作之地方士绅姓名及其态度，祈核转

呈市党部

请呈市党部

发文 550
十月十四日

20

SC059

026-041

查本会成立之初，即以全面抗战政府之共心之，本市为
中外观瞻所系，抗战重心之一，所负责任，既极重大，
应做之工作，[redacted]极繁[redacted]，故对于各界人士，不分在朝在野，
不论党内党外，凡其信[redacted]素[redacted]能办事热心，或具有
内投能，[redacted]东，莫不[redacted]设法延揽，推为委员，冀
而期其各展所长，各尽所能，以收合作之宏效，而获
胜利于最后也。以地方士绅言之，如王晓籁、杜月笙、
钱新之、黄任之、金润庠、柯干臣等，均为本会主席团主席，
秦润卿、褚慧僧、李馥荪、顾福庆、徐佩璜、顾馨
一、沈怡、黄伯樵、陆伯鸿、闻兰亭、王文元、潘小蝶、

潘公衍、嚴独鶴、胡樸安、徐寄廎、郭順、林康侯、胡西園、

金立人、任矜蘋、聞渔笙等，或為本会执监委員，或為本会特種委員，群策群力，一心一德，從事抗敵後援之工作，[illegible]

稍有[illegible]前將地方士紳担任本会主席及

各種特種委員会主任委員等，分别列表說

明其工作之熱心努力，請予

從核轉呈中央獎勵為荷

[illegible]

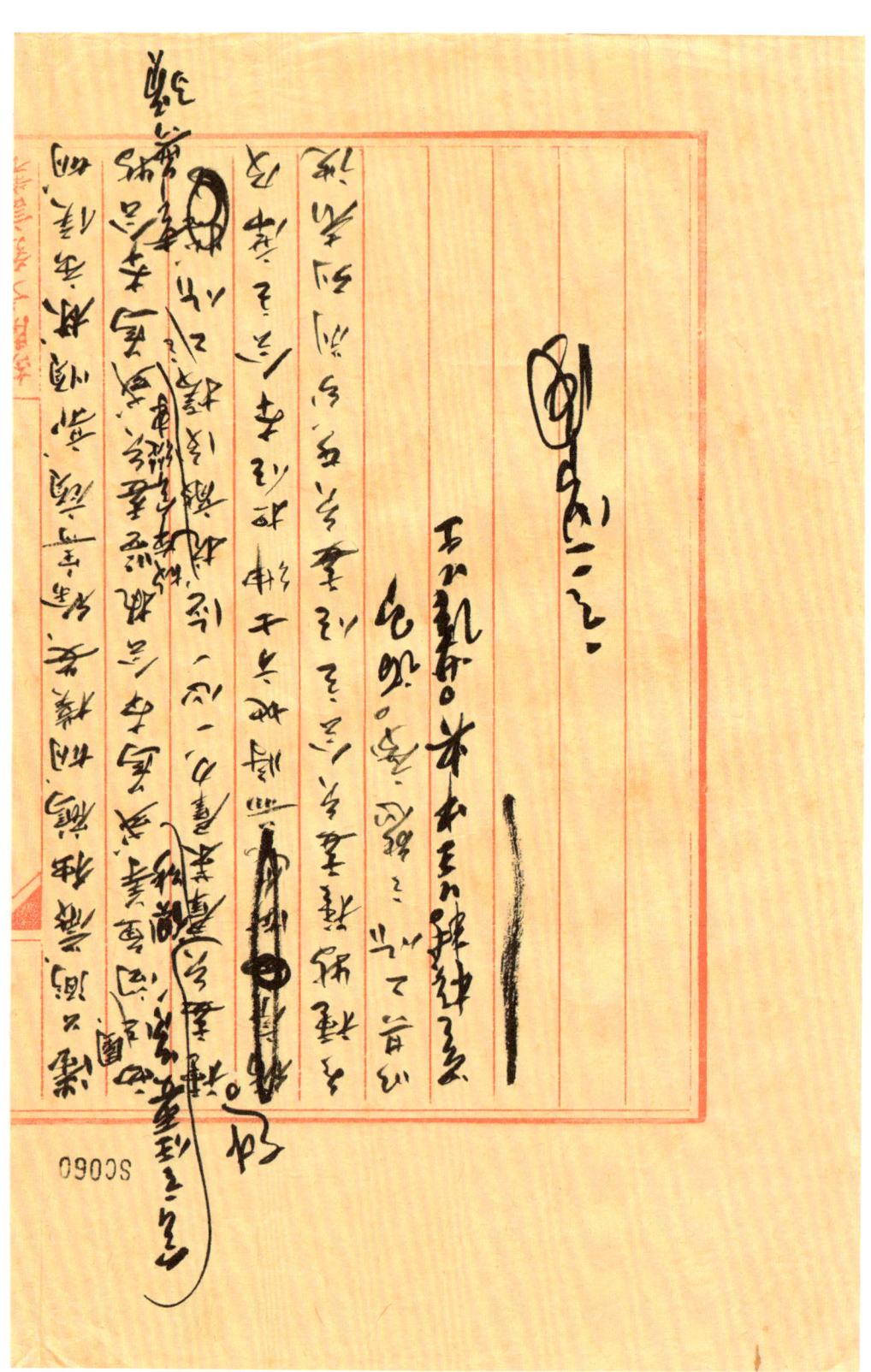

姓名	担任职务	工作态度	备注
杜月笙	主席 筹募委员会主任	非常努力	
王晓籁	主席 慰劳委员会主任		
钱新之	主席 前供应委员会主任		
金润庠	主席 慰劳委员会副主任		
黄任之	主席		
柯干臣	主席		
吴蕴斋	筹募委员会副主任		
秦润卿	仝上		
李馥荪	仝上		

SC062

顾馨一	民食调节委员会主任
严独鹤	宣传委员会副主任
潘公弼	仝上
黄伯樵	前交通委员会主任
徐佩璜	交通委员会主任
陈小蝶	慰劳委员会副主任
颜福庆	救护委员会主任
沈　怡	技术委员会主任
林我侯	设计委员会副主任
彭文应	设计委员会主任

胡開文發記製

（二）关于救国捐

国民党上海特别市执行委员会关于拟订筹募救国捐办法准予备案事致上海市各界抗敌后援会的指令
（一九三七年八月十二日）

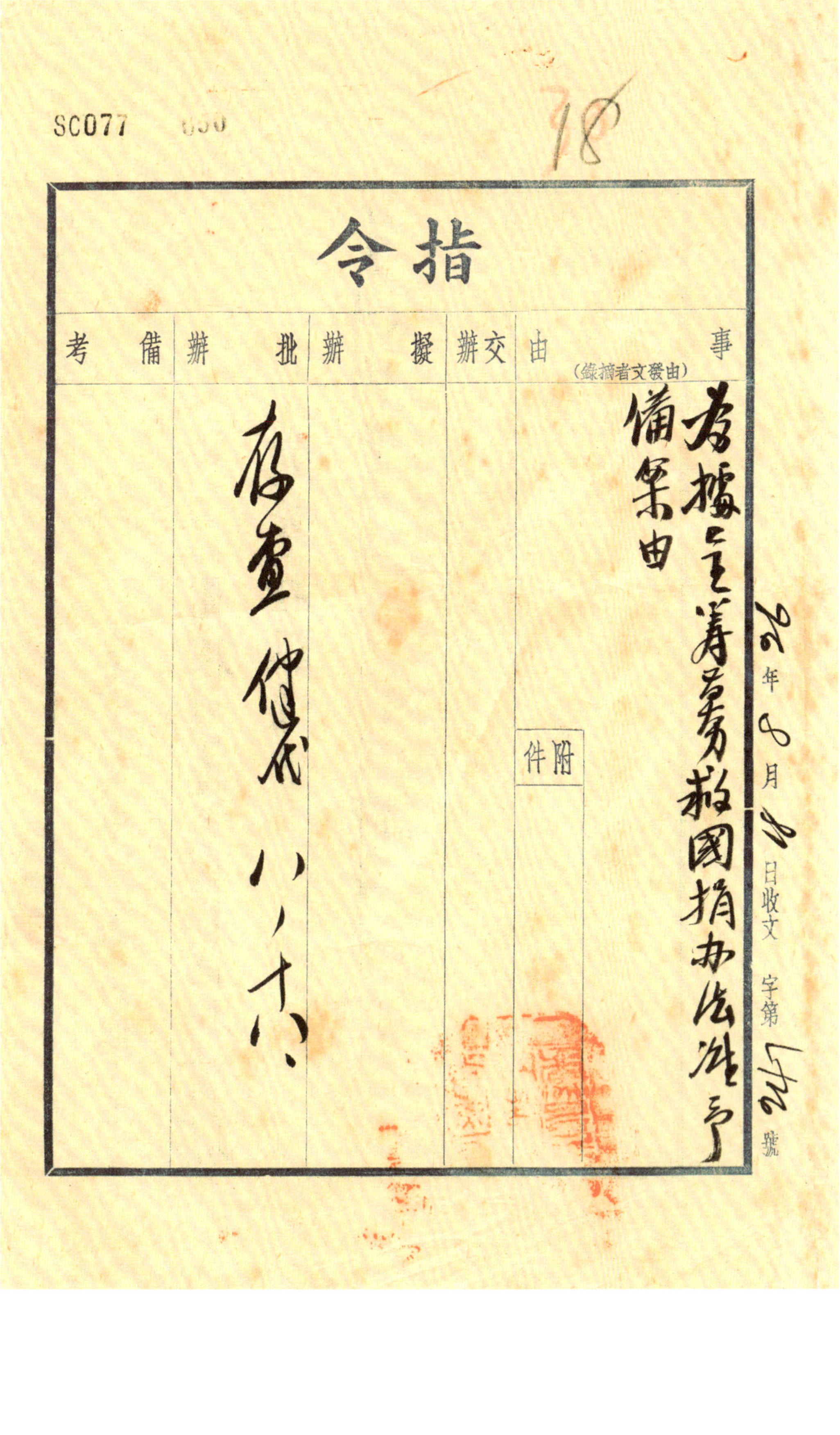
SC077 050

18

指令

事由（發文者摘錄）	交辦	擬辦	批辦	備考
為擬定籌募救國捐辦法准予備案由 26年8月11日收文　字第[illegible]號 附件			存查 [illegible] 八、十六	

中國國民黨上海特別市執行委員會 指令 執字第3334號

令上海市各界抗敵後援會

呈一件 爲擬訂籌募救國捐要點仰祈鑒核備案由

呈件均悉，准予備案，件存。此令

SC079

中華民國廿六年八月十二日

常務委員 童行白 潘公展 姜懷素

上海市各界抗敌后援会、财政部、上海市地方协会关于救国捐调换救国公债事的往来文件

（一九三七年八月二十五日至九月二十一日）

上海市各界抗敌后援会致财政部的电（一九三七年八月二十五日）

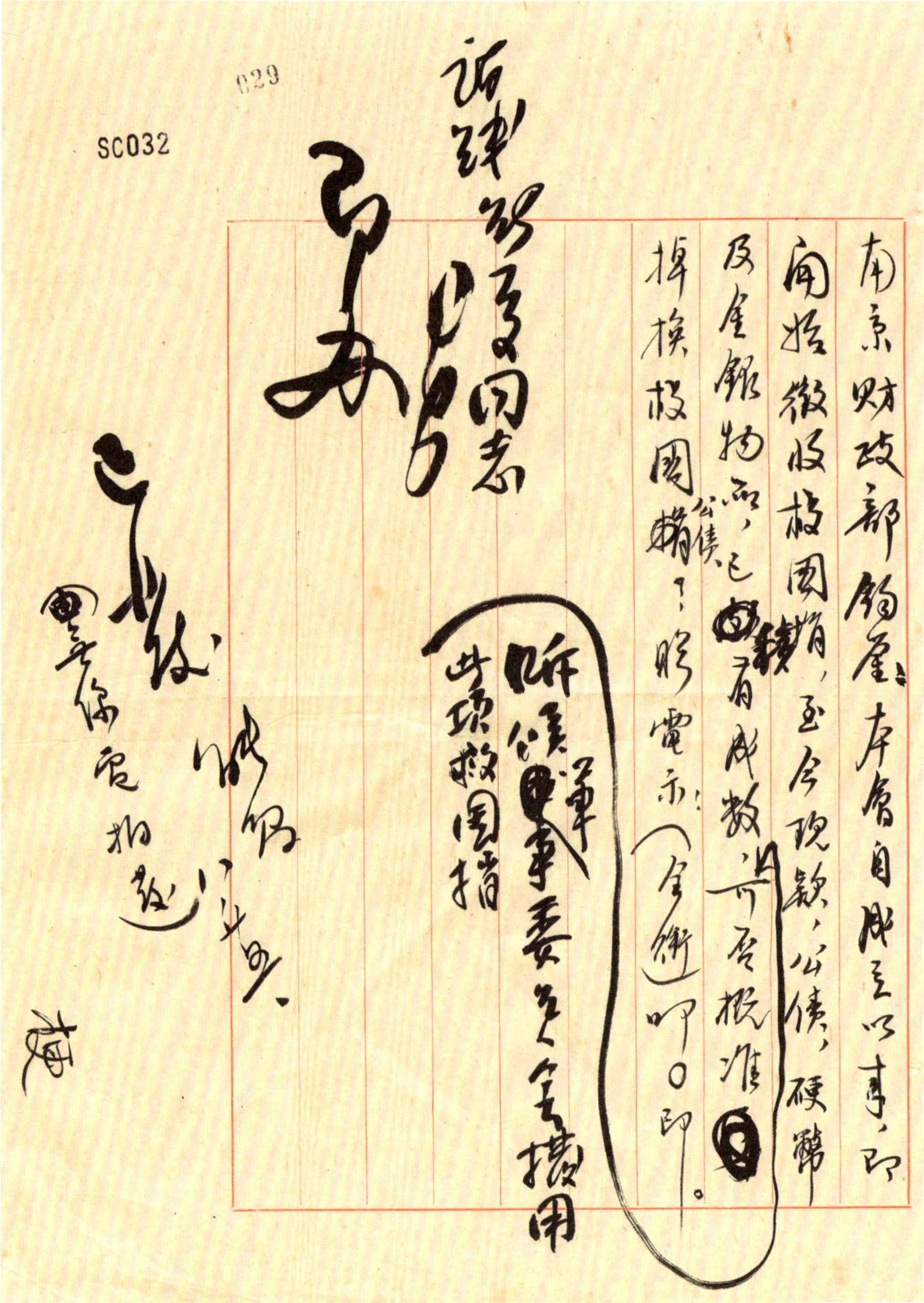
南京财政部钧鉴：本会自成立以来，即向各界征收救国捐，至今现款、公债、硬币及金银物品，已有成数，可否核准掉换救国公债，祈电示。（全衔）叩。印。

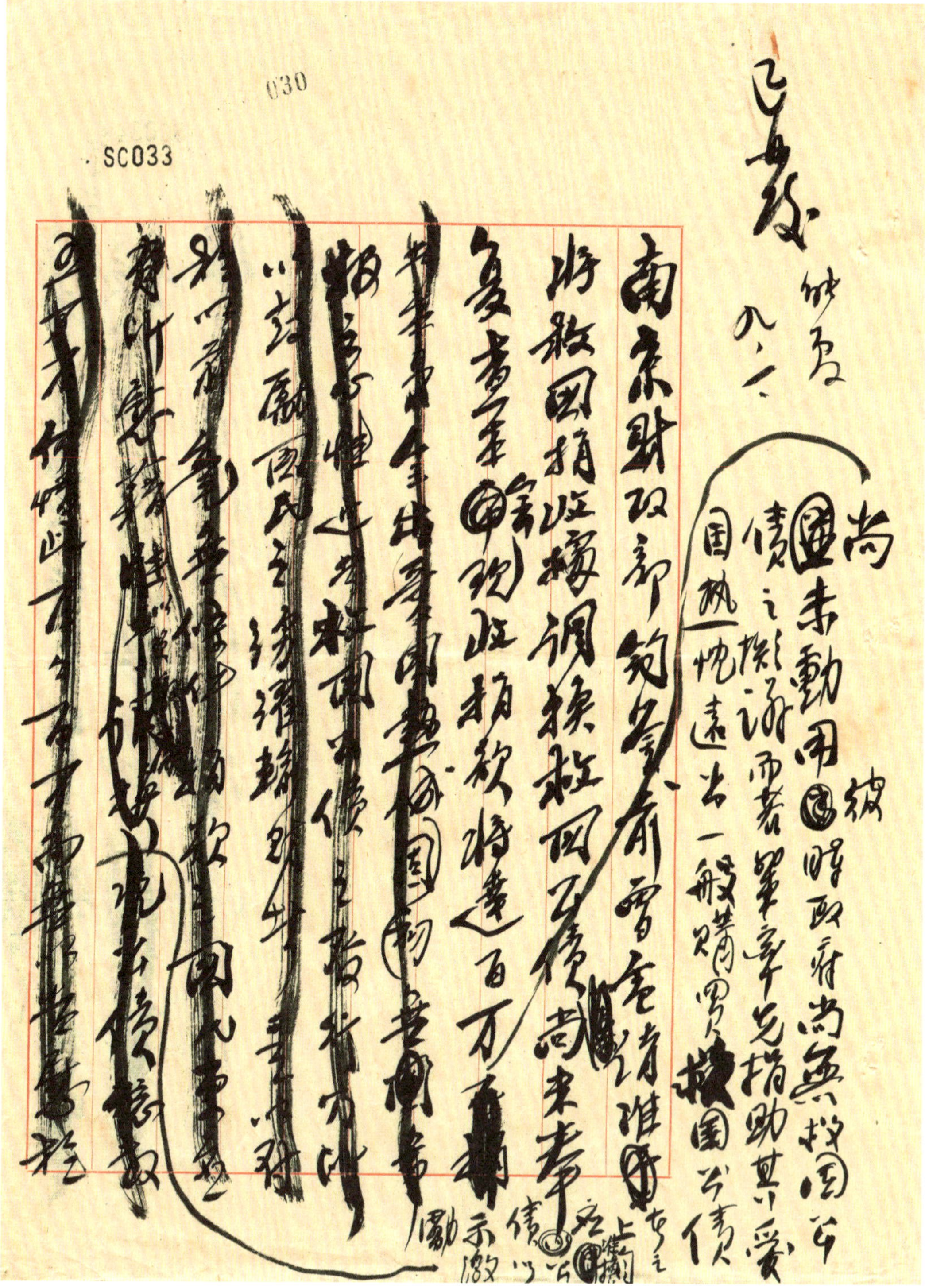

上海市各界抗敌后援会致财政部的电（一九三七年九月一日）

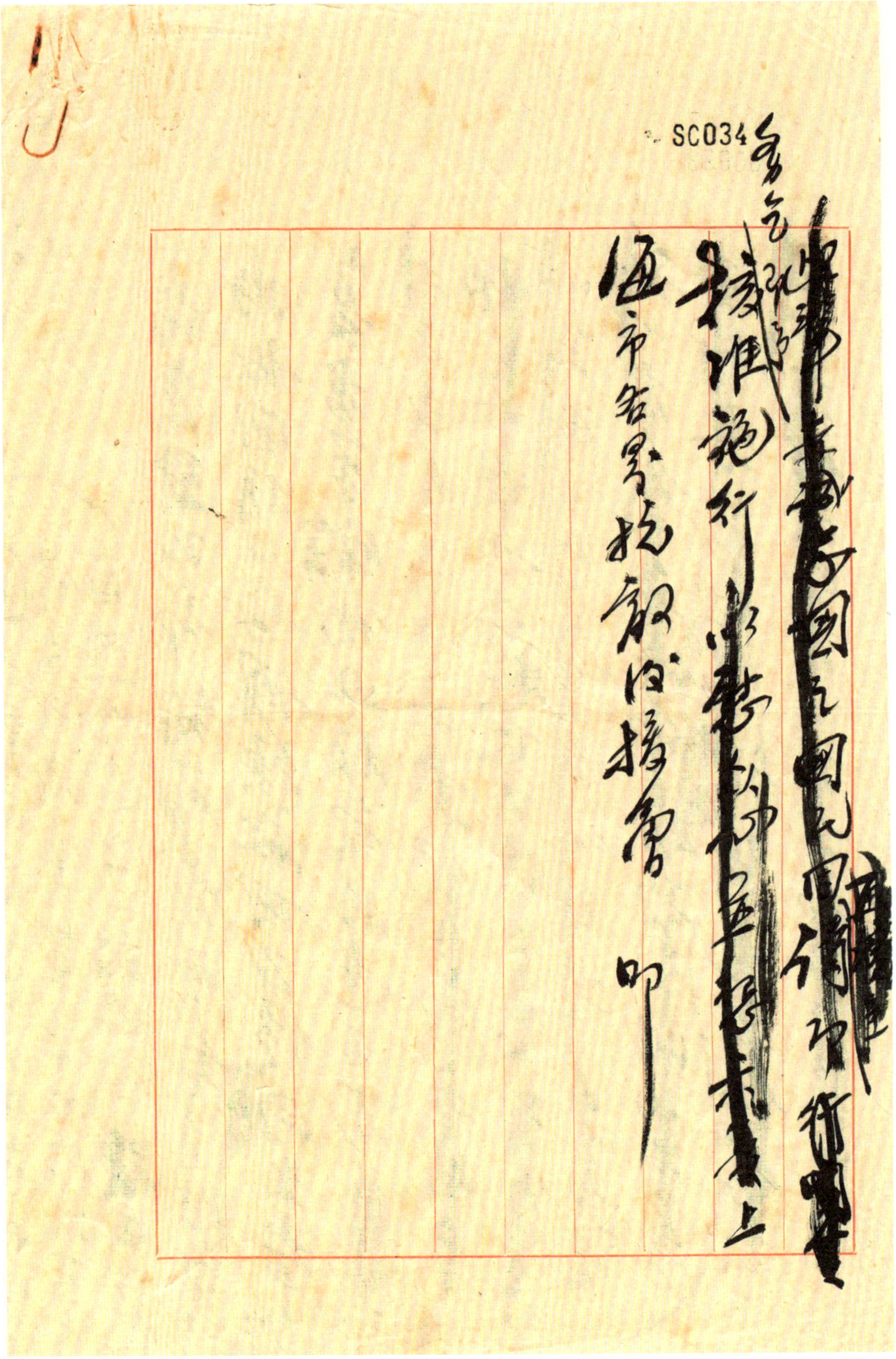

SC034

援准施行……

上海市各界抗敌后援会 叩

财政部致上海市各界抗敌后援会的快邮代电（一九三七年九月四日）

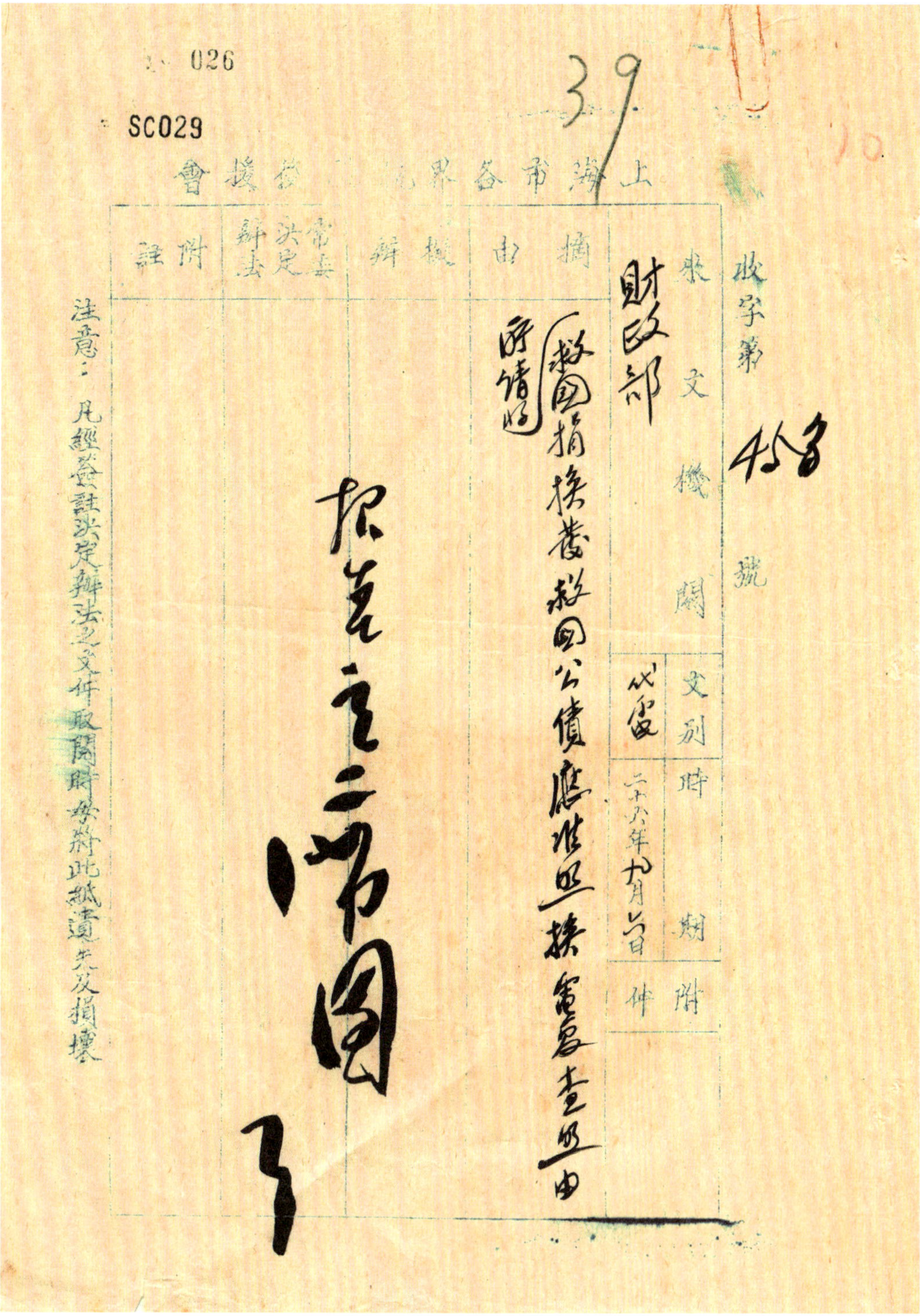
026

SC029

39

上海市各界抗敌後援會

收字第4518號

來文機關	財政部
文別	代電
時期	二十六年九月六日
附件	
摘由	救國捐換發救國公債應准照換電復查照由（所請照）
擬辦	[illegible]
常委決定辦法	
附註	

注意：凡經簽註決定辦法之文件取閱時務粘此紙遺失及損壞

027

SC030

財政部快郵代電

上海市各界抗敵後援會鑒東電悉貴會募集救
國捐將達百萬具徵勸募及捐助者均属熱心愛國至
堪嘉慰所請換發救國公債應准照換即希逕向勸
募委員會接洽除分函外特復財政部支

注意依此線折訂

特定用紙之七

上海市地方协会致上海市各界抗敌后援会秘书长陶百川的函（一九三七年九月二十一日）

SC031　028

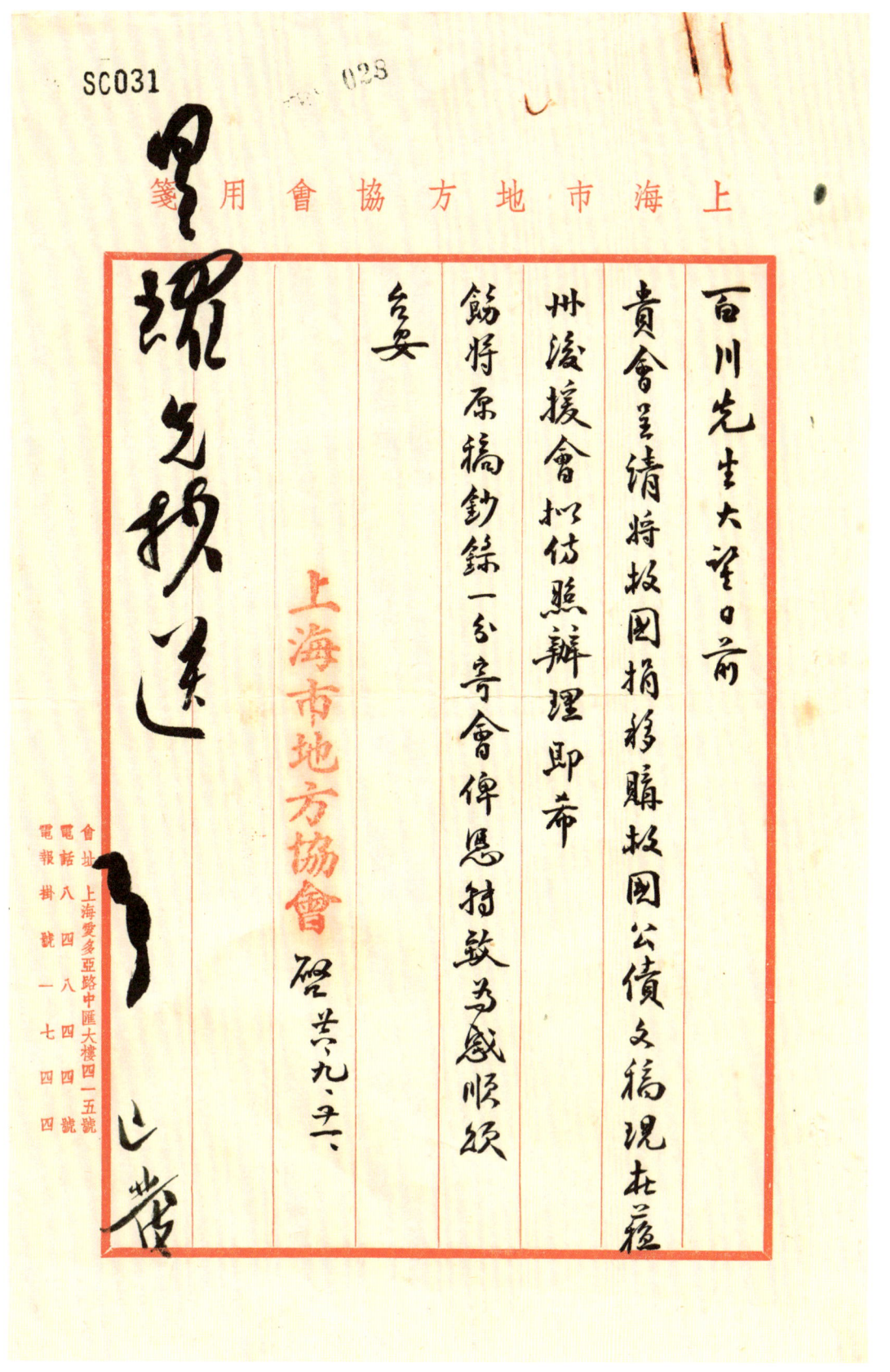

上海市地方協會用箋

百川先生大鑒：日前
貴會呈請將救國捐移購救國公債文稿，現在蘇
州後援會擬仿照辦理，即希
飭將原稿鈔錄一分寄會，俾憑轉致為感。順頌
台安

上海市地方協會啓　廿六、九、廿一

照鈔送

會址 上海愛多亞路中匯大樓四一五號
電話 八四八四四號
電報掛號 一七四四

陈立夫关于与就地最高军事长官接洽办理就近动用救国捐事致上海市各界抗敌后援会的电（一九三七年八月二十六日）

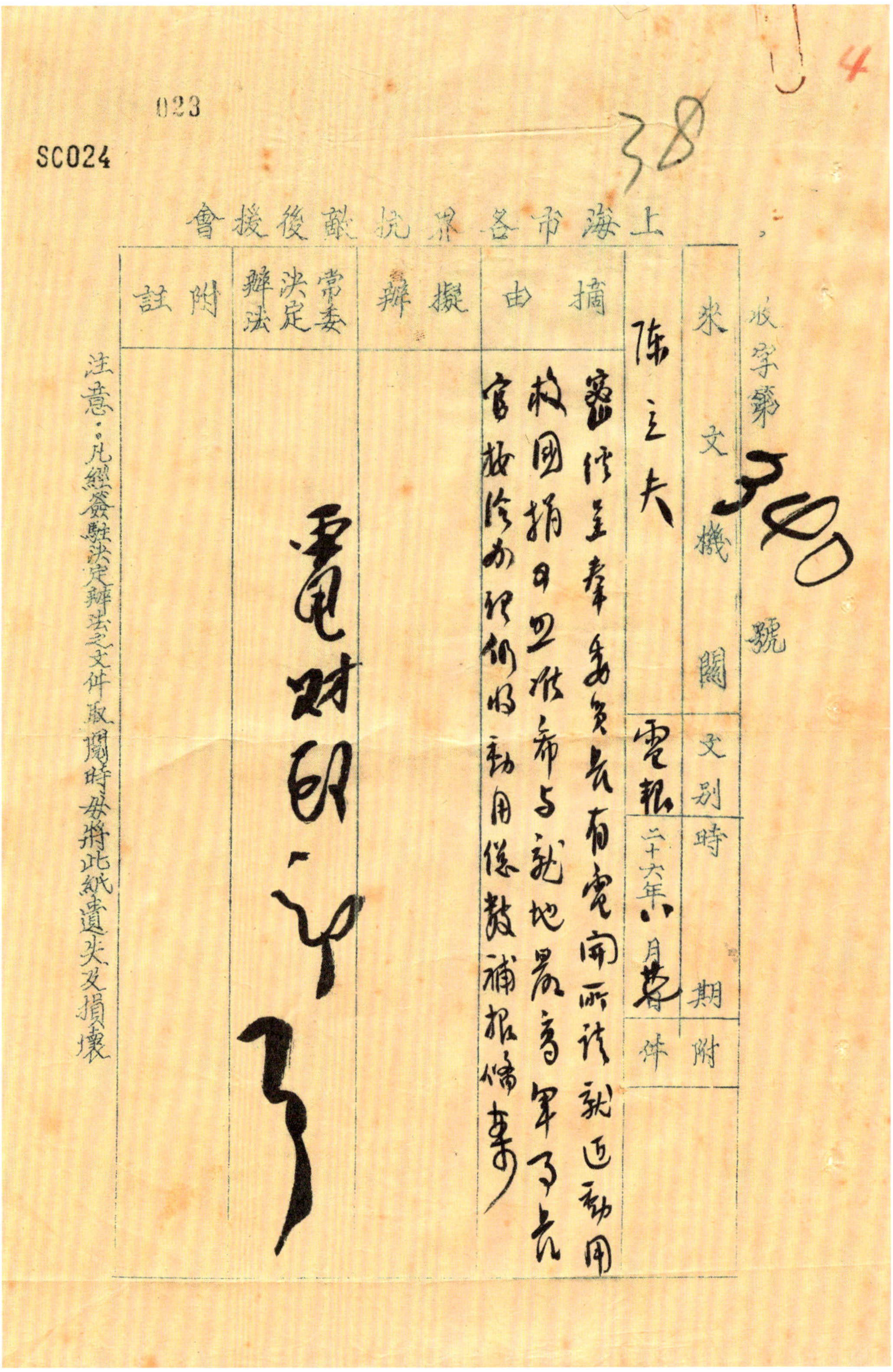

023

SC024

38

4

上海市各界抗敵後援會

收字第 3700 號

來文機關	陈立夫
文別	電報
時期	二十六年八月廿六日
附件	
摘由	密。頃奉委员长有电开：所请就近动用救国捐，可准俟与就地最高军事长官接洽办理，仍将动用数目报备案。
擬辦	
常委決定辦法	
附註	

注意：凡經簽註決定辦法之文件取閱時毋將此紙遺失及損壞

SC025 024

來報紙
RECEIVING FORM

交通部電報局

TELEGRAPH OFFICE
MINISTRY OF COMMUNICATIONS

摘由

5389

由 FROM	流水號數 RUNNING NO. XY396	報類 CLASS S	發報局名 OFFICE FROM NANKINGCC 南京	來報號數 TELEGRAM NO.
時刻 TIME 2210	原來號數 ORIGINAL NO. 1174	字數 WORDS 94-100W	日期 DATE 6	時刻 TIME
値機員 BY	備註 Service Instructions:			送 BY

D SHANGHAI

市党部译转沪各界抗敌后援
1579 7825 6752 6233 6567 3337 0677 3954 2123 2424 1775 2268

会
2585

寿电悉 密经觉奉委员长有
7402 7193 1881 1381 1372 4121 2152 9330 1908 2186 1365 4518

定南而请款近动用校圆捐以
0702 1362 0617 8332 7238 4631 3903 1414 3305 0913 1211 7588

应作作战军队急需之供应可
0633 6566 7577 0622 5573 0779 3689 0703 8741 7538 0633 3016

班照办帮与就地军事最高长
4507 4471 5521 6374 1170 7238 0991 5573 8791 4513 7935 1360

馆按临办记将来再的捐款及
8140 1811 8610 5524 2000 7218 7530 5703 7218 1211 7811 3061

动用假数补部主发机关备案
3900 1421 3563 3328 6893 0338 8741 6251 6970 1328 6618 6061

可也华因将远陆之夫叩宥午印
3016 8726 7121 0921 3817 4682 7115 4539 1133 0661 1359 0582 SL

注意：如有查詢事項請帶此紙
Note: Any enquiry respecting this telegram, please produce this form.

請閱背面
See Back.

上海市各界抗敌后援会、国民政府军事委员会等关于上海银行界救国捐三十万元调换救国公债事的往来文件（一九三七年九月二十九日至十一月三日）

上海市各界抗敌后援会致蒋介石的呈（一九三七年九月二十九日）

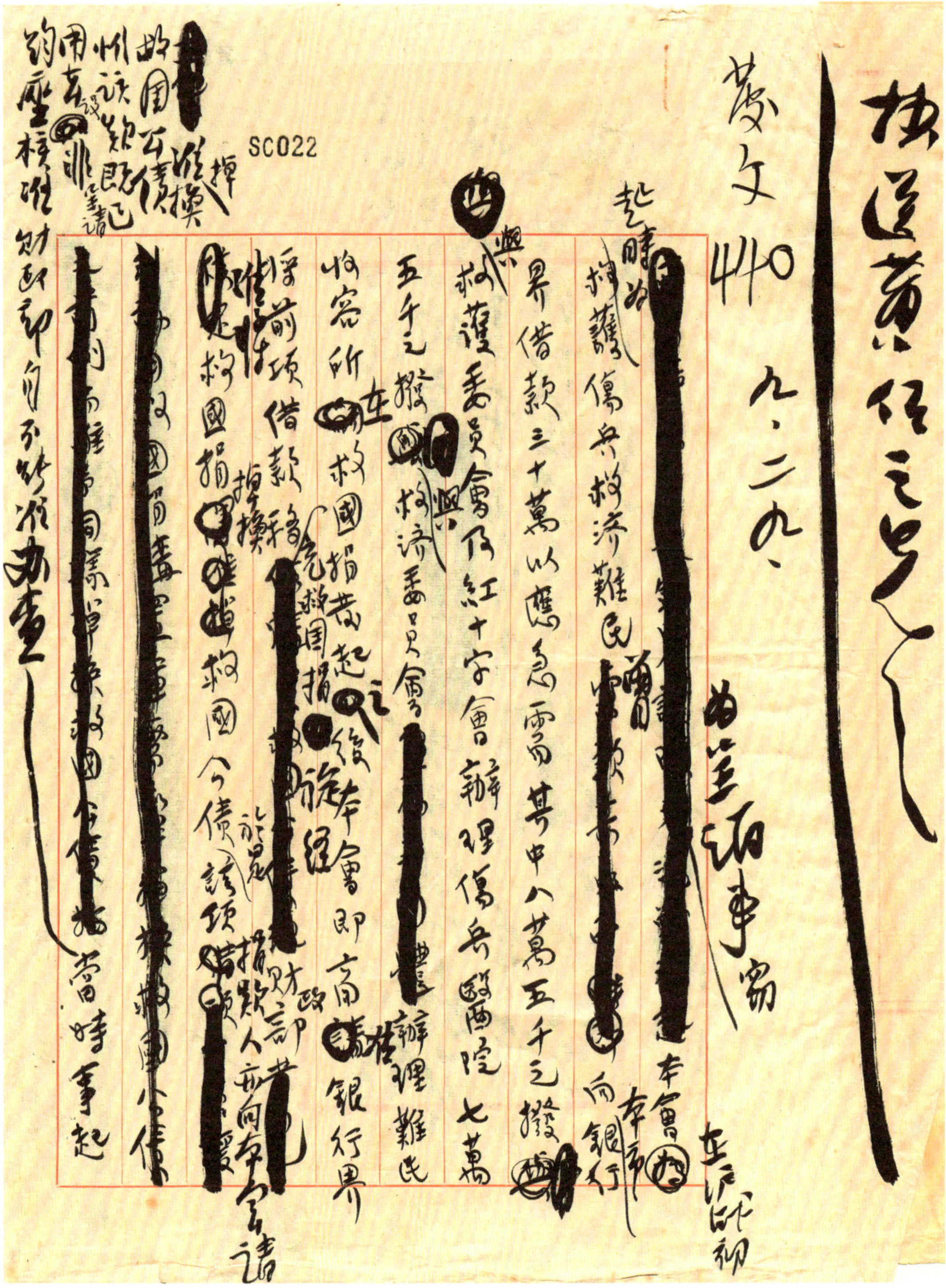

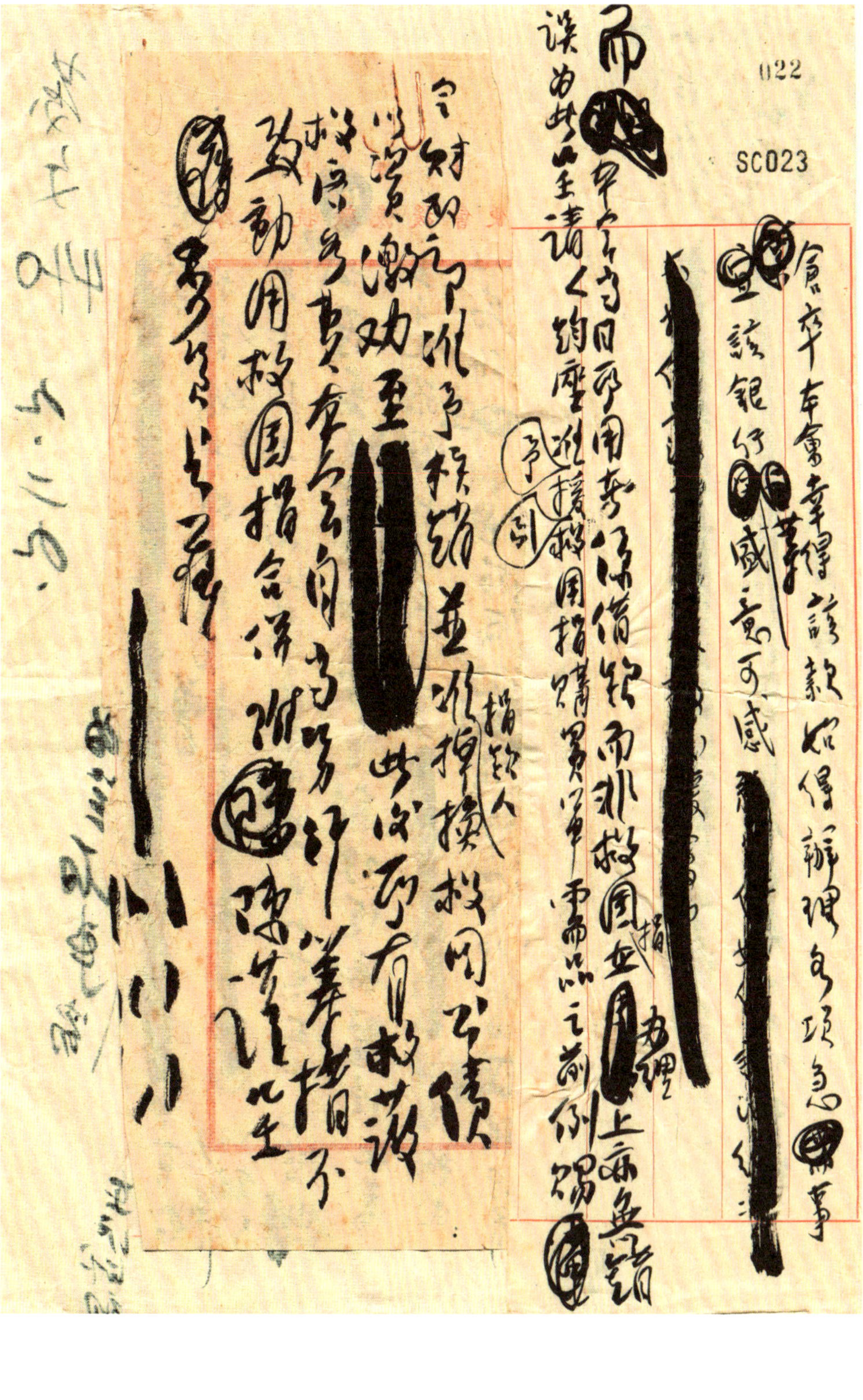
022

SC023

国民政府军事委员会致上海市各界抗敌后援会主席团的快邮代电（一九三七年十月九日）

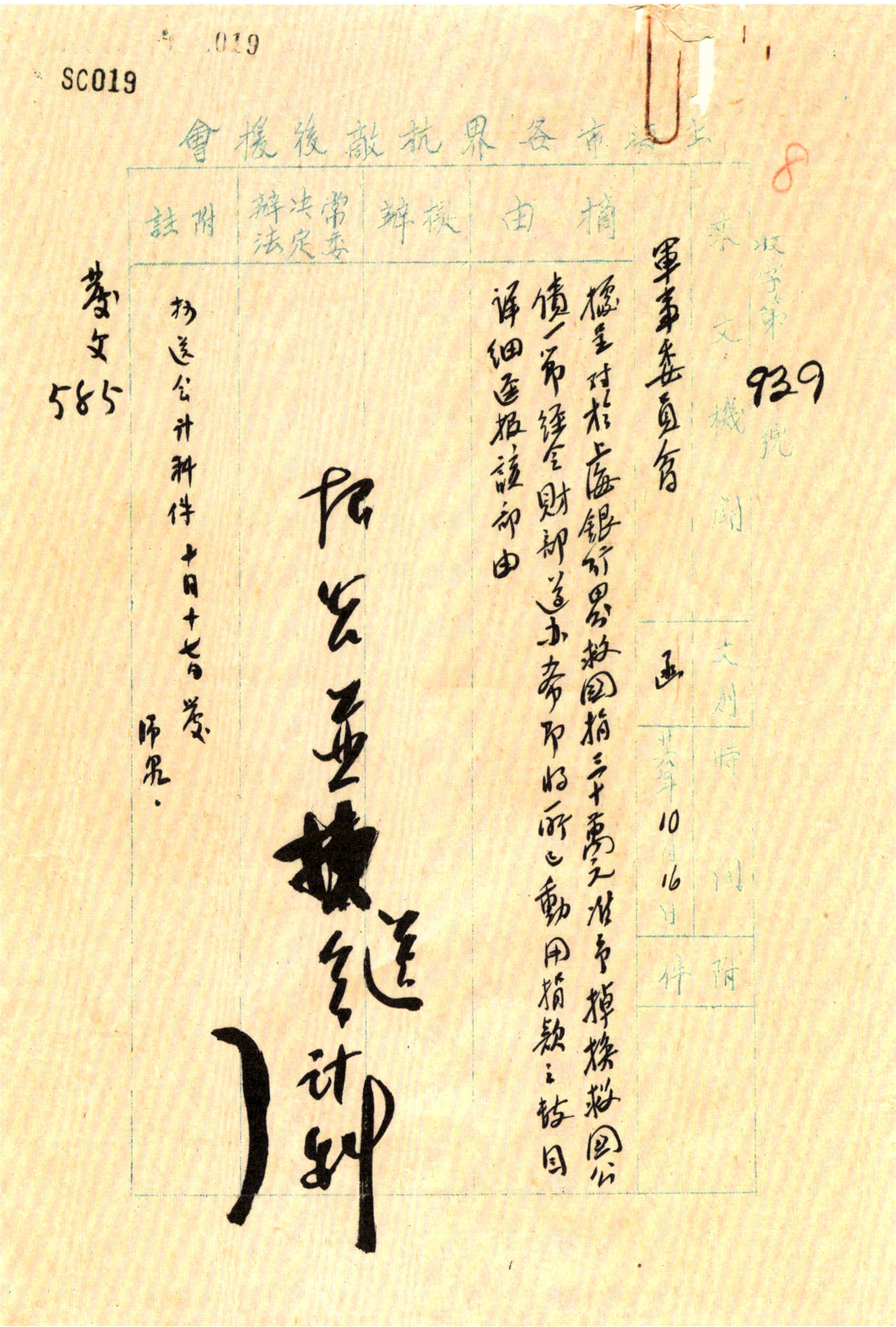

上海市各界抗敌後援會

收字第 939 號

來文機關	軍事委員會
文別	函
時間	廿六年10月16日
附件	
摘由	據呈對於上海銀行界救國捐三十萬元作爲掉換救國公債一節經令財部遵辦希即將所已動用捐款之数目詳細函报該部由
擬辦	
常委決定辦法	抄發並撥送總計科
附註	抄送公計科件 十月十七日發 師亮

奉文 585

SC019

SC020 020

國民政府軍事委員會

快郵代電第74號第　頁計　字

上海市各界抗敵後援會主席團鑒：九月廿九日呈悉。所請准令財政部對於上海銀行界救國捐三十萬元准予掉換救國公債一節，經令財部迅辦，希即將所已動用捐款之數目詳細逕報該部為要。中正。佳秘廳印。

中華民國廿六年十月九日　午　點　分發

社援發字第311號

国民政府军事委员会致上海市各界抗敌后援会的快邮代电（一九三七年十月二十七日）

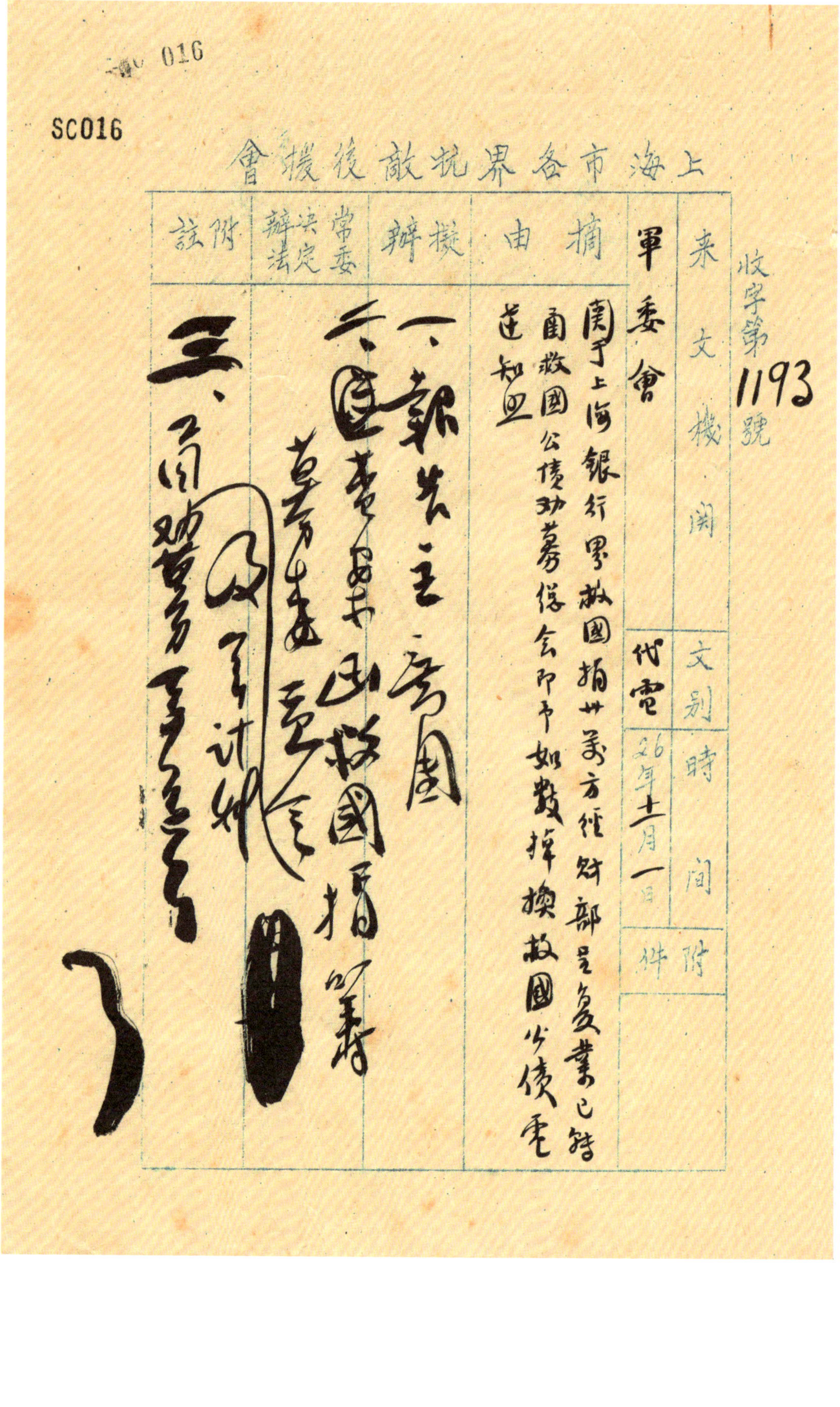

SC017

017

國民政府軍事委員會

快郵代電第　號第1頁計　字

上海各界抗敵後援會鑒：關於上海銀行界救國捐卅萬元掉換救國公債一案，頃據財政部呈復稱：業已轉函救國公債勸募委員會即予如數掉換救國公債，交由上海市各界抗敵後援会領收轉發，並飭將動用救國捐款數目報部核銷等語。合行電達知照。軍事委員

中華民國　年　月　日　午　點　分發

秘收發字第623號

國民政府軍事委員會

快郵代電第　號第　之　頁計　字

會戚秘廳印

中華民國廿六年十一月　日　午　點　分發

上海市各界抗敌后援会秘书处致救国公债劝募委员会总会、后援会筹募委员会、会计科的函
（一九三七年十一月三日）

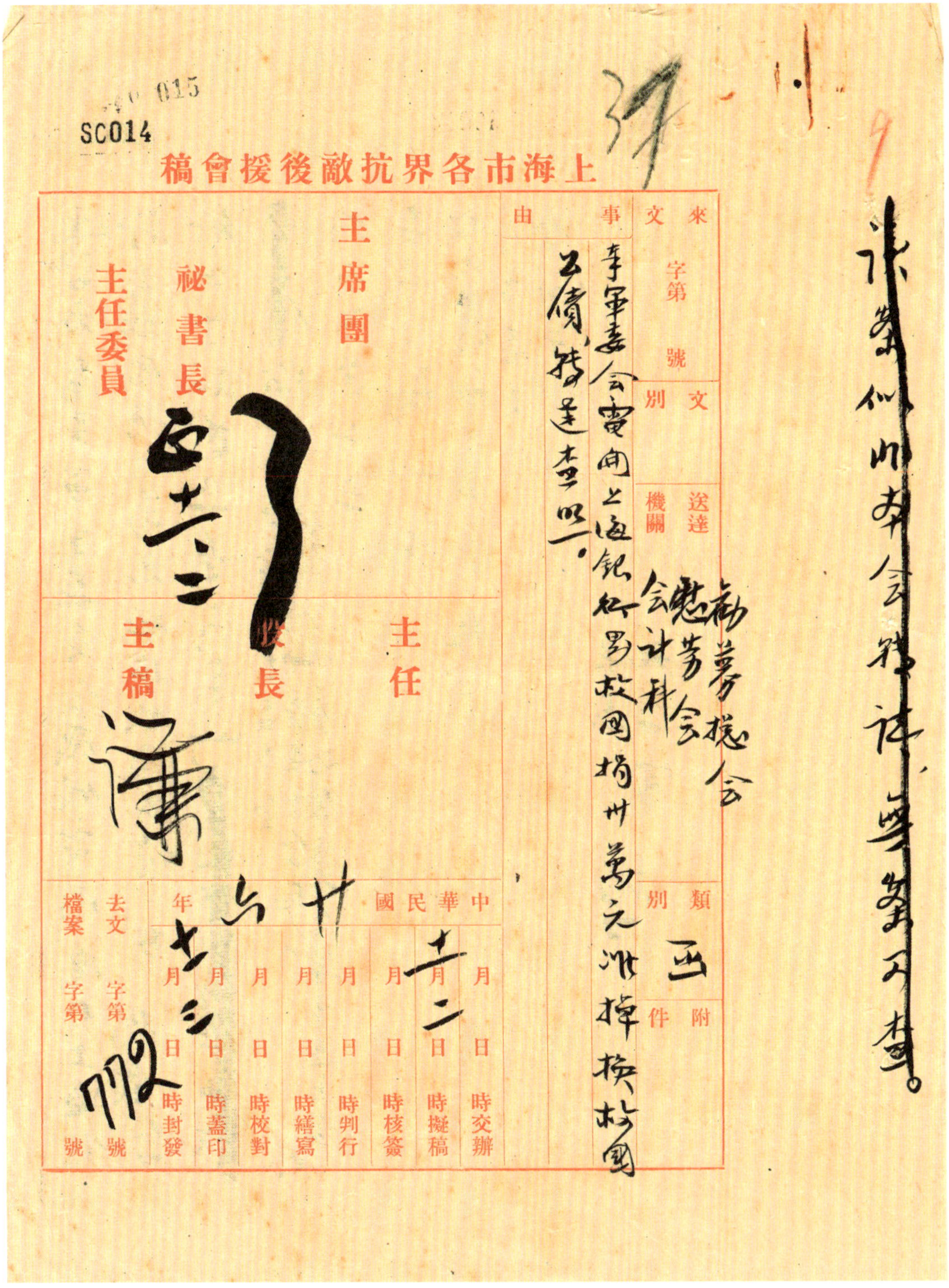
上海市各界抗敵後援會稿
SC014

來文	字第　號
文別	
送達機關	救國公債勸募總會、後援會籌募委員會、會計科
類別	函
附件	

事由

主席團

秘書長

主任委員

主任

股長

主稿

中華民國廿六年十一月三日

月　日時交辦
十一月二日時擬稿
月　日時核簽
月　日時判行
月　日時繕寫
月　日時校對
月　日時蓋印
月　日時封發

去文字第　號

檔案字第　號

SC015

迳启者：案奉军事委员会感代电开：关于上海银行界救国捐廿万元掉换救国公债一案，业经分行电达知照在案，并由此，[redacted]除分函市会筹募委员会、救国公债劝募委员会、救国公债劝募总会及市会筹募委员会外，相应函达，即希查照为荷。此致

救国公债劝募委员会总会、

筹募委员会

会计科

秘书处 一 启

长岗

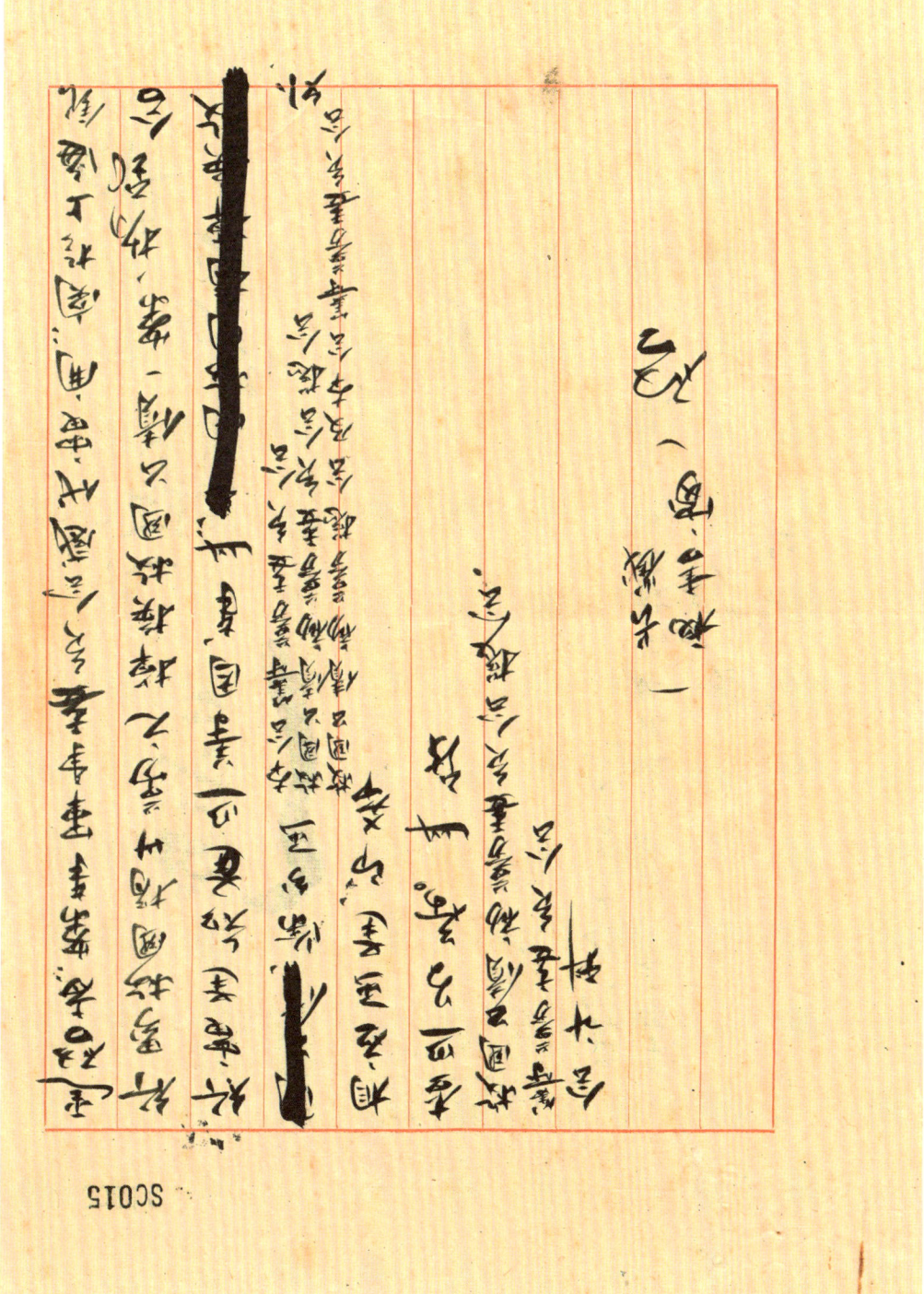

上海市各界抗敌后援会主席团关于拟先行动支救国捐四十万元事致救国捐保管委员会各委员的函
（一九三七年十月八日）

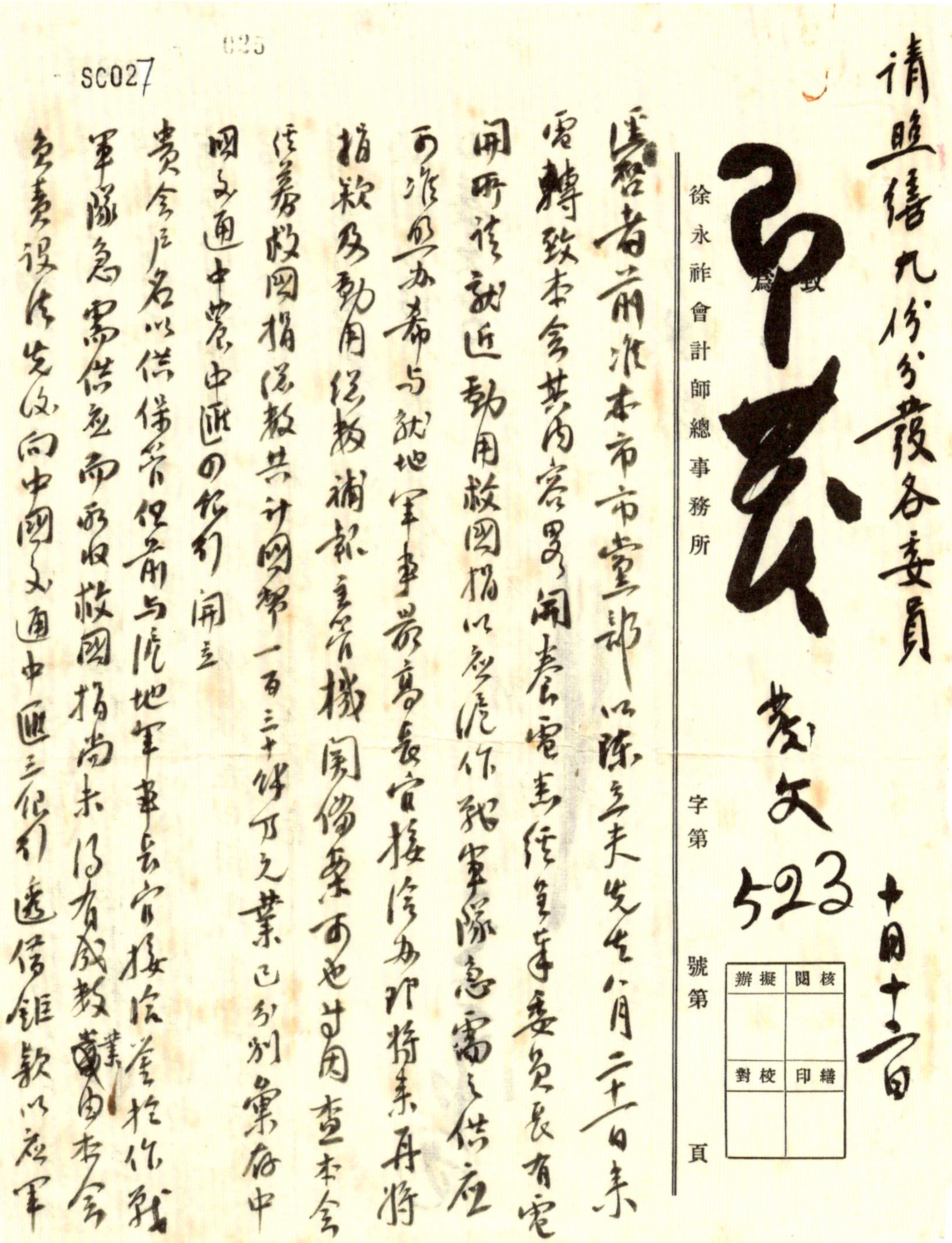
請照繕九份分發各委員

函　致

發文　字第 523 號第　頁

十月十二日

徐永祚會計師總事務所

擬辦	閱核
對校	繕印

逕啓者：前准本市市黨部以陳立夫先生八月二十一日來電轉致本會共同密閱，奉電屬傳達年委員長有電開：所請就近動用救國捐以應作戰軍隊急需之供應，可准照辦，希與就地軍事最高長官接洽，即將來再將捐款及動用經手補報主管機關備案可也等因。查本會保管救國捐經收共計國幣一百三十餘萬元，業已分別彙存中國交通中農中匯四銀行，開立貴會户名以供備付。但前與滬地軍事長官接洽並於作戰軍隊急需供應，而所收救國捐尚未得有成數，業由本會先負責設法先行向中國交通中匯三銀行透借鉅款以應軍

SC028

軍方面物品及交通之要需此項透支利息較存款為大收現抑
送與上開來電就業存之救國捐內動支四十萬元以三十
餘萬元償還中匯透支其餘留供此後日常繼續供應之需
除俟將來補抵主管機關備案並已函具八支票分請保管
委員三人蓋章外相應據情函達即希
察照備查為荷此致
救國捐保管委員會
○委員○○

上海市各界抗敵後援會 十月二十日

26/10/18 稿

上海市各界抗敌后援会、上海市救国捐筹募委员会关于征募金银物品移充救国捐事的往来文件
（一九三七年十月二十六日至三十日）

上海市救国捐筹募委员会致上海市各界抗敌后援会主席团的函（一九三七年十月二十六日）

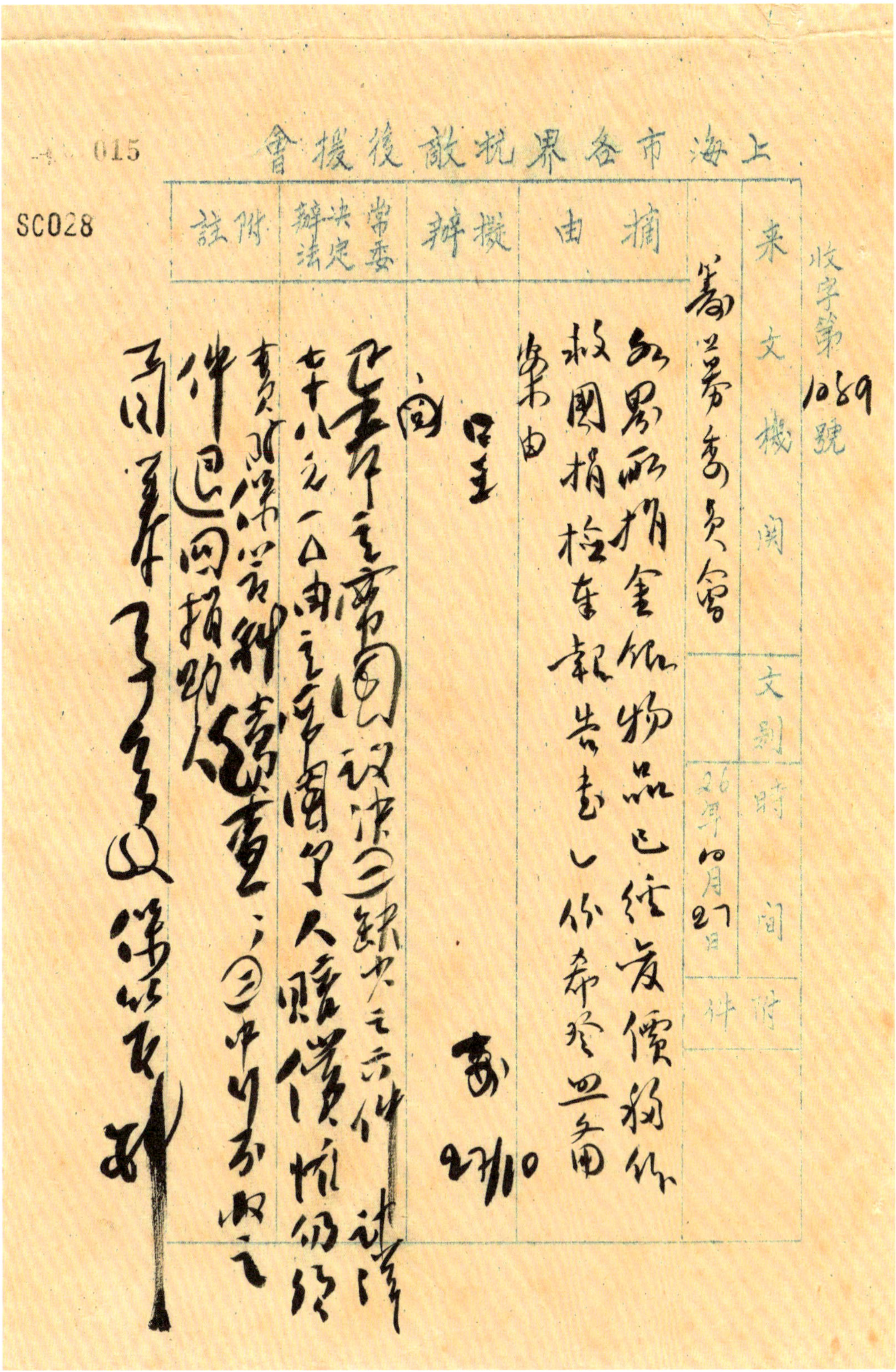
015

SC028

上海市各界抗敵後援會

收字第1089號

来文機關	籌募委員會	文別		時間	26年10月27日	附件	
摘由							
擬辦							
常委決定辦法							
附註							

上海市商會用箋

逕啟者本會所收受各界捐助之金銀物品經先後由保管科掃數解交中央銀行收購已將變價所得國幣送請會計科接收移作救國捐茲由李文杰會計師審查後造具各項表冊計報告書一份金銀物品向中央銀行兌換法幣折合表一份計四紙收到物品通知書九冊捐助金銀物品日流一冊除將上項表冊悉數送交會計科徐主任永祚核收外相應檢奉報告書一份備函呈報即希

察照備案為荷此致

中華民國　年　月　日　字第　號第一頁

上海市商會用箋

抗敵後援會主席團

附報告書一份

上海市救國捐籌募委員會啓

主任委員　杜月笙

副主任委員　吳蘊齋　秦潤卿　王曉籟　駱清華

中華民國廿六年十月廿六日

字第　號第二頁

上海市救國捐籌募委員會

附：办理征募金银物品移充救国捐报告、筹募委员会收支报告

SC031 019

上海市救國捐籌募委員會

上海市各界抗敵後援會祕書處保管科 辦理徵募金銀物品移充救國捐報告

本會向民衆徵募金銀物品移充救國捐、始於本年八月七日、因未大規模宣傳、故捐輸者不甚踴躍、自八一三淞滬抗戰以後、本會刊登巨幅廣告、特別注重金銀物品之徵募一事、各方捐輸之件數、於以激增、綜計截至九月十日本會停收救國捐之日、共收到金銀物品一萬四千五百五十九件、除賚銀禮品等中央銀行拒絕收受者三百八十四件外、共移交兩批、計第一批金類品五八六件、重七十六兩四錢三分九厘、銀類品三千七百五十五件、重二萬一千四百九十一兩九錢五分、銀本位幣一三五七枚、銀輔幣一二〇七枚、第二批金類品四百四十九件、重六十兩〇五錢二分八厘、銀輔幣一九五七枚、銀類品三千三百六十六件、重一萬八千八百十三兩五錢八分五厘、銀本位幣一四九八枚、銀輔幣一九五七枚、依照中央銀行重行衡計之分量及訂價合國幣六萬三千四百五十元〇七角八分、茲將關於金銀物品之收受保管及點交之情形、及其他應行報告各點、分別報告於後、

甲 金銀物品之收受

金銀物品之成色、重量、價格、非具有專門眼光及技能者不能鑑定、本會代收金銀物品機關、本係指定小東門方九霞銀樓、南京路老鳳祥銀樓、及法大

SC032

020

馬路寶成銀樓專司其事、但熱心人士往往逕將金銀物品送往雲南路慈惠里丙子社（即人事諮詢所）抗敵會前辦事處及同義中學抗敵會祕書處、本會不欲故事堅拒、祇有從權照收、淞滬戰事起後、各銀樓停業、門戶常扃、捐戶不得其門而入、丙子社及同義中學兩處之收件、更見增多、然主管職員不諳金銀成色、並無準確衡量分量之技能、故常有誤洋金為眞金、將賓銀作純銀、及分類不清計重不準不附估價之情事、本會保管物品部份、最初未設完備會計記錄、上項缺點、無從發現、至八月二十五日、本會駱副主任委員、鑒於金銀物品會計之重要乃以私人友誼關係、商請供應委員會會計主任本會委員李文杰會計師、騰出一部份時間、為本會辦理金銀物品之會計、當即採納李會計師之意見、(一)使丙子社及同義中學兩代收處停止收受金銀物品、(二)一切收進之物品、由各代收機關逕送本科（同潤錢莊）集中保管、(三)物品收據上不註明估定價格、(四)各代收機關連同物品送來本科之通知書、逐日送來本會、以憑入帳、自此以後、一切辦法、始稍稍納入軌道焉、

各代收機關收到民衆送來之金銀物品、由代收機關繕發特定形式之物品收據、收據分品名、數量、重量、品質、出品商號、及估計金額六欄、本應分別塡寫、但丙子社及同義中學兩處、對此常加忽視、復寫之通知書、連同物品

送保管科，存根留備代收機關存査、在本會計未經確立之期間內、收品無劃一辦法、各銀樓往往將物品先送內子社及同義中學、由該兩機關出給重複物品收據、再由該兩機關轉送本科、此亦制度人事最初未能爲適當之調整之現象也。

乙　金銀物品之保管

各代收機關將收到之金銀物品逐日送到本科（同潤錢莊）、卽由本科蓋用回單圖記、以爲收到之憑證、由本科逐宗用紙包封、編列號碼、並錄入記錄簿、本科職員爲陳選章俞偉臣二君、並派裴承德君常駐同義中學（卽本會祕書處）、掌理收受金銀物品及繕發收據事宜、迨同義中學方面停止收受、裴君卽行撤回、

丙　金銀物品之點交

八月二十四日、本科以堆存物品太多、爲安全計、乃商請本會於八月二十五日召集處理委員會、討論點交辦法、當請中央銀行業務局副局長本會處理委員胡梅庵先生、與中央銀行商定點交手續、翌日本科得胡先生電話、謂中央卽可接收、本科將八月七日至八月二十五日收到之金銀物品一批、計八百四十宗、五千九百〇七件、雇車派員送往中央銀行、並承李文杰會計師率同事

務員二人，會同中國銀行行員何狄許震乾二君中匯銀行行員黃國樑沈祖鈞二君江蘇銀行行員褚廷爵董重威二君同車前往、不意中央方面、託詞物品太多、無處堆放、拒絕收受、交涉至再、始允轉送老鳳祥銀樓存放、迨車送該銀樓、又拒不肯收、車停路上、危險孔多、乃由李會計師向綢業銀行商借空屋一間、權爲堆放物品紙包、展轉裝卸、號碼失落、件數紛散、此亦意外之窒礙、延至八月三十日、始荷中央銀行派薛芝蓀徐家驊二君、前來綢業銀行點收、計共歷時四日、在場工作人員、均有簽到錄、點交各件、有因非金銀製成品、爲中央拒收者、另備記錄、其經接收者、由中央代表在通知書上一一簽字、點交竣事、物品裝箱、仍暫存綢業銀行、由本科代表與中央派員加封、以後數日內李會計師之職員、會同各銀行派來幫忙諸君、趕記「日流」及「分清」帳目、帳目記竣、照李會計師所定之會計科目、第一批金銀物品之種類件數分量、根據帳册之記載、有如左列、（另有附表）

金類物品　五八六件　重七六·四三九兩

銀類物品

國幣　一三五七枚

銀輔幣　一二〇七枚

銀元寶（純銀）　一三一只　重一，三九四·五〇兩
銀器皿　一二五六件　重五，九四五·〇五兩
銀飾物　一四二一件　重一，〇五七·〇七兩
碎銀　一一〇宗　重一，三一三·三一兩
銀禮品　八三七件　重一，七八二·〇二兩
計　三七五五件　重二一，四九一·九五兩

九月八日中央派員前赴綢業銀行、將金銀物品卅木箱車送外灘麥加利銀行棧房、重行分類裝箱、察看成色及衡計重量、又剔出賽銀製品若干件、計分紋銀、飾銀、輔幣、銀本位幣四種、共合分量或件數如左、

金　毛重　七五·七四五兩　去水淨重　五九·九六兩
紋銀　（市秤重）　一四三五·三六兩（公兩重）　四四八·五五兩
飾銀　（市秤重）　一九六八〇·〇〇兩（公兩重）　六一五〇·〇〇兩
銀輔幣（雜角）　（市秤重）　三七五·三六兩（公兩重）　一一七·三〇兩
銀本位幣　一三五〇枚

中央銀行拒出收到金銀物品之收據、但允將收到各件、估價付予現幣、其估價標準純金每兩一百十三元五角、純銀每兩一元三角三分、本會所交飾銀通

扯成色爲六八七五、實折合每兩九角一分四厘、與本會估定價格金每兩一百二十元、銀每兩一元一角之標準、相去太遠、故未能同意、除將銀本位幣連同百分之四加水領到法幣一千〇四十元暫存本科外、其餘各點均留待容後解決、本科亦未同索收條、

第二批金銀物品、爲自八月二十五日至九月十日期間內所收到者、因會計制度確立、較爲整齊、據帳冊記載之內容如左、（另有附表）

金類物品　四四九件　重　六〇・五二八兩

銀類物品

銀本位幣　一，四九八枚

銀輔幣　一，九五七枚

銀元寶　六八件　重　四六九・二四五兩

飾銀　三三六六件　重一八，三四四・三四〇兩

計　五三二三件　重一八，八一三・五八五兩

九月三十日至六日共歷七天再由中央銀行派薛芝袁徐家驊沈同慶徐錫鑑四君會同銀樓業公會陳慶華馮崇江金業公會蕭上珍君前來本莊點收、仍由本會計師派員蒞視、此次方法更較精密、每一通知書均各別記明更正之分量成色公

兩數及估定價格、其總結果如左、

金　毛重六〇・七一四兩　去水一〇・六三六兩　淨重五〇・〇七八兩

銀本位幣　一五一三枚

紋銀　（市秤重）　五二二・三〇兩

飾銀　（市秤重）一八・三四四・一三兩

雜角　（市秤重）　五一七・四一兩

金銀價格亦荷中央改訂、即金每兩一百十五元、純銀仍爲每兩一元三角三分、但第一批成色提高飾銀爲八・一六九七、紋銀爲九八、雜角爲七〇、每兩約合一元一角、第二批係精密各別計算、通扯成色約合每兩一元〇九分、並各照加百分之六加水、

綜上所述、本會共向中央銀行收到法幣一千四百〇四元、（第一批銀本位幣一千三百五十枚加水百分之四核得）上海市各界抗敵後援會救國捐籌募委員會抬頭之中央銀行本票四紙如左、

中字第2313號（第一批金銀品化價）　三〇七六三・九七元

中字第2374號（第二批金銀品化價）　二七七七〇・七三元

中字第2375號（第一批金銀品加水）　一八四五・八四元

中字第2376號（第二批金銀品加水）　一六六六・二四元

共計　六二〇四六・七八元

以上爲本會科辦理點交金銀物品之大概情形、中間交涉及留難經過、尚未能詳盡說明、

丁　徵信錄之編製

依照各代收機關送來之通知書、抄錄捐助人姓名、金銀物品名稱、件數、分量、（照通知書上之記載、與中央銀行實際估定之分量不符、）擬藉報端公布、此項工作亦由李會計師監督辦理中、惟有應加聲明者、本報告書第五節所列缺少各件、因尚待查尋、未能列入、

戊　缺少各件之待查

據李會計師報告、渠於接手整理金銀物品會計之初、發見老鳳祥代收各件自收據五十一號至一百號之通知書未曾交到、（適因第五十五號爲李會計師自己之捐助品、第五十六號爲其友俞鍾駱律師之捐助品、故易發見、）當向老鳳祥銀樓調閱存根、始悉自第五十七號至一百號均有丙子社（即人事諮詢所）之重複收條、第五十一號至第五十六號、雖無收條、但有人事諮詢所徐勇義君之信爲憑、李會計師除以此事報告本會駱副主任委員外、並以私人資格請

SC039 027

委豪君邀約原經手人黃慕修君徐勇義君在同潤錢莊談話、查得第57 58 60 61 62 63 64 65 66 67 68 69 70 71 75 76 79 82 83 84 85 86 87 88 89 90 91 92 93 94 95 96 97 98 99 100三十六紙、因收據號碼重複、其物品已在第4102 4103 11097 4110 4111 4112 4113 4114 4115 4116 4117 4118 4119 4120 4121 4122 4127 4128 4129 4130 4131 4132 11084 11075 11082 11076 11071 11079 11086 11083 11087 11078 11088 11085 11080 11098號之通知書查見、其後第51至56號通知書六紙上各件、亦據同潤莊報告、先後補行收到、惟第59 74 72 73 77 78 80 81號六宗、查無縱跡、李會計師曾於九月三十日致函本會秘書長隴百川君、抄附各件、請向經手諸君查詢顛末、未有結果、第二批點交中央銀行時、據同潤莊職員陳淇瑋君稱、第72 74 77 80號六宗之物品發現、惟缺少通知書、當予補繕、截至最近止、據調查所得結果、老鳳祥銀樓代收各件尚缺少如次、

老鳳祥收據號碼	人事諮詢所收據號碼	捐助人	品名	件數	重量
五九	一一〇八一	汪承基	金字戒（九號）	一	一錢四分六厘
七八	四一〇五	蔡麗英小姐	金項鍊	一	二錢二分七厘
七三	四一〇一	沈平子	銀漱口杯	二	七兩四錢
			現國幣	四	

八一　一一〇九五　老太太　飾物器皿　六〇　一二五兩

五呈金針盒　一　四錢三分

據同潤莊職員報告、該莊尚存有銀器物半蔴袋、約重一百餘兩、或係第八十一號老太太之捐助物、假定可以抵充、則現在缺少各件、第五九號汪君金字戒約值十五元一角一分、第七十八號蔡女士金項鍊約值二十六元一角、第八十一號老太太金針盒約值二十四元七角二分、第七十三號沈君銀漱口杯約值八元一角七分、連國幣四元、以上各物共計約值七十八元一角、上項已經查悉缺短各件、應如何追究之處、應請主席團核定、

己　中央銀行退還各件之處理

第一批中央銀行拒收各件共計三百餘件、又法幣二十八元三角、第二批拒收者共計三十三件、仍存本科、應請主席團另定公開變價辦法、既非金銀物品、其變得價格究屬若干、殊難確定、應以不得掉換救國公債為宜、

庚　金銀物品救國捐收條掉換救國公債問題

因估定成色之眼光不同、衡計重量之手段不同、以後金銀物品收據掉換救國公債、手續必甚繁瑣、且有參差不準確之流弊、茲移交款項及文件如左：

一・法幣　一四〇四元

一、中央銀行本票四紙　　六二，〇四六·七八元

一、各代收機關通知書　　九冊　計一九六三頁

一、李會計師代記帳目「日流」　　九十三頁

一、李會計師代記帳目「分清」　　一百〇五頁

一、第一二批捐助金銀物品報告表　　二紙

一、第一二批金銀物品向中央銀行兌換法幣折合表　　二紙

至於掉換救國公債手續、似應由後援會推派代表根據實際情形、與救國公債勸募總會、安愼籌商、茲不預贅、

右致

上海市各界抗敵後援會主席團

籌募委員會收支報告

收 會計科 國幣壹百元正

付 車資 楊柳青 國幣五元壹角
付 印刷費 惟一 國幣叁元九角
付 車資 袁鴻鈞 國幣叁元五角八分
付 又 李文杰 國幣六元六角
付 又 袁鴻鈞 國幣壹元四角
付 又 楊柳青 國幣壹元八角五分
付 報費 定晚報 國幣壹元八角
付 印刷費 大光明 國幣捌元
付 車資 袁鴻鈞 國幣貳元八角二分

SC043

付又陶[illegible]国币四角贰分

付又快师石国币四拾三元

共收国币壹百元正

付国币捌拾元〇一角七分

应存国币拾玖元捌角三分

附单据全份

上海市各界抗敌后援会秘书处致上海市救国捐筹募委员会、后援会秘书处保管科的函
（一九三七年十月三十日）

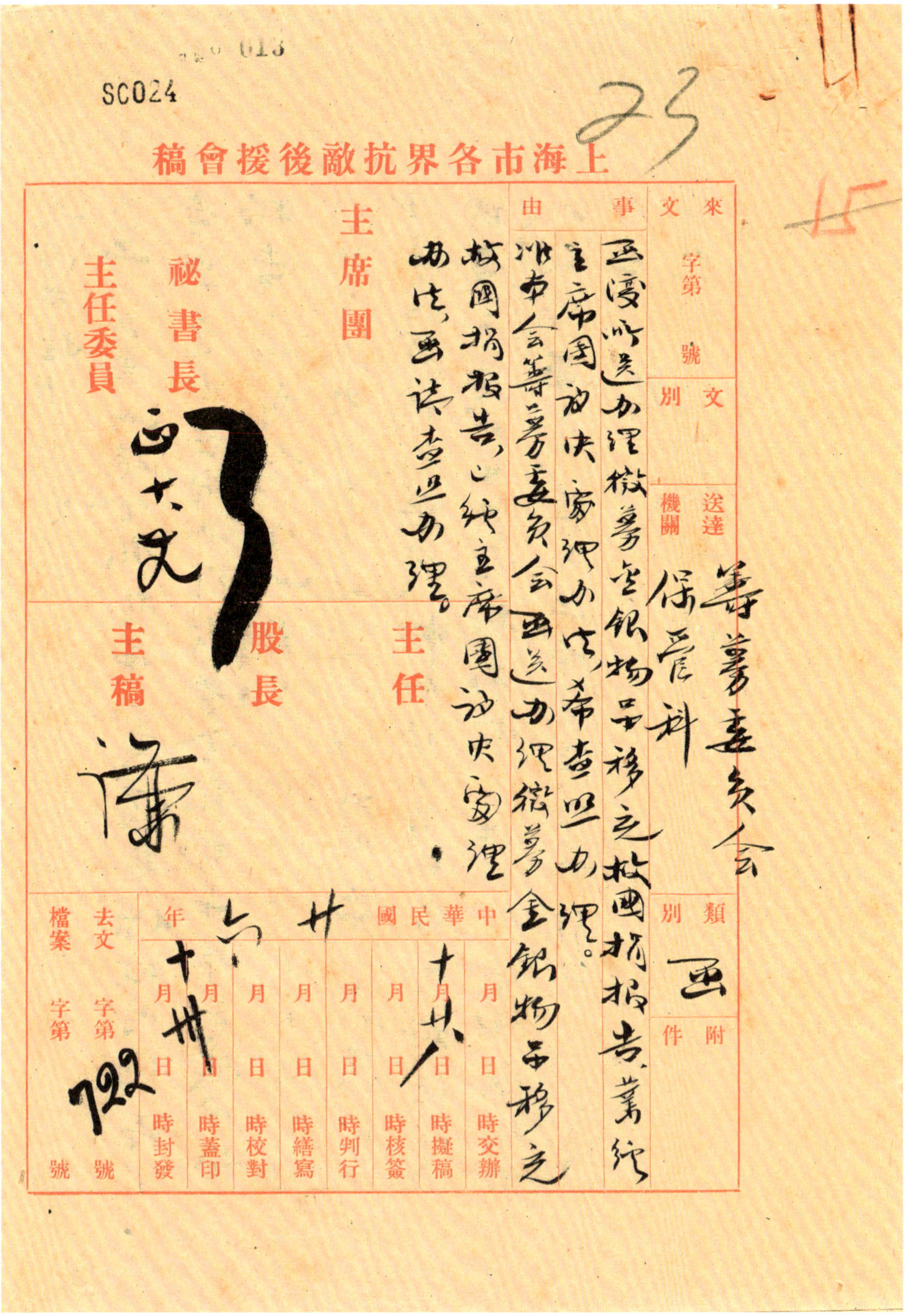

SC025

逕复者：接准十月廿八日
大函，以各界所捐金银物品之变价移作救国捐，请予
查照等由，并附办理征募金银物品移充救国捐
报告一份到会，准此，当经提请本会主席团会议
之决：一、关于缺少之银器六件，计国币十又十八元一角，
由主席团个人赔偿，惟仍须责成保管科继续
调查；二、关于中央银行不收之件，一概退回原捐物
人，纪录存卷。除分函本会保管科外，相应函复，
即希
查照办理为荷。此致

见复

筹募委员会。

（秘书处）启

迳启者：案准本会筹募委员会函送办理征募金银物品移交数目报告一份，并说明及备案等由，准此，当经提请本会主席团会议决：一、关于缺少之金银器六件，计国币五十八元一角，由主席团个人赔偿，惟仍负责代保管科继续调查。二、关于中央银行不收之件，一概退回原捐助人，纪录在卷。除函复本会筹募委员会外，相应函达，即希

查照办理见复为荷。此致

保管科。

（秘书处）启

（三）关于救护人员因公殉职恤金表

上海市救护委员会关于拟送救护工作人员因公殒命恤金表致上海市各界抗敌后援会的函（一九三七年八月二十六日）

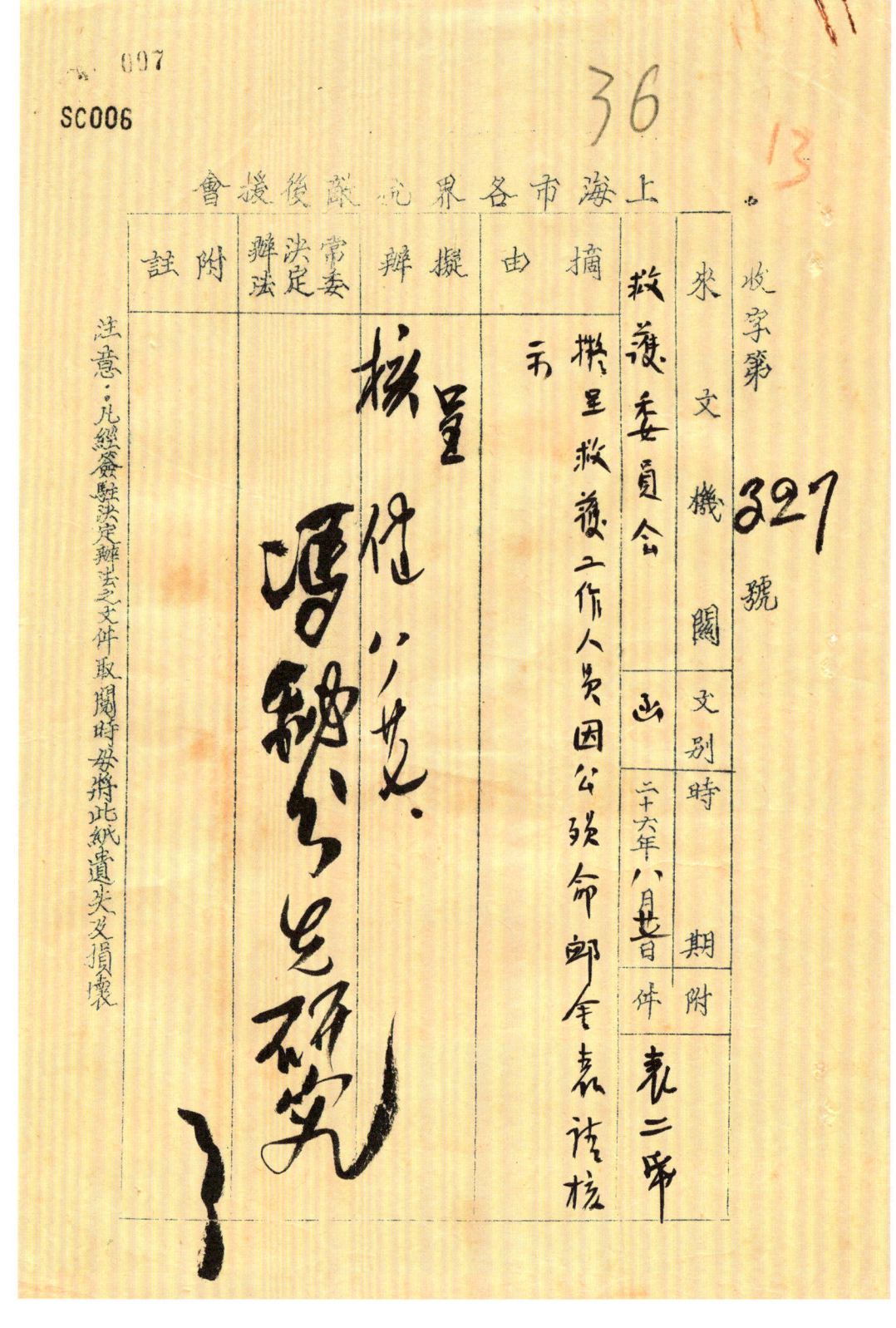

097

SC006

36

13

上海市各界抗敵後援會

收字第 327 號

來文機關	救護委員会
文別	函
時期	二十六年八月廿六日
附件	表二紙
摘由	擬呈救護工作人员因公殒命卹金表請核示
擬辦	核呈
常委決定辦法	[illegible]研究
附註	

注意：凡經簽駐決定辦法之文件取閱時毋將此紙遺失及損壞

098

SC007

上海市救護委員會

第六三號第壹頁

敬啓者日来抗戰激烈戰區擴大本會工作極形緊張茲據急救本會工作人員赴前方救護奮不顧身因公殞命者已有數起為安慰忠魂鼓勵來茲起見對于死難者之家屬應優加撫卹之特據情奉告敬請

貴會迅將撫卹辦法明文規定俾資遵守並呼

軍政部陣亡撫卹表及本會自擬撫卹表各一分一併附奉统希

民國　年　月　日

會址上海新聞路八五六號
電話三四三六六

上海市救護委員會

第六三號第弍頁

裁酌見復為荷 敬請

上海市抗敵後援會

附表二分

上海市救護委員會（印）啓

民國廿六年八月廿六日

會址 上海新聞路八五六號
電話 三四三六六

本會因公殞命卹金表

醫生	六〇〇——一、二〇〇
護士	三〇〇——六〇〇
職員	二〇〇——三〇〇
担架	二〇〇——三〇〇
工友	二〇〇——三〇〇
司機	二〇〇——五〇〇

附二：军政部阵亡恤金表

軍政部陣亡卹金表

階級＼區別	一次卹金	遺族每年卹金	一次卹金及二十年卹金總計
上校	一,〇〇〇	五〇〇	二〇〇〇〇
中校	九〇〇	四〇〇	八,九〇〇
少校	八〇〇	三六〇	八,〇〇〇
上尉	六〇〇	三二〇	七,〇〇〇
中尉	五〇〇	二四〇	五,三〇〇
少尉	四〇〇	一六〇	三,六〇〇
准尉	三〇〇	一二〇	二,七〇〇
上士	一五〇	八〇	一,七五〇
中士	一三〇	七〇	一,五三〇
下士	一二〇	六〇	一,三二〇

軍政部戰時因公殞命表

階級＼區別	一次卹金	遺族每年卹金	一次卹金十年卹金總計
上校	七〇〇	三五〇	四,七〇〇
中校	六〇〇	三〇〇	三,六〇〇
少校	五〇〇	二五〇	三,〇〇〇
上尉	四〇〇	二〇〇	二,四〇〇
中尉	三〇〇	一六〇	一,九〇〇
少尉	二〇〇	一三〇	一,五〇〇
准尉	一五〇	一〇〇	一,一五〇
上士	一二〇	七〇	八二〇
中士	一〇〇	五〇	六〇〇
下士	九〇	四〇	四九〇

上海市救护委员会关于拟送救护人员因公殉职恤金表致上海市各界抗敌后援会的函（一九三七年八月二十六日）

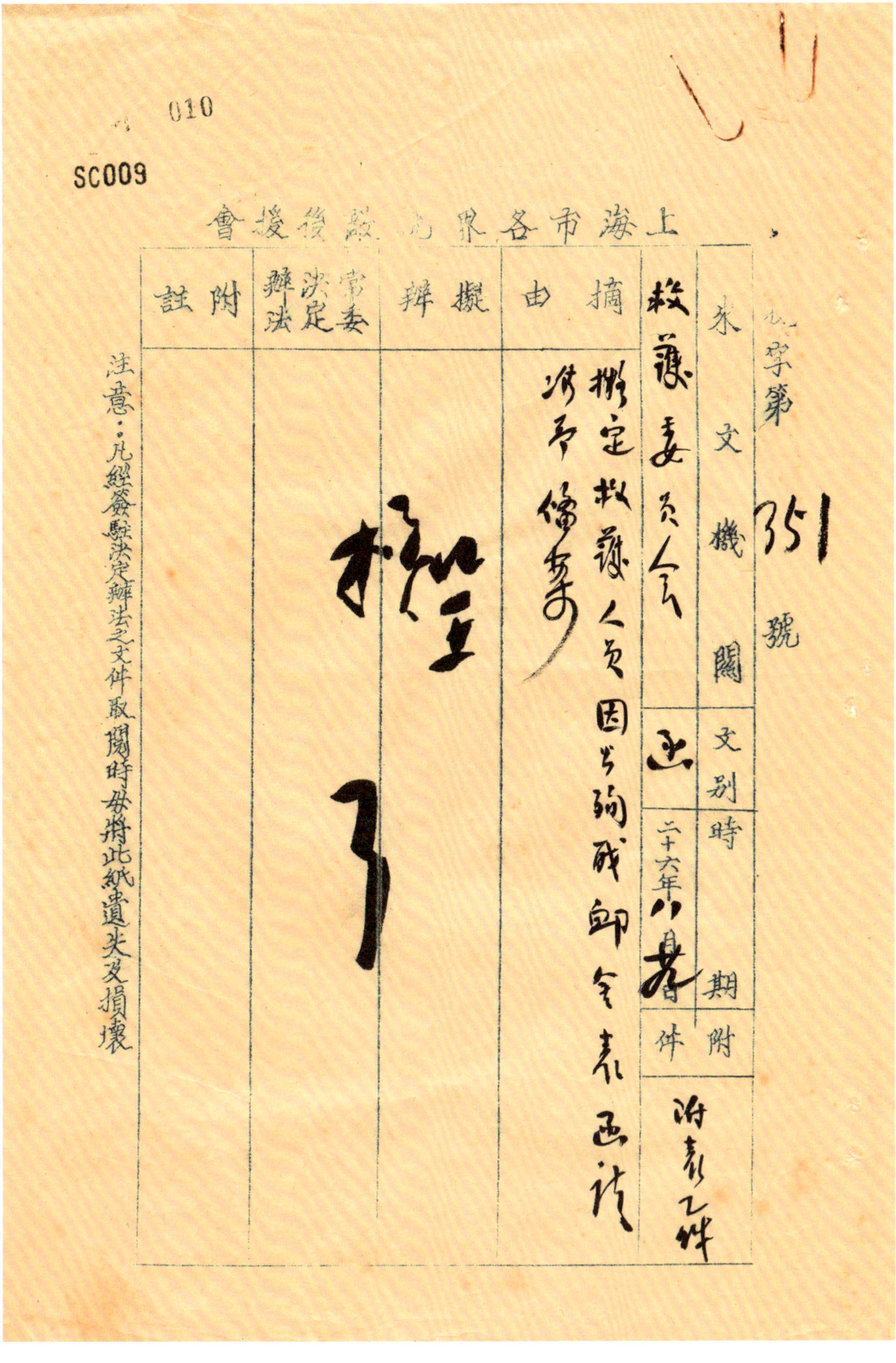
上海市各界抗敌後援會

SC009

010

來文機關	救護委員会	字第351號
文別	函	
時期	二十六年八月[illegible]	
附件	附表乙件	
摘由	擬定救護人員因公殉職卹金表函請准予備案	
擬辦	[illegible]	
常委決定辦法		
附註		

注意：凡經簽駐決定辦法之文件取閱時毋將此紙遺失及損壞

SC010 011

上海市救護委員會

第　號第　頁

逕啓者兹以救護人員以身殉職者日有所聞爰議定撫䘏標準庶慰忠魂而勵來茲敬請
准予備案實紉公誼此致
各界抗敵後援會

附標準

會啓

民國　年　月　日

會址上海新聞路八五六號
電話三四三六六

012

SC011

上海市救護委員會

職別	撫卹金數額	
扛架伕	貳百	肆百
伙伕	貳百	肆百
車伕	貳百	伍百
職員	叁百	陸百
看護	叁百	陸百
医師	陸百	壹千貳百

第　號第　頁

民國　年　月　日

會址上海新聞路八五六號
電話三四三六六

（四）关于捐款收支办法

国民党上海特别市执行委员会关于转知慰劳捐款统收统支办法事致上海市各界抗敌后援会的密令
（一九三七年八月二十九日）

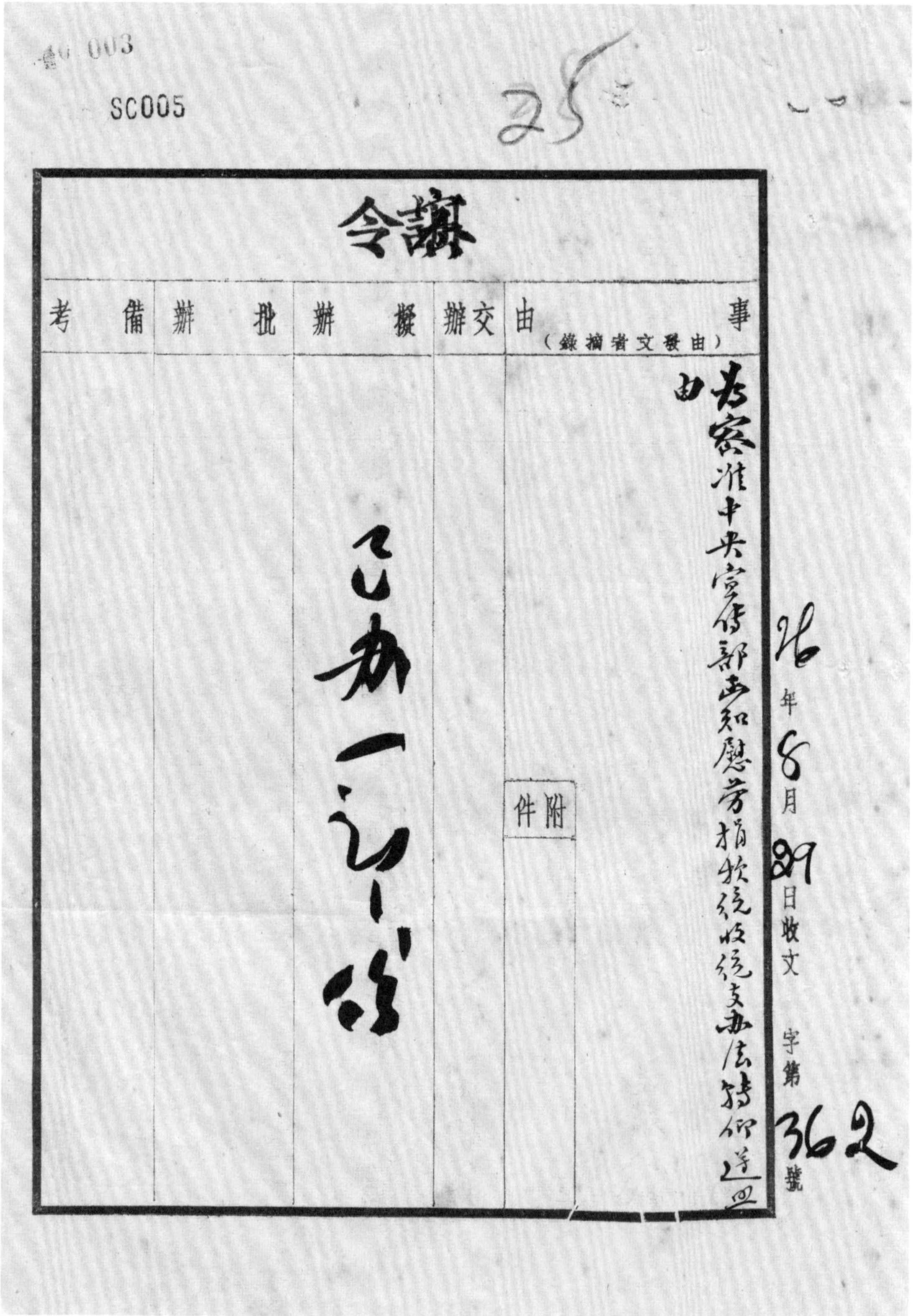
003

SC005

25

密令

事由（由發文者摘錄）	交辦	擬辦	批辦	備考
為密准中央宣傳部函知慰勞捐款統收統支辦法特仰遵照由				

附件

26年8月29日收文 字第362號

SC006

中國國民黨上海特別市執行委員會訓令 執字第3003號

令上海市抗敵後援會

為密令飭遵事案准 中央執行委員會宣傳部公函誠字第七四二一號內開：本部前以關于各地慰勞前方守土將士捐輸之款物應有統收統支機關，以一事權，曾經函向軍事委員會商訂辦法，俾期推行順利。旋准軍事委員會函復內開：准函查此案業與軍政部洽商，並擬定辦法如下：一、國內捐款在一元以上者，應由各省市最高行政機關印製捐冊收據，並交各所屬機關分別籌募；二、國外捐款在一元

以上各項由僑務委員會印製捐冊收據發交所屬機關分別籌募
三、捐款交各地中中交農四銀行代收由各省市最高行政機關及
僑務委員會隨時將收得捐款撥解行政院轉交軍政部統籌支配四、其
在一元以下之國內外零星捐款應由各省市最高行政機關及僑務委
員會函令各地黨政機關會同在各交通要衢設置捐櫃以便民眾自由
捐輸不必印發收據按日檢收層轉撥解並准其函除轉函行政院查照外
函覆查照等由准此除分行外用特函達即希查照等由准此合亟咨仰
該會遵照辦理為要此令

SC008

中華民國廿六年八月九日

常務委員
童行白
潘公展
姜懷素

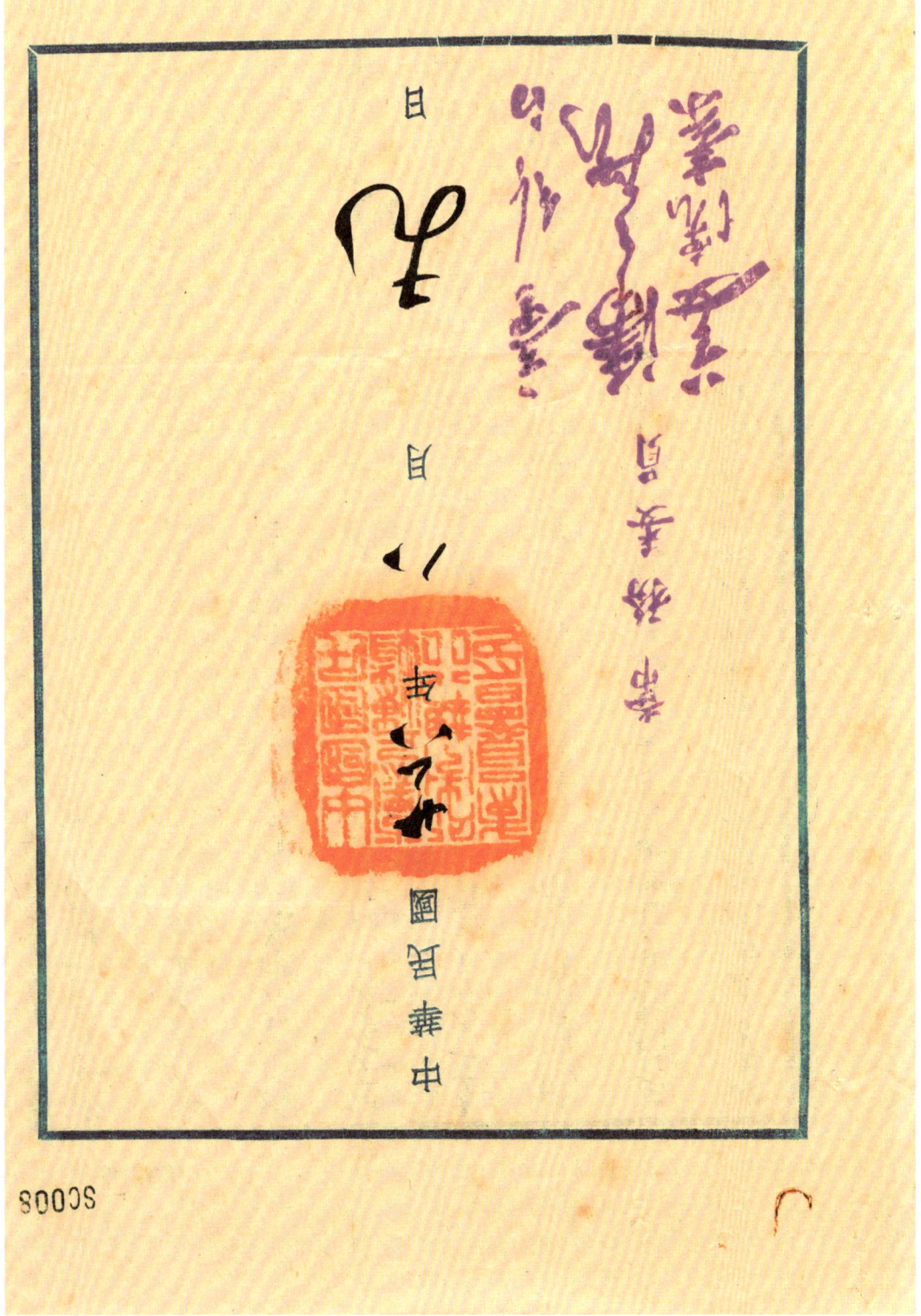

国民党上海特别市执行委员会关于规定抗敌后援捐款经收办法及集中支配用途事致上海市各界抗敌后援会的训令
（一九三七年九月四日）

SC001

214

訓令

事由（發文者摘錄）	附件	交辦	擬辦	批辦	備考
為奉中央令知規定抗敵後援捐款經收辦法及集中支配用途轉仰知照由		遵辦 康 九、五		存卷	

26年9月5日收文 字第 號

SC002

中國國民黨上海特別市執行委員會訓令　執字第3007號

令上海市各界抗敵後援會

為令遵事案奉

中央執行委員會訓令宥字第五八四號內開查自蘆溝（橋）事變以來國內外各界人民紛紛捐款以為抗敵後援茲為統一經收方法並集中分配以資統籌起見經本會常務委員會第四十九次會議決議規定海外僑胞捐款仍照向例由華僑愛國義捐總收款處經收交華僑捐款保管委員會

002
SC003

保管國內各界捐款照國民貢獻一日所得捐款經收辦法
指定由中央財務委員會經收交中央秘書處在中央銀行
開立專戶保管並分期登報公布關於分配方法無論捐
款人已否指定用途均由中央決定支配在案除函國民政府
轉行各機關知照並分行外合行令仰知照並轉飭知照
為要等因奉此合亟令仰該會知照為要此令

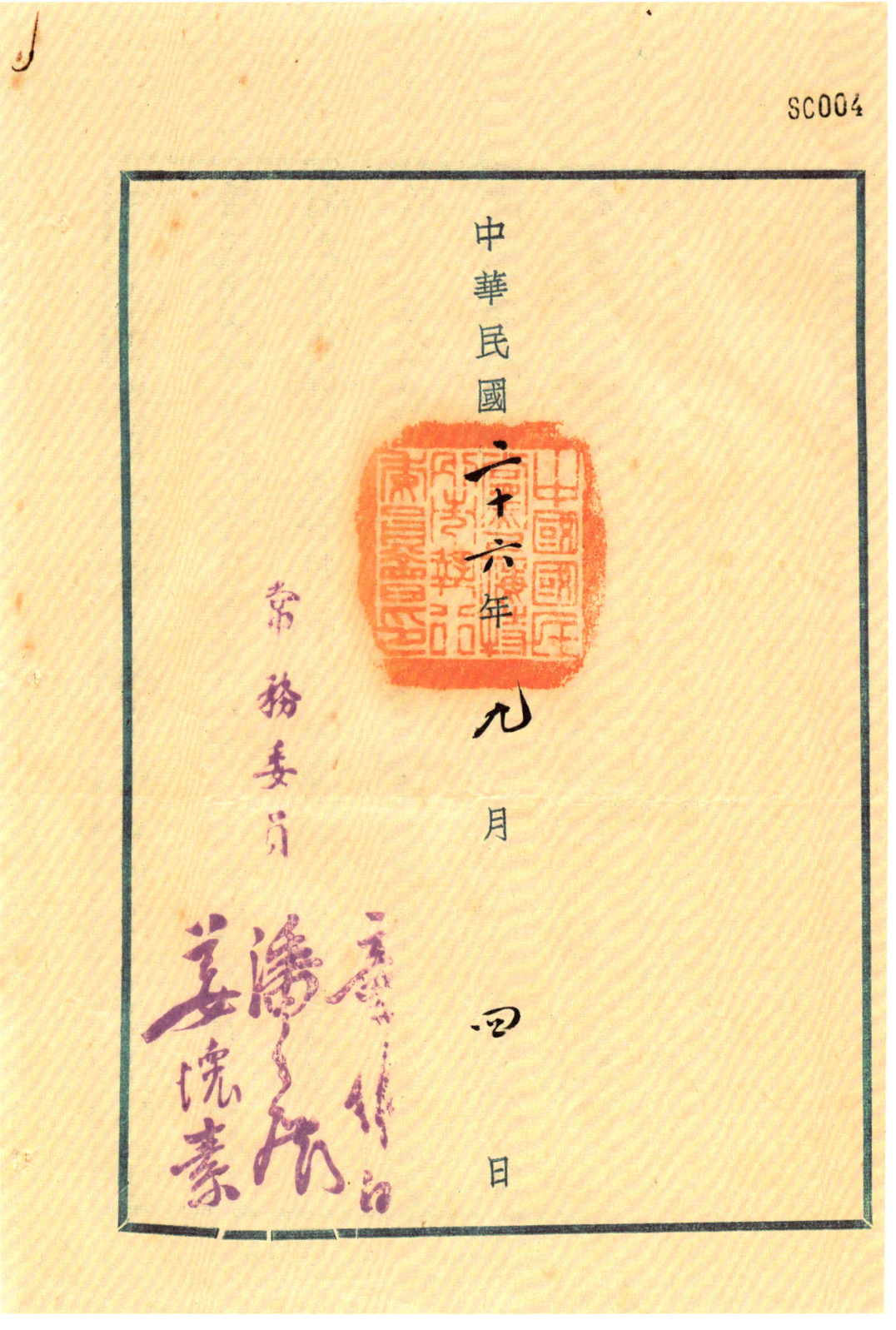

SC004

中華民國二十六年九月四日

常務委員

王曉籟

潘公展

姜懷素

（五）关于统一救国团体办法

上海市各界抗敌后援会主席团关于拟具统一救国团体办法呈请鉴核备案事致国民党上海特别市执行委员会、上海市社会局的呈（一九三七年九月十日）

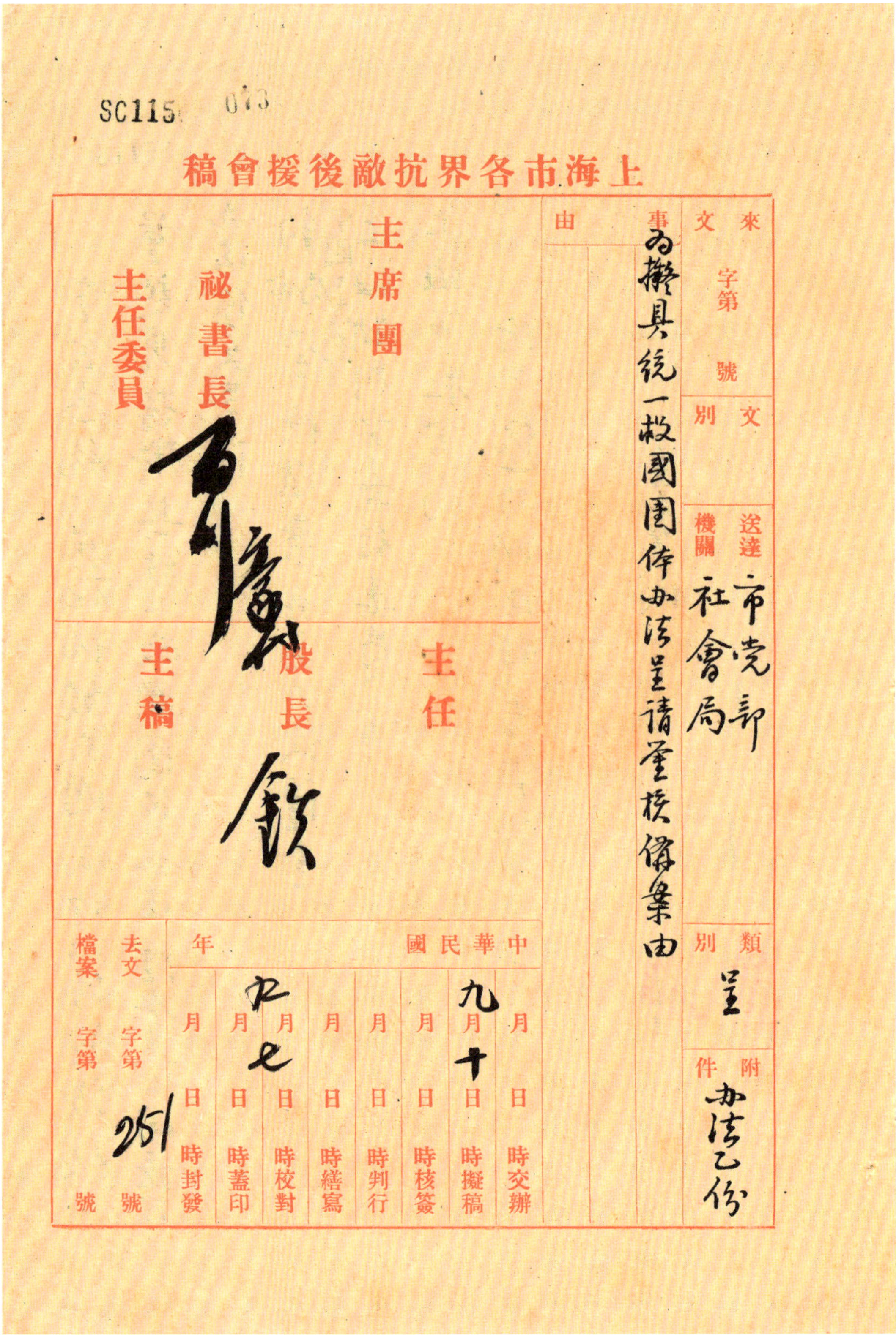
SC115 073

上海市各界抗敌後援會稿

主席團
祕書長
主任委員
主任
股長
主稿

事由：為擬具統一救國團體辦法呈請鑒核備案由
來文字第號
文別
送達機關：市党部 社會局
類別：呈
附件：辦法乙份

中華民國 年 九月十日 擬稿
九月七日 校對
去文字第 251 號

SC116

本会為統一各種抗敵救國團體以增強後援力量起見特擬具統一救國團體辦法理合檢同該項辦法備文呈請

鈞局會鑒核備案至為公便謹呈

中國國民黨上海特別市執行委員會

上海市社会局

附呈統一救國團體辦法乙份

主席團

附：统一救国团体办法

SC117

011

統一救國團體辦法

本市各界抗敵後援会設計委員会近為統一各種抗敵救國團體以增強後援力量起見特擬具辦法如下

(一)全市抗敵救國團體以「上海市各界抗敵後援會」為最高組織

(二)在最高組織之下各界均得依照法定手續分別組織「救亡協会」或「戰事服務團」惟各團體應儘量善用原有組織或在原組織中添設特種委員会以集中抗敵救國之工作毋庸

SC118

另行組織

(三)為集中抗敵力量溝通各方意見起見各界組織之救亡協会及各團體所附設之特種委員会應一律向上海市各界抗敵後援会登記

(四)上海市各界抗敵後援会至少每兩星期應召集前項已經登記之各團體負責人舉行談話会一次相互報告工作狀況並交換關於抗敵後援之意見

(五)已經登記之各團體如須募集捐款應將

办法及捐簿呈请上海市社会局核准并
加盖社会局印方得募捐
(六)已经登记之各团體应由上海市各界
抗敌后援会商请会计师公会选派会
计员前往担任各该团體会计事宜
(七)凡不向上海市各界抗敌后援会履行登
记手续或拒绝派员管理会计之办者应
由上海市各界抗敌后援会察其情节予
以相当之处置

国民党上海特别市执行委员会关于拟具统一救国团体办法准予备案事致上海市各界抗敌后援会的指令

（一九三七年九月九日）

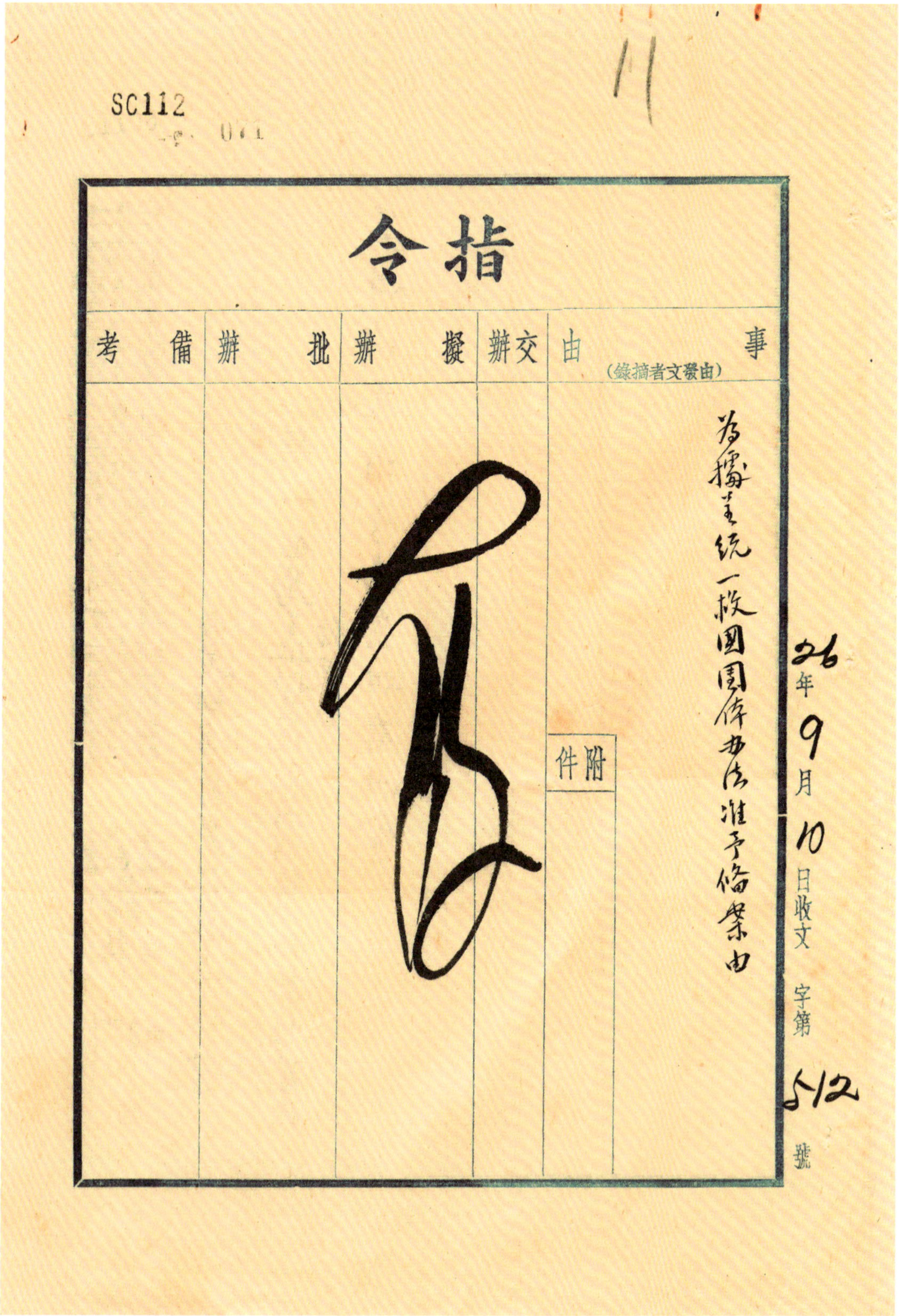

SC112

11

指令

事由（發文者摘錄）	交辦	擬辦	批辦	備考
为拟具统一救国团体办法准予备案由				

附件

26年9月10日收文 字第512號

SC113

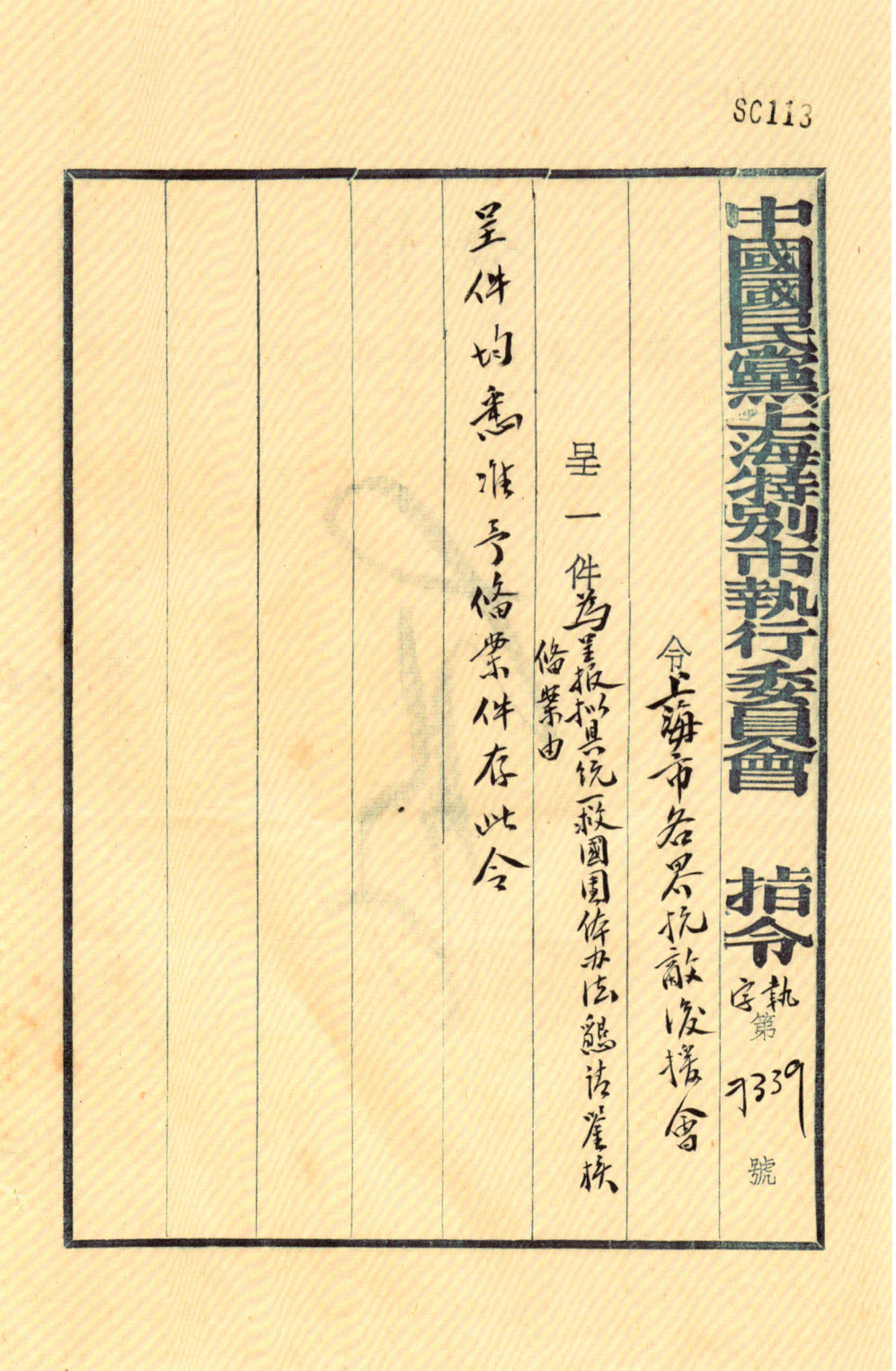

中國國民黨上海特別市執行委員會指令 執字第7339號

令上海市各界抗敵後援會

呈一件為呈報擬具統一救國團體辦法懇請鑒核備案由

呈件均悉准予備案件存此令

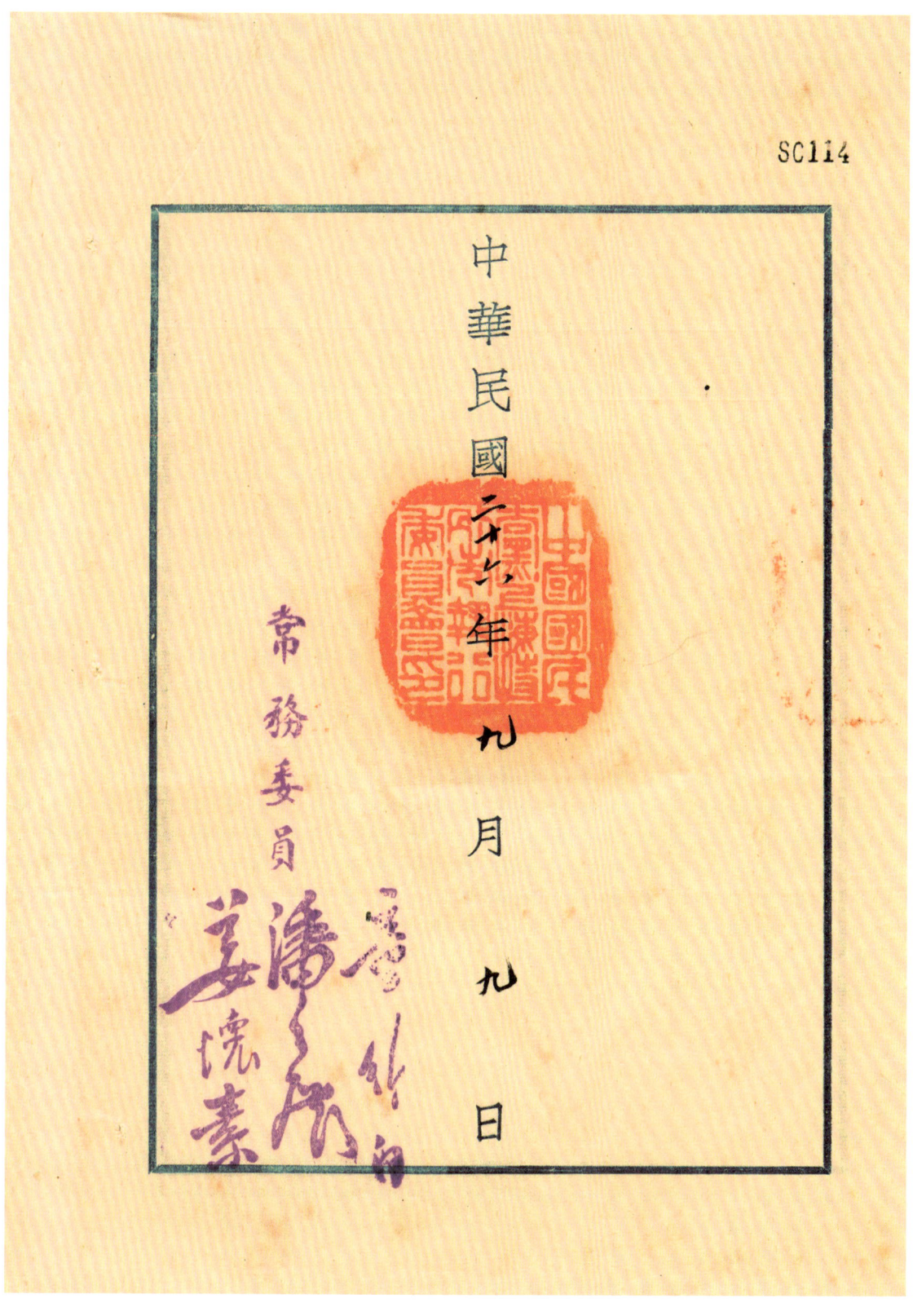

中華民國二十六年九月九日

常務委員

上海市社会局关于拟具统一救国团体办法准予备案事致上海市各界抗敌后援会的批（一九三七年九月九日）

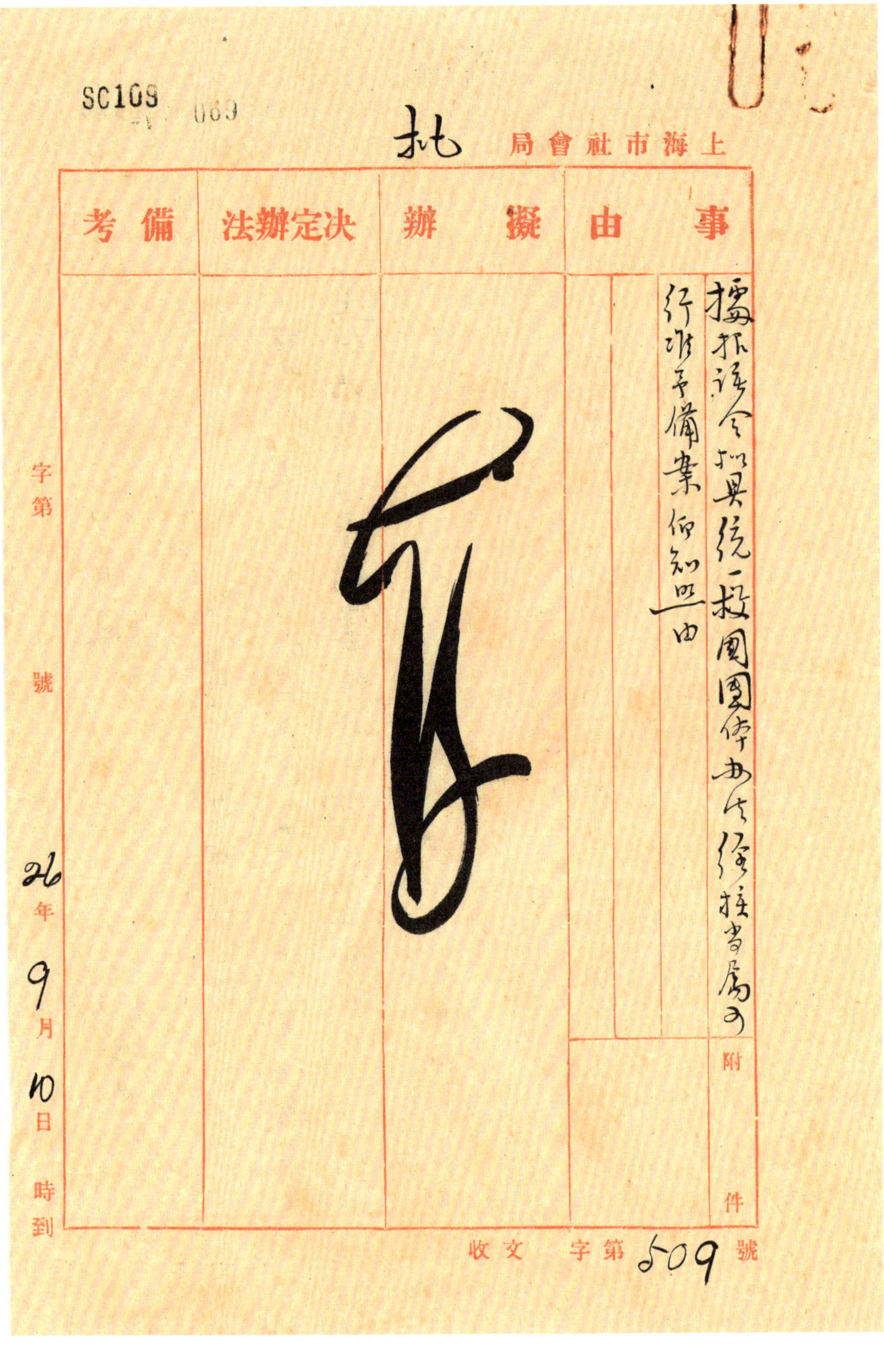
SC109 069

上海市社會局　批

事由	擬辦	決定辦法	備考
據報請令擬具統一救國團體辦法經呈當局行准予備案仰知照由	行		

附件

26年9月10日時到

收文字第509號

SC110

上海市社會局批　特字第四三七號

批上海市各界抗敵後援會

呈件　為擬具統一救國團體辦法呈請鑒核備案由

呈件均悉，准予備案，仰即知照，件存。此批。

中華民國廿六 九 月 九 日

局長 潘公展

（六）关于征召西医

中华医学会关于业经征得西医应征人七十人事致上海市各界抗敌后援会职员郭叔亮的函（一九三七年十月六日）

上海市各界抗敌后援会

收文字第 804 号

来文机关	中华医学会	文别	函	时间	廿六年十月六日
附件	名单一纸				
摘由	为该会业经征得西医应征人七十人附具名册希予通讯录函请备核并予查照由				
拟办					
常委会办法					
附注					

053

SC064

SC065 054

中華醫學會用箋

逕啓者前奉

大函以奉軍事委員會第六部電令于一星期內徵求西醫四五十人具報以備調用等因囑為代辦徵求手續等由當經積極着手進行茲將應徵人之通訊處履歷另紙開列附奉

貴會發出應徵人通知時請囑應徵人照辦下列兩事（一）覓保担保以有聲望者為更佳（二）赴京投到時攜帶證明文件及詳細履歷以憑核

SC066 055

中華醫學會用箋

會長 金寶善
副會長 馬雅各 王吉民
總幹事 施思明
會計 方嘉成

驗以後續有應徵再當具報此致

郭叔亮先生

中華醫學會敬啓
十月Ｘ日

中文編輯 余巖 李濤 許雨階 杜儒德
英文編輯
出版幹事 劉士豪
執行委員 余巖 富文壽(主席) 施思明 譚信 王光宇 方嘉成 許雨階 黄子方 黄雯 莫約西 陳宗賢 王吉民

會址 上海池浜路四十一號
總務部電話 三〇八四六 藥械部及售書部電話 三三八五八

上海市各界抗敌后援会关于询问征得之西医应于何日晋京及其将来待遇事致军事委员会第六部的电
（一九三七年十月六日）

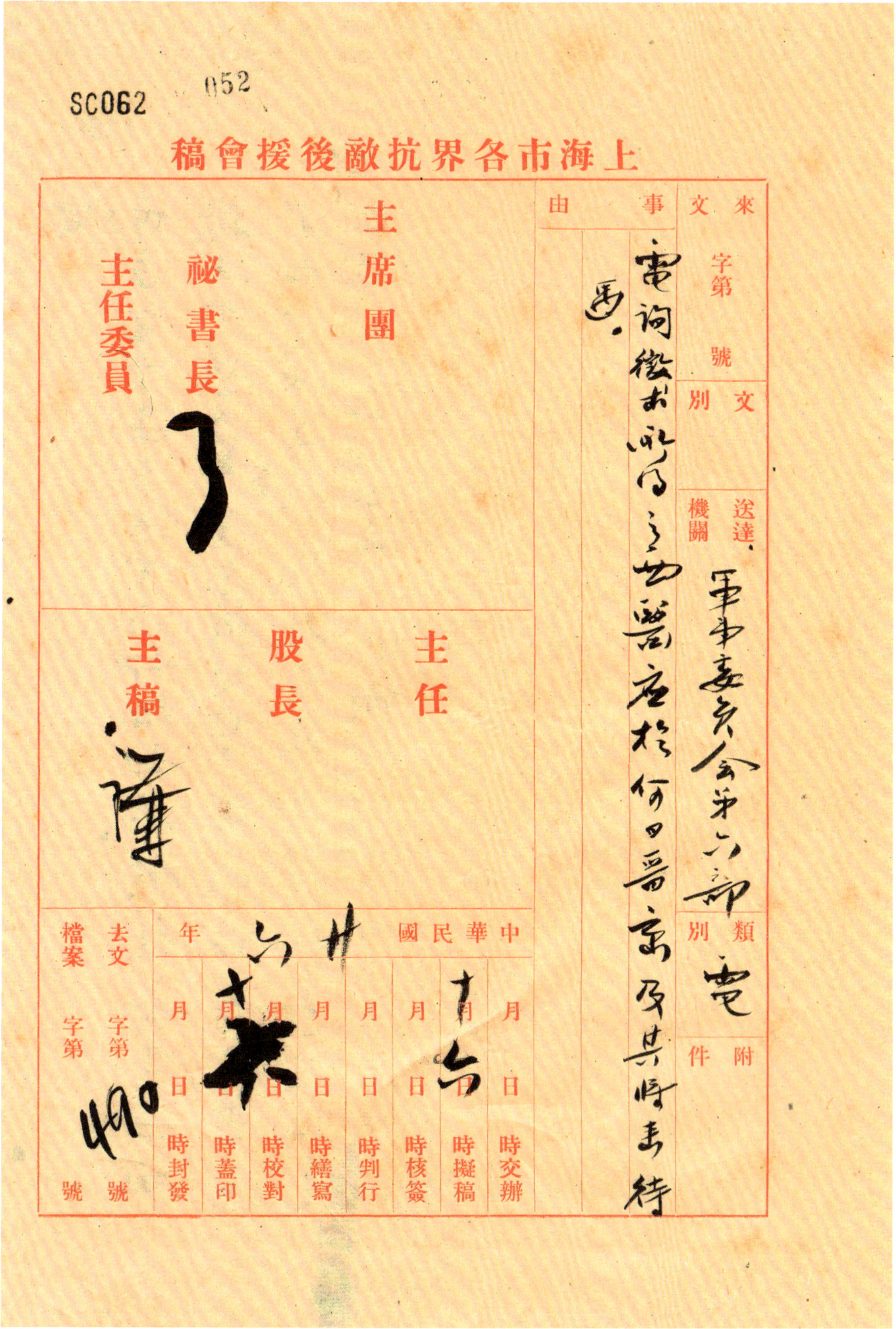
SC062 052

上海市各界抗敵後援會稿

來文 字第 號	
文別	
事由	電詢徵求所得之西醫應於何日晉京及其將來待遇。
送達機關	軍事委員會第六部
類別	電
附件	
主席團	
祕書長	了
主任委員	
主任	
股長	
主稿	陳
中華民國 廿六年	十月六日時擬稿
去文 字第 號	
檔案 字第 號	490

SC063

電

南京軍事委員會第六部陳部長鈞鑒：前奉電飭徵求西醫与業已徵得五十名。茲該醫生等應於何日晉京，何處報到及其將來待遇如何，祈即日電復。上海市各界抗敵後援會叩。

049

SC059

上海市各界抗敵後援會

收字第889號

來文機關	中華醫學會
文別	函
時間	廿六年10月12日
附件	名單一份
摘由	為續送應徵醫師名單，請即迅將上會兩次名單寄京轉報，以免應徵人責問由。
擬辦	轉呈軍醫署 [illegible] 會　嘉 十、十三
常委決定辦法	[illegible]
附註	

050

SC060

中華醫學會用箋

逕啓者查本月六日本會曾將委託徵集之醫師名單開列送李君又將應徵三人另單附李印希檢收查此次軍事委員會徵集服務醫師甚為急切京方電催當可于一週内到達貴會近日敦名諸人踴躍向本會催詢通知以便前往服務為此函請從速將上令兩次名單寄京轉報以免應徵人責詢至于通知書

SC061

051

中華醫學會用箋

[illegible]辦各件請

查照本會前函所列各点辦理爲荷此致

上海市各界抗敵後援會

中華醫學會 敬啓 十、十六

上海市各界抗敌后援会关于将所征西医晋京日期、接洽地点及其待遇迅即示知事致军事委员会第六部的电（一九三七年十月十四日）

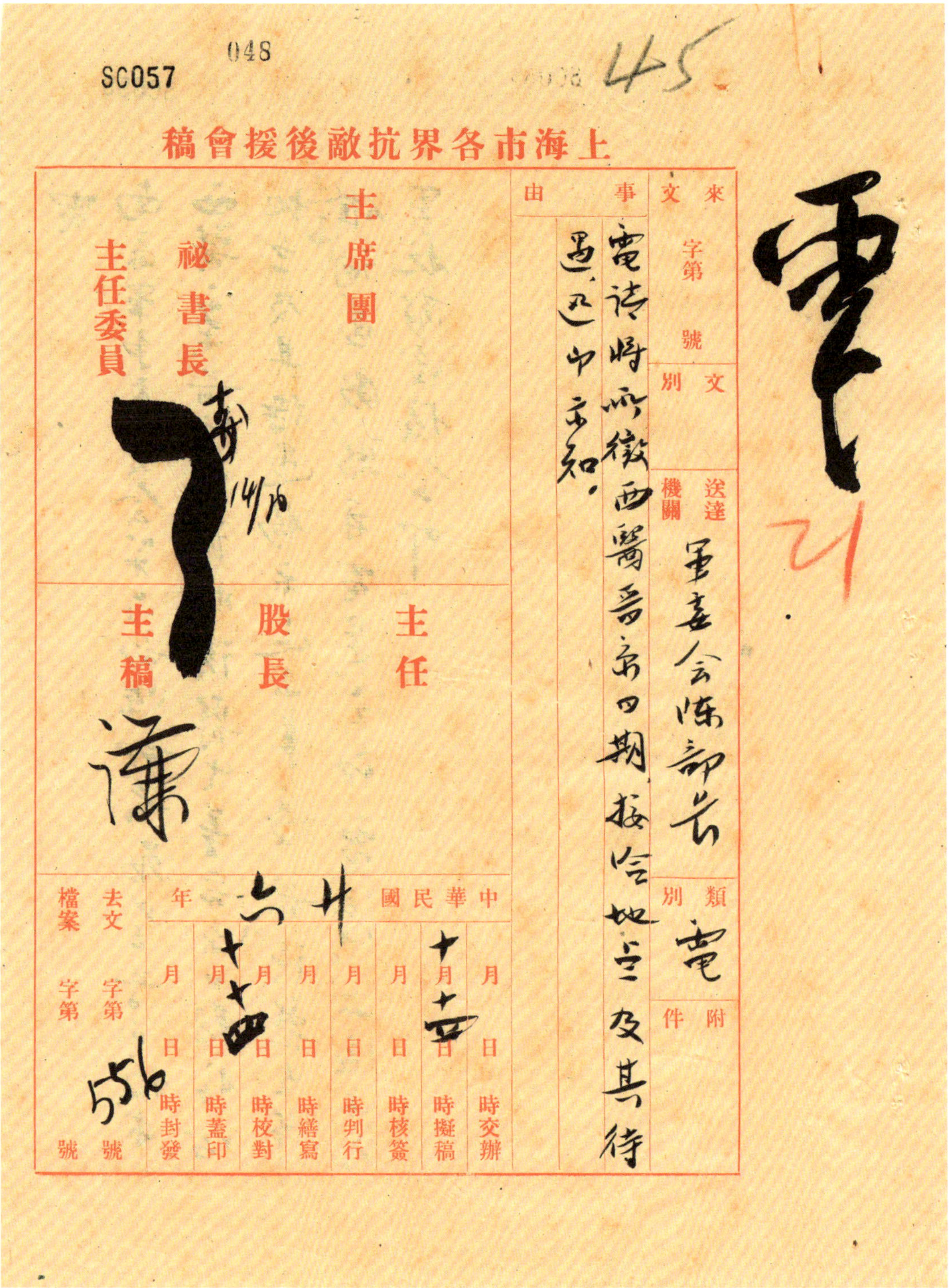
SC057 048 45

上海市各界抗敵後援會稿

來文字第 號	
事由	電請將所徵西醫晉京日期、接洽地點及其待遇迅即示知。
文別	
送達機關	軍委會陳部長
類別	電
附件	
主席團	
祕書長	
主任委員	
主任	
股長	
主稿	
中華民國	廿六年
交辦時	月 日
擬稿時	十月十四日
核簽時	月 日
判行時	月 日
繕寫時	月 日
校對時	十月十四日
蓋印時	月 日
封發時	月 日
去文字第 號	
檔案字第 號	556

電

SC058

電

南京軍事委員會第六部陳部長勛鑒：前囑徵求西醫一案，前經電請將該醫生等赴京日期、接洽地點及其待遇賜示，迄未奉復。前以該醫生等催詢甚殷，特再電達，乞即電復。上海市各界抗敵後援會叩。

中华医学会关于询问代征医师名单已否转报事致上海市各界抗敌后援会的函（一九三七年十月十九日）

077

SC095

上海市各界抗敵後援會

收字第988號

來文機關	中華醫學會
文別	函
時間	26年10月20日
附件	名單乙紙
摘由	函詢代徵醫師名單已否轉報，茲又附上應徵醫師名單乙紙，請核明轉報由
擬辦	一、應徵醫師五人名單轉報軍委會第六部。（並請速核辦）二、函復中華醫學會，醫師名單早經轉報軍委會。（早已送去） 王韜 20/10
常委決定辦法	
附註	

078

SC096

中華醫學會用箋

逕啓者查日前本會送上代徵醫師名單已歷多日已列入名單備人近日紛向本會催詢調用通知者日有多起本會答復殊感困難查前單事委員會來函急需醫師服務未審此項名單業蒙

轉報否否則務請即日

轉報以利抗戰而免應徵人責問茲又附上應徵醫師五人之名單一紙敬請

會址 上海池浜路四十一號
總務部電話 三〇八四六 藥械部及書報部電話 三三八五八

079

SC097

中華醫學會用箋

檢收轉報為荷此致

上海市各界抗敵委員會

中華醫學會敬啟

十月九日

国民政府军事委员会第六部关于告知西医暨看护待遇办法事致上海各界抗敌后援会的电（一九三七年十月二十日）

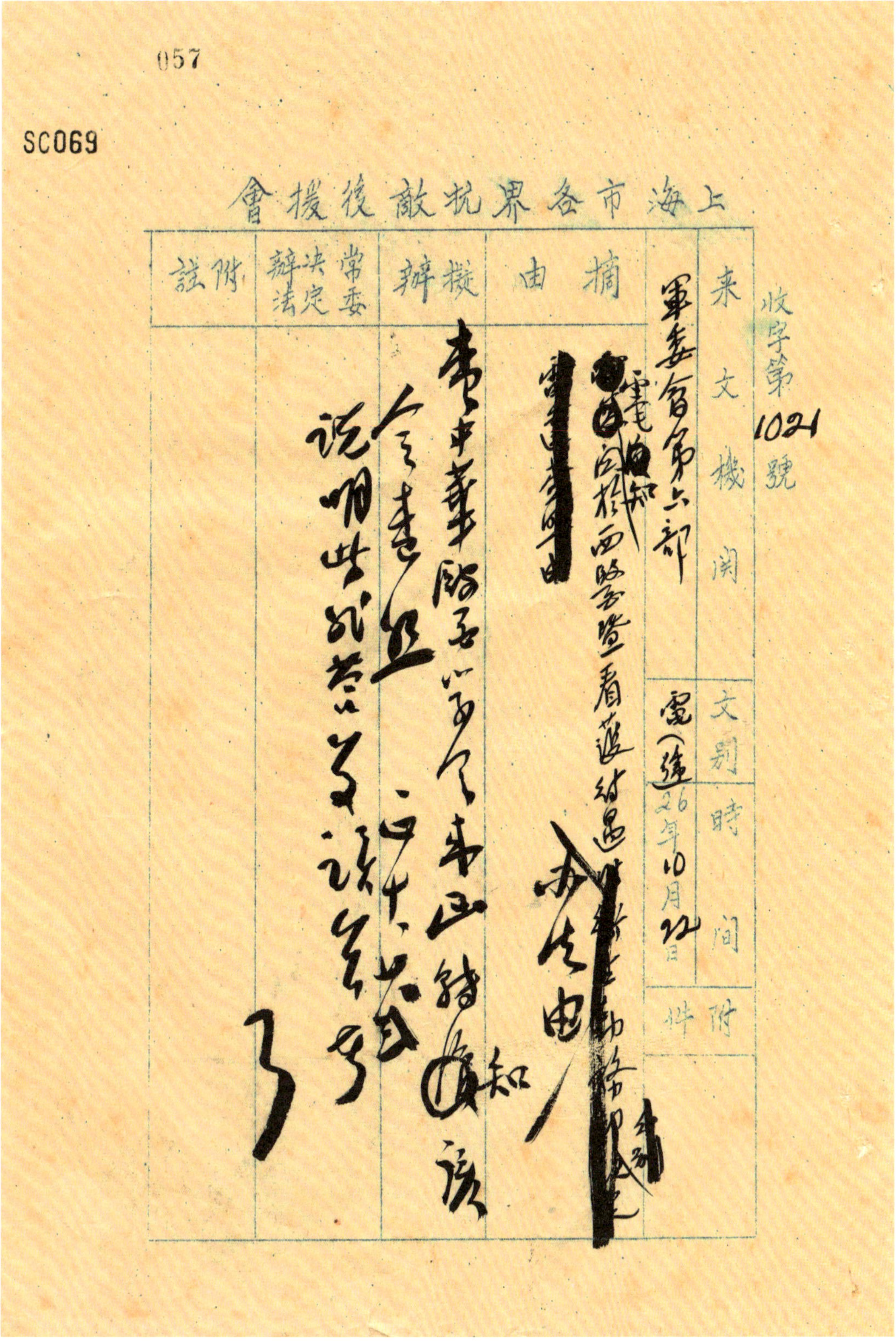
057

SC069

上海市各界抗敵後援會

收字第1021號

來文機關	文別	時間	附件
軍委會第六部	電（渝）	26年10月22日	

摘由	擬辦	常委決定辦法	附註

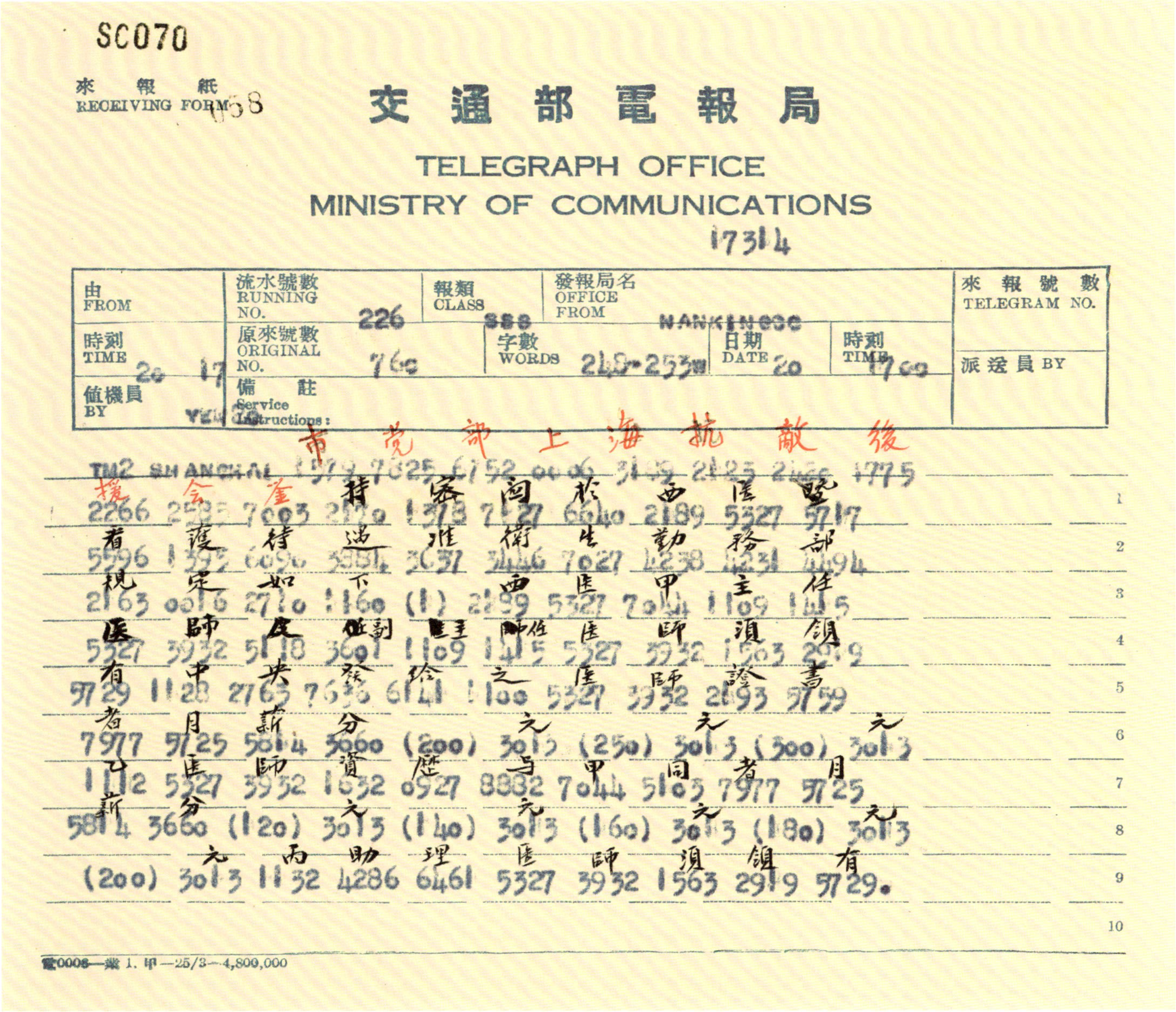

SC070

來報紙 RECEIVING FORM 058

交通部電報局

TELEGRAPH OFFICE
MINISTRY OF COMMUNICATIONS

17314

由 FROM	流水號數 RUNNING NO. 226	報類 CLASS SSS	發報局名 OFFICE FROM NANKING		來報號數 TELEGRAM NO.
時刻 TIME 20 17	原來號數 ORIGINAL NO. 760	字數 WORDS 245-253	日期 DATE 20	時刻 TIME 1700	派送員 BY
值機員 BY YEN	備註 Service Instructions:				

市党部上海抗敌後
TM2 SHANGHAI 1579 7825 6752 0006 3189 2125 2666 1775

援会奎转察阁於西医暨
2266 2585 7003 2170 1378 7127 6610 2189 5327 9717

着護待遇准衛生勤務部
5596 1393 6096 3354 3037 5446 7027 4258 4231 4894

规定如下(1)西医甲主任
2163 0016 2710 1160 (1) 2189 5327 7044 1109 1415

医師度副主佐医師須領
5327 3932 5118 3601 1109 1415 5327 3932 1563 2919

有中央發給之医師證書
5729 1128 2763 7636 6141 1100 5327 3932 2093 5759

者月薪分之之之
7977 5725 5814 5000 (200) 3013 (250) 3013 (300) 3013

乙医師資歷与甲同者月
1112 5327 3932 1632 0927 8882 7044 5103 7977 5725

薪分之之之之
5814 3660 (120) 3013 (140) 3013 (160) 3013 (180) 3013

之丙助理医師須領有
(200) 3013 1132 4286 6461 5327 3932 1563 2919 5729.

電0008—叢 1. 甲—25/3—4,800,000

SC071
來報紙 059
RECEIVING FORM

交通部電報局

TELEGRAPH OFFICE
MINISTRY OF COMMUNICATIONS

17314

由 FROM	流水號數 RUNNING NO.	報類 CLASS	發報局名 OFFICE FROM	來報號數 TELEGRAM NO.
時刻 TIME	原來號數 ORIGINAL NO.	字數 WORDS	日期 DATE / 時刻 TIME	派送員 BY
值機員 BY	備註 Service Instructions: 8110			

衛 生 署 准 許 应 医 師 甄 別
3446 7027 7986 3637 [illegible] [illegible] 5327 3932 7050 [illegible]
考 試 通 知 者 与 医 師 逕 通
7976 0730 3368 2899 7777 3032 5327 3932 [illegible] 3368
给 证 办 法 规 定 经 歷 相 符
6141 2193 3282 1240 2153 [illegible] 6191 0927 5598 1869
者 月 薪 分 元 元 元
7977 5725 5814 3660 (40) 3013 (50) 3013 (80) 3013
丁 各 医 师 学 校 三 四 年 级
1168 5180 5327 3932 0072 4556 1164 7588 4815 4907
学 生 一 律 支 给生活 費 念 元
0072 7027 1169 6652 8178 7627 1276 1679 4813 3013
護 士 領 有 中 華 護 士 会
(2) 1395 2720 2919 5729 1126 8263 1395 2720 9127
公 考 文 憑 或 在 教 育 机 関
3095 7976 6661 7884 8427 7506 6629 3529 2085 7127
立 業 之 護 士 学 校 畢 業 者
1879 3399 1100 1395 2720 0072 4556 7015 2035 7977
護 士 長 由 元 至 元 每
1395 2720 7174 7043 (40) 3013 8870 (80) 3013 0661..

電0008—業1. 甲—25/3—4,800,000

K1111

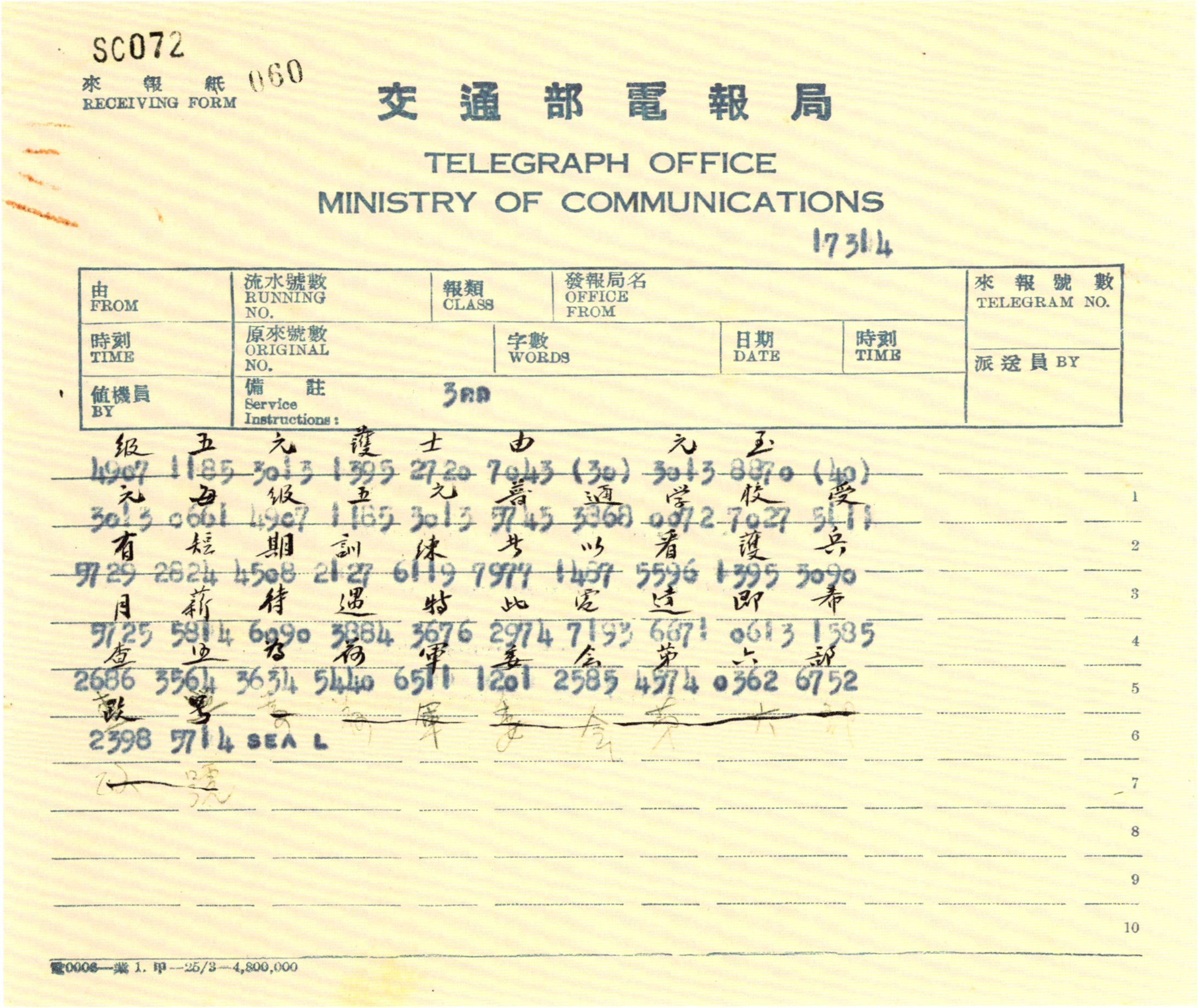

SC072

來報紙 060
RECEIVING FORM

交通部電報局

TELEGRAPH OFFICE
MINISTRY OF COMMUNICATIONS

17314

由 FROM	流水號數 RUNNING NO.	報類 CLASS	發報局名 OFFICE FROM		來報號數 TELEGRAM NO.
時刻 TIME	原來號數 ORIGINAL NO.	字數 WORDS	日期 DATE	時刻 TIME	派送員 BY
值機員 BY	備註 Service Instructions: 3RD				

級	五	元	護	士	由		元	正	
4907	1185	3013	1395	2720	7043	(30)	3013	8870	(40)
元	每	級	五	元	普	通	学	校	受
3013	0661	4907	1165	3013	9745	3368	0072	7027	5111
有	短	期	訓	練	者	以	看	護	兵
9729	2824	4508	2127	6119	7977	1457	5596	1395	5090
月	薪	待	遇	特	此	電	達	即	希
9725	5814	6090	3884	3676	2974	7193	6671	0613	1585
查	照	為	荷	軍	委	會	第	六	部
2686	3564	3634	5440	6511	1201	2585	4974	0362	6752
敢	墨	上	海	軍	委	會	第	六	部
2398	9714	SEAL							

以一號

電0006—叢1.甲—25/3—4,800,000

国民政府军事委员会第六部关于转知上海西医七十人到京报到待遇办法事致上海市各界抗敌后援会的快邮代电

（一九三七年十月二十日）

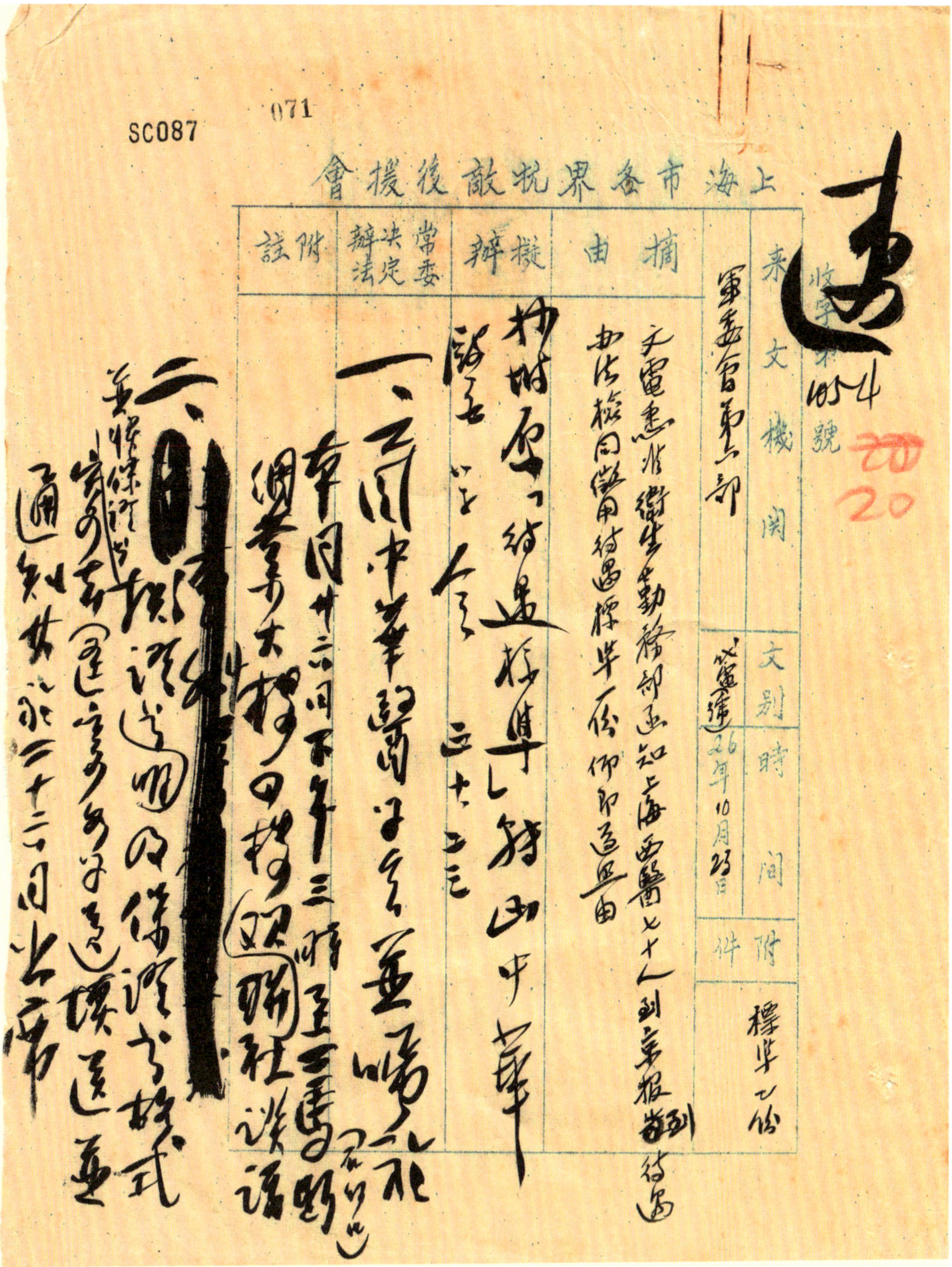
SC087　071

上海市各界抗敵後援會

來文機關	軍委會第六部
收字第 1054 號	
文別	代電
時間	26年10月23日
附件	撰單乙份
摘由	元電悉准衛生勤務部函知上海西醫七十人到京報到待遇辦法檢同撰單乙份仰即遵照由
擬辦	
常委決定辦法	
附註	

072

SC088

國民政府軍事委員會第六部

快電

廣字第一一三九號　計一二一字第一頁

上海市各界抗敵後援會文電悉案准衛生勤務部函稱上海西醫七十名如已領有衛生署准應醫師甄別試驗通知書者可囑其到京向本部衛生預備團報到（在南京中正街萬壽宫）以各軍醫機關上尉中尉軍醫任用如無此項資格則不便以軍醫任用祇可酌量派為醫務助理等由准此合行檢同該部

中華民國　年　月　日　午　點　分發

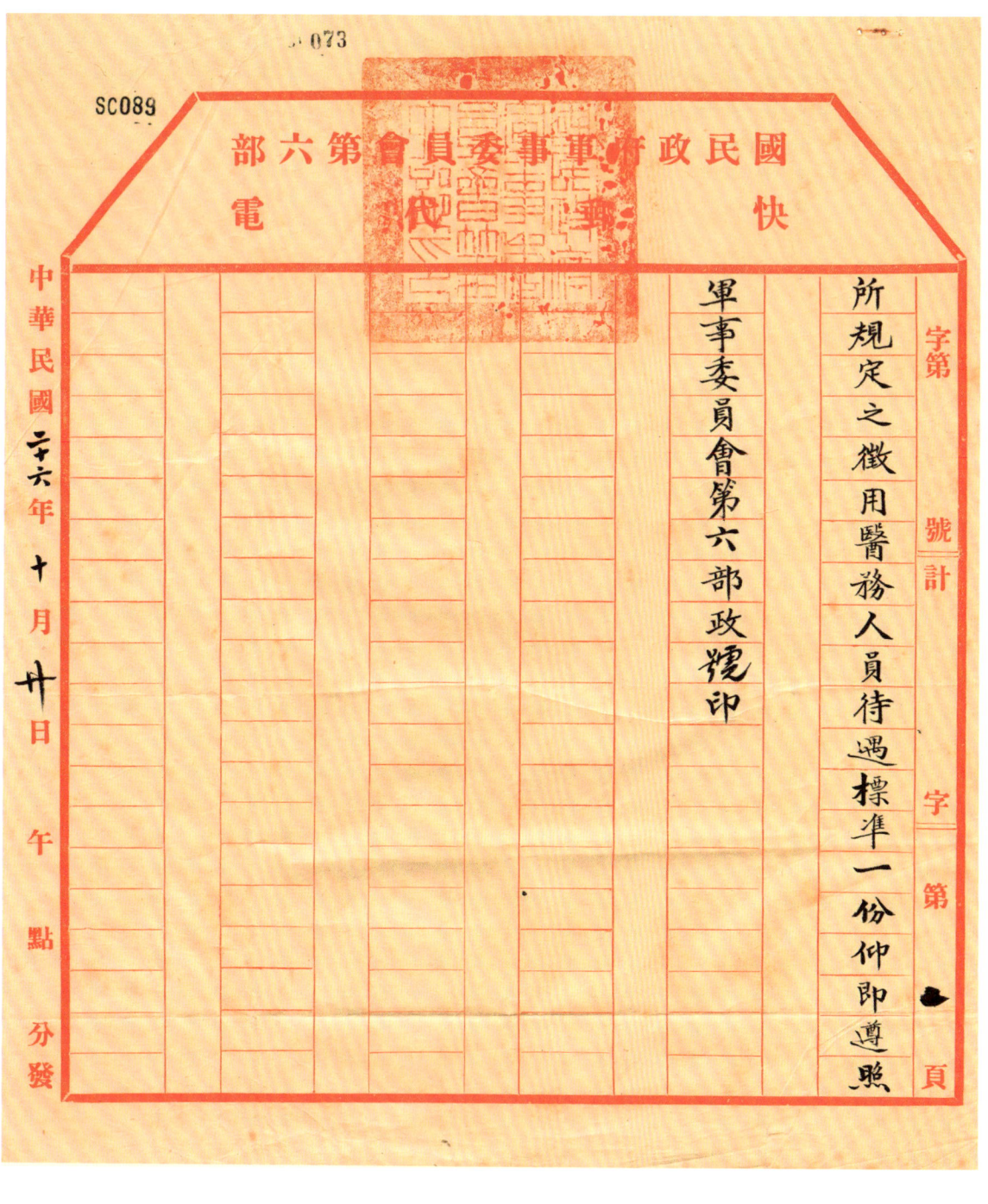

073

SC089

國民政府軍事委員會第六部

快 郵 代 電

字第　號

所規定之徵用醫務人員待遇標準一份仰即遵照

軍事委員會第六部政號印

中華民國二十六年十月廿日　午　點　分發

計　字第　頁

附：中国红十字会总会所办救护机关（医院手术组等）征用医务人员待遇标准

中國紅十字會總會所辦救護機關（醫院手術組等）徵用醫務人員待遇標準

（一）醫師及醫學生

甲 主任醫師及副主任醫師月薪（須領有中央發給之醫師証書者）

二〇〇元 二五〇元 三〇〇元 三級

乙 醫師（領有中央發給之醫師証書者）

一二〇元 一四〇元 一六〇元 一八〇元 二〇〇元 五級

丙 助理醫師（一已領有衛生署核許應醫師甄別或試通知者 二与醫師考試法規定經歷相符者）

四〇元 五〇元 八〇元 三級

丁 各醫學校院三四年級學生

一律支生活費二十五元

（二）調劑人員

甲 藥師

八〇元 一〇〇元 二級

乙 藥劑士

四〇元 五〇元 六〇元 三級

丙藥劑生

三〇至四〇元　每級五元

(三)護病人員

甲護士長(領有中華護士會公發文憑者)

四〇至八〇元　每級五元

乙護士(領有中華護士會公發文憑或在官廳立案之護士學校畢業者)

三〇元至四〇元　每級五元

以上月薪數目包括膳費在內如出外乘車一律三等輪船房艙在路上食住零用每人每日二元(由起身日起至到達目的地之日為止)

SC091

上海市各界抗敌后援会关于请迅予指示应征医师如何分派工作以便转知事致军事委员会第六部的电及关于所询应征医师问题事致中华医学会的函（一九三七年十月二十一日）

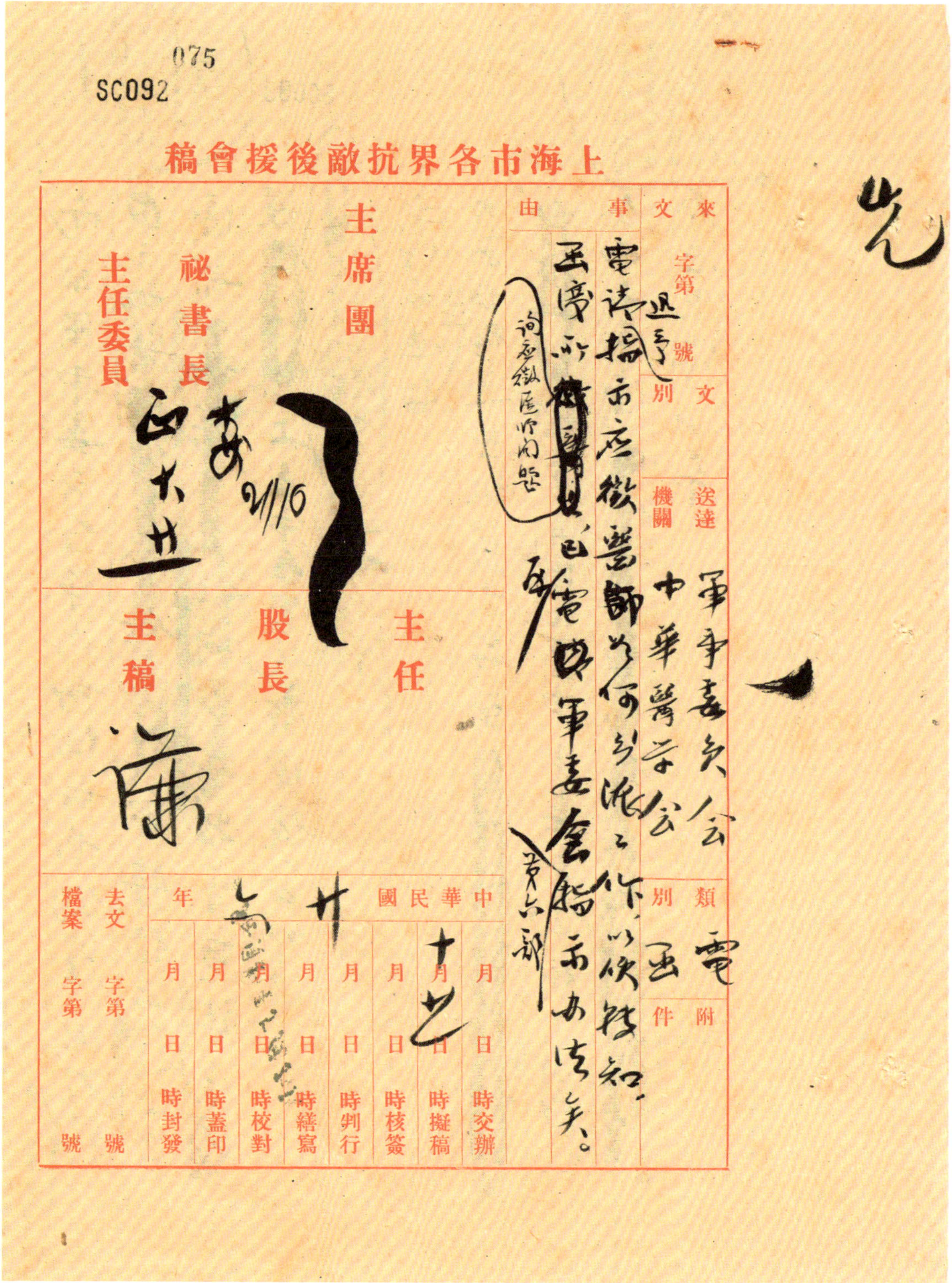

075
SC092

上海市各界抗敵後援會稿

來文 字第 號	
文別	電、函
送達機關	軍事委員會、中華醫學會
事由	電請迅予指示應徵醫師如何分派工作，以便轉知。函達所詢應徵醫師，已電與軍委會請示辦法矣。

主席團　秘書長　主任委員

主任　股長　主稿

中華民國　年　十月　廿一日

時交辦　時擬稿　時核簽　時判行　時繕寫　時校對　時蓋印　時封發

去文 字第 號　檔案 字第 號

SC093

南京军事委员会第六部陈部长钧鉴：关于徵[illegible]本部应[illegible]

田三西医[illegible]电[illegible]示[illegible]未奉

处，并[illegible]特再电请示田

[illegible]。上海市各界抗敌后援会以

至嘱，[illegible]送[illegible]

大函，日检送应徵医生名单，[illegible]

[illegible]经本会电请军事委员会核示[illegible]

会函本会后[illegible]

相应先复，即希

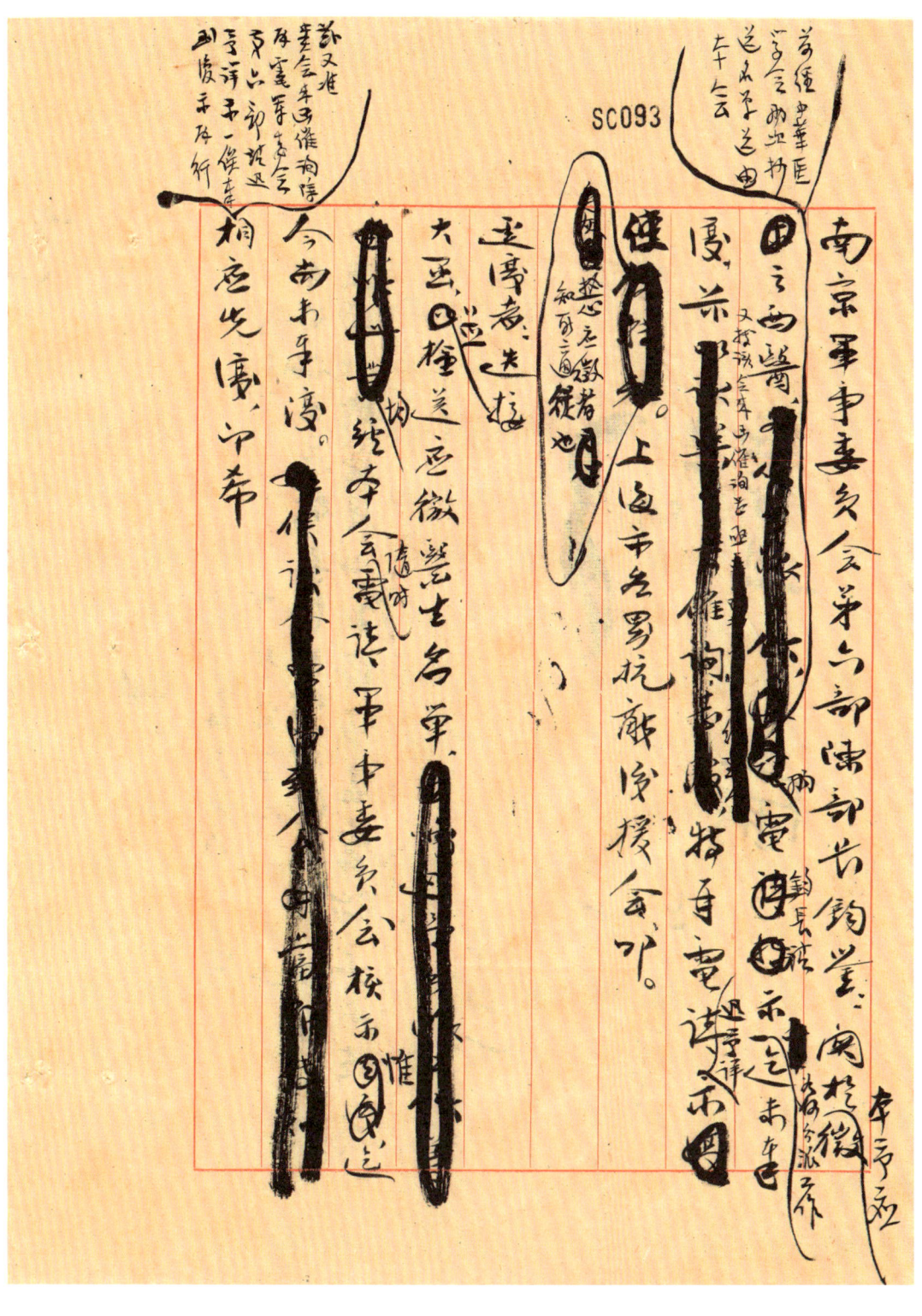

除知外

查照为荷此致

中华医学会。

（公函）[illegible]

上海市各界抗敌后援会关于西医及看护待遇情形事致中华医学会的函（一九三七年十月二十二日）

SC067　056

上海市各界抗敵後援會稿

來文字第　號	
文別	
送達機關	中華醫學会
類別	出
附件	
事由	奉華委会第六部電嘱示西醫及看護待遇情形，特達查照。

主席團

祕書長　[illegible]

主任委員

主任

股長

主稿　[illegible]

中華民國廿六年

時交辦	時擬稿	時核簽	時判行	時繕寫	時校對	時蓋印	時封發
月　日	十月廿二日	月　日	月　日	月　日	月　日	月　日	月　日

去文字第　號

檔案字第　號

保1054号函復

呈廿四

SC068

逕啟者，案准軍事委員會第六部感電開："案據西醫登看護待遇，抄到即希查照為荷"等因，准此，[illegible]（相應函請貴會查照，請函詢）貴會代徵西醫之待遇及如何分派工作（一事）並電（本會函詢）請軍事委員會第六部核示去後，迄今尚未准復。[illegible]此致

中華醫學會。

（會銜）啟

上海市各界抗敌后援会关于召集应征医生举行谈话事致中华医学会及各应征医生的函

（一九三七年十月二十五日）

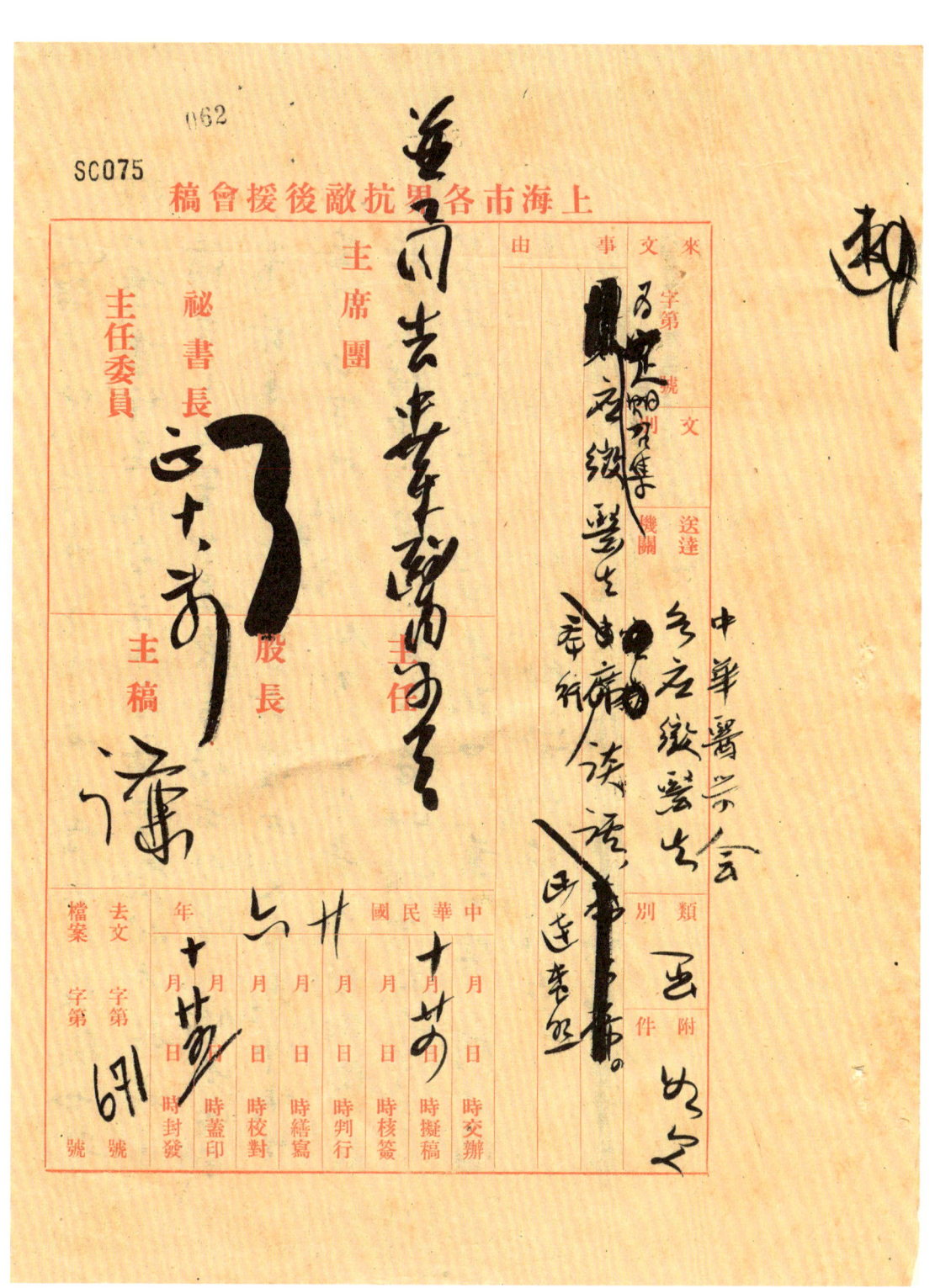

062

SC075

上海市各界抗敵後援會稿

主席團

祕書長

主任委員

主任

股長

主稿

來文字第　號

事由：召集應徵醫生舉行談話

文別

送達機關：中華醫學會、各應徵醫生

類別

附件

中華民國　年　月　日

時交辦　月　日

時擬稿　月　日

時核簽　月　日

時判行　月　日

時繕寫　月　日

時校對　月　日

時蓋印　月　日

時封發　月　日

去文字第　號

檔案字第　號

SC076

逕启者：本会前奉军事委员会电嘱代征西医一案，业经函托本市中华医学会代办报名手续，并呈请军事委员会指示分派工作办法各案。兹奉军事委员会电开：文电悉，淞卫生勤务部医师护士仰即查照前因，并将征用医务人员待遇标准，俟到会，等因；兹定于本月二十八日下午三时假三马路石路口绸业大楼四楼上海联欢社召集全体应征医师谈话。查台端係应征医生之一，~~相应检附定由备函奉~~~~务希届时~~届时出席为荷。

除分送外，相應檢附空白保證書一份，函達查照。

SC077

063

來以畢時之需，並將保證書填就來会，

以符手續，[illegible]。此致

先生。

附空白保證書一份。

（余箴）啓

逕啓者，関於市会前托

貴会代徵西醫之分配工作办法，當業經迭次電話

軍事委员会指示去後，茲奉軍事委员会電

復開："文電悉。抄[illegible]仰即遵照"等因，並附徵

用医师人员待遇標準一份到会，奉此，茲令之

SC078

本月二十六日下午三時假三馬路綢業大樓四樓上海聯歡社召集全市各織業同業公会談話，除分函通知外，相應函請[illegible]

[illegible]

貴會屆時推派代表出席指導為荷

中華醫學會。

（余纘）啟

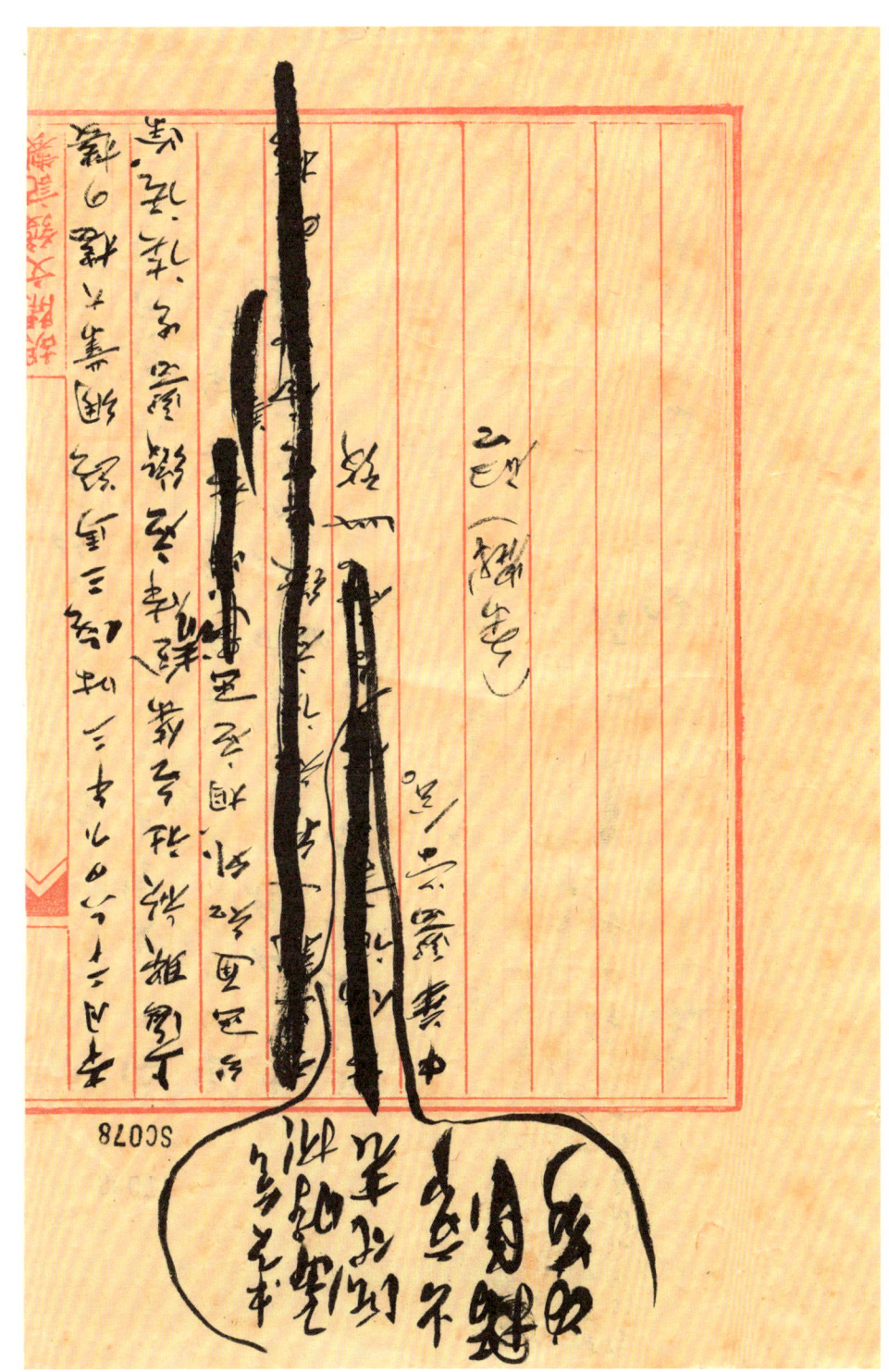

064

00079

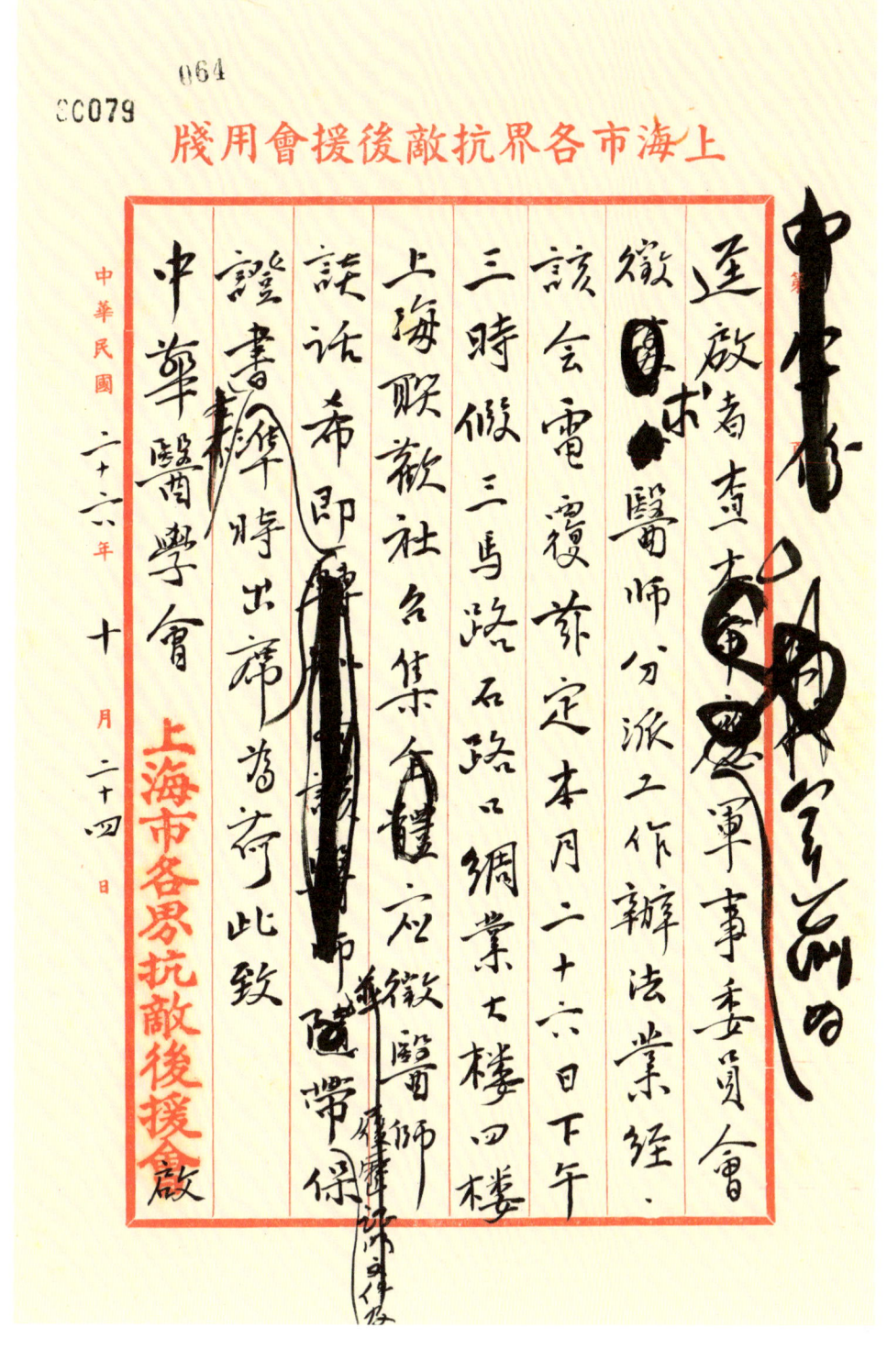

上海市各界抗敵後援會用箋

逕啟者查本會軍事委員會
徵集醫师分派工作辦法業經
該会電覆訂定本月二十六日下午
三時假三馬路石路口綢業大樓四樓
上海聯歡社召集會議應徵醫師
談話希即[redacted]隨帶保
證書準時出席為荷此致
中華醫學會

上海市各界抗敵後援會啟

中華民國二十六年十月二十四日

上海市各界抗敌后援会关于通知重定日期举行谈话事致各应征医生的函（一九三七年十月二十七日）

061

SC073

上海市各界抗敵後援會稿

主席團	
祕書長	
主任委員	7
主任	
股長	
主稿	謙
來文字第　號	
文別	函
送達機關	各應徵醫生
事由	為通知重定日期舉行談話，希各查照。
附件	

中華民國廿六年

去文字第　號	檔案字第　號
690	

交辦	擬稿	核簽	判行	繕寫	校對	蓋印	封發
月　日　時	十月廿七日　時	月　日　時	月　日　時	月　日　時	月　日　時	月　日　時	十月廿七日　時

速

19

SC074

逕啓者，查本會前于本月二十六日在上海聯歡社召集應徵醫士談話，[redacted]但[redacted]台端[redacted]（未曾蒞臨，殊覺遺憾。）當此國難時期，國家需用人才之際，各醫生決能自願報名在前，自宜勉力從公，靜候調用。茲特再訂于本月二十八日（星期四）上午十時仍借三馬路綢業大樓上海聯歡社舉行談話，由本務處準時出席，並將保證書填就帶會，以符手續。[redacted]相應函知，即請查照，準時勿自誤為荷。此致

各應徵醫生

[illegible]啓

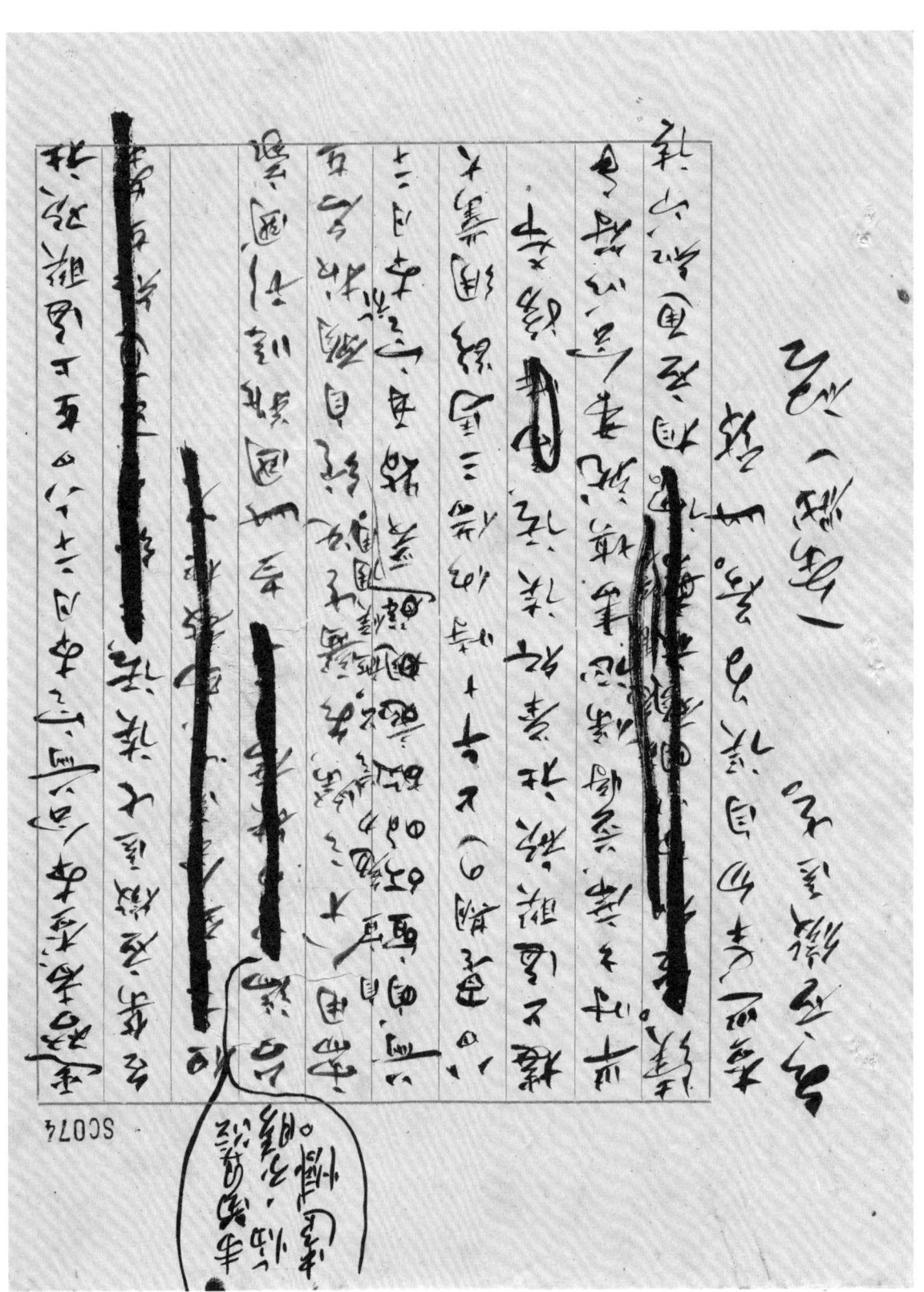

上海市各界抗敌后援会职员郭叔亮关于报告应征医师谈话会经过事致后援会秘书长陶百川的函

（一九三七年十月二十八日）

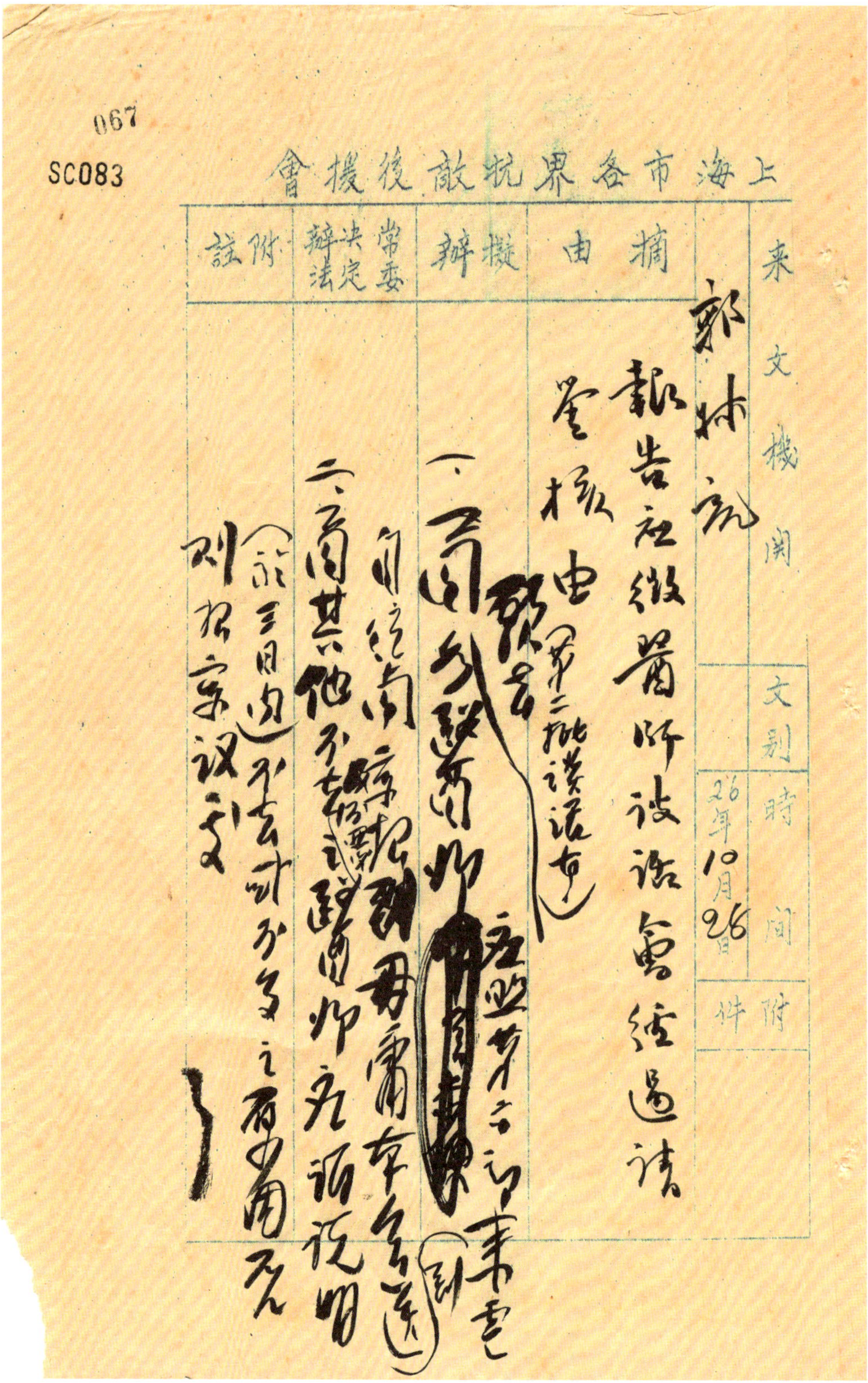
067

SC083

上海市各界抗敵後援會

來文機關	文別	時間	附件
		26年10月26日	

摘由：報告應徵醫師談話會經過請鑒核由（第二批談話會）

擬辦：

常委決定辦法：

附註：

068

SC084

上海市各界抗敵後援會用箋

第　　頁

為報告事，關於軍事委員會第六部電徵醫師一案，業經本會於十月廿八日下午四時及廿九日上午十時在上海聯歡社兩度召集懇徵醫師談話，計第一次到會者十三人，第二次到會者十二人，兩次到會醫師除張善夫、俞伯符、朱文芳、周四南已另有工作不能應徵往京報到

中華民國　　年　　月　　日

SC085 069

上海市各界抗敵後援會用箋

外其已繳保證書發給證明信者有
馮維德、嚴鉄生、張心健、陳忠泉、張
公、張仲賢等六人，其餘到會留
師均係交通不便，無法往京報到，
要求本會設備車輛護送到京。
因護送一節前曾登報聲明請求
優待前言，否則由本會具函公共
汽車公司予以半價待遇，如果交通

中華民國　年　月　日　第　頁

SC086

070

上海市各界抗敵後援會用牋

第　頁

方面一有辦法請再通知外留師集
中出發云云以上情形理合繕具報
告仰乞
鑒核此上
陶秘書長
職郭林沅謹上
十月卅日

中華民國　年　月　日

上海市各界抗敌后援会关于请即日携带证明书往南京报到工作事致冯维德等十人的函及关于请将不能往京服务之原因于三日内具函说明事致其他应征医生的函（一九三七年十一月二日）

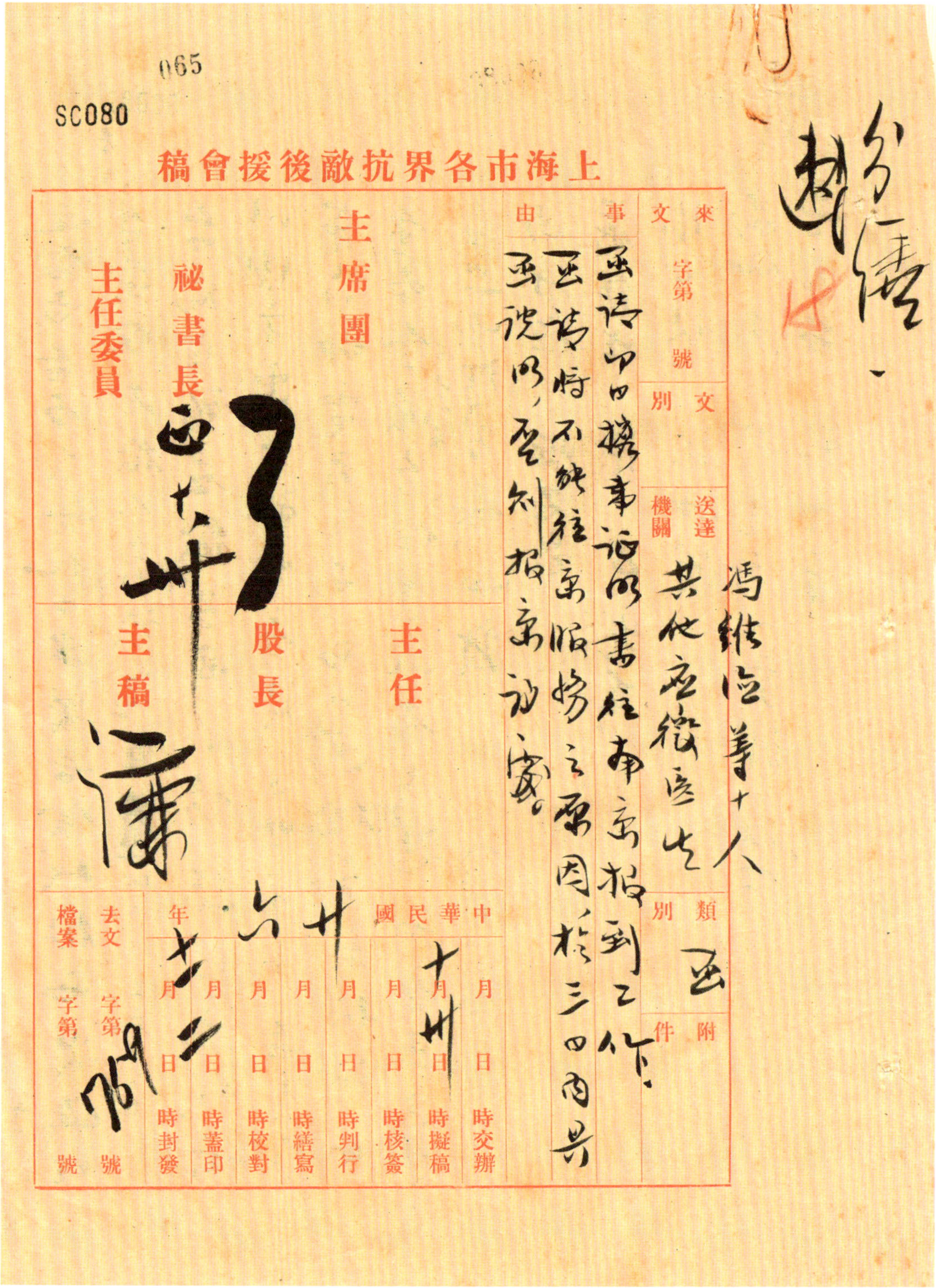

065

SC080

上海市各界抗敵後援會稿

來文字第 號

文別

送達機關：馮維德等十人；其他應徵醫生

類別：函

附件

事由：函請即日携帶證明書往南京報到工作；函請將不能往京服務之原因於三日內具函說明，以憑報京議處。

主席團

祕書長

主任委員

主任

股長

主稿

中華民國廿六年十一月 日

交辦 時 日 月

擬稿 時 卅日 十月

去文 字第 號

檔案 字第 號

SC081

逕啓者：查本会前托中華醫学会代徵西醫，業經本会册次（?）與應徵人員舉行談話，暨備出發在案。台端自願應徵，為國服務，殊堪嘉佩。茲以後方需才孔亟，應請遵照軍事委員会第六部電示各點，即日逕往南京報到，毋庸本会派員伴送，以省周折。相應函達，即希查照辦理並具復為荷。此致

馮維位　陳忠永

嚴鉄吉　張、乙　先生。

張心健　張仲賢

高尚華　薛慧英（余徵）啓

金壽芳　徐光青

運到

066

SC082

办理

准备出发[illegible]人而

迳启者：查本会前托中华医学会代征[illegible]

纯系[illegible]应征人员谈话，[illegible]

[illegible]托故不[illegible]，或径到通知不履[illegible]

[illegible]应请[illegible]到三四内，共五[illegible]

说明[illegible]原因，[illegible]剑报[illegible]议，[illegible]相应函

函达，[illegible]

查[illegible]务自误[illegible]

谈话不到之应征医生，

到而不[illegible]

（余概）启

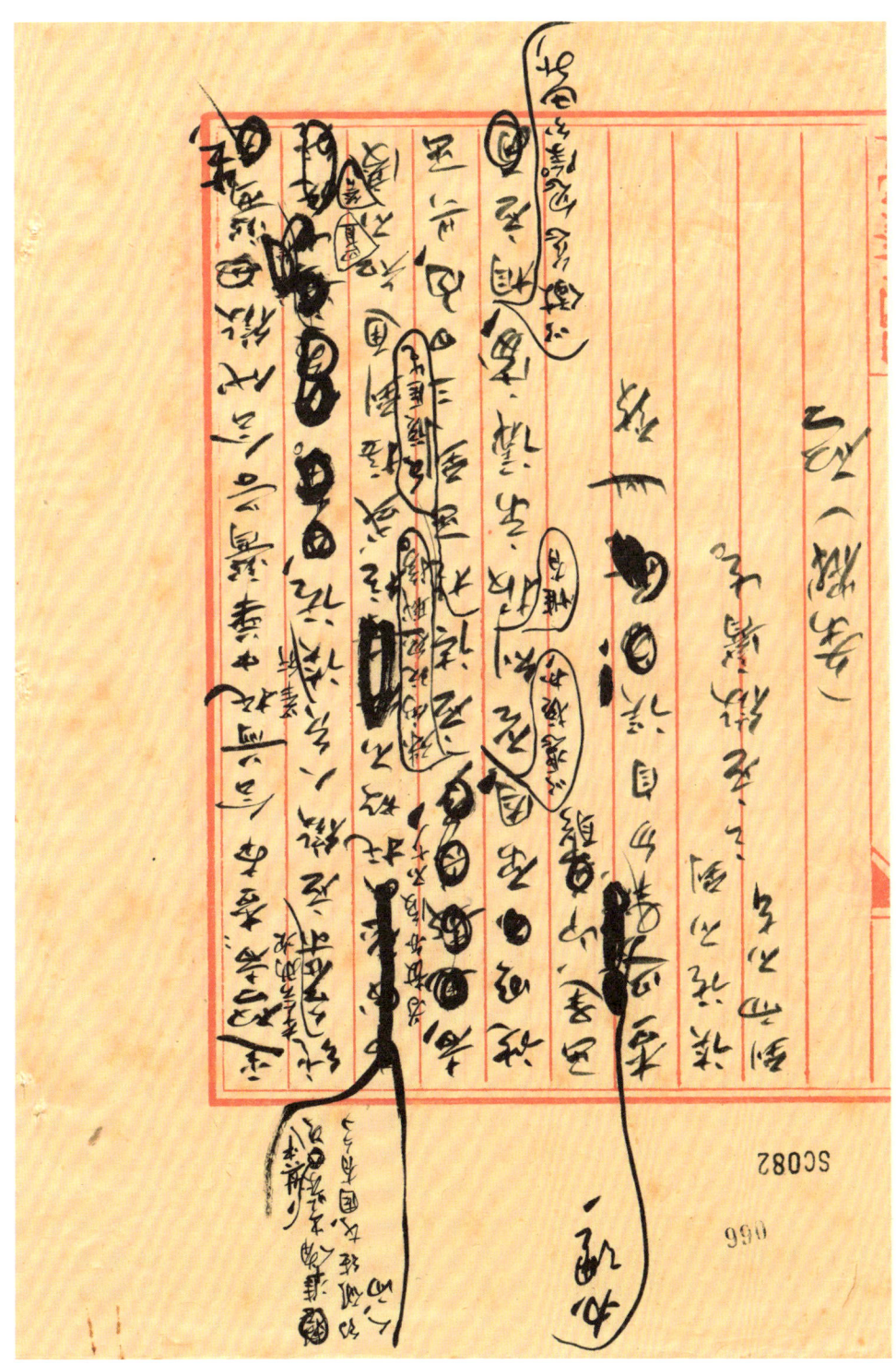

（七）关于禁绝仇货运动

国民党上海特别市执行委员会关于转知禁绝仇货原则事致上海市各界抗敌后援会的密令

（一九三七年十月十五日）

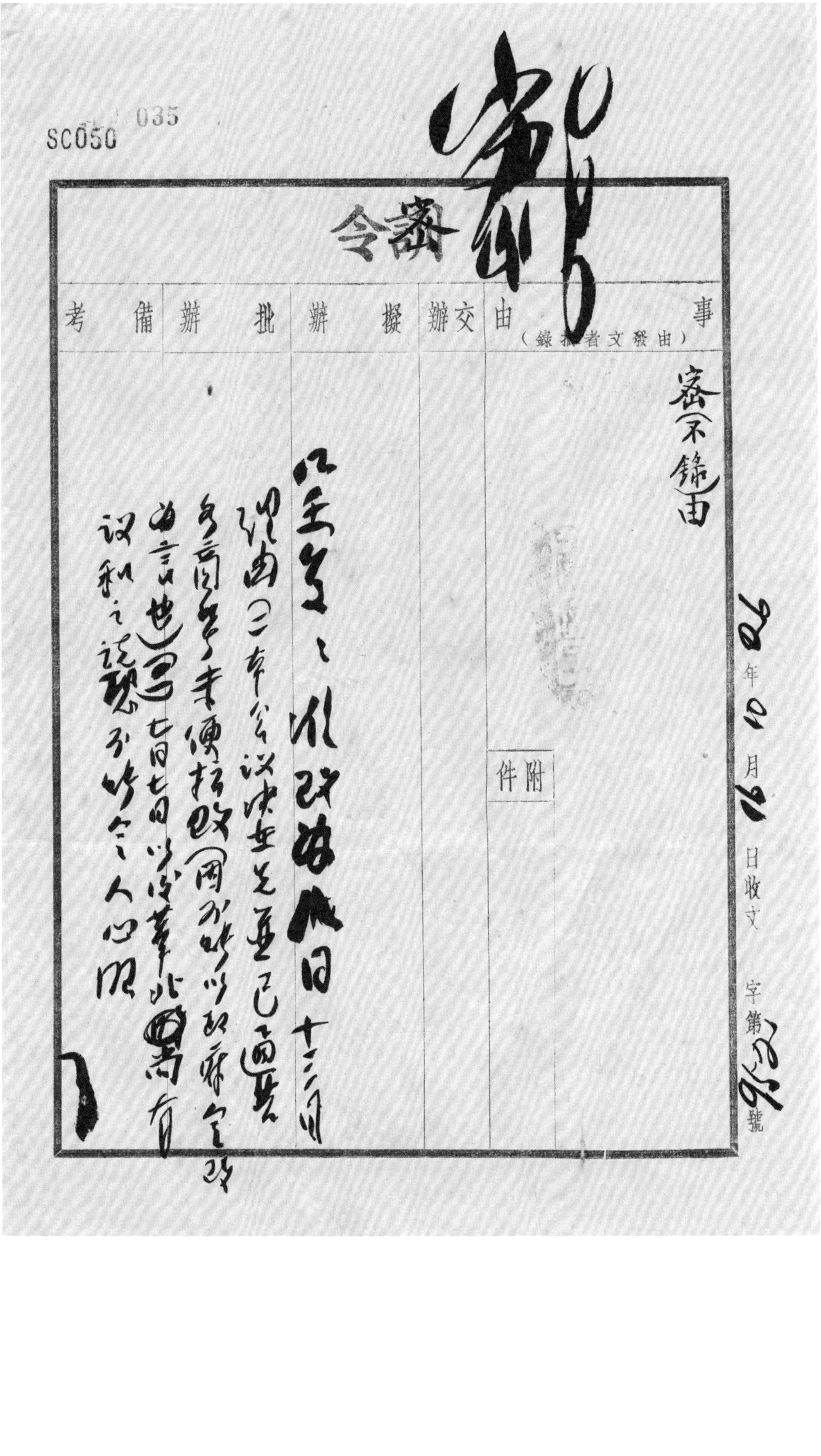
SC050

035

密令

事由（發文者摘錄）	交辦	擬辦	批辦	備考
密（不錄由）				

附件

年 月 日收文 字第 號

SC051

中國國民黨上海特別市執行委員會訓令　執字第三〇二八號

令上海市各界抗敵後援會

為密令飭遵事案准

軍事委員會第六部元密電開禁絶仇貨運動亟應由各地黨部指導民衆從速實行並決定禁絶仇貨原則如下(一)凡各工廠商在七月七日前購定之原料限期向當地團体登記(二)凡自七月七日前購定之原料倭品經驗訖可予

放行以後者扣留除經濟絕交辦法另行商
訂外即希密飭所屬抗敵後援團体切實遵
行為要等由准此自應遵辦合亟密仰該會
遵照辦理為要此令

SC053

中華民國二十六年十月十五日

常務委員 潘公展 姜懷素

上海市各界抗敌后援会关于汇报禁绝仇货运动办理情形事致国民党上海特别市执行委员会的呈

（一九三七年十月十七日）

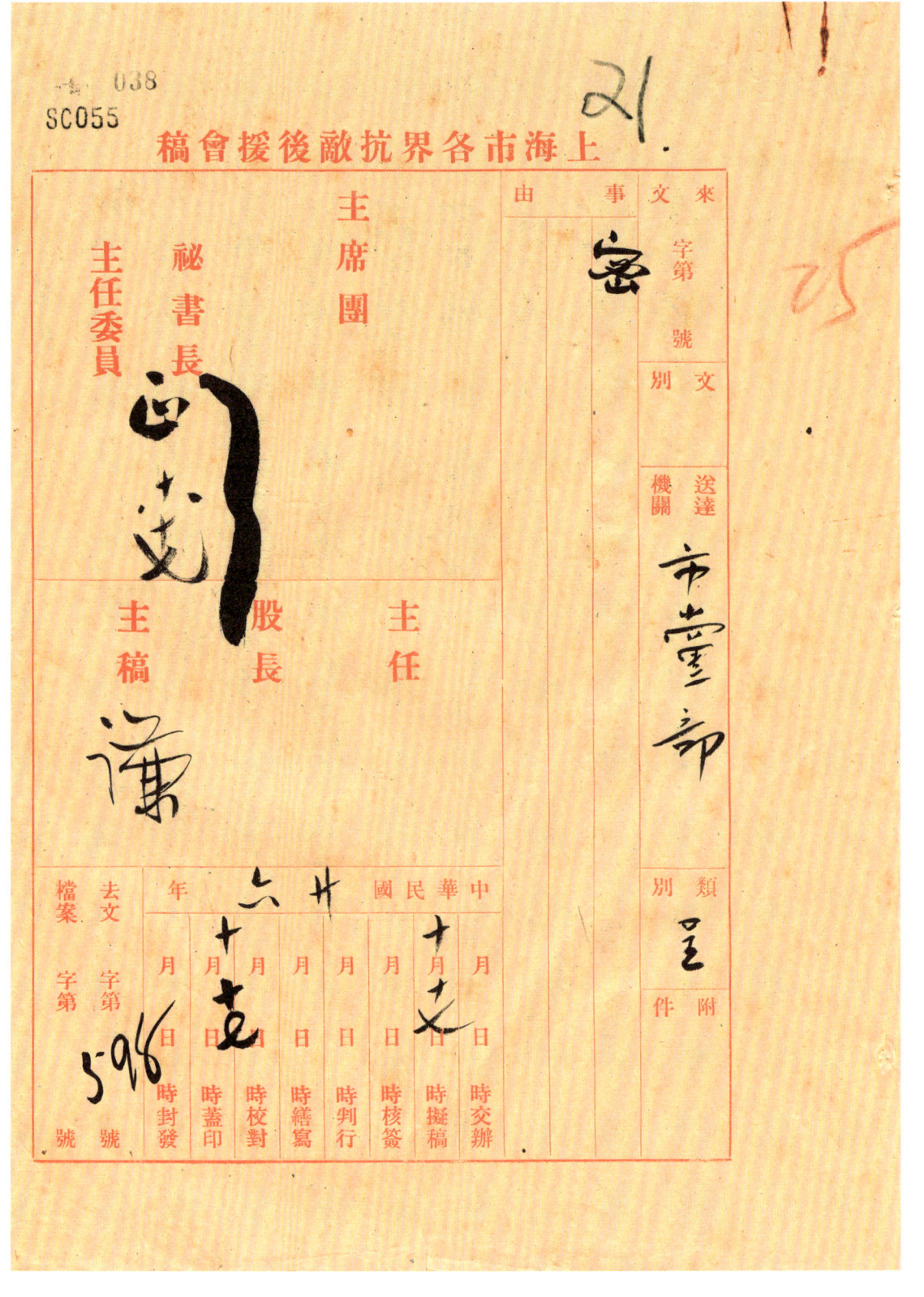

SC055 038

上海市各界抗敌後援會稿

來文 字第 號

文別 呈

送達機關 市黨部

類別 呈

附件

事由

密

主席團

祕書長

主任委員

主任

股長

主稿

中華民國 廿六年 十月 十七日

時擬稿 十月十七日

時蓋印 十月十七日

時交辦 月 日

時核簽 月 日

時判行 月 日

時繕寫 月 日

時校對 月 日

時封發 月 日

去文 字第 5-98 號

檔案 字第 號

21

25

案查

钧会执字第三〇二八號密令，以准軍事委員会第六部之密電開，禁絕仇貨運動應迅速實行，並決定禁絕仇貨原則兩項，希飭所屬切實並行，轉飭遵照办理等因，奉此，自應遵办。惟所定五月五日為期，一点詳因本会早經議决以八月十三日為期在先，並已通告唯本各商號並办在案，倘俟以政府命令為辭，一再請展，更以有未便。又五月七日以後，在北方尚有和戰之向以此為期，恐亦不能使人心服。為特備文呈复，仰祈钧会鉴核，准予維持本会原定八月十三日為期。並祈

SC055

特呈请军事委员会第六部鉴核赐准，实为公便。

谨呈

中国国民党上海特别市执行委员会

（全衔）主席团 [illegible]

（八）关于九国公约会议

上海市各界抗敌后援会宣传委员会主任委员童行白关于呈报对九国公约会议宣传方策事致国民党中央宣传部长、军事委员会第五部长的快邮代电（一九三七年十月二十日）

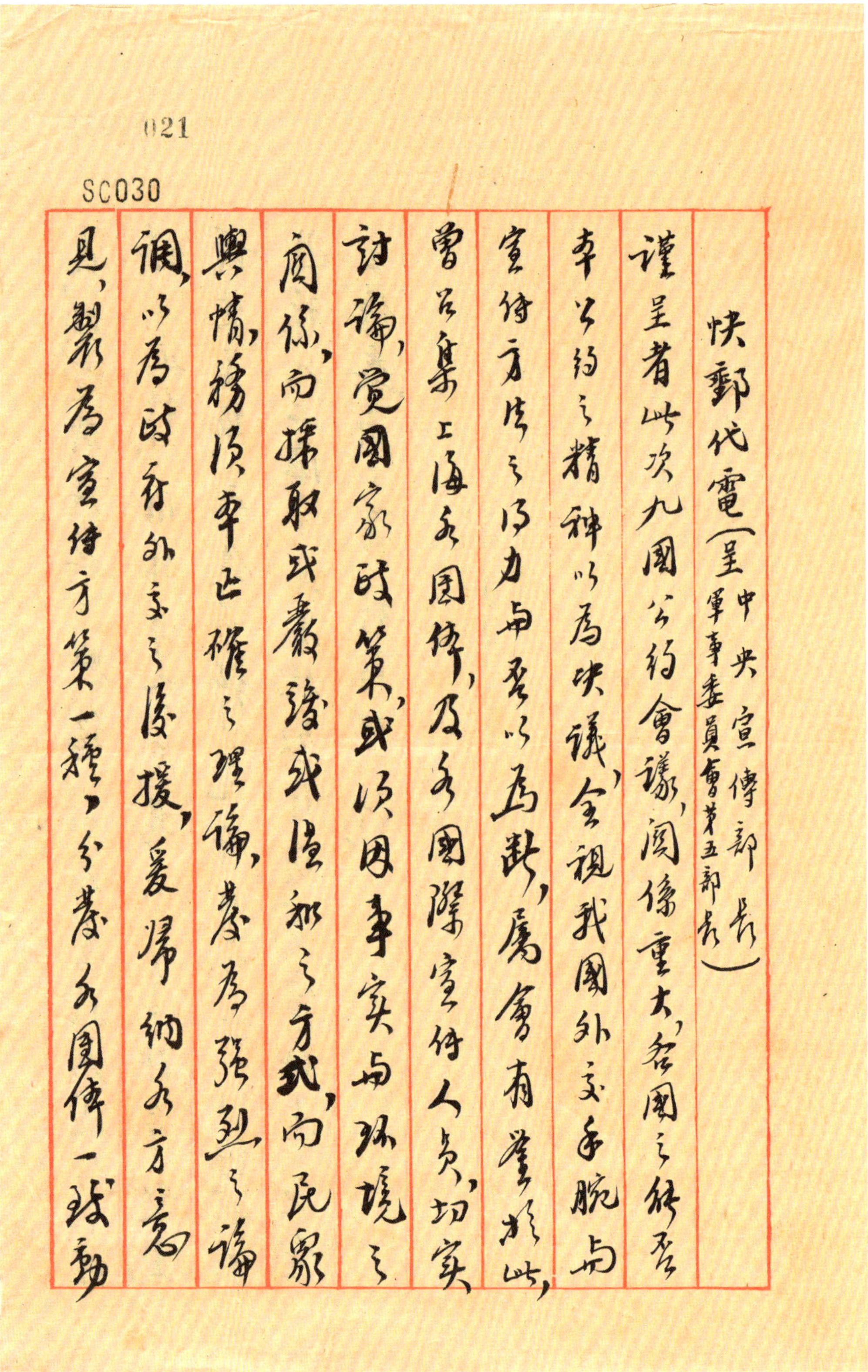

021

SC030

快郵代電（呈中央宣傳部部長、軍事委員會第五部部長）

謹呈者：此次九國公約會議，關係重大，吾國之能否本公約之精神以為決議，全視我國外交手腕與宣傳方法之得力與否以為斷，屬會有鑒於此，曾召集上海各團體及各國際宣傳人員，切實討論，覺國家政策，或須因事實與環境之關係，而採取或嚴謹或隱秘之方式，而民眾輿情，務須本正確之理論，發為強烈之論調，以為政府外交之後援，爰歸納各方意見，製為宣傳方策一種，分發各團體一致動

員，期造成强烈之輿論，以反應於九國公約會議之進行。惟茲事所關甚大，為慎重起見，謹先呈報，如屬可行，乞即日電示，以便積極進行也。上海市各界抗敵後援會宣傳委員會主任委員童行白叩 沁

SC031

国民党中央宣传部长邵力子关于对九国公约会议宣传方策事致上海市各界抗敌后援会宣传委员会主任委员童行白的电两件（一九三七年十月二十四日至二十五日）

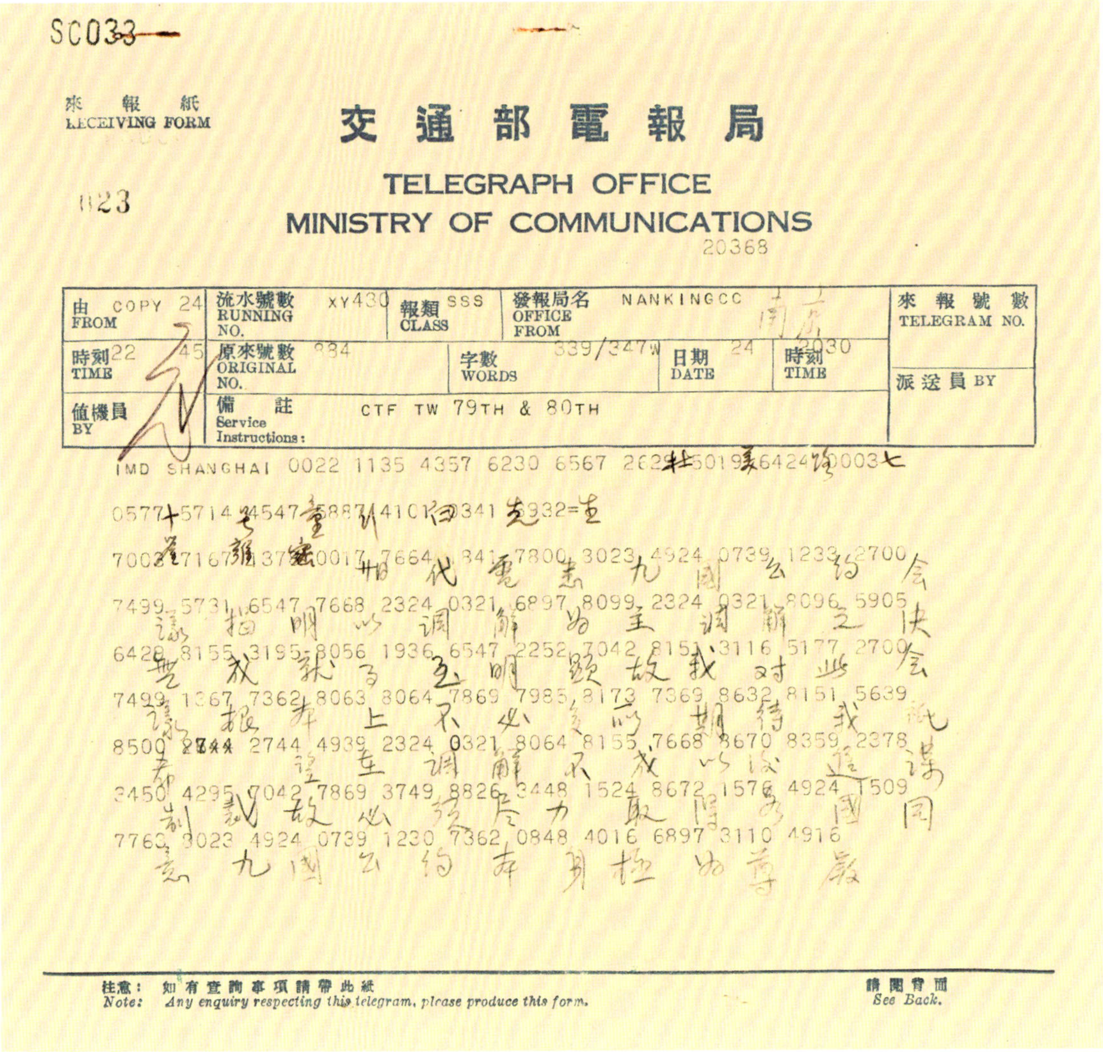
SC033

來報紙 RECEIVING FORM

交通部電報局

TELEGRAPH OFFICE

MINISTRY OF COMMUNICATIONS

823

20368

由 FROM COPY 24	流水號數 RUNNING NO. XY430	報類 CLASS SSS	發報局名 OFFICE FROM NANKINGCC 南京	來報號數 TELEGRAM NO.
時刻 TIME 22 45	原來號數 ORIGINAL NO. 984	字數 WORDS 339/347W	日期 DATE 24 / 時刻 TIME 2030	派送員 BY
值機員 BY	備註 Service Instructions: CTF TW 79TH & 80TH			

IMD SHANGHAI 0022 1135 4357 6230 6567 2629 5019 6424 0003

0577 5714 4547 5887 4101 0341 5932=

7003 7167 4137 0017 7664 0841 7800 3023 4924 0739 1233 2700

7499 5731 6547 7668 2324 0321 6897 8099 2324 0321 8096 5905

6429 8155 3195 8056 1936 6547 2252 7042 8151 3116 5177 2700

7499 1367 7362 8063 8064 7869 7985 8173 7369 8632 8151 5639

8500 2744 2744 4939 2324 0321 8064 8155 7668 8670 8359 2378

3450 4295 7042 7869 3749 8826 3448 1524 8672 1576 4924 1509

7763 3023 4924 0739 1230 7362 0848 4016 6897 3110 4916

注意：如有查詢事項請帶此紙 Note: Any enquiry respecting this telegram, please produce this form.

請閱背面 See Back.

SC035

來報紙
RECEIVING FORM
024

交通部電報局

TELEGRAPH OFFICE
MINISTRY OF COMMUNICATIONS

20368

由 FROM	流水號數 RUNNING NO.	報類 CLASS	發報局名 OFFICE FROM	來報號數 TELEGRAM NO.
時刻 TIME	原來號數 ORIGINAL NO.	字數 WORDS =2=	日期 DATE / 時刻 TIME	派送員 BY
值機員 BY	備註 Service Instructions:			

8151 7668 4366 7616 1576 4924 8096 7733 2451 2351 0733 2928
我以信任友国之态度请其维
3238 0739 1233 0272 8064 6950 7668 8064 3990 8096 8648 2451
持公道而不藉以不背之心度
8003 8064 6950 7668 8132 6687 4924 1939 3123 0540 6897 6609
人不藉以战胜国自居实为博
1524 1576 4924 1509 7763 8096 0364 0373 4766 6578 7362 8579
取友国同意之要决现日本已
5905 0551 3226 2910 1598 6665 3182 1524 0303 6547 1576 4924
决定拒绝参加尤可证明友国
8016 6429 3064 3424 8058 8151 8096 6997 1574 5797 7277 5177
并无不利于我之秘会想从此
2717 0556 4374 6550 8940 8112 294116 1521 1551 5177 6505
时宣传方案就绝对 出否
4261 5650 2222 5797 1522 1574 8058 0779 1233 1296 5676 8096
表示愿接受合于公约精神之
2324 0321 6550 1317
调解方案

注意：如有查詢事項請帶此紙　　請閱背面
Note: Any enquiry respecting this telegram, please produce this form.　　See Back.

SC036

來報紙
RECEIVING FORM

交通部電報局

TELEGRAPH OFFICE
MINISTRY OF COMMUNICATIONS

025

20368

由 FROM	流水號數 RUNNING NO.	報類 CLASS	發報局名 OFFICE FROM			來報號數 TELEGRAM NO.
時刻 TIME	原來號數 ORIGINAL NO.	字數 WORDS		日期 DATE	時刻 TIME	派送員 BY
值機員 BY	備註 Service Instructions:	=3=				

1978 0733 8048 5705 7499 0272 7668 2700 7499 8064 3977 2702
与其他提议而以会议不能有
8173 8155 3195 8096 8069 3497 7566 7616 8826 5109 8058 6518
以我就之一切责任全归于敌
1152 7668 7649 8155 8359 8069 5170 8867 3450 4295 2503 7286
籍以促我进一步的制裁办法
1583 1317 0623 2262 8096 (8031) 8027 2262 8096 (8060) (4997)
原案甲项之(二)乙项之(三)(四)
4979 8112 3427 1596 1509 2717 6665 0757 3116 0750 8112 5285
均应删去同时加入对内应唤
7503 4924 5923 2910 3116 4366 7616 8085 7990 3977 3281 8132
起国民绝对信任中央继续抗战
3459 2423 8064 7869 7668 8345 3195 7900 7277 6897 7705 1534
则应不必以罢就为信为虑可
3195 1583 1317 8017 2262 (8052) 8096 (0735) 4364 7040 5018
就原案丙项(二)之(六)修改请
8096 5177 5120 3281 8132 0753
之此次抗战全

注意：如有查詢事項請帶此紙　　　　請閱背面
Note: Any enquiry respecting this telegram, please produce this form.　　See Back.

SC037

來 報 紙
RECEIVING FORM

026

交通部電報局

TELEGRAPH OFFICE
MINISTRY OF COMMUNICATIONS

20368

由 FROM	流水號數 RUNNING NO.	報類 CLASS	發報局名 OFFICE FROM			來報號數 TELEGRAM NO.
時刻 TIME	原來號數 ORIGINAL NO.	字數 WORDS		日期 DATE	時刻 TIME	派送員 BY
值機員 BY	備註 Service Instructions:	=4=				

3486 1939 5444 8112 0069 7362 3650 0277 8096 7733 2451 7668
去月銜命蔣本袁者之態度以

6608 8011 0657 8096 1509 7763 5923 8849 2354 2324 8073 5639
博世界之同情民衆論調漸積

1534 4916 5171 6621 1524 8688 6480 7362 8455 1552 2702 8392
可觀以分取勝到本部另有通

7662 1511 3484 8379 2974 1788 6730 0500 1311 2417 SL
令 印函達此後即力子 卅日

注意：如有查詢事項請帶此紙
Note: Any enquiry respecting this telegram, please produce this form.

請閱背面
See Back.

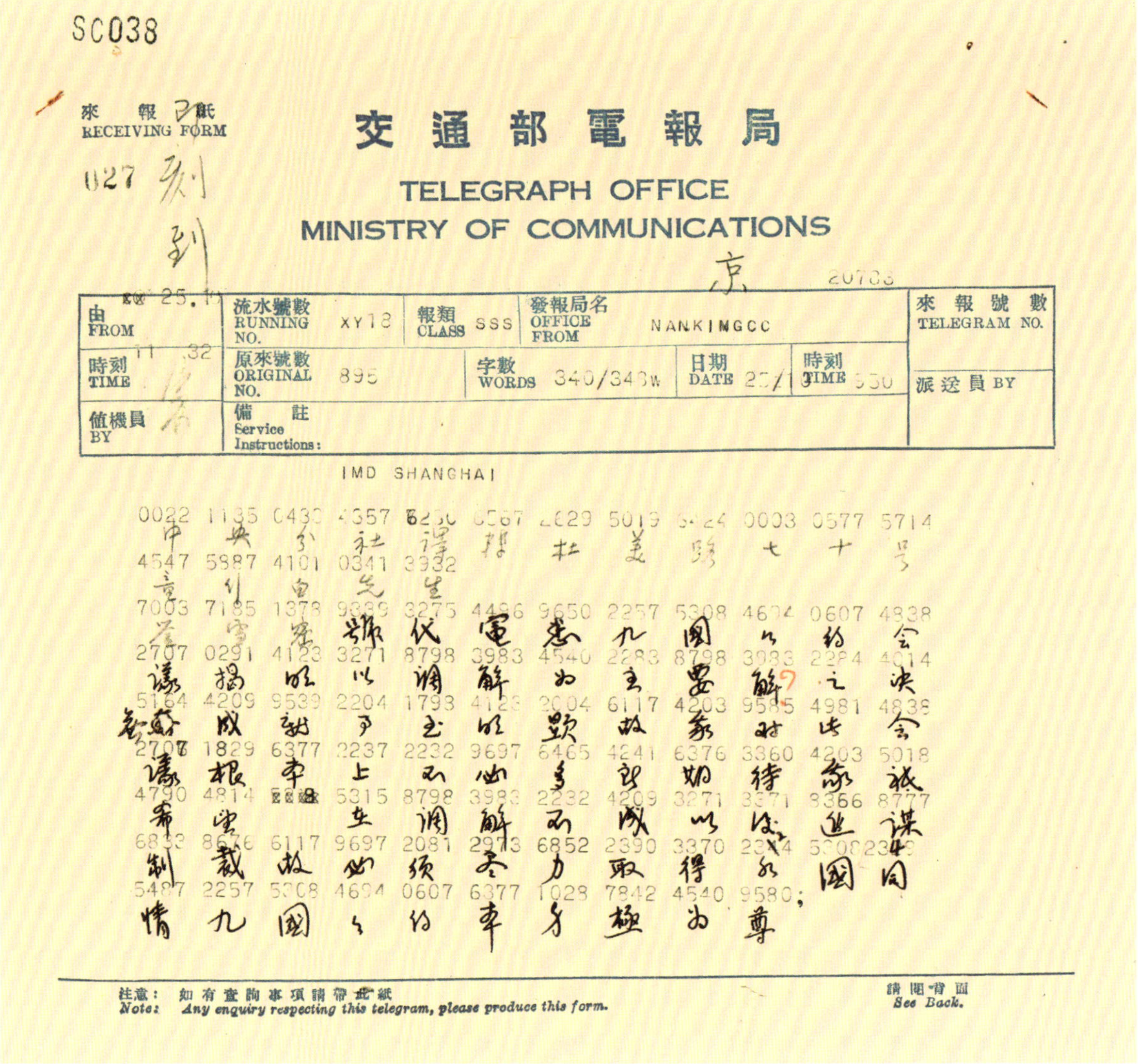

SC038

來報紙 RECEIVING FORM

027 刻 到

交通部電報局

TELEGRAPH OFFICE MINISTRY OF COMMUNICATIONS

京 20708

由 FROM 25.11	流水號數 RUNNING NO. XY18	報類 CLASS SSS	發報局名 OFFICE FROM NANKINGCC	來報號數 TELEGRAM NO.
時刻 TIME 11.32	原來號數 ORIGINAL NO. 895	字數 WORDS 340/343W	日期 DATE 25/11 時刻 TIME 530	派送員 BY
值機員 BY	備註 Service Instructions:			

IMD SHANGHAI

0022 1135 0430 4357 6250 6567 2629 5019 6424 0003 0577 5714
中 央 分 社 谭 [illegible] 杜 美 路 七 十 号
4547 5887 4101 0341 3932
章 行 白 先 生
7003 7185 1378 9389 3275 4496 9650 2257 5308 4694 0607 4838
崔 雪 寒 张 伏 电 悉 九 国 公 约 会
2707 0291 4123 3271 8798 3983 4540 2283 8798 3983 2284 4014
议 揭 明 以 调 解 为 主 要 解? 之 决
5164 4209 9539 2204 1793 4123 2004 6117 4203 9585 4981 4838
议 成 就 予 玉 明 欧 战 系 对 此 会
2707 1829 6377 2237 2232 9697 6465 4241 6376 3360 4203 5018
议 根 本 上 不 出 手 段 似 待 系 被
4790 4814 [illegible] 5315 8798 3983 2232 4209 3271 3371 8366 8777
希 望 在 调 解 不 成 以 后 进 谋
6833 8676 6117 9697 2081 2973 6852 2390 3370 2314 5308 2349
制 裁 故 此 须 合 力 取 得 各 国 同
5487 2257 5308 4694 0607 6377 1028 7842 4540 9580;
情 九 国 公 约 本 身 极 为 尊

注意：如有查詢事項請帶此紙
Note: Any enquiry respecting this telegram, please produce this form.

請閱背面
See Back.

S.C039

來報紙
RECEIVING FORM

交通部電報局

TELEGRAPH OFFICE
MINISTRY OF COMMUNICATIONS

028

20783

由 FROM	流水號數 RUNNING NO.	報類 CLASS	發報局名 OFFICE FROM	來報號數 TELEGRAM NO.
時刻 TIME	原來號數 ORIGINAL NO.	字數 WORDS	日期 DATE / 時刻 TIME	派送員 BY
值機員 BY	備註 Service Instructions: 2ND PG/			

[illegible] 5357	蘇 4203	以 3271	微 6983	但 3209	我 2324	國 5308	之 2284	態 5457	度 7971	請 8734	其 4691
能 3402	對 0867	該 4694	約 0607	而 2444	不 2232	顧 0100	以 3271	不 2232	肆 6761	之 2284	心 3347
使 7971	人 2247	不 2232	顧 0100	以 3271	威 4234	勝 5235	國 5308	自 1797	居 9507	冀 0018	出 4540
博 5296	取 2390	我 2324	國 5308	同 2329	情 5487	之 2284	要 3992	訣 3941	現 1234	日 4118	本 6377
已 4708	決 4014	定 0025	拒 0892	絕 3454	參 2376	加 5211	尤 9552	可 2360	認 2763	明 4123	我 2344
國 5308	並 2214	無 5164	不 2232	利 6881	於 4177	蘇 4203	之 2284	秘 1167	密 0044	接 0203	洽 0749
此 4981	時 4871	宜 0029	使 6989	方 4170	策 5902	立 4214	絕 3454	對 9585	守 0095	定 0025	此 4981
旨 4149	答表 8680	示 5033	願 2074	接 0203	受 2396	會 2340	於 4177	該 4694	約 0607	精 0635	神 5019
上 2284	調 8798	解 3983	於 4170	集 1839	與 1780	其 4691	他 2279	決 4014	議 2707	而 2444	以 3271
會 4838	議 2707	不 2232	能 6766	有 4837	所 4241	成 4209	就 9539	之 2284	一 2233	切 6825	責 1983
任 3209	否 2973	歸 4995	於 4177	敵 4188	藉 1667	以 3271	促 3238	成 4209	進 8366	一 2233	步 4984

注意：如有查詢事項請帶此紙 請閱背面
Note: Any enquiry respecting this telegram, please produce this form. See Back.

SC040

來報紙
RECEIVING FORM

交通部電報局
TELEGRAPH OFFICE
MINISTRY OF COMMUNICATIONS

029

20783

由 FROM	流水號數 RUNNING NO.	報類 CLASS	發報局名 OFFICE FROM			來報號數 TELEGRAM NO.
時刻 TIME	原來號數 ORIGINAL NO.	字數 WORDS		日期 DATE	時刻 TIME	派送員 BY
值機員 BY	備註 Service Instructions: 3RD PG.					

2990 6833 8676 7532 0772 2358 1839 6557 2014 2284 (2226) 5888
的制裁 输比 原案甲项之（五）
2258 2014 2284 (2235) (5371) 5385 4214 6885 2374 2329 4871
乙项之（三）（四）均应删去同时
5211 4622 9585 4620 4214 8194 1991 5308 4077 XXX 3454 9585
加入对内应唤醒国民 绝对
6983 3209 2261 6453 6776 0804 4234 6836 7912 2232 9697 3271
信任中央服抗战到底不出以
8385 9539 6403 0749 4540 5436 2360 9539 2358 1839 2218 2014
遵我安全为虑于我原案丙项
(2200) 2284 (6) 6989 6110 3841 2284 4981 4904 0804 4234.
（二）之 俾政府之此次抗战
4621 6899 1797 7150 4214 2233 6377 6064 2448 2284 5457 7971
全出自卫应一本应有之态度
3271 5296 2216 6508 2284 2329 5487 4077 2962 8738 8798 2297
5018 2360 5357 4989 5279 2390 3307 5110 ....
6377 4395 2386 4837 8337 3272 2335 6891 8326 4981 3318 6730
0500 1311 2589 SEAL 以博世界之同情民众论调亦应力取
慎重……本部等有通令所属遵照部饬有(从略)

注意：如有查詢事項請帶此紙　　　　請閱背面
Note: Any enquiry respecting this telegram, please produce this form.　　　　See Back.

国民党中央宣传部关于所送对九国公约会议宣传方策事致上海市各界抗敌后援会宣传委员会的函

（一九三七年十一月四日）

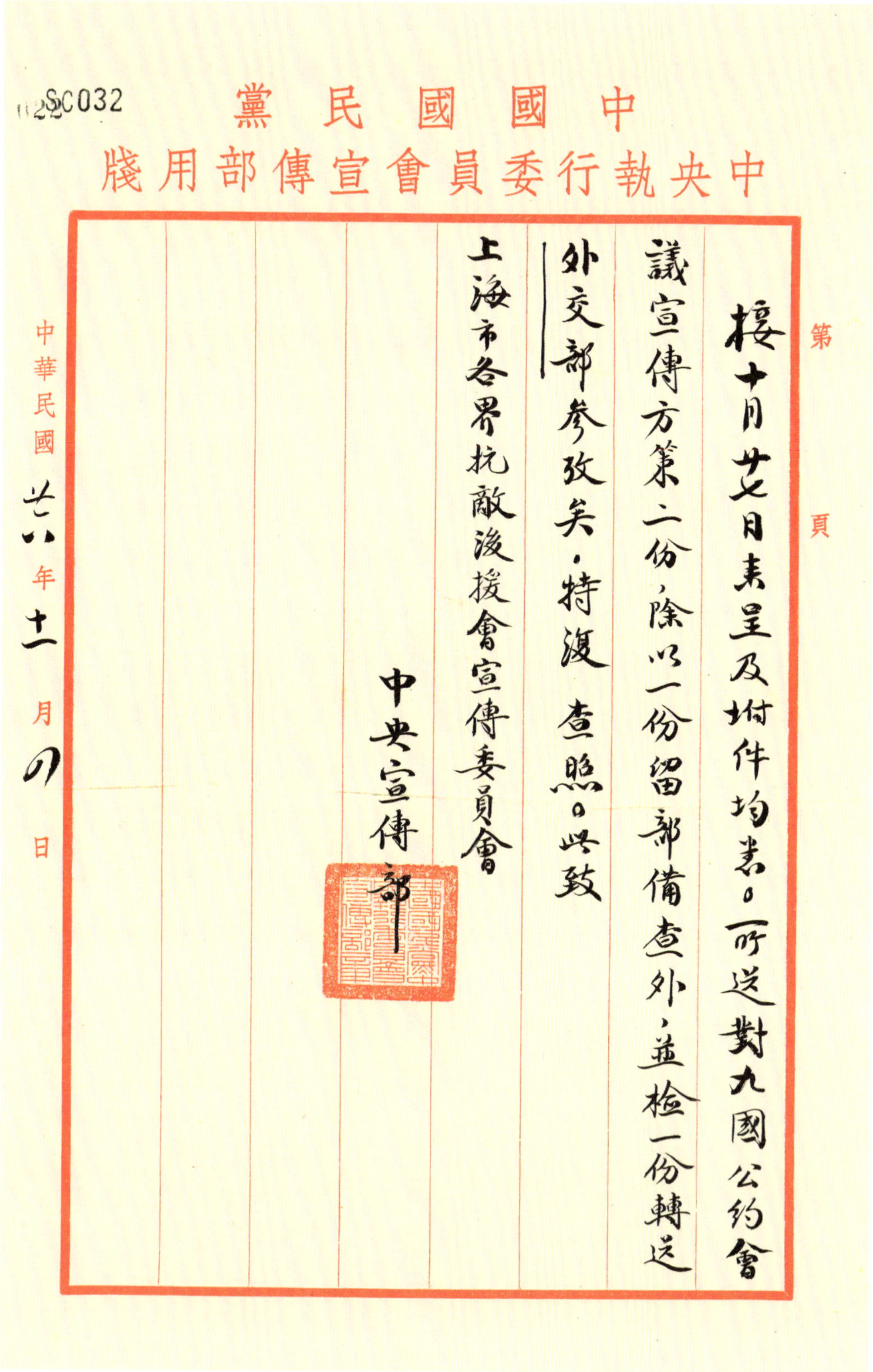

SC032

中國國民黨
中央執行委員會宣傳部用箋

第　頁

接十月廿七日來呈及附件均悉。所送對九國公約會議宣傳方策二份，除以一份留部備查外，並檢一份轉送
外交部參考矣。特復
查照。此致
上海市各界抗敵後援會宣傳委員會

中央宣傳部

中華民國廿六年十一月四日

国民党广东省始兴县党部、广东民众御侮救亡会始兴县分会关于拟就电文两纸请代拍事致上海市各界抗敌后援会的函（一九三七年十一月六日）

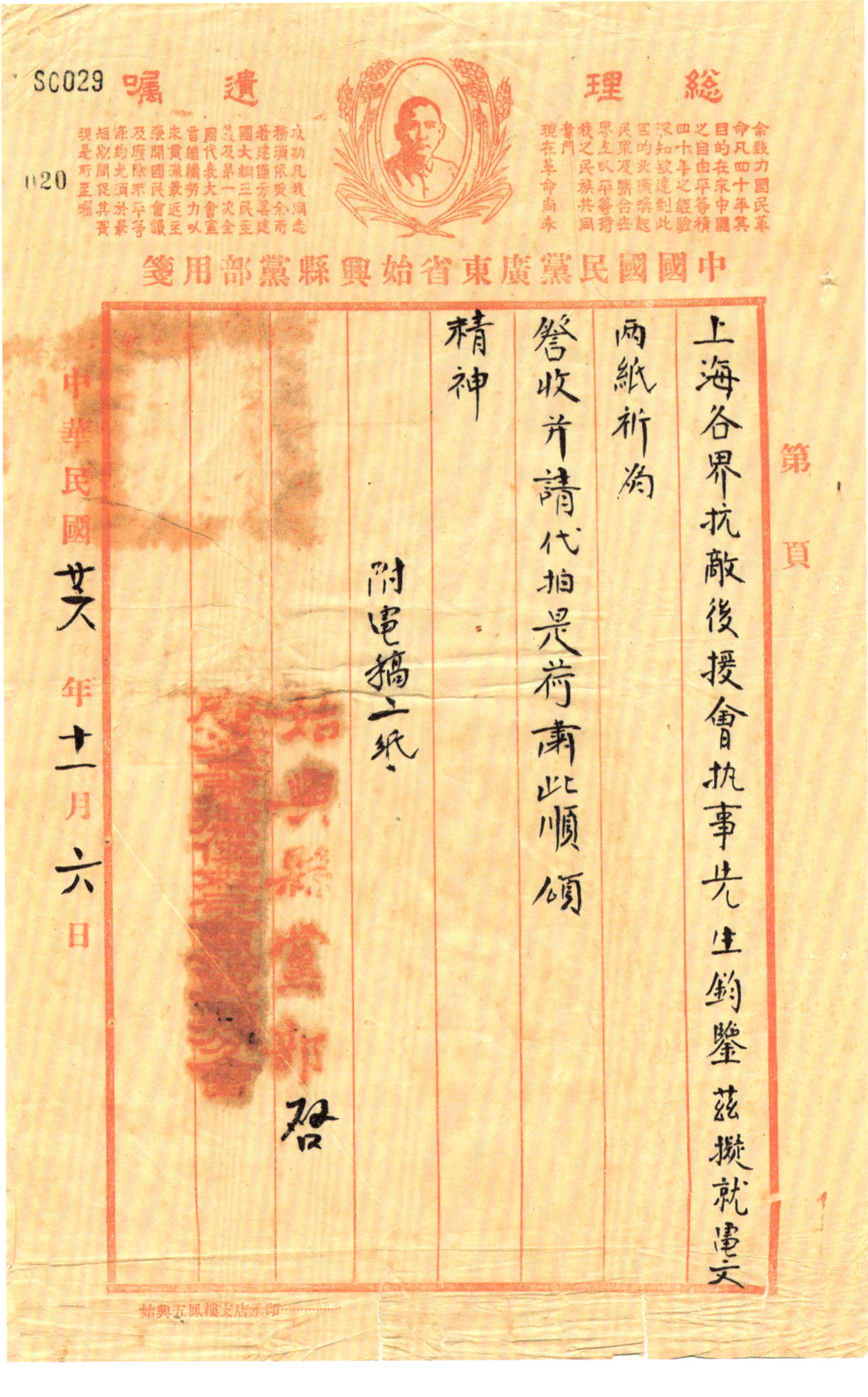
SC029

總理遺囑

余致力國民革命凡四十年其目的在求中國之自由平等積四十年之經驗深知欲達到此目的必須喚起民眾及聯合世界上以平等待我之民族共同奮鬥現在革命尚未成功凡我同志務須依照余所著建國方略建國大綱三民主義及第一次全國代表大會宣言繼續努力以求貫徹最近主張開國民會議及廢除不平等條約尤須於最短期間促其實現是所至囑

020

中國國民黨廣東省始興縣黨部用箋

第　頁

上海各界抗敵後援會執事先生鈞鑒：茲擬就電文兩紙，祈為詧收，并請代拍，是荷。肅此，順頌

精神

附電稿二紙

始興縣黨部　啓

中華民國廿六年十一月六日

始興五鳳樓支店承印

附：电稿二纸

018

SC027

比京九國公約會議主席暨各國代表鈞鑒 日本此次毀
棄國際公約破壞遠東和平悍然出兵侵佔我國領土濫
炸不設防城市屠殺非武裝平民其野蠻行動實違反
九國公約之精神深盼
公等根據國際正義採取有效之制裁以維護公約之尊
嚴而保障世界之和平不勝企禱之至中國國民黨廣東
省始興縣黨部廣東民衆禦侮救亡會始興縣分會仝叩

比京九國公约會議中國代表團鈞鑒：日本此次毀棄國際公約，破壞遠東和平，悍然出兵侵佔我國領土，濫炸不設防城市，屠殺非武裝平民，其野蠻行動實違反九國公約之精神。我始興全縣民眾為維護公約之尊嚴，已抱定決心，誓洒熱血，為公理之勝利而奮鬥。深盼公等折衝樽俎，務求予侵略者以有效之制裁，以保我國領土主權之完整，而維世界永久之和平。無任切盼。中國國民黨廣東省始興縣黨部、廣東民眾御侮救亡會始興縣分會全叩。

（九）关于防止日货改换牌号向外倾销

淞沪警备司令部关于上海日商已将在沪存货改换牌号派员向外倾销事致上海市各界抗敌后援会的密函

（一九三七年十月二十一日）

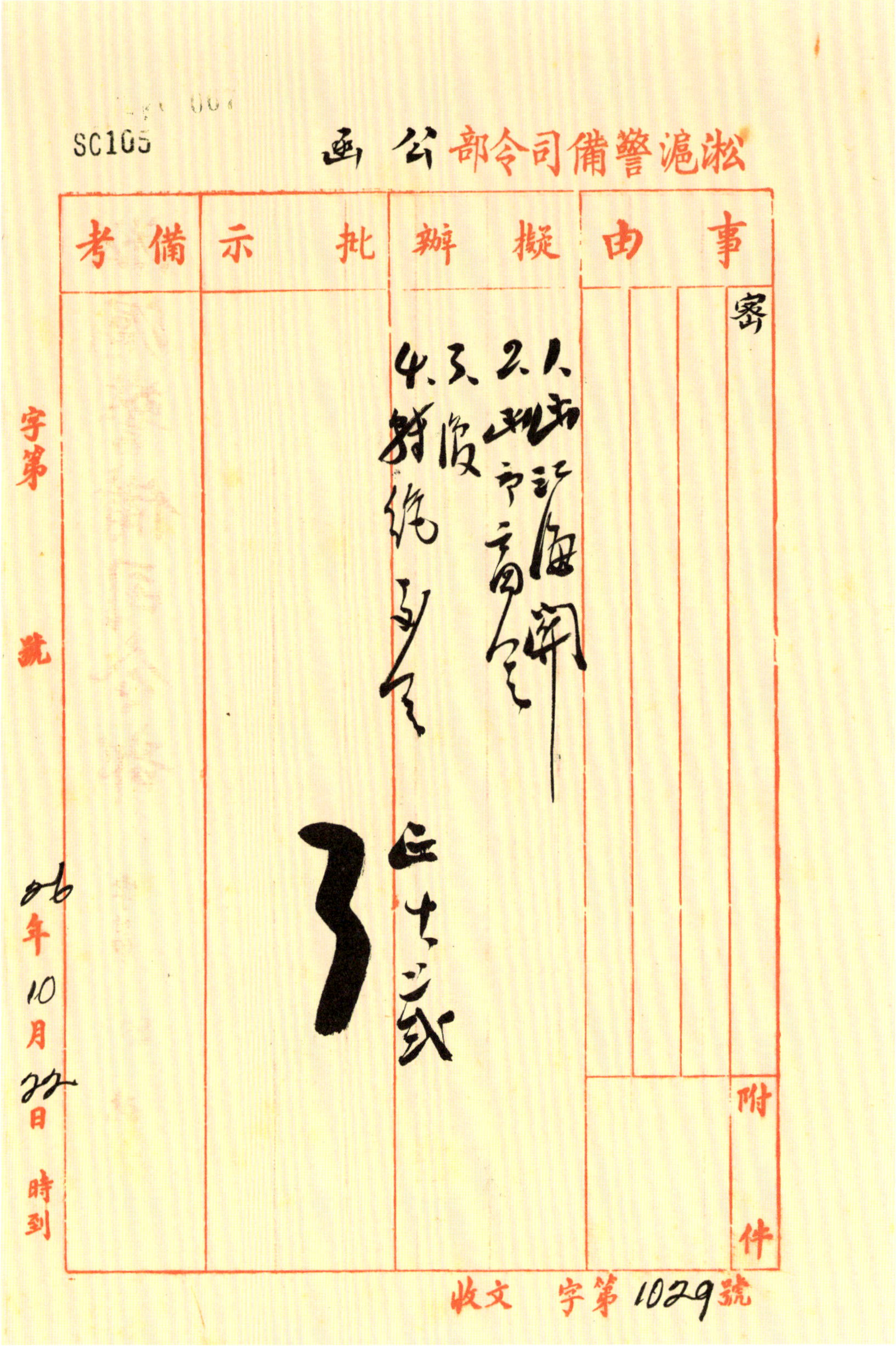
SC105

淞滬警備司令部公函

事由	擬辦	批示	備考
密			

附件

26年10月22日時到

字第　號

收文　字第1029號

SC106

淞滬警備司令部公函

字第 259 號

案據保安總團團長吉章簡呈稱：

「據本部視察組組長路鵬報稱：據上海洋商傳出消息

上海日商三井洋行南滿鉄路株式會社三菱洋行住友銀行

正金銀行等聯合力謀推銷在上海存儲之貨物，業已派定代

表福田（南滿）高橋（三井）清水（正金）等請求日領岡本向意國領

事館密商改換牌號冒充意國及其他國家之貨品藉謀傾銷

業已派定馬開（西人）租定公共租界靜安寺路大西路雲飛車行

毘鄰房屋為日方推銷處所有貨品均由意國商團出面以

卡車運送並雇有華人王立青、朱振聲、戴步政、萬良玉四名代
為兜銷，為棉布、人造絲、台灣糖、海參及各種海味水産等類等
情。據此，查日人奸狡百出，詭計多端，如任其改頭換面，影響抵
貨攸關。為此理合據情備函，請鑒核，並祈函飭各商會團体，勿
為矇蔽，實為公便。
等情。據此，相應函達，即希
注意查察為荷。此致
上海市抗敵後援會

司令 楊虎

SC108

中華民國二十六年十月廿一日

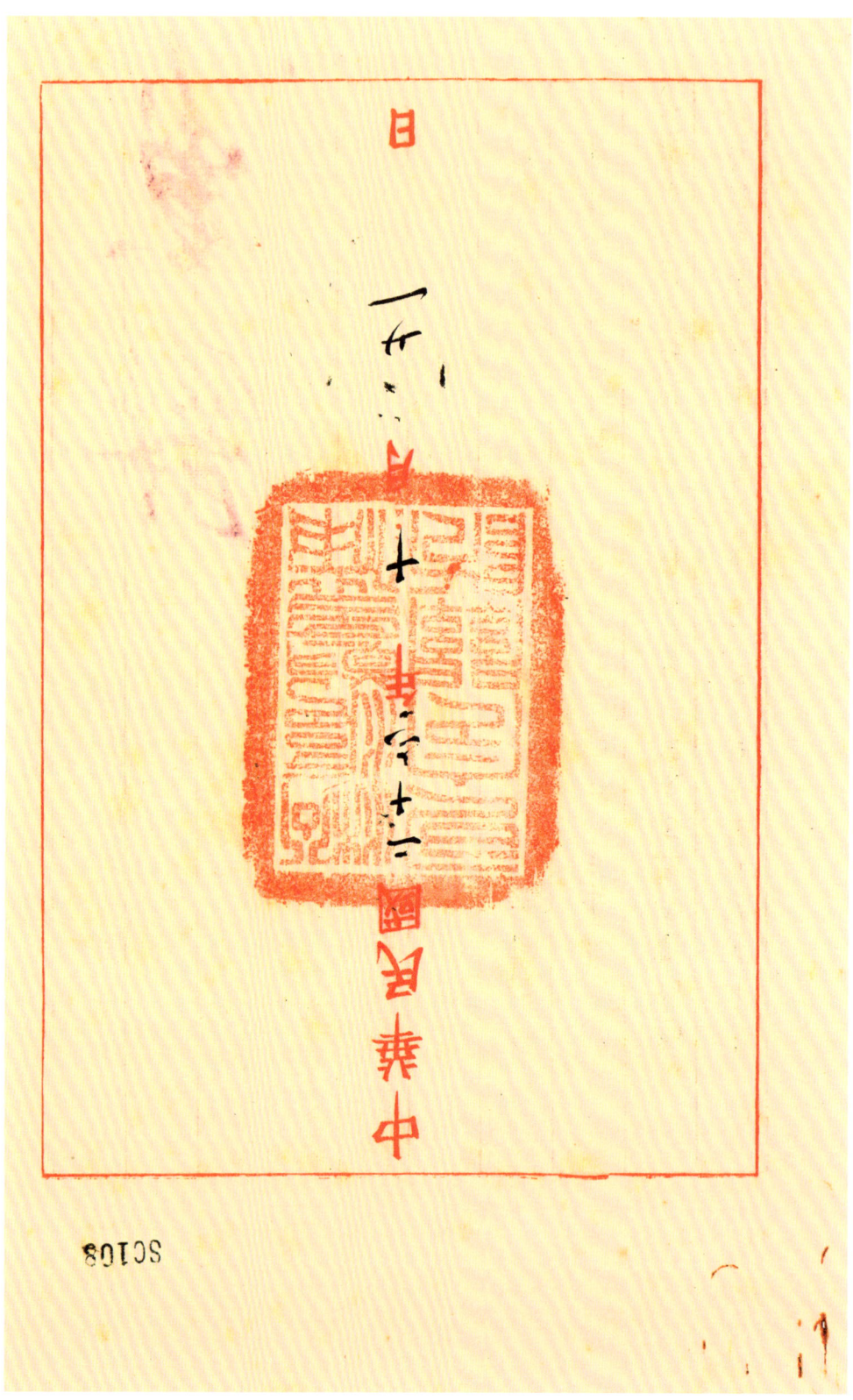

上海市各界抗敌后援会关于上海日商已将在沪存货改换牌号向外倾销事致江海关、上海市商会、上海市国民对日经济绝交委员会、淞沪警备司令部的密函（一九三七年十月二十四日）

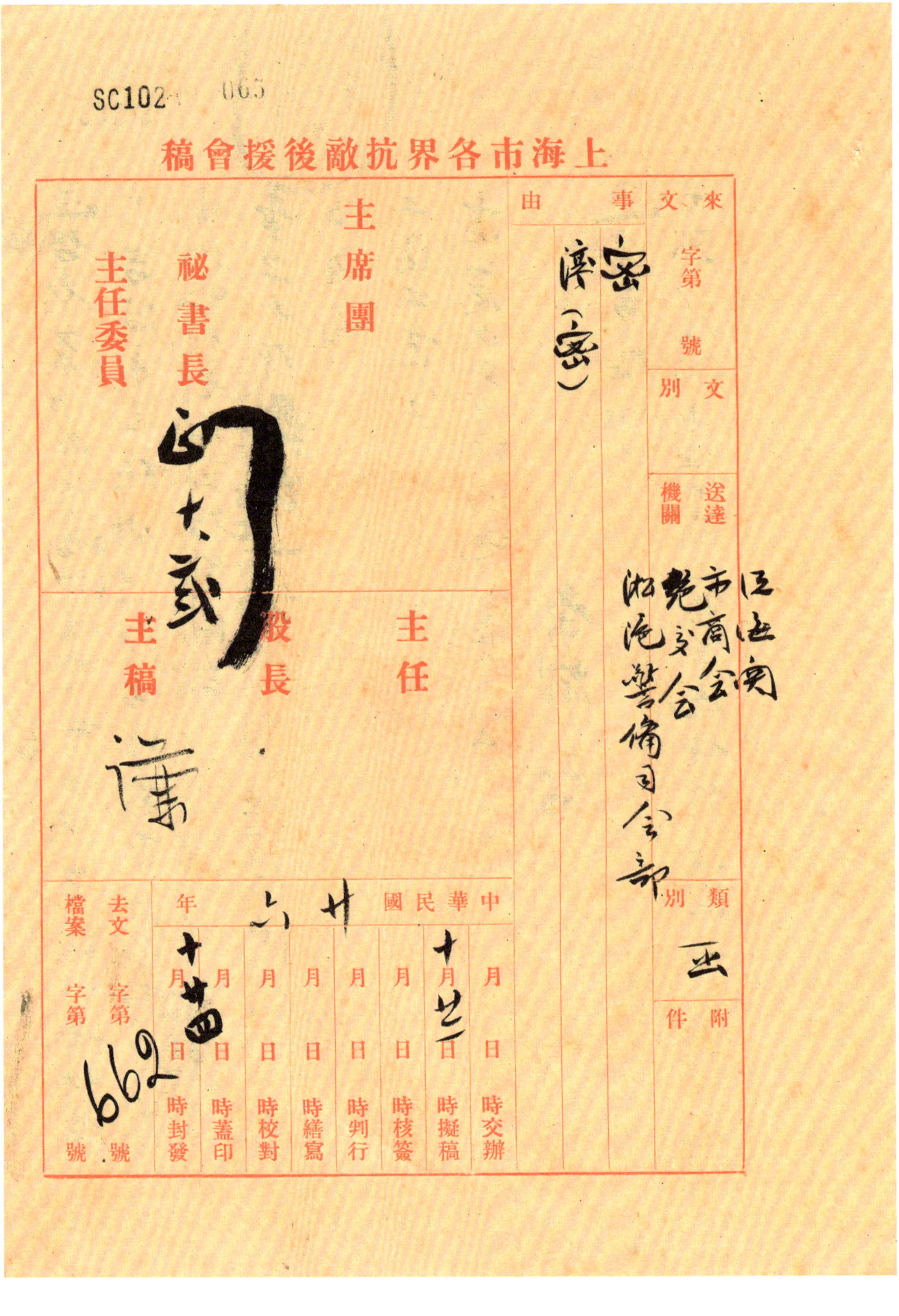
SC102-065

上海市各界抗敵後援會稿

來文	字第 號
事由	密 濟（密）
文別	
送達機關	江海关 市商会 绝交会 淞沪警备司令部
類別	函
附件	
主席團	
秘書長	
主任委員	
主任	
股長	
主稿	

中華民國廿六年
十月廿一日 時擬稿
十月廿四日 時封發
去文字第662號

致商会函在末段加下列句：饬知全体会员
一向

SC103

密

速。启者：案准淞沪警备司令部函开："案据保安处团之吉简字呈称：……"抄呈，即希注意查察为荷等由，准此，除函复并分函市商会、江海关及国民对日经济绝交委员会外，相应录函转达，即希查照办理[redacted]并予以切实随时[illegible]，就近[illegible]为要。

江海关。

上海市商会

上海市国民对日经济绝交委员会

（全衔）启

密

速。启者：接准

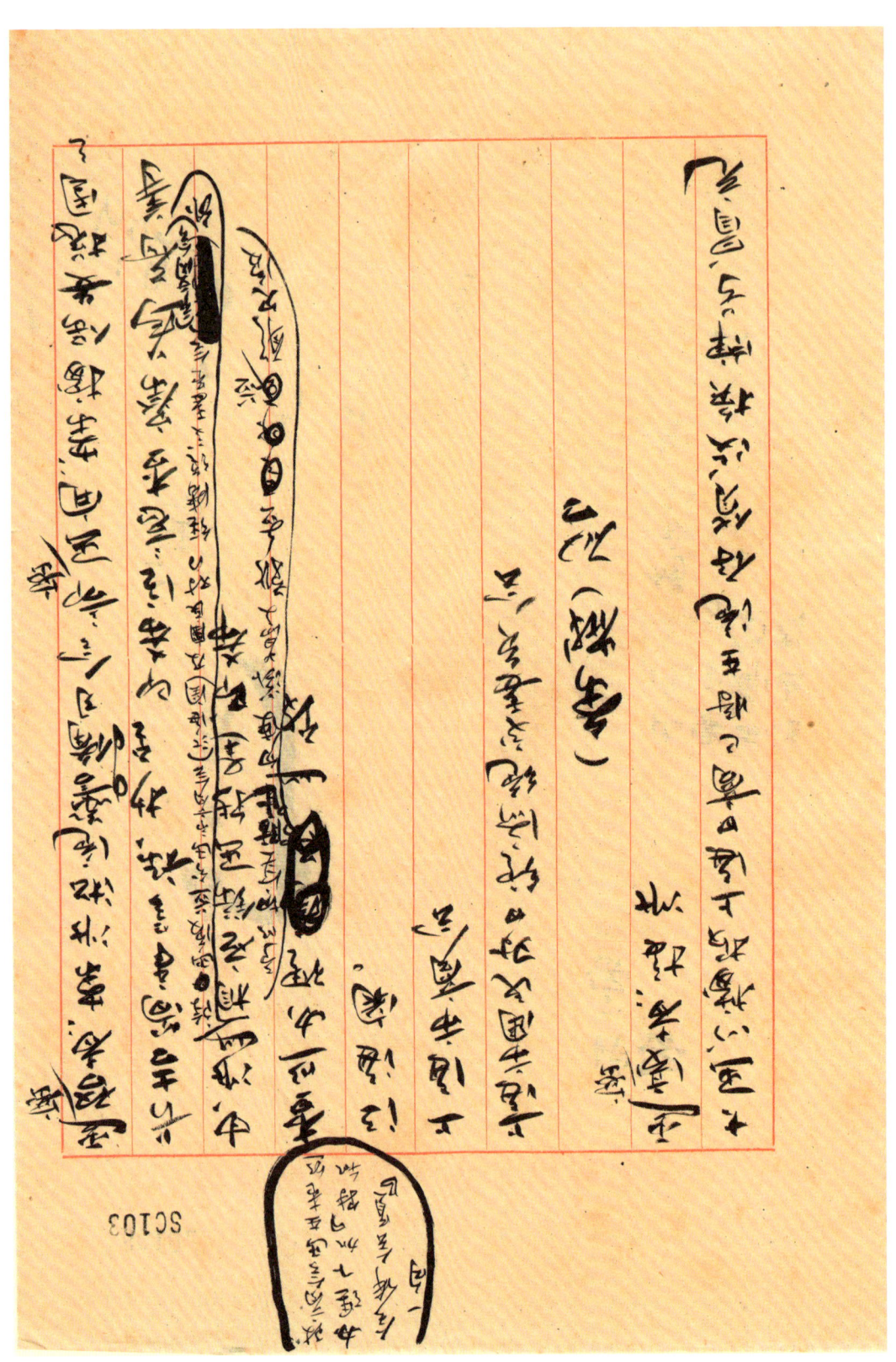

大函，以据报上海日商已将在沪存货改换牌号，冒充

SC104 …066

他国货品，派员向外倾销，特注意等由，准此，业
经本会函市商会江海关及本市国民对日
经济绝交委员会~~查办理~~密切注意设法防止矣。相应函复，
即希
查照为荷。此致
淞沪警备司令部。
（余拟）启

江海关税务司公署关于防止日商三井洋行等将存储货品改头换面冒牌倾销事致上海市各界抗敌后援会的密函
（一九三七年十月三十日）

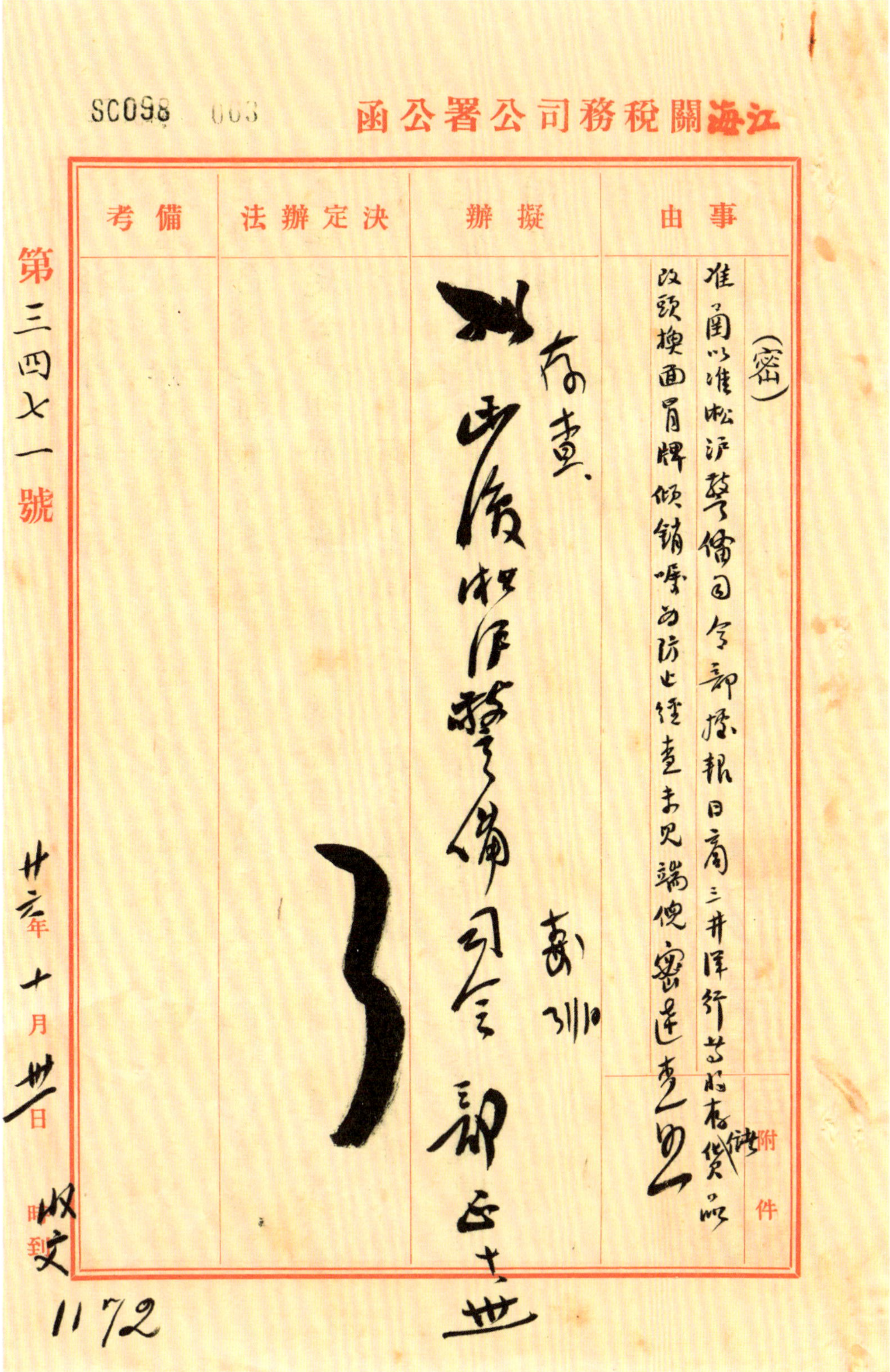
SC098 003

江海關稅務司公署公函

第三四七一號

事由	擬辦	決定辦法	備考
（密）准闸北淞沪警备司令部探报日商三井洋行等将存储货品改头换面冒牌倾销嘱为防止经查未见端倪密送查照由	存查。 敬 3110		

附件

函淞沪警备司令部

廿六年十月卅日

收到时 收文 1172

SC099

准本月二十三日
密函以准淞滬警備司令部密函據報日商三井洋行等為推銷
上海存儲之貨物密圖改換牌號冒充義國及其他國家貨品業
已租定公共租界靜安寺路大西路雲飛車行比鄰房屋為推銷
處貨物由義國商團出面以卡車運送並用華人王立青等代為
推銷等情囑查照切實防止等由。查靜安寺路大西路雲飛車行
附近業經派員前往繼續偵查兩日雖經向該處所有各商店切
實查詢並未見有如
來函所稱推銷處之形迹亦未見有貨物在該處運輸。總之本關
在權力範圍以內對於未完稅貨物之私運自當竭力防止。相應

125

SC100 061

函復

查照為荷。此致

上海市各界抗敵後援會

稅務司羅福德

SC101

中華民國二十六年十月三十日

監印
校對 何作鏞

127 & I.G.

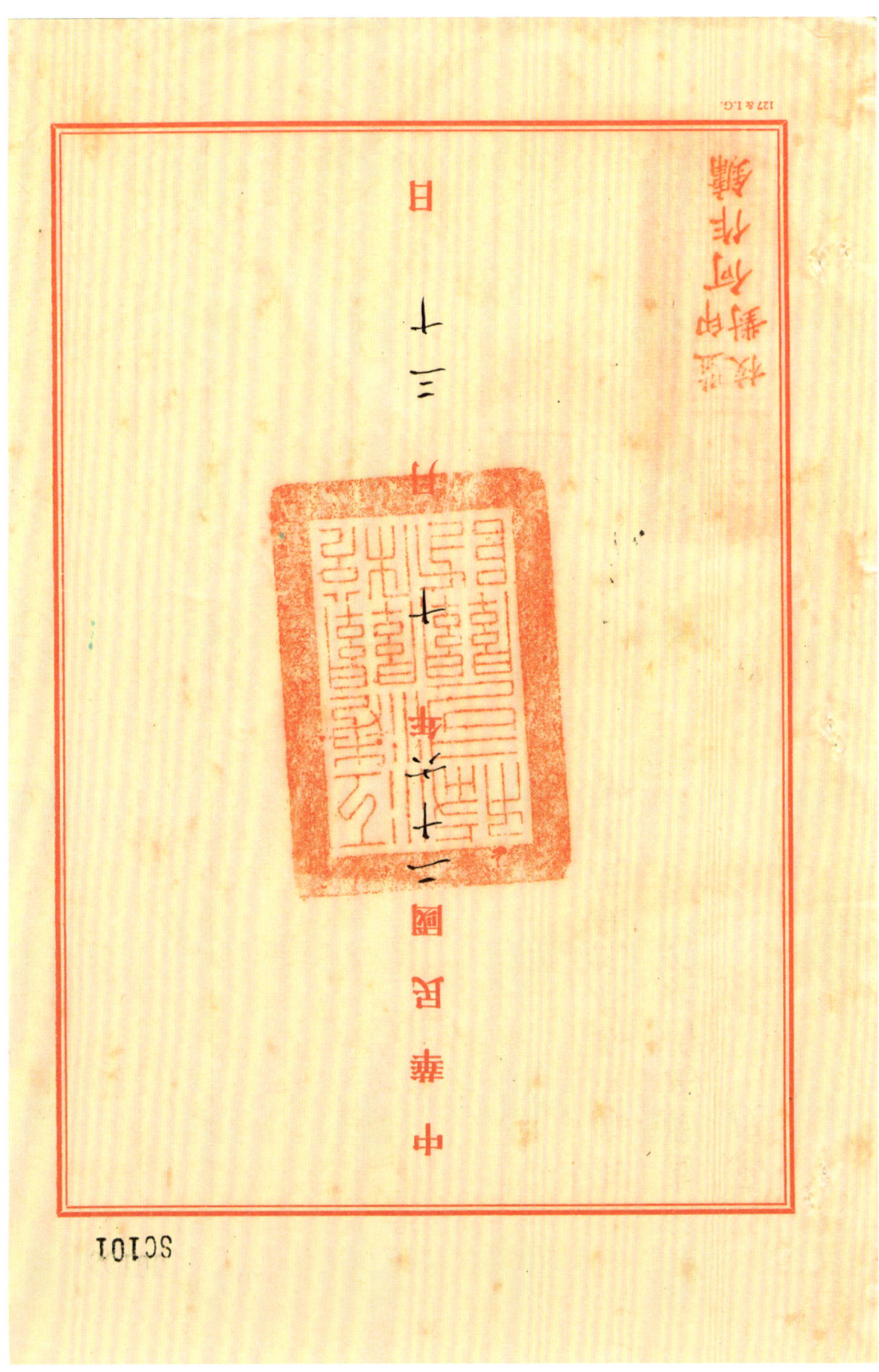

上海市各界抗敌后援会关于转知江海关注意日货改换牌号倾销情形事致淞沪警备司令部的密函

（一九三七年十一月二日）

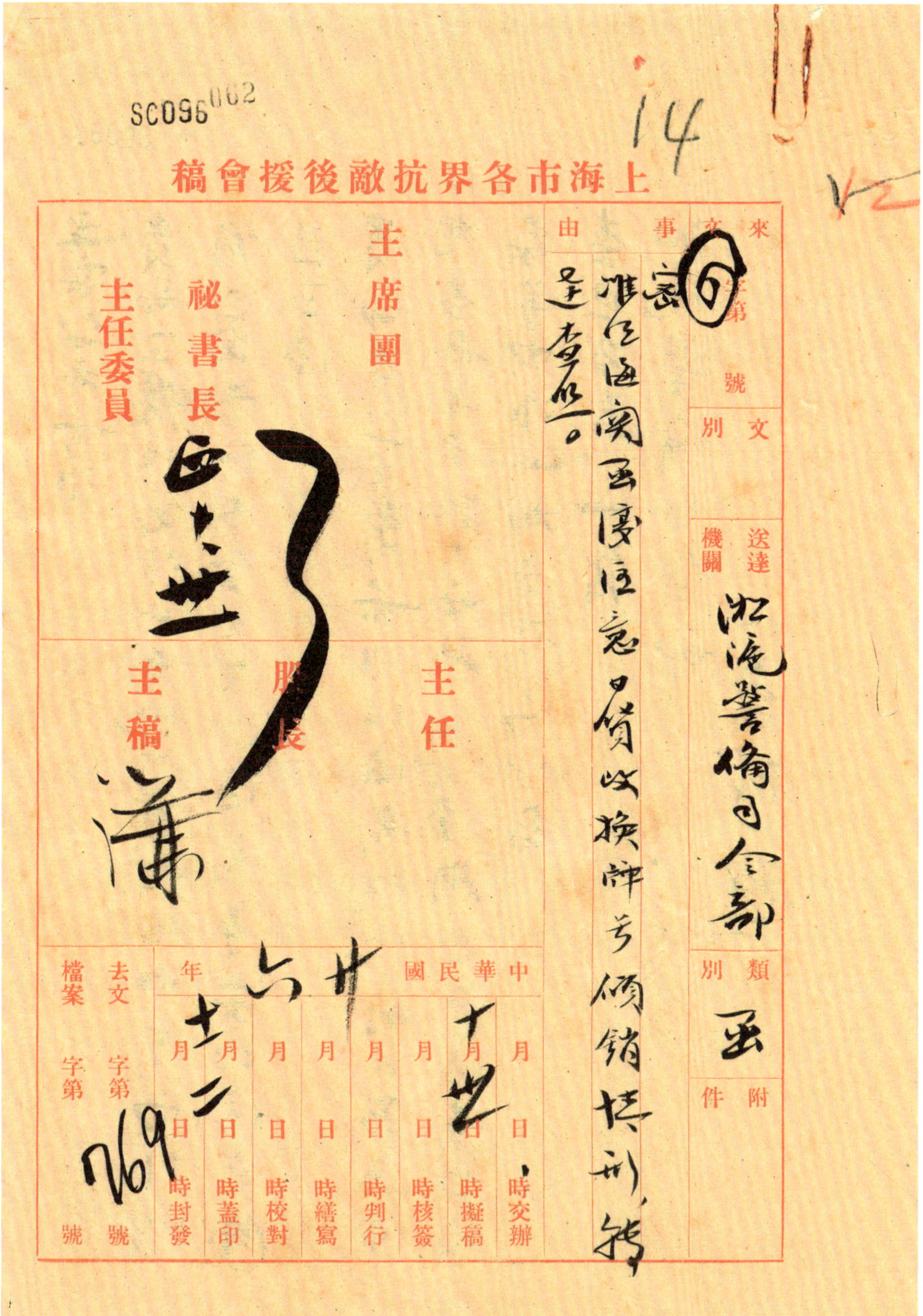

上海市各界抗敵後援會稿

主席團

祕書長

主任委員

主任

股長

主稿

事由：密 准江海關函屬注意日貨改換牌號傾銷情形，特呈查照。

來文 字第 號

文別

送達機關：淞滬警備司令部

類別：函

附件

中華民國廿六年

十一月廿日 時擬稿

月 日 時交辦

月 日 時核簽

月 日 時判行

月 日 時繕寫

月 日 時校對

月 日 時蓋印

十一月二日 時封發

去文 字第769號

檔案 字第 號

SC097

逕密啓者：前准

貴部函囑注意防止華商日貨改换牌号，向外傾

銷一案，當經本會分函江海關等密切注意，

並函復

貴部查照在案。茲准江海關税務司公署函復

開：查靜安寺路大西路抄到相應函復查照為

荷等由，准此，相應轉達，即希

查照為荷。此致

淞滬警備司令部。

（會銜）啓

（十）关于战区难民壮丁及有志从军青年登记

国民党上海特别市执行委员会关于战区难民壮丁及有志从军青年应由各地难民救济委员会及抗敌后援会登记事致上海市各界抗敌后援会的密令（一九三七年十月二十二日）

059
SC092
令諭
事由（發文者摘錄）
為密（不錄）由
年 月 日收文 字第 號
交辦
擬辦
呈悉，已轉救濟會遵令辦理矣
批辦
備考
附件

中國國民黨上海特別市執行委員會訓令　執字第三〇三三號

令上海市各界抗敵後援會

為密令飭遵事案准

軍事委員會第六部密函義字第九二三號內開查戰區各地所有難民壯丁及有志從軍青年業由各地難民救濟委員會及抗敵後援會登記並決定先由蘇滬杭嘉兩師管區籌備處收編除分電會同各該會派員前往檢查合格者收編外擬

請貴部轉飭所屬戰區内之抗敵後援會及難
民救濟委員會將難民壯丁及有志從軍青年造冊
登記報部以憑核辦相應函達即希查照辦理
見復爲荷等由准此自應遵辦除分令救濟委
員會遵照外合亟密仰該會遵照辦理並將辦
理情形造冊具報以憑彙轉是爲至要此令

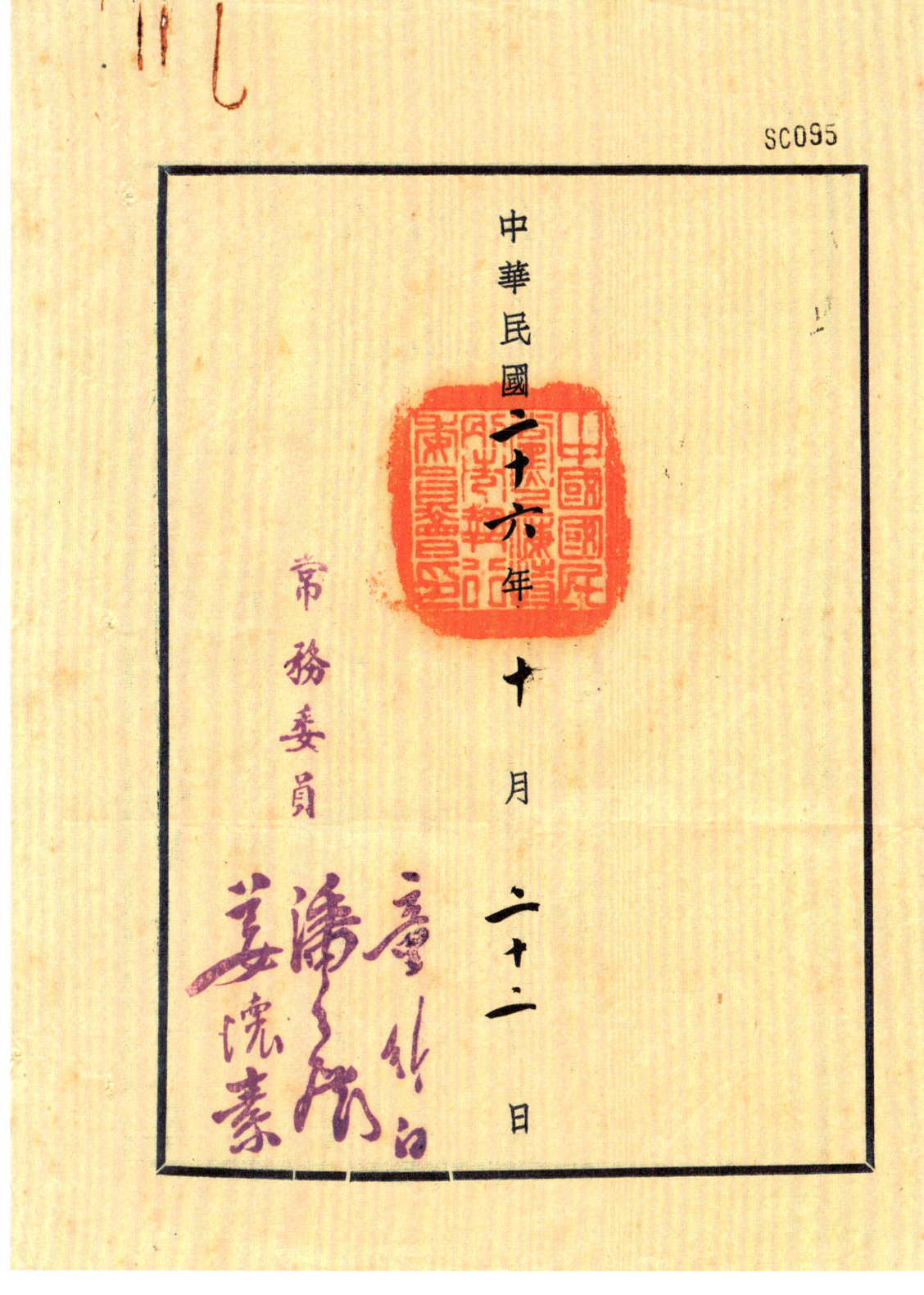

SC095

中華民國二十六年十月二十二日

常務委員

上海市各界抗敌后援会主席团关于转函战区难民壮丁及有志从军青年登记事致国民党上海特别市执行委员会的密呈（一九三七年十月二十五日）

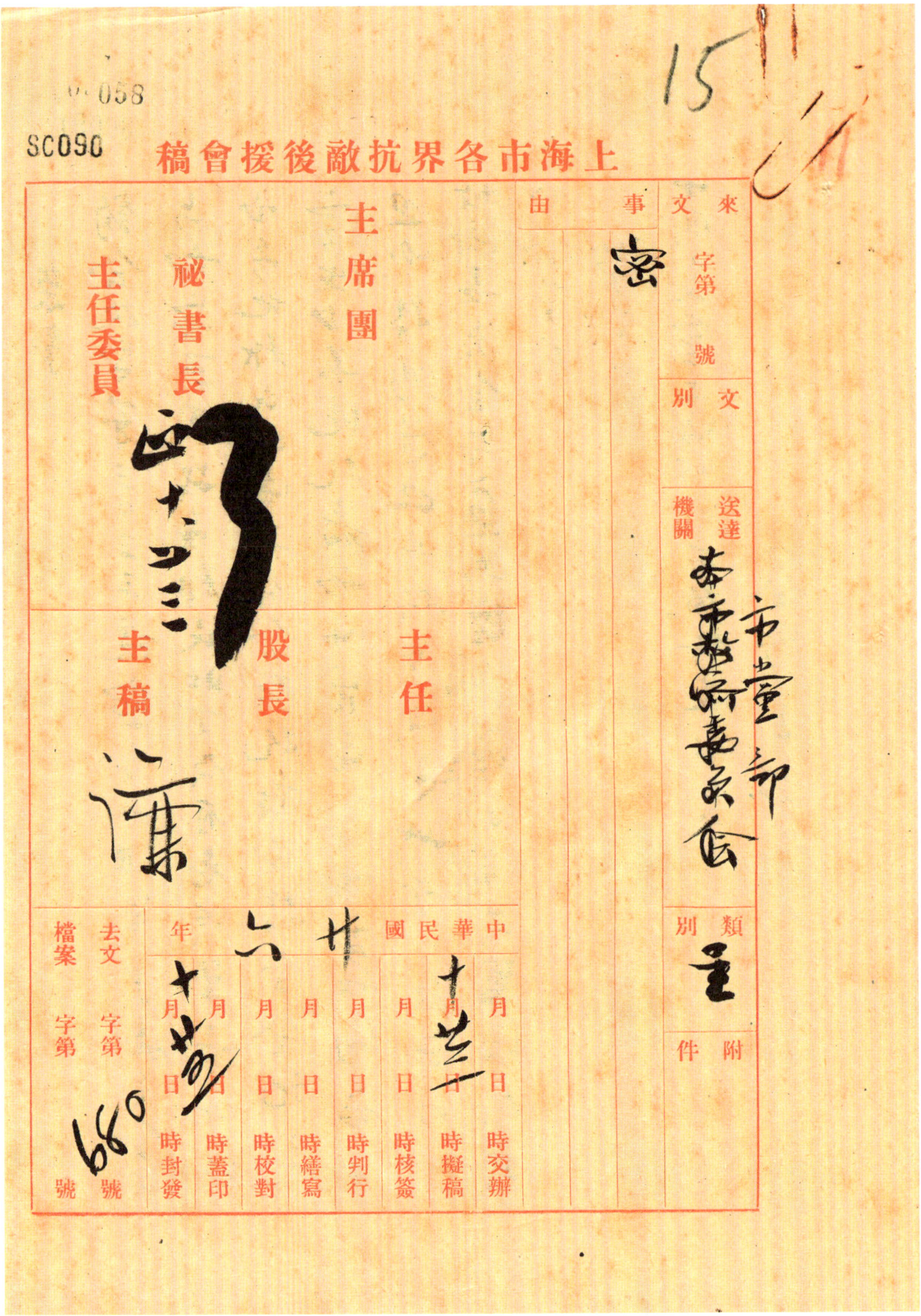
0.058

SC090

上海市各界抗敌後援會稿

來文	字第 號
事由	密
文別	呈
送達機關	本市黨部執行委員會
附件	
主席團	
秘書長	
主任委員	
主任	
股長	
主稿	

中華民國 廿六 年

時交辦	時擬稿	時核簽	時判行	時繕寫	時校對	時蓋印	時封發
月 日	十月廿三日	月 日	月 日	月 日	月 日	月 日	十月廿五日

去文 字第 680 號

檔案 字第 號

案奉
钧会执字第三〇三三号密令，以准军事委员会第
六部密函，闻战区难民壮丁及有志从军青年，应
由各地难民救济委员会及抗敌后援会登记，并决
定先由苏浙皖杭嘉两师管区筹备安收编，希即
照办，转饬遵照办具报等因，奉此，业已转函本市
救济委员会遵照办理具报矣。奉令前因，理合备文呈复，仰祈
钧会鉴核。
谨呈
中国国民党上海特别市执行委员会
（全衔）主席团〇〇〇

（十一）关于保卫团代军队征用麻袋

上海市保卫委员会关于会属漕泾区团代军队征用上海水泥公司麻袋事致上海市各界抗敌后援会的公函

（一九三七年十月二十二日）

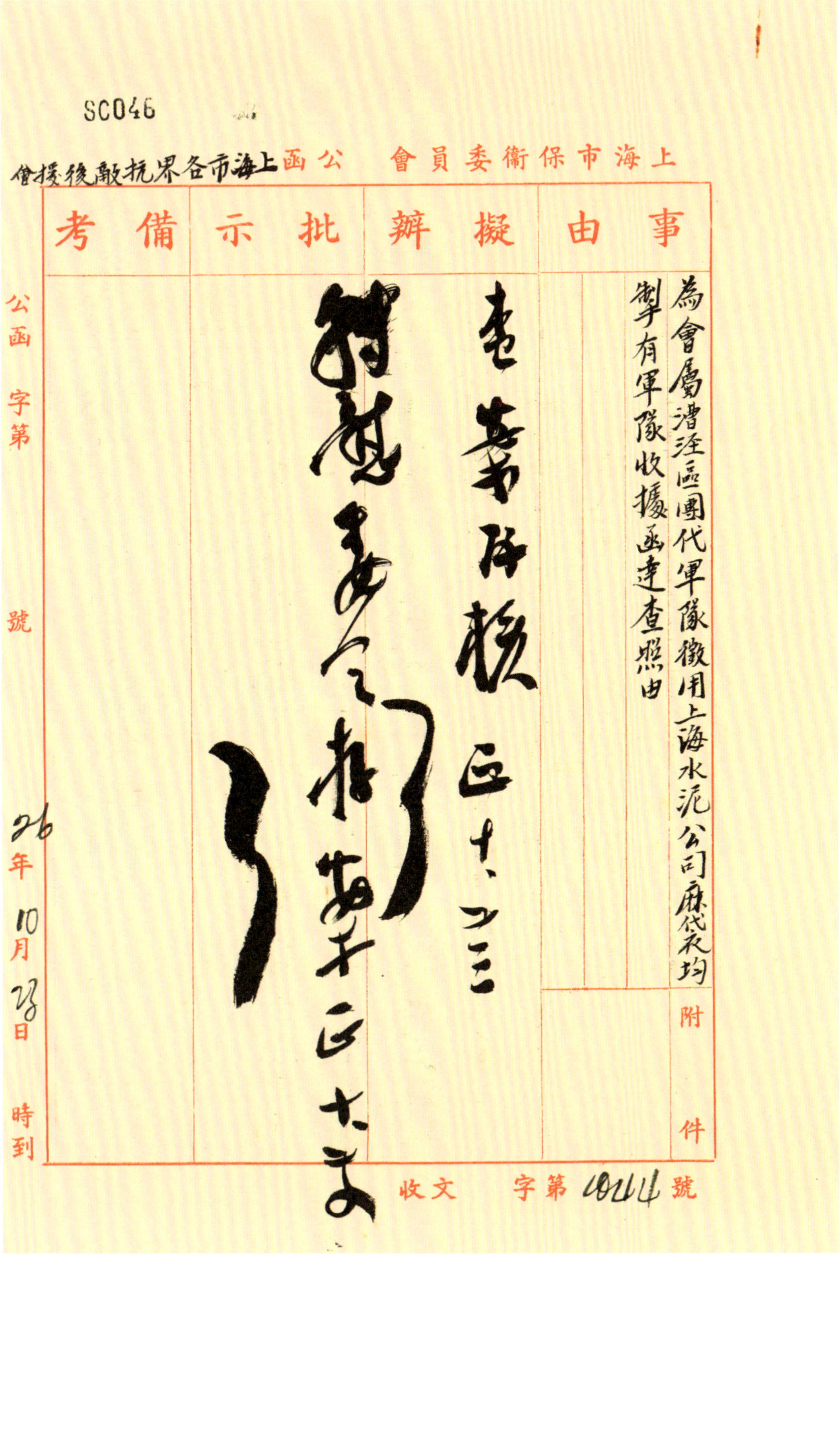

SC046

上海市保衛委員會 公函 上海市各界抗敵後援會

事由：為會屬漕涇區團代軍隊徵用上海水泥公司麻代（袋）均掣有軍隊收據函達查照由

擬辦

批示

備考

附件

公函 字第 號

26年10月22日 時到

收文 字第10214號

SC047

上海市保衛委員會 公函

字第三九八〇號

案據會屬漕涇區保衛團呈稱：
「竊奉鈞會第三九五六號訓令略開飭將徵用華商
上海水泥公司麻袋壹千只查明具復等因奉此查九月
十一日本團奉 上海戒嚴司令部令向華商上海水
泥公司徵取麻袋壹千只由本團逕行分發陸軍第
十六師第四十七旅第九十三團第一營第一連壹百七十
只第二連弍百只第三連伍百只第九十五團第一營機
槍連壹百念只共九百九十只均取有收據剩餘十只

SC048

034

留團備用奉令前因理合將收據四張備文一併呈

報懇祈鈞會鑒核實為公便」

等情，據此，除收據四紙暫存本會備查外，相應函達，即希

查照為荷！

此致

上海市各界抗敵後援會

主席 俞鴻鈞

SC049

中華民國二十六年十月二十二日

上海市各界抗敌后援会秘书处关于转达本市保卫委员会函报漕泾区团代军队征用麻袋情形事致后援会慰劳委员会的函（一九三七年十月二十七日）

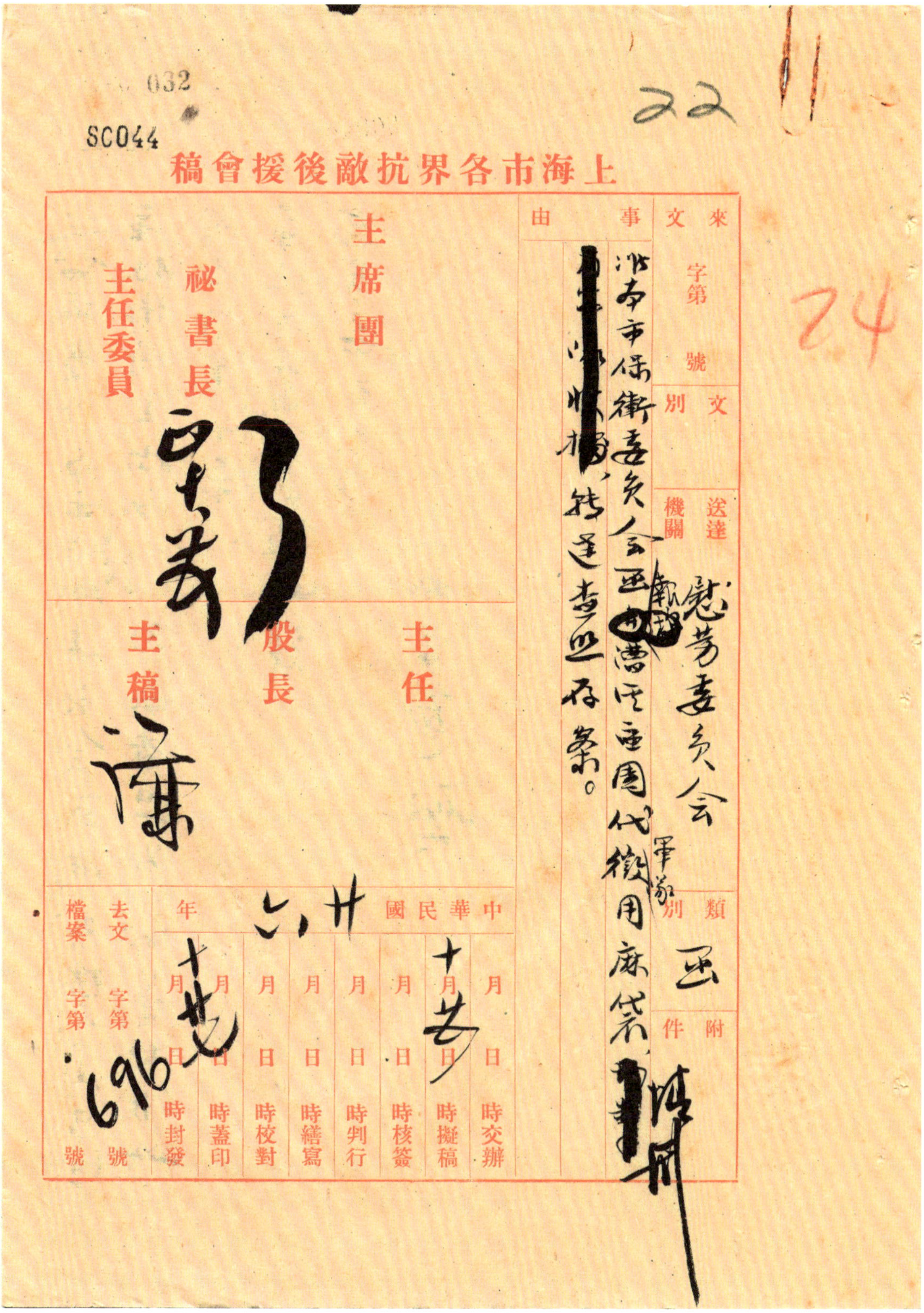

迳启者：案准本市保卫委员会函开：案据公函借匡
匡保卫国民称投到，即希查照为荷等由，准此，
相应转达，即希
查照存案为荷。此致
慰劳委员会。

（秘书处）启

（十二）关于慰劳前方将士募制寒衣办法

国民党上海特别市执行委员会关于转知慰劳前方将士募制寒衣办法十项事致上海市各界抗敌后援会的训令

（一九三七年十月二十九日）

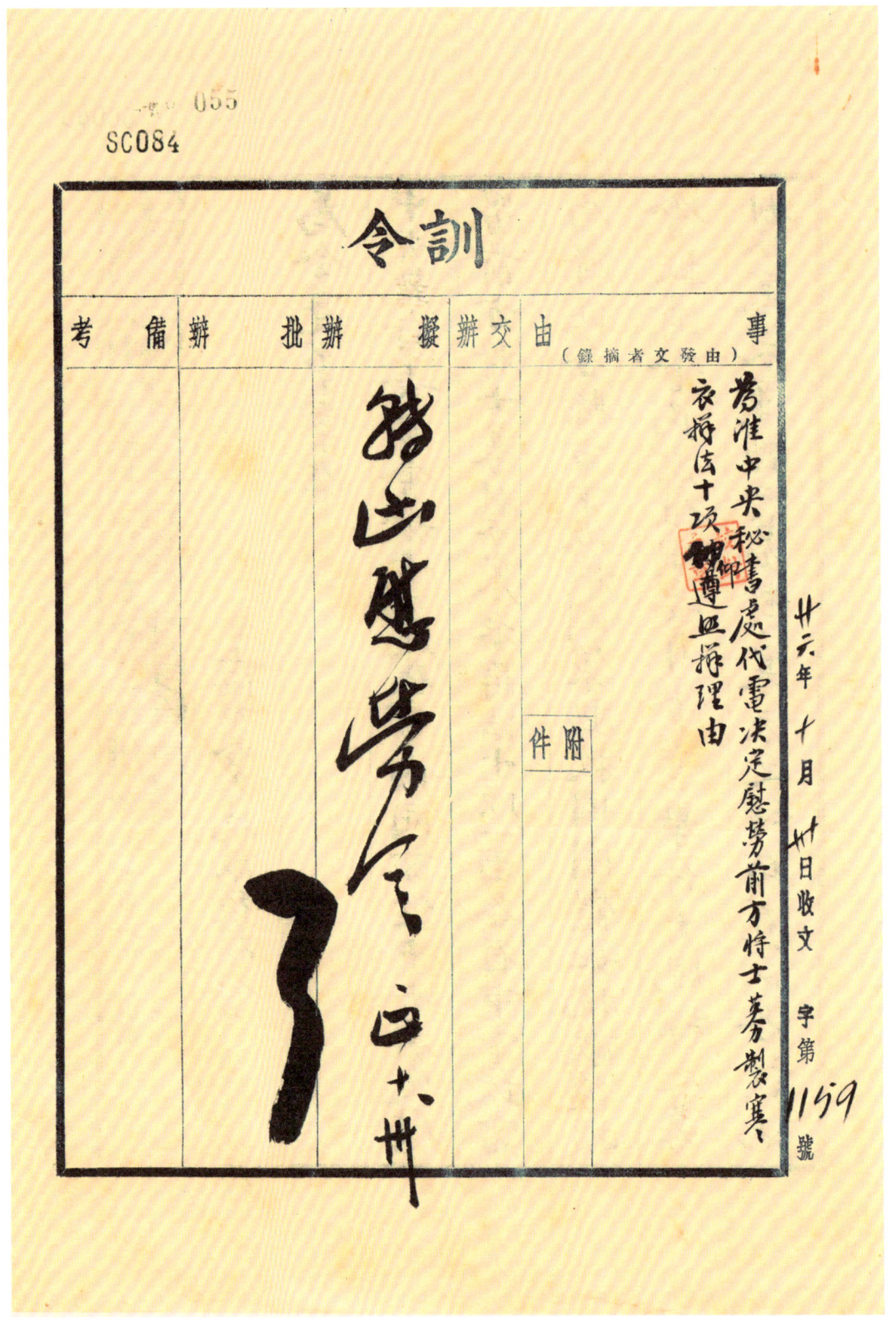

055

SC084

訓令

事由（由發文者摘錄）	交辦	擬辦	批辦	備考
為准中央秘書處代電決定慰勞前方將士募製寒衣辦法十項仰遵照辦理由 附件		發出慰勞會 [illegible] 十卅		

廿六年十月廿日收文　字第1159號

中國國民黨上海特別市執行委員會訓令

執字第三〇三五號

令上海市各界抗敵後援會

為令遵事案准
中央執行委員會秘書處代電內開茲經中央決定慰勞前方將士募製寒衣辦法十項(一)由各省市黨政當局督促各縣市下級機關策動救國團體(如抗敵後援會救濟會民衆組織委員會等)舉行大規模之募製寒衣運動(二)募製寒衣之種類應以各該地

所產之原料為標準得分為皮棉絲棉等三種
(三)寒衣之尺寸須依照軍事機關之規定辦理之
(四)募製寒衣之數量得依各該省市人口多寡及
各地財富為標準由最高黨政當局確定之(五)各
各省市人民有捐贈原料或捐款指定購製寒衣者
得由地方黨政當局策動紡織縫級工人及家庭婦女
製造之(六)人民捐贈寒衣每人滿五百件者由地方政府
給予感謝狀滿一千件者由地方政府呈請省政府明

令獎勉滿一萬件者由國民政府特獎之(七)募製成績優良之地方黨政機關得由其上級機關獎勵并作為考成之一(八)各地方機關團體及公務人員須首先應募以資表率(九)各地方募製寒衣事項應於最短期內完成政府機關并應認為重要政務不得延誤(十)各地方募集之寒衣應以最迅速之方法解送省市當局以便統籌支配等因除分電各省市党部遵照并分行外特此電達查照並飭屬遵照辦

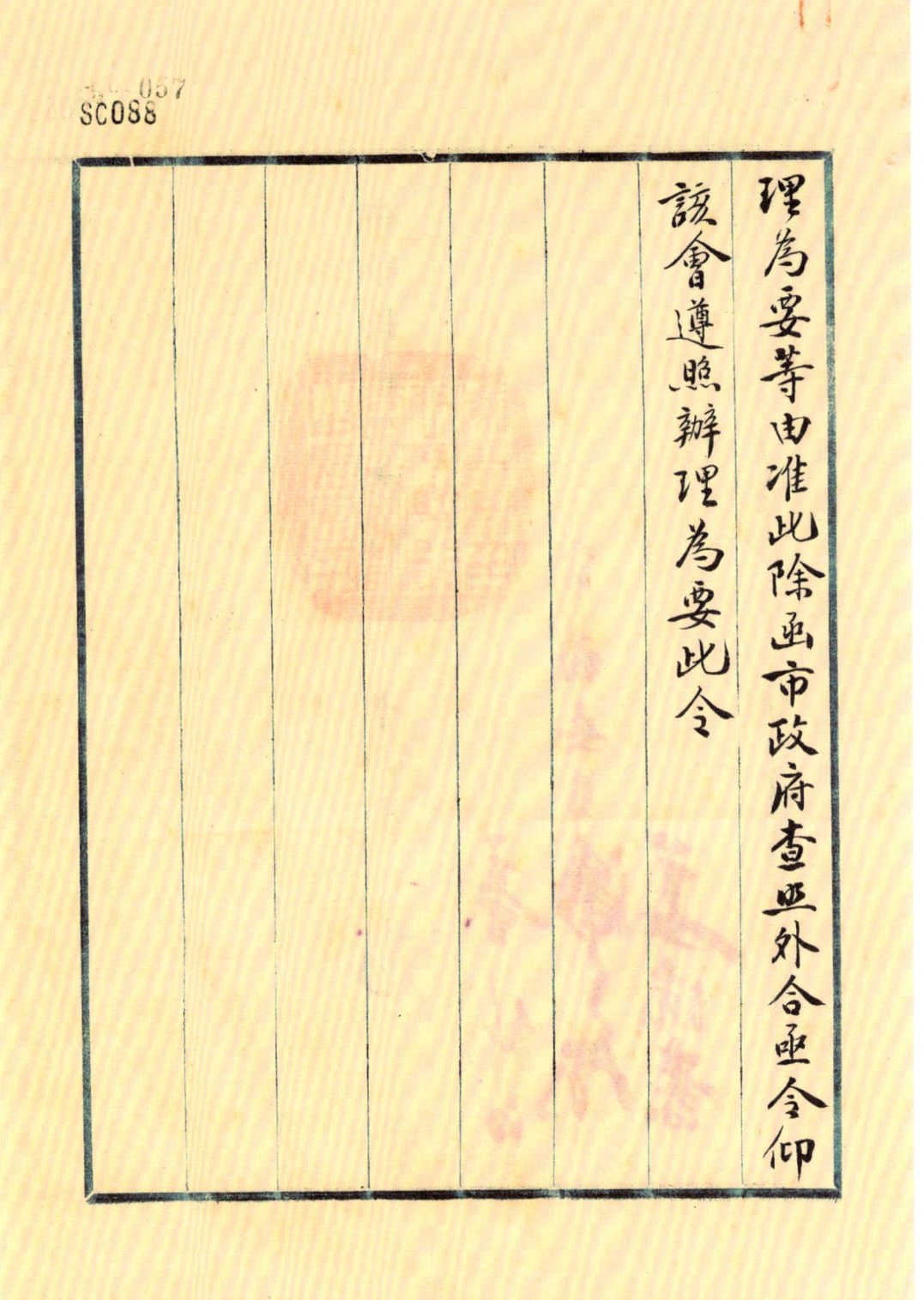

理為要等由准此除函市政府查照外合亟令仰

該會遵照辦理為要此令

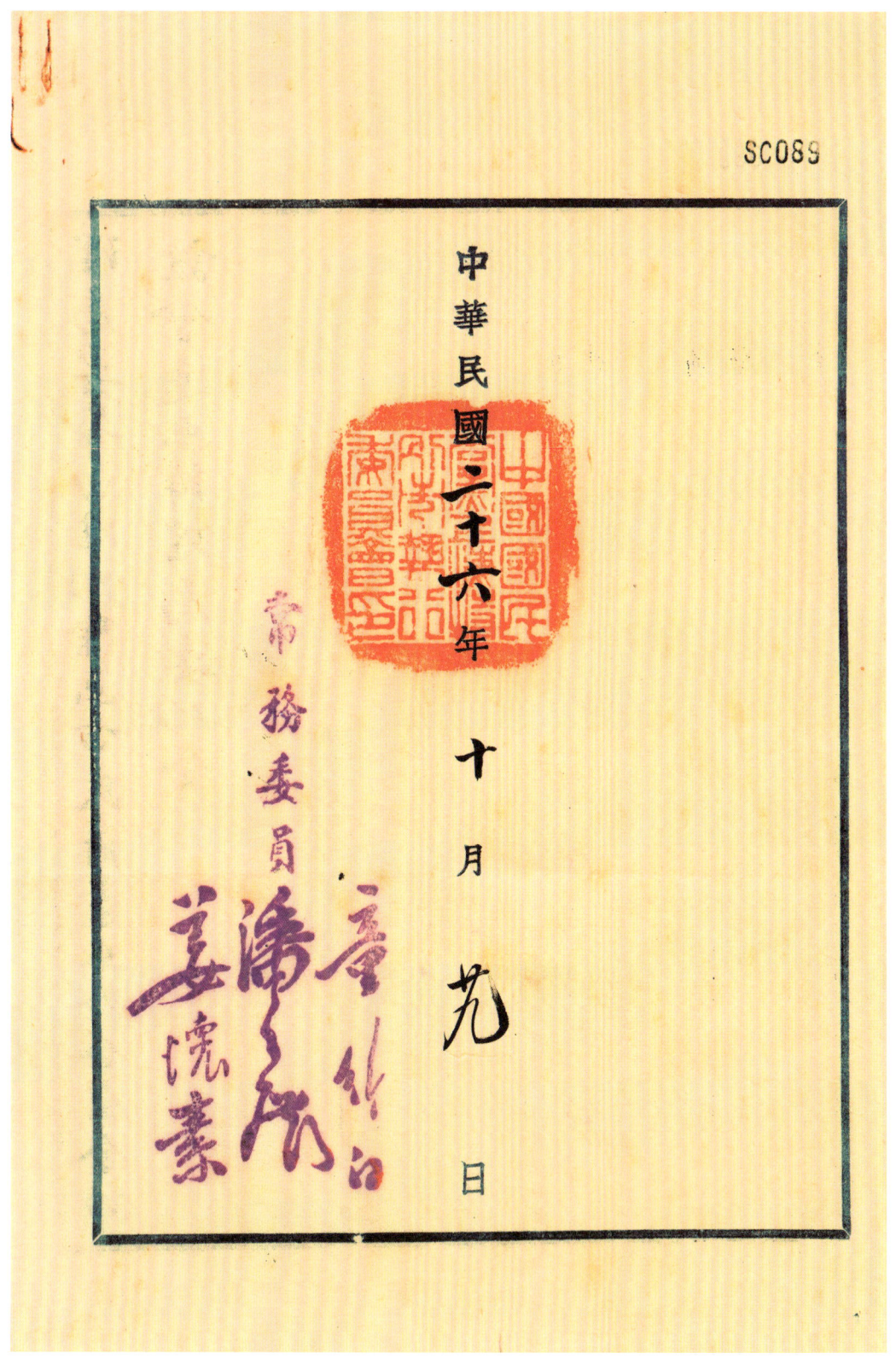

SC089

中華民國二十六年十月廿九日

常務委員

上海市各界抗敌后援会秘书处关于转达慰劳前方将士募制寒衣办法十项事致后援会慰劳委员会的函
（一九三七年十月三十一日）

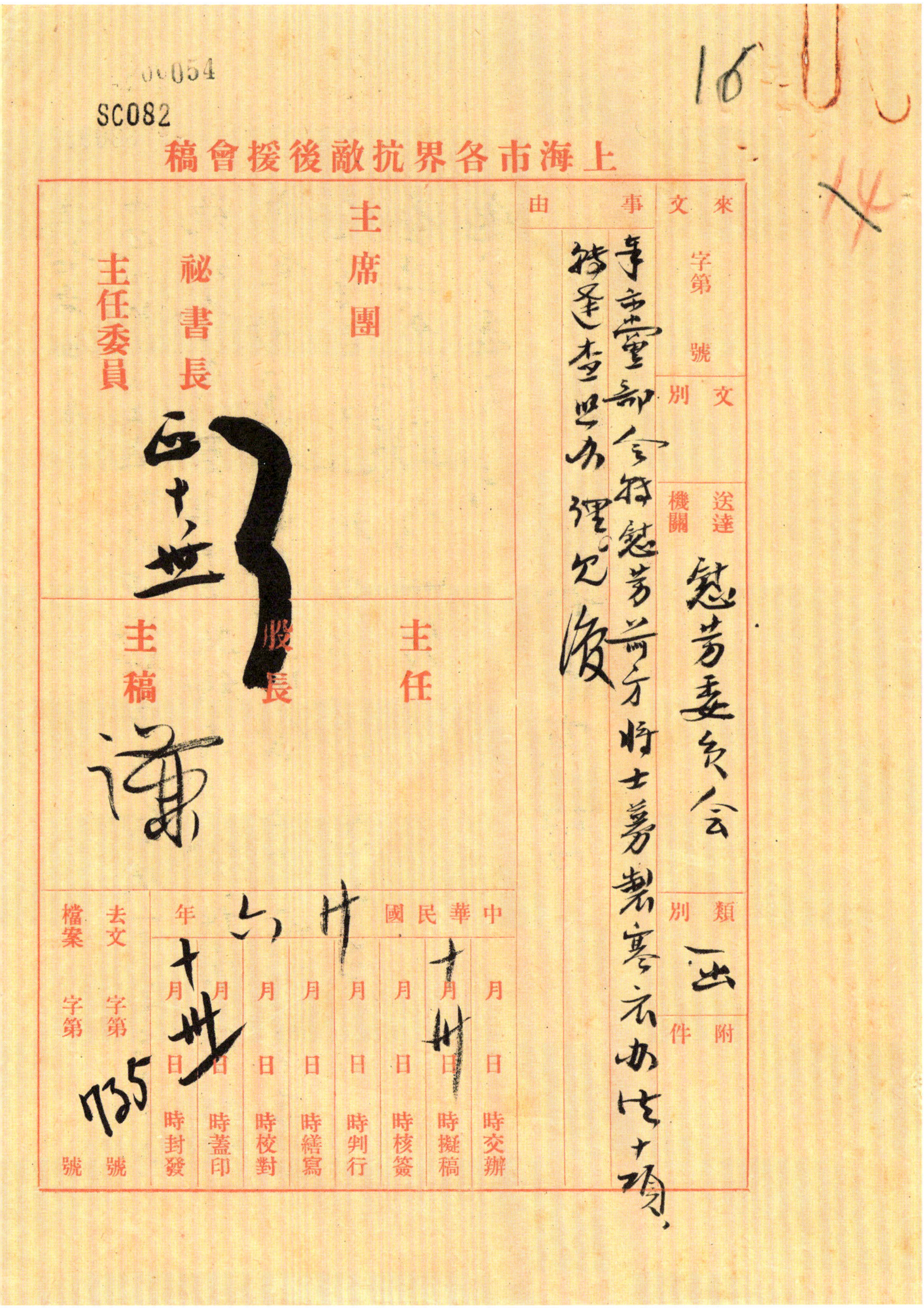
00054
SC082

上海市各界抗敵後援會稿

來文	字第　號
文別	
送達機關	慰劳委员会
類別	函
附件	

事由：奉市党部令将慰劳前方将士募制寒衣办法十项，转送查照办理见复

主席團

秘書長

主任委員

主任

股長

主稿

中華民國廿六年十月卅日

735

迳启者：案奉

中国国民党上海特别市执行委员会执字第三〇三五号训令开：「案准中央执行委员会秘书处代电内开抄到，合亟令仰该会遵照办理为要。此令。」等因，奉此，相应录令转达，即希查照办理并见复为荷。此致

慰劳委员会

（秘书处）启

（十三）关于救济孤军募款

上海市慰劳委员会关于收到薛慰祖送来别动队募得救济孤军国币廿元事致上海市各界抗敌后援会秘书处的函

（一九三七年十月三十一日）

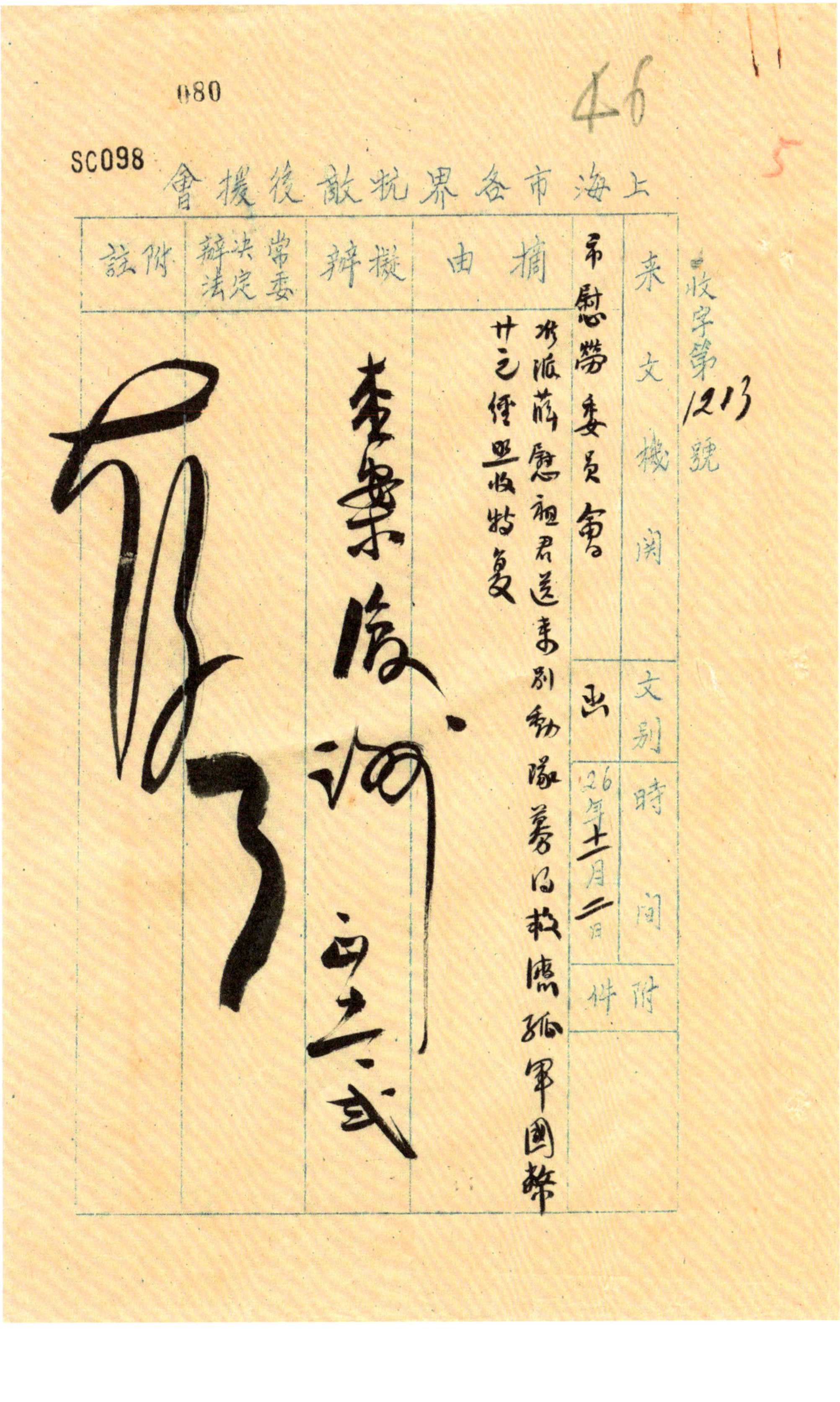
080

46

SC098

上海市各界抗敵後援會

收字第1213號

來文機關	市慰勞委員會
文別	函
時間	26年十一月二日
附件	
摘由	為派薛慰祖君送來別動隊募得救濟孤軍國幣廿元徑照收對復
擬辦	
常委決定辦法	
附註	

SC099

上海市慰勞委員會用箋

第　號

逕啓者：接奉
大函，承
貴會特派薛慰祖君送上別動隊馬文彬君向
各界臨時募來救濟孤軍國幣念元另二分及
物品等件，均照收悉。除已由本會分別掣給收據
外，用特函復申謝，即希
詧照，并乞轉致爲荷。此致
抗敵後援會秘書處

上海市慰勞委員會啓

中華民國廿六年十月卅一日

虞洽卿路寧波同鄉會　電話九九七七一二二二五六

上海市各界抗敌后援会职员唐铁关于市慰劳委员会来函称薛慰祖送上别动队募得救济孤军国币廿元事致后援会秘书长陶百川的函（一九三七年十一月三日）

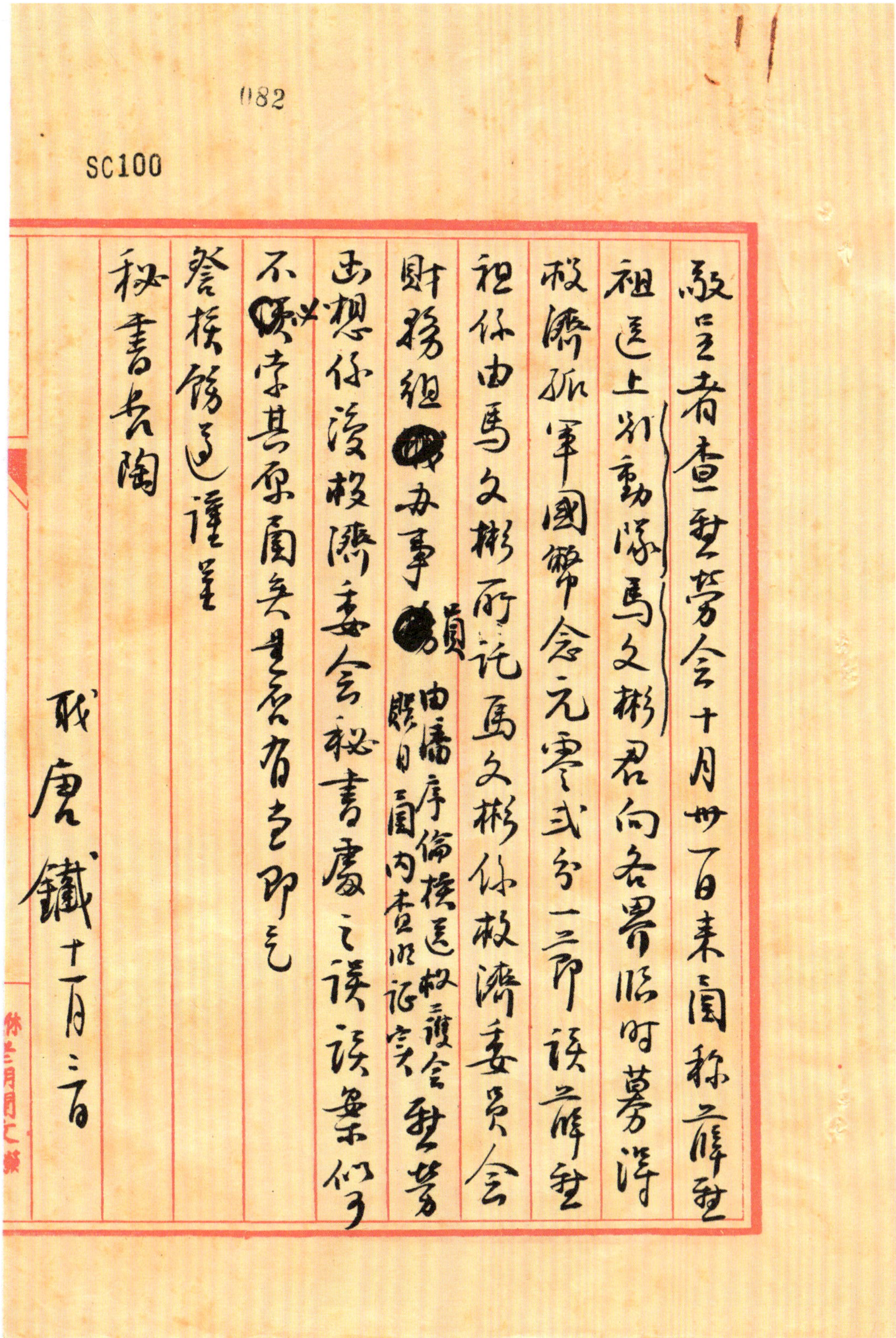

082

SC100

敬呈者查慰劳会十月卅日来函称薛慰
祖送上别动队马文彬君向各界临时募得
救济孤军国币念元零弍分一三即该薛慰
祖系由马文彬所托马文彬系救济委员会
财务组办事员 由潘序伦核送救济会慰劳账目函内查明证实
函想系后救济委员会秘书处之误误集何可
不察其原函无需负有责任即乞
答核饬遵谨呈
秘书长陶

职唐铁 十一月三日

（十四） 关于全民抗敌后援运动推行办法

国民党上海特别市执行委员会关于抄转全民抗敌后援运动推行办法事致上海市各界抗敌后援会的训令

（一九三七年十一月四日）

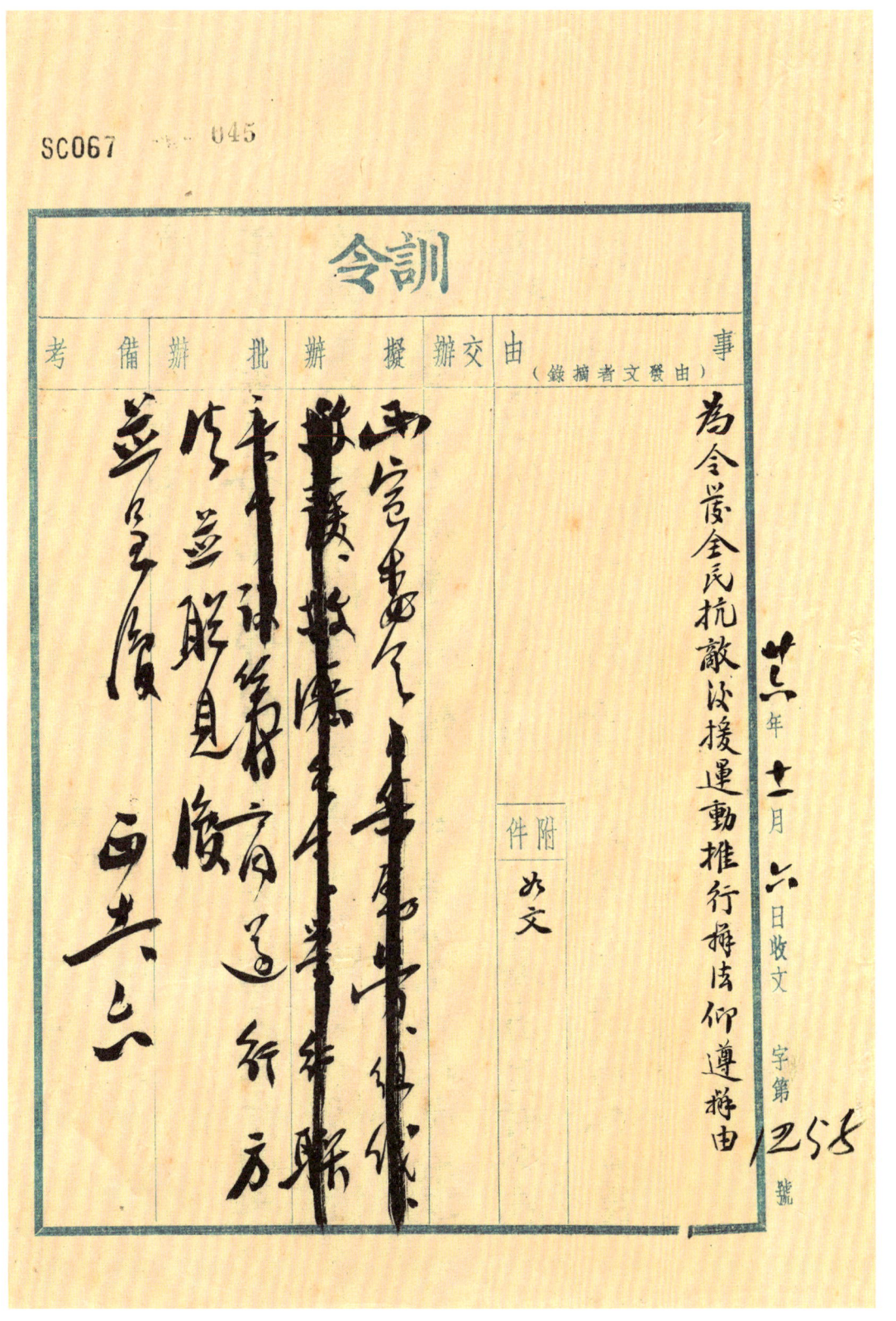

SC067 045

訓令

事由（發文者摘錄）	附件	交辦	擬辦	批辦	備考
為令發全民抗敵後援運動推行辦法仰遵辦由	如文		[illegible]	[illegible]	[illegible]

廿六年十一月六日收文 字第1258號

SC068

中國國民黨上海特別市執行委員會訓令

執字第三〇三八號

令上海市各界抗敵後援會

為令遵事案准

軍事委員會第六部公函義字第一四五零號內開

茲制定全民抗敵後援運動推行辦法除令飭各指

導員各前方辦事處一體遵行並分函外相應檢送

上項辦法一份函請查照辦理為荷等由並附全民

抗敵後援辦法一份到會准此自應遵辦合亟轉

抄前項辦法令仰該會遵照辦理為要此令

附抄全民抗敵後援運動推行辦法一份

SC070

中華民國二十六年十一月四日

常務委員 虞洽卿 潘公展 姜懷素

全民抗敵後援運動推行辦法

一、抗敵後援之意義

自抗敵戰事發動以來除鄰近戰區各地民衆因直接受戰事之激刺尚能作相當抗敵活動外其他各地民衆則多茫然無所感覺或竟歌舞宴樂如平時殊失全國動員一致之意義茲特規定幾種運動推行全國其目的與意義則在喚起後方民衆激發其愛國情緒振作其抗敵精神並予前方將士以物質上之援助使能支持長期抗戰此乃有形的救國行動上養成其無形的抗敵風氣寔為發動全國總動員之基本工作也

二、各種運動之本體

（一）節約救國運動　此項運動包含（一）節省奢侈費如年內季節婚喪喜慶之宴樂祭祀應酬酬等用度（二）節省日常生活費如衣食住行之力求儉約以維持最低限度之生活為限（三）獻金救國如將家中財產及金銀貨幣器皿首飾等呈獻國家或換購救國公債（四）救國儲金如每日以所得之一部份或一、二、兩項所節餘存作救國儲金一方面說明此種舉動對于國家及個人之利益并組織勸捐隊吸收零星捐款或于公共場所設置捐款箱妥慎派人經管一方面對於民众捐輸財物購買公債移存儲金等手續經量設法予

以便利與協助且按政府規定辦法切實施行

2、捐製物品運動　此項運動在捐徵前方抗敵作戰所需物品及救濟傷兵難民急需品依前方之需要分期二發動例如「棉衣運動」「蔴鞋運動」「鉄鍬運動」「乾粮運動」「醫药運動」「車馬運動」等等可先以種々宣傳方法激起人民之同情心使「有錢者出錢有力者出力」例如智識界為之計劃勸導資產界量力捐錢農商界捐供原料工界及婦女則從事製作各方合作興趣亦必提高各項物品除捐新製者外尚可募集舊存者在城市可由各机関團体学校分頭担任在鄉村則可督促保甲長及公正伸耆挨

户勸導或捐錢或出工料或出氣力再用競賽褒奬等方法鼓勵之
3、抗敵自衛運動　此項運動在消極方面包含防空防毒消防挖壕救護等運動在積極方面則包含粮食布足牲畜煤鉄等項生產運動一面謀自給自足以抵抗敵人之封鎖一面厲行对敵經濟絶交運動以制止仇貨之傾銷運動之內容雖至繁複但先擇其急要而易舉者推行之則收效自易例如防空防毒消防救護方面除挨戶宣傳各項常識外應先推行防空警報灯火管制防空壕簡單防毒器口罩與保護水井房屋塗色預備沙包及急救藥品等等然後再及其他至於增加生產如利用農隙播種雜粮及推廣家

庭紡紗織布織襪等可以增加農工生產、輔助抗戰資源

三、推行辦法

1、策動機關 (一)各地已有抗敵後援會之組織者應以此會為各項運動之主動機關，當地高級黨部應會同政軍機關再加以督促與指導，黨員、公務人員、智識分子尤應以身作則為民前鋒 (二)尚無抗敵後援會之地方應由當地高級黨部為之主動聯合各機關團體積極推行，以求全國一致

2、推行程序 上述各項運動推行之程序應先之以擴大宣傳，如以圖畫、壁報、講演等宣傳方法深入鄉村，使民眾週知各項運動之意義，然後繼之以實際行動與組織，如節

SC076

约救國運動则组織勸捐隊捐製物品運動则组織勸導隊及各種工作團抗敵自衛運動则组織防護團挖壕隊生產勞動隊等其所捐集之財物應列单公布並呈報上級機関備查不得有丝毫侵蝕之行為上級机関應派員督察指導并按其成绩施行奬懲

3.訂定详细实施計劃　各地党部及抗敵後援會于推行上述各项運動之前應審度當地情形斟酌其緩急先後籌措經费分配人才并逐一订定详细实施计劃按週分别施行務以振起全民抗敵精神為最终目標

四、附則

一、本辦法所舉示各项運動各地應斟酌當地環境擇急要者先行実施

二、本辦法由國民政府軍事委員會第六部頒行

上海市各界抗敌后援会秘书处关于全民抗敌后援运动推行办法转请规划推行事致后援会宣传委员会的函、上海市各界抗敌后援会主席团关于转函该会宣传委员会规划推行事致国民党上海特别市执行委员会的呈

（一九三七年十一月六日）

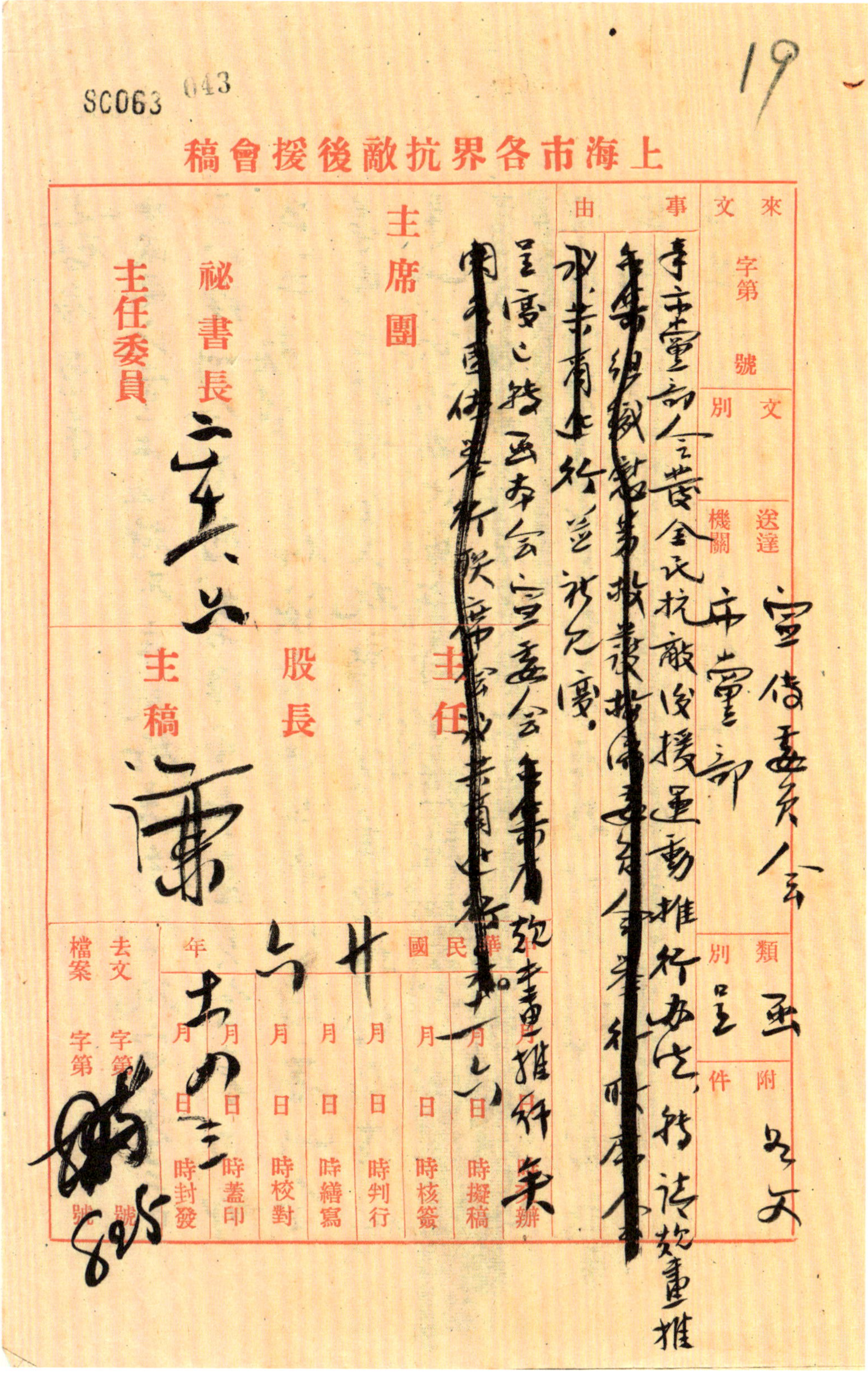

上海市各界抗敵後援會稿

來文字第號	
文別	
送達機關	
類別	
附件	
事由	
主席團	
秘書長	
主任委員	
主任	
股長	
主稿	
中華民國年月日 擬辦	
月日時擬稿	
月日時核簽	
月日時判行	
月日時繕寫	
月日時校對	
月日時蓋印	
月日時封發	
去文字第號	
檔案字第號	

SC064

贵会如何实施尽量以便推行用特检同原办法附函送达即希查照办理

迳启者，案奉

中国国民党上海特别市执行委员会执字第三〇三八号训令内开：“案准军事委员会第六部公函抄发到会，仰该会遵照办理为要。此令。”等因，并抄发全民抗敌后援运动推行办法一份，奉此，查该项办法[redacted]

希迅办见复为荷。此致

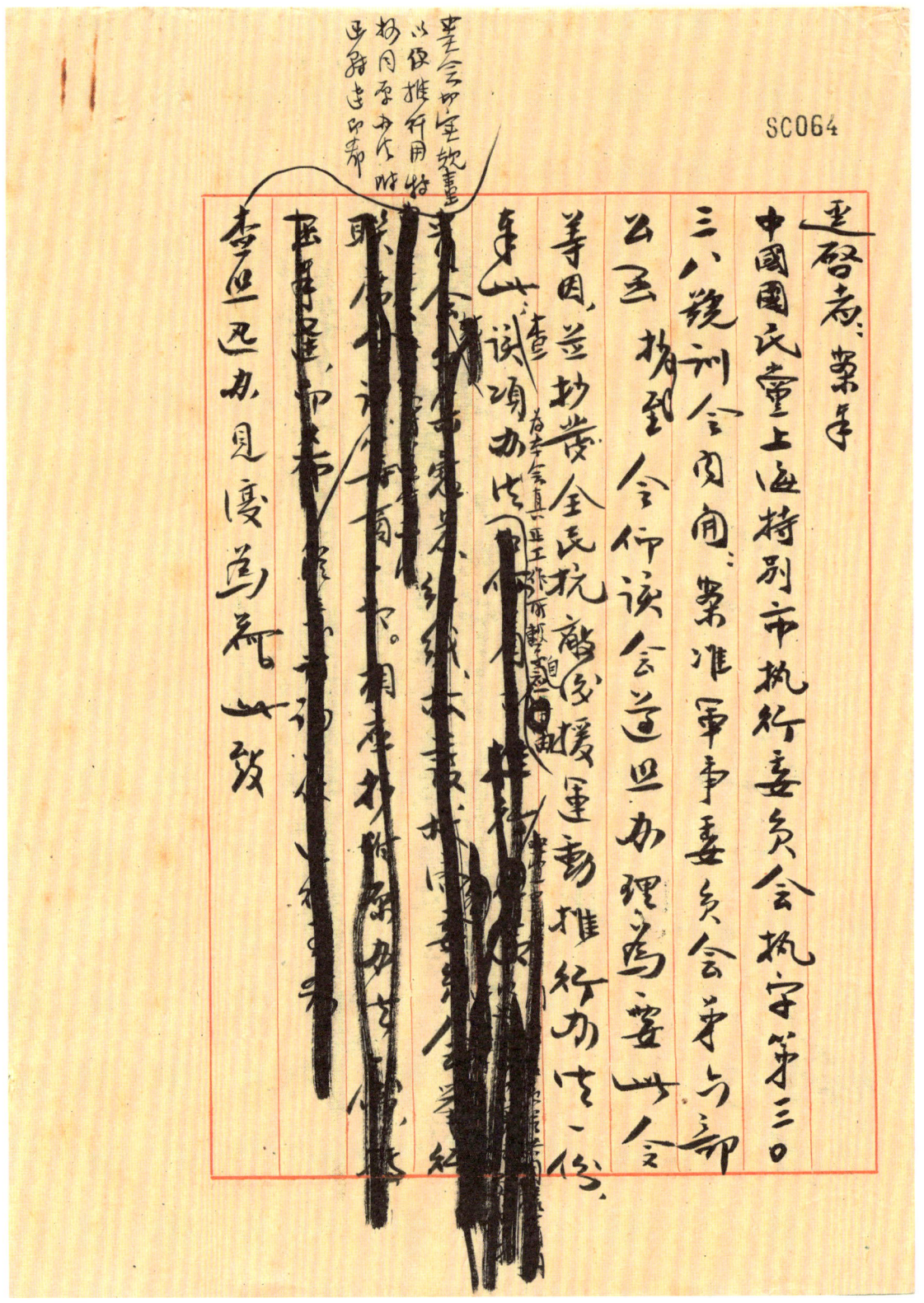

宣传委员会。

附抄全民抗敌后援运动推行办法一份

（秘书处）启

案奉

钧会执字第三〇三八号训令内开，以准军事委员会函（制定）发全民抗敌后援运动推行办法，函请照办，转嘱遵照办理等因，并附发全民抗敌后援运动推行办法一份，奉此。（业）除转函本会宣传委员会[illegible]外，[illegible]

妇女会[illegible]联席会[illegible]并将[illegible]

SC066

理合備文呈覆，仰祈

鈞会鉴核。

謹呈

中國國民黨上海特别市執行委員會

（全衔）主席周〇〇〇

（十五）关于其他事项

国民政府军事委员会第六部关于上海市救济委员会难民收容所职员有营私舞弊情形事致上海市各界抗敌后援会的密令（一九三七年九月二十七日）

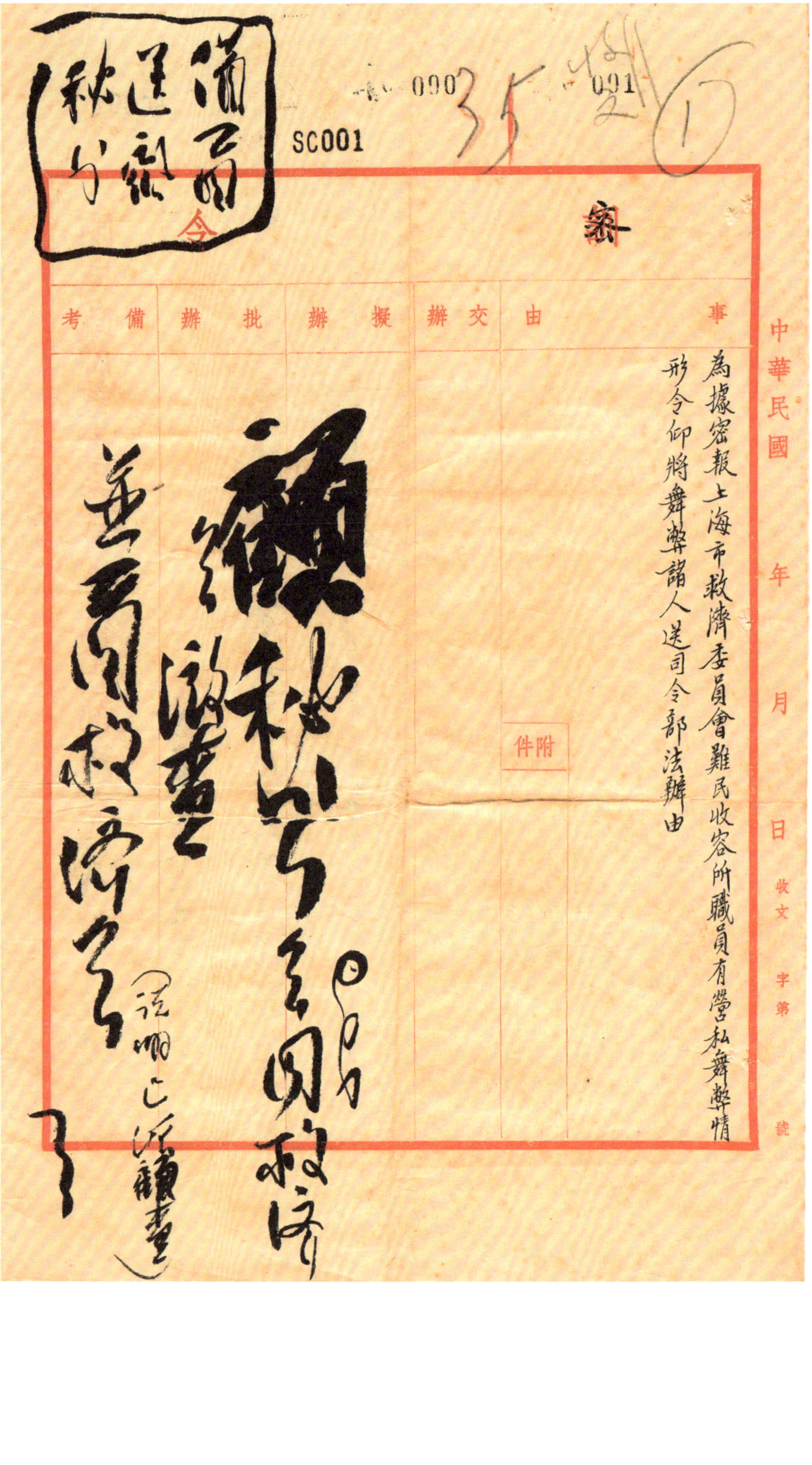
SC001

密

事由	交辦	擬辦	批辦	備考
為據密報上海市救濟委員會難民收容所職員有營私舞弊情形令仰將舞弊諸人送司令部法辦由				

附件

中華民國　年　月　日　收文　字第　號

002
SC002

國民政府軍事委員會第六部密令

康字第三七〇號

令上海市抗敵後援會

為密令事：據密報稱：上海市救濟委員會成立後業已月餘，工作人員絕對純潔者無幾。近二星期內經查有確據者：(一)第五十六收容所管理員沈樹人虛報人數至一百四十餘人之多，當撤職時尚欺將多餘之米二石運走，後經視察員制止未果；(二)第六十八收容所管理員李燦，除經常虛報車資等費外，又在購買物件時亦以少報多，如購置水缸一隻，價僅數角，竟報四元二角；(三)第一三一收容所管理朱保璜購柴六捆，共價四角，報賬時在六字下

加一十字遂頓增十倍（四）第一零八收容所管理員瞿慕丞每日運米二三斗回家當該所結束時該所尚有白米二石六斗擬將存米運出被童子軍發覺加以制止當由童子軍報告救濟會收容組派視察員將米餘取回其他營私舞弊者尚有多人在查中」等語查值此抗戰時期凡屬公務人員均應熱誠奉公而辦理救濟及慈善事業人員尤應存心純潔努力圖効乃該救濟委員會難民收容所職員中竟有營私舞弊確有實據確有者實屬藐無法紀若不從嚴懲處殊不足以儆效尤而勵將來合亟令仰該後援會迅即會同上海市救濟委員會將上記舞弊嫌

疑人員切實查明如果屬實應密送當地戒嚴司令部法辦並將辦理
情形具報所有該市救濟委員會及所屬難民收容所各級職員併仰嚴
加督察務期根絕流弊以利善舉是為至要除分令外此令

096

SC005

中華民國二十六年九月　日

部長　陳立夫

監印潘賑石

上海市救济委员会关于备受英法租界当局阻难情形事致上海市各界抗敌后援会的报告（一九三七年十月一日）

035

SC042

42—43

17

上海市各界抗敌后援会

收字第　号

来文机关	救济委员会
文别	报告
时间	廿六年十月五日
附件	
摘由	报告备受英法两租界当局阻难情形复请查照
拟办	阅存
常委决定办法	
附注	

SC043

036

上海市救濟委員會用箋

送秘書處

本組各項事業之進展遭受英法兩租界當局阻碍之處甚多茲僅將其大者分述於下

A、法租界

1、本會於九月二十日在麥尼尼路貝當路空地（中國銀行借助）搭蓋蘆蓆棚四十五間事前已領得法租界法工部局工程處照會并蒙允許先行開工迨至二十一日我方草棚已全部完工竟遭法工部局收回照會并

地址：上海愛多亞路一四五四號浦東同鄉會大廈
電話：三三四七一 三二四一 三二三二七

上海市救濟委員會用箋

將所搭各棚全部拆毀後經數度交涉終無結果本會所受之物質損失固然甚大而精神上之損失尤為甚大此種出爾反爾之態度出之於法工部局實屬欠妥（証據附上）

乙 營救之車輛均懸有紅十字會及本會之旗幟（并蓋有英人租界工部局刑字保圖章）然每當車輛出往來於法租界各處時常受各該處警衛人員之阻攔以致各次事務均不能如期辦妥因之物質精神

地址：上海愛多亞路一四一五四號浦東同鄉會大廈
電話：三三四七一 三三二四一 三二三二七

SC045

038

上海市救濟委員會用箋

均受極大損失

3、收容所設立在法租界者法工部局警

衛人員不特不能協助辦理且一遇有細微事

故發生時彼法租界警衛人員即行弛置不問

情形横加干涉甚至逮捕收容所管理人員[redacted]

[redacted]

4、本會收容所設立在法租界者雖不甚

多但亦不少各所難民疾病之發生常有

地址：上海愛多亞路一四五四號浦東同鄉會大廈

電話：三三四七一 三三二四一 三二三二七

上海市救濟委員會用箋

事然在本會所屬各收容所之管理人員方面為人道計為職責計不分晝夜均親自送至醫院診治竟多為法租界警衛人員故意難不許通行實覺痛心已極

5、法租界與華界交界之處因法租界當局阻止難民出入本會為貫澈救濟宗旨計故在交界處設立收容所以便收容難民但如遇衣食燃料送往時均被拒絕以致

地址：上海愛多亞路一四五四號浦東同鄉會大廈
電話：三三四七一 三三二四一 三二三二七

040

SC047

上海市救濟委員會用箋

難民紛得救而不為飢餓苦了也

日、英租界

英租界與華界交界之處因英租界當局禁止难民入內本會為貫澈救濟初衷計故在交界處設立收容所多處但每日必須所需糧食柴薪及應用物品等以資应用但均遭各該處警衛人員故意為難以致難民衣食常生問題因此难民

地址：上海愛多亞路一四五四號浦東同鄉會大廈
電話：三三四七一 三三二四一 三二三二七

SC048 041

上海市救濟委員會用箋

食無定時各項用品又缺乏生病者纍
纍所有生病難民如須入租界診治則全遭
拒絕說來此種現象曷堪心痛

地址：上海愛多亞路一四五四號浦東同鄉會大廈
電話：一七四三三 一二四三三 三二三二七

国民党上海特别市执行委员会关于各地慰劳品须统筹募集以免靡费物力事致上海市各界抗敌后援会的密令

（一九三七年十月八日）

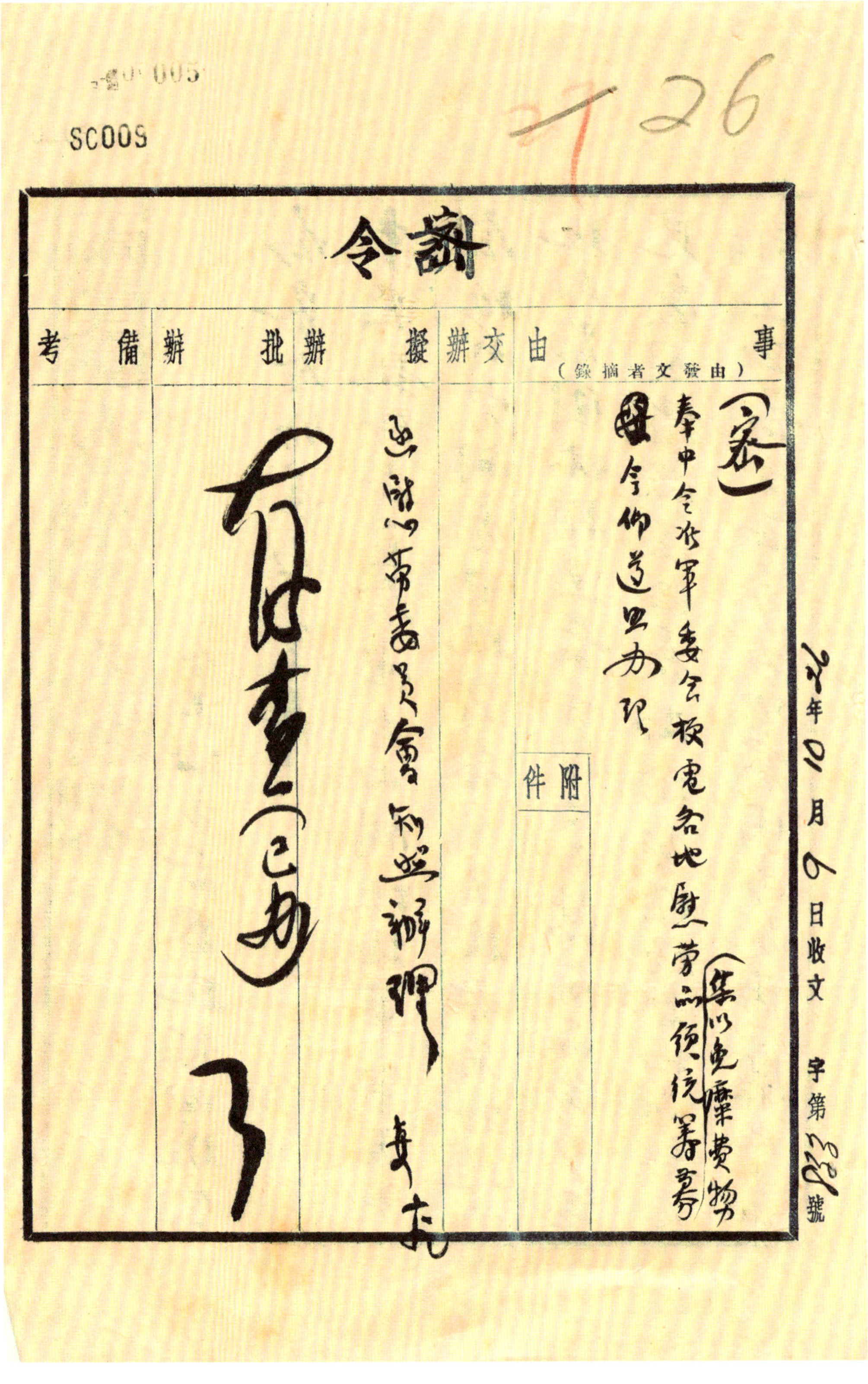

中國國民黨上海特別市執行委員會訓令

执字第3023號

令上海市各界抗敵後援會

為奉令飭遵事案奉

中央執行委員會函告內開頃接軍事委員

會據代電開查自抗戰發生迭接各省特送各

地民衆團体捐送前方將士之慰勞品甚多足

見愛國情殷深堪嘉尚惟查捐送各物品類多

雜運至前方每多不切實用未免虛靡民力亟

應按照實際需要統籌募集現屆天氣漸寒前方需要皮棉背心青布鞋襪衛生衣褲耳套手套及四磅半棉毯等項為數至鉅用特電請特飭各級黨部和原有募集機關團体按照上項品類迅加勸募彙解本會配發前方以濟用需并希將捐獻人民團体名称列誌其上以留紀念庶犒慰之忱普洽軍心官兵亦得切實惠之益矣等語自應照辦除分行外合亟

SC012

通告該党部迅予特饬所属各级援团体務
須依照原電所開需要物品努力勸募以慰軍
心仰即遵照办理為要等因奉此自應遵办合
亟客仰該会遵照办理以利前方需用是為
至要此令

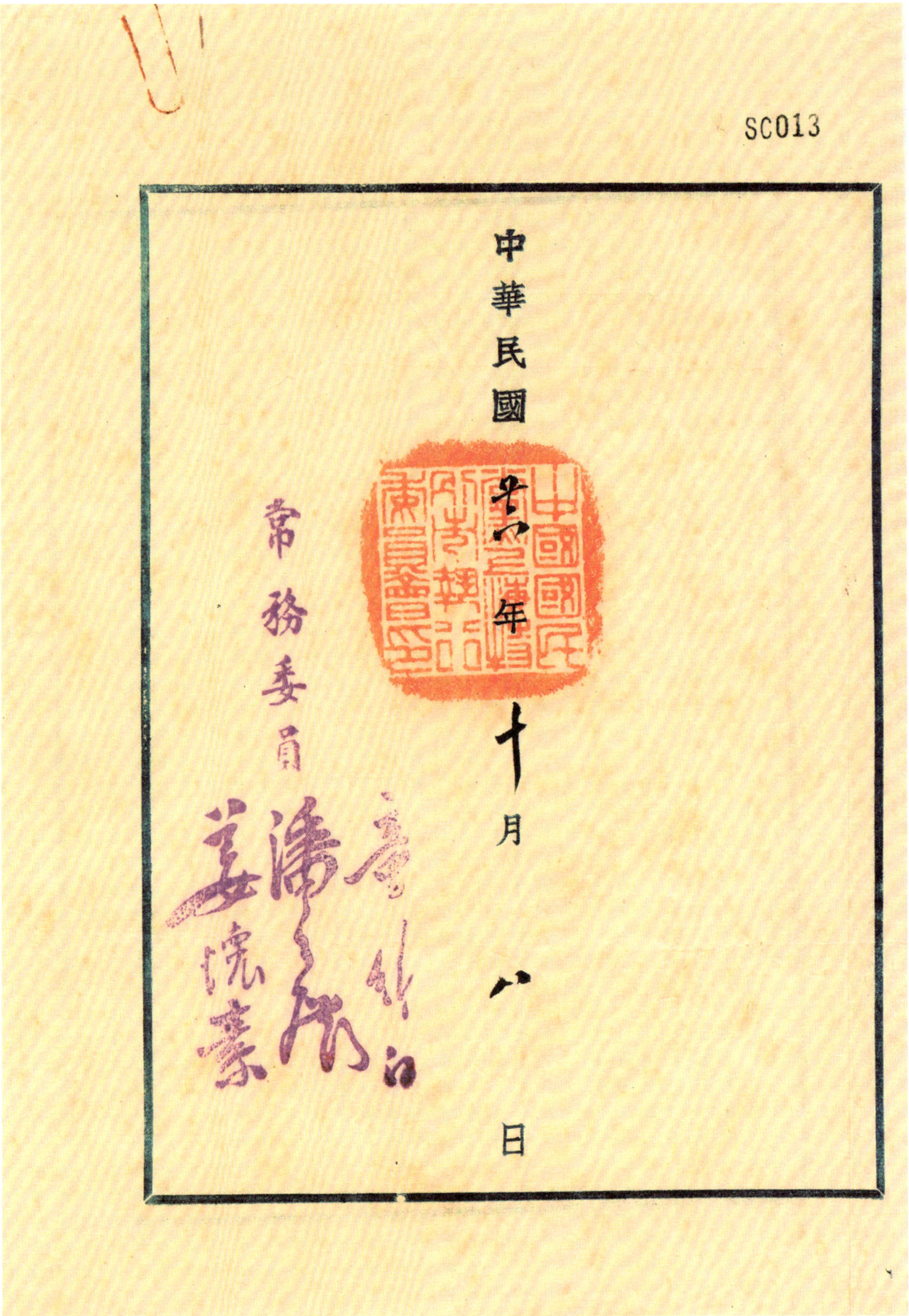

SC013

中華民國廿六年十月八日

常務委員

虞洽卿 潘公展 姜懷素

国民政府军事委员会秘书厅关于转达蒋介石批文事致上海市各界抗敌后援会的快邮代电（一九三七年十月十六日）

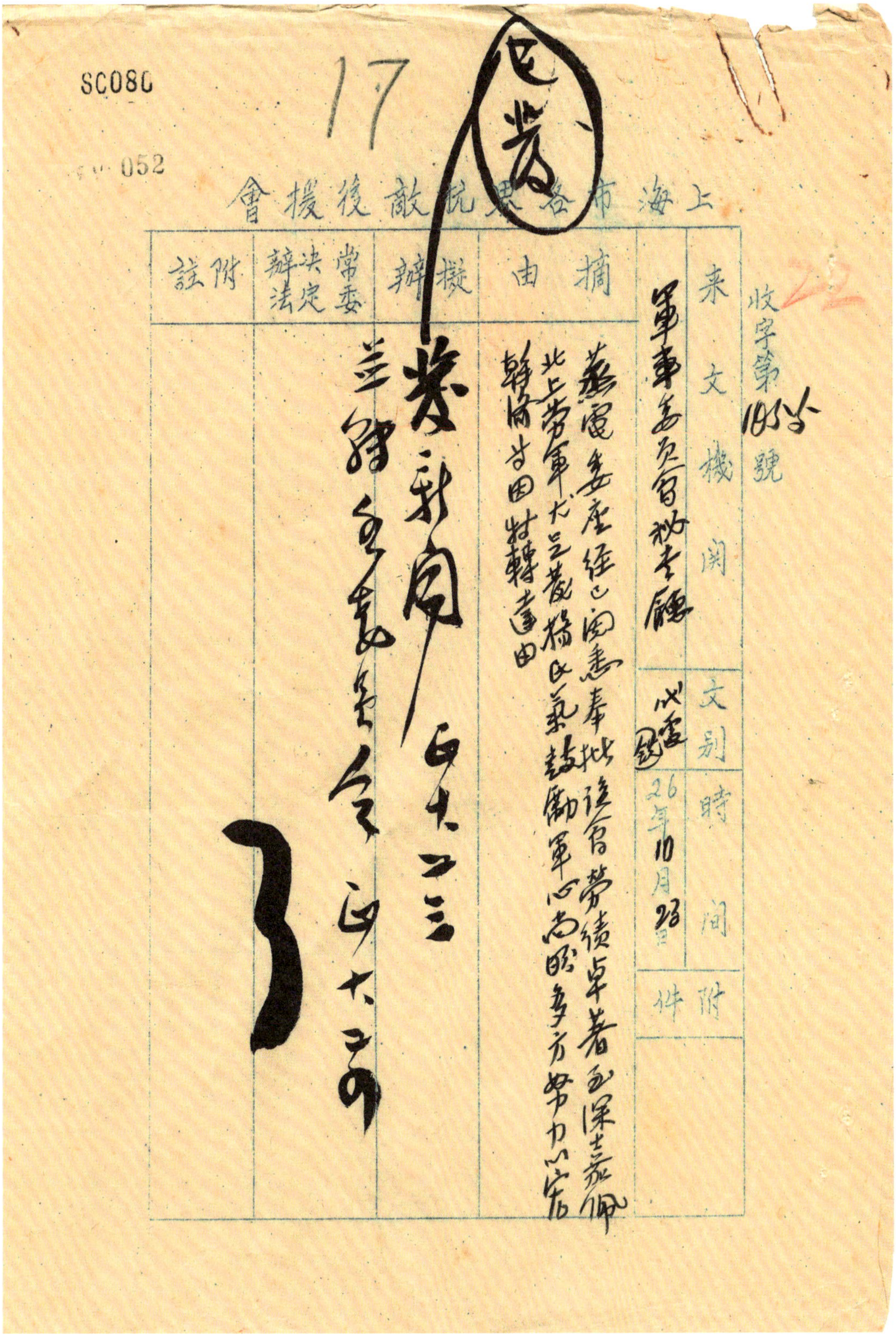

SC080

17

已發

052

上海市各界抗敵後援會

收字第1855號

来文機關	軍事委員會秘書廳
文別	代電
時間	26年10月23日
附件	
摘由	蔣委座經已閲悉奉批後會勞績卓著至深嘉佩北上勞軍大呈發揚民氣鼓勵軍心尚盼多方努力以宏[illegible] 轉陈[illegible]田[illegible]轉達由
擬辦	發新聞 [illegible] 六二三 [illegible] 六二四
常委決定辦法	
附註	

國民政府軍事委員會

快郵代電第　號第　頁計　字

秘役發字第468號

上海各界抗敵後援會貴会蒸電委座經已閱悉奉批

自抗戰以來該会領導各界輸財竭力救傷恤難貢献

極多勞績卓著至深嘉佩此上勞軍尤足發揚民氣鼓

勵軍心尚盼益加奮勵多方努力以宏榦濟茲用特

達軍事委員会秘書廳銑

中華民國廿六年十月十六日　午　點　分發

上海市各界抗敌后援会主席团关于拟于敌军包围之日实行罢市、罢工、罢课一天事致南京中央党部常务委员会的密电（一九三七年十一月九日）

SC041

034

34 41

中國國民黨上海特別市黨部用牋

南京中央黨部常務委員會鈞鑒：密。我軍因戰略關係，我將暫行撤離上海，屬會雖仍困城之中，慕當反抗到底，擬於敵軍包圍之日實行罷市、罷工、罷課一天，以示我民衆誓不屈服之意，惟茲事體大，是否可行，特電請示，敬乞即日示復，無任盼感。上海市各界抗敵後援會主席團叩。佳印

四、上海市各界抗敌后援会编制的各种资料底稿

（一）上海市各界抗敌后援会组织委员会编制的《抗敌救国团体目录一览表》

上海市各界抗敌后援会组织委员会登记股编制的《抗敌救国团体目录一览表》底稿（一九三七年九月至十月）

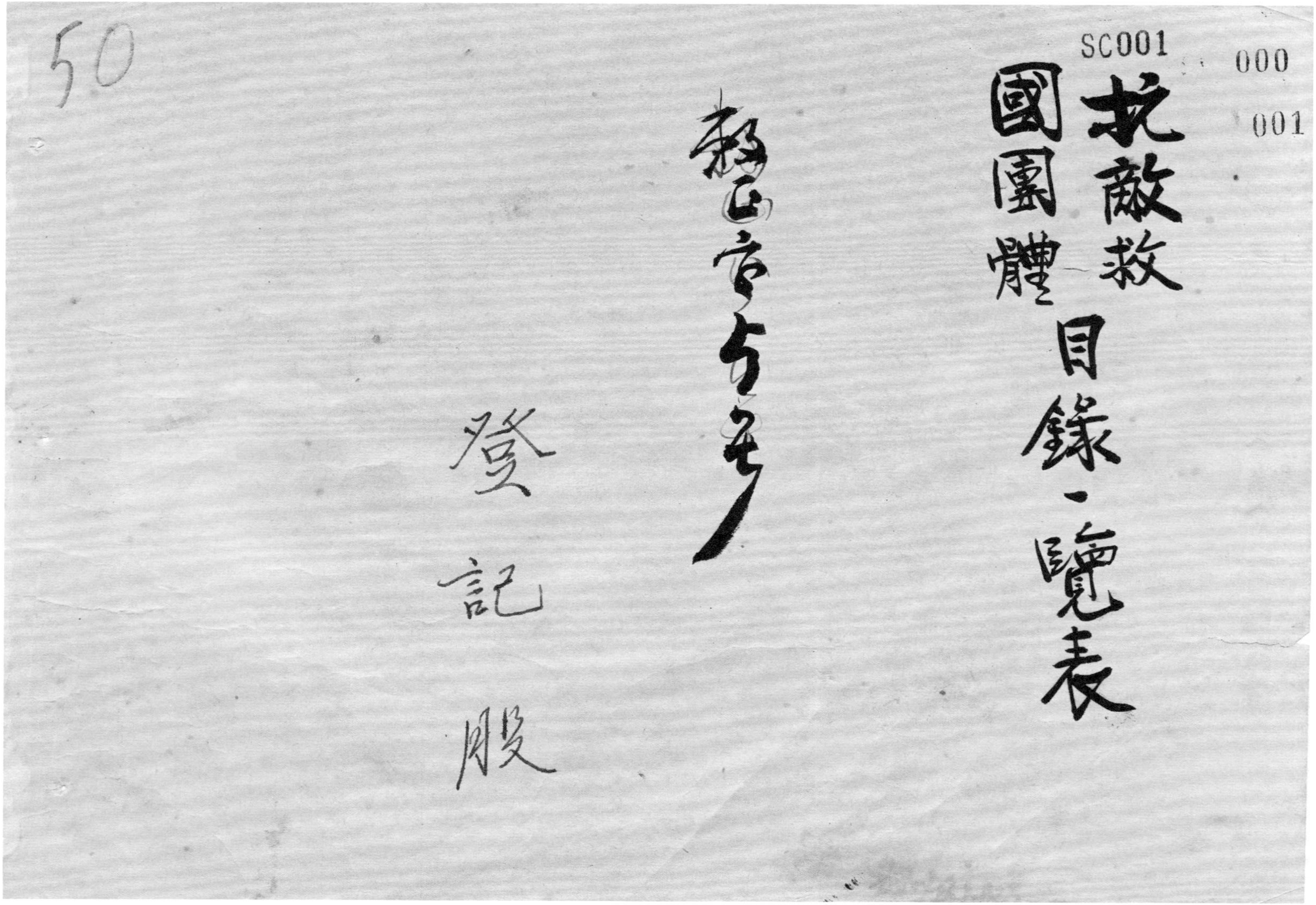

50

SC001

000

001

抗敵救國團體目錄一覽表

登記股

（底稿）

國印中青抗餘癮工

SC002　002

抗敵救國團體目錄一覽表

編號	名稱	地址及電話	負責人	備註
1	國民救亡團	梅白格路青島路中上青小学内 愛多亞路華商紗布交易所	楊紹民	復查　核准
2	國際電台抗敵後援會	仁記路沙遜大廈230號	盧文懋	不准
3	印刷界战時服務團	天潼路727弄47號	王福生	復查　暫存
4	國民战時服務團	~~星加坡路289號~~	嚴進秀	復查　核准
5	中國战地救護隊	新閘路1116號	俞鴻勛	不准
1. 6	上海市青年救亡宣傳團	愛文義路大通路口167號	朱楓	復查　暫存
7	中華抗敵救亡團	蒲石路中和小學	朱國威	復查　核准
8	上海3社 餘閒樂社救國工作委員會	雲南路會樂里259號	王立成	會已遷移無從視察
9	滬西印刷界同人战時服務團	哈同路慈厚南里13號	殷李讓	准
10	上海市工界救亡協會	戈登路元聲里7號	部虛白	准

11130

小沙渡路勞勤生路口鴻壽坊40 愛光小学内

30130

81441

組織委員會登記股製　二十六年九月

SC003 003

抗敵救國團體目錄一覽表

編號	名稱	地址及電話	負責人	備註	
11	青年救國服務團	愛多亞路856號	張裕良	准	核准
12	上海市中醫藥界救護團	愛文義路王家沙花園內新中國醫學院	沈仲方 35140	准	34941
13	飛輪救國團	~~漢口路331號~~ 北京路協和里新案小學	周肇基	准	93013
14	上海市銀錢業業餘聯誼會	霞飛路342弄5號	郜君美 90291	增設特種委員會	增設特種委員會
15	上海市國醫公會	愛多亞路1454號4樓	丁濟萬	毋用登記	32110
16	全民抗戰義勇服務團	唐家灣錫慶里119號	陳文	復查	核准 70055
17	國民救亡歌詠協會	[illegible] 菜市路信陵邨63號	鄔克定	准	82168
18	上海市電影製片業同業公會	福煦路浦大厦五樓	周劍雲 12380	毋用登記	32546
19	上海市童軍戰時服務團	天津路[illegible] 南京路[illegible]里9號	冷雪樵 20345	准	18660965??
20	滬南青年救亡團	新橋路新橋小學	顏柏	復查	核准

組織委員會登記股製　二十六年九月

SC004
004

抗敵救國團體目錄一覽表

編號	名稱	地址及電話	負責人	備註	
21	江淮旅滬同鄉救亡協會	霞飛路五鳳里8號	80236 掌枚民	准 (印)	82719
1. 22	民衆救亡演說團	南市大竟路大竟庙	81024 鄭子良	復查 (核准)	98133
1. 23	中華青年抗敵救亡團	老西門関帝廟内	梁娟芳	復查 (核准)	
24	党務訓練所同學救亡協會	仝上	23480 汪勵吾	暫存	
25	四川旅滬同鄉會战時服務團	中滙大樓113號	楊吉甫	准 (印)	85857
1. 26	中華青年战時服務團	愛多亞路850號	袁継良	復查 (核准)	
27	上海市洋行華員聯誼社	霞飛路542弄5號	12595 虞心炎	歸還特種委員會	
28	上海市醫業青年战時服務團	南陽橋方浜路壽祥里40號	褚一峰	暫存	
29	上海市職業界救亡協會	派克路協和里新寰小學	95525 潘序倫	准 (印)	36181
30	中國紅十字會煤業救護隊救護委員會	天津路405號	毛春圃	准 (印)	93255

組織委員會登記股製　二十六年九月

抗敵救國團體目錄一覽表

005

SC005

編號	名稱	地址及電話	負責人	備註	
31	上海市各界青年战時服務團	民國路775號	彭陸清	不准	
32	憲政協進會	膠州路190弄1號	彭文應 33879	不理	33875
33	大衆科學社战時服務團	呂班路256弄6號 上海市平民福利事業委員會	廖庶謙	復查 不准	72580
34	上海市社會工作者战時服務團	辣斐德路比德小學	周雍能 73199	准	72753
35	上海編輯人協會	環龍路福壽坊5號	謝六逸 95208	經市手續辦理	84441
36	上海市文化界救亡協會	浦東大廈518號電影公會	周劍雲	准	32546
37	上海美術界救亡協會	漢口路證券大廈319號	張澤如	准	96255
38	上海市教育界救亡協會	浦東大廈319號	蔣建白 75601	准	34666
39	上海教授作家協會	膠州路民光中學	江海鵬	毋用登記	
40	上海教育界战時服務團	麥特赫司脱路 民立女中	章益	准	34866

辣斐德路 中國文化建設協會 [illegible]

組織委員會登記股製　二十六年九月

致潘大達

37 浦東大廈520號

两年大外婦中允

006

SC006

抗敵救國團體目錄一覽表

編號	名稱	地址及電話	負責人	備註	
41	西廣留滬同學抗敵後援會	西摩路尾廣第二小學	譚啟祥 36696	復查 不准	照經常手續辦理
42	上海市平津流亡同學會	静安寺路金城別墅清華同學會 15358	顧德欽	准	33553
43	大夏留滬同學生活改進會	重慶路新寰職業學校	黄文荃	復查 存	
44	留東同學會	愛多亞路中華學藝社	張音曼	照經常手續辦理	74071
45	滬大商學院战時服務團	圓明園路209號	陳憲祥	復查	18320 撤銷
46	上海婦女文化促進社战時服務團	成都路成都坊26號	白岫	不准	
47	中國婦女慰劳自衛抗战將士會上海分會	辣斐德路辣斐坊8號	柯香凝	准	73584
48	中華婦女革新會	辣斐德路404號	吴君華	照經常手續办理	85758
49	上海婦女战時服務團	白克路永年里12號	王時珍	准	30320
50	兒童界救亡協會	雲南路大中樓	董 堯 94866	不准	93719

組織委員會登記股製　二十六年九月

SC007

抗敵救國團體目錄一覽表

編號	名稱	地址及電話	負責人	備註	
51	上海市回教會	浙江路70號	謝克	毋用登記	停止活動 91579
52	洪興協會後方傷兵醫院	蘊維藹路39號	葉少亭	不必登記	81420
53	上海市合作界救亡協會	~~浦東大厦5??號~~ [illegible]門路西門里27號	張秉輝	准	30771
54	青年會人生指導社聯誼會	馬浪路口仁壽里8號	方行	経常手續办理	
55	上海市游藝界救亡協會	愛多亞路860弄5號	江笑笑	准	? 92509
56	上海慈善團体聯合救災救護總團部	霞飛路青年中學 [illegible]	屈映光	准	84900
57	八一三戰時服務團	巨籟達路234弄1號	趙東江	~~不准~~	(該團已呈請停止活動)
58	火炬劇社救亡運劇隊	仁記路119號4樓	張國光	不准	
59	中國旅行救亡宣傳隊	五馬路亞東旅社16號	馬英傑	不准	
60	戰時攝影服務團	九江路427號證券大樓319号	羅穀孫	准	96255

組織委員會登記股製　二十六年九月

滬 紗 學 流 集 國 中 婦 湖 熱

SC008
007

抗敵救國團體目錄一覽表

編號	名稱	地址及電話	負責人	備註	
61	滬興協會戰時工作委員會	浦東大厦317號	鄭子良 81824	准	32406
62	上海市紗廠工友救協會	東京路榮昌里小學 [illegible]24號	李緒堂	准	
63	上海市學生戰時服務團	浦東大厦517號	潘公展	准	30688
64	流動救亡宣傳隊	麥特赫司脫路392號三樓李	李約谷	不准	
65	上海市集訓學生救亡協會	暫設光夏中學	駱允炳	暫存	
66	上海市國劇界救濟協會	厦門路衍慶里33號	王逸公	經常手續辦理	?
67	上海中華婦女國防會	愛多亞路160號泰晤士報館 [illegible]	朱素萼	准	10110 朱素萼 80042
68	中華婦女運動同盟會	南京路女子銀行三樓305號	嚴叔和 94149	准	91515
69	湖属旅滬青年同鄉救亡團	四馬路石路振大綢局三樓	諸元壇	尚待視察 不理	
70	熱血救亡宣傳團	仁記路119號四樓77號	邱建友	尚待視察 不准	

組織委員會登記股製 二十六年九月

SC009 008

抗敵救國團體目錄一覽表

編號	名稱	地址及電話	負責人	備註	
71	上海市學生團体聯合徵募棉衣委員會	愛麥虞限路中華學藝社	湯執中	不理	74070
72	上海職業青年战時服務團	福煦路陸家觀音堂	石炳揚	核准	
73	國立暨南大中學留滬同學會	愛麥虞限路中華學藝社	湯執中	暫存	
74	湖北旅滬青年战時服務團	西門肇周路小菜場後衛雲坊口	藍中青	暫存	
75	青年建築界战時服務團	西門林蔭路新新小學	吳昌	核准	
76	上海市战時普及教育服務團	派克路承興里KK30號前樓	楊東蓴	核准	
77	電話業餘抗敵服務團	麥特赫司脫路上海電話公司二樓	王松年	暫存	35701
78	家庭婦女战時服務團	辣斐德路中華女子職業中學	杜君慧	不准	
79	上海學生界救亡協會			暫存	
80	上海市青年救亡宣傳團	愛文義路大通路口167號	朱紹曾	暫存	

二十六年十月　組織委員會登記股製

SC010 009

抗敵救國團體目錄一覽表

編號	名稱	地址及電話	負責人	備註	
81	上海市大學生交誼社	馬浪路新民邨17號	金冬日		復查85920
82	上海市國難青年服務團	愛多亞路1422號	鄭克文		復查33055
83	上海市战時地貨行販聯合會	斜徐路948號	馬 倫	歸併	
84	上海市战地農事服務團	康腦脫路351號	沈樹人		復查
85	上海中國醫藥界救亡協會	愷自迩路嵩山路口振平里	徐 愷	核准	80888
86	太嘉寶難民救濟會	公廨馬路12號二樓103號	張公權	核准	85821
87	上海战時智識講習所高級班級友会	愛文義路王家沙花園新中國医学院	蔣少白	歸併	94941
88	上海市各界抗敵後援会战時智識講習所同學救亡工作团	哈同路慈厚南里三十二號	曾 立	核准	
89	上海青年救亡協會	薩坡賽路興業里34號	張平江		復查
90	上海战時失業維生團	法租界鄭家木桥精益里9號	張秉渭	暫存	

二十六年十月 组織委員會登記股製

010

SC011

抗敵救國團體目錄一覽表

編號	名稱	地址及電話	負責人	備註	
91	上海市小學教育協進會戰時服務團	辣斐德路比德小學	柴子飛	核准	22753
92	中華電影界救亡協會	福州路451號二樓	范天鵬	不准	94410
93	青年戰時工作團	愛文義路勵志英文夜校	龔劍南		復查
94	上海市教育界旅行宣傳團	馬浪路429號	高德峯	不准	〃
95	上海市正義社農村救亡宣傳團	徐家滙聖母院隔壁蒲西路懷安里8號	潘家棵		
96	中華青年座談會	辣斐德路良勤坊3號	吳考寧		80848
97	中華青年急進救亡協會	青島路六十六號	范天[illegible]		
98	上海雷士德學校同學會戰時服務團	上海西摩路332弄5號	凌斯駿		
99	上海市公社救亡委員會	新聞路卡德路新聞大旅社上層青年服務團	張秉揮		
100	海關華員戰時服務團	靜安寺路479弄10號	裘偉其		

二十六年十月　　組織委員會登記股製

十水1

011

SC012

抗敵救國團体目錄一覧表

編號	名稱	地址及電話	負責人	
101	上海市保險業同人戰時服務团	北京路255號606號	謝壽天	
102	大夏中學学生後方戰時服務团		王伯群	
103	上海市青年作家救亡宣传团	成都路117弄97號	徐則驤	
104	青年救國十人團	藍維靄路梨園坊2號	陳如何	
105	上海婦女運動促進会	浦東大厦410號	陸禮華	推
106	戰时少年救亡宣傳團	大陸商場三樓精武体育会	屠偉	93285
107	上海市紡織界工作讀书会	昌平路安平里一弄3号	袁琮輝	推
108	上海揚帆社	[illegible]路倖康里54号	劉友官	推
109	青年工人战时服務團	劳勃生路小沙渡路鴻壽坊40号	蕭佐修	〃
110	上海世界語者協会附設世界語學者战时服務团	卡德路嘉平坊14号	樂嘉煊	〃

SC013

012

抗敌救国团体目录一览表

编号	名称	地址及电话	负责人	备注	
111	上海市战区小学教职员联合会	八仙桥青年会314号西北问题研究会	翁国勋		推
112	海防邨里弄住户互助会	海防路海防邨52号	杨尊暄		〃
113	上海南方大学校友会战时服务团	海防路海防邨24号	杨雨亭		〃
114	上海市国医界救亡服务团	静安寺路静安里3号	徐立岳		
115	新白日儿童剧团战时宣传队	武定路[illegible]小学	张炯辉		推
116	上海市舞女界救亡协会	爱多亚路浣水路朱家里8号	陆丽娟		〃
117	精诚救难会	東自来火街105弄11号	韦浩然		〃
118	上海战时教育服务团	新闸路14[illegible]8号	余立介		審
119					
120					

中长111

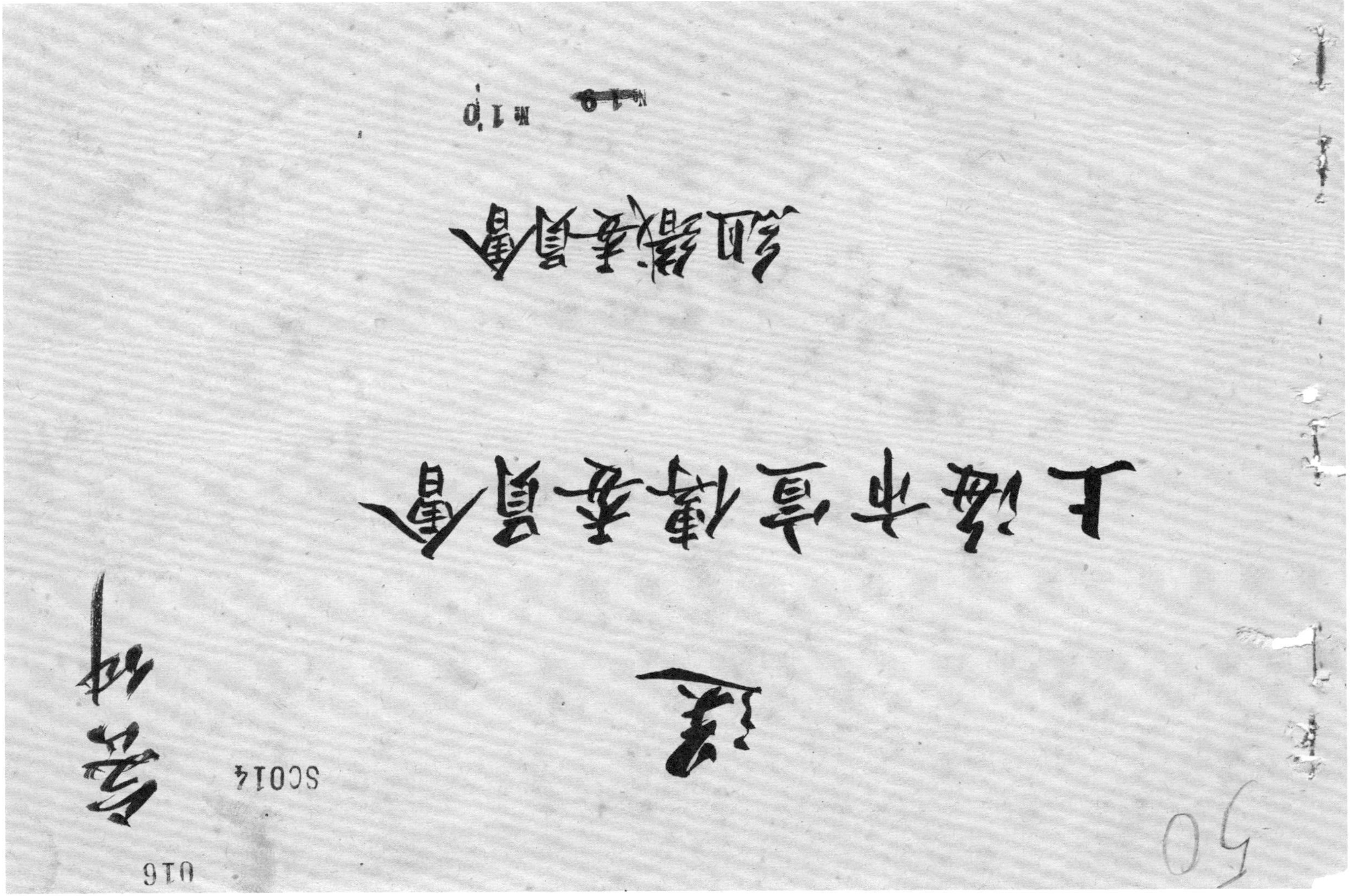

组织委员会登记股编制：上海市各界抗敌后援会组织委员会送上海市宣传委员会的《抗敌救国团体目录一览表》第一册（一九三七年九月）

4. 小沙渡[illegible]

017

SC015

此項表册請負責人妥為保存

○此種記號表示第一批核准登記之團體

抗敵救國團體目錄一覽表 №10

編號	名稱	地址及電話	負責人	備註
1	國民救亡團	愛多亞路華商紗布交易所	楊緒民	復查
2	國際電台抗敵後援會	仁記路沙遜大厦230號	盧文懋	不准
3	印刷界战時服務團	天潼路727弄47號	王福生	復查
4	國民战時服務團	~~星加坡路219號~~	嚴進秀	復查
5	中國战地救護隊	新聞路1116號	俞鴻勛	不准
6	上海市青年救亡宣傳團	愛文義路大通路口167號	朱楓	復查
7	中華抗敵救亡團	蒲石路中和小學	朱國威	復查
8	餘閒樂社上海分社救國工作委員會	雲南路會樂里259號	王立成	會址遷移無從視察
9	滬西印刷界同人战時服務團	哈同路慈厚南里85號	殷李讓	○
10	上海市工界救亡協會	皮少耐路元聲里7號	邵盧白	○

組織委員會登記股製　二十六年九月

018

,SC016

抗敵救國團體目錄一覽表№10

編號	名稱	地址及電話	負責人	備註
11	青年救國服務團	愛多亞路856號	張裕良	○
12	上海市中醫藥界救護團	愛文義路王家沙花園內新中國醫學院	沈仲方	○
13	~~飛輪救國團~~	~~漢口路331號~~	周肇基	○
14	上海市銀錢業業餘聯誼會	寧波路276号錢業同業公會內 ~~愛多亞路…號~~	邰君姜	增設特種委員會
15	上海市國醫公會	愛多亞路1454號4樓	丁濟萬	毋庸登記
16	全民抗戰義勇服務團	唐家灣錫慶里119號	陳文	復查
17	國民救亡歌詠協會	~~菜市路信陵邨63號~~	鄔克定	○
18	上海市電影製片業同業公會	福煦路浦大厦五樓	周劍雲	毋庸登記
19	上海市童軍戰時服務團	南京路抛球場望雲里9號	冷雪樵	○
20	滬南青年救亡團	新橋路新橋小學	顏柏	復查

組織委員會登記股製 二十六年九月

13、北京路協和里新實小学

19、天津路太平銀行

17、杜美路70号宣傳組存實行

抗敵救國團體目錄一覽表 №10

編號	名稱	地址及電話	負責人	備註
21	江淮旅滬同鄉救亡協會	霞飛路五鳳里8號	掌校民	○
22	民衆救亡演説團	~~龍門路信平里10號~~ 小北门大境外関帝庙内	鄭子良	復查
23	中華青年抗敵救亡團	老西門関帝廟内	梁桐芳	復查
24	黨務訓練所同學救亡協會	仝上	汪勵吾	暫存
25	四川旅滬同鄉會戰時服務團	中滙大樓113號	楊吉甫	○
26	中華青年戰時服務團	愛多亞路850號	袁維良	復查
27	上海市洋行華員聯誼社	~~霞飛路[illegible]號~~ 愛多亞路浦東銀行七樓五二號（十一月一日遷入）	虞心炎	增設特種委員會
28	上海市醫業青年戰時服務團	南陽橋方浜路壽祥里40號	褚一峰	暫存
29	上海市職業界救亡協會	派克路協和里新寰小學	潘序倫	○
30	中國紅十字會煤業救護隊救護委員會	天津路405號	毛春圃	○

組織委員會登記股製　二十六年九月

抗敵救國團體目錄一覽表 №10　　SC018　　020

編號	名稱	地址及電話	負責人	備註
31	上海市各界青年战時服務團	民國路775號	彭院清	不准
32	憲政協進會	膠州路190弄1號	彭文應	不理
33	大衆科學社战時服務團	呂班路256弄6號	廖庶謙	復查
34	上海市社會工作者战時服務團	辣斐德路比德小學	周雍能	◯
35	上海編輯人協會	環龍路福壽坊5號	謝六逸	經常手续辦理
36	上海市文化界救亡協會	浦東大廈518號電影會	周劍雲	◯
37	上海美術界救亡協會	~~漢口路證券大廈319號~~	張澤如	◯
38	上海市教育界救亡協會	浦東大廈319號	蔣建白	◯
39	上海教授作家協會	膠州路民光中學	江海颿	補登記
40	上海教育界战時服務團	麥特赫司脫路口	章益	◯

37 福煦路浦東大廈五二0號

組織委員會登記股製　二十六年九月

34、此係仍上海市平民商辦之華美公會手續作辦
38、該會係前中国文化建設協會蔣建白辦

SC019　021

抗敵救國團體目錄一覽表 10

編號	名稱	地址及電話	負責人	備註
41	兩廣留滬同學抗敵後援會	西摩路尾廣第二小學	譚啟祥	復查
42	上海市平津流亡同學會	靜安寺路金城別墅清華同學會	顏德猷	○ 照經常手續辦理
43	大夏留滬同學生活改進會	重慶路新寰職業學校	黃文荃	復查
44	留東同學會	愛麥虞限路中華學藝社	張音曼	經常手續辦理
45	滬大商學院戰時服務團	圓明園路209號	陳憲祥	復查
46	上海婦女文化促進社戰時服務團	成都路成都坊26號	白岫	不准
47	中國婦女慰勞自衛抗戰將士會上海分會	辣斐德路辣斐坊8號	何香凝	○
48	中華婦女革新會	辣斐德路404號	吳若華	經常手續辦理
49	上海婦女戰時服務團	白克路永年里12號	王時珍	○
50	兒童界救亡協會	雲南路大中樓	黃堯	不准

組織委員會登記股製　二十六年九月

上海市[illegible]　Tel. 95510　[illegible]

SC020　022

抗敵救國團體目錄一覽表10

編號	名稱	地址及電話	負責人	備註
51	上海市回教會	浙江路70號	謝克	毋庸登記
52	洪興協會後方傷兵醫院	蘆維葛路39號	葉少亭	不必登記
53	上海市合作家救亡協會	浦東大廈511號	張秉輝	○
54	青年會人生指導社聯誼會	馬浪路口仁壽里8號	方行	經常手續辦理
55	上海市游藝界救亡協會	愛多亞路860弄5號	江笑笑	○
56	上海慈善團体聯合救災救濟總團部	霞飛路青年中學 地址不確	屈映光	○
57	八一三戰時服務團	巨籟達路234弄1號	趙東江	該團已呈請停止活動
58	火炬劇社救亡話劇隊	仁記路119號4樓	張國光	不准
59	中國旅行救亡宣傳隊	五馬路亞東旅社16號	馬英傑	不准
60	戰時攝影服務團	九江路429號證券大樓319号	羅穀蓀	○

組織委員會登記股製　二十六年九月

56、三方路仁濟堂

另外有上海市遊藝界救濟会一處 [illegible] Tel. 95510

023

SC021

抗敵救國團體目錄一覽表 №10

編號	名稱	地址及電話	負責人	備註
61	洪興協會战時工作委員會	浦東大厦517號 地址不詳	鄭子良	○
62	上海市紗廠工友救亡協會	東京路余日章小學	李緒堂	○ 李緒堂
63	上海市學生战時服務團	浦東大厦517號	潘以展	○
64	流動救亡宣傳隊	麥特赫司脫路392號三樓李	李約谷	不准
65	上海市集訓學生救亡協會	暫設光夏中學	駱先炳	暫存
66	上海市國劇界救濟協會	厦門路衍慶里33號	王逸公	經常手續辦理
67	上海中華婦女國防會	愛多亞路160號泰晤士報館	朱素蕚	○
68	中華婦女運動同盟會	南京路女子銀行三樓305號	嚴叔和	○
69	湖屬旅滬青年同鄉救亡團	四馬路石路振大網局三樓	諸允墐	尚待視察
70	熱血救亡宣傳團	仁記路119號四樓77號	邱建友	尚待視察

組織委員會登記股製 二十六年九月

62，[illegible]村24号
67，[illegible]12号

ㄓㄓ1

024

SC022

抗敵救國團體目錄一覽表

編號	名稱	地址及電話	負責人	備註
71	上海市學生團体聯合徵募棉衣委員會	愛麥虞限路中華學藝社	湯執中	
72	上海職業青年战時服務團	江西路51弄18號	馮少山	
73	國立暨南大中學西滬同學會	愛麥虞限路中華學藝社	湯執中	
74	湖北旅沪青年战时服务团	西门肇周路小菜场[illegible]坊口		
75	青年建筑界战时服务团	西门林荫路新新小学		
76	上海市普及教育服务团 战时	派克路[illegible]里117号前楼		
77	電話業作抗敌服务团	麦特赫司脱路上海電話公司二楼三楼[illegible]		
78	家庭妇女战时服务团	辣斐德路中華女子职業中学	杜君慧	
79	青年救亡宣传团	爱文义路大通路口167号[illegible]		
80	上海市国际青年服务团	爱多亚路1422号	鄭克文	

組織委員會登記股製　二十六年九月

组织委员会登记股编制：上海市各界抗敌后援会组织委员会送上海市宣传委员会的《抗敌救国团体目录一览表》第二册（一九三七年十月）

SC023 026

密件第二册 送

上海市宣传委員會

上海市各界抗敵後援會組織委員會

SC02十

#10

关於第一次复查及尚待视察之各团体业经第二次党政联席会议審核结果如下

核准	1号 4号 7号 20号 22号 23号 26号
暂存	3号 6号 43号
不准	16号 33号 41号 70号
不理	69号
撤销登記	45号 57号

SC025

抗敵救國團體目錄一覽表 #10

編號	名稱	地址及電話	負責人	備註
71	上海市學生團体聯合徵募棉衣委員會	愛麥虞限路中華學藝社	湯執中	
72	上海職業青年战時服務團	福煦路隆德觀音堂	石炳揚	核准
73	國立暨南大中學留滬同學會	愛麥虞限路中華學藝社	湯執中	
74	湖北旅滬青年战時服務團	西門肇周路[illegible]雲坊口	藍中青	
75	青年建築界战時服務團	西門林蔭路新新小學	吳昌	核准
76	上海市战時普及教育服務團	派克路承興里KK30號前樓	楊東蓴	核准
77	電話業餘抗敵服務團	麥特赫司脫路上海電話公司一樓	王松年	
78	家庭婦女战時服務團	新斐德路中華女子職業中學	杜君慧	
79	上海學生界救亡協會			
80	上海市青年救亡宣傳團	愛文義路大通路口167號	朱紹曾	

二十六年十月　組織委員會登記股製

028

SC026

抗敵救國團體目錄一覽表 #10

編號	名稱	地址及電話	負責人	備註
81	上海市大學生友誼社	馬浪路新民邨17號	金冬日	
82	上海市國難青年服務團	愛多亜路1422號	鄭克文	
83	上海市战時地貨行販聯合會	斜徐路945號	馬倫	
84	上海市战地農事服務團	康腦脫路351號	沈樹人	
85	上海中國醫藥界救亡協會	愷自邇路嵩山路口振平里	徐愷	核准
86	大嘉寶難民救濟會	公館馬路12號二樓103號	張公權	核准
87	上海战時智識講習所高級班級友会	愛文義路王家沙花園新中國医学院	蔣少白	
88	上海市各界抗敵後援会战時智識講習所同學救亡工作團	哈同路慈惠南里三十二號	曾立	核准
89	上海青年救亡協會	薩坡賽路興業里34號	張平江	
90	上海战時失業維生團	法租界鄭家木橋精益里9號	張秉渭	

二十六年十月　　組織委員會登記股製

SC027

抗敵救國團體目錄一覽表 #10

編號	名稱	地址及電話	負責人	備註
91	上海市小學教育協進會戰時服務團	辣斐德路比德小學	柴子飛	核准
92	中華電影界救亡協會	福州路451號二樓	范天[illegible]	
93	青年戰時工作團	敏體尼蔭路勵志英文夜校	龔劍南	
94	上海市教育界旅行宣傳團	馬浪路429號	高德峯	
95	上海市正義社農村救亡宣傳團	徐家匯聖母院[illegible]東路[illegible]	潘家樑	
96	中華青年座談會	辣斐德路良勤坊3號	吳壽甯	
97	中華青年急進救亡協會	青島路六十六號	范天[illegible]	
98	上海雷士德學校同學會戰時服務團	上海西摩路332弄5號	凌斯駿	
99	上海市公社社救亡委員會	新聞路卡德路新聞大旅社上層[illegible]	張秉[illegible]	
100	海關華員戰時服務團	靜安寺路479弄10號	裘偉其	

二十六年十月　組織委員會登記股製

030

SC028

更改地址或負責人之團体

抗敵救國團體目錄一覽表 #10

編號	名稱	地址及電話	負責人	備註
1	國民救亡團	梅白克路青島路中上青小學內	楊继民	
4	國民战时服務團	小沙渡路勞勃生路口[illegible]壽坊[illegible]小学	嚴進秀	
13	飛輪救國團	派克路協和里新寰小學	周肇基	
17	國民救亡歌詠協會	杜美路和平救國公債勸募會	鄢克定	
19	上海市童軍战时服務團	天津路太平銀行	冷雪樵	
38	上海市教育界救亡協會	辣斐德路新中國文化建設協会	蔣建白	
56	上海慈善團体聯合救災救護總團部	雲南路仁濟堂	屈映光	
62	上海市紗廠工友救亡協会	膠州路[illegible]興村24號	李儀堂	
67	上海中華婦女國防会	呂班路巴黎新邨12號	朱素萼	
42	上海市平津流亡同學会	靜安寺路金城別墅清華同学会	顧德歡	照請常手續辦理

（第一號）　二十六年十月　組織委員會登記股製

（二） 上海市各界抗敌后援会宣传委员会编制的《战时各种报章、刊物、画册一览》

上海市各界抗敌后援会宣传委员会编制的《战时各种报章、刊物、画册一览》（一九三七年）

68 20

001 · SC001

戰時各種報章
刊物一覽
画册

上海市各界抗敵後援會宣傳委員會

（注意）依此線折訂

	刊物名稱	編輯者	發行者	地址	電話	備考
9.	科學畫報戰時特刊	中國科學社	中國科學圖書儀器公司	福煦路六四九號		六日刊
7	抗流	抗流社	抗流社			週刊
16	戰旗	戰旗社	戰旗社			週刊
4	文摘戰時旬刊	文摘社	黎明書局	四馬路中市黎明書局		旬刊
5	半月	鄭森禹 魏友棐	半月社	總經售：上海雜誌公司（四馬路）		半月刊
16	戰綫	戰綫社	戰綫社	靜安寺路斜橋弄七十一號轉		六日刊
16	戰時教育	生活教育社	戴翔	總經售：生活書店		旬刊
9	前進	張宵之	胡桂庚	發行所：姚主教路大同坊九號 代售處：福煦路四三六文化生活社		三日刊
4	文化戰綫	上海編輯人協會	上海編輯人協會	城内尚文路二〇五A號		旬刊

（注意）依此線折訂

16	戰報	戰報社	戰報社	南市小西門新華街廿九號 [illegible]	[illegible]	周刊
5	民族呼聲	民族呼聲社	民族呼聲社	靜安寺路靜安別墅一二六號		周刊
21	七月	胡風	費慎祥	南市肇周路八詠坊四號		六日刊
16	戰時婦女	戰時婦女社	陳文蘊	麥賽爾蒂羅路九十號三樓		五日刊
11	國聞週報戰時特刊	國聞周報社	大公報代辦部	愛多亞路一八一號 福州路四三六號		週刊
8	抗抗	鞱奮	抗抗三日刊社	南市肇嘉路七十五號 郵政信箱五〇八號		三日刊
6	汗血戰時特刊	劉達行	劉達行	白克路二八弄三七號		三日刊
21	八一三	謝澄平	八一三社	極司非而路二七弄一〇號		半週刊
5	生存	生存社編委會	生存週刊社	小沙渡路梅安里四號		周刊
16	錢業月報戰時特刊	錢業月報社	錢業公會	寧波路二七六號	電話九七一一三	半月刊

SC004

004

6	宇宙風 逸經 西風 聯合旬刊	三社聯合	三社聯合	愚園路愚谷邨二十號		十日刊
싸	光明戰時號外	沈起予 洪深	洪深	環龍路一八六弄六號北雁社	電話八八九二一	週刊
11	火線	胃象仁 陳靈犀	社會日報館	愛多亞路一六〇號	電話一八三三一	週刊
11	烽火	茅盾	巴金	南市西倉橋街六號 地址不[illegible]		週刊
12	寒友 非常特刊	雪社	雪社	愚園路愚園村十七號		半月刊 負責人呂觀志
11	救國青年			雲南路育仁里二十號		十日刊
7	抗日畫報	新生出版社	新生出版社	原址北河南路洪福里十五號 臨址環龍路二二號 經售門望平街二二號五洲社		
16	戰時畫報	中華圖書雜誌社	新中華圖書公司	發行環龍路七十二號 經售門望平街二二二號五洲社		
16	戰友	趙允安 吳叔莉	施篤東	發行尚賢路滿安坊戰友社 通訊西門路豐裕里一號轉		[illegible]刊
7	抗日輿論			環龍路六十二號何其威轉 地址不[illegible]		半月刊

（注意）依此線折訂

戰時日報	馮夢雲	上海報界十家	寧波路四五五號	九二九九八	
大衆抗戰畫報	顧綺仲 儲褘	樊劍剛	四馬路中市大衆書局		
大抗戰畫報	九半狂 九松友 九劍飛	大抗戰畫報社	發行：新聞路經裕里九號 經售：中國圖書雜誌公司 新藝美術公司 五洲書報社		
血戰畫報		四馬路 藝美出版社	四馬路中國圖書雜誌公司		
戰時生活畫報	健康書社	國際科學公司	地址 白克路七〇四號 經售 望平街五洲書社		
鐵血			地址：匡觀路福潤里七號 發行：愛多亞路九七號三樓		
國際言論	劉華瑞	國際言論社	南京路哈同大樓318號		
宇宙風	林語堂 林憾廬 陶亢德	陶亢德	愚園路愚谷邨	二二五七九	
戰時演劇	俠楓	戰時演劇社	盛家街二十七號		
救亡情報	救亡情報社	救亡情報社	三馬路協興大樓三一二號		五日刊

006

SC006

教育週報	職業教育協會		會址 大吉路永慶里 分址 滬光路三二弄四號		週刊
第一線	楓社	楓社	郵政信箱一七八九號		十日刊
同情	韋惟為	同情出版社	社址：麥特赫司脫路一二五弄一八號 郵政信箱一一四六號		三日刊
抗敵畫報	抗敵畫報社	抗敵畫報社	保爾靜路太和里三號 新生書局轉		
抗戰畫報	抗戰三日刊社	抗戰三日刊社	郵政信箱一五〇八號		
戰事畫刊	良友圖書雜誌社	余漢生	江西路一六四號良友公司		
我們的學校		朱嬰	愛多亞路浦東大樓		

（注意）依此線折訂

滬光通訊社			勞神父路桐蔭村33號	八三四一三	
華東通訊社			牯嶺路人安里33號	九二三二一	
大通通訊社			寧波路寧安里22號	九五三二〇	
中時電訊社			愛多亞路一三〇號	一九八二八	
新新通訊社			漢口路延康里	九〇七三二	
新聲通訊社			福州路崇讓里九號	九四六〇〇	
大公通訊社			九江路五四五號	九三〇七一	
國民通訊社			蒲柏路四三四		

(注意) 依此線折訂

（三）上海市各界抗敌后援会组织编写的《抗敌后援工作概论》书稿

《抗敌后援工作概论》编辑大纲（一九三七年九月）

抗敵後援工作概論編輯大綱（上海市各界抗敵後援會印行）

一、出版緣起　自淞滬抗戰開始以來，本市各界即一致從事抗敵後援工作，迄今不懈，目今戰局擴大，舉國已燃烽火，整個抗戰之局面已成，各地為適應環境需要，咸先後成立抗敵後援會，並多具函本會，詢問工作情形與經驗，以供參考，本會因此決定刊行「抗敵後援工作概論」一書，以報告各界[redacted]去之經驗，實際之[redacted]心得，[redacted]抗敵[redacted]

二、概定目錄　本書目錄，擬定如下：

導言　請陶百川先生執筆

籌募工作概論　請杜月笙先生執筆

供應工作概論　請錢新之先生執筆

慰勞工作概論　請王曉籟先生執筆

救護工作概論　請顏福卿先生執筆

救濟工作概論　請潘公展先生執筆

防護工作概論　請[illegible]桓先生執筆

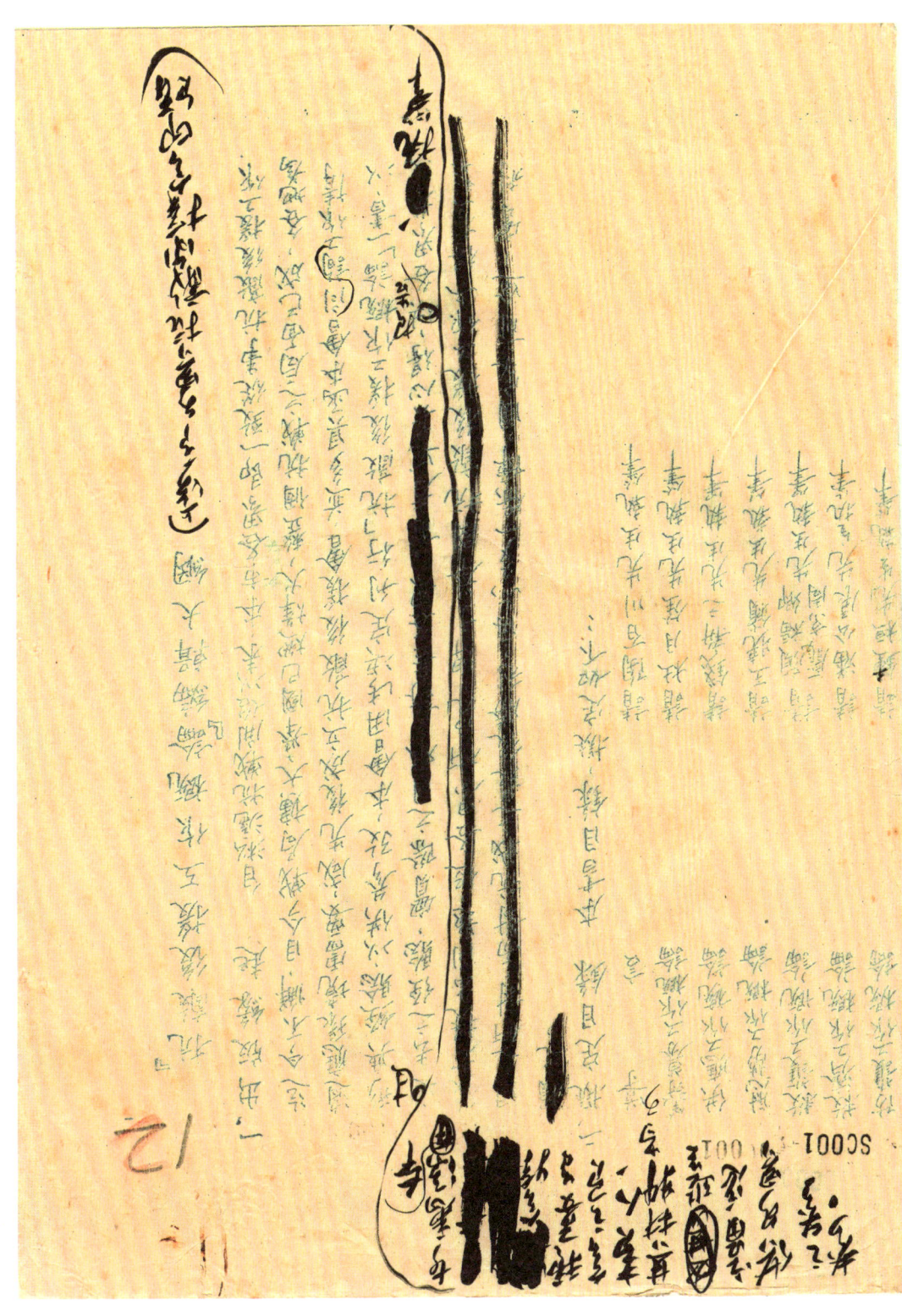

交通工作概論　請徐佩璜先生執筆

技術工作概論　請沈怡先生執筆

民食調劑工作概論　請鄒秉文先生執筆

特工工作概論　請童行白先生執筆

組織工作概論　請姜豪先生執筆

設計工作概論　請彭文應先生執筆

三、寫作方法

甲、每篇文字，内容務請包含下列六項

1. 意義和範圍（例如寫作『籌募工作』者務請叙明籌募工作之意義與籌募工作之範圍）

2. 組織問題（詳述該項工作應有之組織系統，如分科分股等，並擬出組織大綱，並請歷舉関于組織上應加注意之各項問題）

3. 準備事項（詳述該項工作在開展時之各種應有的準備，務請不避瑣屑，一一述到）

4. 困難情形（舉出各種可能碰到之困難情形，並述出本身

所遇到之困难情形及解决之方法与经过）

5. 本市某项工作的回顾（请执笔者详述本人之工作经过、工作经验、工作心得及与各方面所接触之各种关系概况）

6. 我对于办理某项工作者的希望

乙、每篇文字，务必详细述出各种原则与方法、理论与方案，本书用条供人参考，作为借镜，故必须将一切情形，不嫌过详，加以透彻表的叙述。

丙、各种有关系之计划与规则，能插入正文者则请插入，否则请附在文后作为「附录」，如有图表请以墨笔绘制。

丁、文字请用语体文

戊、文稿务请于十月五日以前赐下切盼

SC004

「上海市各界抗敵後援會」自淞滬戰事發生以後，即積極從事各種抗敵後援工作，迄今未懈，最近迭接各地來信，詢問本會工作近況及工作經驗，藉作參考，本會乃決編「抗敵後援工作概論」一書，追述過去之工作經驗，叙論目前之工作要點，並作今後之工作瞻望，撰稿者俱係當時實際負責之人，故本書之出版，對今後各地抗敵後援工作之推進，將大有裨助。　本書目次：

導言　陶百川先生撰

籌募工作概論　杜月笙先生撰

SC005

救济工作概论　潘公展先生撰

宣传工作概论　童行白先生撰

防护工作概论　钟桓先生撰

组织工作概论　姜豪先生撰

交通工作概论　徐佩璜先生撰

技术工作概论　汤怡先生撰

供应工作概论　金润庠先生撰

设计工作概论　彭文应先生撰

字数：全稿有五万字，即日可以付排。

出版日期　愈速愈佳，最好于十天内出版

稿费

俞鸿钧：《抗敌后援工作概论》题词（一九三七年）

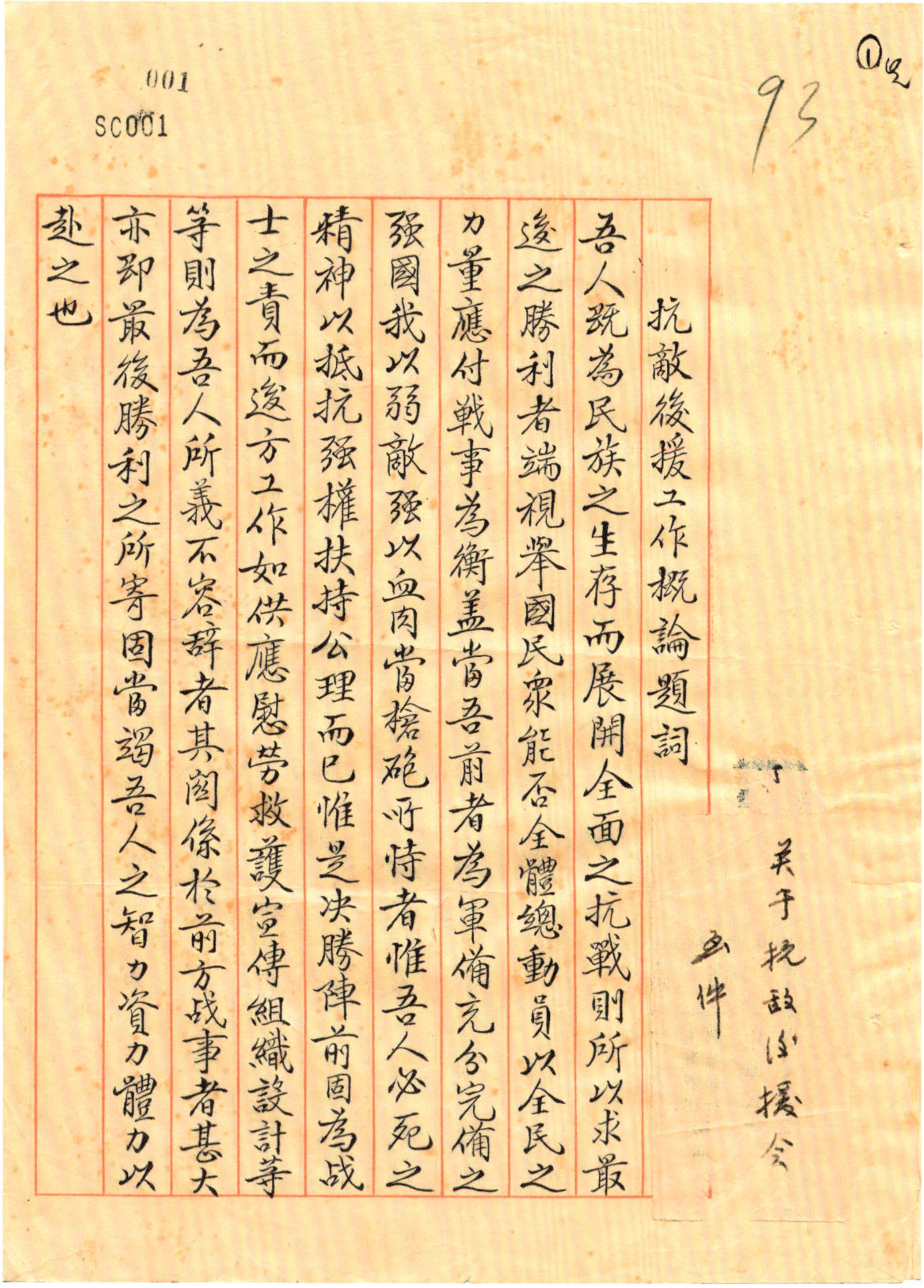

001

SC001

93

①號

抗敵後援工作概論題詞

吾人既為民族之生存而展開全面之抗戰則所以求最後之勝利者端視舉國民衆能否全體總動員以全民之力量應付戰事為衡蓋當吾前者為軍備充分完備之强國我以弱敵强以血肉當槍砲所恃者惟吾人必死之精神以抵抗强權扶持公理而已惟是決勝陣前固為战士之責而後方工作如供應慰劳救護宣傳組織設計等等則為吾人所義不容辭者其関係於前方战事者甚大亦即最後勝利之所寄固當竭吾人之智力資力體力以赴之也

关于抗敌後援会

函件

SC002

上海為人文淵藪全國資源薈萃於此吾人據此優點以舉辦後方工作固較內地為便智力資力體力均為雄厚惟吾人善用之耳盡量集合各界力量充分容納各方意見羣策羣力以求最後之勝利固為當務之急願吾人尤當高瞻遠矚籌策將来使戰事之後永享和平人民之困苦於以昭蘇國家之命脈於以保全其関係之重大意義之深遠固盡人皆知者也今本市各界抗敵後援會編著抗敵後援工作概論一書徵文於予謹綴斯數語以為勗上海市市長俞鴻鈞謹題

陶百川：《抗敌后援工作概论》导言（一九三七年）

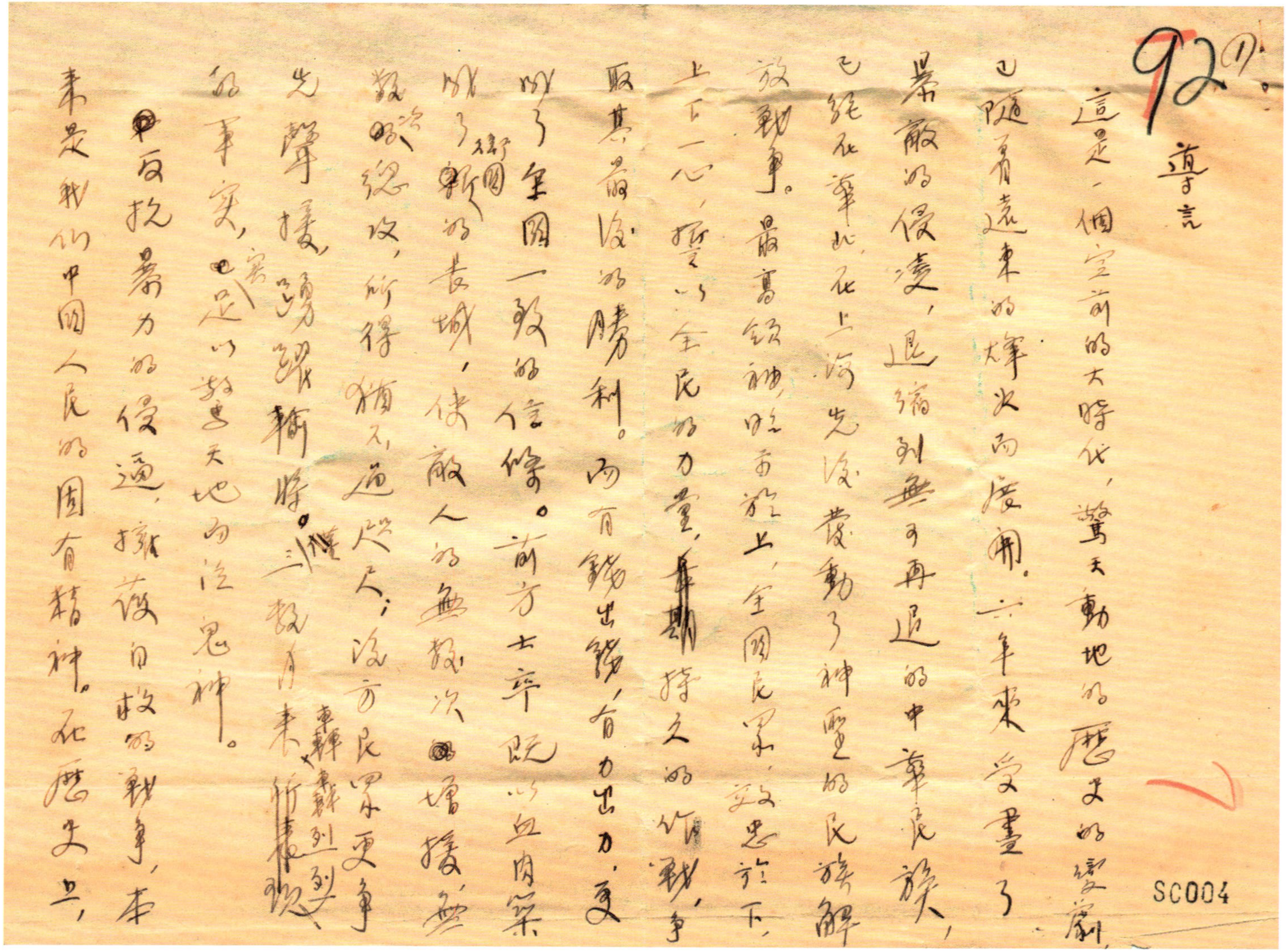
導言

這是一個空前的大時代，驚天動地的歷史的變劇，已隨著遠來的烽火而展開。六年來受盡了暴敵的侵凌，退縮到無可再退的中華民族，已經在華北，在上海先後發動了神聖的民族解放戰爭。最高領袖昭示於上，全國民眾，效忠於下，上下一心，擐以全民的力量，[illegible]持久的抗戰，爭取最後的勝利。而有錢出錢，有力出力，更成了全國一致的信條。前方士卒既以血肉築成了新的長城，使敵人的無數次增援，無數的總攻，所得猶不過咫尺；後方民眾更爭先聲援，踴躍輸將，[illegible]的事實，也足以驚天地而泣鬼神。

中國抗暴力的侵逼，振發自救的戰爭，本來是我們中國人民的固有精神，在歷史上，

SC004

(2)

文王起之，則怒都達到人民簞食壺漿，以迎王師了，而夏桀無道，人民且詛之曰：時日曷喪，予與汝偕亡。這種精神經過了四千年來的發揚光大，直至較近，則辛亥之役，曾一舉而顛覆了滿清，十六年北伐，再一舉而掃蕩了軍閥勢力。至於中國的奉直之戰，齊盧之爭，則都因為是軍閥間的私鬥，人民對之，只有一般的厭惡，即一九一四年的世界大戰，我黨總理所認為是帝國主義的戰爭，始終拒絕參加。而今，積六年來的民族的仇恨，而發為全面的抗日戰爭，其無疑的要以激發我們的抗敵制暴的固有精神，而保證最後的勝利。

上海是全國的經濟文化中心，以海的人力物力，都佔有全國的第一位，這種特殊的地位，使上海在抗戰的過程中，因而成為全國抗敵後援工作的領導者，所以，在八一三滬戰發生的前夜，上

(3)

許一百餘團體，即有各界抗敵後援會的組織，
其目的在協助政府，把全市的人力財力，儘量
的吸收於戰時的需要中，使當前的戰爭，不僅
為軍隊的抗戰，而成為全民的抗戰，不僅為
一時一地的戰爭，而成為持久的全面的戰爭。
後來戰事終於擴展了，這個各界抗
敵後援會，便成了一個強的支點，所有南
戰場前方部隊的需求，後方民眾的輸將，
差不多總匯於此。

這個工作，任務是這樣繁重，使命是
這樣重大，但怎樣負起這種繁重
的任務，怎樣完成這個重大的使
命，過去既沒有充分的準備，
是倉促從事，臨時又沒有適切的規劃，
本會，所以三個月來，會中所遭遇的困難，

(4)

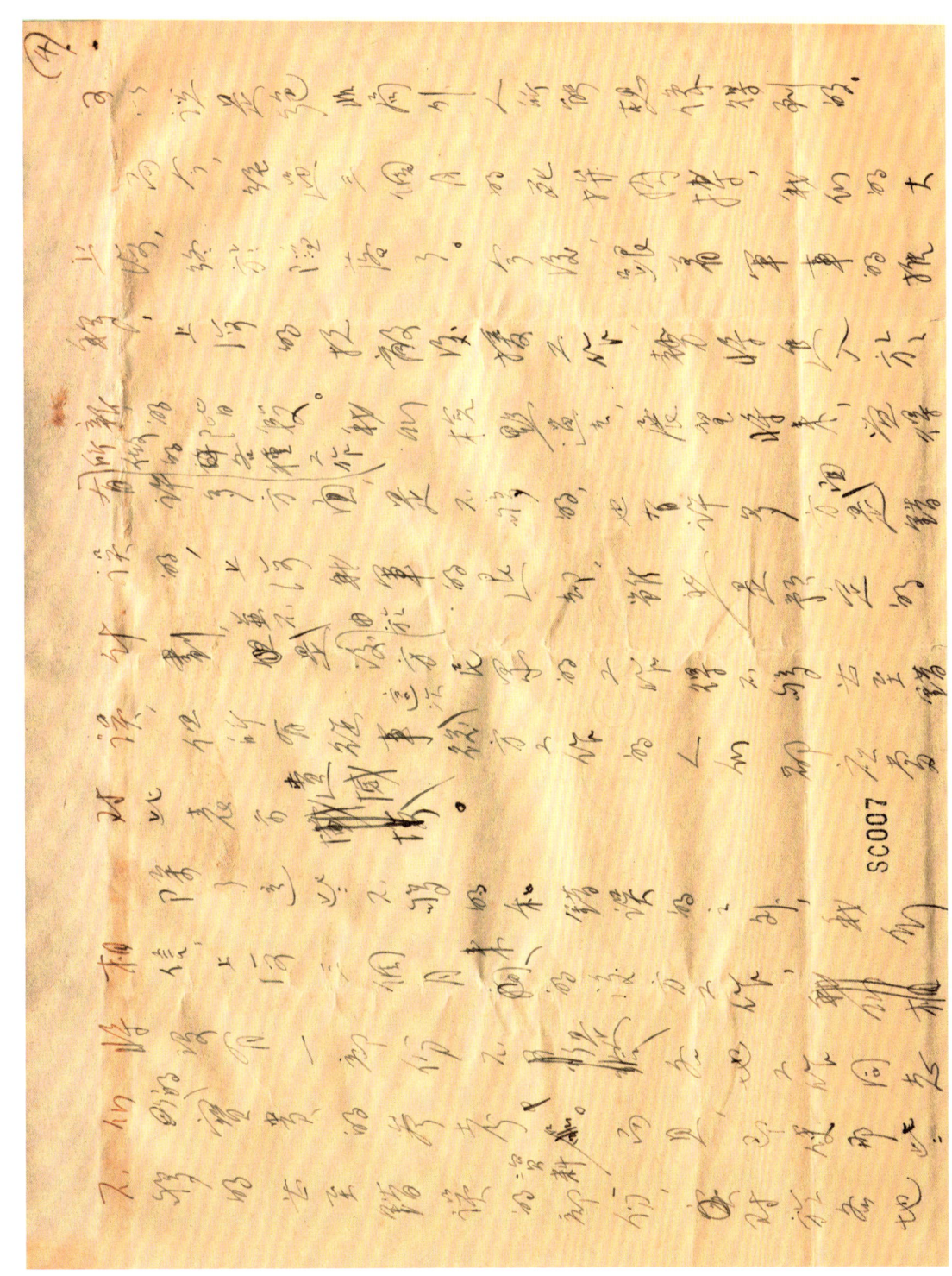

了。這是絶非局外人所能想像得到的。而今，經過三個月的死拚肉搏，我們的大上海，終於陷落了。今後，跟着軍事的推移，上海的抗敵後援工作，勢將進入於新的階段。我們檢點過去，展望將來，覺得所做的關於各種工作，有許多方面是不錯的，也有許多方面是錯誤的。上海我軍的退却，斷然是預定的計劃，並不是由於這次民衆的工作得不夠，甚至錯誤，但所有從事後方工作的人們卻應當對此表示遺憾。除了這些不夠的和錯誤的之外，我們相信，上海三個月來的後方工作，將有一部份可供給各地工作同志們的寶貴的參考資料。而且，即使那些不夠的甚至錯誤的部份，也對於各地

同志，實也有其寫者的價值，因爲祇有他們和這上面，他們總能知道怎樣補足其不能，怎樣糾正其錯誤。

在這裡，我們——上海市各界救亡後援會同人——把三個月來工作的經過和經驗，貢獻於各地從事工作的同志，和一般熱心愛國的同胞，同時對於本市的工作同志，也希望能夠比較嚴格展開自我的批判，以揭發這一個初期工作的階段。

杜月笙：筹募工作概论（一九三七年）

筹募工作概論

籌募工作概論

杜月笙

緒言

自民國二十年九月十八日敵人肆其鼠竊狗偷之慣技襲取瀋陽佔據遼吉屏障故都之東北四省次第淪陷繼之以一二八淞滬構兵全國經濟重心所繫之上海精華幾成灰燼六年以來敵人則愈迫愈緊民氣則愈積愈張銘心刻骨時日曷喪本年七月八日敵人復在盧溝橋無端挑釁保衛中華民族之神聖抗戰於以在故都揭其序幕最高當局宣示決心全國將士奮勇效命滬上各界以為時

至今日，有敵無我，有我無敵，五千年之祖宗廬墓，億萬年之子孫命運，均將於此最後關頭，決其榮辱。吾人不甘為奴隸，不甘作牛馬，不甘承受鞭韃，不甘長被宰割，則在此千鈞一髮之時機，毀家紓難，義無反顧，捐款救國，救國自救。蓋現代戰爭除精神條件外，必須備具物質條件，備具物質條件，而後可以持久，而後可以決戰，欲備具物質條件，必須徵集全國之物力資力，以供應保衛民族抗戰之需要。故上海市各界抗敵後援會於七月二十七日，亦即平津失守之日，成立籌募委員會，專

任救國捐款之籌募事宜，迄至九月一日救國公債勸募總會成立，各界賡續勸募救國公債，於九月十日停止收受救國捐，本篇所記，係述籌募救國捐經過，兼及近正勸募救國公債之一般情形。

組織系統

上海市各界抗敵後援會依照組織綱要，設置籌募委員會，推月笙任主任，吳蘊齋、秦潤卿、李馥蓀、駱清華諸君為副主任委員，並聘各界領袖宋漢章、錢新之、陳光甫、宋子良、黃金榮、張嘯林、胡筆江、傅汝霖、徐新六、錢克民、唐壽民、貝淞

孫、徐桴、鄭嘯雲、金廷蓀、王延松、俞佐廷、裴雲卿、王
伯元、陸子冬、胡筠莊、沈田莘、褚輔成、蔡承新、王志
莘、葛傑臣、金國寶、壽毅成、齊雲青、陳慶兆、張翁萱、
裴之龍、沈策舟、孫鈇屏、葉蓉之、鄭澤南、周康保、李
景威、勞敬修、王振芳、周仰紋、戴明華、沈信卿、李祖
紳、王孚甫、丁雪農、吳玉書、林康侯、丁方源、張慰如、
金潤庠、吳南軒、歐元懷、江一平、史詠賡、汪伯奇、胡
政之、翟唯吾、黃伯惠、管際安、林柏生、蕭光堂、嚴諤
聲、徐寄廎、徐立民、雷虞白、穆藕初、姜扶青、徐永祚、
徐靜仁、劉聘三、徐懋棠、鄭際鏞、李祖夔、任望南、宋

SC006

吴揚虞洽卿劉鴻生胡筠秋黄延芳黄任之深

行何德奎徐禾丞陳立廷郭樂俞叶封聞蘭亭

尤菊蓀潘序倫方液仙胡筠庵陸伯鴻朱吟江

張綗伯鄒秉文胡筠籟孫仲立馮炳南楊志雄

馮幼偉盧澗泉施伯安蔡無忌陳霆銳潘志文

王敬宇徐乾麟徐致一徐補孫沈崑三朱博泉

吴申伯吴蘊齋王雲五許秋帆尹韻笙袁叔潘

吴啟鼎周守良秦待時傅筱庵李升伯徐靜安

呂蓀元朱靜安趙仲英朱如山朱斗文趙晉卿

嚴成德盛蘋丞沈季宣瓌緩武黄首民榮宗敬

吴蕴初　竺梅先　吕岳泉　潘仰尧　方剑阁　蔡声白
任士刚　姚永励　匡仲谋　蔡正雅　魏文翰　朱学范
柯干臣　张继光　邵景甫　张法尧　王绍贤　潘旭昇
王孟群　璩康元　胥仰南　许冠群　邵达人　陆京士
周作民　吴瑞元　孙卫甫　周邦俊　章荣初　胡梅庵
李嘉隆　叶琢堂　刘攻芸　张纳川　席德懋　李觉　宋
子安　杨介眉　费祖寿　俞承修　宋松龄　刘敏斋　陈
建廷　郑源兴　潘祥生　吴星槎　胡厥文　杨管北　吴
凤韶　李文杰　吕咸　等百余人为委员，负责募集
救国捐事宜。筹募委员会之下，设三专职委员

會二、一、設計委員會推貝淞蓀、唐壽民、王伯元、萬傑臣、王志莘、林康侯、金潤庠、穆藕初、汪伯奇為委員，由貝淞蓀召集，專司籌募方法之設計事宜。二、保管委員會推宋漢章、秦潤卿、李馥蓀、宋子良、唐壽民、徐寄廎、錢新之、王延松為委員，由錢新之、宋子良二君任召集人，專司救國捐款之保管事宜。三、金屬物品處理委員會推陸子冬、王伯元、郭順、胡厥文、徐懋棠、胡梅庵、蔡承新、楊志雄、徐采丞等為委員，以陸子冬君為召集人，專司金屬物品之處理事宜。

四

3C009

準備工作

甲　籌募大綱　籌募委員會於七月二十七日全體會議通過籌募辦法大綱十二條，茲錄如次：

一　本會以募集捐款貢獻國家備供抗敵救國之需為目的。

二　前項捐款定名為救國捐。

三　本會委託銀行錢莊及其他代收機關收受捐款，本會不直接收受。

四　本會推舉保管委員組織保管委員會，負責保管事宜，其細則另訂之。

五 募得捐款，由本會分别登報公布。

六 所有捐款，悉數彙呈 軍事委員會統籌支配，但捐款人及本會得貢獻用途意見，至本會辦公費另籌之。

七 凡捐款在二千元以上者，得照捐款人之意旨，以捐款人名義由本會寄款轉呈 軍事委員會。

八 捐款人或捐款團體一次或連續捐款達一千元以上者，由本會給予褒狀。三千元以上者，由本會呈請 上海市政府給予褒狀，五

千元以上由本會呈請　國民政府頒給褒狀崇典。

九　本會得斟酌各界情形，分訂籌募辦法。

十　本會得因事實需要，督促各界組織籌募分會。

十一　本會得收受動產不動產及金屬物品，經處理後貢獻政府，其辦法另定之，並適用本綱要第七條第八條之規定。

十二　本綱要經本委員會通過，送請本會主席團核定施行。

此項大綱係中副主任駐滬華居所起草擬者

之要義有三：（一）不經收捐款，籌募委員會。為公開徵

信起見，不直接經收捐款，委託上海市銀行業

同業公會會員銀行四十六家，錢業同業公會會員

錢莊及新聞報、申報、大公報、時事新報、立報、時報、

民報、中華日報、神州日報、大晚報等報社代理收

受，經募人僅憑認捐單分別勸募，由捐款人自將

捐款交入經收機關，所以杜流弊而昭大公，認

捐單式樣如后：

第一联　　年　月　日

SC012

007

救國捐認捐單

認捐人姓名	
捐額	萬　千　百　十　元（元為單位）
詳細住址	
捐款人意旨	
經募人	

字第　號

注意
一、認捐單不作收款憑證
二、經募人不經收捐款
三、認捐人持此單向代收銀行繳款換取正式收據並將此單交與銀行轉送上海市各界抗敵後援會

字第　號　第二聯　年　月　日

經募救國捐通知書

認捐人姓名	
捐額	萬　千　百　十　元（元為單位）
詳細住址	
電話號碼	
捐款人意旨	

字第　號

此致
上海市各界抗敵後援會籌募委員會
經募人　啟

字第　號　第三聯　年　月　日

救國捐認捐單存根

認捐人姓名	
捐額	萬　千　百　十　元（元為單位）
詳細住址	
電話號碼	
捐款人意旨	

字第　號

注意
一、此單存於經募人處備查

（二）分支配用途　籌募委員會以鑒於此次全面抗戰，迥異尋常，為求用得其當，款不虛糜起見，規定募得款項，悉數賫呈軍事委員會統籌支配。但捐款人及本會得貢獻用途意見，至本會辦以貫籌之。凡捐款在二千元以上者，得照捐款人意志，以捐款人名義，由本會寄款，轉呈軍事委員會，並規定捐款收據第三聯，由本會與經收機關會銜加章，逕寄軍事委員會存查。蓋不僅將捐款涓滴歸公，且欲使人民輸將財物之熱忱，有得上達於最高當局。本會不敢從中掠美，茲將捐款收據式樣錄后：

SC014

17301

捐款收據

今收到

捐助救國捐國幣　元　角　分

謹轉呈　國民政府軍事委員會外合給收據為證

上海市各界抗敵後援會籌募委員會

主任委員　杜月笙

副主任委員　黃藴齋　李銘　秦潤卿　駱清華

中華民國　年　月　日代收捐款者

第　字　號

17301

收到捐款通知書(一)

今由

交到救國捐國幣　元　角　分業已照收入冊（捐款人意旨）

除掣給捐款收據外合行具書通知即希

台洽為荷此致

上海市各界抗敵後援會籌募委員會

中華民國　年　月　日代收捐款者　　啟

第　字　號

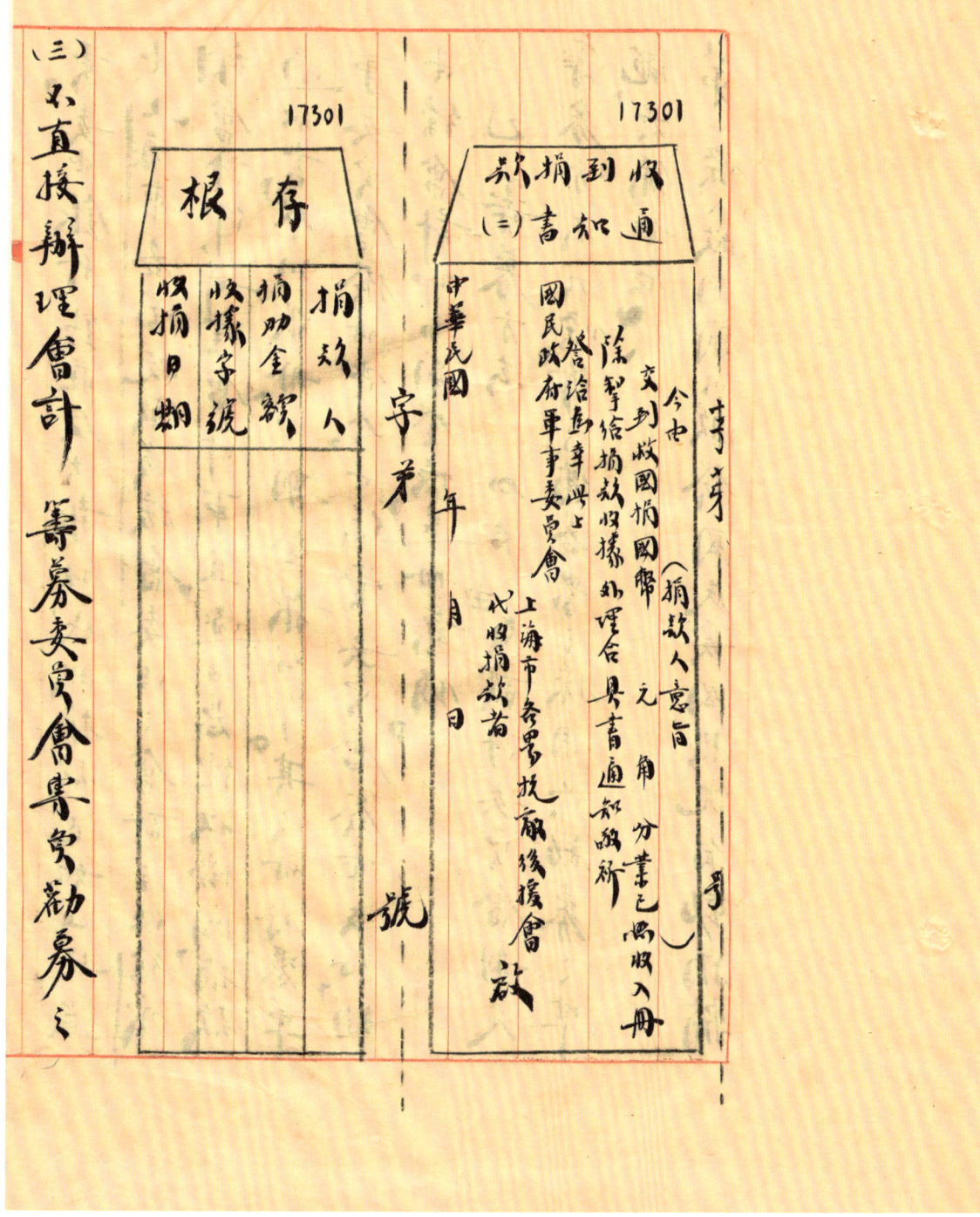

字第　　號

17301

收到捐款通知書（三）

今由（捐款人意旨）

交到救國捐國幣　　元　　角　　分業已照收入冊

除掣給捐款收據外理合具書通知敬祈

登記彙轉呈上

國民政府軍事委員會

上海市各界抗敵後援會

代收捐款者　　　啓

中華民國　　年　　月　　日

字第　　號

17301

存根

捐款人	捐助金額	收據字號	收捐日期

（三）不直接辦理會計之籌募委員會籌募勸募之

責成中央銀行錢莊及各報社代收捐款，已如上述。並由上海市各界抗敵後援會委任之會計主任徐永祚會計師辦理會計事宜，逐日憑經收機關捐款通知書登列賬冊，分期登報公布。其支付時憑單事委員會撥付，並令由保管委員會簽章支付，均由徐會計師分別登帳，造冊報銷。

乙、籌募方法 另由設計委員會制定籌募方法九條，所以備各界之採用，作勸募之準繩，茲錄如右：

第一條、救國捐以激發國民愛國熱忱自動捐輸

協助政府充實抗戰力量為主旨。

第二條 救國捐分一次繳納及按期繳納二種。

第三條 屬於一次繳納之募集方法如左：

(一) 本會製具認捐單由籌募委員分別向地方殷富及各界熱心人士勸認捐款。

(二) 與職業團體切實聯絡，聘請各職業團體之領袖，為各該業之籌募委員，分別向同業依照左列方法徵募救國捐：

(甲) 就團體基金公共財產酌提若干成。

(乙) 依據公司廠店之資本額或營業額為比

九

SC018

熱心人士自由輸將。

例，認捐若干。

（丙）用其他有效方法，勸導

（三）由本會製具愛國襟章，委託各大公司各大報

社各收款機關廣為發售。（須由宣傳委員廣

為宣傳使人人以佩帶愛國襟章為榮）

（四）由本會建議交通部，製具愛國郵花，委託郵

局發售，（須由宣傳委員會多方宣傳造成輿

論使親友相互寄贈，以加貼愛國郵花為榮）

（五）由學校當局勸導學生踴躍認捐。

（六）由遊藝界利用播音宣傳，勸導聽衆認捐，其

捐款除由捐款人直接送入本會代收機關外，得由本會指定代收捐款行莊派員前往收取。

(七)分電國外僑胞勸捐。

第四條 屬於按期繳納之募集方法如后

(一)經營工商業者之營業提成。

(二)從事營利事業者之年結純益提成。

(三)置有財產者之利潤收益提成。

(四)從事自由職業者之報酬收益提成。

(五)公務員團體職員職業界之從業員工人

SC020

夫役之薪工提成。

(六)旅館酒樓飲食店娛樂場所於代價上帶收救國捐。

(七)牙行業殷商在佣金上帶收救國捐。

第五條 前條所列提成帶收之數目由各該同業團體或服務機關自行議定，但如有隱匿舞弊情事，應予處罰。

第六條 按期繳納之日期由本會定之。

第七條 本會應用各種獎勵方法激發國人之愛國心，以期共赴國難，踴躍輸將，其宣傳辦

法〻宣傳委員會定之。

第八條 如有未盡事宜，得隨時補充之。

第九條 本簡則呈報黨政機關備案。

而金屬物品之處理辦法，籌募委員會為普遍徵發物力，充實抗戰力量起見，特制定本辦法。其後關於金屬物品之合於軍用者，政〻供應委員會徵集而動產不動產，因為時不久，未曾收受，惟金銀製品則委託老鳳祥、方九霞、寶成三銀樓代收，由本會印具收據，逐日彙交上海市各界抗敵後援會保管科保管，分批解交中央銀

土

行收購，並將本辦法録後：

（一）本辦法所稱金屬物品係指左列各種：

（甲）生金銀　（乙）外國金銀貨幣

（丙）金銀飾物　（丁）金銀器皿

（戊）銅鉄鋁錫及其器皿（鉄皮不收）　（己）銅條銅板

（庚）金屬機件之合於軍用者

（二）前條（甲）（乙）兩項委托中國交通二銀行代收（丙）（丁）兩項委托銀樓代收本會派員會同辦理（戊）（己）（庚）三項由本會另設倉庫收受保管。

（三）人民或團體捐輸動產不動產，須先由本會接

洽，經本會審核後，認為合於需要或確有價值另於處理者，由本會指定收受處所分別收受保管。

(四)收受全部物品及動產不動產，均由收受機關給予收據，其有固定時值者，記明其時值，其無一定時值者，由估價委員估定價值，以為將來請續典之根據。

前項估價委員由本會聘任專家擔任之。

(五)本會組織處理委員依照後列方法處理各種捐贈品：

十二

SC024

(甲)合於軍需者，送交軍事委員會所指定之機關。

(乙)金屬物品之屬於金銀者，商請中央銀行收購。

(丙)動產不動產有一定時值者，照時值出售；無時值者，以其他公開方法變賣之。

(六)變售所得之代價悉數劃充救國捐，關於應需之保管及處理費用，由本會另款支付之。

(七)本辦法經本委員會議通過，送請主席團核定施行，其修改時亦同。

籌募　經過

籌募委員會成立後，即刊登勸募廣告並由　月至　及

諸委員先後假無線電廣播，籲請各界踴躍輸將，復以滬市爲通商巨埠，居民之從事工商業者，占十之七八，依法設立之同業公會達二百餘，故於八月八日起分批召集同業公會代表由上海市商會主席王曉籟君暨月笙等亦加勸導，到會代表均極振奮。迨八月十一日滬戰已呈山雨欲來之勢，風雲緊張，街衢爲塞，而各業代表到會仍極踴躍，足證滬上工商界人士愛國情緒之熱烈。迨八一三淞滬戰爭爆發，金融業當一度休假，各業實受重大打擊，而捐款仍見踴躍，迨至九

月一日，救国公债发行开始，九月十日救国捐停止，
收受，共计募集救国捐款国币壹百三十四万〇二
百八十元。（内各种存款及有奖储蓄共计壹万〇六百五十
五元五角四分）银币四千四百九十九角，银六两四钱五分，宝
银三千六百五十六两八分，钱一千六百文，港币五毫，广东双
毫五元。统一甲种公债六百四十一元，统一乙种公债叁
千七百七十元。统一丙种公债三万一千柒百二十元，统一戊
种公债二十万。英金四百三十元。金长公债三千元，整六
公债二十元，浙省整理公债一千元，上海市政公债七千。
九十四元。水灾一振公债四十元，美金库券美金一元。法

十三

SC026

國輔幣七十分，日金二十五元壹角八十四錢。（此係九月十八日止據各行莊報館報繳救國捐數目，十八日以後續有報繳在整理中，故未記入）金銀物品一萬四千五百五十八件，由中央銀行收購，計價值國幣六萬二千四百五十元七角八分，照章悉數劃充救國捐。綜計籌募經過，為時不過月餘，滬市處彌月烽燧之境，當百業創傷之時，竟能募集達四千餘萬元，滬上人士之熱心輸將，不僅足感奮不置。吾中央當局亦深予嘉許，財政部特於九月四

日電覆上海市各界抗敵後援會，准將前項黨政軍事委員會，救國捐款憑收據換領救國公債，以示獎勸，在滬上人士，當初踴躍輸將，為盡救國之責任，原不望有何報酬，而政府於事後體念民生，特發給公債，化捐輸為投資，仍可收回本利，政府之仁慈博愛，益使人民熱烈興奮，舉國一致，禦侮救亡，於民族前途，實致無窮之樂觀。

救國公債

自敵人在平津肇釁，復圖侵略淞滬，政府

發動全面抗戰，舉國民衆無不奮起捐輸金錢財物，爭先恐後，政府為通盤籌畫與持久抗戰計，發行救國公債五萬萬元，以資鼓勵，特設立救國公債勸募總會於上海，月笙承乏常務委員，並兼上海市民勸募總隊總隊長，及上海市商界勸募總隊副總隊長，市民總隊計分市區組第一特區組第二特區組婦女界組同鄉會組紳富組青年會組自由職業組新聞界分隊上海聯合工程師分隊國醫公會分隊會計師公會分隊中國紡織學會分隊保險業經紀人分

隊、律師公會分隊、醫師公會分隊，聘任本市各界領袖分任勸募委員，迄十月九日，概計勸募成績已達三百另二萬一千八百七十元五角九分。商界之下，由各業同業公會設立一百六十分隊，迄十月九日止，計銀行業分隊由民營銀行認購一千一百餘萬元，各業分隊認購總計亦已達五百七十萬另二千九百十元〇六角。本年雙十節，市民、商界兩總隊督率全市各組各分隊，舉行擴大勸募運動，從事救國公債與救國儲金之募集，情緒至為熱烈，其成績當更有可觀。

工作感想

救國捐於七月卅日開始徵募，至八月十日募集之數為二萬○五百五十一元九角貳分，僅及後此一月中百分之一·三○。蓋因當時華北戰幕雖啟，緊弛無常，人心猶存觀望，輸將未盡熱烈。逮八一三淞滬發動抗戰，上海市民雖處烽燧交中，金融停滯，百業凋敝，然而無分男女，無分貧富，無間老幼，捐輸財物，踴躍爭先，此種精神，彌足珍貴。惟敵人謀我，非伊朝夕，處心積慮，已逾數十年。自九一八強佔吾東北四省以來，歷年軍費膨漲

SC031

017

繼漲增高，本年度預算原達三十億，自盧溝橋
啟釁以後，之增所謂「北支事變」預算五萬萬餘
元，近復通過對華軍費二十餘億，敵人不惜
傾其全力以謀我，而我處此民族生死存亡之最
後關頭，惟有悉索全民族之人力財力，共之持久
周旋，爭取最後之勝利。故望全滬人士，不分一
時之奮興，必以最後一分財力，貢諸國家，尤望各
省後方同胞，不因戰區之遼遠，戰訊之緊弛，稍涉
徘徊觀望，必以劍及履及之精神，共前方鬥士以
精神物質之援助。月望當於八月中旬查核，三日

間救國捐五百七十一戶，其捐款在五元以下者計
四百另六戶，占百分之七一強，於以見貧苦薄弱之
社會大眾熱心愛國有足多者。當此舉國一致
全國民動員之際，所望平時席豐履厚者更能
毀家紓難，踴躍輸將，海內外同胞咸能節衣縮
食，共襄抗戰大計。論者謂吾國全面抗戰所
需軍需，年約十萬萬元，而有自給能力之人民，
何止一萬萬人，誠能略節消耗，每人平均月
積一元，則全年應為十二萬萬元。足以應付
整個國家之戰費。現代戰爭為經濟的戰爭，

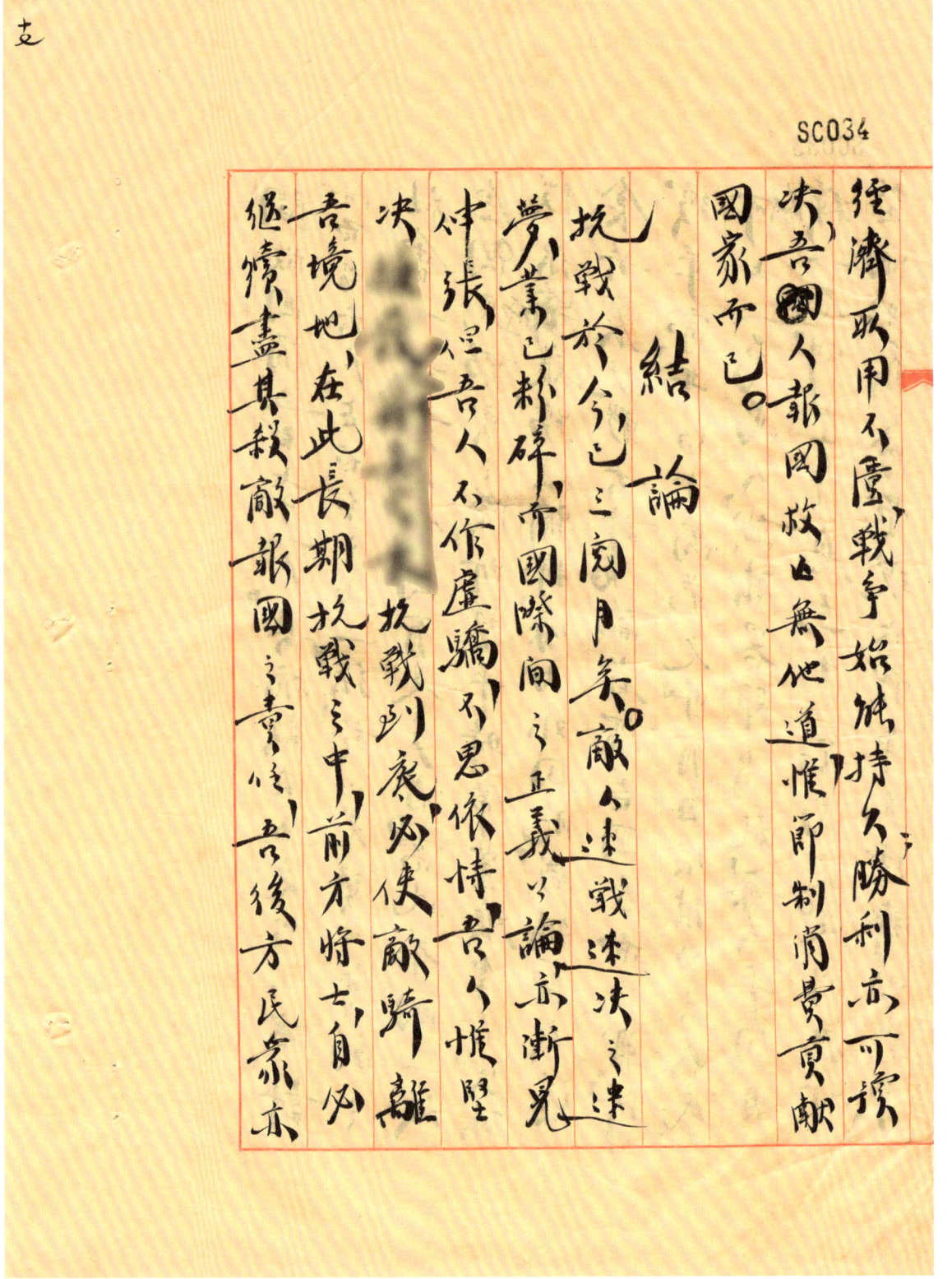

經濟取用不匱，戰爭始能持久，勝利亦可操決，吾國人報國救亡無他道，惟節制消費，貢獻國家而已。

結論

抗戰於今已三閱月矣。敵人速戰速決之迷夢，業已粉碎，而國際間之正義公論，亦漸見伸張，但吾人不作虛驕，不思依恃，吾人惟堅決[redacted]抗戰到底，必使敵騎離吾境地，在此長期抗戰之中，前方將士，自必繼續盡其殺敵報國之責任，吾後方民眾亦

者

尤繼續盡其踴躍輸將之責任，敵人一日不去，

抗戰一日不停，抗戰一日不停，捐輸一日不止，即用

輸財各盡能力，與舉國同胞共勉之！

金润庠：供应工作概论（一九三七年）

SC050 028

供應工作概論

金潤庠

暴日以一貫的侵略政策，九一八以後，繼之以一二八，慾望未饜，五六年來，生風尋事，詐騙威脅，無所不用其極。盧溝橋無端挑釁，八一三滬戰復起，我最高領袖知其野心難戢，國族生存已至最後關頭，乃有全面應戰長期抵抗之決策。淞滬社會人士於盧案爆發之初，已知我國全面抗戰行將發動，而上海為我國經濟中心，以敵人之居心狠毒，必不肯輕輕放過，則一旦事起，我軍應戰部隊需要防禦材料必多，著者身任上海市商會常務委員，深感職責所在，事前應有準備，乃商承主席委員王曉籟先生，於七月廿一日由會召集有關軍需防禦物品之各業同業公會舉行談話會，計當時被邀參加此會者，有五金業代表張蓮芳、許繽堡，鐵業代

表陳貴生、張浩如，鋼條舊鐵業代表蔣貴慶、沈芹華、何錫棠，五金零件業代表王沅章，麻袋業代表蔡志階，木業代表馬驥良，電器業代表錢鳳儀、朱士林，運輸汽車業代表樓銀川、江樹基，火油業（包括汽油）代表陳熙，鋼鐵機器業代表顧耀秋，砂石業代表盧孝詐、李春和，五金舊貨業代表錢同福、葛樹明、姚漢彬，電器製造業代表林超、丁熊明等，由著者主席，告以此次戰事萬一發動，我政府已表示決心，準備長期全面抗戰，吾人雖在商界，但分屬國民，天職所在，亦應全體動員，先作準備，而民間物力，即為國家資源，保全一分，即國家得一分利益，本日到會各業，其貨品均於軍事防禦有重要關係，更應力策安全，一方固為將來供應取給無匱，而一方亦所以保全各業本身財產，深望共體斯意，積極工作等語。衆均

贊同，乃爲規定初步工作三種如下：

（一）調查存貨數量，

（二）存貨堆放地點，

（三）現在市上貨價，

並爲指定應查各業貨品之種類如下：

五金業：鋼板、鉛絲、有刺鉛絲、

五金零件業：鋼剪、圓鍬、十字鎬、鎯頭、

鐵業：鋼板、鉛絲、有刺鉛絲、

鋼條舊鐵業：鋼板、鉛絲、

蔴袋業：蔴袋、

SC053

木業：各種木材、

電器製造業：電筒、電珠、電池、

運輸汽車業：運貨卡車、

砂石業：黃砂、石子、

火油業：汽油、

電器業：無線電、電話零件、電線、及其他交通器材、

前項應查貨品之種類及初步工作規定後、並限三日內將調查報告送會、同時聲明自即日起、應由各業公會通知各會員商店。關於上述貨品、以後如有人大量採購、應先查明去路、並取得證明、方可出售、以免資敵。為慎重計、復由上海市商會以書面通告各該公會查照、逾後即給繼接

到調查報告，其中有五金業鐵業等存貨多在虹口一帶，當以地屬危險，將來有事，必有資敵之虞。乃再敦勸其設法搬入安全地帶，各業有以搬移費用浩大而露難色者，允爲設法貼償之，始獲實行。但此項貼償搬費之諾言，各業迄未向者者請求履行，事後相詢，盡已爲大義所感召矣。此爲淞滬抗戰未發動以前關於供應方面之自動的準備之經過也。

七月下浣，滬地局勢漸趨嚴重，上海各團體乃發起組織上海市各界抗敵後援會，而以該會所屬之供應委員會副主任委員相屬，自惟簡陋，曷克勝此。顧以國家已至存亡關頭，吾人既爲國民之一員，凡有需我，甯能再多顧慮。且本會之主任委員富（爲）食物望業業大才之錢新之先生，則秉承有自，故亦不敢言辭，於是於七月廿日宣告供應委員會成立，先從事

於訂製章程及編造軍需防禦物品之調查表，由錢主任委員所延聘之本會祕書王維駰先生承之。而副主任委員尚有劉志陸、陳小蝶、許曉初三君，則均分別任事。當時杜月笙、王曉籟、錢新之、黃任之諸先生，在地方協會有座談會之召集，每晚必有數十時彥相敘一堂，以研討一切未來之準備與工作。如一旦事起，軍隊之需要供應，必甚浩繁，復鑒於一二八變起倉卒，民間供應初無統計，致有徒耗物力不適實用及供應之數超出用量之弊，爲求統籌支配合於軍需，並預儲物力以便取給起見，乃推黃任之、錢承新、陳小蝶及著者四人，訪問京滬警備司令官張文伯將軍，旋復以部隊衆多，軍需供應確當與否不易審核，乃由著者承錢主任委員之命，訪淞滬警備司令楊嘯天將軍，以部隊需要，先由司令部核准，爲

請更聲明本會之軍需供應以軍隊臨時構築防禦工事之材料及補充物件爲限而所供應之材料並以代辦爲原則將來仍須憑領用各部隊正式印收具領價款或向最高軍部轉帳等語楊司令英明果斷乃得其一一同意由是遂開始供應工作矣

錢主任因服務救濟工作改推王曉籟先生繼任主任委員在八一三日（形勢日緊，工作益趨緊張）寇犯滬以前本會之供應物品如蔴袋砂石木料車輛通信器材等已續續供給而供應之對象則爲滬地原有部隊之保安隊警察大隊保衛團等迨戰事開始中央應戰部隊雲集滬濱張文伯將軍之京滬警備司令部駐滬辦事處亦告成立而本會供應對象之範圍亦從而擴大供應品類更趨繁瑣當時民衆激於救國及愛護前線爲國抗戰勇士之熱忱紛

紛捐送各項食用物品，委託本會及各公團代送，間或有自行派車直送前方者，但因漢奸充斥，懼墜其計，而前線將領亦以前方不需食品，囑令本會通知民衆改贈合於軍用之品，以切實用，而借物力。本會乃利用報紙及廣播電台，隨時宣傳徵募急救藥包、各種藥品、蔴袋、鉛絲、望遠鏡、電話機、電線、電筒、汽油、脚踏車、機器脚踏車、汽車、鋼馬甲、橡皮手套、跑鞋等品，每有所求，必如響斯應。或有不足以應付前方需要者，則由會價購以補足之。但大多數如急救藥包、各種藥品、蔴袋、望遠鏡、電筒、汽油、脚踏車、機器脚踏車、汽車等，均由捐募而來。甚至有以鋼馬甲及望遠鏡等捐贈蔣委員長及各將領者，且捐贈者有不滿十齡之兒童。由此可以證明國人對於此次抗敵意志之一致，而擁護領袖及忠勇抗戰之將士之熱切

SC057

心理、更足以奠定我國此次抗敵最後勝利之基石者。附屬供應工作、與共事諸君每因此而愈感興奮、雖辦公日逾十餘小時、口講手揮奔走各方而、亦不覺有絲毫疲乏之感。殆亦匹夫之責有以鼓勵之耳、此又為供應工作開始至辦理之大略經過也。

綜上所述、大部均為辦理軍需供應之經過情形、顧供應之範圍廣義言之、本不止軍需防禦物品一項、蓋戰端一開、傷兵之救護醫療、難民之收容救濟、在在需要物質上濟助、幸上海都市較大、物力較豐、社會熱心人士咸願為後方工作努力、抗敵後援會乃將救護委員會及救濟委員會各予獨立組織、一切物質之取給、均由該兩會自行籌募、故本會之工作、乃偏重於軍需、夫軍需防禦物品之供應、關係於部隊作戰者至鉅、麻袋

砂石、為堆疊砂包用作臨時掩護士兵防守射擊敵人之用。水泥鋼條鋼板、則為構築堅強陣地必需之品。圓鍬十字鎬、為臨時挖掘戰壕之需。鋼剪及橡皮手套則為壁衝鋒破毀敵人電網之器、餘如電話、機線、有刺鉛絲、各種木材、各種車輛汽油、或為前後方通話傳令交通上之利器、或為阻礙敵人進攻之要品、作戰部隊設遇需要、而取給匱乏、則可立即影響戰事之前途、有時且將牽動全局陣線之安危、其關係之重大有如此者。或謂作戰之防禦物品、軍隊應自行置備、民間供應似非所宜、然憶余等在地方協會座談會中、被推訪問張文伯將軍時、詢其開戰後在滬之所需、俾滬人得以供獻、將軍亦以軍隊有自行置備一切需要之責任一語相答、但兩軍戰鬪爭奪陣地、進退變化、瞬息不同、防禦物品在一進一退

之間即須使用於臨時構築陣地之上皆能於衝鋒陷陣或撤退之時隨身攜帶笨重之防禦物以俱去乎且敵人砲火猛烈敵機轟炸破壞力尤巨原有陣地之臨時防禦設備易為摧毀更無攜帶或再用之可能作戰部隊即財力充裕亦將趕辦不及我後方民衆能不預為之備乎此後方軍需供應惟一意義之所在也

軍需供應意義之重要既如上述後方民衆實有不能坐視不為準備之責願民間辦理供應既無軍需專長又未深知各軍部隊內容國內物力有限處此持久抗戰之局一物之微允宜珍惜使用凡所需求其是否確當端賴審核得宜庶符物盡其用之旨然吾人固無此智能也計惟有籲請戰區最高軍事機關執行其審核之權庶免應付為難及濫耗物力之

弊，此本會所以送請淞滬、京滬、蘇浙邊區等各司令部駐滬辦事處批核後，始行簽發防禦物品之由來也。尤有進者，軍需物品之供應，必取得領用部隊主管軍部或其他後方辦事處蓋有關防之收據，良以軍需防禦物品之供應，與民間自動慰勞者異其性質，此項防禦物品，未必盡屬捐輸，倘係墊款價購而來，則將來報銷，必有領用機關合法印收，方無瑕疵之譏，否則，經手人員將蒙不白指責，且軍需供應，本會係以代辦為原則，將來倘須列表呈報軍委會，倘無合法印收，此項手續即將遭遇阻礙，此則辦理民間供應工作之人員不能不加以注意者也。從來辦理團體工作之人員，必先留意於組織及手續之完整，庶一旦工作結束或卸任移交，其報銷均有明晰之報告，以告無罪於社會，本會內部最重要之部份，

厥為會計係延聘本埠名會計師李文杰先生義務擔任會計內部分銀錢會計及物品會計兩種銀錢會計之收付款項則用收付款項傳票黏附發票收付供應品則用收付貨品傳票供應品出棧及入棧則用送品單及支品單以為會計上之記帳憑證復另設供應品分類日計帳及各棧收付供應品日報表以為會計上之正式記錄此項會計工作繁忙殊甚李君一人不足乃再為代延其事務所同事詹君等四人共任之李君之熱心誠足多矣而吾人辦理供應工作將來製作報銷冊因有李君之主持會計得無錯誤獲告無罪其受李君之賜又豈鮮淺哉

此次淞滬戰線長及百里供應軍需物品之運送前方實為一絕大困難問題各部隊派員匆匆來會多未準備運輸車輛而需要緊急往往刻不

容緩欲為雇車相送則皆懼險不前此一極大難題使本會同人一時竟無善法旋幸商得礦灰業同業公会主席委員馬少荃先生之同意出任本會運輸主任出其一二八時辦理供應運輸之經驗邀借同業運貨汽車十餘輛及押車司機工人等人員全部出動每車運送供應物品必至前方交卸方止一時軍隊稱便需要材料應心得手於作戰防禦方面無形中厥功殊偉著者及本會主任委員王曉籟先生不敢掠美謹為表揚以告社會亦所以備辦理各地後方供應者之參考焉

他如本會副主任委員陳小蝶先生終日埋頭苦幹不辭勞怨保管委員王性堯張佩珍兩先生亦均夙夜勤奮匡勷不逮皆為同人等所深感不忘者也

著者不文，承上海市各界抗敵後援會祕書處之囑，乃拉雜書此以爲塞責，體裁不類論文，讀者請以工作報告及個人述意視之可也。

慰勞工作概論

上海市慰勞委員會係由上海市各界敵抗後援會供應委員會改化而
成立於本年九月十日由主席團推曉籟任主任委員金潤庠陳小蝶
路清華馬少荃四先生爲副主任委員會址仍附設甯波同鄉會四樓上
海市商會內內部組織分總務、會計、保管、運輸、勸募、宣傳、調查、慰問傷兵、
等組以下再分股辦事由曉籟挽請曹志功薛建新王性堯張佩珍馬少
荃李頌唐黃傷人周邦俊陳廷禎王一吾任矜蘋葉春年諸先生黃定慧
女士及李文杰陳文麟兩會計師主任其事全部工作人員均由市黨部
市商會中西大藥房家庭工業社礦灰廠業同業公會立信會計師事務
所及其他各機關團體借調而來或由各方熱心人士自動參加全盡義

務，以慰勞對象言，前方作戰部隊在四十單位以上，後方傷兵醫院有廿五處，以慰勞方法言，徵集慰勞金總數雖不甚鉅，而數額奇零，手續繁複，慰勞物品種類達一百九十餘種，自收受以迄分發，展轉之間，程序亦多，各組工作因此均極繁重，同人等深維前方忠勇將士浴血抗戰，為民族爭生存，為世界伸正義，其工作與生活之艱苦，誠千百倍於吾從事後方工作之民衆，以是益自惕勵，益加勤奮，各組工作每日均有記錄，以備稽考。一月以來，共募得慰勞金國幣四萬六千九百七十八元（內二千二百十一元二角五分係由抗敵後援會撥來，七千三百四十四元九角二分係由市商會慰勞辦事處撥來，六千五百九十九元九角四分係伶界聯合會及播音業公會在富星電台播音捐得之款，四千二百十九元六

SC037

角係地方協會代收之款。）支出方面購辦慰勞品（手巾膠底鞋等）一萬零七百五十八元五角九分，補助某團給養費二千元，致送某戰區慰勞金一萬元，事務宣傳保管等項費用，則全由抗敵後援會撥款開支，不在慰勞金項下動用，至於慰問傷兵事宜，悉依照抗敵後援會制定之修正慰勞傷兵辦法辦理慰勞品之徵募事宜，悉依照慰勞品徵募及處理辦法辦理，利用報紙及播音等宣傳方法，向各界熱心人士廣為勸募，本市各團體依照該項辦法，向本會登記徵募慰勞品者，計有職業界救亡協會，立信會計同學戰時服務團，上海市社會工作者，戰時服務團，青年救國服務團，洋行華員聯誼會，婦女運動促進會，婦女慰勞自衛抗戰[illegible]將士會上海分會，中華婦女革新會等團體，其由本會特約代收慰勞金

及慰勞品之處所有國貨聯營公司棧房機關則爲上海地方協會及上
海市商會兩處保管慰勞品之處所有國貨聯營公司棧房甯波同鄉會
棉布業公會淨土庵及綢業公所等五處均支付租金慰勞品之處分以
不積壓不重複爲原則由運輸組之送貨卡車直送前方或由前方部隊
遣派負責代表來會領取共直接送出慰勞品三十五批發貨傳票編號
至三百另八號廣泛平均分配於前方作戰之單位四十有三均取得正
式印收爲憑證

以上爲本會工作之一般情形茲再就勸募會計宣傳運輸及慰問傷兵
五方面分別說明於後

本會勸募組分登記調查設計三股登記調查二股分別辦理各方徵募

或代收慰勞品登記及調查事宜設計股辦理徵募慰勞品慰勞金之設計事宜自開始辦公以來除計劃徵募各項日用品軍需品醫藥用品外其犖犖大者一爲辦理徵求棉背心運動當時目的爲徵求棉背心一百萬件先徵集二十萬件並訂於九月十八日起開始徵求蓋北風漸冷將士苦寒手線征衣古有佳話而同仇敵愾之心原爲我中華民族之天性自該項運動策動後一面於九月十七日召集本市二十二團體婦女請儘先倡導趕製或勸募若干件同時委托本市童子軍戰時服務團童子軍二千名全體出動向各界勸募由本組擬定棉背心式樣尺寸顏色及額棉重量等務求切合實用取價低廉穿着便利並請各報館各電台各大商店依照規定辦法分別宣傳勸募因求便利收受起見增設收件機

SC041

關發動以來，各界踴躍輸將，預定數量，業經打破，實出意外，總計二十萬棉背心之運動，市民均熱心捐助，漏夜趕製，動員不下四十萬人，前線將士固受惠不淺，但亦爲國民所應盡之責任。一爲本市各界聯合會，會同本市播音業公會，於九月廿四日在富星電台聯合播音勸募慰勞金，全上海各電台均義務轉播，各名伶名票均按時到場播唱，開幕時由曉籟致開幕詞，盛況空前。播唱時間自下午一時至十一時止，各界士女在此時間內紛紛來電通知願捐數目，除本會派員依照規定手續辦理外，並請市商會童子軍協助，收款結束，收到國幣五千五百〇三元七角八分，中實儲款證三十元，安徽公路公債連息八十一元二角，銀元、實飾物器皿硬幣紙幣等件向中央銀行兌得一千〇九十六元，成績極佳，已於十月

一日將詳細情形刊登申報鳴謝最近本會正應本市書畫團體之請計劃籌開書畫展覽會將展覽所得悉數充作慰勞將士之用其他在計劃中者有勸募青布鞋襪衛生衣褲及耳套手套等運動不日即將詳細情形公佈開始向各界勸募此本會勸募方面之概況也

本會金錢及物品會計事務統由會計組處理會計組分收支及帳務二股會計程序可約略舉述者收受慰勞金用三聯收據憑代收機關通知書製作收入傳票支付款項用付款傳票黏附單據收條及其他附件以為金錢會計上之記帳憑證收受慰勞品亦用三聯收據憑代收機關之通知書製作收貨傳票支付慰勞品用付貨傳票黏附發慰勞機關之正式印收慰勞品入棧及出棧用途品單及支品單以為物品會計上之記

SC043

帳憑證主要帳簿則金錢部份有現金日記帳及總帳物品部份有物品收入帳物品付出帳（以慰勞機關分戶）及物品分類帳表單方面則金錢部份每日編製試算表每旬日編製資產負債表及收支報告表物品部和（份各）保管棧每日均有收支報告表本會成立以後由前供應委員會撥來慰勞品一批此外小部份係屬自購大部份則由民衆方面所捐輸者慰勞品多近二百種其（甲）屬於軍需用途者（一）防禦品類凡供防禦用之一切材料如蔴袋有刺鉛絲木料等屬之（二）五金類凡軍用上一切鋼鐵五金材料零件如鋼板無刺鉛絲電線鉗剪（十字鎬）等屬之（三）軍需零件類凡士兵所服帶之一切零件如望遠鏡水壺糧袋馬號風鏡電筒橡皮手套通信器材鋼絲馬甲軍衣等屬之（四）醫藥用品

類凡急救防毒之所需一切用具藥品如口罩面具痧藥水紗布等屬之（五）運輸用具類凡交通上所需一切車輛等運輸用具如篷車卡車機器脚踏車自行車等屬之（六）油類凡運輸器具上所添配及其他一切油料如汽油機油火油擦鎗油等屬之（七）雜用品類凡不屬於上列數項之軍需品則入本類如行軍牀地圖皮複線鐵板香烟罐油布收音機等屬之（乙）關於慰勞用途者（一）被服類凡一切服用品及被毯衣衫鞋襪雨衣帽毛巾等屬之（二）食用品類凡可供食用者如餅乾光餅米麪香烟汽水罐頭食品等屬之（三）雜用品類凡不屬於上列二項慰勞品則入此類如唱片唱針畫報面盆烹飪用具洋燭牙刷等屬之物品種類既繁欲加精密處理非詳細釐定會計科目不可收

受及支付之手續更不得不力事整齊劃一以免淩亂以是會計組工作極爲忙碌幹事四人均由立信會計師事務所借調而來自晨到會無片刻暇每晚七時以後尙須留會工作辛苦有足多者此本會計方面之概況也

本會勸募工作得以順利進行以得力於宣傳組者爲多如徵募棉背心二萬件望遠鏡一百個急救藥包十萬包均成效卓著宣傳工作由周邦俊先生率同中西大藥房職員多人常駐本會主持辦理撰發通函分投稿件更能統制各電台以本會勸募之預定計劃廣爲傳佈使民衆慰勞之力量集中藉收慰勞之最大效果近爲編製徵信錄又由邦俊先生添調女職員二人來會辦公終日埋頭辛勤備至此本會宣傳方面之概

況也。

集中物力，既爲本會最爲努力之一事，而已徵集之慰勞物品，務使到達前方，平均普遍，爲作戰將士所享用，尤爲本會一貫之方針。本會幸得繼承供應委員會之關係，續向礦灰廠業同業公會借得卡車多輛，不付半文租金，較大修理費用，且由車主負擔。運輸組服務諸君，在一二八時，即曾參加前方運輸工作，故能持集於冒險之熱誠，及履險如夷之經驗，輪流押運慰勞物品車，送前方。敵人之飛機大礮，視若無睹，聽若無聞，往往薄暮出發，翌晨始回。此種勇敢精神之表現，即爲使前方戰士沾獲慰勞之實惠，誠堪欽佩。此本會運輸方面之概況也。

本會係由上海市抗敵後援會供應委員會蛻化，此係應環境需要而爲

SC047

改弦（易轍）更張之改組者故工作使命除繼任供應委員會之責任外復注意於於慰問傷兵而有慰問傷兵組之添設蓋在本會成立以前軍事當局鑒於漢奸之偽敵作倀對於慰問傷兵曾傳令勸阻深恐奸人藉慰問之名而行刺探軍情之實此於戰事前途關係至重但一念忠勇將士負傷歸來若不予以物質或精神之安慰則靜臥療傷或將誤解民衆之冷淡此不獨使愛護將士之意義無以發揮或且足以影響前方之士氣為此乃衡其輕重兼顧並籌添設慰問傷兵組依據上海市抗敵後援會所訂慰問傷兵改進辦法聘請熱心仕女擔任專員分駐各救護醫院在監護責任之下招待熱心各界之慰問

慰問傷兵之舉驟然思之似甚平凡若果加以深思則覺有不可衡量之

價值。蓋我國今日之抗戰，自知軍械質量，皆遜於敵，所藉以爲爭取勝利之憑藉，則爲視死如歸、不惜犧牲忠勇之士氣。故對於受傷療養之將士益增其爲國殺敵之精神，而臨陣抗戰之將士，亦必聞風感奮，爭爲保衛民族之犧牲矣。

慰問傷兵組之工作，十月一日開始進行。對於接洽登記慰問之團體或個人，俱先告以準備慰問醫院傷兵之人數，並貢獻購辦食物用品之意見。在慰問者到達醫院之時，則由駐院專員會同院方人員分赴各病房，將慰問品直接分贈各傷兵。現因若干醫院業已與慰問傷兵組合作，使各方慰問熱情，俱得爲平衡支配之進行。醫院方面缺少之物質，亦因駐院專員之報告，使各院傷兵接受慰問之結果，不致因地位之遠近而有

SC049

見郭見重之顧慮。至於代為籌劃，補充使醫院愛護傷兵之意義，得為充分之發揮。

慰問傷兵組慰問傷兵之統計，截至十月二十五日止，共計二百四十四次，駐有專員之十六醫院，平均每月十五次，其他九院因感於接洽慰問之困難，由慰問傷兵組介紹前往慰問者，各凡四次，此後工作計劃，則以近一月之經歷為依據，另以合於科學意義之方法，使工作為更有效之進行。務須使受傷士兵認識為國家民族犧牲之榮譽與價值。

未來工作之大要，在使醫院獲得經濟物力缺乏之協助，傷兵獲得物質精神之安慰，各方獲得慰問之便利，此本會慰問傷兵工作經歷與推進之大概也。

6

救護工作概論

顏福慶

（一）引言

本市抗敵後援會之救護委員會，有三個團体最為密切而各有其工作對象之團体，一為上海市救濟委員會，以救濟難民為目的，一為上海市慰勞委員會，以慰勞前線作戰將士及後方受傷官兵為目的，一即上海市救護委員會，以救護受傷兵民而予以醫藥上之診治為目的者也。

考上海市救護委員會原為上海市救護事業協進會，由本市各界領袖虞洽卿、錢新之、黃炎培

SC129

江刚匯等所发起，於去年十一月十八日成立，盖适当沪东战事发生之后也。是时全面抗战之局尚未形成，故该会工作系偏重于沪东方面救护工作之策应。洎乎本年七月二十日，始遵中央规定改组为上海市救护委员会。自改组成立之后迄沪战爆发时止，可谓为准备时期，自沪战爆发以后，乃入于实际从事救护工作之阶段。

职虑不敏，受命主持该会工作，追随诸同仁之后，对于本市救护事业之策划实施，虽努力从事，不敢稍懈，惟自觉殊鲜成绩，颇有负政

誠符國及全界同胞之殷望。關於該會工作，除經另段

編製四次報告外，并應本會世界抗敵後援會之

邀，特再撰此救護工作概論一文，略述救護工作

之意義和及該會工作之概況，以訴於全國從事於

或有志於救護工作之同志。

一、救護工作之意義與其範圍

在今日我國對日全面抗戰之階段中，所謂救護

工作者，乃指對於我忠勇衛國而受傷之將士施以醫

藥上之診治，蓋此種將士為保我全民族生存而

SC131

与敌人抗战，不幸受伤，但尚不致死，则我人自应用种种方法，加以诊治，以消除其痛苦。设幸而不成残废，更冀其在伤痛平复后，重上战场，继续经过国家之长期培植，有最宝贵之战斗经验，设重上战场，自更可以一当十。且如我人若对已受伤之将士能加以悉心诊视，则必能使未受伤者更奋发努力。是故救护之工作，对于我全面抗战之前途，国家民族之生存，实具有莫大之关系焉。

就上海方面之救护过程而言，首由专门组织之救护队车或伤兵卫生队处救得伤兵，即加以简单之包扎

治療，才復由運輸卡車裝載或逕送經臨近特區之分發包紮站，轉送設在特區內之各傷兵醫院，或逕送至蘇、錫、常、鎮、杭、嘉、湖等各地轉送。此時並須運輸痊癒傷兵歸隊，或將輕傷官兵轉院。上海市救護委員會即曾同中國紅十字總會合作，此救護過程中，分別擔任組織聯絡指揮，疏通，設計籌劃，擴充調節等管理之責任。此種工作過程為一有機體，使其靈活運用，如其一點有障礙，必致牽動全局。

三 論理救護工作之對象，應以傷兵為限，但以敵人之殘暴，時於非戰鬥員之平民無遮施轟炸，且以罹此不幸之慘禍者尤無可計數，以致對於受傷民眾，亦不得不視為救護工作之對象也矣。

SC133

三、上海市救護委員會之組織

在本年夏季，中央以鑒於國防目的，特頒佈非常區域救護事業辦法大綱，規定凡在非常區域內之各省市均應設置救護委員會，負責協助並辦理戰區軍民救護工作。上海市救護委員會，即係依據此種規定，就原有之上海市救護事業協進會加以改組，而以紅十字會、市商會、地方協會及各醫藥團體醫事教育機關等與救護事業有關之團體機關各推代表為會員共同組織之，並由黨政軍主管機關派員參加指導。

且受中央救濟事業總管理處之指揮及監督。

依照該會章程第五第六兩條之規定，除由各團體代表大會分別推定主任委員副主任委員及兼聘任總幹事一人，秉承正副主任委員辦理會務外，並規定在總幹事下設總務醫務兩組。因事實上之需要，總務醫務兩組，除各設組長一人，副主任若干人外，並於總務下附設文書紀錄等十課，醫務組下附設事務醫務等四課，分掌日常會務。職員共五十餘人，均義務職。茲為明瞭起見，列表如下：

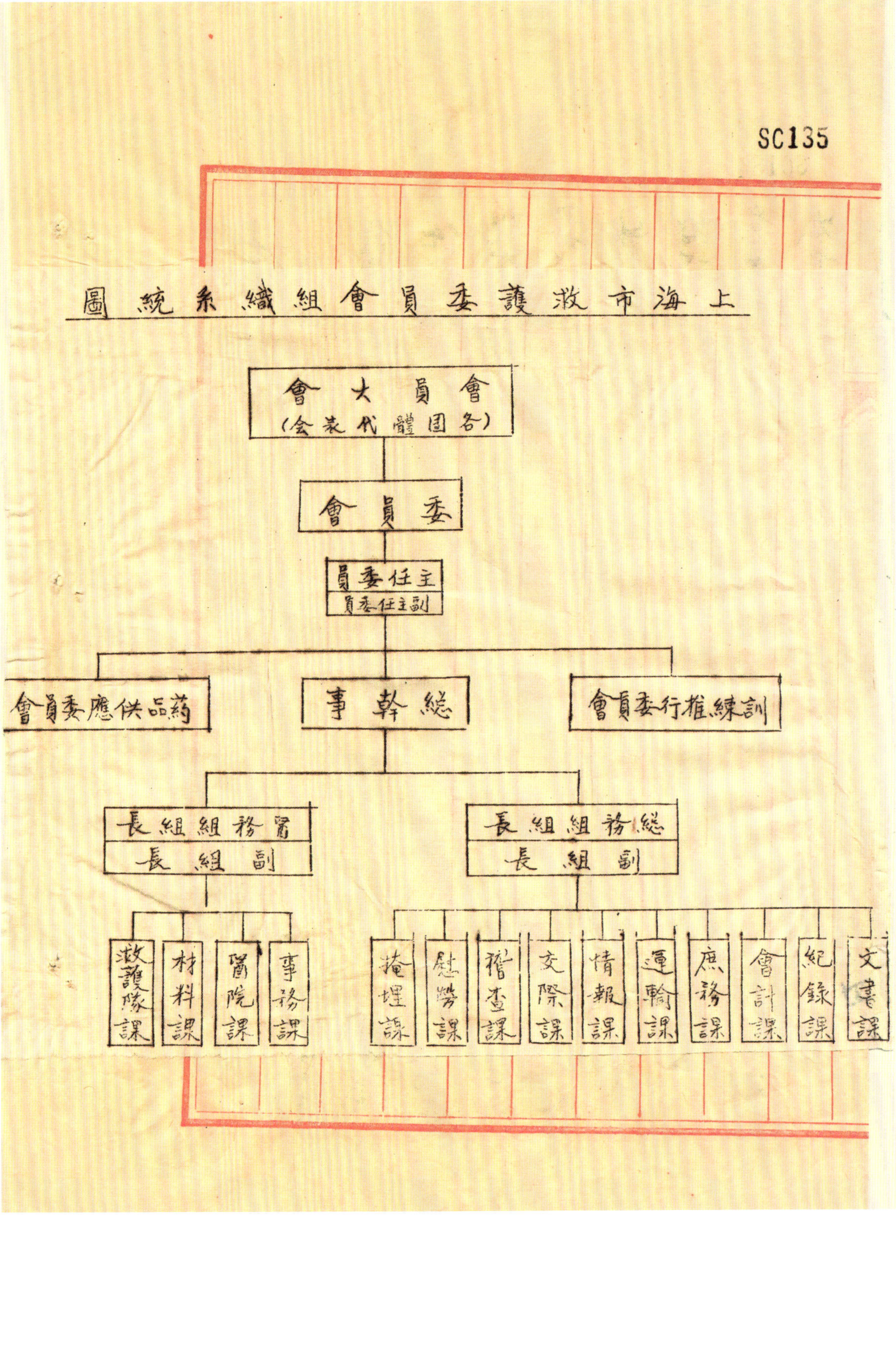
SC135
上海市救護委員會組織系統圖
會員大會
（各團體代表會）
委員會
主任委員
副主任委員
訓練推行委員會
總幹事
藥品供應委員會
總務組組長
副組長
醫務組組長
副組長
文書課
紀錄課
會計課
庶務課
運輸課
情報課
交際課
稽查課
慰勞課
掩埋課
事務課
醫院課
材料課
救護隊課

(四)上海市救护委员会之设施

关于上海市救护委员会之实际工作概况，最主要者为受伤兵民之收容及治疗等，以尚未至肃清时期，暂不能报告。兹仅就该会设施，略举如下：

甲 救护工作人员之训练及征求

该会在沪**东**战事发生后即当在救护事业协进会期内，即着手于救护工作人员之训练。自根据中央规定改组后更积极从事训练，且从质之注重更进而为量之扩大，除自行设班训练外并指给其他团体机关学校设班训练。训练毕业者

SC136

079

SC137

三

学员壹千余人，及沪战发生前后，更积极征求学有专长经验丰富之医生护士，参加服务。以事先有此布置，故战事发生后，尚不致十分拮据见绌也。

(2) 医院

该会在沪战发生前，对于伤兵医院之设立，即预有布置。迨战事发生后，更陆续扩设。该会所设医院共分二种。一为预设医院，乃由该会专因沪战关系而临时设立者。计陆续设立者有二十所。除因一部分移至后方，一部分结束者外，现存者计十四所。

此種医院之藥品材料，有由該會全部供給者，有由該會供給一部分者，亦有由創办人担負者。一為特約医院，乃指受該會之委托收容受傷兵民之原有之私家医院。計陸續受該會特約者之医院有十六所。此種医院僅由該會津貼每一受傷兵民每日國幣二角，其餘費用概由各院自理之。惟現因此種医院收容量極小，經陸續結束，設法將傷兵轉入各救護医院，故現存者僅二所而已。此外，由其他團体設立而與該會因工作上而發生密切關係之医院尚有八所。

SC139

（丙）救護隊及急救隊

救護隊及急救隊之組織，乃經由該會所自行設立及附屬之各救護訓練班畢業學員，以及自行投效及徵求而得之有訓練經驗之人員編製而成，計陸續設立者有救護隊十二隊，急救隊九隊。救護隊每隊五十餘人，急救隊每隊十五至二十人。其中包括醫師護士担架司機等人員。自戰事發生後，即分區駐紮在前線各戰區。各隊之員均能不計生死，不分晝夜，赴前線努力救護傷兵，分送前後方各醫院。唯是該項工作，處於火線且以敵

遭敌人之包围时施轰射，危险万分。各队应用之例亦看数见不鲜。

此外，该会之种种设施，或过于专门，或尚未至发表时期，姑不一一。

四、结论

关于救护工作之意义及范围，以及上海市救护委员会之设施，已略如上述。惟因仓促撰拟，叙为简略。而救护委员会工作●成绩之优劣众望，尤深惋歉。尚祈各界明达之士，时锡指正。

SC141

是由至诚。惟是国家全面抗战之局已成，战事决非一时所能结束，故切盼各界对救护工作除精神上之声援外，更能不断地以物质上之捐助，俾救护工作得以充实，抗战前途，实利赖之。

救濟工作概論

目錄

救濟工作概論 目錄

二

救濟工作概論

潘公展

一　引言

公展奉命主持辦理上海市的救濟難民工作，材銓任重，用力多而成功少，正在十分內疚的時候，接到本市各界抗敵後援會來函，要我撰寫救濟工作概論一篇，略述其工作經過和心得，自覺非常慚愧。在這非常時期，又身居抗敵工作第一線同時又是全國主要都市的上海，擔着救濟工作的全部責任，實在是勉力支撑，缺點甚多。不過借了後援會託寫這一個題目的機會，把自己所負責的部份，記述下來，公諸大衆，一則可以切實檢討過去工作的缺陷，二則可以儘量接受外界善意糾正的批評，使自己可以推進機能，別人可以共相參證，以達到本市乃至其他省市救濟工作完全無憾的地步，這不僅是個人的私幸，也是社會公衆的福利。因此不顧自己的簡陋和謬妄，在敵人的炸彈大砲聲中，在難民的痛苦聲裏，在救濟工作的日益緊張之下，勉强抽出一部份時間來，寫成這一篇潦草塞責的文字，以就正於全國從事抗敵後援工作諸同志。

二　救濟工作的意義和範圍

在這非常時期，人們對於救濟工作，往往只從消極一方面辦理，以爲只要做到字面上的意義已夠，這是錯誤的！須知全面抗戰和長期抗戰中，卽如給養一項，在前方所需已多，而後方還要分出餘力來救濟大部份不能生產僅供消耗的難民，這不是明明要減輕抗戰的經濟力量嗎？所以我們現在做的救濟工作，在消極的救濟以外，更需要含有積極意義的工作在內。消極的救濟，僅僅如普通振災一般，只能做到將許多流離顚沛無衣無食的難民，供給他們以住所，食粮和衣着，使他們免去凍餓死亡而已。但這住所，食粮和衣着，都是臨時突增的消耗，也就是國力的暗損。同時戰爭一發生，必有大部份人不能直接或間接的生產，使農工商各業都趨於停頓。一方面生產減少或至於零，一方面消費量却突飛猛晉，這兩重損失，加在一起，更使國家力量打一極大折扣，如果不想方法調整起來，必致難於支持前方長期的抗戰。所以在這時期，僅僅由一地方政府或地方團體辦理消極方面的救濟，如營救，收容，給養醫藥等等工作斷然不是完善的辦法，而必須要從事於含有積極性的救濟工作，才有遠大的意

義。

積極性的救濟工作，最先決的條件，是在移無益的消耗者而仍使變爲生產有力份子。其辦法方面，大概有遣送，移墾，訓導，徵發等等工作。（甲）遣送，最大的目的，是因爲戰區人民既不能從事生活，就應把他們能生產的份子遣送到後方安全區域去做生產的工作，至少能夠維持個人生活，不再仰給於國家的消耗。同時，也把不能生產的婦孺，遣送出危險區域，保全他們的生命以存續國家種族的生命。遣送的方法，是利用一切水陸交通的工具，在不妨礙軍事動作的條件下，儘可能的設法運輸到預定的目的地。（乙）移墾，第一步也不外乎從遣送着手。但遣送是包括各部份人都在運輸之例，而移墾則是限定某一部份人適宜於此項工作的集中一起，才來把送到一定的地點。惟移墾的方法，比較複雜而艱鉅。因爲中國東南各省大都已是人口密集，各有田地墾殖，恐怕很少再能容納一大批人參加的餘地。江西省或因連年的兵燹，感到荒地待人開墾，亦未可知。但大體上說來，移民墾殖，總須選擇，邊遠省份，去途遼闊，運輸困難，而移墾的人們又必須經過相當技能的訓練，也不是眼前像上海這樣倉卒之間所能辦到，惟有希望在我們把難民遣送到內地以後，趕速由中央督率內地省

市當局有計劃的來辦理了。如果中央有整個計劃，而內地當局又能從現在前方退下來的大批羣衆，挑選大部份人，加以相當訓練，移充實邊屯墾之用，這對於國防及經濟方面確是一件最有意義和價值的大事。至於（丙）訓導和（丁）徵發，我們現在都已在工作進行之中。我們派了大批訓導員，在難民羣衆，加強他們的民族意識，和提高他們的知識程度，並且給難民兒童以國難教育的機會。此外，我們舉行職業，技能，壯丁，三種登記，把眼前立刻可能在前方或後方參加實際工作的一部份人，經過詳細的選擇，乘着前後方正在需要這一部份人勞力的時期，一批一批的勸導前往工作。這種辦法，我想至少不同於振災一般地僅是消極救濟一下便算了事。

三　上海市救濟委員會的組織

當滬戰沒有爆發以前，盧溝橋事變突起之際，我最高當局宣示了最低限度條件，而敵人還是步步進迫以後，上海形勢早已一天緊似一天。等虹橋機場案件發生，敵人的軍艦紛進淞口，那時就意識到時局已到最後的嚴重關頭。爲了應付非常時期的難民救濟問題，乘早籌備

組織起見，我就在社會局所主管的職權以內，召集全市慈善團體和同鄉團體各負責人員，開了二三次會議，切實討論設立大規模救濟機關的組織辦法。最要一點，把上海向無集中組織的救濟力量，統一在一種辦事機構之下。這時候，剛正抗敵後援會成立，推我担任主持上海市救濟委員會的任務，我就用社會局的名義，聯合上海市地方協會，上海市商會，上海慈善團體聯合救災會，中國紅十字會，世界紅卍字會，上海華洋義賑會，中國華洋義賑會救災總會，中華公教進行會，上海基督教青年會，本市醫藥團體，各旅滬同鄉團體等機關團體，推定負責人員，共同組織，成立上海市救濟委員會，並承推我為主席委員，訂定章程和辦事細則。（均見附錄）

根據章程和細則，設立祕書處和總務，財務，外事，收容，給養，遣送，訓導，醫藥，衛，掩埋等十組為顯明組織上的系統起見，特再劃成下面一張圖。

糾察

上海市救濟委員會系統圖

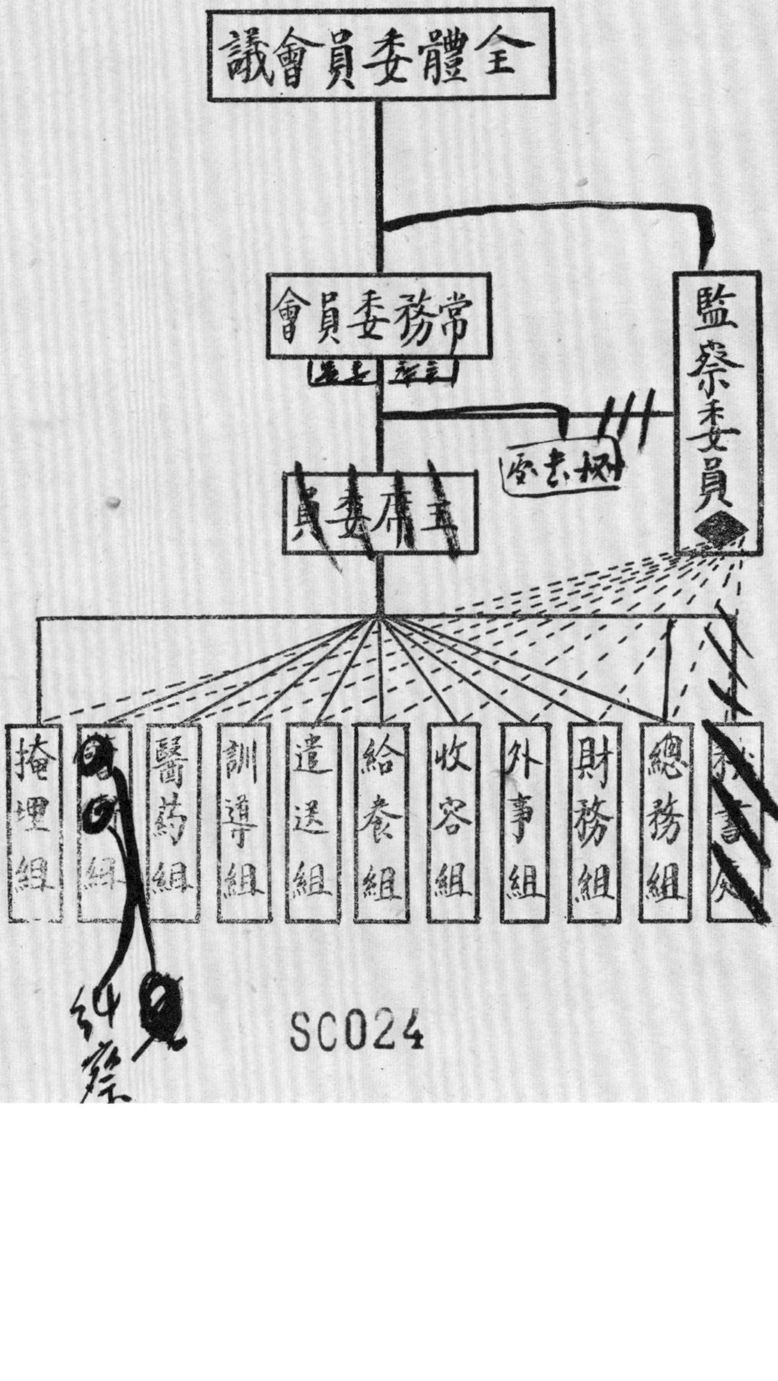

依照上面的一張系統圖，對於救濟會的組織系統，儘夠明瞭。但還應補充一點，就是上面的組織上，包含積極和消極兩方面的救濟工作在內。祕書處和總務，財務，兩組是全會的樞紐，專管機要和經濟事務等內部基本工作。收容，給養，醫藥，掩埋，糾察，等組，是專管消極方面的救濟工作，遣送，訓導，兩組是專管積極方面的救濟工作。這裏惟有外事一組，是依照上海環境所有的一種特殊情形而設。

可是，上面這一組織，從八月間開始工作到九月底，又因爲奉到　市政府命令依照行政院頒布非常時期救濟難民辦法大綱之規定，將上海市救濟委員會的名稱更改爲非常時期難民救濟委員會上海市分會。我們一面把舊有的上海市救濟委員會於九月三十日辦理結束，將新改名稱的組織於十月一日成立起來。在新的組織上，除名稱外，並在原有常務委員十一人外，又由市府加聘陳之毅黃伯樵李廷安蔡勁軍徐桴吳嶼等常委六人。其他依舊沒有十分更動，不過爲應付事實上的需要，將收容組的事務劃出一部份來另設一營救組，並將醫藥組改稱爲衛生組。後來我因爲新的組織名稱太覺複雜，而原來的名稱又幾已婦孺皆知，故爲了便於稱謂及接洽起見，對外仍簡稱爲上海市救濟委員會。

四　救濟工作的應有準備

本市救濟難民工作，是在七月二十九日開始。那時上海雖然情勢緊張到極點，但還在戰爭的前夜，所以第一期還可以從容從事於應有準備的工作。最先是約略籌集款項，準備好經濟力量。第二步是儘速調查全市安全區域內可以準備收容難民的場所，把團體所有隙地都實地查明標別，依照場所大小和地點遠近，劃定設立收容所的數目和次序，並且先作一度簡單的佈置，第三步是和水陸交通主管機關預先接洽，儘可能的調度好運輸的車輛和船隻，並且向紅十字會接洽辦好應用的旗幟臂章。第四步是籌劃好將來必需的給養的來源，並且和各同鄉團體接洽好可能的給養擔負，以期減輕一些本會的單獨負担。這四步必需準備的手續，剛正辦好一點頭緒，接着就是戰爭發動的前期，難民已源源不絕地由本會派出去的車輛從危險區域運送到預先佈置好的收容所中了。不料我們的理想中，認爲可以應付一時的已設收容場所，計六七十所，竟在八月十二日十三日十四日等三天之內一齊住滿了各處紛來的難民。我們那時許多從市黨部和社會局調來的同志們，夜以繼日的工作着，把由公用局調到仁濟善堂

門前來的十多輛卡車澈夜不停地運輸來去。臨時又發生了一個問題，就是車輛所用的汽油，消耗很大而又一時很難買到。我們又很費力的接洽到最低價格的大量購進，以節省經濟和充實準備。同時，收容場所的不敷，我們又費去許多接洽工夫，總算因爲我自己是主管教育事業的關係，通飭各公私立學校展緩開學，儘量移充收容場所。但這還不夠，又向因戰爭而停業的戲館影戲院，舞場等各個接洽，由大世界首先答應，大都先後改設爲收容所。這時我們所設的收容所，竟有一百四十餘所，難民人數近十萬人，幸而一切準備還算充份，不至臨時發生問題。同時，幸而還有慈善團體聯合救災會，紅卍字會，上海國際救濟會，廣東同鄉會，寧波同鄉會，湖社，河北同鄉會，濟生會，四川同鄉會，潮州同鄉會，山東同鄉會，通如崇啓海五縣同鄉會，吳江旅滬同鄉會，鎮丹溧金揚五縣旅滬同鄉會，江寧六縣旅滬同鄉會，蘇州旅滬同鄉會，常州旅滬同鄉會，江淮旅滬同鄉會，徽寧旅滬同鄉會，無錫江陰旅滬同鄉會，洞庭東山旅滬同鄉會，揚屬旅滬同鄉會等等，也幫同我們收容難民，以收衆擎易舉之效。但這樣多的難民人數，單是給養一項，無論怎樣準備，也是不夠我們的負擔，而且後面還有難民紛至沓來，一定加倍難以支持。那時，我們就主張在一面收容之中，一面即行開始遣

送。已經預先準備向兩路局接洽好運輸難民的車輛，由他們每天指定節數和班次，專供本會運送難民。這一步工作，最先是比較圓滿，因爲我們分成京滬和滬杭甬兩線，只要每線每天有幾節車輛運出，那末十萬難民，以每天遣送出二三千人計，至多一個月可以遣送完了。但事實總不如理想那麼容易，中間最大的打擊，卽是敵人殘暴所賜，難民車輛在南站和松江，連續發生被炸的慘劇，而且鐵路交通也一時根本受了阻礙。幸而我們又在預先準備向航政局接洽好船隻，不難利用水路交通來遣送。但一則水路交通比較遲緩，二則能容遣送的人數有限，因此最先準備趕速遣送完了的計劃，受了一種重大打擊。而且又因水路上的慘劇，如北新涇炸案等，死傷難民纍纍，眼前不斷發生，這又使已經準備得很好的遣送工作上，遭一更大打擊。所以直到寫這篇文章時爲止，單就市救濟會直接收容的難民而言還有三萬多人在準備陸續遣送中。除了遣送以外，我們對於難民衛生，難民教育，難民秩序等項工作，好在各組負責人員，都能從早準備齊全，臨時應付，還沒臨渴掘井手忙脚亂的情形。這是應該誠懇感謝上海市各機關團體直接或間接所給予我們的助力。

五　本市辦理救濟工作的困難與其解決方法

談到本市救濟工作的困難情形，眞是隨時隨地都偶然可以發生，例如上面一段所說遣送的問題，不能盡如準備的圓滿，這也居其一端。而且當時在收容中的難民，聽到遣送出去的人們不幸的慘劇，外加他們卽使回籍也覺無法解決生活的關係，竟有大部份人不願聽候由本會遣送而甯願在收容所裏吃到口的茶飯。這對於給養的消耗，和新收難民的加增，實在使市救濟會一時感到籌供爲難。我們再四研究，要解決這一困難問題，一面督促訓導員努力，詳細愷切曉諭他們以長留此間無力給養的危機，一面策動國際的合作，由上海市政府和兩租界當局，及中外慈善團體，共同籌組國際共同遣送難民委員會，負責海輪運輸遣送難民，以補內河航輪之所不及。同時，再將已經策劃好遣送安全的辦法告訴難民，使一部份人還可以依次遣送。然後從這許多難民中間，抽調可以擔任實際工作的人，參加到有益國家工作的隊伍中去。這一困難問題，才算得到局部的相當解決。此外，最大困難的一點，因爲上海是特殊關係，除了我們政府機關管轄所及以外，還有租界主管的地方當局，雖同在國境之內，竟截

然分成另一疆土一樣。我們把難民從戰區移進租界，又要從租界移送出去，就是這兩種往返進出的手續，已夠交涉上的麻煩。有時爲了人數太多，有時爲了時間略遲，有時不許他們帶行李，有時恐怕他們染虎疫，種種阻難，不一而足。甚至坐船乘車被遣送着的難民，遭了轟炸，死裏逃生，半夜三更，不能救回到收容所裏來，言之十分凄慘。還有難民中間漢奸的防止，因爲警權不屬於我的關係，更無法施行制裁的辦法。我們把這一切，惟有在不引起外交問題的範圍以內，痛苦地忍耐着，不動聲色的做去，試想這已很夠困難和解决了。還有，這一次因爲戰爭的激烈，前方的死亡，不僅兵士，即是平民也不計其數，我們一方面在救生，一方面也須顧到死者，至少把這些犧牲的人們掩埋起來，免得腐爛妨礙衛生。但這就是一件最大困難的工作。因爲從事掩埋的人們，在後方從事，如大世界和先施公司門前轟炸的工作，尚不艱難，而要組成了隊伍，冒着敵人的砲火，到前方的火線上去工作，實在不是一件易事。中間有一次，我們掩埋隊的車輛，受到敵機的轟炸，傷亡人員有二十餘，因此，從事掩埋工作的人，已減少前進的勇氣。我們爲鼓勵後來工作和撫卹死者起見，才訂定了一種因公傷亡的撫卹條例（見附錄。）同時，遣送方面的船員，也有同樣情形，還有遣送船隻，受損

很多，我們也訂定給他們以事前保障的條例（見附錄。）才使這幾方面工作者能繼續不斷地努力。其他，在難民衞生方面，最困難的是缺乏醫師，因為醫藥界熱心諸君固然不辭勞瘁，而始終願為本會義務服務的究屬為數不多。幸有中德醫院和衞生局的贊助，勉可應付。此外，國醫方面，很有大部份醫生，每天到本會所辦的各該收容所裏，義務開診。由於國人信仰國醫的心理，難民的輕微病症，確能得到他們治愈不少。不過，重大症候，就不能不送醫院診治。我們因此又臨時籌設一難民救濟醫院，以為應付。這一問題，可算初步解決。不過，關於醫藥用具及設備方面，仍很缺乏。我們費力向各方張羅，後來承各大藥房捐助或減價售賣，又得到衞生局的共同合作，幫助減輕了許多困難。在難民給養方面，採辦上最是困難，即如燃料一項，租界上顯得缺乏，我們必須到戒嚴區域以內採購，通行時受阻礙，後來得到戒嚴司令部的合作予以便利，才告解決。在供給上也有相當困難，因為各收容所難民的人數，天天有變動，供給的數量，就不一定能夠按日準確，有時過賸，有時缺乏，最後我們交由各收容所管理員負責調整才能供求相當。至於難民管理方面，困難最多，第一，因為充任管理員的人員，都在臨時緊急時候自願投效擔任此項工作，其對於管理上事前經過訓練或有經驗

的究屬少數，第二，由各團體給養的收容所都非本會直接管理所及，不能予以十分注意。以後幸而這種管理人選，都在經過相當試驗以後，發現缺點，隨時糾正，才漸漸地走上軌道。尤其必須鄭重的提出一點，本市童子軍方面替本會的義務服務，難民秩序方面全賴維持，減去不少困難，這是應該深深感謝和嘉許的一件事。

六　本市救濟工作的回顧

本市救濟工作，在上面各段已大略寫出了一個輪廓，這裏不必再來瑣碎細述。不過爲使各界易於明瞭起見，茲將自市救濟會八月份開始工作之日起至九月底奉令結束改組爲非常時期難民救濟委員會上海市分會之日止，再來系統的列着統計表於左，以便一目瞭然。同時，再將本市其他慈善公益團體此次各自所辦救濟工作，一倂統計，總列一表，使本市救濟工作的一般狀況，也可一覽無遺。

（一）（八月份統計表）[redacted]。

（二）（九例统计表）

（三）（上海市各机关团体存统表）

SC029

又關於本會內部人事方面，所有各處組負責人名單也列表於下：

常務委員會

秘書處	秘書主任	[illegible]雲
	秘書	雷[illegible]南
		陸屏仁
總務組	主任	黃延芳
	副主任	鄭式英
		陳玉如
財務組	主任	黃延芳
	副主任	秦曙聲
		方如槐
外事組	主任	胡筠秋
	副主任	張驥生
		姜紹言

救濟工作概論

[illegible]

一五

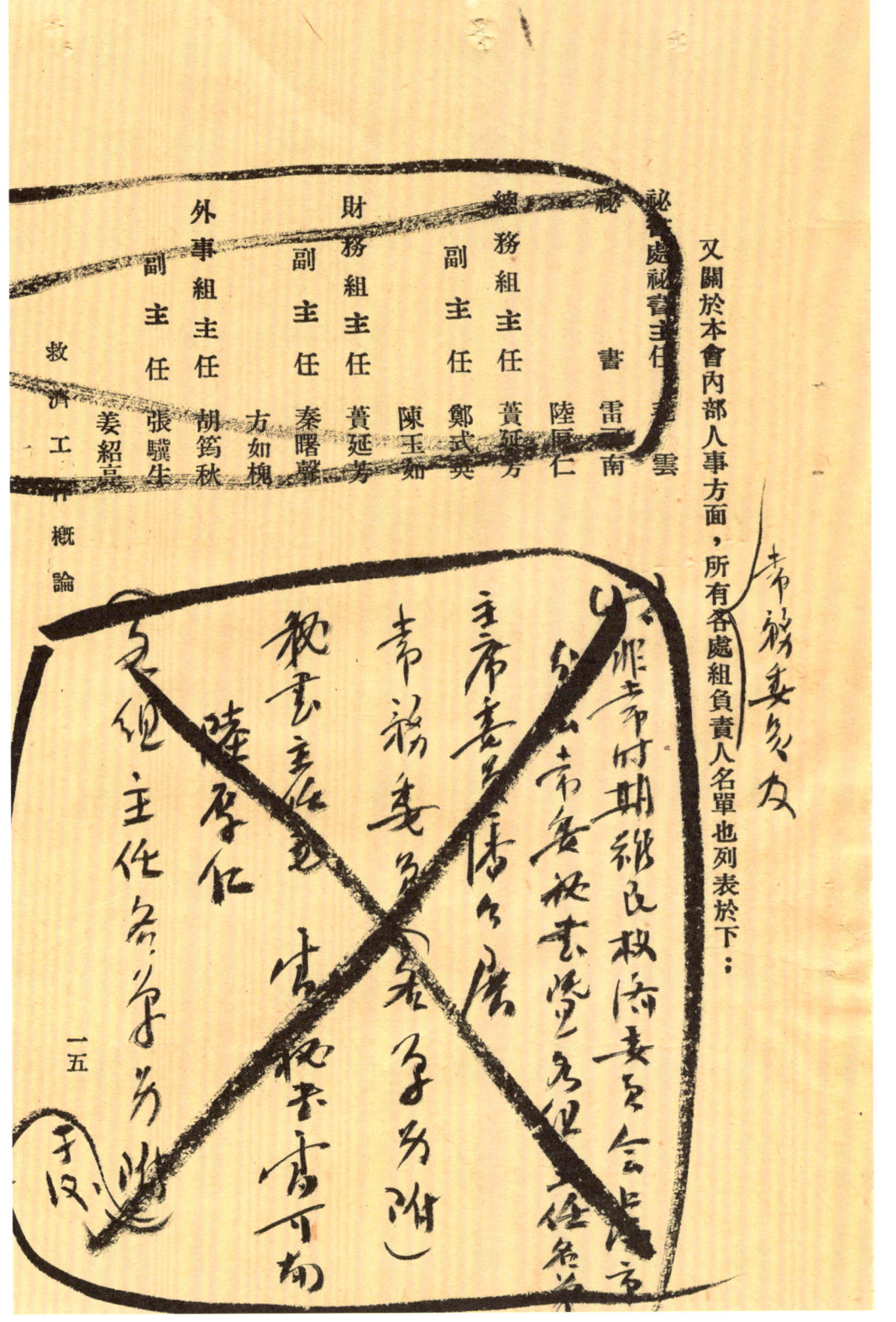

收容組主任　徐采丞
副主任　蔡仁抱
聶海帆
營救組主任　屈文六
副主任　陳唯一
宏明
給養組主任　穆藕初
副主任　顧馨一
陳濟成
遣送組主任　楊志雄
副主任　楊管北
周學湘
訓導組主任　張秉輝

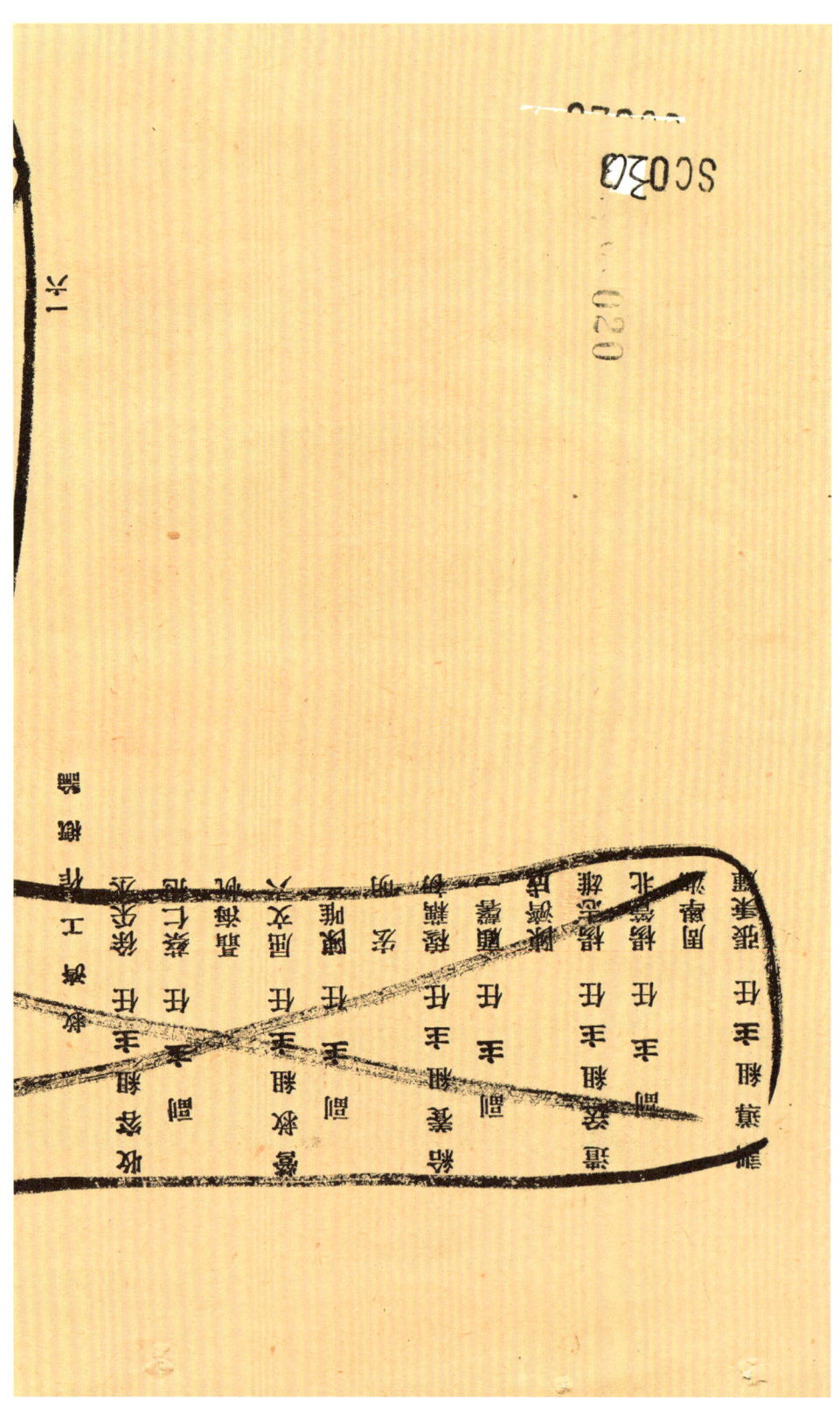

主任　江問漁

姜文寶

衛生組主任　許曉初

副主任　王世偉

丁濟萬

俞松筠

糾察組主任　姜懷素

副主任　殷冠之

夏煥新

掩埋組主任　陳良玉

副主任　江世澄

王彬彥

葉振[illegible]

回顧本會成立後兩個月來的救濟工作所可表現的成績，盡在上面的統計表上，這顯得是成績薄弱得很，然而還是市黨部，社會局，衛生局，警察局，地方協會，市商會，銀錢業公會，總工會，童子軍戰時服務團，各慈善團體，各同鄉團體，醫藥團體等等所派負責人員共同努力的效果。加以社會上各團體及熱心人士慷慨捐助，集腋成裘，纔使我們鼓着勇氣來幹。在我個人實在要爲難民表示深切的感謝。

七　我們對於辦理救濟工作者的希望

自然，本市的救濟工作，能有這些微成績的表現，我在上面已經說過，應得感謝共同負責工作人員的努力，和社會各界的協助。但是事業的推進，我們還不能不有一種更好的新希望存在。而且，此次是長期抗戰，未來的工作，也許困難尤多。我們的新的希望，說得具體一點，也就是解決未來困難的預定方法。困難，固然有臨時始見發生，但也可以根據事實來研究發現，未雨綢繆，預定解決方法。譬如這一次我們所辦救濟工作中，收容所管理方面覺得很有缺點發現。第一，因爲收容所不純粹是本會所設而由担任給養的團體自己管理這內容

SC031

就非本會所能顧及。第二，收容所大都因難民的急劇增加先後匆促設立，祇能在當時投効願任工作的人們中間儘速派充管理，其能力固不能先有充分之試驗。此後，我希望：第一，要注意管理的方法，務使周密，第二，要意管理的人選，務須妥適。這必定可以把已發現的缺點補救過來。還有，主要希望一點，我們在第一期的救濟工作，以消極方面居多，第二期工作，現正開始，是要走上積極的途徑了。所謂積極，我上面已說過，大目的是移消耗者爲生產者。而工作是分遣送，移墾，訓導，徵發等項，移墾一項，我們在上海實感無法做起，必須得到中央領導，規定整個計劃，再由內地各省市合力施行，方可有效；那末所要辦的祇存遣送，訓導，徵發三項。遣送本在陸續辦理之中，但我們希望還要進一步積極的方法，把這一羣混亂的難民，區分出男女老幼，殘廢，健全等類，並且標明職業，技能，列成詳細表格，再來遣送到後方去，使後方的負責救濟者，立刻可以按其類別，支配生產或祇供消耗，以減輕國家的擔負和損失。徵發一項，因爲我們這一區域太接近火線的關係，特別要給前方以便利，所以我們應該可能的移送參加實際工作的人們走上前線，直接增加抗戰的力量。訓導一項，因爲有大部份土着難民不能不在上海留養的關係，在此期間，我希望盡

量難民中失業和失學或則無知識能力的份子，由訓導員替代平民教育家的地位，乘機給他們以教育和訓練服務的機會，以增加國民智識程度，不致因特殊影響而落伍。這三點，我希望現在屬於這一部份的負責救濟工作者，切實辦理起來。

此外，我希望一般辦理救濟工作的同志們不要自己以爲這是後方消極工作，而稍存懈弛的心理。有些人誤認了戰時工作，以爲必在戰地工作方是値得稱許，詎知如果大家擁到戰地上去，誰能再來料理這大量的難民安置問題？我們要知道救濟難民與前方軍事正息息相關。救濟得法，[illegible]使社會秩序安定，國家力量增加，前方制勝之道，未必與此無關，反之，則全盤基礎動搖，抗戰何能有最後的勝利？歐戰時代的帝俄，到底因了人民呼號着「麵包」「和平」而先崩潰了，我們却不可忽視這難民乃至一般人民的衣食問題呵！　蔣委員長電諭我們，救濟難民與前方軍事同樣重要，這眞是國家領袖的偉大指示！所以我們工作同志要同前方戰鬥員一般的不避任何艱險，任何犧牲，義勇地服務。並且要如最高領袖以前所昭示的快幹，硬幹，實幹三原則，推動全部救濟工作，把前後方無論那項都可打成一片地團結，奮鬥，前進這樣，長期抗戰的勝利一定有把握，而我們也有莫大的光榮，不比前方將士減色。否則

前方武裝同志拼命犧牲，我們在後方連這一點救濟工作都不能辦好，豈不是愧對國家，愧對領袖？這是公展自勉的一點，也是對本市辦理救濟工作者最大希望。

八 附錄

上海市救濟委員會簡章

一，名稱 本會由上海市社會局，上海市地方協會，上海市商會，上海慈善團體聯合救災會，中國紅十字會，世界紅卍字會，上海華洋義振會，中國華洋義賑救災總會，中華公教進行會，上海基督教青年會，及本市醫藥團體，旅滬各同鄉團體共同組織之，定名曰上海市救濟委員會。

二，宗旨 本會以慈善普濟為宗旨，辦理非常時期一切救濟事宜。

三，會址 本會設總辦事處於浦東大廈內，必要時得設分辦事處於各處。

四，組織 本會委員無定額，設常務委員十一人，並推主席委員一人組織常務委員會，下設祕書主任一人，祕書二人，成立祕書處，分設總務，外交，財務，收容，給養，遣送，醫藥，訓導，警衛，掩埋

十組。各組設主任委員一人，副主任委員[一人至三人，]委員若干人，以專職責。

本會另行指定監察委員若干人，監察本會會務之進行。

五，任務　本會各處組之任務如左：

祕書處　主持本會內部機要及統籌全會事項。

2 總務組　辦理本會文書庶務及不屬其他各組事項。

3 外交組　辦理外交上聯絡與接洽事項。

4 財務組　辦理一切救濟經費之籌募及收支事項。

5 收容組　辦理難民之收容及編配事項。

6 遣送組　辦理難民之遣送事項。

7 給養組　辦理難民衣食之供給及支配事項。

8 醫藥組　辦理難民之診療及防疫事項。

9 訓導組　辦理難民之訓練及教導事項。

10 警衛組　辦理收容所之警衛及查察事項。

10

（五）掩埋組　辦理掩埋事項。

上列各處組視會務之繁簡得由各處組主任聘任幹事若干人，助理會務。

六，經費　本會一切救濟經費物品由全體委員負責籌募之。

本會一切收支報告特聘會計師證明後，送監察委員審核公布之。

七，附則　本會辦事細則另訂之。

本簡章如有未盡事宜得隨時修正之。

本簡章通過之日施行。

上海市救濟委員會辦事細則

第一條　本細則依照上海市救濟委員會簡章之規定，訂定之。

第二條　本委員會設常務委員十一人，互推主席委員一人，組織常務委員會，掌理全會事務。

第三條　本會設祕書主任一人，祕書二人，成立祕書處，秉承委員會之命令，主持內部一切

機要及情報工作，統籌分配全會各組應辦事項，審核並承轉各組收發文稿，與辦理調查及宣傳並人事考勤事宜。

第四條　本委員會依照簡章之規定，設下列總務，外交，財務，收容，給養，遣送，醫藥，訓導，警衛，掩埋等十組，每組設主任委員一人，副主任委員一人，委員若干人，為辦事上便利起見，在組以下分別設立應有職掌之各股，每股設總幹事一人，幹事若干人。

第五條　各組之職掌如下：

一，總務組　文書及庶務事項。

對外界人員之聯絡事項。

人員之徵集及分配事項。

編製報告及發佈新聞事項。

不屬其他各組事項。

二，外交組　與各國領事之接洽事項。

SC034

與租界當局之聯絡接洽事項。

三，財務組　救濟經費之籌募事項。
救濟經費之保管出納事項。
本會內部之會計事項。
編製財務報告事項。

四，收容組　難民之營救及收容事項。
收容所之劃分指定及佈置事項。
收容難民之管理事項。

五，給養組　收容難民之編查登記及配置事項。
難民各項給養之支配與供給事項。
難民衣食之徵集儲藏及保管事項。
難民給養之一切臨時備辦措置事項。

六，遣送組　遣送難民人數之統計事項。

難民遣送先後之支配運輸事項。
對於交通工具之接洽與準備事項。

，醫藥組　難民之一切衞生設施事項。
難民之疾疫預防事項。
難民之疾病治療事項。
藥物之措辦儲藏及分配事項。

，訓導組　難民之一切教育設施事項。
難民之訓練服役事項。
難民行爲與思想之指導事項。
難民之紀律管理事項。

九，警衞組　難民之安全保衞及收容所之維持秩序事項。
難民行爲之糾正事項。
難民之違警犯罪等報告處置事項。

025

SC035

反動之偵查報捕及緊急處置事項。

十，掩埋組　難民之死亡掩埋事項。

掩埋使役之管理與指揮事項。

掩埋工具之保管及分發事項。

掩埋地點之選擇事項。

掩埋以後之臨時識別及死亡登紀事項。

第六條　以上各處組人員爲辦理便利起見，應集中地點辦公，地點由委員會決定之，但必要時得分辦事處於市區各地，由祕書處會同各組隨時遣派幹事服務。

第七條　本會辦公時間自上午八時起至下午六時半止，辦公人員應每日簽到簽退，將簽到簿報由祕書處嚴格考勤，必要時得延長工作時間。

第八條　本會工作人員，概爲義務職，唯以事實上之需要，由各組主任遣派，外勤服務時得報由祕書處發給車膳等費。

第九條　本會工作人員，應服從委員會之命令及祕書處之調遣，隨時担任在非常時期內之一

切必要工作。

第十條　本會各處組之辦事細則，由各處組主任在不抵觸本細則範圍以內另訂之。報由秘書處核准施行。

第十一條　本細則如有未盡之事宜，由救濟委員會隨時修正之。

第十二條　本細則自救濟委員會通過之日施行，

本會各處組擬設各股如下

祕書處：審核股　宣傳股　調查股　指導股　情報股

一，總務組：文書股　庶務股　收發股　人事股　交通股

二，外交組：情報股　宣傳股　外事股　文書股

三，財務組：籌募股　出納股　會計股　稽核股

四，收容組：事務股　營救股　管理股　組織股

五，給養組：事務股　採辦股　供給股　運送股

六，遣送組：文書股　統計股　運輸股　通信股

七、醫藥組：中醫股　西醫股　配藥股　防疫股　事務股
八、訓導組：設計股　訓練股　視察股　[illegible]股　內務股
九、警衛組：人事股　糾察股　特務股　事務股
十、掩埋組：雜務股　收斂股　掩葬股　材具股

非常時期救濟委員會上海市分會章程

民國廿六年十月六日第一次委員大會通過

第一章　總則

第一條　本分會定名爲非常時期難民救濟委員會上海市分會。（簡稱上海市救濟委員會）

第二條　本分會設總辦事處於浦東大廈內，必要時得設分辦事處於各處。

第三條　本分會根據行政院頒佈之非常時期救濟難民辦法大綱第四條第七條之規定，辦理本市非常時期難民救濟事宜。

第二章　組織

第四條　本分會由上海市社會局、上海戒嚴司令部、京滬滬杭甬兩路局、上海航政局暨府屬有關

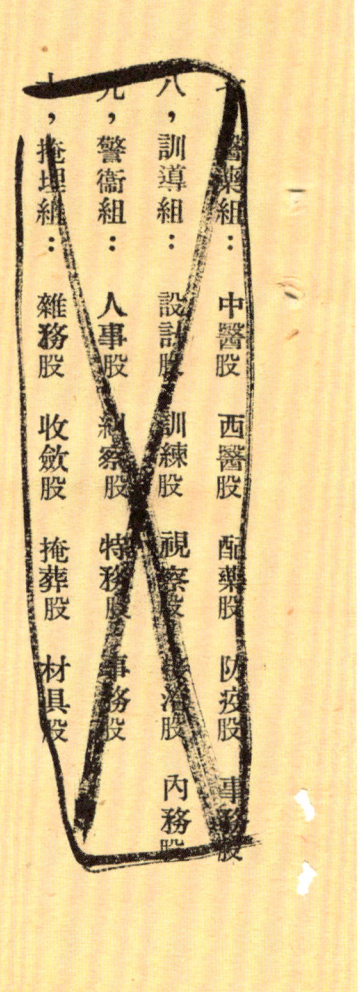

各局，並聯合上海市地方協會，上海市商會，上海慈善團體聯合救災會，中國紅十字會，世界紅萬字會，上海華洋義賑會，中國華洋義賑會救災總會，中華公教進行會，上海基督教青年會，本市醫藥團體，旅滬各同鄉團體等，共同組織之。

第五條　本分會委員暨監察委員，由上海市長就前條列舉各機關團體主管人員分別聘委，並在委員中指定常務委員十九人，以社會局長爲主席委員，組織常務委員會。

第六條　本分會常務委員會下設祕書主任一人，祕書二人，成立祕書處，並分設（一）總務（二）財務（三）[illegible]（四）營救（五）[illegible]（六）遣送（七）訓導（八）衛生（九）[illegible]（一〇）[illegible]（一一）掩埋等十一組。各組設主任一人，副主任一人至三人，委員若干人，以專職責。

第七條　本分會祕書主任一人，祕書二人，暨各組主任，均由委員兼任之。

第八條　本分會全體委員會議每月舉行一次，報告會務進行情形，常務委員會每星期舉行一次，計劃會務之推進。各組委員會議，由組主任負責隨時召集之。

第九條　本分會各處組之任務如左

SC037

027

1 秘書處　主持本會內部機要，及辦理文書，宣傳，視察，指導，統計等事項。

2 二，總務組　辦理本會庶務，考核，保管賑品及不屬其他各組事項。

5 三，財務組　辦理救濟經費之籌募，保管，及收支事項。

4 三，收容組　辦理難民之管理，及配置事項。

6 四，營救組　辦理難民之營救，及登記事項。

7 五，給養組　辦理難民給養物品之採辦，及分配事項。

8 六，遣送組　辦理難民之遣送，及車船調度事項。

9 七，訓導組　辦理難民之教育訓練事項。

10 八，衛生組　辦理難民之診療，及防疫事項。

3 九，糾察組　辦理難民之糾察，及保衛事項。

11 外事組　辦理國際間之聯絡，及接洽事項。

掩埋組　辦理掩埋事項。

上列各處組視會務之繁簡，得由各處組主任商承主席委員，分別聘委幹事若干人，助理會

務。

第三章　經費

第十條　本分會經費依照救濟難民辦法大綱第十七條之規定、由全體委員負責辦理並籌募之。

第十一條　本分會一切收支報告特聘會計師證明後、送請監察委員審核公佈並報請總會察核。

第四章　附則

第十二條　本分會辦事細則另訂之。

第十三條　本章程如有未盡事宜、得隨時修正之。

第十四條　本章程自通過之日施行。

上海市救濟委員會職員因公傷亡撫卹條例

民國二十六九月八日常務委員會修正通過

第一條　凡本會職員在值差或外勤期間，完全以職務上關係，受有非常慘禍因而傷亡者，均依本條例撫卹之。

第二條　職員因公受傷，經本會確切證明後，應負担其醫藥費用●

第三條　職員因公受傷，在醫治期內不能生產者，本會應酌量津貼其生活費用。

第四條　職員因公受傷致成殘廢，經本會查明屬實，得給予津貼費一次二百元至五百元。

第五條　職員因公致死，經本會查明屬實，得給予撫卹費一次五百元至一千元。

第六條　職員因公致死，本會對於其子女之教養方面，應酌予相當援助。

第七條　職員因公致死，本會應詳爲登記其姓名年籍，待事變敉平以後，予以追悼或紀念。

第八條　本條例對於政府另有規定者，概從政府之規定辦理。

第九條　本條例自委員會通過公佈之日施行。

上海市救濟委員會遣送難民船隻船員因公傷亡撫卹條例草案

民國卅六年九月十五日上午務委會通過

第一條　凡本會遣送難民船隻服務之船員，其因公傷亡者，除雇用船隻由船主自理外，其餘均依本條例之規定撫卹之。

第二條　前條所稱之船員因公傷亡，以在本會遣送組指定服務時爲限。

第三條　船員因公被傷，由本會代爲醫治並酌給工資。倘醫治無效致成殘廢者，經本會調查屬實，酌量情形給予一次之撫卹費一百元至三百元。

第四條　船員因公死亡，經本會調查屬實，酌量情形，給予一次撫卹費三百元至五百元。

第五條　船員應絕對服從遣送組派遣人員之指揮與調度，否則發生意外時，本會概不給卹。

第六條　因公傷亡船員除依照本條例規定給卹外，更不得沿用本會其他條例。

第七條　本條例如有未盡事宜，由委員會修正之。

第八條　本條例自委員會通過之日施行。

上海市救濟委員會遣送難民船隻因公損壞賠償條例

民國卅六年九月十五日常務委員會通過

第一條　凡經本會派用遣送難民船隻，除雇用外，在服務時間，因公損壞，得依本條例請求本會修理或賠償之。

第二條　上項船隻，在本會遣送組派遣服務時，事先應由雙方估定全船及各部重要機械之價值，詳細登記，作爲賠償之標準。

029

SC039

第三條　上項船隻因公全部被毀時，經本會調查屬實，得依雙方估定之價值由本會負責賠償。

第四條　上項船隻因公損壞，經本會調查屬實後，負責修理，如不能修理，負責賠償。

第五條　上項船隻之賠償或修理，均由本會自行擇定標準價格處理，如船員並不報由本會逕自處理時，本會概不負責。

第六條　上項因公損壞之船隻，爲求證據充分起見，應由本會遣送組負責攝存照相或儘量設法搜集證據材料送會備查。

第七條　上項船隻之舊有損壞及故意損壞者，概不得依照本條例之規定辦理。

第八條　本條例自委員會通過之日施行。

防護工作概論

鍾桓

現代戰爭的勝負，誰都知道是取决于兩國的經濟，和整個的國力，斷不是沙場上的馳騁，所能全部勝任的，所以在戰事發生以後，敵人會很迅速用他强大的空軍，來轟炸我們的都市，因為都市是一國經濟、文化、交通、甚至政治、軍事的重心，而空軍又握有立體戰爭上無限權威的一員，這種輕便而迅速的方法，在這次抗戰裡我們已經目睹被敵人所採用，在採用這種方法的一面，他已經在理論上估定，一個重要都市的被毀，不但會使敵人整個的經濟策略受到重大的威脅，並且更會使都市所擁有大量的民眾，直接或間接的感到戰爭的慘烈和痛苦而厭惡戰爭，甚至能整個的消滅人民抗戰意識，那時你雖有犀利的武器，勇敢的鬥士，和高明的戰略，都將因背景的崩潰而自行瓦解，但是事實是不是這樣呢？不並沒有像他們估計的那樣有利，並且還加强了我們抗戰的情緒，精神上的收獲，儘足賠償物

SC104

質上的損失而有餘、這是什麼理由呢？是理論的錯誤麼？不、理論是絕對準確的、這足以推翻理論的事實、第一是全民焦土抗戰的决心、第二是得力于防護工作、焦土抗戰的决心我們已經確定的認爲這次抗戰必勝信念的唯一理由、我們應該盡力的維護他、使他永遠的繼續下去、在這次戰爭沒有奏旋以前、但是我們用什麼方法去維護他呢？這就是需要防護工作、因爲防護工作、是會用迅速而確實的方法、以避免或減少人民因戰爭而遭受的損害、使不致感到戰爭的慘烈和痛苦、長時保持初期熱烈興奮的情緒、對于戰爭的需要、戰勝的期望、一天一天的增加起来、這就是防護工作的意義和範圍、也就是防護工作的成功、防護工作既有這樣重大的使命、他業務的範圍、當然也相當的廣泛、在原則上共有十個業務、一、燈火管制、二、交通管制、三、消防、四、救護、五、防毒、六、避難、七、警備、八、警報、九、工務、十、配給、現在把他的意義和範圍、分開的寫出来、

燈火管制　都市夜間燈火的光芒，上燭霄漢，在幾十公里以外，就能夠很清楚的望見，敵機倘然夜襲，而我們還沒有適當可靠的管制，這不啻是指示他飛航的目標，歡迎前來轟炸，所以燈火管制，是用來使敵機迷失目標，也就是讓我們都市走上安全的大道的第一步，管制的籌備，一方面是整理全市電燈線路，使室外燈和室內燈完全獨立，全市市民家裡，都要準備防空燈泡黑布燈罩黑布窗簾，車輛船舶上外邊的燈火，都要有遮蔽的設備，一方面組織燈火管制班，訓練他們燈火管制的意義和方法，平時對人民宣傳，戰時出動服務，管制的方法，聽到有敵機空襲的警報時，就馬上將全市室外燈熄滅，室內燈一律遮蔽不使透光，車輛船舶的燈火，儘量遮蔽，至最低度適用為限，燈火管制班，亦完全出動遍到有不合要求的地方用適當的方法隨時指正，倘然敵機已經發現我們都市的所在，而將要到達上空的時候，聽緊急警報的指揮，將全市所有燈火完全熄滅，使敵機在這死的大地上，

我不出需要轟炸的目標來，這就完成了燈火管制的使命！至于燈火管制班的怎樣組成怎樣訓練，怎樣服務，這是需要詳細計劃，這裡也不寫了

交通管制

交通管制，是補助交通警察的不足的，因為當敵機空襲的時候，當然會發生相當的恐慌，因之更需要秩序，並且基于動的較靜的易于被上空發現的原則，對于交通自應有適當的限制，至管制的準備和方法，也是組成交通管制班，根據警報，隨時出動，

消防

一個小量的燒夷彈，也同樣的能放出三千度的高熱，使鋼骨水泥融成液体所以在敵機空襲之下，多處的火災，是難于避免的，一地的消防機關人員和[redacted]器材，都是有限制的，是適用于平時偶發的，倘然有極多處所同時發生，勢必顧此失彼，難于應付即使器材能支配，而人員在極度的恐慌之下，能否仍照樣工作，還是一個問題，所以應劃分消防地區，各負專責，增加器材，訓練人員，加强組織，使臨時能從容應付，不致釀成巨災

救護

都市既擁有多數的市民，在大爆彈爆炸之餘，死的傷的當然極多，這就需用救護，用迅速而純熟的方法，在極度的恐怖下活動，使受傷的早一分鐘就醫，死亡的早一分鐘移去

防毒

毒氣的慘烈，已經誰都知道，敵人為了本身的利害，說不定用他一用，那時我們倘然沒有相當的預備，那非但一切的設施都要成零，就是整個的都市也就完了，防毒工作的範圍，是對市民宣傳毒氣的常識，簡易的防毒方法，防毒面具的製備分發地下防毒室的構築等等

避難

爆彈驚人的破壞力，使市民對逃避的途徑，無所適從，所以要到處構築强固的避難室和防空壕，把全市市民安置在爆彈威力圈以外，另一個目標是設置多量的避難所，使一般既因戰爭而失去一切的市民，不再受到流連顛沛的苦痛

警備

敵人間諜和漢奸的活躍，宵小的乘機蜂起，在敵機空襲下極度騷動時候，是必然的事實，所以要組織警備班，來補助地方原有警備力量的不足

警報

警報就是都市空防的耳目，我們就用他來知道敵機的光臨和引退，警報的方法，是根據防空情報，知道敵机已進入我們防空監視地帶（距都市一百五十公里至二百公里）時，就發出空襲警報，辨明敵机確有襲擊我都市的企圖，或已進入我都市的上空時，就發出緊急警報，等敵机退出我監視地帶，發出解除警報，用來做警報的器具，照需要上最好用電動廻音机，但是必要的時候可以用工廠輪船的汽笛，和敵敲擊警鐘，及其他能發大聲的金屬器具來帮助或替代他。

工務

一個都市經過轟炸後，關于水電的來源，交通的道路，和其他重要的建設，當然要受到極重的損壞，所以要組織工務班，在敵机空襲來時，或經空襲之後，用迅速的

手段，趕快修復，不要使因之而引起其他問題。

配給

一個都市在發生戰事的時候，因為被敵人封鎖或其他交通上的問題，每易感到食料、燃料、照明原料及其他生活必需用品的缺乏，而使一般人民因為生活上的苦痛，而影響到對戰爭的好感，甚至會厭惡戰爭，希望戰爭早日結束，所以對這一點上，須要深切的注意。關于配給的方法，一方面是向產地徵集、儲藏、限制市價，一方面組織配給班，辦理分散或平價發售等工作，要使市民雖在戰神的掌握裡，還是能照樣的生活，不感到多大的痛苦。（擬刪）

此外還有偽裝一項，是用來補助一切不及的，他的目的是用和環境相同的東西，把我們需要隱蔽的車輛，或建築物等，做上保護色，使敵人的飛机在高空裡，找不出目標來，以期避免損害。方法是在需要隱蔽的車輛或建築物上，掛上樹枝竹枝，或是蓋上偽裝網，或塗上迷彩，甚至用簡單的方法，建一個偽的建築物，或竟至整個城市，故意

SC110

不慎露出目標來，讓他轟炸，這方法在歐戰時法國人已經採用過了。

防護工作在中國，歷史很短，還可以說是一個新興的業務，而辦理方面因為業務範圍的廣泛，都市幅員闊大，需要多量的人力和物力，更需要一個較久的時間，所以要談到我們過去有什麽成績，似乎也很難說，但是最近人民因為本身需要的深切，紛紛自動起來組織，雖然不能完全合乎要求，但終是一件可喜的事。此次更望，因這次的抗戰，使人民認識防護工作的重要，在已經穩定的基礎上，逐漸改進，來完成這個重要的使命。至于此次上海方面一切詳細的組織方案和辦法等等，均含有秘密性質，可以參看防護工作和消極防空的各種專門書籍，這裡也不詳談了（完）

交通工作概論

徐佩璜

孫中山先生在所著三民主義裏，指示衣食住行人生四大需要，也足见交通之重要。一般人談到交通，往往以一國一地的鉄道、公路、河流來譬喻人生的血管，把汽車、汽車、輪船來譬喻血液；在人身一定血脈流通，方才說得到健康，如果血液不暢，或不流動，那一定是瘋癱，或是死屍。同樣的，交通設施，對於一國一地的發展，大有關係；凡鉄路公路通達的地方，或是沿江沿海的城市，容易發展，人民較為開通。若是内地邊遠省區，交通不便，對於文化程度、工商發展，都要差些，這是普遍的現象，因為智識交換、貨物輸送、金融流通、消息傳遞，無不以交通為憑藉；以上所說，是平常時期的情形。

至於非常時期，交通功用，除一般的效用之外，有軍事上特種的效用；例如調動軍隊，運輸軍需，傳遞消息，以及救護傷兵等等，都非靈便迅速的交通，然後可以發揮軍事上的能力；所以軍事家有句話：軍事上的勝敗，以交通設備之完善為要素，對於士兵人數上的多少，尚無重要關係。我們憑這種信念，益見交通設備，關係全面抗戰之重要。

歐戰期中，美國在短期間輸送二百萬軍隊，連同給養，以及軍用物品到法國，如果美國在平時，國內交通設備，以及橫渡大西洋的船舶交通設備，沒有充分準備，無以臻此，不特如此，就是軍隊到達法國之後，幸而美國有很多

第　頁

SC143

的交通人才，充足的物料以及富裕的财力，方能在法國建築碼頭，以上下人貨，築造倉庫，以儲藏貨物，建築鐵路，公路，以行駛火車汽車，運輸士兵軍需，到達前方，抵抗德國，解决了延綿四年的大戰。至於德奥之戰，在作戰之先，德國備築鐵路，當作軍用，先作準備，一八七〇年普法之戰，德國利用六條主要鐵路，運輸軍隊，在十五天之內運到前線士兵四十五萬六千人，馬十三萬五千匹，炮車一萬四千具；就是一九一四年的歐戰，德國在阿爾薩斯勞倫兩州，以及德比交界的普龍一帶地方，完成鐵路網，在歐戰開始時，得到運輸上的便利，非特很快的佔有比國，而且直迫巴黎，相距不遠；若非美國參戰，和協約國方面，真是十分危險。這是件歷史上的陳跡，表示交通在戰爭上佔着重要位置。

但是交通設備，决不是短時期所能辦理完成，必須未雨綢繆，早為準備。近年汽車盛行，各國都注意到公路建設，即如泛美公路落成，可以使南北美洲，直接交通，對於美國備行的孟羅主義，有重大意義！近年德國建築專用國道，一面提倡汽車工業，用意所在，不言可喻。總之，各國都因交通和戰事，關係密切，所以，在戰爭未發生以前，都需有計劃地準備，等到戰爭發生，就需交通配置，有整個計劃，那一要應當利用鐵運，那一要宜於利用公運，那一要可以利用水運，有整個計劃，妥為配置，那末，戰事當然有勝利的希望。

交通範圍上，運輸方面包括水陸空三種；這三種交通器具互有利弊，各有適用的地方。水上交通本與陸空並重，不過我們的海軍不够用，戰爭一起，港口被敵人封鎖，海航不能通行，所以海航姑且不提。但在江浙一帶，因地利關係，河道很多，所以內河運輸，佔着重要位置。陸上交通，鐵道和公路運輸，應當相輔而行，互補其不足，以各有所長；鐵道的長處，在於維持費很便宜，而且每一列車，可以載很多乘客，載重量很高。他的短處，在於鐵路的建築工程很大，不是短時期所能完工，建築費很貴，機車客車的置備，也需要很多的代價，而且鐵道是固定的，列車出發非常笨重。公路的長處，在於創辦費低廉，道路建築簡單，行車輕便迅速。他的短處，因為汽車材料，所用汽油柴油，都是舶來品，有斷絕之虞；並且修費貴，汽車本身，也很容易損壞，汽車的載客載重都很有限，也是公路的缺點。但是軍隊及給養運輸，很是方便，進退咸宜，這是他的特長；至於空運，近年來有很多進步，不過飛機載重量不多，所以祇適用於遠距離以及極速度的運輸。

通訊方面，分：有線電報，無線電報、電話、無線電、郵政、信鴿等等，前面幾種，都是一般人常用的；至於軍用方面無線與有線並用，而各有其特長；關於信鴿一項，歐美及日本軍隊，均頗注重，有特別訓練之信鴿，以前歐洲大戰時，曾利用信鴿，做通信工具，發生過很大的效用。

戰時交通工作，要使用靈便，應有好的組織，要有個總其成的機關，有主持的人才；且於總機關之下，就交通業務的性質，可以分做（1）水運、（2）公運、（3）鐵運、（4）空運、（5）通訊五大部份，這五大部份之下，並可以分小組，就本人認為應有的組織，附表如下：

交通機關

- 通訊股
  - 郵務組
  - 電話組
  - 電報組
- 空運股
- 鐵運股
- 公運股
  - 人力車組
  - 腳踏車組
  - 機器腳踏車組
  - 汽車材料組
  - 專用汽車組
  - 運貨汽車組
  - 長途汽車組
  - 車輛修理組
- 水運股
  - 帆船組
  - 輪船組

交通组线，按交通器具性质上分類，一如上表，以运最为複杂，通讯及水运次之，顿为办事上方便起见，每一股之下，还可按使用方法，更为分组，茲按以公运为例，因为務較多，可以分做下列十组。(1)征集(2)检验(3)修理(4)押运(5)司机(包括人力車夫及以上)(6)调度(7)材料(8)统计(9)通行(10)會计。因为各项交通器具的来源，無论捐赠，借用，或是徵发，必需先行徵集，徵得之後，应该加以检验，才可以知道車辆的好壞，要是壞的，应当加以修理；修理是和材料有关係的，押运就是运送車辆材料与物品的意義，汽車準備之後，一定要有经验及可靠的司机，才能胜任开驶，供能之间，権衡缓急轻重，配量调拨車辆，這是应当有人专司调度的；统计是以数目字纪録各组的工作，以备改进各组的缺点，並为有价值的参考。通行的意義，因为作战区域，不是随便可以通行的，所以应有人专司其事；至於最後一個问题，是金钱，经济有办法，一切事情，才能进行顺利。

交通工作要办得好，就是在先健全组线，除上述各点外，在组线上还有几项问题，应当注意。

(1)交通组线的幹部，应由熟悉当地交通情形，有頭脑，有经验幹练之人担任，這様可以使办事敏捷，而获相当成绩。

(2)在抗战過程中，交通组线，应和軍隊取得密切联络，可以使供求两方，不生隔膜，而增運用效率。

SC147

(3)交通组织，要极度合理化；在机构方面，每个单位都能发挥他的效用；在人事方面，应当每人都是专门人才，可以使工作效率，达到最高点。

(4)交通机关内容及经办事项，应保守绝对秘密；因为敌人要破坏军队，祇要破坏交通，就可以使军事运用不灵。

现在全面抗战，已经开始，在战区以内，或在战区以外，对于交通设备，均应切实准备，不过因地位不同，就发生不同的任务；我以为在战区以外的，应注意下列各种准备：

1.完成军事上必需的各种交通工程，如：铁路、公路、码头、船坞等；拿本市说，祇有京沪沪杭甬二线，自一二八以后迄无增加，但在一二八时代，淞沪一带，公路尚少，所有军运，都靠铁路，殊为不便；现在上海附近的公路很多，所以此次军运方便。

2.统制各种交通器具，使其听候调度，统制方法，各种交通器具，都应办理检验登记等手续；现在国内许多大城市，管理交通器具，已经办理这种手续，各种车船情形，可以明瞭，例如登记车辆，应当把车主、地址、车辆牌号、载重等，详细记载，那末在调度时，可以增加便利。

3、加强管理交通组织，多聘干练专门人才，使其完全合理化，无论交通中任何一部份，都是专门技术，备能在组织的本身，尚将多种技术人才，那末无论车、船、飞机、电讯，一朝遇到需要，可以立即动员，接任艰巨。

4. 贮备长期大量交通器具所需之材料及燃料，譬如钢轨、桥梁、电线、话机、车胎、零件、汽车汽油、飞机汽油、及各种机油等，因现均来自外洋，运输麻烦，一遇战事，即有断绝之虞，有钱亦无法采购，随时可影响战局。再各种材料存贮地点，亦应予先严密规划，妥为布置，以免毁坏。

5. 布置隐蔽车厂、船坞、机库等，免为敌机轰炸及破坏。

6. 关于交通器具修理厂。在战时期，使用汽车最容易损坏；损坏原因不一，有的被炸弹炸坏，有的因为遭遇着而损坏，有的为急需不得不损坏，还有因使用不得当而损坏，各种情形不一而足。我们现在是需用汽车的时期，若是坏一辆少一辆，那是一定会阻碍军运的，所以损坏的车辆，应注意修理，那才不致有缺乏的危险。现在最需要的，各重大小城市，应依照人力财力情形，办理规模大小不齐的交通器具修理厂。

7. 和当地各行政机关、军队及邮县取得密切合作，可使工作方便，增加效率。

第　頁

SC149

8. 训练大批匠工及司机，非但使其技能熟练，且须加胆量，俾修理不怕枪炮炸弹。

上面所述的工作，第四项尚是消极的，故可增加积极者二项。

9. 在未战前，应吸收大批钢铁，五金及开发或制造汽油，因各种交通器具，均需钢铁五金，来制造，无五金钢铁，即无交通器具，无汽油，即不能推动交通器具。

10. 尽力鼓励设厂，制造交通器具及材料。按交通器具，如舟车，飞机，均须有大规模之工厂，及有经验之专门人才制造，若非平时培植，临渴掘井，必难应付；再如向外洋于事先购备大宗飞机及汽车，一经开战，毁坏甚易，如能自行制造，即不受敌人之威胁与阻碍。

前面所说的，是战时交通工作的大概，现在八一三沪战已经过六十三天，办理交通在事实所遇的困难甚多，姑待战事结束后再谈罢！

115

SC198

技術工作概論

一、意義和範圍　這裏所說的技術工作，是指在後方協助軍隊解決作戰時工程上或應用科學上各種問題的工作，譬如如何迅速的破壞或修復一座橋梁，如何辨別或防禦某種毒氣之類，因爲現在的戰爭是科學的戰爭，所以後方的技術專門人才要聯合起來，作軍隊的後盾，然後可以得到勝利。至於工作的範圍，是盡量貢獻良好的意見，和必要時幫助着或代替着辦理有關專門技術的業務。

二、組織問題　要執行有關抗敵的後方技術工作，勢必須成立一種

SC199

組織，集合各種技術專家，分工合作。組織的方法，不外是(一)在抗敵後援會號召之下，由各種技術專家自動集合，(二)由抗敵後援會推選或聘任專家，成立技術委員會。用前一種方式，可以盡量容納熱心分子參加工作，用後一種方式，比較的可以免除漢奸混入的流弊。照作者的意見，要求工作效率比較的大，也以採第二種組織方式為佳，所以下面所說的都是拿這種組織方式做依據。

關於技術委員會的組織作者有下列各項意見：

(甲)要和當地技術機關重要工業廠家和專門學術團體取得聯絡，

116

SC200

以便必要時借用他們的有經驗的員工和各種設備，所以各機關廠家的主腦或幹部技術人員，要盡量延致，充當委員。

(乙)爲集思廣益着想，技術委員會固然要求富有學識經驗的專家和當地技術機關工業廠家的主腦或幹部人員盡量參加，但有些人因爲職務關係，不能有充分時間來參加工作，有些問題實際上又不必徵求多數專家的意見，可以隨時處理，所以技術委員會的業務應該劃分兩種：

(一)會議——在討論重大技術問題時由全數或多數委員出席。

(二)常務——一般技術問題和會內瑣務，由正副主任委員負責主

SC201

持，會同與該項技術問題有關之委員若干人解決辦理。

（丙）因爲專門技術的門類複雜，所以技術委員會，尤其辦理常務的部份，要分股辦事，纔能得到分工合作的效果。如果人才齊備；大概可分作土木工程；電氣工程；機械工程，化學工程，兵工等五股，否則只分作前三股，普通也可應付。倘若分工更要細密，又可將每股分作若干組，譬如將電氣工程股分作電力電訊等組，土木股分作道路橋梁防禦工程等組之類。關於分股一層，還有一點須特別注意，就是股的範圍儘管很廣，但每股工作，必須確立一個中心目標，例如化工股以

防毒、電氣股以通訊爲中心目標是，不宜失之過泛，反致一事無成。

（丁）最後對於技術委員會委員人選的問題，也有幾句重要的話要說（了）說。作者的意見，委員人選當不外下列二種：

（一）富有專門學識及經驗之技術人才；

（二）技術機關或團體及重要工業廠家之主持者。

至於委員之產生，最好責成各部份負責人依次分別推薦，不必由後援機關代爲派定，其方式如下：

（一）技術委員會正副主任由抗敵後援會聘定；

SC203

（二）委員及各股正副股長由正副主任推薦；

（三）參加各股實際工作之委員由各股正副股長推薦。

誠能照以上方式將委員會組織成立，必能收脉絡貫通之效。

三準備事項　在後援技術工作展開的時候，當然有種種準備工作要做。就作者個人想到的有下列幾點：

（甲）當地的技術人員和技工，尤其失業的，應該加以登記，使他們有參加前方後方軍事工程，爲國效勞的機會。

（乙）抗戰的時候，工程材料，化學藥品等，來源不免缺乏，要使技術工作進行順利，必須明瞭當地這種物料供應的情形，所

以調查工作是不可少的。

(丙)與軍事機關取得聯絡，打聽他們有什麼技術問題要求幫助解決，以免臨時措手不及，並且藉此可以明瞭他們實際的需要情形；免除閉門造車的毛病。

(丁)戰時應用的技術，譬如軍用道路橋梁的建築方法，防空防毒的設備，一般技術專家未必盡有研究，所以要多多準備蒐羅這種資料，供他們研究參考，來加以實際應用。

童行白：宣传工作概论（一九三七年）

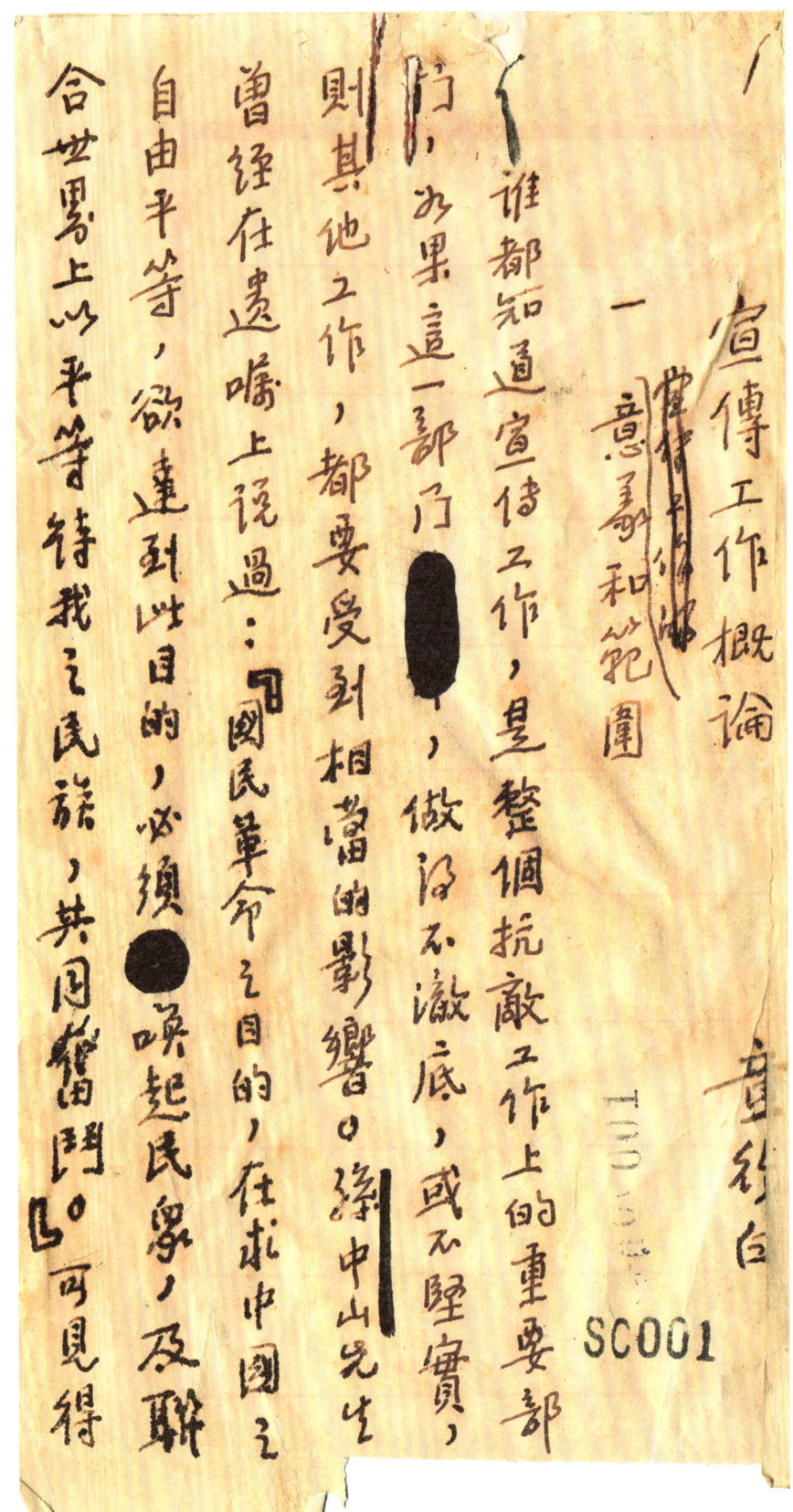

宣傳工作概論　童行白

一　意義和範圍

誰都知道宣傳工作，是整個抗敵工作上的重要部门，如果這一部门，做得不澈底，或不堅實，則其他工作，都要受到相當的影響。孫中山先生曾經在遺囑上說過：「國民革命之目的，在求中國之自由平等，欲達到此目的，必須喚起民衆，及聯合世界上以平等待我之民族，共同奮鬥。」可見得

SC001

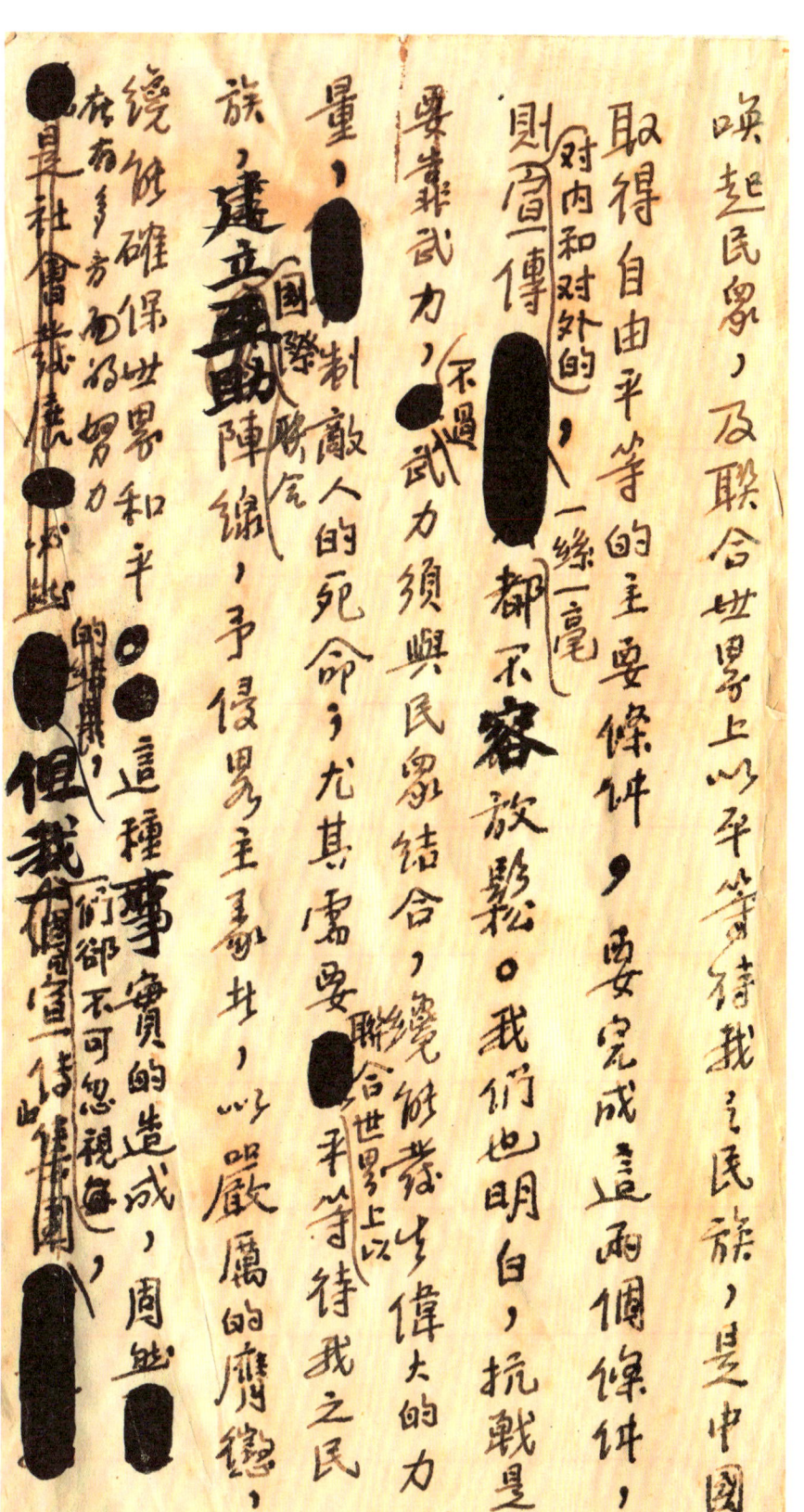

唤起民眾，及聯合世界上以平等待我之民族，是中國

取得自由平等的主要條件，要完成這兩個條件，

則宣傳（对内和对外的），[redacted]（一絲一毫）都不容放鬆。我們也明白，抗戰是

要靠武力，[redacted]（不過）武力須與民眾結合，纔能發生偉大的力

量，[redacted]（國際）制敵人的死命，尤其需要[redacted]（聯合世界上以）平等待我之民

族，建立（國際）[redacted]陣線，予侵畧主義者，以嚴厲的膺懲，

纔能確保世界和平[redacted]，這種事實的造成，周然[redacted]

在各方面的努力[redacted]（的作用），但我們卻不可忽視宣傳[redacted]

[redacted]是社會輿論[redacted]

了正道成此多方面努力的集體

適應出自無法劃而散播的種子，我们處於目前歷史轉變的大時代中，更應該勇敢前進，擔負起民族[redacted]解放的神聖使命。宣傳工作雖然沒有武器，但口和筆就是武器，[redacted]如果說訓練[redacted]是主力戰，組織是[redacted]陣地戰，那末，在喚起民衆的原則上，宣傳便是[redacted]前哨戰了。總而言之，宣傳工作如果做得徹底和堅實，对於抗敵前途，是會起決定的作用。激抗戰時期宣傳工作的意義，已如上述，現在要提到我们的工作範圍了，就工作的内容論，不外对内和对外的宣傳，[redacted]但宣傳和紗喚起民衆，及聯合世界上以平等待我之民族，是中國

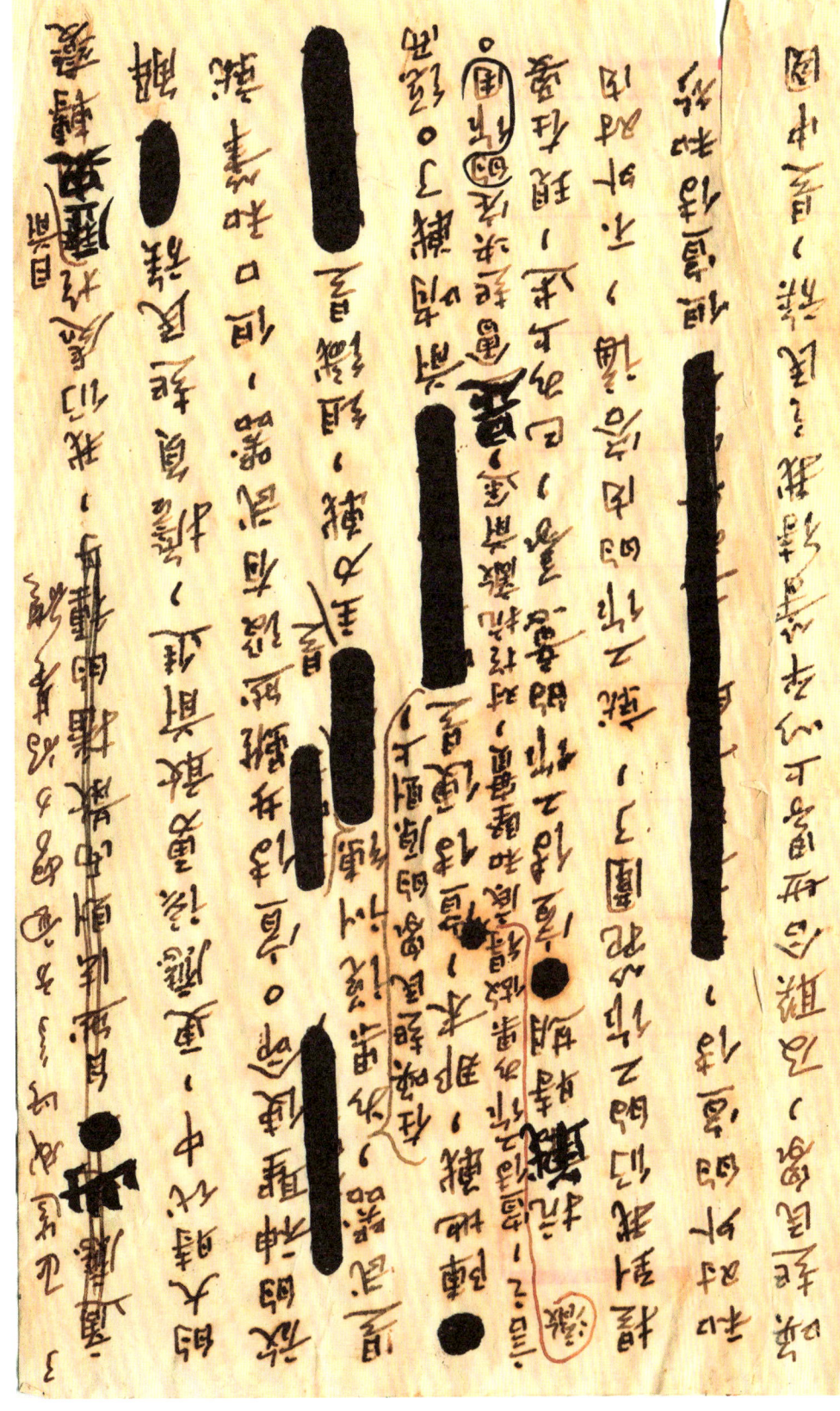

重，是有联系性的，有时由宣传而发展到组织，更发展到实际演进，决不是机械地认为尽了口和笔的任务而已足。例如我们在国庆纪念日，[redacted]策动对日经济绝交运动，当时便成立了[redacted]国民对日经济绝交执行委员会，绝对，宣传工作，便会与实践脱节，[redacted]工作的反应，非但不可捉摸，而且有时趋于幻灭。再就工作的地域讲，我们是在抗战的前方，前方的宣传工作当然非常需要，不过现[redacted]在的抗战，与长城之役，一二八

SC002

淞滬之役，和綏遠之役，有一個不同的特徵，就是從前是局部的，現在是全面的，後方民衆的[redacted]抗敵組織，是否普遍，抗敵意識，是否堅强，抗敵行動，是否熱烈，都與前方軍事抗戰，有莫大的影響。因此，我們雖然在前方做宣傳工作，同時，也應該兼顧到後方的[redacted](內地的)宣傳工作，例如我們領導的演劇隊，歌詠隊，漫畫隊，演講隊，向四面八方出動，就是[redacted]一方面增加後方的宣傳工作，另

6

一方面，也可以推動後方的宣傳工作。所以工作的範圍，就更廣泛，就橫的方面說既有對內對外之分，而對外又有對日對德意對僞對英美蘇等等的不同，就縱的方面說，又因宣傳方式的殊異，而有文字與行動之分，就技術方面說則有電影、圖畫、音樂、戲劇、廣播、新聞、游藝、演講等等的不同，要看各方時空間的需要，而作各種因時因地因人因時的宣傳，不可拘泥於一格也。

7

二、組織問題

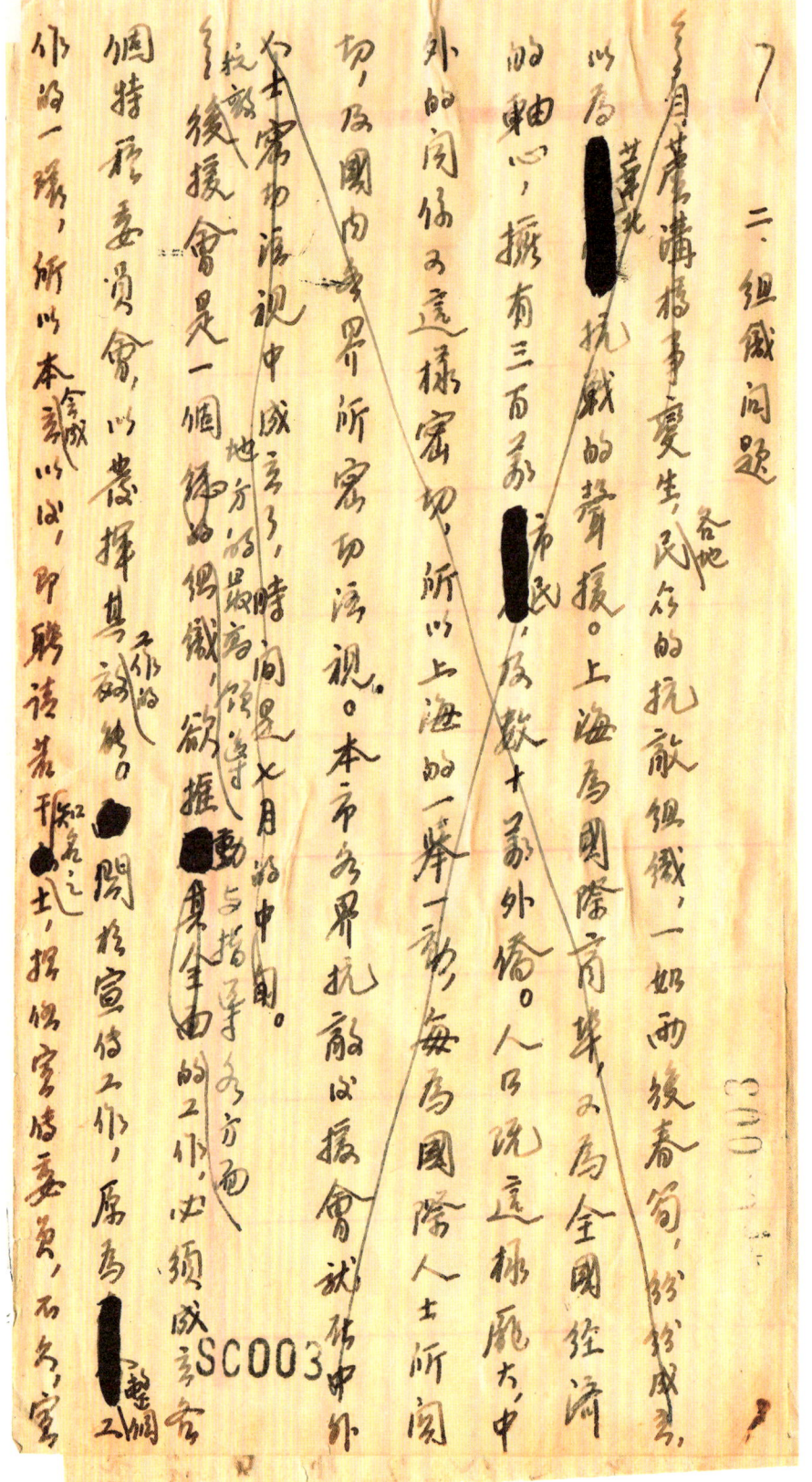

自從滿洲事變生，各地民眾的抗敵組織，一如雨後春筍，紛紛成立，以為[redacted]華北抗戰的聲援。上海為國際商埠，又為全國經濟的軸心，擁有三百萬[redacted]市民，及數十萬外僑。人口既這樣龐大，中外的關係又這樣密切，所以上海的一舉一動，每為國際人士所關切，及國內各界所密切注視。本市各界抗敵後援會就在中外人士密切注視中成立了，時間是七月的中旬。

抗敵後援會是一個統一的組織，欲推[redacted]動與指導各方面集全面的工作，必須成立各個特種委員會，以發揮其工作的效能。[redacted]關於宣傳工作，原為[redacted]整個工作的一環，所以本會成立以後，即聘請若干知名之[redacted]士，擔任宣傳委員，不久，宣

SC003

8

傳委員會遂宣告成立，並於第一次宣傳委員會推定主任委員一人，副主任委員二人，負宣傳委員會的總責。

二、自然，[redacted]宣委會的[redacted]工作，在傳〻語〻於民眾宣傳一方面，為了引起各邦人士的同情，為了使各友邦瞭解這次戰爭是侵略者對被侵略者的戰爭，為了攻破敵人虛妄無恥的宣傳，我們覺得有設立國際宣傳部的必要。所以國際宣傳部是做了宣委會裡一個重要的部門。

三、在國際宣傳的反面，就是國內宣傳，舉凡激發民眾的抗戰情緒，[redacted]犧牲決心，以及指導民眾參預戰時[redacted]的必要準備，都[redacted]需要我們來切實宣傳，所以宣委會下面，特地設立一個國內宣傳部，[redacted]負這一方面的工作。

9

[redacted]

〜〜〜在國際宣傳与國內宣傳以外，關於經費文件和雜務的處理，確是一件忙煩的工作，因此，我們特設立一個總務部，負責處理[redacted]文書和其他雜務。

〜〜〜[redacted]以上三部，每部[redacted]設正副主任各一人，主持各該部的[redacted]務事宜。三部之下，又分設各組，如國際宣傳部設交際，研究，編審三組，國內宣傳部設廣播，演講，指導，歌詠，繪畫，電影，游藝，新聞八組，總務部設文書，會計二組。每組設組幹事一人，主持並推動各組的工作。各組組幹事對部主任負責，部主任對會主任負責。現在為便於瞭解起見，把宣委會的組織系統，列表如后：

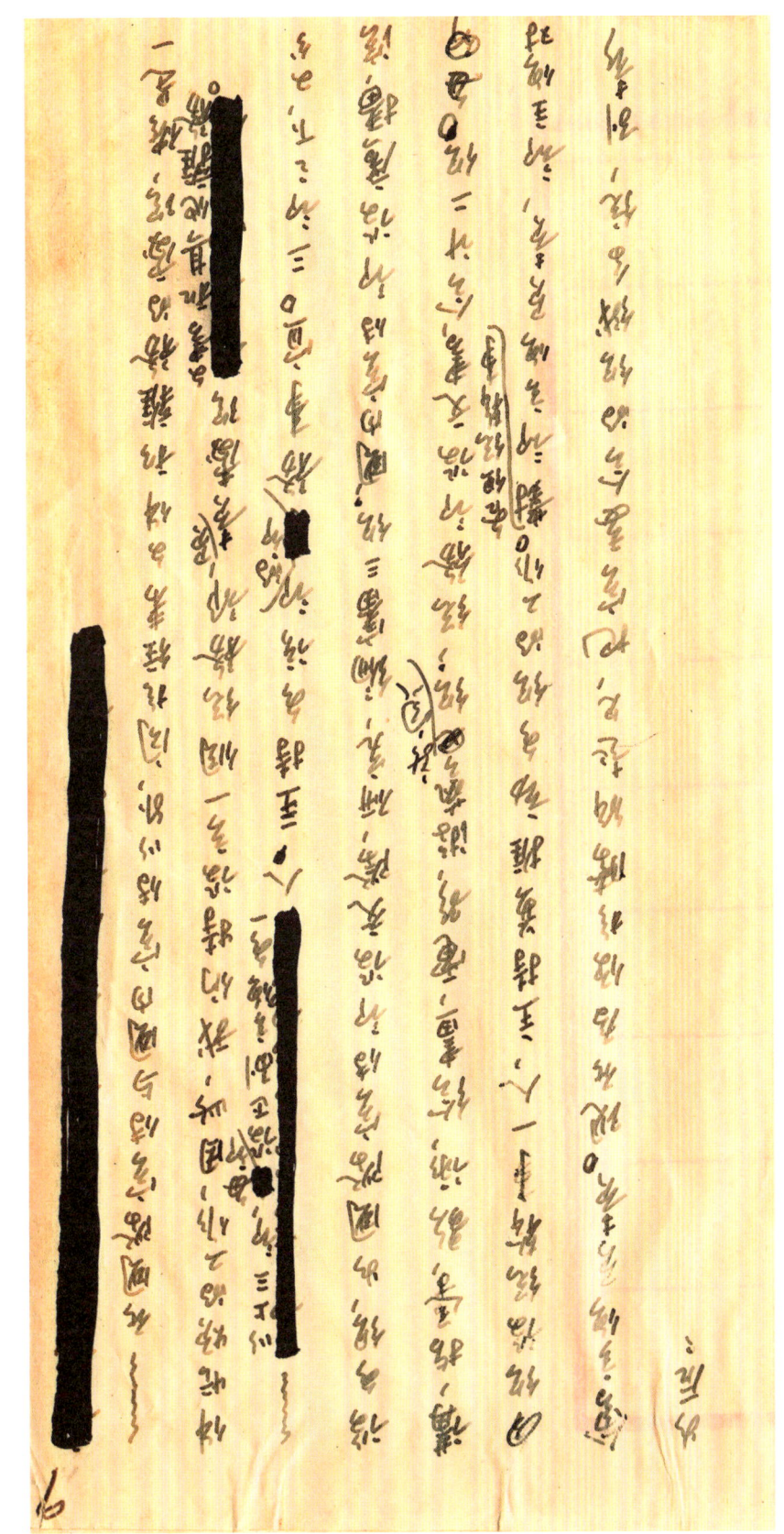

10

後援會

宣傳委員會（正副主任）

- 國際宣傳部（正副主任）
  - 交際組（總幹事）
  - 研究組（總幹事）
  - 編審組（總幹事）
- 總務部（正副主任）
  - 文書組（總幹事）
  - 会計組（總幹事）
- 國內宣傳部（正副主任）
  - 廣播組（總幹事）
  - 演講組（總幹事）
  - 指導組（總幹事）
  - 歌詠組（總幹事）
  - 繪畫組（總幹事）
  - 電影組（總幹事）
  - 游藝組（總幹事）
  - 訪問組（總幹事）

小組委員會

SC004

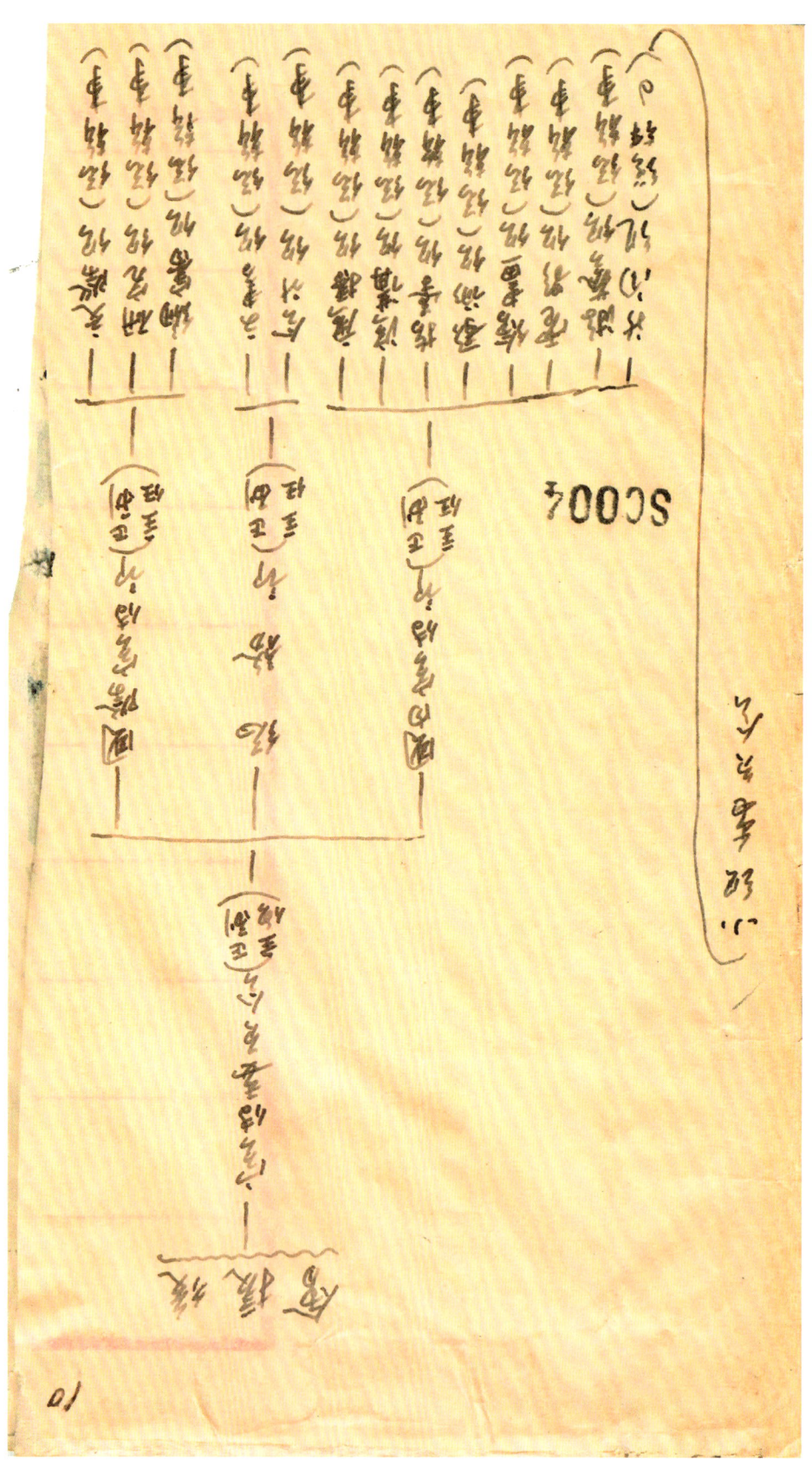

11

……根據我們過去的工作經驗，委員數量不必求其過多，與其請名流擔任委員，結果員不起責任，不如請我們有工作經驗又肯埋頭苦幹的參加我們的陣營。至於在組織的組織方面，我們儘可因時因地調整其機構，不必求其組織的什與完備。譬如說，上海[redacted]是各國使館[redacted]的所在地，國際間的利害關係又非常密切，自從八一三事變發生以來，歐美列強全都加密切地注視着中國的抗戰，同時，又時刻地檢討此次戰爭給她們可能的影響，那末，我們為了聯絡友邦感情，輔助政府外交[redacted]起見，就該設立一個國際宣傳的部門，負這一方面的責任。要是內地各省市，[redacted]其他各省不若上海這樣衝要，國際視線又不像上海這樣關切，則國際宣傳部的設立，就有斟酌的餘地了。一個部門的工作，總須把握現實，力求緊張，才可表現出一些成績，間接也可以推動其他部門，增進其工作效果。不然，局部的不健全，使往往[redacted]全部機構的運用[redacted]為之呆滯了。

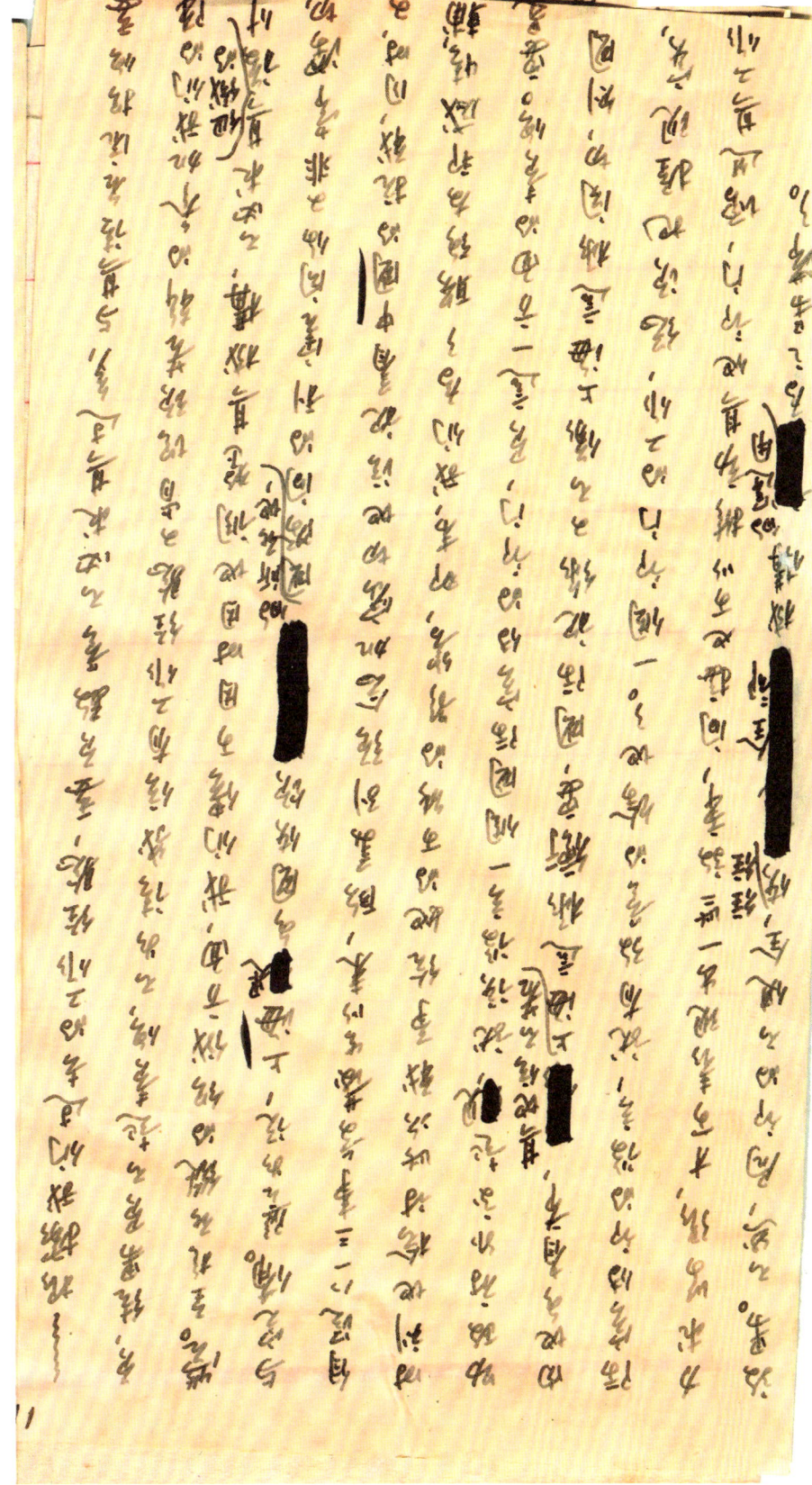

12

2、宣委会的现组织与原组织比较，已有很多的变动，有的部门增强，有的部门删去，如原组织有戏剧组，就因戏剧工作上海不能取得怎样的开展，所以我们把该组[redacted]取消了。我们主张上海的影戏院纷纷复业，[redacted]可以利用机会把前方的胜利[redacted]以及敌人的残酷，都摄入镜头，供献给中外人士。工作本身既易于推进，且具有最高的价值，所以[redacted]设立了一个电影组。总之，宣委会的工作是随时间和空间的需要而决定其动向，并不永久地固定的。

3、各组织的横的方面，各组间与各部间须随时取得联络，避免脱节，譬如[redacted]歌咏组要假电台播送抗战歌曲，该与广播组取得联络，指导组要想把民众行动之指导寓于假游艺来表演，就该与游艺组取得联络。各部组间取得联系了，则机构的运用自然会[redacted]灵活，工作的推进，[redacted]自亦便利了。

13

最後，我們又有不能已於言的，自華北抗戰到現在，本市的抗敵組織，[redacted]除後援會之外，又有不少的組織。在理論上，這些都是民眾自發的組織，[redacted]我們固歡迎之不暇，安敢妄加批評；可是在實際[redacted]上，各組織間發生了工作重複的弊病。因此，於精力，物力，財力各方面，俱感到一種無謂的浪費。關於這一點，我們目前已設法於各組織間取得聯繫，而時常有聯席會議的召集。~~免除[illegible]~~

SC006

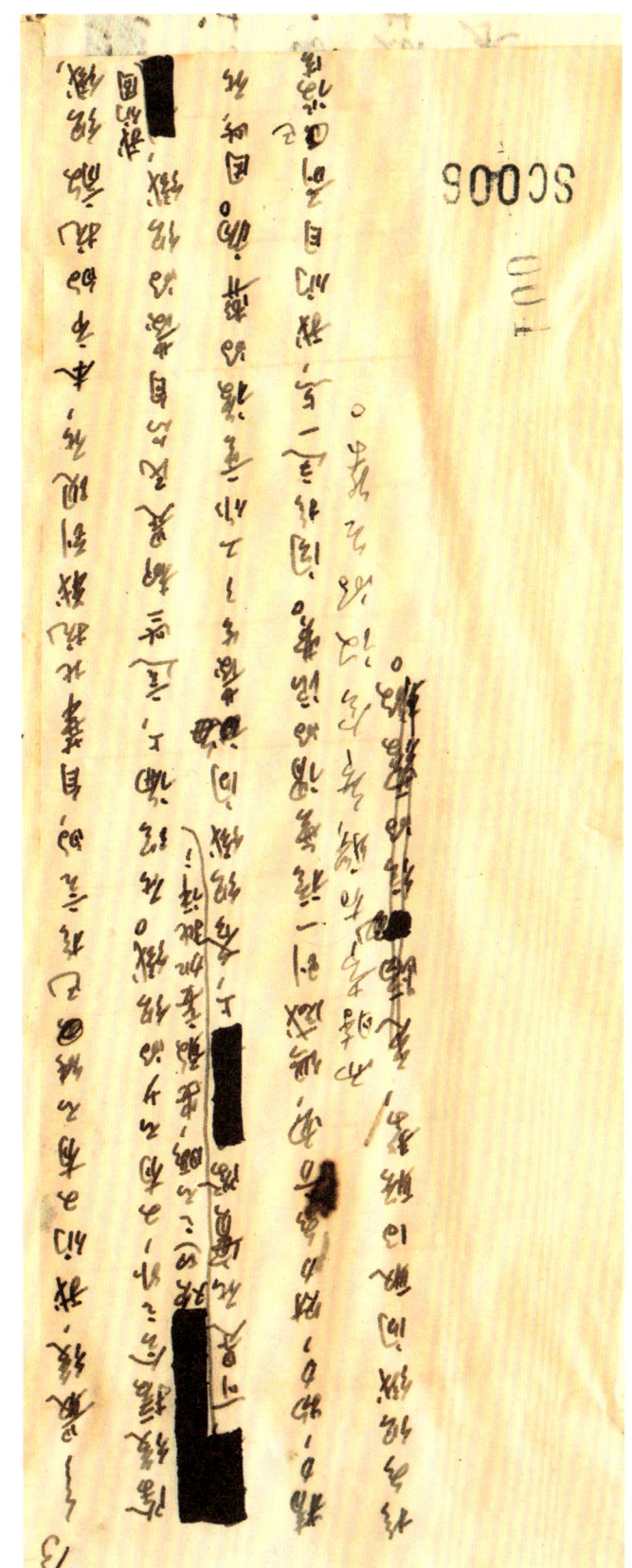

三、[redacted]工作經過

在[redacted]組織系統和依據此系統而擬訂的組織大綱，草後以後，便開始集中救國人才，分配到已經規定的各部門工作，[redacted]同時，又擬定了一個對內宣傳大綱和對外宣傳大綱[redacted]，以為宣傳理論和方法的根據。對內宣傳大綱，分積極和消極兩方面，對外宣傳大綱，[redacted]因為國際情勢之複雜，及[redacted]立場對象之不同，又分為對日，對英美，對德意[redacted]，對蘇聯[redacted]四方面。

論來[redacted]在工作程途中，依照環境的[redacted]要求和經驗的教

15

训，觉得原来的宣传大纲，還需要充實，於是又把它修改了一下，成为本会对内和对外宣传的总纲领。不過宣传的戰略，因時因事而不同，单是总纲领，在应用上还是不够，例如我们在九一八国耻纪念日，策动精神国防[redacted]，就發表了一個精神国防运动宣传大纲，在雙十国慶纪念日，策動对日经济绝交，劝募救国公债，和慰劳前线将士，又發表一個三大运动宣传大纲，此外，还在九国公约会议期间我们又發動一個九国公约会议的宣传大纲有随時發表的国内和国際时事的宣传大纲。

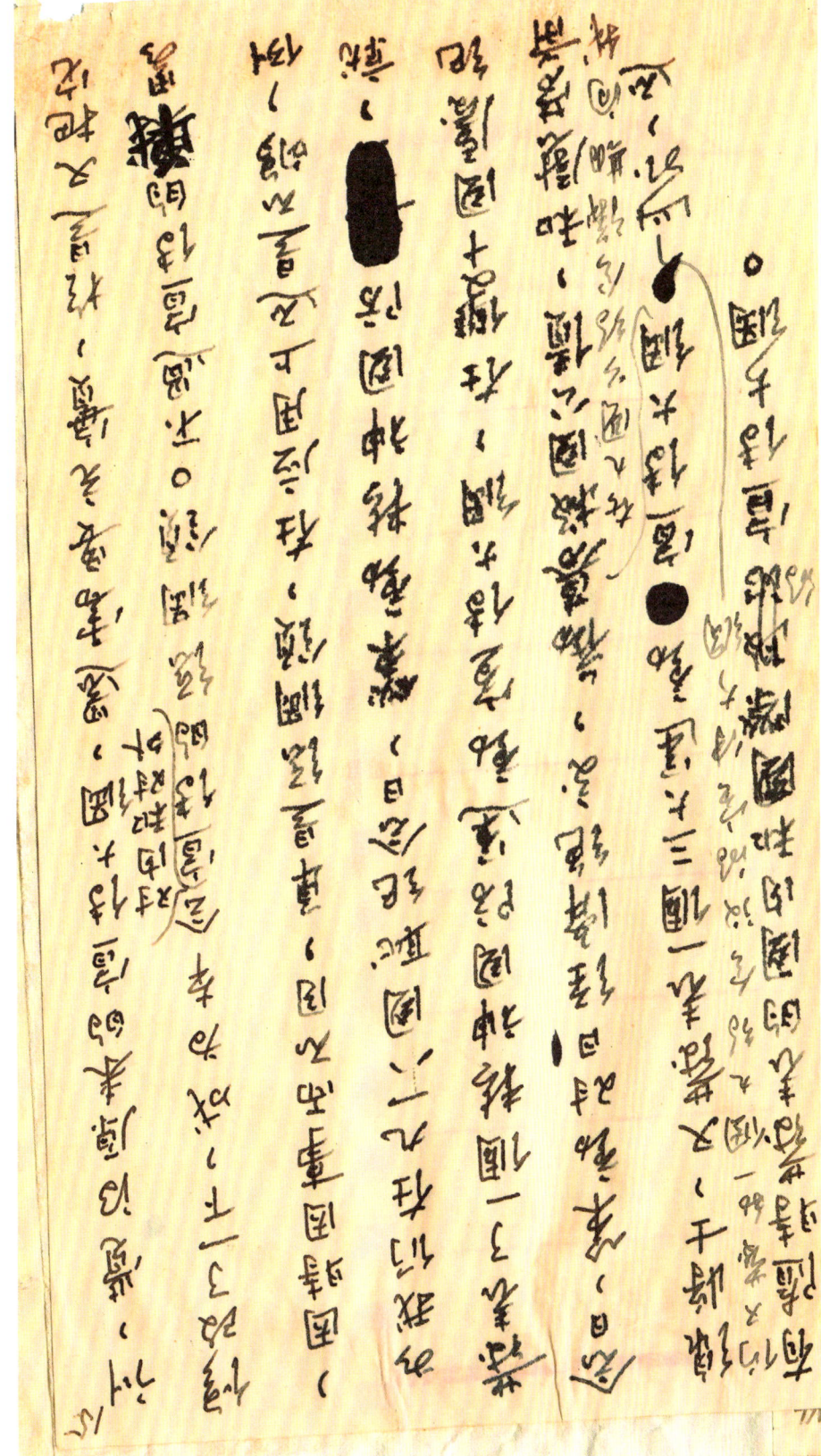

[redacted]各部門的工作分配適當以後，我們就開始工作，雖然工作[redacted]還不到兩個月，卻[redacted]有隨時檢討，隨時糾正，以謀健全和開展的必要。在未檢討前，先把工作的原則來說明：

（甲）以最少的費用，求得最大的效益[redacted]宣傳工作，有時是非錢不可的，我們固然不能為了經濟來源的困難，因噎廢食，而把應做的工作停止或延擱，但也不能[redacted]把生死榮辱關頭[redacted]的經濟力量，毫不顧

17

惜地隨意浪費。所以我們是抱定工作以[redacted]省費為原則，即使不得已而必須用錢，也應該用之得當，不落空虛。

(己)實事求是，不論人，在過去，[redacted]獻身國家社會事業的工作者，往往顯充存着自我宣傳的心理，這種好勝的心理，固然不一定是壞，但我們卻不願這樣。我們最初的也是最後的工作[redacted]，就是老老實實地埋頭苦幹，[redacted]所謂埋頭苦幹，自然不是坐在房間裏，寫幾篇文章，編就一本手冊，或是繪幾張圖畫，乃是每做一件事，必須徹頭

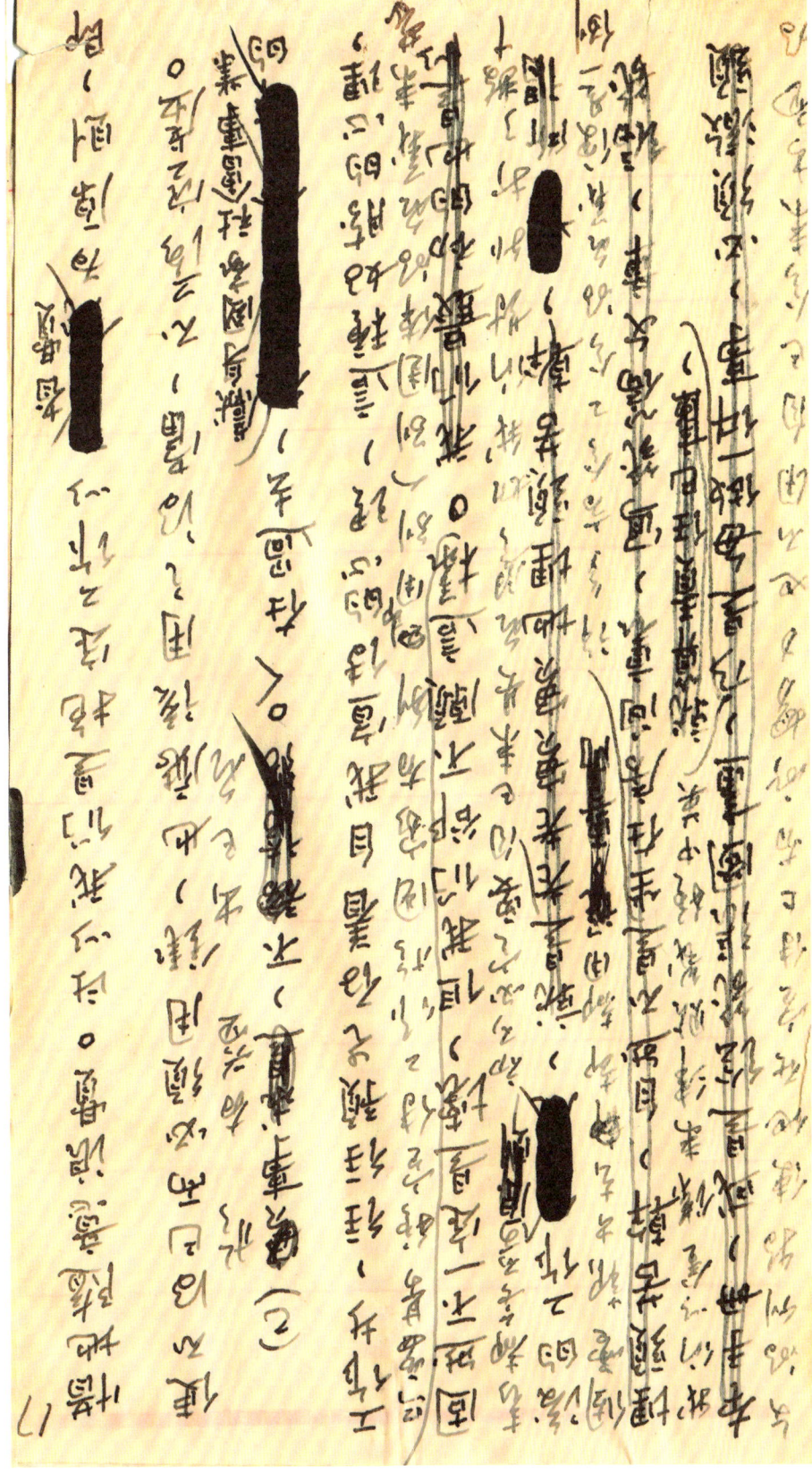

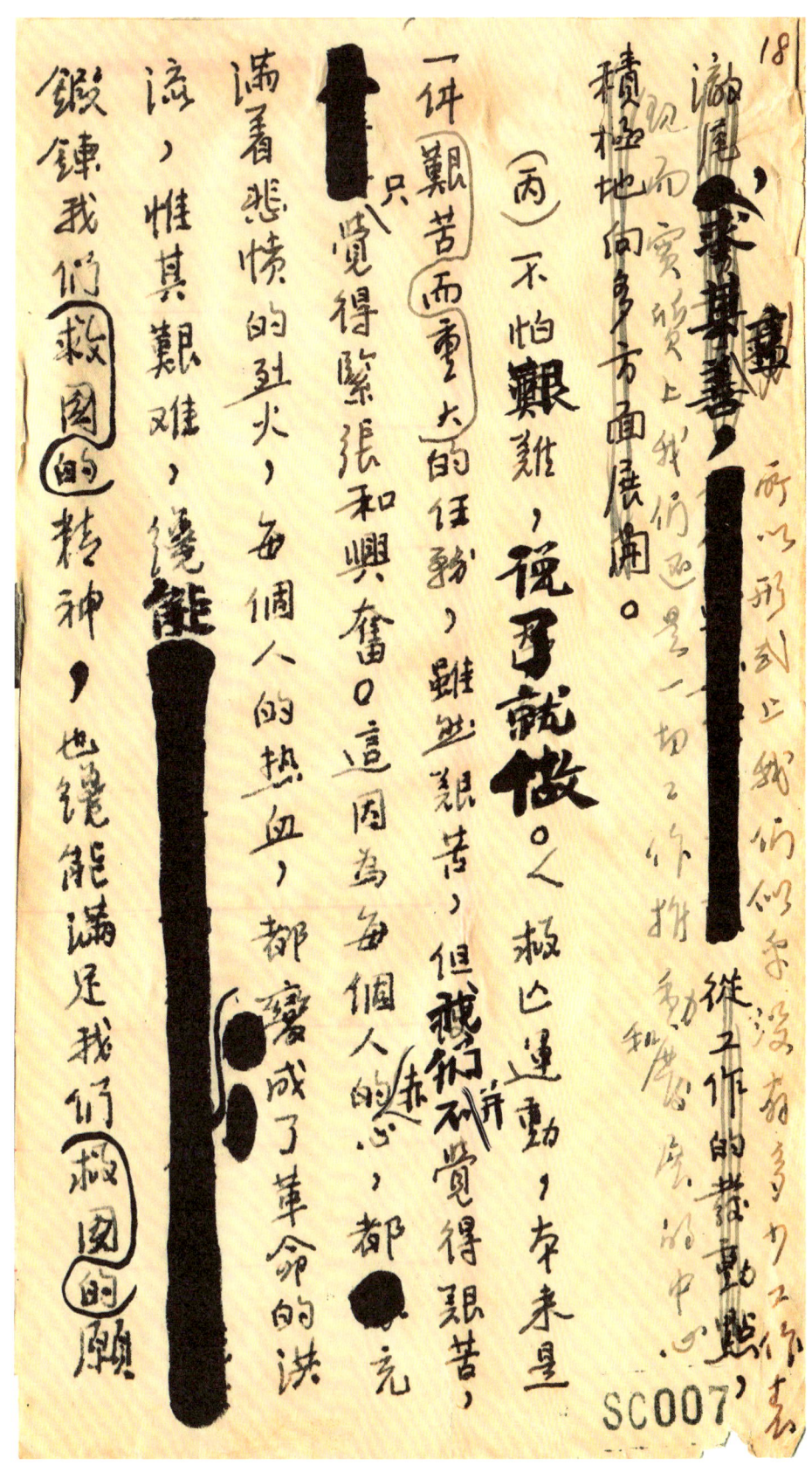

18

所以形式上我們似乎沒有多少工作去

現而實際上我們還是一切工作推動和展開的中心

徹底，盡其善，[redacted]從工作的着重點，
積極地向多方面展開。

（丙）不怕艱難，說了就做。人救亡運動，本來是一件艱苦而重大的任務，雖然艱苦，但我們並不覺得艱苦，[redacted]只覺得緊張和興奮。這因為每個人的心，都[redacted]充滿着悲憤的烈火，每個人的熱血，都變成了革命的洪流，惟其艱難，纔能[redacted]鍛鍊我們救國的精神，也纔能滿足我們救國的願

SC007

欲。在工作進程中，有許多工作，因為人事上（经济上和）種々關係，目前还不能做得十分滿意，但我們只有（奮鬥前進，）隨時加以充實。決不因此自餒，

原則既已說明，便開始檢閱：

[redacted]

甲 对内宣传

當我們開始工作時，[redacted]（適值淞沪）戰爭初起，各地交通阻礙，

而本市各電台播音，又非常紊亂，有時且不合戰時

[redacted]需要，覺得應該調整。于是我們便[redacted]

SC008

[redacted]擬定了一個戰時廣播電台統一宣傳辦法，由該各電台照辦，同時，又擬定（非常時期）每週播音節目，（另派人常川監督播音此項節目）約為下列各項：

1 時事報告
2 勸募救國公債
3 勸募慰勞品及其他徵集事項
4 各類常識指導
5 外國語演講及時事雜評
6 抗戰歌曲
7 各人演講

21

8 遊藝勸募或宣傳

這許多播音工作，均由本会[redacted]國內宣傳部廣播組、演講組、歌詠組、遊藝組，和國際宣傳部，分別照辦[redacted]，而廣播組所負的任務，尤屬繁重，[redacted]因為關於電台的接洽，指揮，監察，以及節目的編排，都需要廣播組去處理，[redacted]、所以廣播組的活動，就手成了播音工作的中心。同時，我們又恐怕各電台的[redacted]工作，仍有參差，或者[redacted]藉電台作宣傳的各方面，[redacted]凌亂而不統一，於是又指

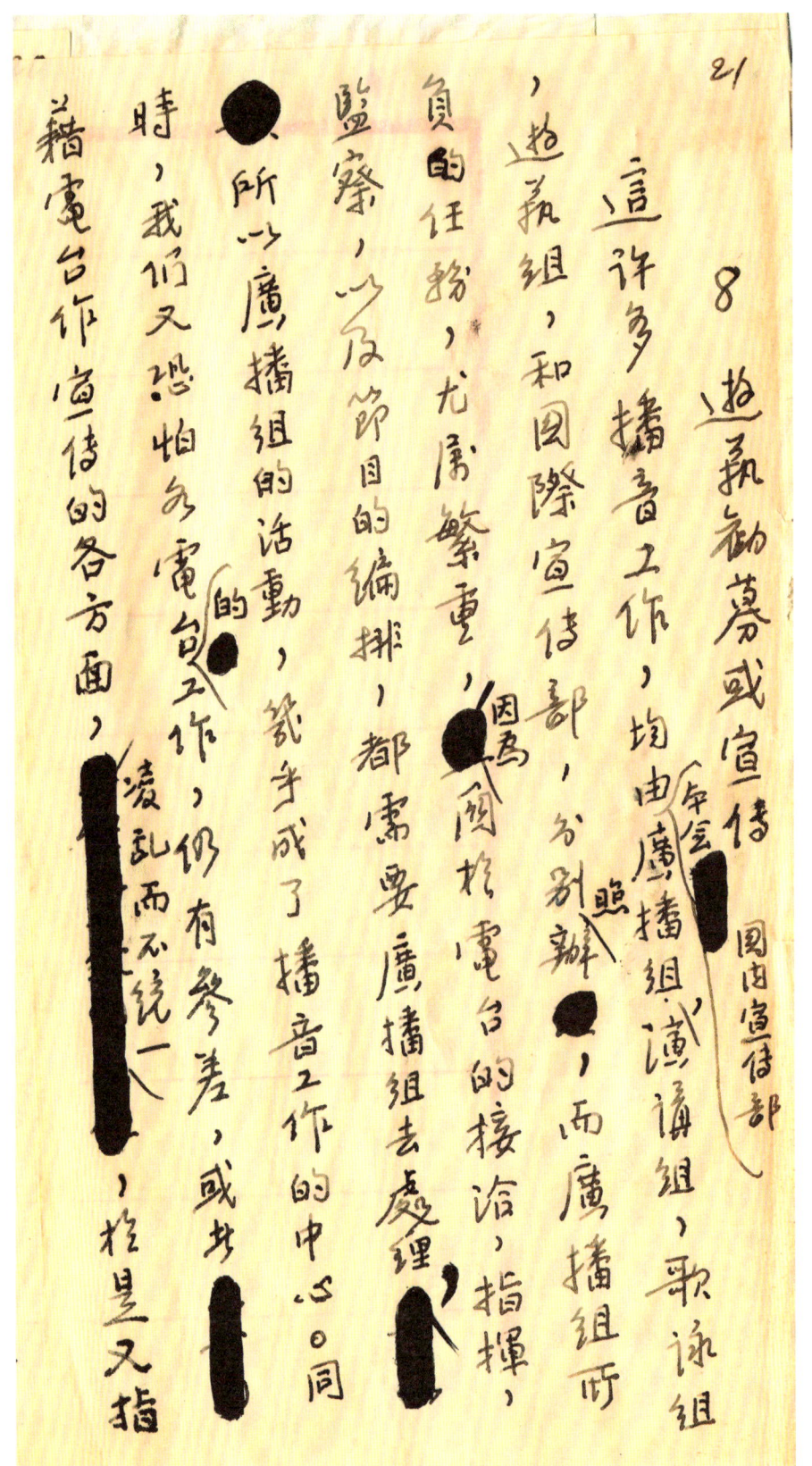

定五處電台，為監察電台，隨時監察，隨時糾正。

此外，對於敵方宣傳，我們也很注意，除派定專員，從事擾亂敵台音波外，[redacted]又探悉平津有少數電台，受敵方利用（如天津法租界之仁昌電台，東方電台，特三區之中華電台，北平之燕聲電台），特予以嚴重警告。

歌詠組的工作，在八一三滬戰發動後即開始，十五日召集全市各歌詠團体負責人談話，推動歌詠救亡工作，

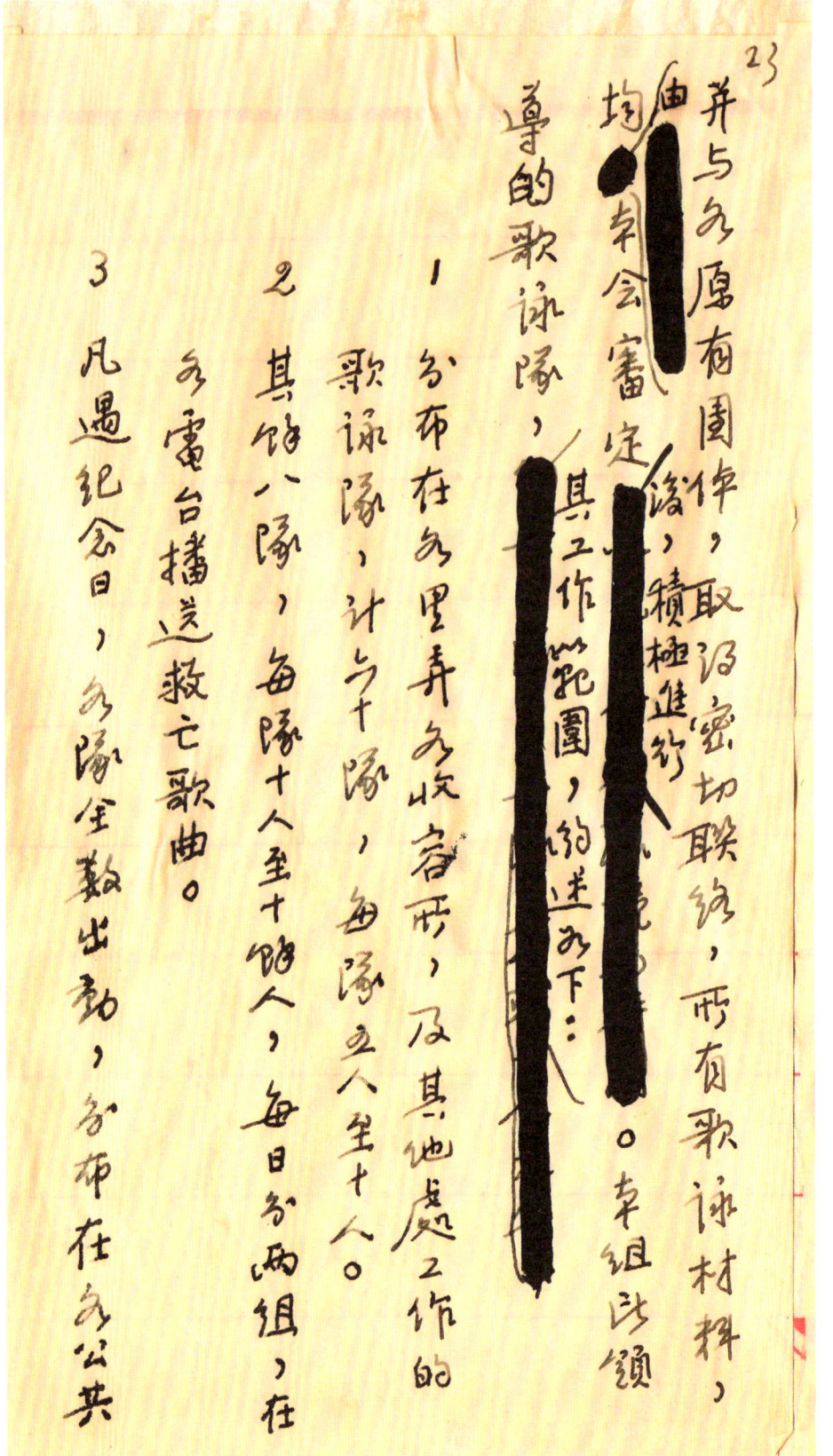

23

并与各原有团体，取得密切联络，所有歌咏材料，均由[redacted]本会审定后，积极进行[redacted]。本组领导的歌咏队，[redacted]其工作范围，约述如下：

1 分布在各里弄各收容所，及其他处工作的歌咏队，计六十队，每队五人至十人。

2 其余八队，每队十人至十余人，每日分两组，在各电台播送救亡歌曲。

3 凡遇纪念日，各队全数出动，分布在各公共

24

場所，并在各電台播送特别節目。

後来我們覺得單是歌詠，效果還不大，因此，又使演講組与歌詠組合作，由演講隊先解講歌詞，然後再由歌詠隊歌唱，這樣，在難民收容所中，在傷兵醫院中，在里弄的群衆中，都得到較好的成績。

前面已經講過，前方的宣傳工作，固然重要，但内地的宣傳工作，尤其重要。本会所領導的宣傳隊，向内

SC009

地出發的，有下面幾個组織：

一 先鋒演劇隊　本隊的隊長左明[redacted]先生，是本会的宣傳委員，自八[redacted]一三沪戰發生以来，因華界的居民，均已遷徙一空，而特區的救亡運動，又每受租界當局的限制和高壓，致不能充分活動。[redacted]乃决計率本隊出發北上，先至汴路一帶，沿途极受地方當局，各救亡團体，及民衆之歡迎，[redacted]并且有很滿意的

26

收穫。

2 漫畫宣傳隊　中國的文盲，至今還佔着大部分，尤其是鄉村農民，政治意識，非常模糊，文字的或口頭的宣傳，有時還不能盡如人意，只有漫畫，纔可以刺激一般民衆的情緒，使之充分了解，發生興趣，而增强抗戰精神。本会因請宣傳委員葉淺予先生，組織漫畫宣傳隊，

27

向長江流域及西南一帶出動，到達南京後，即会同當地漫畫界，举辦大規模的漫畫展覽會，并利用失業的油漆工人，將沿途廣告牌，[redacted]油漆宣傳漫畫，多者現皆邀請該隊前往。

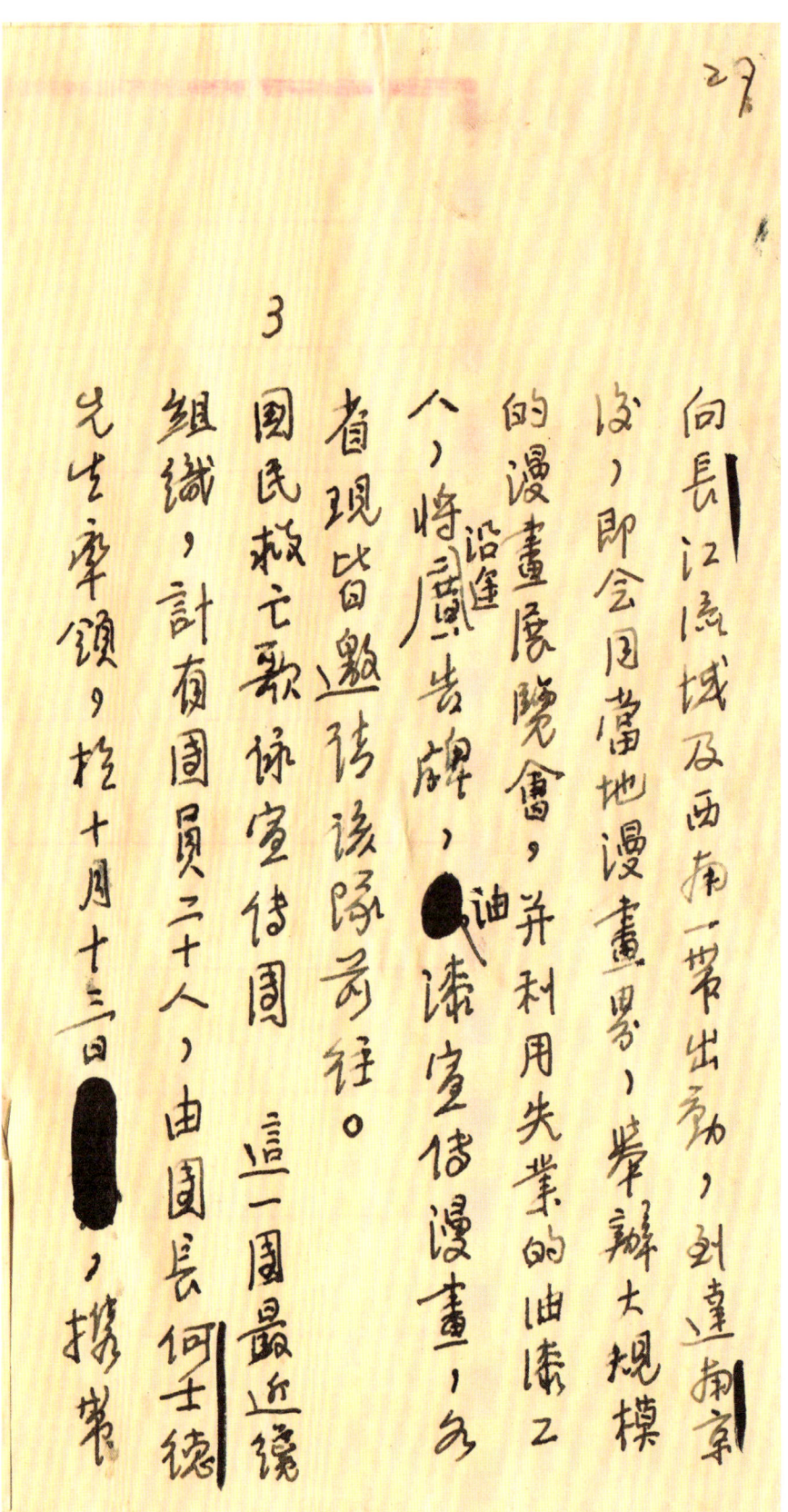

3

國民救亡歌詠宣傳團　這一團最近纔組織，計有團員二十人，由團長何士德先生率領，於十月十三日[redacted]，携帶

28

本会及劝募救国公债总会各种宣传品，向赣粤湘桂等省出动，其工作范围[redacted]是：A歌咏，B民间歌曲的搜集与研究，C话剧，D[redacted]、抗敌演讲。

[redacted]

新排的 在播音

节目中，有名人演讲一项，[redacted]除每日规定讲题播送外，并在临时举行特别演讲，以期适应当时的需要。我们又看到无论是对内或对外的宣传，单用文字，[redacted]总不如影片来的真切，并且前方将士英勇

29

抗戰的事迹，在在足以驚天地而泣鬼神，若拿它来作為教育民衆和訓練民衆的其[redacted]可以補助口頭的和文字的宣傳的不足。所以我們特請本会宣傳委員盧薛白君馳赴前線，攝製抗戰影片，業已製就四千尺，此後，尚須繼續攝製。

影片与漫畫，[redacted]在宣傳上的效能，已為一般人所公認，我們除攝製影片外，又公開徵求抗戰照片，預備編印成冊，以暴露敵軍轟炸平民和摧殘文化機關的獸行。同時，又編[redacted]印救亡漫畫[redacted]，每五日[redacted]出版一期，

現已出至第×期，此項畫報，一方面推廣到內地，一方面，贈送給方醫院給與傷將士閱覽，增加他們的政治意識。關於文字方面，~~除偽報告港~~以通電為最多，其次，便是政治與活動的指導，例如，關於捐款輸物問題，青年戰地服務問題，婦孺問題，戰時教育問題，其都有詳盡的叙述，以指導各界民眾

大意如下：

一　捐款輸物問題

[redacted]捐款應由本会籌募委員會或指定的銀行，統籌办理，捐物亦應由供應委員會，根據前方需要，隨時登

31

報徵集。並不當隨便捐款，必須從實。

2　青年戰地服務問題　青年是國家主要的命脈，不必青到前線去犧牲，最好注重組織民眾，鄉村宣傳，難民教育，控舉漢奸，安定秩序等工作，以「到後方去工作」的口號，代替「到前線去」的口號，因為國家有比軍士更大的領導[illegible]，但必要時，即[illegible]務須待著青年去[illegible]民兵時，自應到前線去殺敵。

3　婦孺問題　稍有辦法的人，最好將婦孺送至內地，沒辦法的人，家中婦女，也應該各盡其職

SC012

32

時服務之責。

4 戰時教育問題，各大學及專門學校，最好能遷至比較安全地帶，其他中小學校，也應儘可能的設法開學，不過有四點要注意，即：第一，戰時教育，應與平時教育異趣，其次，除基本學科外，應加授戰時知識，第三，教職員應於課餘指導學生，從事一部分戰時服務工作。

這是九月一日發表的，到了三日，又製定戰地標語十六種，如下：

33

1 扶助老弱。
2 救護傷病。
3 幫助我軍運輸。
4 幫助我軍做工。
5 查拿漢奸。
6 幫助我軍偵探。
7 知道倭寇行踪，立即報告我軍。
8 發覺倭寇偵探，立即報告我軍。
9 密藏糧食，不讓倭寇吃。
10 運用車馬，不給倭寇用。
11 家家設備救火的東西，沙包，水桶，噴水桶。
12 家家預備防毒材料，漂粉，肥皂水，石灰水。

13 敵機投彈，躲到地洞去。

14 敵機投彈，躲到林下或棹下去。

15 毒氣來時，站在高處。

16 毒氣來時，背着風走。

九一八是[redacted]敵人掠奪東北的國恥紀念日，也就是中國民族開始[redacted]

現在已經衝破[redacted]日本侵略主義的網羅，和他們清算舊賬了。

在敵人刀尖上，度着悲慘危難生活的紀念日，我們[redacted]抗戰的物質

條件，雖然落後，但精神條件，卻比他們優越得多，在[redacted]

抗戰過程中，物質條件，固然要逐漸加強，精神條件，也應該始

終不拔，以我們的優點，要擊破敵人的弱點。所以在這一天，[illegible]

正午十二時號召全市民

眾能遵照指揮舉行默哀熱烈的宣誓運動使國際人士都知道我

節國民宣誓和示威運動外，并發動精神國防運動，一面

完成[illegible]

3

電全國，一致推進，發表[redacted]宣言，申明意義，並在各報刊登「河山變色」地圖，使大眾怵目驚心，另一方面，又發布精神（國防）運動大綱十六條，如下：

1 我們只有一個主義——三民主義。
2 我們只有一個政府——國民政府。
3 我們只有一個領袖——蔣委員長。
4 我們只有一個敵人——日本軍閥。
5 我們只有一個出路——抗敵救國。
6 我們願犧牲個人的利益，爭求民族的利益。
7 我們願犧牲個人的自由，爭取民族的自由。

SC013

8 我们確信有國而後有家，有家而後有身，故欲保其身家者，必須保衛其國。

9 我们確信，中國今日唯有以自力求更生，以自決求解放。

10 我们確信中國已具必勝的條件，最後勝利，必屬於我。

11 我们確信，抗戰不專屬於戰場之上，凡出資出力，直接間接有利於國家者，皆係抗戰的勇士。

12 我们確信，民力即是國力，人民能多貢獻一分力量，即國家多得一分勝利，故勝敗之權，操之於我。

13 樂观的混世主義者，悲观的厭世主義者，無恥的恐日病者，皆為漢奸的新形態，我人誓必掃除之。

14 在抗敵期內，有破壞整個民族抗戰統一戰線者，我們即視之為漢奸，誓不與之共存。

15 在抗敵期內，有力而不出力，有錢而不出錢者，我們即不承認其為中華民國國民，誓與國人共棄之。

16 在抗敵期內，凡中華民國軍隊，不參加作戰，或參加而不努力奮鬥者，我們即不承認其為中華民國之軍隊，誓與國人共棄之。

[redacted]當敵軍宣布轟炸中國首都時，同時，又致送節

累于驻伊各国使领，请各国在京各国使馆人员、侨民及军舰，避往安全地带，[illegible]原系[illegible]种威胁和试探的伎俩，幸各国洞烛其奸，态度均甚冷淡，独义国使馆们对移至军舰办公，中了敌人的诡计，本会因（于九月二十日）在报上发表非正式[illegible]谈话，加以诚恳地[illegible]劝告。[illegible]二十九日在宣传方法上（和防空），对于民众，有所指导，其要点如下：

1 利用收音机

A 遇有电台播送战时消息，战时常识，救国演讲，和劝募救国公债时，把收音机搬在门外，或安放在公共场所，如茶馆，酒店，浴堂，理发

39

所，小菜場等處，使一般民衆，都有接聽的機會。

B 把收音機所報的種種消息，和戰時常識，隨時記録下来，用白话文编成壁報，每日張貼於公共場所，或引人聚集的地方，给大家看。

C 聽到收音機所報告的消息以後，立刻召集家人及附近的居民，或親戚朋友，用懇切的態度，講给他們聽。他們如有疑問，也應該很正確地向他們解釋，務須喚起他們擁護政府，防制漢奸，犧牲人力財力抵抗敵軍援助國軍

的強烈意識。

2 利用報紙

A 報紙閱讀以後，即日將重要消息，或應使民衆注意的文字，用紅墨水圈出，全張粘貼於公共場所，最好是茶館，酒店，和浴堂。

B 晚間，或在一定的時間，聚集村鎮居民，或親戚朋友，將戰事消息，國際態度，敵軍暴行，及人民輸款盛況，防空防毒常識等，詳細講解，以引起聽者敵愾同仇的精神，加強其抗敵救國的意志。

41

3 設置防空壕

A 近代戰爭既爲立体形式，自無所謂前方後方，任何地点，敵機皆有攻擊的機會。故与其舉家遷移，流離失所，反不如就地掘壕，以防空襲之爲愈。現江南一帶大村鎮，紳富之家，均有防空壕之設置，應即指示公用，一遇敵機，即召集村民，入壕避險。

B 此次防空壕，既不費多大金錢，地方領袖，即應廣爲勸導，多多設置，以免冤枉犧牲。

C 一鄉一鎮或一村之中，由鄉鎮長或學校教師，

42

派人輪流瞭望，一見敵機，即發警號，使民衆早有準備，知所趨避。

自這三點(要)發表後，各地[redacted]均紛紛向本会索取防空壕建築圖樣[redacted]，利用收音機的，在內地也已發現，這可見民衆的政治意識，已在逐漸加强。

今年的雙十節，適在全面抗戰[redacted]中舉行[redacted]，使我們格外覺得興奮而愉快，不過照例的慶祝，[redacted]非但沒有意義，而且不適應非常時期的需要，因此，我們在這一天[redacted]，特發動三大運動：

SC015

43

1 对日经济绝交。

2 劝募救国公债。

3 慰劳前线将士。

宣传办法，是这样的：

1 全市悬旗（汽车悬小旗） 事前用新闻及播音方法通知。

2 正午十二时，全市民众，三呼万岁 由播音领导。

3 各团体举行聚餐，交换抗敌救国意见 由抗敌會發通知書。

44

4 名人播音演講及舉行愛國遊藝 節目另定。

5 組織大規模宣傳隊出動 由本会及各文化團体救亡團体擔任。

6 各商店粘貼經濟絕交標語。

7 各界再粘貼勸募救國公債標語 由勸募救國公債總会[redacted]印發。

8 慰勞前綫將士 由後援会及各團体代表擔任。

9 慰勞受傷官兵 由後援會及各團体代表擔任。

10 繼續徵集慰勞品 由童子軍及婦女救亡團体擔任。

11 勸募救國公債 由勸募救國公債總會及市民團

45

俾擔任。

12 組織國民对日经济绝交委員會　定期召集。

13 發表对日经济绝交宣言。

14 通電全國一致實行对日经济绝交。

15 通電全國一致慰勞前綫將士。

16 通電全國一致勸募救國公債。

17 編輯三大運動特刊　交各報發表。

18 請各報撰著論文，集中於对日经济绝交。

我們於國慶前一日，先發表了一篇很詳細的三大運動宣傳大綱，第二天，即雙十節，雖斜風細雨，天容黯淡，而全市國旗飛

舞，[redacted]白日生輝，各商店对日经济绝交的标语，触目皆是。正午，各繁盛區域，都被宣传队所佔據，且有结队狂馳於馬路中央，「中華民國萬歲」和「打倒日本帝國主義」的呼聲，如春雷振發，此時雖大雨如注，但民眾皆冒雨鵠立雨側，[redacted]歡呼鼓掌，這種形情，真使我們興奮得熱血沸騰。

在十月初旬，[redacted]本会[redacted]擬聯合上海美術界擴大宣传團，舉行抗敵美術展覽會，（作品分绘畫，攝影，模型，木刻等項，）[redacted]以擴加宣传的力量，[redacted]

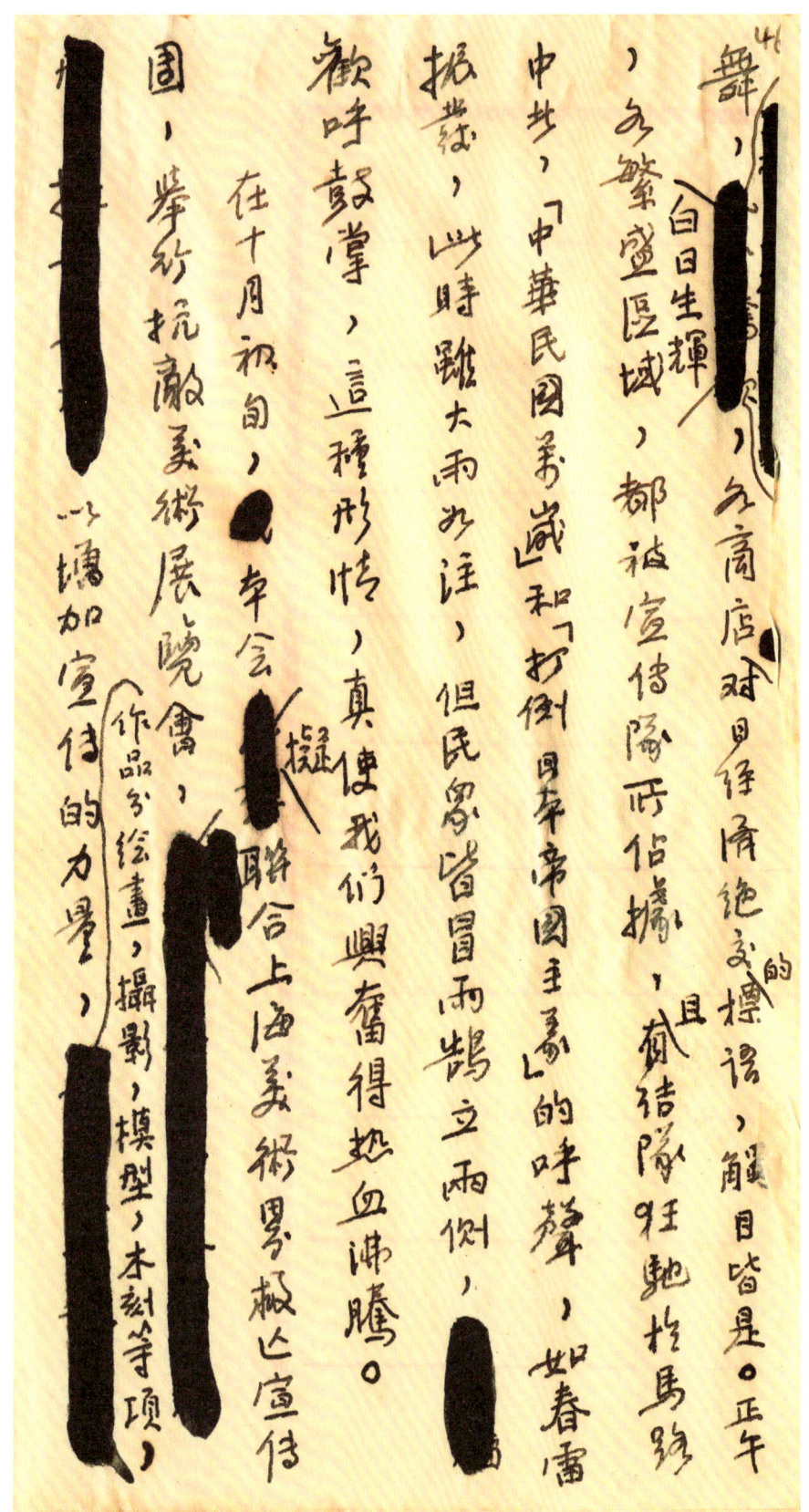

筹備方纔有了頭緒，又見阻於租界当局，但我們決不因此自餒，後来幾經設法交涉，終於達到目的。

(乙) 對外宣傳

本會自開始工作以來，即集中全力於对外宣傳，這固然是由於看到对外宣傳的重要，但還有另一原因。[redacted]當八一三淞滬抗戰發生後[redacted]，敵軍因節節潰敗，[redacted]深恐貽笑國際，只得捏造消息，[redacted]以肆行其欺騙伎倆，不料本市各外報，竟信以為真，照樣披露，甚至以大字標題[redacted]登載，關於真實[redacted]有利於我國

SC017

48

的新聞，反而登載於不顯著的地位。我們覺得這種態度和心理，雖然是友邦人士傳統的成見，可是[redacted]以偽亂真，混淆黑白，久而久之，必致是非莫判，公理不彰。[redacted]因此，特於八月二十二日，晚七時，假座新新酒樓，招待外報記者，參加者有各外報和外報通訊社[redacted]記者三十餘人，[redacted]當由主席申述我國抗戰的意義，及與世界和平的關聯，各外報記者答詞，都認為登載我事消息，絕對沒有偏袒的意思，過去因華方消息缺乏，只得採用同盟社的消息，希望華方能以最迅速的方法，供給材料，則外報必能儘量登載云云。[redacted]

49

[redacted]在此次招待宴會後，（本会印联络）本市外交部駐滬办事處，京滬警備司令部駐滬办事處，為補救上述情形起見，特假國際飯店十四樓Green Room為供給外報消息的機關，本会國際宣傳部（交際股）也參加工作，每日下午四時至六時，各外報記者前往採訪消息的很多，因此，各外報的態度，[redacted]較前已略有改變。[redacted]調整外報的工作，既已粗具端倪，[redacted]在是便從事外國語播音宣傳，一方面，揭穿敵人蒙蔽國際的陰謀，另一方面，供給正確的戰事報道，并將敵人

010

SC018

殘殺平民，摧毀文化機關種種暴行，告知友邦人士，以引起他們的同情和援助。此項播音，計分英語，日語，法語，德語，俄語，韓語，世界語七項，都由國際宣傳部及廣播組，分頭進行。除此以外，本會為聯絡友邦人士情感起見，又發起組織國際友誼社，推定朱少屏先生負責籌備（國際組股），現已組織成立。中外友賓數十人聯歡一堂，情感頗洽。

至於[redacted]國外宣傳部編審組的工作，因為成立未久，工作又需要相當時間，所以成績還不多，正在進行中的，有下列各點：

51

1 剪報

A 翻譯日文報紙。

B 將本國報紙的社評，譯成各國文字。

C 剪貼英文報紙。

2 [redacted]

電稿基隨時勢的需要，撰擬各國文字電稿，用民眾團體名義發出。

3 論著

A 撰著論文，送各外報登載。

B 外報如有不利於中國的言論，隨時撰文，予以糾正。

52

4 編撰本會用各國文字編[redacted]的宣傳手冊，擬先出版下列六種：

A 日軍在中國的暴行。（英法文）

B 中國抗戰的意義（法文）。

C 國際對中日戰爭之言論（已完成英文德文二種）。

D 抗戰畫報（用各國文字說明）。

E 敵軍摧毀中國文化機關（已編成英文一種）。

F 青年呼聲（英文有插圖，已付印）。

573

這些宣傳手冊，都已次第付印，印錢，[redacted]分別寄發各駐外機關，華僑團体，學生團体，及各友邦人民。[redacted]

在工作進程[redacted]中[redacted]，我們為了事實的需要，[redacted]除英語，日語，法語，俄語，各指定負責人外，又將編審組分為以下[redacted]八股：

1 出版股

2 通訊股

3 勸導股

4 指導股

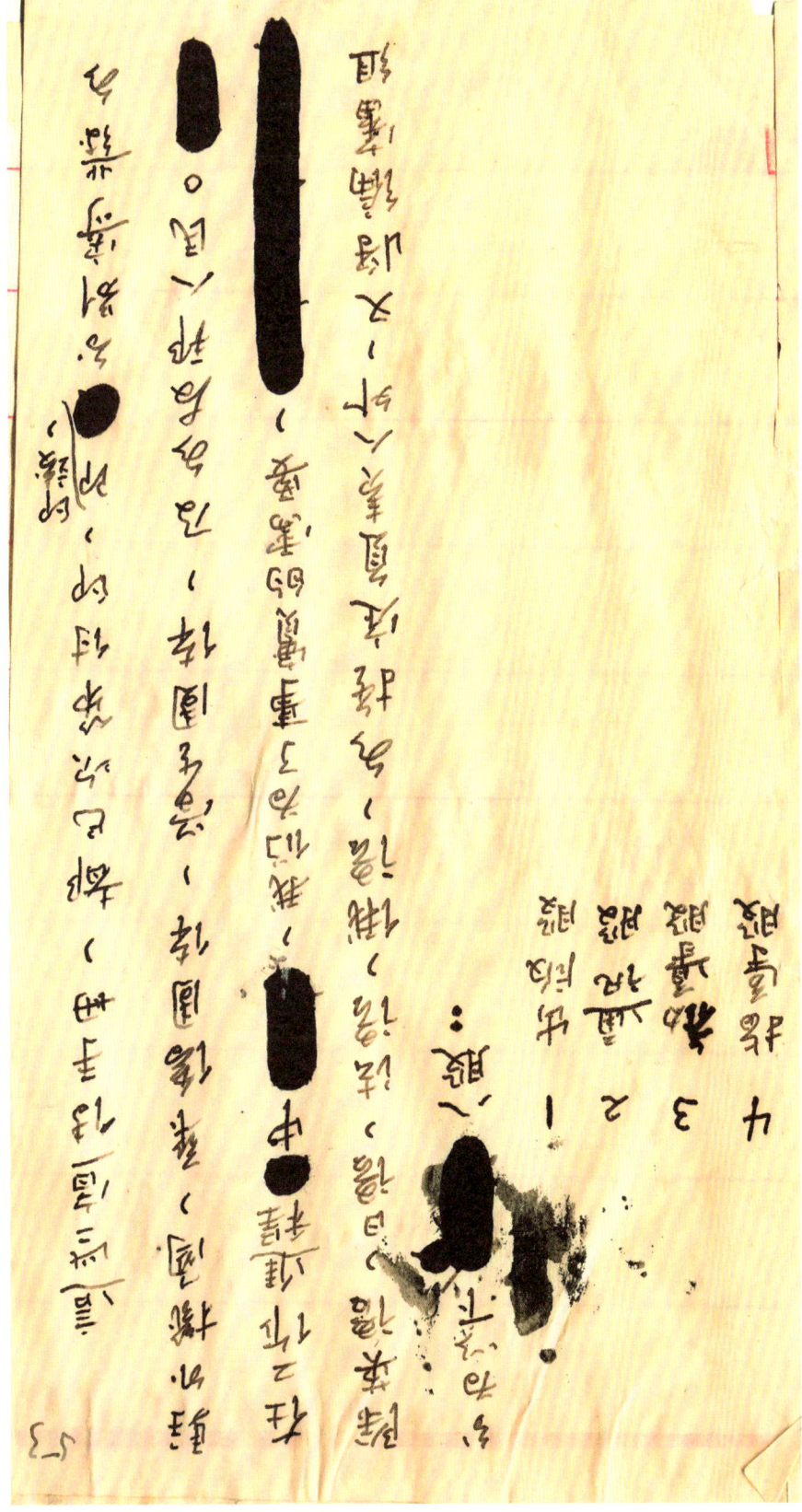

54

5 情報股
6 撰稿股
7 轉譯股
8 廣播股
9

此次九國公約會議關係於我國家前途者更為重大，我們於會議中與會議前應有種種的努力，因由編審組與各團體國際宣傳人員共同研究，編就整個宣傳方案一種如下

（方案另附）

55

四　结论

上面所述，[redacted]是本會兩[redacted]月以来的工作經過，也就是可以公開發表的一部分，還有一部分，因為事關秘密，[redacted]只好暫時略而不談。此外，[redacted]

我們因為九國公約簽字國，本由

開会，有發動[redacted]大規模宣傳，表示民眾[redacted]意志和態度的必要，已擬定很詳細的宣傳方策，即將召集全市各團体，并聯絡內地各抗戰團体，積極發動，在國內宣傳部方面，於原有各組外，更擬添設編撰組，編輯各種中文宣傳手冊。

SC020

21

回顧[redacted]以往的工作，雖然沒有預定整個的宣傳工作[redacted]綱領，但我們卻始終抱着實踐苦幹的原則，因時局之推移，而把握其需要，使宣傳與實踐，發生聯繫。所以我們極力避免[redacted]并虛浮不實的工作，[redacted]，更不願多做自我宣傳，[redacted]在工作時，是以嚴肅而緊張的態度進行，使整個的時間和精神，都為抗戰而貢獻。

姜豪：组织工作概论（一九三七年十月五日）

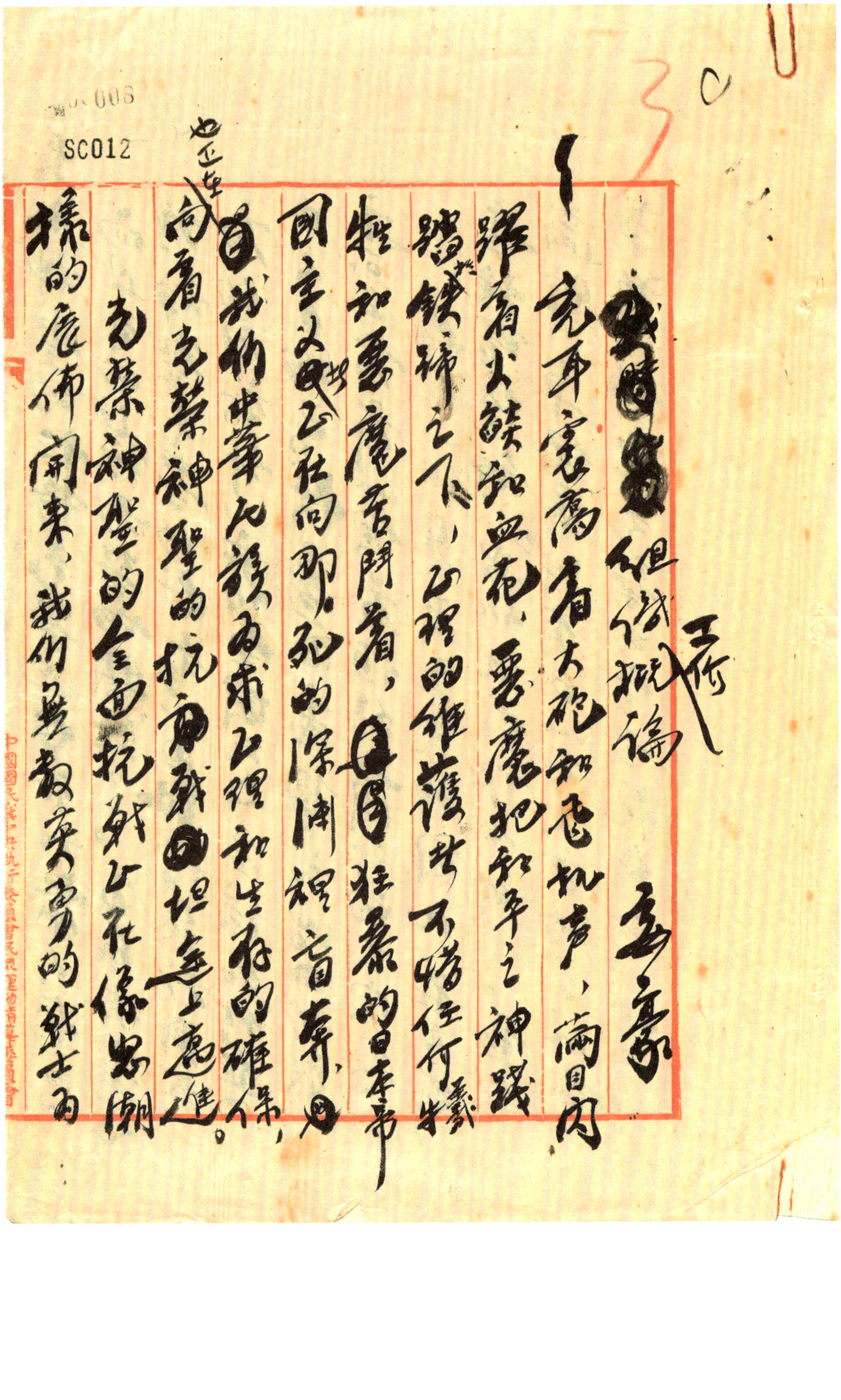

组织工作概论　姜豪

充耳震荡着大炮和飞机声，满目闪耀着火线和血花，恶魔把和平之神践踏铁蹄之下，正理的维护者不惜任何牺牲和恶魔苦斗着，狂暴的日本帝国主义也正在向那孤的保卫和平者，向着我们中华民族为求正理和生存的维系，向着光荣神圣的抗战的坦途上迈进。

光荣神圣的全面抗战正在像怒潮据的展佈开来，我们无数英勇的战士们

盡這神聖的任務光榮地在和敵人奮鬥，而且有的已經光榮地犧牲了。而我們盡這種神聖光榮的任務，和增強抗戰勝敵的功效計，我們全國民眾在後方如何集中人力物力，使盡其義務和增加其功效，這實是當前一個最值得商討的大問題。

任何一個具有天良的國民，在目前這種環境裡，我們相信誰也都是熱血滿腔，準備著把所有的一切人力物力，以從事於此神聖光榮的全面抗戰的。但是把

以仿此

一律排示

许多多的人力物力如何集中？和集中以后又如何把他用得其当？就是如何能以最少的力量获得最大的功效？这又是一個嚴重的問題，而本問題関键所在，就是在民众组织，所以谈到战时民众的如何参加抗敌后援工作，力量集中的还是要来多的组织问题。

(一)战时民众组织之特性

1.民众组织之意义——谈到民众组织，不能不先来谈一谈组织的意义。现代人是社会的人，这是我们人的本质的有异于往昔

共。現代人的所以由錯離原始的個人獨立人而變為社會人者，簡言之就是因為生存方法的有異耳！在現代環境中，個人決不能獨立生存，必須依靠社會的各種力量。[redacted]其個人乃為社會的一份子，而決非獨立的個人。所以每個現代人都是社會人。社會人既須藉社會以生存，所以其生存處又在個人的大前題而社會，進而社會的大前進而民族，因之所謂生存問

SC015

2

SC016 010

題者，其整個範圍乃人民生活、社會生命、和民族生存。

個人的生活既然連繫之於社會和民族，而社會民族之所以能夠生存者，在於持有健全的組織，而社會和民族的組織的基礎卻是依然在於許多的個人。個人所以是社會和民族組織的基礎呢的，因為說人類的組織是三角[illegible]立體形的。民族是整個的三角，政府是三角的尖端，社會機構是三角的

SC017

中胞，個人是三角全體的細胞，也可以說是三角的底線，所以欲使此三角細胞組織之健全，不能不先要團結許多細胞和充實其底線，然後（可以）逐級堅固地發展上去，以完成整個健全的機體。所以中國國民黨以組織在爭勝的意義，而在集中人力物力，具體地發動出來，協助社會和政府，向建設的大道上邁進，以求得個人生活，社會生命，和民族生存的充實，延續和進展。

3

六、战时工作纲领意义之特性——民生纲领之意义，由我人民生活、社会生命和民族生存，这在上面已经讲过了。现在敌人用了全部的暴力来侵略我们，其目的何在呢？很明显的，就是要绝灭我们民族的生存、社会的生命和人民的生活，进而要把我们的土地和富源，全部掠夺去，使他们民族及社会和人民，来生存生命和生活上繁荣发展的背景。这种现象，在生存的意义

上说，敌人损人利己的侵略，是人类最卑劣的暴行。我们为求生而应抗战，是最光荣的义举。所以我们为求生存，惟有牺牲一切，与敌人奋斗到底，从死路里打出生路，用我们正义的威力，去摧毁敌人丑恶的暴力，以获得我们新的光明的生机。

一条新的求生的理念已经展开在我们面前，我们必须要用全民的力量，来向这条理念迈进。现在无数

英勇的战士正向着这条坚途以血肉来
铺砌出去，那末我们后方的全体民众，更
应该集中人力物力，来援助他们抗
战所需要的一切，自身也要英勇地
跟着他们的足迹去奋斗，这就是
战时民众的任务。而求肩负起这种
神圣的任务，所以需要有坚强的
组织。而其组织之意义的精神，乃是
在我们当前障碍时，集中人力物力，
以团体最大的破坏力，去摧毁敌

人的侵略力，最後乃能獲得新的光榮的人民生活、新的生命，和民族生存。換言之，利用平時的建設力量，蓄儲最大的破壞力，而於破壞中促進新的建設的機運，這是戰時組織有異於平時組織特性。

(二)戰時民眾組織之方法

戰時民眾組織之特性既如上述，根據此種特性的需要，其組織的原則

SC021

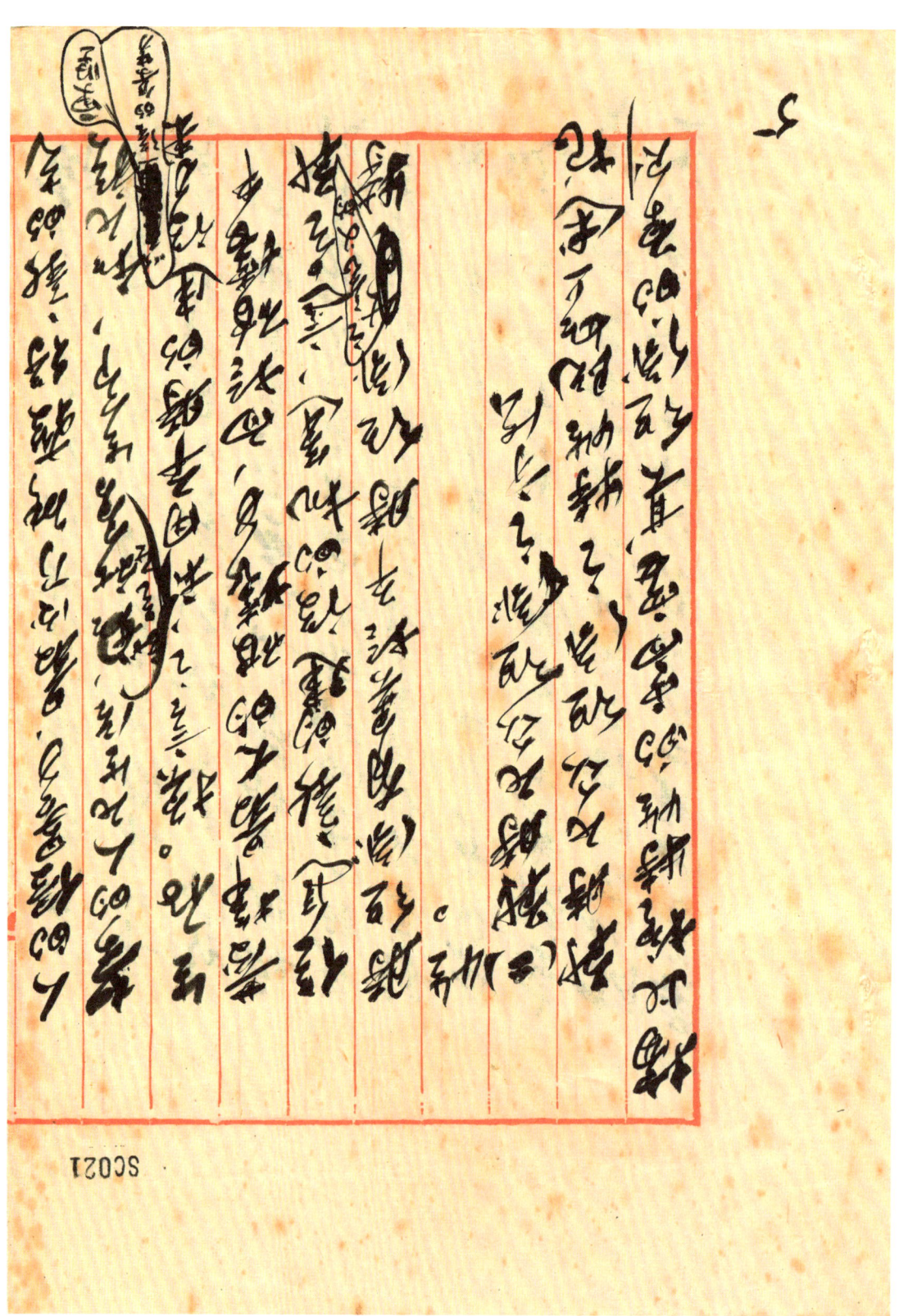

有三：

(一)机构要单纯严密，以求行动之灵活，决不能如平时组织之复杂，而徒费精力时间于会议。

(二)会员意志要统一，行动要集团化，绝对要服从团体的指挥，决不容会员与团体间有貌合神离，或者会员相互间各立门户的现状，使团体削减行动力，而求达到此种动力集中的作用，所以宁可宁

中國國民黨中央執行委員會民眾運動指導委員會

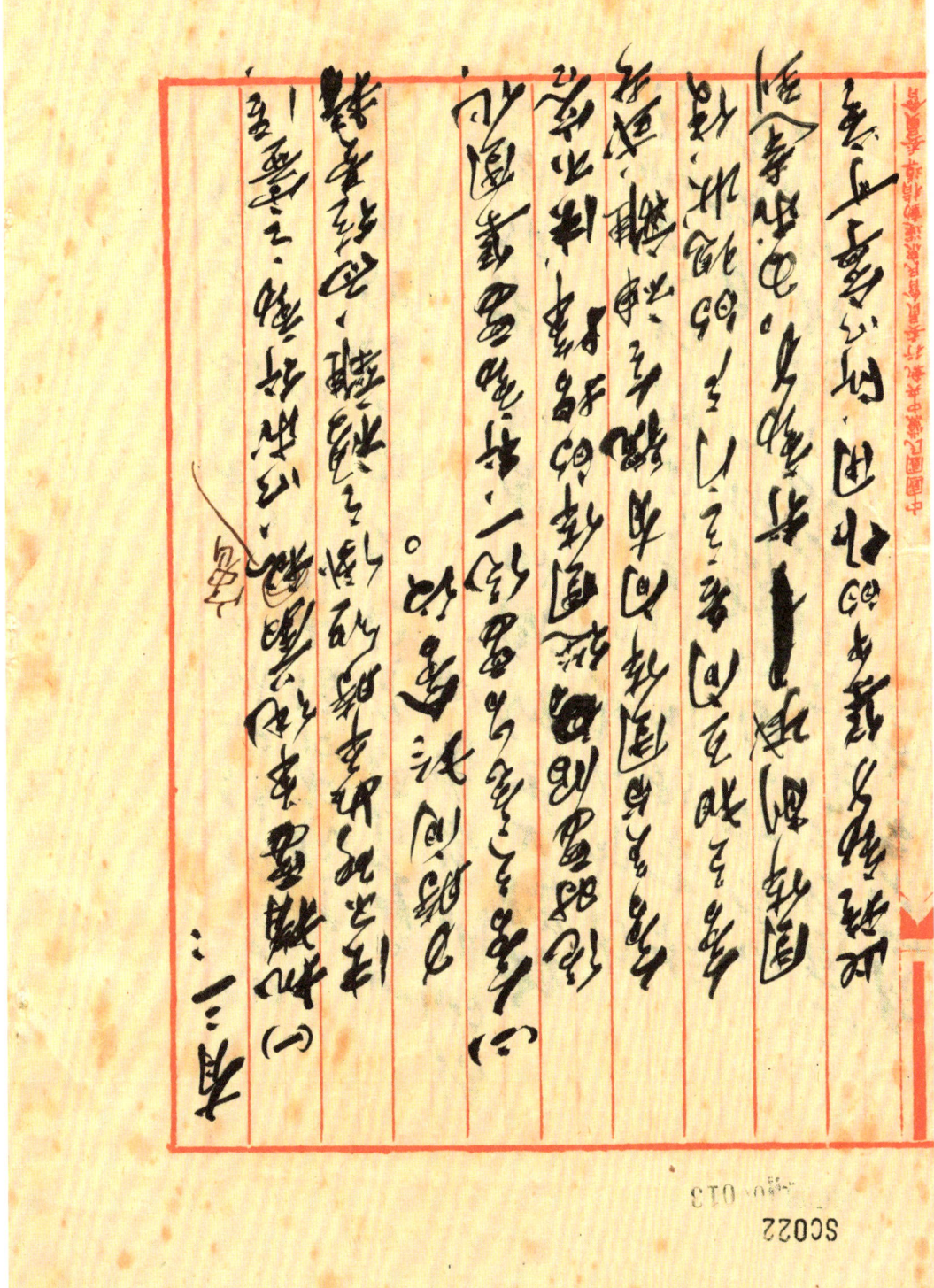

質而不重量。

(三)團體工作應注意於對抗敵後援工作的實效，切勿於團體內多[illegible]鋪張，從事於[illegible]，浪費無謂的人力物力於內部人事。

根據上述組織的原則，其組織方法的綱要有四：

(一)每區域單位應有一總組織以集中抗敵後援工作之力量。

(二)區域總組織單位省以縣為單位，市

6

以市为单位，则可收迅速灵活的功效。市县以下，市以职业，县以乡镇为分单位之中心，则人力物力易于集中。

（三）分单位之组织亦以单纯为主，其原有经常组织者，可增设特种机构，以收便捷专责的功效。

（四）各分单位组织虽各个独立，而有直属于总组织，但其相互间同一性质的工作，应由总组织统筹支配，分工合作，以免浪费人力物力的事故冲突。

中國國民黨中央執行委員會民衆運動指導委員會

上面所談的組織原則和方法佩要，是指一般的大體而言的，在各種不同的環境中，當然還需要具有適合環境的特殊設施，所以其詳細辦法可各視其環境而互異，本文中不須詳述。現在再把本市的組織概況說一說，以供各方面的參考。

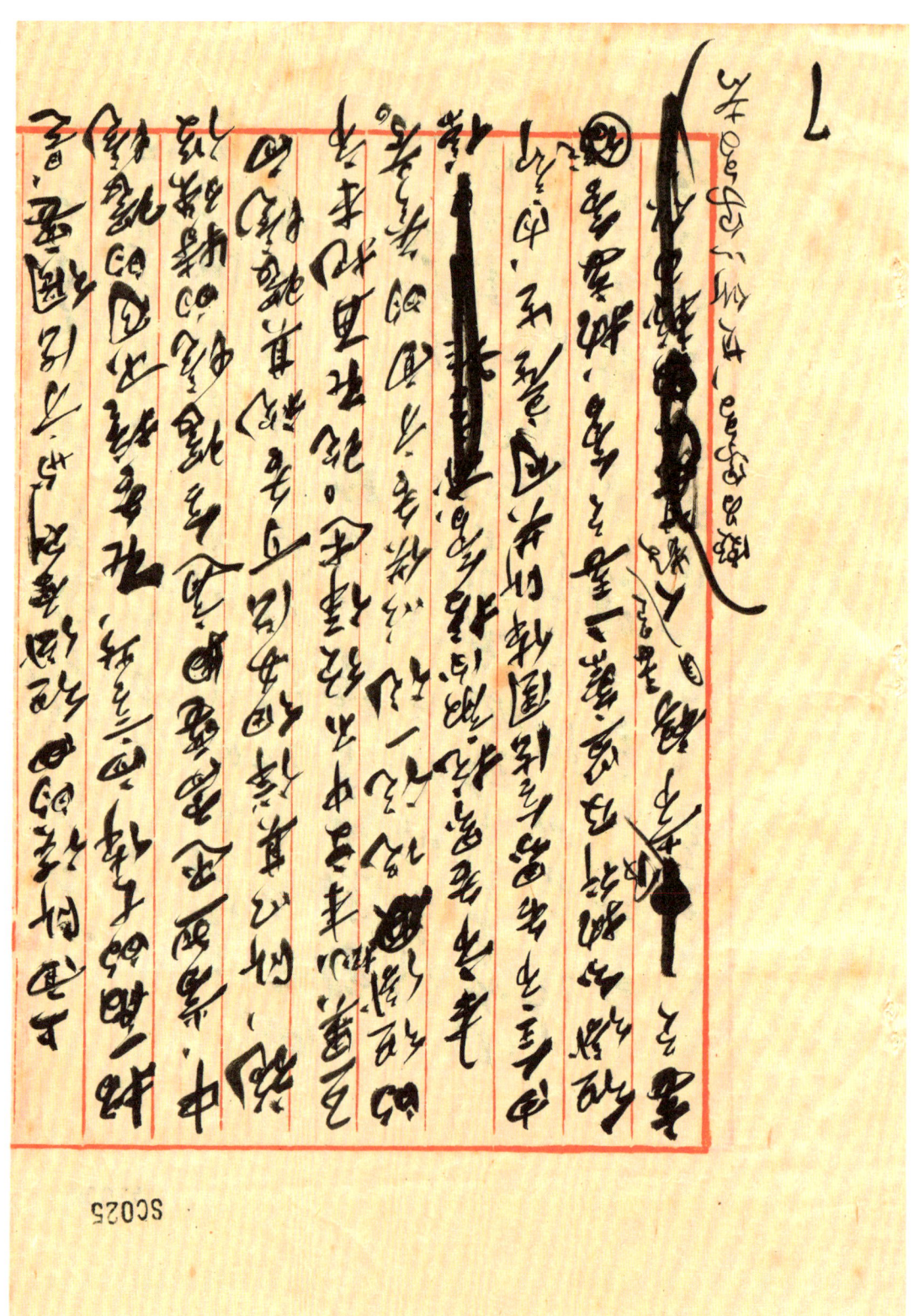

本市各界抗敵後援會，[redacted]係由全市各界合法團體所共同產生，內部組織分執行及監察二委員會，執委會設委員[redacted]，收常務委員人數[redacted]為單數，其所以為單數者

（丙）技术各方人才的广泛征聘引。常务内要设立常务九人及秘书长一人，为会务上的实际负责者，每日均有集会，所以能够达到行动迅速灵活的作用。监察委员会设常务若干人，负监督执委会一切行动的责任，目前会内一切经济出纳，均由监委会指派会计师任常务稽核。如此行政与监察之权分立，可以得到相互鼓励，事功相辅的效力。

执监委员会之下，为求工作实易于开

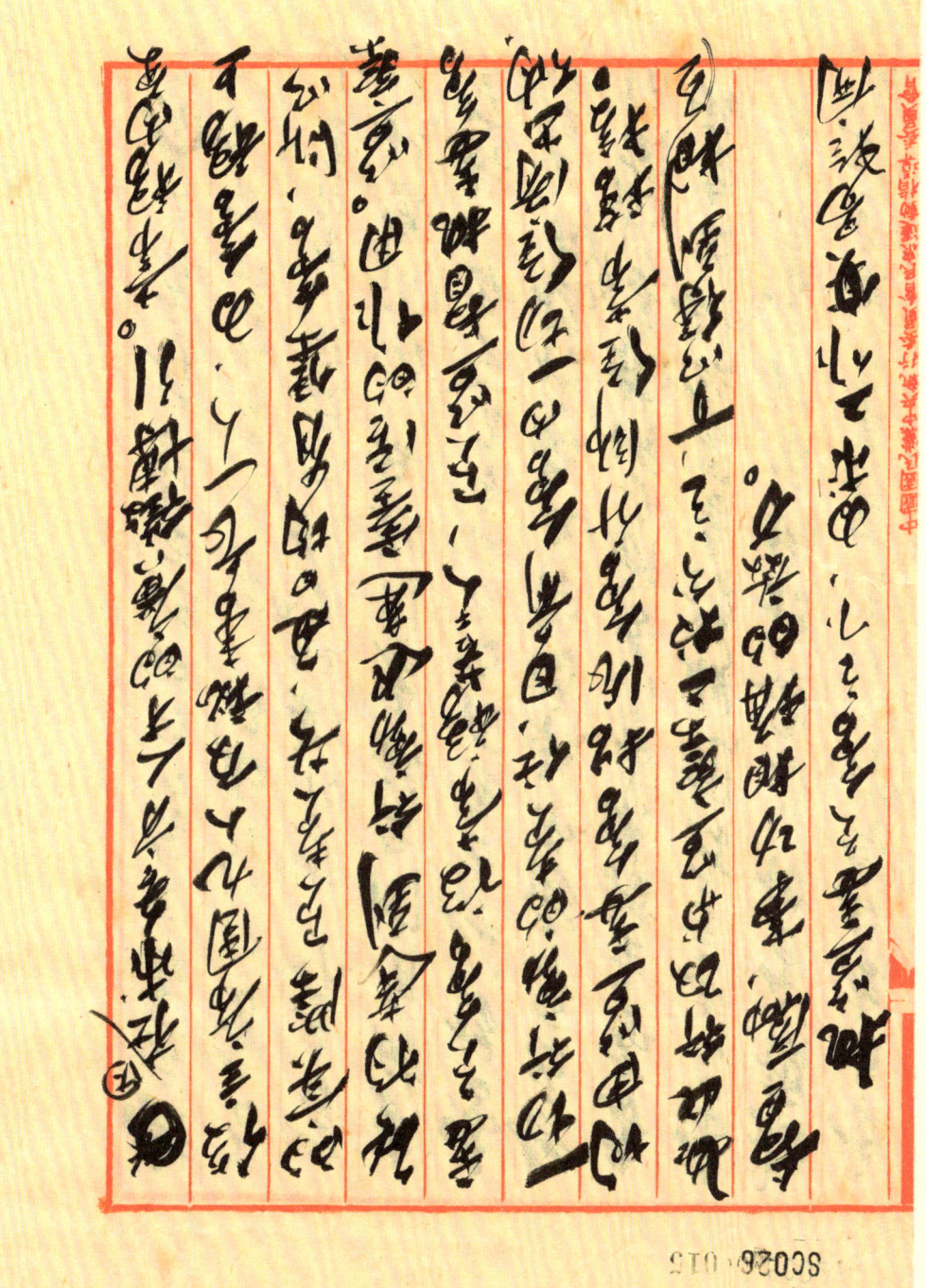

屢次廣收賓議，初設籌募、供應、救濟、救護、宣傳、交通、技術及糧食各委員會，由主席團聘請各界領袖及各種專家主持其事，分別辦理徵募救國捐、供應軍需品、救濟難民、救護傷兵、宣傳事務、供應軍用及民用交通工具、研究戰時有關各種專門技術、及調整糧食等工作。其後救國公債法頒行，籌募委員會印行救國公債，以軍需事務由政府統一，供應委員會乃改組為慰勞委員會、

粮食委员会也改为民食调节委员会。嗣因适应环境需要计，又增设设计及组织二委员会，专负办理民众组织及本身会务之设计，前者于战时一般民众抗敌的援团体之登记、指导及训练事项。自经本会各委员会分别成立后，关于各种的援工作均由各委员会负责办理，其他各民众团体组织受其节制，有此统一指挥之机构，因之各种流弊绝少，而各委员会的工作成绩均极满意。

以上是關於本市抗敵後援會內部組織的概况，至於工作方面，雖然得到偉大的收穫，但是尚有下列各問題，一時不能得到妥當的解決辦法，而且也不是本市獨立所能解到的，希望各位而本會以外人士能予我們共同的討論和助力。本市目前所感的問題如下：

(一)大量難民集中於租界內，長期的維持下去實在是一個極困難的問題。

(二)許多青年極願參加救亡工作，

但是未曾沒有這許多機會容納他們，
或者介紹他們到別的商店工作。
三、生產事業十九停頓，如何把停滯
的資金和失業職工的人力運用起來，
這也是一個嚴重的問題。
對於上述三個問題，貫徹解決的方法，我以為
不外乎移民墾荒，人才內調，和易地開
店等等，但此項辦法之實施，决非本市
獨力所能舉辦的，希望政府
當局以及各地人士共同來加以商討和

見實施。

（三）戰時民眾組織與訓練

「工欲善其事，必先利其器」，這是一句顛撲不破的至理名言。團體與份子，是互為工具的，團體是份子的工具，同時份子也是團體的工具，所以要求團體的健全充實，對於份子的質的改善是必需的。因之訓練與組織二事，乃具有連鎖的不可分性。至於在戰時談民眾組織，訓練尤為組織的先決，因為戰時民眾的情緒是異常

10

的，在工作的知識和技術上是異常的，對於這種異常的情緒如何獲得適當的支配，和對於這種異常的工作如何能夠使其勝任，此則有待於訓練以致其發揮的功效了。

訓練原則如下：

（一）精神方面——使民衆認識抗戰的意義，明瞭其犧牲的使命，能爲民族盡最後一文錢，最後一些汗，和最後一滴血。

（二）技術方面——使民衆具有戰時必要的知

識及特種技術，以減少其本身無代价的犧牲，而增強抗戰勝利的威力。

四 利用對像：

(一) 有組織的群众。就是一般團体中的分子。

(二) 無組織的群众。就是多數的不知不覺或未知未覺者，這般廣大的群众是抗戰中最後的生力軍。假使把他們利用好而再加以組織起來，那末於何種的意義上說是可

11

以減少許多無謂的浪費和犧牲，在積極的意義上說是可以增加無上的威力。

訓練材料：

(一)思想訓練——是抗戰致勝的基本動力，使民衆認清三民主義之所在，然後能夠勇往直前。

(二)戰時常識訓練——是戰時任何人均所需要的，其功效能使減少無謂的浪費和犧牲。

(三)特殊的宣传——这是预备参加某种战争事工作或其他工作的必备基础，那在抗战运动中更是有积极性的意义的。

宣传方法：

(一)利用报纸刊物——是最普遍有效的方法。

(二)利用标语——是对文字懂一些工农的方法。

(三)利用漫画图画及话剧——是对农工份子最有效的方法。

(四)团体讨论会——这是对干部份子最

12

好的方法。

四、特种训练班——是对某种特需的人才而设立的。

上面所列举的关于组织方面的几个问题，个人不过凭了实际工作的直觉而写了一点，当然只是一种个人的偏见，全没有指出其组织问题的中心意义来，而且未曾的这本小册子急于要出版，因~~此有~~在百忙中又没有机会来搜集材料，~~因之自己也觉得太粗糙的~~。不过想藉

[illegible]

所以总的写得不好。

SC036 020

中國國民黨中央執行委員會民衆運動指導委員會

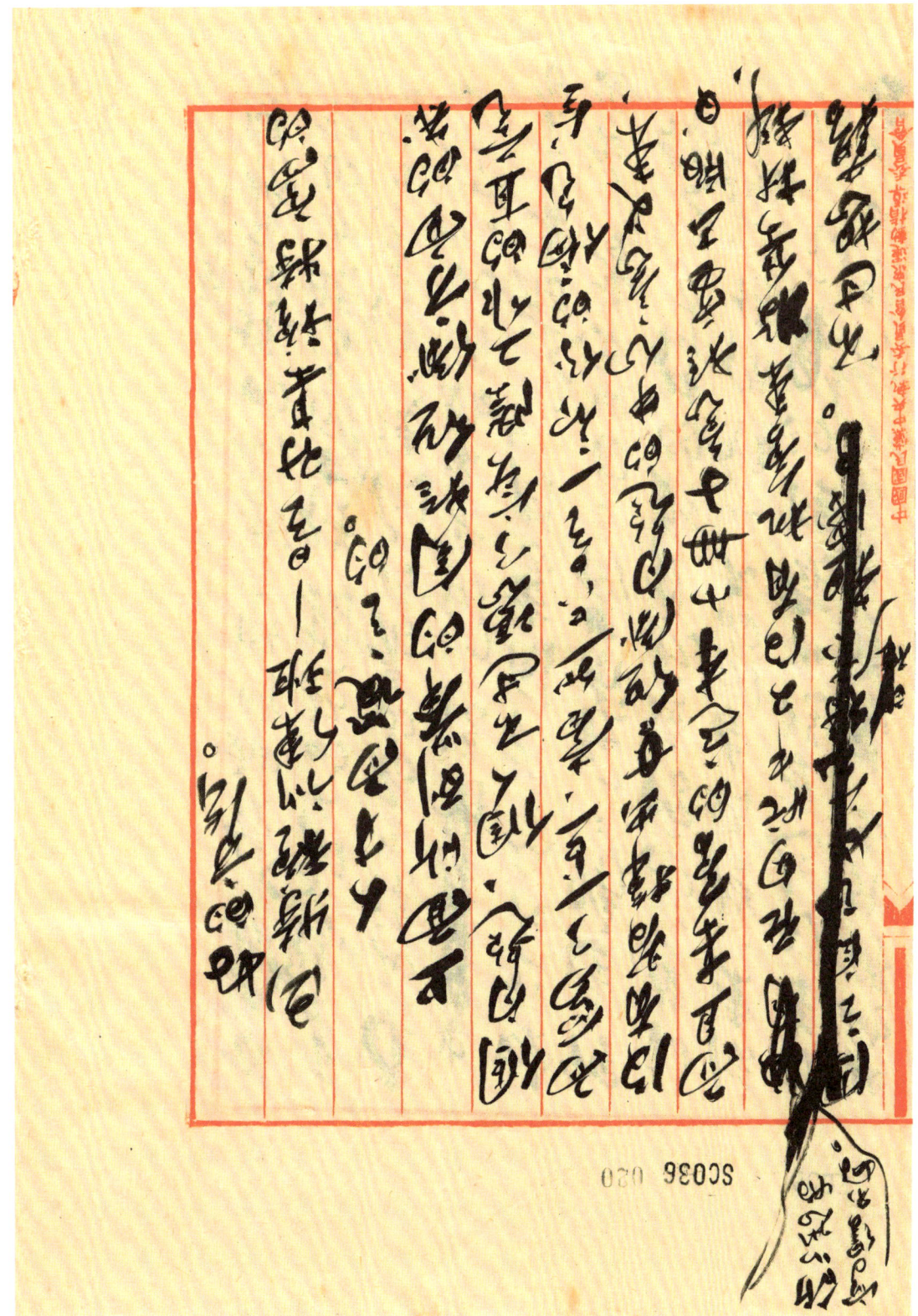

SC037

此地磚引玉，希望各方面高明的人士
對本問題拿出實際的意見以外
結果，俾得全國的民眾維係得以蘇民
團進，而增強抗日戰的能力。總
理遺囑：「欲求中國之自由平等，必需
喚起民眾，共同奮鬥」。蔣委員長
也說：「用兵不如用民」。當此
民族生存的最後關頭，結果是否
真像敵人的預期，使我國屈服而做奴隸，
或如領袖所昭示我們的「抗戰必勝」

17

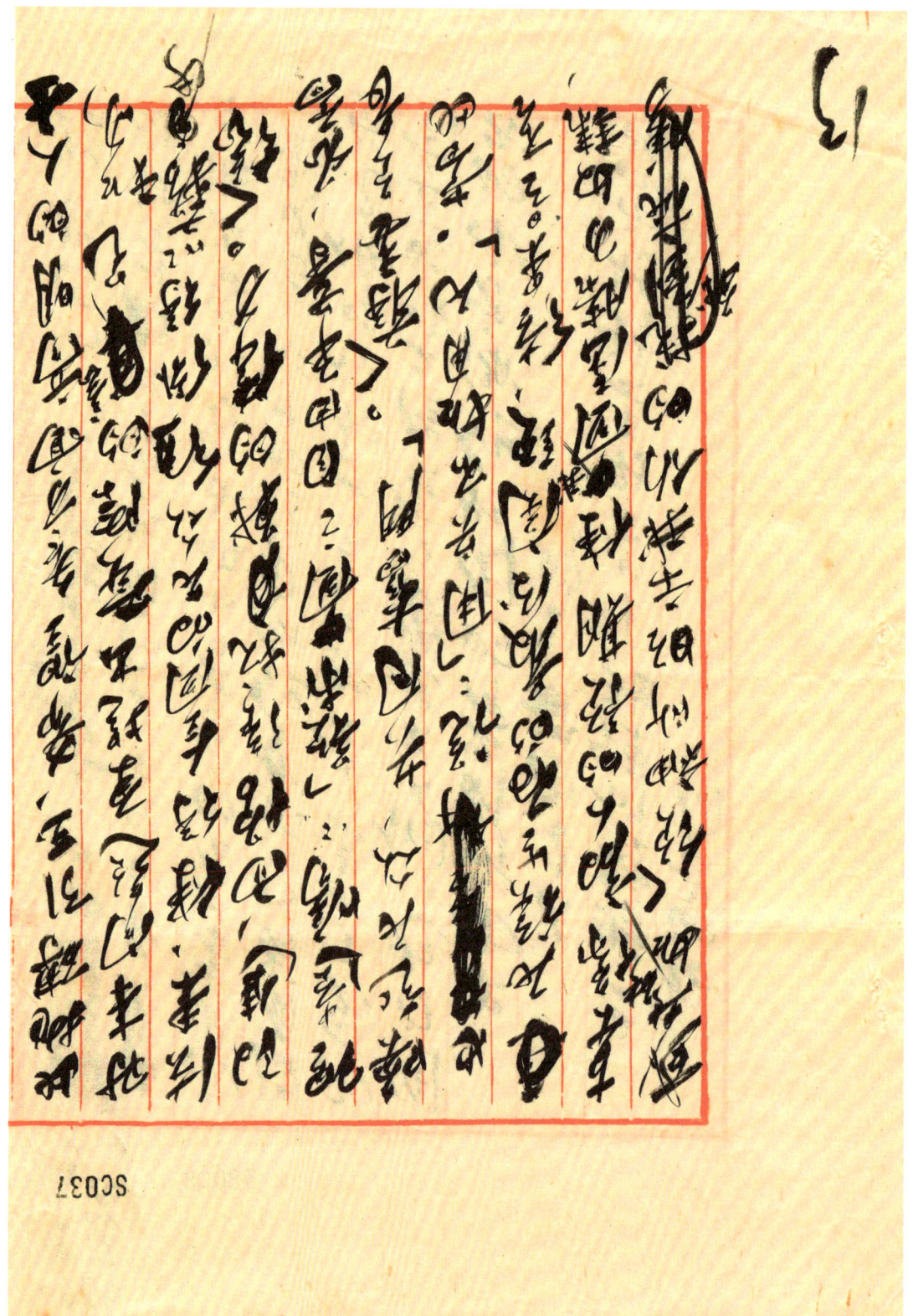

還要將本問題切實研究！

爭取到最後的勝利呢？其關鍵全在我們善運用九方的……而定！所以希望大家不要把有用的光陰白白地消磨，要努力地來幹，幹，幹。時不我待，這真是千鈞一髮的時候呢！

十一月十三日……于上海

中國國民黨中央執行委員會民衆運動指導委員會

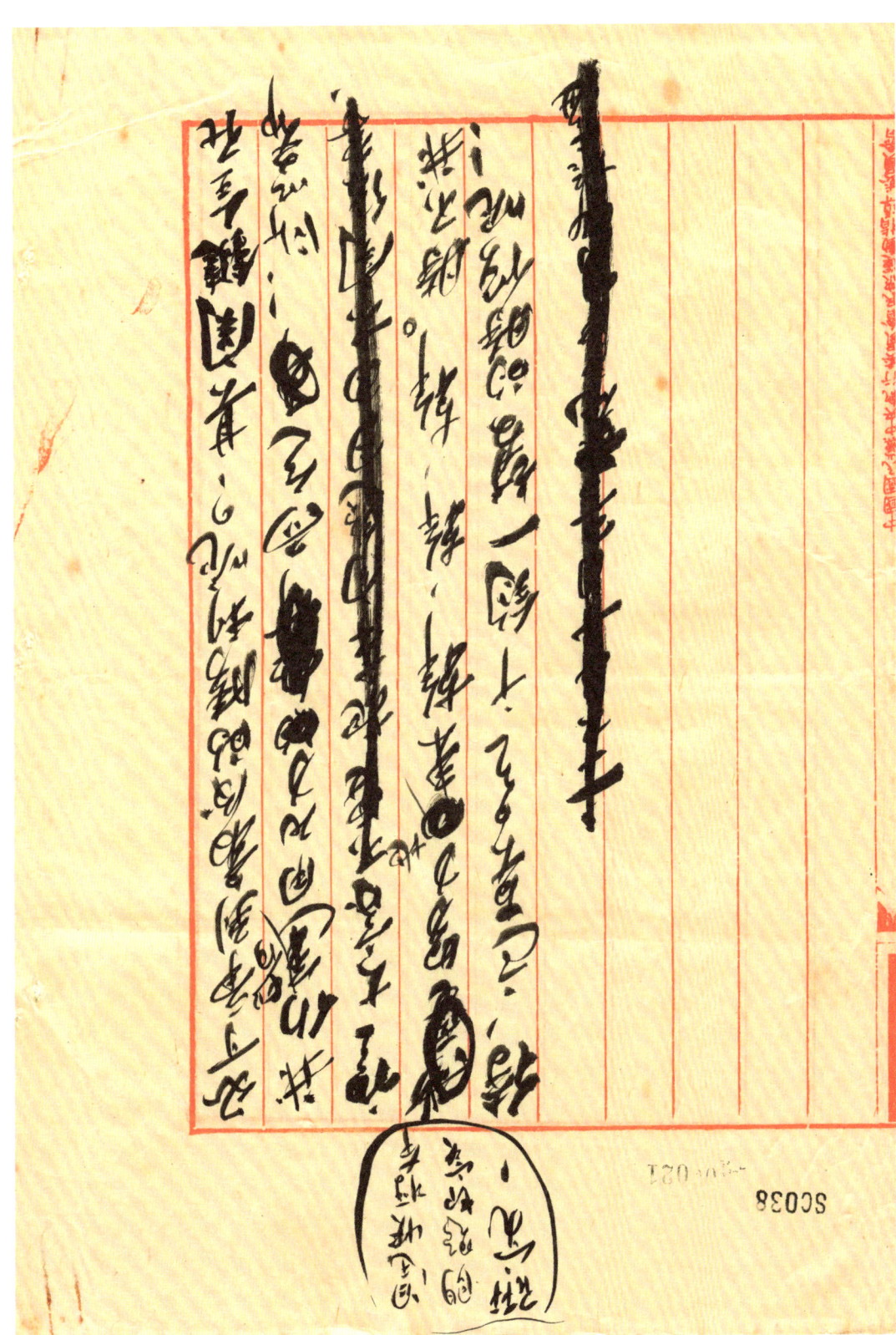

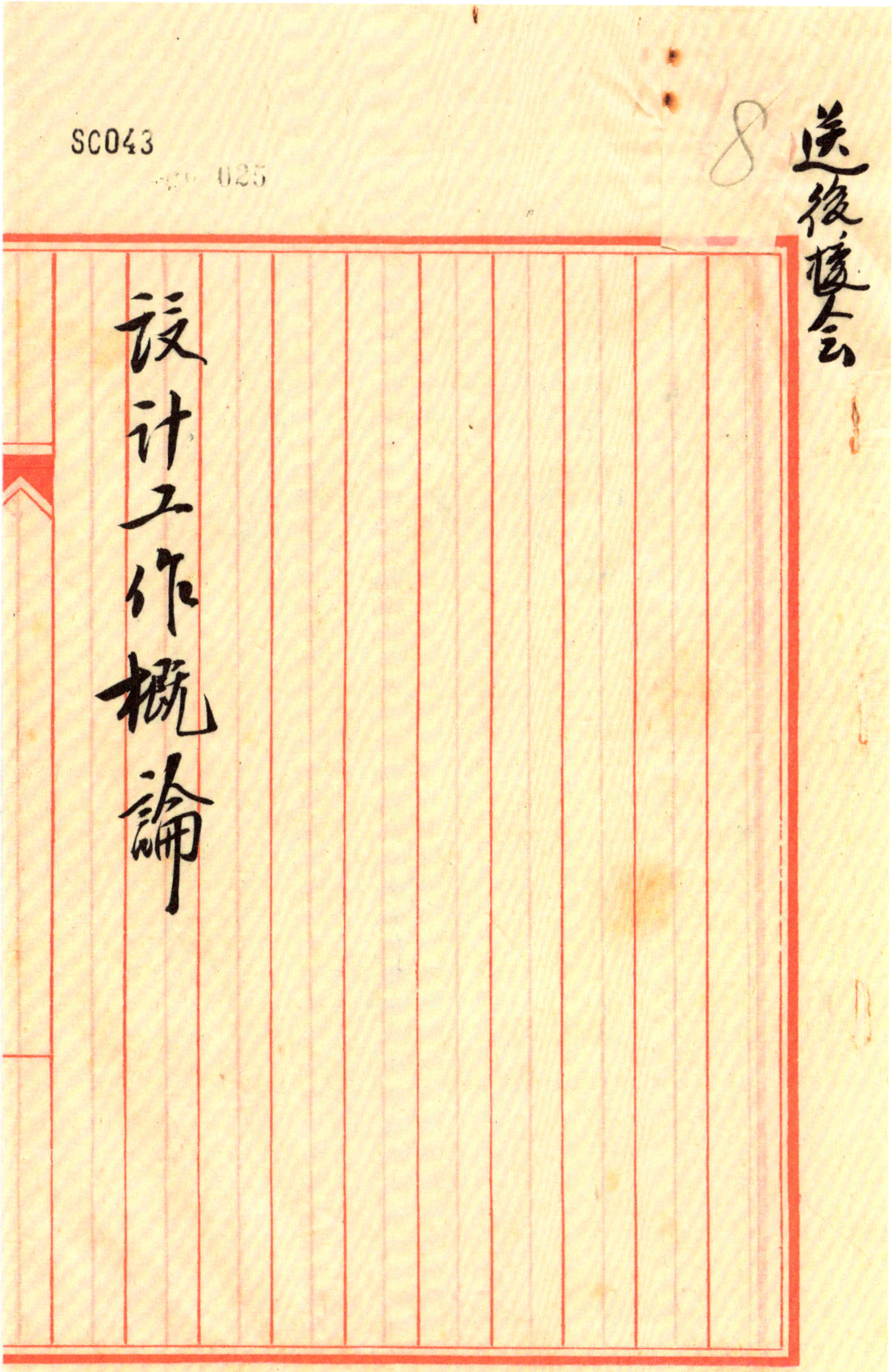
送後援会
8
SC043
025
設计工作概論

以下每一題目用較大一号字

SC044

①

設計工作概論

彭文應

一、設計工作之必要

抗敵救亡的工作，可以說是千頭萬緒，牽涉的方面極多，每一方面的各種問題，往往是複雜異常，不易即時解決。那些担任實際工作的人員，在職務上都是十分碌碌，有些問題或許思想不到，就是想到了，也未見得能夠抽出充分的時間來精密地考慮規劃。而且一般工作人員，往往只就實頭的需要將眼前問題解決，對於那些未來可能發生的問題，及全盤計劃，往往不暇顧到，結果，大家只是零零碎碎的做去，在工作上便發生了遺漏，重複，矛盾，種種毛病。要解除以上各種困

難，而增促進抗敵救亡的動能，設計工作便有建立的必要。

二・設計的意義

設計的意義，至少包括兩點：第一，以有計劃的工作代替無計劃的工作。這就是說，每一項重要工作在執行前都有預定的計劃；同時所有工作，都配合在一個總計劃之下，一切都按着這總計劃實行，好像工人按着其築師的圖樣造房子一般。設計的第二種意義，便是，集合多數專家，研究各種有關問題，貢獻意見與執行機關。我們知道，能實行的人，不見得就是善於計謀的人；同時，善於計謀的人也未見得便具有實行的能力和機會。我們必須把這兩種人配合起來，分工合作。

大字

②

尤其是問題牽到專門性質的時候：如討論對外交上某種條約問題，財政上某種通貨政策，或作戰上某戰略問題，我們必須取得專家的意見，來做決定的根據。此外一般民眾的意見，我們也要收集起來，以補助工作人員心思耳目所不及，而收集思廣益之效果。

三、設計機関之設立

上海市各界抗敵後援會成立的時候，並沒有專司設計的機関。八一三戰事爆發後，各種問題紛至沓來，主席團乃決定添設設計委員会，規定職務如下：(一)羅集專家研究各種問題貢献意見於有関方面。(二)設計各方交來各種問題。

SC047

（三）徵集審查民眾意見特設關係方面。（四）調查組織各項專門人材。（五）推進各項計劃並考查各項計劃實施狀況。（六）其他有關事宜。

（當時）聘定專家學者四十六人，為設計委員，於八月二十日召開第一次會議，○○討論組織條例（規則）及工作大綱。委員會於九月十日開會地點□開始工作，於本月十日開第五次委員會徵集民眾意見登報公開徵求民眾對於政府各項措施之意見。并于九月九日召開專門人材座談會，開始登記專門人材。

自開會以來至十月三十日止，本月之中共召集小組會議十一次，各（組）議定研究報告七十件，皆送交後援會主席團，分別轉送有關方面參致採納執行。至這本月中民眾意見

具共收到六百八十六件，其中一百六十三件分别研究，八十三件由本会

轉送有關方面。专门人材前来登記者二百〇十二人。又本会

訂有定購各種中外報紙雜誌，以為研究參考；並將具有研究

及參考價值的記載剪貼保存，〇九份。兩月中共搜集此種材料七百

〇十件。

以上是本会成立的經過和工作統計大概。依照

中央頒佈之各抗敵後援會組織及工作綱要第十條（團体的規定），各

地方抗敵後援会，得斟酌情形，設置設計機關。其他

民眾團体及學術團体何亦可設立此種機關。名称可用設計委員会

設計部，或抗戰研究会等等。如果一地有多個設計

SC048

大一号字

SC049

機関，便宜彼此取得聯系，或併做一個

四、設計機関的組織

上海市各界抗敵後援会設計委員会的組織和会内其他特種委員会的組織相似，設主任委員一人，副主任委員四人，委員人數並無一定。成立後因為工作上的需要，且有些委員太忙或離開上海，陸續增加至二百五十二人，（委員由四十六人）分十一組工作。經常到会工作的事務人員，除主任委員以下，也有十幾人。現在分述內部組織於下：

（一）主任委員　根據一般的經驗，每一個部門，有一個負責人，工作的開展，才能迅速。因此〇〇〇每個

設計機関，最好有一個主任或部長，負主持的責任。如果希望許多委員同時負責，這是不可能的。就是普通召集会議的主席，也是不能的，因為不開会的時候仍須有人隨時負責，在那裏計劃一切，督促一切。

主任或部長的職務应包括（一）計劃，指揮，和督促會務的進行。（二）批答一切重要文件。（三）与執行機関各部門取得密切聯系，随時發現应行研究的問題，提出会中研究。（四）出席各重要討論。（五）最後審查各種研究結果，及会外交來意見。（六）將各種計劃提交執行机関，于必要時親自前往說明，並督促其實施。

~~而設主任或部長的選擇~~

SC050

029

④

SC051

~~書記長~~担任主任的人除精神與心勝任外，還应该有空閑，能用全部或大部份的時間來工作。否則会務便要受到阻碍。

為輔助主任或部長起見，可添設副主任或副部長一人或二人，以便主任缺席時有人代理，使会務不致中斷。

（二）委員——委員的人數，頗不易確定，如果在上海的例子，要聘請專家一二百人，這樣大規模的做法，在內地自然办不到。設計机關人數的多少，最好依團体的大小，和工作的部門來決定。譬如一個省的總工会裡，若設教務、實業、籌募、教育、民運、數組，每一方

⑤

而有五人至七人，便可开展工作，人数也不宜过三十人左右，不能议决。至于更小的团体，有五人以上，不妨也组织一起讨论，也可以做起工作。

委员的选择很是重要。第一，应包括各方面，如党政界、工农商界、金融界、学界、妇女界，此外最好有慈善、外交、军事、医药、救济事业的专家在内。第二，应包括各工作部门中的实际工作人员若干，以取得工作上的联系，而免闭门造车之害。譬如关于救护，应有救护机关工作的人负责参加，一面供给实际材料，指出计划可否实行，同时并可将计划予以推动。第三，

应包括各种见解不同的人，因在讨论问题时，委员意不同为好。第四，委员中虽应有实际经验的人，但学者理论家也应包括一些，因为他们比较的惯于用思想，能作冷静的观察。第五，委员们必须是热心份子，并且至少，能抽出必要之时间。

设计委员会的产生，最好由负责人向各方访问或由各委员随时提出，经过考虑并得到本人同意后，由会聘请，若用公推或选举产生，颇不相宜。因为委员中至少要有三分之二是能经常出席的。如果每次到会人太少时，应一面改善讨论的内容，

另版

使參會人感覺興趣,一面应加請生力軍來補充,這樣纔能免工作的鬆弛懈怠。根據我們的經驗,每小一組有三五个热心份子做中堅,工作便可開展,以热心份子更多時,工作更可緊張起來。

(三)事務人員——設計是用腦的工作,本來事務不多,我們因為工作範圍頗大,事務相當多,因此仍需要多人來處理。我們的事務人員一共有十人,除主任委員外,分配如下:

秘書一人,秉承主任委員及副主任督促會務。

總務組——組長一人,管理庶務、會計事宜。

文書組——組長一人,管理文書[illegible]了宜。

SC055

研究組—〇〇〇一人，管理各〇組會議[redacted]記

錄，及研究報告之印發了宜。

意見徵集處—主任一人，管理意見登記，及初次審查

了宜。

專門人才登記處—主任一人，管理登記事宜。

此外有幹了四〇人，分理會中收發，抄寫，剪報，油印，各種了宜。

合併委員會全体人。

上列各人都是全日到會办公。一個較小的設計机関自然

不需要這許多事務員。我以為除主任以外，至少應該

有一個秘书，掌管〇文书，會议紀錄了宜，一個幹了，掌管

抄寫油印收發及其他雜務。如果事務人多，以致工作不能分配，這是要不得的。

環境及設備——任何機關事務要做得好，需要一個適當的辦公地方。設計機關最好設立在後援會會所內，或城適，以便容易取得聯繫，同時地点要適中，便利各委員到會。辦公事的佈置，第一要有一個僻靜的地方為開會之用，出入人多嘈雜的地方，不相宜；第二要能放幾張寫字桌，做辦公之用。物品設備除普通需要的文具外，要有全數本地及重要外埠中外報紙，和現下出版各種救亡刊物。最好還

大一号字

能有若干的可供參考的書籍，如中國地圖，政府法令，國際法，軍事辭典，防空，防毒，救護的書籍，及圖表，中外討論戰時金融，工商，交通，資源，及研究日本的書籍，也應當有一些。這些書可以向原有圖書館或私人商借，或向各大書店採購。

五、設計工作的開展的條件

一個設計機關如果不認真做，可以變成一個虛設機關，徒有其名。但若認真做去，我敢說，事情是做不完的。只要大家想一想，近代戰爭是如何的複雜，再想一想，如果我們不能打勝仗，

SC058 033

這結果又是如何的悲慘，這樣我們不僅可以發現許許多多的問題，而且會感覺非想辦法來解決不可。

在行政機關裡往往是問題來找人。但是在設計機關裡必須人去找問題，要時時刻刻用批評的眼光，抱定着十分不滿現狀的態度，去檢查環境的四周，看看那裡有毛病，那些問題是沒有被人注意到。找到了問題之後，還須有不怕困難的精神，去想出解決的辦法。必須相信世界上沒有不能解決的問題。必須相信世界上沒有不能解決的問題。必須相信任何問題，不管如何困難，都有解決的辦法。必須假定人類的智慧是無窮盡的，

SC059

好的办法有了，但是还有更好的办法在等待我们来尝试。做设计工作的人最怕的是：懒惰，敷衍，满意现状，和不肯相信一切事都有办法。

要使设计工作发生最大的效能，自然还须本身有一个工作计划，规划定那些是要做的和如何去做的方法。设计委员会成立之初，即根据组织规则所规定的任务，拟定了一个工作大纲，其中规定主要任务三种：

一．分组研究各种战时问题．

二．征集民众意见

⑨

三、登記本市專門人材。

頭將各種工作進行情形分述如下。

六、問題的選擇

戰时問題繁多而複雜，上面已经说過。我們的工作從什么地方做起究？我們研究題目的來源大約不外：（一）由後援會主席團或秘书長提交研究；（二）主任委員、小組主席或常務提交研究；（三）委員臨時提出；（四）民众提出之意見須加研究者。其中以第二第三類為最多。主任和各組主席应该隨时和各方接觸，隨时檢查抗敵後援工作的各方面，以便發現當前急要研究解决的問題。譬如同籌募救國公債机關的人接談後，便可發現某一方面推銷的成績不佳

SC062

，要如何改進。根據內地的報告，知道內地宣傳是不够，應如何發展內地宣傳，這又是個好題目。此外如談及題目時，留心報紙和刊物，就可發現許多問題。例如九國公約會議快開了，我國如何應付，這是需要研究的。而且報紙和刊物中，往往有許多的好的意見及建議，可以把這意見及建議拿來討論，看其是否可行，再加以精細的補充，使其具体化，以貢献于有關方面者。

選擇研究題目時，第一，應注重那些当前急要解決的問題，如在戰区中，関于救護傷兵，救濟難民，供應協助軍隊等問題，應多做討論。在戰区

(11)

适的地方，应注重宣传，民众组织，筹募捐款，生产
增加，壮丁训练等问题。第二，本地的问题和自己团体或机
关能实行的问题自然应当注重，但是有些问题，牵
涉到本地方的范围以外，甚至于需要中央政府来解决。
对于这些问题也不妨提出研究，拟定计划，建议到有关
系的方面去。我们有不少的工作，如金银国有，统制外汇
，工厂迁移等建议，都是贡献到中央政府去的。有意
见向中央政府去建设，本来是国民应做的事，同时想
也是中央所极欢迎的。但是研究最好调查中央政府
是否早已有这种计划及其实行的程度如何。那些有时

小题目用大号字

SC064

閒性的问题，最好是建设，因为计划到达中央，再由各部分来转去，需要很长时间，等到正式颁布时，问题也许已成过去了。急要的建设应当用电报拍发。第三，研究的题目不要太大。对一个大题目作空洞的建设，不如对一个小题目（问题而仅建议），作周详的设计。譬如与其研究全国战时经济应该统制之空洞原则，不如研究当前本省或本县的棉花如何推销之具体办法。与其设计一个代表全国民众计划，不能实行的计划，不如订一个本地壮丁应如何训练的计划，并促成其实现。

七、分组讨论　许多人一起开会是不易有好结果，

许多职业专题不同的人一起讨论，更不易有好结果。我们在最初时即规定将委员分组，分别研究各种问题。但是分组怎样分法呢？有人主张依照研究的题目，有人主张依照研究问题的类别。前者的分组势必是临时的，因为研究的题目并不固定，这是不便的地方。后来我们决定依照研究问题的类别，共分外交、国防、金融、实业、资源、文化、民运、宣传、救济、筹募、及对日经济绝交十一组。在一个极小的设计机关里分组自不宜太多，各种问题可合并起来讨论，如金融、实业、资源、筹募四组，可併为经济组。文化与宣传两组可合併为一组，最

SC066

地应依照实际情形来确定分组。分组不必十分固定，无用的组可以随时取消，新的组可以随时产生。人数不满十人的设计机关可以无须分组。必要时可依照题目成立临时小组。

各组确定以后，委员可依照自己的兴趣来参加，并不拘泥于自己的职业或所学科。每人同时可参加多组，但是不可太多，免得顾人不到。如认真做参加之组，或两组已够了。

每一小组应该有一个负责人，名义用主席，常务或召集人皆可，职务是召集并主席会议，和推动本组。

(13)

的工作。我們的小組原有主席一人，因一部分主席太忙，乃加添常務一人，也有常務二人的。小組負責人很是重要，本組工作的成績差不多負責人有最大的關係。不能負責時，應該不客氣改請他人担任，免妨礙工作。

關于開會討論，應注意的地方有下列各點：(1)須用書面通知到會人。~~我採用一種標準的形式：~~

~~每次開會~~

~~會議　　　組~~

~~日期　　　年　　月　　日　　時~~

~~地點　本會~~

SC068

請準備意見按時出席

召集人

(2) 通知必須于二日前送到或寄到，太早會忘記，太遲來不及到會。(3) 開會日期與時間應經會中大多數同意，最好訂一個固定的時間，仍須每次當通知，不可怕麻煩省去。有時臨時還須打電話催。(4) 每次開會最好限定為兩小時。準到非常重要。(5) 這種研究會非立法机關，可無須一定法定人數。(6) 主席要固定不要臨時推，多費時間。(7) 應有人紀錄。(8) 主席應先準備議程及對各問題之意見。大家意見發表完了時，主席應歸納總結，意見不足時，主席應補充。(9) 一切討論應盡量依照會議

會議。(10)各人發言，應就題旨擇，應簡單扼要。(11)事先參換個別結果簡單，可作為一議決案，例如：信以援會致電實業部商派●員來滬調查工廠損失事宜，~~理雜國防部各工業之人[illegible]~~的結果後，亦可推一人或二人將討論結果，草成報告，呈下次會議時交會通過，或不須通過，而由主席或其他指定人審查。(11)每次會中討論題目不多，但能對一二重要問題同作一詳盡之討論，而有具體結果，便可莫論意了。(12)會議次數不宜太多。我們的小組是每星期一次。會太多，易使委員缺席，甚致生厭心，太大又易使精神馳緩，不可不注意。(13)倘如召集會議有困難，或遇急要解決的問

(14)

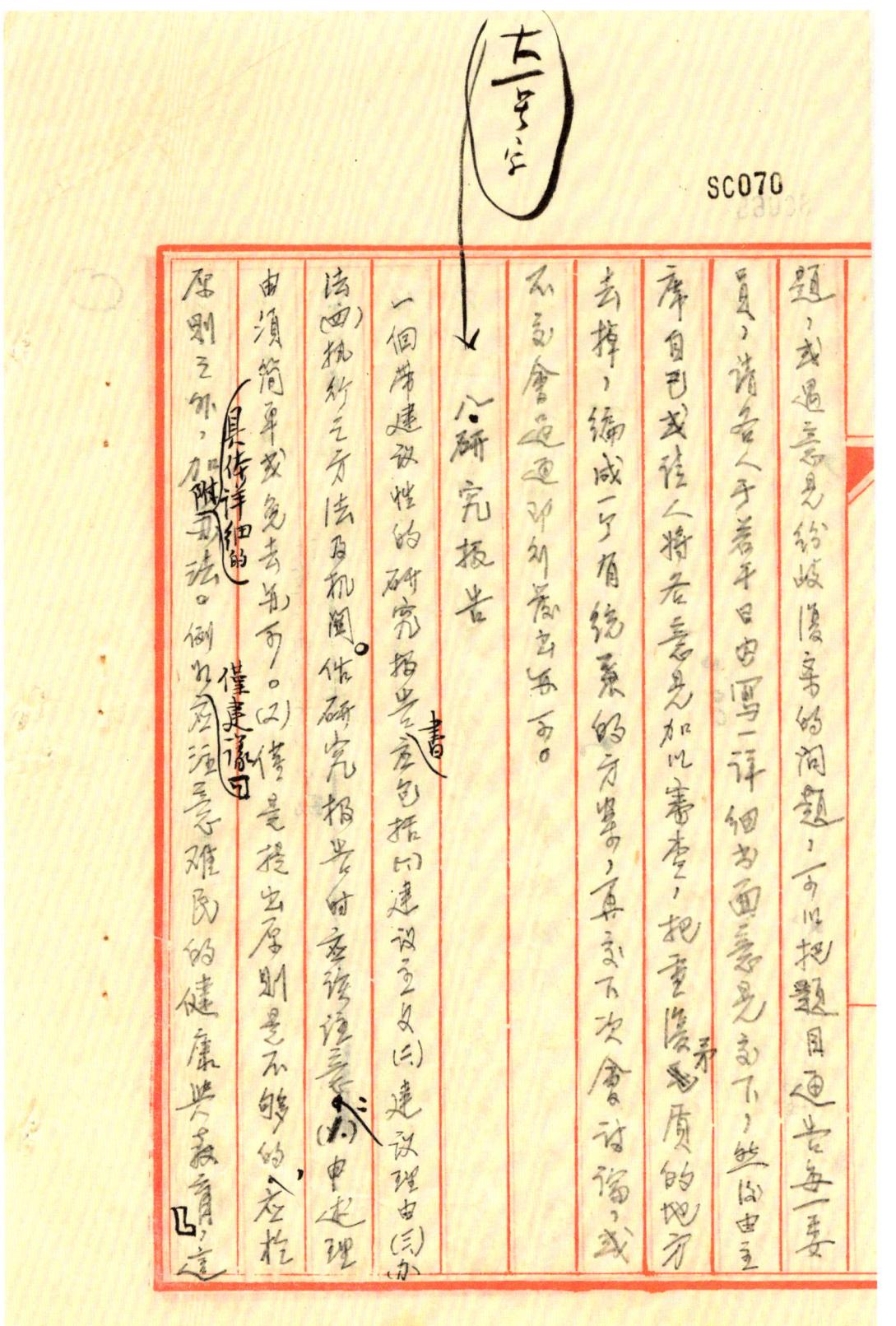

大字

SC070

題，或是意見紛歧很多的問題，可以把題目通告每一委員，請各人于若干日內寫一詳細書面意見交下，然後由主席自己或請人將各意見加以審查，把重復矛盾的地方去掉，編成一個有統系的方案，再交下次會討論，或不交會通過印刷發出亦可。

八、研究報告

一個帶建設性的研究報告書應包括(一)建設主旨(二)建設理由(三)辦法(四)執行之方法及機關。作研究報告時應該注意(一)申述理由須簡單或竟去亦可。(乙)僅是提出原則是不夠的，應於原則之外，加附具体詳細的辦法。例如應注意難民的健康與教育，這

(15)

是不够的，因为执行机关接到建议的，当然同意原则，但因无办法或机关不，那就等于不曾建议。应该加派医药队、请医生每日到难民收容所诊视，请△△团体组织训导团到各收容所讲演。(3)办法之外，还须指出执行的机关。譬如一个关于乡村宣传的建议：全国各地学校，学生应于星期日到乡村宣传，这算是具体而有办法了，但是由何实施呢？谁去实现呢？并没有指出来。应该加由△△援会呈请教育部明令全国各地各校学生于星期日到乡村宣传，和由△△援会函致本市各校令学生——这样便有归宿了。(4)应尽量具体化。

六号字

例如建議打一個電報，最好把電報稿子也草好。(5)關於一個方案中最好不要包括兩件以上性質不同的事。(6)文字應用白話或簡單文言，要簡單明白，最好用大綱式。(7)每次報告付印刷或發出前，主任親自過目，必要時並加以修改。

以上所說是一般的研究工作。現將各種問題設計特別的地方更略為指出。

九、外交設計

(16)

另段

外交設計的範圍，是國家外交政策及國際問題。

外交的設計是比較的困難，因為政府外交政策如何，及國際實在情形，往往非普通人所易知。但是在抗戰中外交政策及國際局勢極關重要。站在國民立場，至少要好作原則的主張，一面向政府貢獻意見，表示民意，一面以研究所得，指示民眾，並供給宣傳機關參攷資料。

主持的人，要隨時留心外交上變化，當前問題，提出討論。外交問題中如絕交宣戰，九國公約會議，海口封鎖，各國中立法，日本在華利益，日本大陸政策，日本國情，各國對華關係及態度，國聯機構，及我國外交陣勢

①

，它如何何位置等問題，都是最好的研究題目。每次討論並不一定要有結論。有些兩種意見不同的，可作兩種的報告。

熟悉外交的專門人材有些地方也許不易找到，可請教育界或文化界的人，如教員，新聞記者，來担任，請他們細心閱讀報紙雜誌中的外交消息和國際新聞，再加以分析，隨時報告，作為討論的根據。

十、國防設計

在抗戰中的國防設計，說起來應當是居首要

SC074

(17)

的了。但是在上海我們感受到最大的困難，便是找不到軍事人材，原因是差不多軍事人材都到前方去實行抗敵去了，留在後方而又有時間来开会的，实在難得。好在關於國防設計，中央政府的參謀本部早已做了，而且做得比我們好千萬倍。因此我們只能做點拾遺補缺的工作，特別是那些與民眾有関的問題。在這方面應做的部份也不少，如訓練壯丁，糧食和物品的供應，嚮導，偵探，運輸交通，懲治漢奸，種々問題，都是應研究的。我以為無論如何，每個設計机関，至少應去請一兩個軍事人材或對于軍事有研究的人做顧問，請他們以軍事的眼光，審查各種意見，只要有幾分可行的

(2)

價值，使在當將到軍事機關去參攷，因為軍事當局在目前抗戰有些事的確是心思耳目所不及的。正因為這個原因，膚淺，幼稚，不切實際的建議，或紙上談兵的空論，都要避免，以免費去軍事當局的寶貴時間。我們收到民眾學軍事的意見太多不少，那些沒有寄去的都犯了這種毛病。

SC076

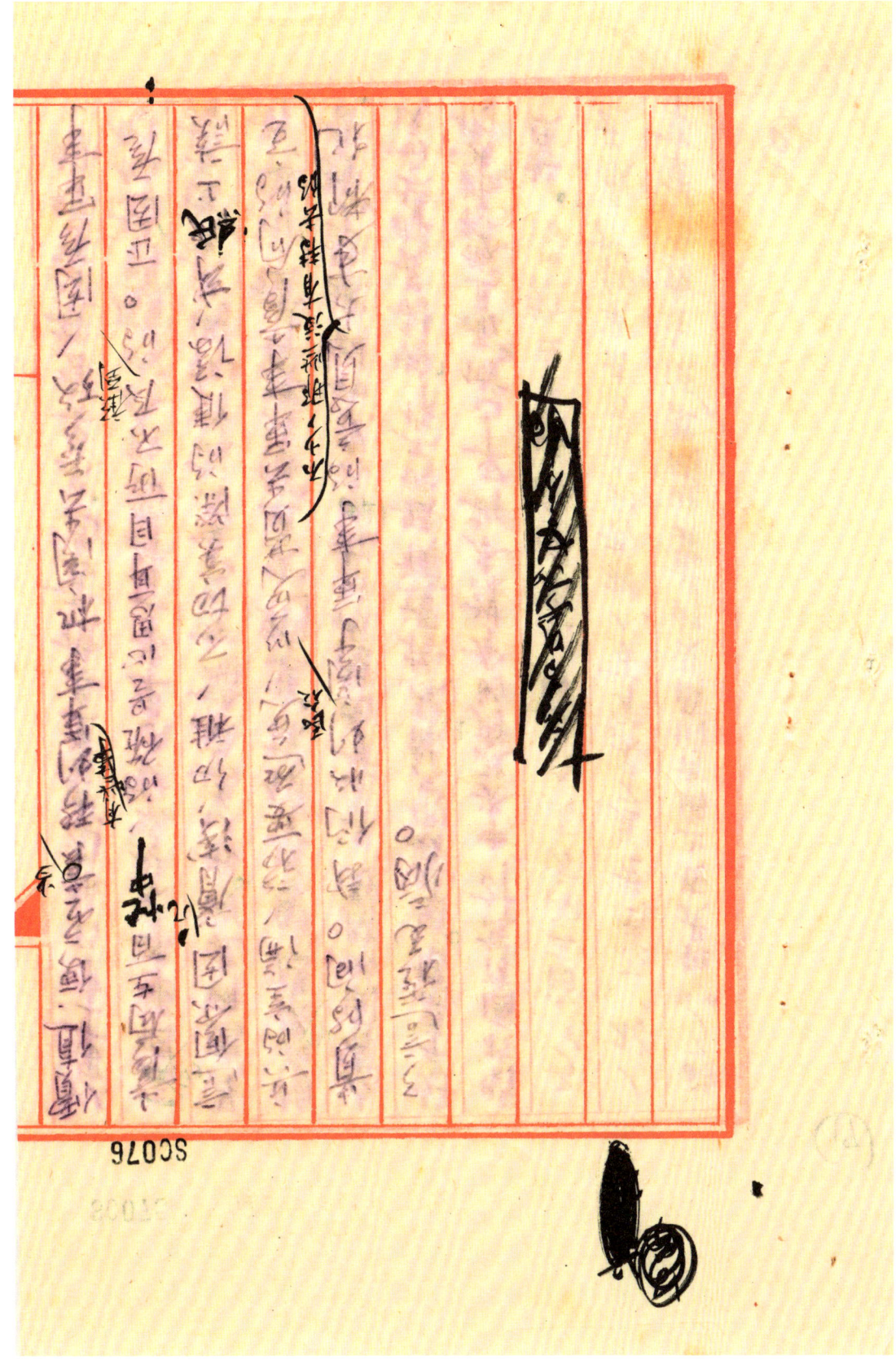

(18)

十一．經濟設計

經濟設計包括：財政，金融，農工商業，資源，交通，各項。近代戰爭對於經濟生活的打擊，的確太大了，所引起的問題也太多了。後援機關或民眾團体也許不能直接來解決這些問題，但是他們可以研究出解決的方法，貢献意見有關方面。我們這次除对于戰時金融，實業，作了若干的建議之外，應要聽取資源情狀的報告，曾幾次召集上海的工商團体，同業團体，及廠家代表会議，徵求他們对於他們自身問題的意見。我們有一個關于遷移工廠的建議，使

(3)

是根據中華工業總聯合會，上海市國貨運動聯合會，中華國貨產銷協會，三個團體所貢獻給我們的寶貴。

各地設計機關對於本地戰時的財政問題，應特別加以研究。例如金融如何流通，各機關及民間靡費如何節省，救國公債如何推銷，生產如何加緊，貨物如何流通，民食如何維持，物價如何統制，日貨如何抵制，失業如何安插，這許多極重要的問題，各地情形不同，自應各個個別計劃。關於這些問題理論與實際

SC079

(19)

双方皆应重顾。譬如对日经济绝交，在理论上须澈底，但如过去主张将仇货一概充公焚燬，这种自损国力的办法，不仅是不经济，而结果仍是商人将货物藏匿，或改换标记，甚致发生冲突，及贿赂执行人员种种流弊。因此今后必须研究出一个妥善的办法。上海市国民对日经济绝交委员会所采取的原则，是：其日期前存货，于登记后，由各同业公会集中保管公卖，以一部份当作价，买救国公债。~~这样，庶不至充公焚燬好得多了。~~

十二。文化设计

SC080

文化設計，可包括教育，新聞，出版，和一般宣傳工作。如何改進教育制度，使適應戰時需要，可以說是目前最緊要問題之一。這在中央或已有局部的規定，但是如何去實施，使非各地自行計劃不可。在長期抗戰和全民抗戰中，如何迅速普及社會教育，使全體民眾皆具愛國犧牲到底的熱誠，同時並獲得參加抗戰必需的智識和技能，這更是重要的問題，各地應速製定詳細方案，然後根據方案切實執行。

大二號字

SC081 ……045

(20)

關於宣傳的各問題，差不多是技術的問題。如當地報紙如何改善，演講隊如何組織，標語如何規定，如何散發，救亡戲劇如何編排，歌詠如何編製，如何推廣等等，都應加以研究規劃。宣傳的方法應該是無窮無盡的，怕的是設計的人不肯用腦筋去多想。

十三、民眾運動設計

要保障抗戰的勝利，必須發動全民抗戰，這已是大家所公認的。然而中國人過去是像一盤散沙，這也是大家所公認的。如何把全國民眾組織起來實行全民抗戰，這是目前最急要的問題。中央關於民眾運動已在設計

另段

SC082

並發動中。不過因為問題太大，各地情形不同，這個問題（似乎）仍需要各方積極地想出好方法（辦法）來。

我以為中央方面的設計應該是大力闡發的綱要辦法和原則，設計的人最需要的是眼光和認識。至於各地應當在方法及技術上多設想，設計的人最需要是工作的經驗和本地情形的熟悉。

上海方面已準備擬定草案如何組織全國民眾的計劃，內容包括如何組織全國的農人、工人、商人、自由職業者、文化人、教員、學生、婦女等，以供各方面的參考。

不過這仍是不够的，每一個地方必須依照本地情形，

製定自己的方案，愈詳細愈具体愈好。舉例說罷，如何去組織每一城市的和尚、道士、牧師去做救護工作，組織理髮師，在理髮時勸每個客人買救國公債或從事口頭宣傳，組織婦女來縫士兵衣服，組織轎夫車夫挑夫、醫、來担架，組織小姐太太們來募捐和慰勞，（組織農民來做游擊隊，）~~組織妓女[illegible]敵情都好~~——許許多多，這些和其他都是設計的好題目。如何組織之外，如何訓練，如何領導，都應在設計範圍之內。

大一号字

十四．救衛設計

在戰區及接近戰區中，最急迫的問題，是救護傷

(21)

SC084

兵，救濟難民，供應前方。這些方面工作的人員，每天都是忙極了，如果設計機關，能替執行人員想出許多办法来，這是最受歡迎不过的。設計的人最要緊是多考察實際情形，去發現各種實際的问题，然後再依照實際状况来貢献具体的意見。

~~否則閉門造車，不免太空，並且還不討好。~~

十五、民众意見徵集

以上所说的設計工作，是該專家来担任做的。但是設計机関所能包括的人材有限。我們必須利用全國的人力，把全國人民大众的心思智能，匯合在一起，来協助抗战。我們在报章雜誌上，常常看見許多好建议，好意見。這些意見，甚至藉报章发表了，但是関係的方面，未見得就看得到。譬如一篇建议改良傷兵医院的文字，登在报上，内容縦然極好，但若沒有被傷兵医院負责人看到，這建议仍然不能直接發生效力。這種意見的误投浪费，是極可惜的。我們為鼓励並集中民众意見，成立了一個意見徵集處，公開徵求民众对於抗敵救亡的意見。成立以来，每日收到意見十數件至數十件不等。這些意見包括範圍極廣，有的是急

樣毒破敵人的軍艦，怎樣抵禦飛機，有的是怎樣防止漢奸，怎樣救濟難民，怎樣組織民眾。其中固然有不少是過于空洞，或不切實際。但是有很多的確是極有見地。有許多我們可以看得出是費过極周密的思考。每一個意見，無論是否可取，其字裏行間都充滿了無限的愛國熱誠。

我們对于這些意見，不問他的內容如何，都以最慎重的態度，分別處理。處理的手續如下：(1)立即揀回一信與投函人，謝其盛意。我們印好一種格式，可以立时填寫。(2)將姓名，性別，年齡，籍貫，職業，地址，電話，及收到日期，逐一登記~~在我們印有一種登記表~~於意見登記表上。(3)分類並摘述大要，如果信中包括多種不同建議，使分列登記。(4)由指定之審查人審查並擬具批判意見。(5)由組長作二次審查，並簽注意見。(6)由主任最後核定：必須研究者，交各組研究之，經組負責人簽注意見後，仍由主任最後核定，

我须急办者，立即发出，发出时用公文或用備好的表格转送各机関方面，我认为此价值者存查。(7)认为有必要时，函约原函人到会面谈。(8)转各机関有回信时，再致函原函人告以执行机関对于原意见答复之内容。(9)对各报常及刊物被露之建议也同样手续办理。

徵集民众的意见不只能得到许多极有价值的建议，同时还足以激发民众对于抗敌救亡的兴趣和热诚。在我们接到的来信中，有许多写信人对于我们这种徵求民众意见的办法，认为是及[illegible]异常赞许。[redacted]但其实贡献意见，是每個民國民应有之權利，亦是应尽之義務；而尊重大众意見，更是每個政府和每個团体应有的了情。有何值得特别称赞呢？我想每個负指机関，中央和各地政府，应该鼓励民众贡

SC088

献意见，指定收集的地方，最好在报上登一小广告，或设意见箱于

各通衢要道，使人民容易送来。国家甚至于需要悬重赏征求保国卫

民克敌致果的善计良谋。

大一號字

(24)

SC089

十六、專門人材登記

大家已承認人力的重要，然而目前人力的浪費是驚人的。人找不到適宜的事，事找不到適宜的人，結果是人吃虧，事也吃虧。人力的組織本應該是管組織機關的事，因為抗戰爆發時，這種機關還未設立，所以我們決定舉辦專門人材登記。我們登報公開徵求後，應徵的人頗多。我們製定了一種表格，由他們填寫，內中關於年齡、籍貫、學歷、經驗、特門技能、家庭狀況、及願任何種職務，都有詳細規定。並要每人填寫二位證明人，簽名蓋章，以示慎重。

來應徵的人，各方面都有。有留學過外國的工程師，有打過仗的軍官，有做過縣長的，有醫師，看護，有會修理飛機的，會開汽車的，會說外國話的。我們對于他們很抱歉的是：這許多具有专门技能的人，想熱心參加抗戰工作，而到此刻為止，我們能安插的還是佔極少數。這一面是由於目前救亡及生產工作開展的不够，不能吸收多數人材，同時也許是由於國家用人制度上的缺點，致使真正人材不得其用

專門人材登記中央早已舉辦，不過並未十分公開，規模似還欠大，如何儘量利用的方法也欠周詳——這

SC091 050

(25)

此應即加以改善。上海辦理工人，婦女，及普通人材登記的机関，近来皆已先後成立，我們並定了统一登記的辦法。為集中人力计、各地應急速举办人材登記，可用同一機関登記专门的普通人材。登記後並須設法给与救國工作，或代謀出路。登記工作最好由組織机関完全办理。

(4)

大一号字

(26)

①

十七、設計與實施

設計工作，只是貢獻意見，供執行部门的参考，决定取舍的權，當然是在各執行機關。假如設計機関訂出許多好的計劃，而執行機関敷衍了事，或置之不理，豈不枉費心血時間？在中國舊官場中，往往有許多好意見好計劃，一送進去後，便如石沉大海，永無音信，或雖表示採納，而實際並未切實執行。這樣，只有使有意見有辦法的人們灰心冷意，有好意思也只好放在肚子裡，或最多同朋友談談。該使執行機関中這種敷衍搪塞、懶惰的心理还存在，老實說，設計工作固

然不必多此一舉，同時抗敵救亡的前提也真危險極了。

為防止這種危險起見，我們應該要求執行機關，對於所有計劃或意見，第一予以充分的考慮；第二，如考慮結果決定採納，切實的去執行。要促進一個建議之實施，設計機關應當：(1)要求執行機關對于每一建議如何處理，用書面回答，不採納時，須說明理由；(2)提出重要計劃時，主任或小組負責人，應親自前往說明，並隨時詢問下落；(3)必要時可用請者與當面論另撰文在報紙刊物鼓吹，不須去推動，例如建議某種重要政策，或改革某種腐敗情形時，只靠一紙建議書往往是不夠的。

SC094 052

(27)

我們過去所貢献的建議及意見，除一部分是直接送出外，大部份是送後援會轉送各有关機関。~~一部分由後援會轉~~。能使我們興奮的便是各方面對于我們的建議，都○表示歡迎，而加以充分的考慮。一個建議被採納或執行後，應即時讓各委員知道，將執行機関回信傳観，以資鼓勵。有些意見未被採納的原因，往往是因為執行上有困難，這是設計的人應該諒解的，也可以說是設計時考慮尚有未周到的緣故。無論如何，我以為做設計工作的人，應該只管尽量○他本位的責任積極○○做去，至於実施与否的責任，自然另有担負的机関。

②

十八 回顧與希望

這次我個人參加上海市各界抗敵後援會設計部分工作，能感覺滿意的，是設計工作本身使我感覺到最大的興趣，同時各委員及事務同人所表現的愛國熱誠，使我感覺到最大的愉快。許多委員都是從百忙中抽出時間來開會，寫報告，各事務同人每天全日盡義務辦公，星期也不休息，這種精神是極難得的。

我不能滿意的，是名為戰時設計機關，而我們所做到的成績，對於抗戰的貢獻實在太少，離我們應有的理想，可以說不到千分之一。也許是抗戰的任務太重，問題太多太難吧。

SC096

我希望今後我們自然應更加努力，大家抱定積極幹的精神，不要放过任何一個問題。

對于全國，我希望第一各地能多多成立設計或研究机関。無論是抗敵後援會，或是其他团体，特别是各大中學校，都應該成立設計部或研究会，從事研究各種与抗戰有関的問題，以研究所得，隨時貢献各方。

第二，我希望中央能成立一個大規模的全國設計机関，有如蘇俄之國家設計局，及日本之企劃廳，將現有各種零星設計机関，合併起來，對于國家外交、政治、經濟、教育種々問題，作經常及整個之計

29

劃。但是千萬不要有名而無实，有人而不做事。

第三，我希望中央政府能成立一個全國意見徵集机関，設分所於各省，公開徵集全國民众对抗敵救亡及内外庶政的意見，以補助政府人员心思耳目所不及，而收集思廣益的結果。有了這樣的机関，四萬々國民都能直接貢献意見於政府，無異政府聘請了四萬々個國防參議員。[illegible]

（二十六年十一月一日，上海）